ISBN: 9781314161113

Published by:
HardPress Publishing
8345 NW 66TH ST #2561
MIAMI FL 33166-2626

Email: info@hardpress.net
Web: http://www.hardpress.net

19. Jahrgang.   1. Heft.   Oktober 1912.

AFRIKA-BOTE

Nachrichten aus den Missionen der Weissen Väter.

Illustrierte   Monatsschrift.

TRIER

Verlag des Missionshauses der Weissen Väter.

Preis frei zugestellt jährlich M 2.—, Ausland M 2.25

Das hl. Meßopfer

wird für die Vereinsmitglieder am 8., 13., 20. und 27. Oktober dargebracht werden, für die lebenden und verstorbenen Wohltäter der Mission am 7., 14., 21. und 28. Oktober.

Abonnementsbeträge

(eingelaufen vom 1. August bis 1. September 1912).

In Trier· Je *M* 2.— von: Witzgall, Schäfer, Neu, Greveldinger, Mombach, Finkel, Thönnes, Eberhard, Charfreitag, Serve, Stoffel, Jostock, Schwester Prima, Imping Joh., Rath, Jost, Almé, v. Bechtholzheim, Hillerscheid, Jost, Schlombo, Becker.

Je *M* 3.— von Weber, Welsch, Zerwas, Hourt, Schwestern a. Coblenz, Ecker, Treiß.

Ferner: Schwartz *M* 5 —, Bisdorf 2.25, Girst 6.—, Vogt 4.—, Schneider 22.40, Schmidt=Lauer 36.—, Mohr 47.—, J. S. 9,50, Berger 4.—, Zahllen 5.—, Linder 5.—, Hach 5.—, Lützler 50.—, Steines 9.50, Kranz 5.90.

Eingegangen sind ferner:

Aus Minheim für „Josef" 21.—; für „Aloysius" 21.—;

Folgende verstorbene Freunde und Wohltäter der Mission empfehlen wir dem Gebete unserer Leser:

P. J. M. Barbé, Maison-Carrée (Algier);   Frl. Elisabeth Heidmann, Greven;
P. W. van Heeswyk, Katoke (Süd-Nyansa);   Frl. Gorgen, Trier;
   Schnettler, Pfarrer, Hellefeld Wf.;
P J. Carbonel, Urris (Kabylien);   Schmitz, Pfarrer, Holtorf b. Ameln.
Fr. J. Bechtold, Trier;   Rosalia Dornert, Rappoltsweiler, Els.

R. I. P.

Ein Triumph der Negermission!

Den Martyrern von Uganda (1886) Karl Luanga, Matthias Murumba und Genossen ist in der Sitzung der Ritenkongregation vom 14. August der Titel: „Ehrwürdig" zuerkannt worden. Damit ist die Zulassung des Selig= sprechungsprozesses der ehrwürdigen Diener Gottes gegeben.[1]

Das Ereignis ist deshalb von besonderer Bedeutung, weil es die ersten Neger=Martyrer sind, welchen die Ehre der Altäre zuteil werden soll, und weil durch eine besondere Fügung Gottes ihr Martyrer= tod dem der Glaubenszeugen aus der ersten christlichen Zeit so über= raschend ähnlich ist: hier wie dort das gleiche Verhör, aber auch das gleiche Zeugnis für die Wahrheit; hier wie dort derselbe Mut, dieselbe übermenschliche Geduld, Ruhe und Festigkeit inmitten der grau= samsten Qualen.

Voll Verwunderung über diese Dinge sagt Kardinal Lavigerie in einem seiner Briefe: Zur Ehre Gottes bekennen wir es: nur Gott allein hat die Martyrer der Urkirche, nur Gott allein die Martyrer von heute aufrecht erhalten können. Sein Geist ist es gewesen, der ihnen die er= habenen Zeugnisse für die Wahrheit eingab. Und da dieser Sein Geist überall derselbe ist, so dürfen wir uns nicht wundern, wenn arme, un= wissende Neger in der Stunde des Kampfes die gleichen erhabenen Worte finden, durch welche die Martyrer im Römischen Karthago ihre Verfolger in Staunen setzten. Und wenn die Neugetauften Ugandas unter dem Schutze der Nacht in dem Empfange der hl. Sakra= mente die Kraft für die Kämpfe des Tages suchten, so taten sie genau das, was ihre Vorgänger im Abendlande und Nord=Afrika getan. Um sich über das Bewußtsein einer Niederlage hinweg zu täuschen, sagten die Verfolger von damals, die Standhaftigkeit der Christen sei eine Wirkung besonderer Geheim= und Zauberkünste. Zu demselben Aus= fluchtsmittel greift der Negertyrann Muango im Jahre 1886.

---

[1] Da das hierüber ausgefertigte Dekret den Namen und die Todesart der einzelnen Martyrer aufführt, so dürfte es den Lesern des „Afrika=Bote" will= kommen sein, den Wortlaut desselben in der nächsten Nummer zu erfahren.

Chriſtus iſt es, der in dem Martyrer kämpft und ſiegt: daher kommt es, daß die Frau ebenſo ſtarkmütig iſt, als der Mann, daß der wankende Greis, der lebensfrohe Jüngling, das zarte Kind gleich erhaben ſind über die Schrecken der Marter.

Nur ſo iſt es erklärlich, daß einer der Großen des Ugandareiches ſich Hände und Füße abhauen, das Fleiſch in dünnen Streifen vom eigenen Leibe abnehmen und vor ſich auf ein Kohlenfeuer legen laſſen und in dieſem Zuſtande einen dreitägigen Todeskampf aushalten konnte, ohne die geringſte Klage auszuſtoßen: — in einer rührenden Verähn=lichung mit Chriſtus am Kreuze hatte er am Ende das eine Wort: „»Sitio« mich dürſtet!" —

Da ſind jene 22 Negerknaben, denen man die Wahl ſtellt: „ent=weder das »Beten« zu laſſen, oder bei lebendigem Leibe verbrannt zu werden!" Nur der Geiſt Chriſti konnte ſie die Wahl treffen laſſen, die ſie wirklich getroffen haben. „Beten wollen wir, ſo lange wir leben!" antworteten ſie und ließen ſich geduldig in trockenes Schilfgras einbinden und bei langſamem Feuer verbrennen. Das um die Glieder der armen Kinder ſengende und brennende Feuer konnte keinen Klagelaut erpreſſen. Aus den rauchenden und aufflammenden Garben ſtieg gemein=ſames Kindergebet, anfänglich ſtärker und ſtärker, dann ſchwächer und ſchwächer, bis es im Tode des letzten Martyrers gänzlich erloſch.

Vor ungefähr 1600 Jahren errang auf einem der Hügel bei Utika unweit von Karthago eine Schar Chriſten die Marterkrone. Man nennt ſie in der Kirche: Massa candida „die weißſtrahlende Martyrer=ſchar", weil ſie, in gelöſchten Kalk geworfen, ſterbend wie von einem weißſtrahlenden Leichentuche bedeckt wurden.

Wenn eines Tages die Kirche unſeren Neger=Martyrern die Ehre der Heiligen zuerkennen wird, ſo können wir ihnen in frommer Er=innerung an die Massa candida die Benennung geben: Massa nigra: „die ſchwarzglänzende Martyrerſchar", weil ſie, Angehö=rige der ſchwarzen Raſſe für Chriſtus geſtorben und ſterbend von den ſchwarzen Ueberreſten des Scheiterhaufens bedeckt wurden.

Durch das eingangs erwähnte Dekret rüſtet ſich die Kirche nun tatſächlich zu jener Ehrung. Sie ſtützt ſich dabei in erſter Linie auf die amtlichen Erhebungen, welche während und gleich nach dem glorreichen Tode der Blutzeugen von den erſten Uganda=Miſſionaren gemacht wurden. Es dürfte den Leſern des Afrikaboten nicht unerwünſcht ſein, näher mit der Miſſionsgeſchichte Ugandas bekannt zu werden. Zu dieſem Ende werden wir in fortlaufenden Artikeln „Aus dem Leben des Uganda=Miſſionars P. Achte" das zuſammenſtellen, was auf dieſelbe Bezug hat.

H.

Im Königreich Ndala.

Folgender Bericht gibt uns ein Bild von den zeremoniellen Gebräuchen, die in Aequatorialafrika beim Tod des Staatsoberhauptes und der Uebertragung der Regierung auf dessen Nachfolger im Schwange sind.

1. Tod der Königin.

Am 22. Dezember 1910 verschied Ntabo, die Königin von Ndala. Alsbald befaßten sich die Großen des Reiches mit der wichtigen Aufgabe, dem Land einen neuen Fürsten zu geben, der sein Volk mit Weisheit zu regieren verstände.

Ntabo hatte 25 Jahre lang die Regierung innegehabt. Nach der Versicherung aller, die sie gekannt haben, hat sie niemals großen Wert auf ihre äußere Erscheinung gelegt. Gegen Ende ihres Lebens verzichtete sie auf jeden Schmuck. Ein Stück Baumwollenzeug um den Leib, das war das Galakleid unserer Königin.

Ich bedaure, dem lieben Leser keine Photographie von ihr geben zu können; Ntabo wollte sich niemals dazu hergeben, daß man von ihr ein Bild mache. Und warum? Ihr Stolz litt nicht, daß man sie, die Königin, in ein so kleines Kästchen einschlösse und dann hinwegtrage, vielleicht nach Europa bringe. Eines Tages wollte man sie photographieren, ohne daß sie es wußte. Aber unglücklicherweise versagte der Apparat, und so kommt es, daß das Porträt unserer Königin noch immer in der Galerie der gekrönten Häupter fehlt.

Die Sorgen der Regierung nahmen noch lange nicht die ganze Zeit der Königin in Anspruch. Wie brachte sie die übrige Zeit zu? Mit Arbeiten ganz gewöhnlicher Art. Wenn man sie in ihrer Residenz besuchte, so sah man sie oft auf einem Fußschemel sitzen, mit dem Entkernen der Maiskolben beschäftigt oder mit dem Zerstampfen der Maiskörner. Manchmal wurde man gebeten, etwas zu warten. Bald darauf kam die Königin mit einem Holzbündel beladen daher. Ntabo war auf ihre Felder hinausgegangen und hatte dort dürres Holz zusammengerafft. Gewiß ein schönes Beispiel für ihre Untertanen.

„Guten Tag, Ntabo, wie geht es dir?"

„O, es geht mir gut, nur die Augen tun mir etwas wehe. Auch die bösen Füße wollen nicht mehr so recht mittun."

„Du hast aber doch noch immer einen gesunden Appetit und siehst auch noch gut aus."

Ntabo verzog das runzelige Gesicht zu einem Grinsen. Sie liebte es, ihrer blühenden Gesundheit wegen beglückwünscht zu werden. Ans Sterben dachte sie noch lange nicht. Aber Christin werden wollte sie nicht. Schon oft wurde ihr die Taufgnade angeboten, aber stets hat sie diese abgewiesen.

Eines Morgens nun meldete man uns, daß die Königin gestorben sei. Wir waren nicht wenig erstaunt und betrübt, denn niemand hatte uns von ihrer Krankheit etwas mitgeteilt. Ich ging in aller Eile zur Hauptstadt, um mich der Sache zu versichern, denn bei den Negern, mehr noch als anderswo, macht die Wahrheit auf dem Wege von Mund zu Mund die merkwürdigsten Wandlungen durch.

In der Hauptstadt war alles wie gewöhnlich. Die Leute kamen und gingen, niemand schien ernster als gewöhnlich zu sein. Jedoch bemerkte ich), daß man um die königliche Hütte herum nur leise sprach. Als wir uns derselben näherten, kam Unana, die Schwester der Königin, uns entgegen.

„Wo ist die Königin?"

„Sie ist da."

„Wo denn?"

„In ihrer Hütte!"

„Kann ich sie sprechen?"

„Ei gewiß!"

Einer der „Minister" führte uns in das Innere. Es ist so finster darinnen, daß man nichts unterscheiden kann. Nun hören wir schweres Atmen aus einer Ecke. Mit Hilfe einer Licht spendenden Grasfackel sehen wir endlich in einem Winkel auf bescheidenem Lager eine menschliche Gestalt. Es ist Ntabo. Ich nähere mich ihr.

Ich suchte mit der Kranken ins Gespräch zu kommen. Zuerst sprach ich vom lieben Gott und seiner Güte gegen die Menschen. Dann fuhr ich fort:

„Weißt Du noch, was ich dir gesagt habe, daß alle Menschen eine Seele haben, die vor Gott erscheinen muß?"

Die Kranke schien nun zu verstehen, was ich mit ihr wollte.

„Glaubst Du, daß ich sterben muß?" flüsterte sie.

„Ntabo, Gott kann alles; er kann dich gesund machen. Allein du bist vielleicht sehr krank."

Doch das sah die Kranke eben nicht ein. Ich erkannte, daß es unnütz war, fortzufahren, Ntabo wollte durchaus nichts von Religion sprechen hören. Arme Königin!

Einige Tage später stand Ntabo wieder auf, aber sie war sehr schwach. Ihr Gang war schleppend, ihre Worte unverständlich; so sehr war ihre Zunge geschwollen. An ihrem baldigen Tode konnte niemand zweifeln. Und wirklich, wenige Zeit nach dieser scheinbaren Genesung erschien ein Bote aus der Hauptstadt und meldete uns, die Königin liege im Sterben.

Wir eilten hin, aber auf dem Wege trafen wir einen Eilboten mit der Todesnachricht.

Wir langten in der Hauptstadt an und betraten die Hütte der Königin. Ntabo war gestorben. Ihr Leichnam war auf einem Bette aufgebahrt und mit Stoff umwickelt; Perlenketten und Amulette waren darübergebreitet.

2. Begräbnis der Königin.

Da die Wanyamwesi früher die barbarische Gewohnheit hatten, beim Begräbnis ihres Königs einen Knaben und ein Mädchen, beides Sklaven, lebend mit zu begraben, so frugen wir, ob man auch jetzt diese alte Zeremonie befolgen wolle. Man versicherte mir, daß es nicht geschehen werde, da die deutsche Regierung es nicht dulde.

Die verstorbene Königin wurde mit gebundenen Händen und Füßen, das Gesicht nach Osten gewandt, bestattet. An ihrer Seite legte man einen Kürbis und einen kleinen Topf mit Lebensmitteln ins Grab. Hierauf besprengte ein Greis die Anwesenden mit geweihtem Wasser.

Bischof Roelens, Apost. Vikar von Hoch-Kongo (siehe S. 16).

Dann wusch sich jeder die Hand in genanntem Lustralwasser, was eine Art Reinigung bedeuten soll. Das Wassergefäß aber zerbrach man über dem Grabe.

Nach der Beerdigung begann alsbald das Totenmahl. Auf Ntabos Grabe wurde ein Ochse geopfert, dessen Fleisch geröstet und von den an der Leichenfeier Beteiligten verzehrt.

Bevor man sich entfernte, erhielt ein Mann den Auftrag, den Geist der Königin zu bewachen. Zu diesem Zwecke mußte er einige Zeit in der Hütte zubringen, die man über dem Grabe baute. In diese Hütte

legte man auch Amulette verschiedener Art, besonders solche, die zum
Regenmachen bestimmt sind.

Während mehrerer Wochen nach dem Tode des Landesoberhauptes
ist es verboten, zu arbeiten, denn es herrscht große Trauer. Die nächsten Ver=
wandten dürfen sich auch nicht den Kopf rasieren; die Frauen verhüllen
ihre Schmucksachen an Handgelenk und Fußknöcheln mit Stoff. Die Trauer
schließt mit einer Sitzung beim Barbier. Alle, Männer, Frauen und
Kinder lassen sich den Kopf rasieren. Alsdann liegt wieder Freude auf
allen Gesichtern; jedermann ist getröstet.

3. Wahl des neuen Königs.

Am Tage nach der Bestattung Mtabos traten alle Häuptlinge des
Landes zusammen, mit Ausnahme desjenigen, welcher das größte An=
recht auf die Thronfolge hatte. Man vernahm mit Staunen, daß ein
Häuptling namens Mtungira zum Könige ausgerufen worden sei. Aber
diese geheime Abstimmung hatte keine Rechtskraft. Ueberdies gefiel die
Wahl dem Volke nicht; es sollte eine Wahl, wie gewöhnlich, stattfinden.
Gewöhnlich folgt dem verstorbenen König ein Glied der Familie. Wenn
jedoch mehrere Bewerber sich melden, so können die Häuptlinge und
Aeltesten des Landes jenen wählen, der ihnen am liebsten ist. Das Land
Unyamwesi ist groß, aber zerstückelt in eine große Anzahl von unab=
hängigen Provinzen. Diese sind indessen jetzt dem Bezirksamtmann
unterstellt, bei dem sie auch einen Katikiro, Gesandten, haben. Die
Watemi, dies ist der Titel dieser kleinen Fürsten, werden als die wahren
Besitzer des Landes betrachtet, ihre Untertanen besitzen nichts als ihre
Hütte. Wenn nun diese Häuptlinge einen König wählen, so muß dieser
durch den Bezirksamtmann seine Bestätigung erhalten.

Anspruch auf den verwaisten Thron machten diesmal zwei Häupt=
linge, nämlich Mtungira, der Sohn einer der Frauen des ehemaligen
Königs Jerengi, und Luziga, der Neffe der verstorbenen Königin.

An dem zur Wahl festgesetzten Tag versammelte man sich in der
Nähe der Mission, in der Hoffnung, auf diese Weise die Streitigkeiten
zu vermeiden. Einer nach dem andern der anwesenden Häuptlinge und
Großen des Landes nahm das Wort. Hier eine kleine Probe ihrer
Beredsamkeit. „Seht ihr, meine Freunde, wir hatten eine Königin, nicht
wahr? Gestern besaßen wir sie noch, und heute ist sie nicht mehr. Wir
haben unsere Königin begraben, versteht ihr? Aber wir können doch
nicht Waisen bleiben. Wir wollen doch, daß ein anderer König sei,
und ich denke, daß Mtungira uns mit Weisheit regieren wird. Er ist
es, den ich als König wünsche." In diesem Sinne wurden fast alle
Ansprachen gehalten. Bei der Abstimmung erhielten beide Thronbe=
werber fast die gleiche Stimmenzahl, so daß es unmöglich war, zu ent=
scheiden, wer von beiden gewählt sei. Man bat uns, die Angelegenheit
nach Tabora zu berichten. Mtungira erhielt die Bestallung, die ihm
das Recht gab, über Ndala zu herrschen.

4. Fest der Thronbesteigung.

Endlich ist der große Tag da. Eine große Menschenmenge, darunter
viele Häuptlinge und Großen des Landes, ist zugegen. Soeben beginnt

die Zeremonie. Der König erscheint in Gala. Er ist in ein langes Ge=
wand von tiefblauer Farbe gekleidet. Um sein Haupt trägt er das
königliche Stirnband, das Zeichen seiner Macht. Es ist ein Streifen
Löwenfell, an dem ein Medaillon befestigt ist. Ein langer Zug mit
Gewehr und Lanzen Bewaffneter folgt ihm. Vor der königlichen Hütte
macht er Halt. Nachdem der König auf seinem Throne Platz genommen
hat, muß jeder Häuptling eine Ansprache halten. Der eine bittet den
Herrscher, das Land glücklich zu machen und ein gerechter Richter zu
sein. Ein anderer wünscht ihm viele Sklaven und ermahnt ihn, die
Europäer, welche sein Land durchziehen, gut zu behandeln.

Die Beredsamkeit der Redner scheint auf den König, soviel man
aus seiner Miene lesen kann, Eindruck zu machen. „Unter meiner Re=
gierung," erwidert er, „werden alle meine Untertanen glücklich sein."
Die Menge bekundet ihren Beifall durch ein langandauerndes Geheul.
Nun kommt der feierlichste Augenblick der Zeremonie. Der König eines
benachbarten Landes ergreift das Salbgefäß, welches Löwenfett enthält,
und salbt damit Mtungira, indem er ihm die Kraft der Tiere wünscht.
Nun ist die Zeremonie beendet. Vier große Trommeln verkünden dem
Lande die glückliche Begebenheit.

Alsdann beginnt das Festmahl. Und was für ein Mahl! Mehr
als zwanzig Ochsen mußten an diesem Tag ihr Leben lassen. Erst als
ein jeder sich gesättigt fühlt, ordnet man sich zum Tanze. Die Krieger
sammeln sich um die Trommel. Springend, fuchtelnd schwingen sie unter
Geschrei und Gejohl ihre Flinten und Lanzen, machen Angriffe, ziehen
sich zurück, verbergen sich, zielen auf einen unsichtbaren Feind und schließen
mit einem Siegesgeheul oder Siegesgesang. Das ist der Kriegstanz, ein
Schauspiel, bei dem es an malerischen Szenen nicht fehlt.

Am Ende, — denn jedes Fest hat sein Ende, auch bei den Negern,
zerstreuen sich die Massen. Mtungira beginnt sein Land zu regieren,
und alles geht wieder seinen gewohnten Gang.   P. Johann Colfino.

Erziehung und Missionsberuf.

Gedanken eines amerikanischen Missionsfreundes.

(Jos. Schäfer, New=York.)

In der christlichen Erziehung wird der feste Grund gelegt, auf dem
die Kräfte und Tätigkeit des Menschen zu gedeihlicher Entfal=
tung kommen. Wie die Saat, so die Ernte; wie die Erziehung,
so in der Regel die ganze spätere Richtung und Entwicklung.

Eine fromme, christliche Fürstin und Mutter, die hl. Blanca
von Kastilien, pflegte ihrem Söhnchen immer wieder den Abscheu
vor der Sünde tief ins Herz zu prägen. „Kind", sprach sie zu dem Knaben,
„lieber möchte ich dich tot hier zu meinen Füßen liegen sehen, als daß
du Gott durch eine schwere Sünde betrübtest!"

Dieses Kind wurde eine Zierde auf dem Fürstenthron, es war
nämlich niemand anders als der hl. König Ludwig von Frankreich,
dessen Fest die Kirche am 25. August begeht.

Eine andere fromme Mutter hat der Kirche Gottes den hl. Augustin
geschenkt.

Es ist überhaupt bemerkenswert im Leben der Heiligen Gottes, auch der nicht feierlich kanonisierten, welchen entscheidenden Einfluß oft, um nicht zu sagen gewöhnlich, ihre Mütter auf sie ausgeübt haben.

Die Wichtigkeit einer guten christlichen Erziehung im Elternhaus und Schule für die spätere Entwicklung des Kindes kann also nicht genug betont und erwogen werden.

Aber auch die armen Heiden sind bei dieser Frage hervorragend interessiert. Die Erfüllung der zweiten Bitte des Vaterunsers: „Zukomme uns dein Reich" ist in gewissem Sinne an die Mitarbeit der christlichen Eltern, Lehrer und Lehrerinnen geknüpft.

Treffend schreibt ein Schulmann und warmer Freund der Missionen in The Catholic German-American (Nr. 16):

„Die Ausbreitung des Reiches Gottes hängt wesentlich davon ab, daß in den katholischen Familien echte Frömmigkeit und gute Kinderzucht gepflegt werden. In dem Maße, als diese seltener werden, wird sich auch der Mangel an Kandidaten zum Priester= und Ordensstande fühlbar machen."

Er bemerkt weiter, daß der Bedarf an Priestern und Ordensleuten für Amerika vielfach noch durch die Länder Europas gedeckt würde, und fährt fort:

„Es wäre wohl verfehlt, wenn man hieraus den Schluß ziehen wollte, daß Gott hierzulande verhältnismäßig weniger Seelen zum geistlichen oder Ordensberufe bestimmt habe, als dies in manchen Gegenden Europas der Fall ist. Der Hauptgrund der angegebenen Erscheinung muß darin gesucht werden, daß es einerseits in den katholischen Familien dieses Landes vielfach an der wahren, schlichten, opferwilligen Frömmigkeit und strengen Kinderzucht fehlt, dann andererseits darin, daß Verschwendung, Genußsucht und Zügellosigkeit überall im öffentlichen Leben gewaltig zunehmen. Es erfordert in der Tat gut gefestigten Opfermut und starke Willenskraft, damit ein junger Mensch, trotz der vielen Versuchungen dieser Welt, ein reines, unverdorbenes Gemüt bewahre und seinem Glauben treu bleibe. Dies ist nur dann möglich, wenn Familie, Schule und Kirche nach Kräften dahin streben, das Kind, den heranwachsenden Jüngling, die hoffnungsvolle Jungfrau, in Religion und Tugend zu festigen und durch Uebung im Entsagen willensstark zu machen.

Wo Eltern nur dem Gefühle folgen und in blinder Liebe sich beeilen, alle Wünsche der Kleinen zu befriedigen, auch, wenn sie noch so sehr aus dem Eigensinn oder der Genußsucht entspringen, da überwuchert, ehe sie es vermuten, das Unkraut den guten Samen, da kann kein echter Priesterberuf, keine Liebe zum Ordensstande gedeihen. Wo aber Eltern und Erzieher stets daran festhalten, daß es nötig ist, das Kind durch vernünftige Strenge und in zielbewußter Weise dahin zu bringen, daß es Herr seiner Leidenschaften werde und genügende Charakterstärke sich aneigne, um gegen Ansteckung durch das böse Beispiel schlimmer Kameraden gesichert zu sein, da sind viele Anknüpfungspunkte für die Gnade Gottes vorhanden, da kann sie ungehindert walten und wird gute Früchte hervorbringen.

Selbstverständlich muß der heranwachsende Mensch, sobald er die heiligen Sakramente der Buße und des Altares empfangen darf, sich diesen beiden Gnadenquellen recht oft nahen und sich so immerfort aufs neue im Kampfe gegen das Böse stärken.

Unser glorreich regierender Papst, Pius X., ein Mann der göttlichen Vorsehung, dem nichts so sehr am Herzen liegt, als die Mensch=

Bischof Dupont, ehem. Apost. Vikar von Nyassaland (siehe S. 16).

heit in Christo zu erneuern, hat durch seine Erlasse, betreffend den früheren und häufigeren Empfang der heiligen Kommunion, das Haupt= mittel zur Heilung so vieler geistiger und sittlicher Schäden geboten. „Wer mein Fleisch ißt und mein Blut trinkt, der bleibt in mir und ich in ihm!" sagt Christus selbst. Wenn doch nur alle Eltern erkännten, welch mächtige Waffe durch den öfteren, würdigen Empfang der heiligen Sakramente ihren Kindern geboten wird, um die Angriffe einer verdor= benen Welt auf ihr Seelenheil abzuschlagen!

Was würde man von einer Mutter halten, welche ihrem Kinde die zur körperlichen Entwicklung nötige leibliche Nahrung, das tägliche Brot, vorenthalten würde, obschon sie nicht Mangel daran litte?! Jeder würde eine solche Mutter als unverständig und herzlos bezeichnen. Um wie viel unverständiger und grausamer sind jene Eltern, welche den der göttlichen Gnade so sehr bedürftigen Kinderherzen den Empfang der heiligen Kommunion verbieten oder erschweren! Sie berauben so die Kleinen der kräftigenden Seelenspeise, welcher diese zur siegreichen Bestehung des Kampfes gegen den dreifachen Feind: den Teufel, die Welt und das eigene Fleisch, so sehr bedürfen!

Gottlob gibt es noch musterhafte katholische Familien, die anderen in bezug auf Kindererziehung als Vorbild dienen können!

Eingedenk des Spruches, daß „Worte belehren, Beispiele aber hinreißen", wollen wir eines verstorbenen Mannes erwähnen, aus dessen Familie drei Priester und vier Ordensschwestern hervorgegangen sind. Es ist dies der im Februar d. J. in Meire Grove, Minn., verstorbene Lehrer und Organist Lukas Gertken.

Ein ihm nahestehender Geistlicher, der ihn fast 40 Jahre gekannt hat, schreibt über ihn: „Ich darf wohl sagen, daß er ein musterhafter Lehrer war, und ich wünschte nur, wir hätten viele solcher Lehrer. Er war auch ein christlicher Vater, und ich habe ihn immer hochgeschätzt ... Er stand bei Priestern und beim Volk in Achtung, und sein Andenken wird noch lange in Ehren sein!" —

Herr Gertken war 1848 in Hannover als Sohn eines Lehrers geboren, welcher 56 Jahre in seinem schönen Berufe höchst segensreich wirkte. Der junge Gertken folgte dem Vorbilde seines Vaters, auch er blieb dem Lehrerstande 44 Jahre, bis zu seinem Tode, treu.

Nach Beendigung seiner Seminarstudien in Osnabrück und nach fünfjähriger Lehrtätigkeit wanderte er im Jahre 1872 nach Amerika aus, und nachdem er ein Jahr zur Erlernung der englischen Sprache im St. Johns College geweilt, übernahm er die Lehrerstelle in Richmond, Minn., wo er 31 Jahre lang tätig war. Vor 8 Jahren siedelte er nach Meire Grove, Minn., über, wo er bis zu seinem Tode als Lehrer und Organist wirkte. Er starb infolge eines Herzfehlers, wohl vorbereitet durch den Empfang der heiligen Sterbesakramente und gestärkt durch die tägliche heilige Kommunion. Seine Gattin sowie 11 Kinder überleben den verdienstvollen Mann; drei Söhne sind Ordenspriester und vier Töchter sind Benediktiner-Schwestern, gewiß ein ehrenvolles Zeugnis für die Familie Gertken. Die ehemaligen zahlreichen Schüler des Entschlafenen, die in ihm einen gewissenhaften Lehrer und Erzieher, das Vorbild eines braven, gottesfürchtigen Mannes und Familienvaters verehrten, werden seiner gewiß oft in ihrem Gebete gedenken.

„Ehre, dem Ehre gebührt!" dachten wir, als wir diese Zeilen niederschrieben. Ja, es tut not, solche Beispiele echt christlichen Wirkens und wahrhaft katholischen Familienlebens dann und wann unseren Lesern vorzuführen. Vom Gegenteil sehen und hören sie leider zu oft und zu viel. O, daß doch recht viele katholische Mütter ihre Kinder schon vor der Geburt von ganzem Herzen Gott zum Opfer brächten und dann später ihren heranwachsenden Kindern durch ihr eigenes gutes Beispiel

voranleuchten würden! Wenn das mehr geschähe, dann würde die Klage
über Arbeitermangel im Weinberge des Herrn allmählich verstummen,
dann würde auch Amerika bald imstande sein, nicht nur den eigenen
Bedarf an Geistlichen und Ordensleuten zu decken, sondern auch noch
Missionäre für auswärtige Missionen zu liefern, an denen es heute überall
so sehr fehlt.

. Zum Schlusse noch die Bitte an die Leser dieses Blattes, täglich
ein „Vater unser" nach der Meinung des Heiligen Vaters für die Aus=
breitung des Reiches Gottes zu beten und wenn möglich, hin und wieder
ein Almosen für die katholischen Missionen zu spenden!"

Das Missionswesen in der Heimat.
I.
Der 6. Internationale Marianische Kongreß zu Trier (3.—6. August).

Das Missionswesen in der Heimat hat seit dem denkwürdigen Katho=
likentage zu Breslau manche Anregung erfahren und wird auch
fürderhin eine liebevolle Pflege finden. Dafür bürgt der
VI. Internationale Marianische Kongreß, welcher
vom 3.—6. August in Trier tagte und einen ungeahnt glän=
zenden Verlauf nahm.

Welche Veranlassung aber hatte der Marianische Kongreß, sich
mit den Missionen zu beschäftigen? Eine sehr triftige! Ihm lag es näm=
lich ob, Marias Stellung im Heilsplane Gottes allseitig zu beleuch=
ten, und da mußte sich ihm auch die Frage aufdrängen: „Welchen
Anteil nimmt Maria an dem Missionswerke, an der Be=
kehrung der Heiden?"

Und in der Tat: in nicht weniger als drei wissenschaftlichen Refe=
raten und in einer Nebenveranstaltung der Missions=Vereinigung katho=
lischer Frauen und Jungfrauen beschäftigte er sich mit dieser Frage. Wenn
man nun die wissenschaftlichen Referate mit einander vergleicht, so muß
man sagen, daß sie sich gegenseitig ergänzen. In dem ersten (gehalten
von P. Hallfell aus der Missionsgesellschaft der Weißen Väter)
„Maria und die Bekehrung der Heiden", wird gleichsam die
theologische Grundlage gelegt. Es wird nämlich aus der heil.
Schrift, der kirchlichen Ueberlieferung und der Liturgie be=
wiesen, daß Maria als die Mutter des Erlösers, den Heiden die
Erlösungsgnade und vorab die Bekehrung zum wahren Glauben ver=
mittelt, daß mit dem Vordringen der Missionare das Reich Mariens
ausgedehnt wird; die äußeren Missionen stellen· in der Tat ein Reich
Mariens dar, in welchem sie ihre Macht kundtut. Die Missionäre
erfahren sie an sich, indem sie im Hinblick auf Maria die schweren Arbeiten
und Mühen des Apostolates hochherzig auf sich nehmen und oft wunderbar
aufrecht erhalten werden. — Die armen Heiden erfahren sie an sich, in=
dem sie sich gerade durch die herrlichen und innigen Lehren über die
liebe Mutter Gottes zum wahren Glauben hingezogen fühlen.

Die äußeren Missionen sind für unsere himmlische Mutter nicht nur
ein Reich der Macht, sie sind auch ein Reich der Ehre. Diesen Gedanken

entwickelte des näheren die Gräfin Ledochowska in ihrem schönen Referate: „Maria, die Königin der Missionen".

Sie bewies das Thema an der Hand zusammenfassender Berichte über die Missionen in Afrika. Der Name Mariens glänzt auf allen Fahnen der Missionare; alle Missionen sind ihrem besonderen Schutze geweiht. In 23 Vikariaten und Präfekturen sind 293 Kirchen und Kapellen, die Maria geweiht sind. Zu ihre Ehre werden Feste gefeiert, wie das Fest Mariä Himmelfahrt, das das höchste Muttergottesfest der Neger ist, die Feste Mariä Verkündigung,

Gnadenbild U. l. Frau
in der St. Matthiaskirche zu Trier.

Mariä Geburt und Mariä Reinigung. Die Monate Mai und Oktober sind ihrer Ehre geweiht. Es bestehen unter ihrem Namen Bruderschaften und dergleichen in den Missionen und die Marienverehrung zeigt sich auch in äußeren Kundgebungen, wie im Tragen von Devotionalien. Die Neger betrachten sie als ihre Mittlerin. Sie ist in Wahrheit die Königin der Missionen.

Wenn die Heiden=Mission das Reich Mariens ist, dann müssen wir mit P. Fischer aus Steyl folgern, daß die ernste Marien= verehrung notwendig mit der eifrigen Mis= sionstätigkeit verbunden sein müsse. Und da die Marienverehrung gerade in den Marianischen Kongregationen eine Heim= stätte finden muß, so erscheint das Referat des Paters Fischer höchst angebracht, das da lautete: „Pflege des Missions=

sinnes in den Marianischen Kongregationen". Das Ziel der Missionierung, so führte er aus, die Errettung aller Seelen, bewegt sich in der Richtung der heißesten Wünsche Marias. Maria ist nicht nur die Königin der triumphierenden Apostel im Himmel, sondern auch der streitenden, die noch das Evangelium in die Finsternisse und Todesschatten des Heidentums tragen. Die Pflege des Missionssinnes ist ein dringendes Bedürfnis. Denn es bedarf eiliger Hilfe für unsere Missionen, denen heute andere, selbst der Islam, viel Feld wegnehmen. Wir haben nun eine große Kinder=Missionsbewegung im Kindheit=Jesu=Verein, aber fast keine Jugend=Missionsbewegung. Diese auf der ganzen Linie in Gang gebracht zu haben, wäre einer der schönsten Erfolge des Marianischen Kongresses in Trier. Wenn wir ihm diesen Erfolg wünschen, wissen wir uns eins mit allen wahren Missionsfreunden, insbesondere mit jenem von der Saar, den eine schlei= chende Krankheit wohl dem Leibe nach vom Missionsfelde abhalten kann, der aber mit einer staunenswerten Energie und Opferfreudigkeit dem Geiste nach überall da ist, wo ein Missionar an der Ausbreitung des wahren Glaubens arbeitet, überall da, wo man sich zusammentut, um über die Unterstützung der Missionare zu beraten. Dieser schrieb kurz vor der Eröffnung des Kongresses in der ‚Trierischen Landeszeitung' (22. Juli 1912):

Frohe Aussicht auf reiche Fruchtfülle, die der Marianische Kongreß in dem katholischen Deutschland zu zeitigen verspricht, gewährt der Vor=

trag über die „Pflege des Missionssinnes in den Marianischen Kongregationen". In der Stunde der Begeisterung hat das katholische Deutschland auf der Katholikenversammlung in Breslau versprochen, den katholischen Missionen ein erhöhtes Interesse, einen gesteigerten Opfersinn entgegenzubringen. Und treulich hat es angefangen, sein Wort einzulösen. Uns däucht nun, daß es endlich an der Zeit ist, auch unsere katholische männliche Jugend in den Missionsgedanken einzuführen. Viel mehr, als es bisher geschehen ist, wird es jetzt geschehen müssen. Die Gründe sind einfach: Unsere Missionen brauchen das Interesse, die Hingabe unserer katholischen Jünglinge, — und unsere katholischen Jünglinge brauchen den Idealismus und den Segen, der aus der Betätigung des Missionssinnes entspringt.

Aus der Jugend muß dem Missionsklerus gleich unserem einheimischen Klerus Nachwuchs und Zuwachs erstehen. Alljährlich reißt der Tod Lücken, oft tiefe Lücken in die Reihen der Glaubensboten. Sodann entstehen immer neue Christengemeinden; deren Pastorierung erfordert manche Kraft, die sich nun dem eigentlichen Missionsdienst, dem Werk der Heidenbekehrung, nicht weihen kann. Wie lange es aber dauert, bis ein einheimischer Klerus aus den bekehrten Völkern erwächst, dürfte aus der Geschichte der Christianisierung Deutschlands erhellen. Die Missionen bedürfen deshalb, wenn sie sich fruchtbar gestalten sollen, eines stärkeren Zuwachses an Priestern und Laienbrüdern. Immer wieder erheben die Missionare in ihren Briefen und Berichten den Ruf nach neuen Mitarbeitern. Die Erwachsenen aber gehen nicht mehr in die Missionen, sie haben unlösbare Pflichten. Nur die Jugend ist noch frei, sie besitzt Mut, Opfersinn, Liebe zum Nächsten, Liebe vor allem zu Gott. Wer wollte leugnen, daß in der katholischen Jugend noch so mancher Missionsberuf schlummert? Auch läßt sich das Wort des Völkerapostels mit einiger Umänderung anwenden: „Wie sollen sie an den glauben, von dem sie nie gehört haben? Und wie sollen sie hören ohne Prediger?" Wie soll unsere Jugend sich für die Missionen begeistern, wenn sie nichts von ihnen zu hören bekommt? Wie soll sie es aber hören, wenn niemand da ist, der es ihr erzählt?

Und wer erzählt unserer Jugend von den Großtaten der Kirche, ihrer Priester und Glaubensboten? Dieselben Männer mögen auch hineingreifen in den Reichtum, den die Missionen in der Gegenwart dem gewähren, der sich mit zarter Liebe ihnen hingibt. Anregung sollen sie bekommen auf dem Marianischen Kongreß. Die Jugend selbst wird ja bei diesen Referaten nicht besonders vertreten sein. Um so mehr aber ihre Lehrer und Erzieher und Priester. Es ist zu hoffen, daß von diesem Kongreß aus eine vieltausendfältige Anregung in die Marianischen Kongregationen zum Besten der Missionen ausgehen wird.

Aber nicht bloß in die Marianischen Kongregationen, nein, in die ganze katholische Jugend muß der Missionsgedanke geworfen werden. Dem modernen Zeitgeist ist keine Giftsaat zu giftig, die er nicht in die Herzen der Jugend streute. Alles sucht er der Jugend zu rauben: Glaube und Unschuld, Ruhe und Schwungkraft der Seele, Gesundheit des Leibes und des Geistes. Geben wir doch darum auch der Jugend alles, wirklich alles, was wir an Idealen geben können, an denen sie

sich hält, emporschwingt trotz dieser Welt voll niederdrückender Gemein=
heiten. Geben wir ihr doch endlich auch in weitem Umfange die Ideale
einer frommen Missionsbegeisterung. Es gilt ja im Grunde nichts Neues.
Der Samen ist längst ausgestreut im Kindheit=Jesu=Verein. Lassen wir
doch das junge Pflänzchen des Missionssinnes in den Jahren des Jüng=
lingsalters nicht verdorren, damit dann das Mannesalter reich wird an
Frucht echten katholischen Glaubenlebens. Unter dem Beistande Marias,
der Königin der Apostel!

II.

**Die 59. General=Versammlung der Katholiken Deutschlands in
Aachen** (11.—14. August 1912) brachte der allgemeinen Missions=
Versammlung großes Interesse entgegen, ein Zeichen, daß der Mis=
sionsgedanke die Massen des katholischen Volkes zu durchdringen be=
ginnt. Möge derselbe allenthalben einen regen Missionseifer zeitigen.
Damit fände der diesbezügliche Beschluß der Katholiken=Versammlung
seine Verwirklichung. Er lautet also:

Die 59. Generalversammlung der Katholiken Deutschlands erkennt
in der Verbreitung des wahren Glaubens über die ganze Erde die vor=
nehmste, gottgewollte Pflicht der Kirche Christi, eine apostolische Aufgabe,
an der jeder Katholik seinen Anteil haben soll.

Sie blickt daher voll dankbarer Bewunderung auf das heldenmütige
Wirken der katholischen Kirche und ihrer Sendboten in den Heiden=
ländern und fordert alle deutschen Katholiken eindringlich auf, diese Ar=
beit im Dienste des Glaubens nach besten Kräften zu fördern.

Darum empfiehlt sie der Opferwilligkeit der Katholiken Deutsch=
lands die Missionshäuser auf deutschem Boden, die ihre Mitglieder als
Apostel in alle Welt entsenden, und die von der Kirche bestätigten Mis=
sionsvereine, deren Gebete und Geldmittel die Erhaltung und Ausbrei=
tung der Missionen bezwecken. Sie erinnert an diese erfolgreiche Tätig=
keit des Werkes der Verbreitung des Glaubens und des Werkes der
heiligen Kindheit, beide in besonderer Weise mit Aachen verknüpft, des
Bayerischen Ludwigsmissionsvereins, des Afrikavereins, der Missions=
vereinigung katholischer Frauen und Jungfrauen, der St. Peter Claver=
Sodalität und begrüßt lebhaft den steigenden Eifer der akademischen
Jugend für die Vereinsarbeit im Dienste der Heidenmission.

Die 59. Generalversammlung wünscht dringend, daß die Beteiligung
an den Missionsvereinen eine allgemeine werde, damit sie befähigt seien,
dem immer wachsenden Bedürfnis einigermaßen zu genügen. Die ge=
steigerte Kolonialarbeit des Reiches und die Ueberzeugung, daß wahrer
Kulturfortschritt nur möglich ist bei freier Entfaltung der religiösen Kräfte,
muß den deutschen Katholiken ein besonderer Ansporn sein zu außer=
ordentlichen Leistungen [1].

---

[1] Die beiden schönen Missionsreden des Fürsten Aloys zu Löwenstein und
des Missionsbischofes Geyer aus Chartum (Zentralafrika) bieten des Lehrreichen
so viel, daß der Afrika=Bote in seiner nächsten Nummer noch eigens darauf zu=
rückkommen wird.

Ein neuer Missionsbischof aus der Gesellschaft der Weißen Väter.

Der Hochwürdige P. Heinrich Leonard, in Entringen, Pfarrei Oetringen (Lothringen) am 5. Dezember 1869 geboren, erhielt in der hohen Domkirche zu Metz am 10. August die bischöfliche Konsekration. Konsekrator war der General-Obere der Weißen Väter, Bischof Livinhac, dem zwei Missionsbischöfe assistierten, während der Diözesanbischof W. Benzler im Chore beiwohnte.

I.

Der Stimmung, mit welcher man dieser seltenen Feier entgegensah, hat die Zeitung „Le Lorrain" einen beredten Ausdruck verliehen. Sie unterbreitete tags vorher ihren Lesern folgende Gedanken: Die so außergewöhnliche Feier einer Bischofs-Weihe ist immer ehren- und segensreich für die Stätte, auf der sie vollzogen wird, wie auch für die Leute, die ihr beiwohnen können. Das trifft selbstverständlich auch für diejenige zu, zu der wir uns rüsten. Und doch hat sie noch etwas vor den gewöhnlichen Bischofsweihen voraus.

Der zum Bischof Auserkorene ist keiner aus der Reihe jener verdienten Priester, welche berufen sind, den bereits seit Jahrhunderten in unseren Gegenden gepflanzten Weinberg des Herrn weiter zu pflegen, nein, er kommt aus der Schar der Missionare, jener apostolischen Arbeiter, die in der ersten Linie stehen, um neues Erdreich erst urbar zu machen und so für den Weinberg des Herrn zu gewinnen; er ist einer jener apostolischen Männer, welche das urbar gemachte Erdreich mit ihrem Herzblute befruchten möchten, bereit, in Mühe und Entbehrung es tropfenweise zu verbrauchen, oder im Martyrium auf einmal herzugeben.

Der Konsekrator ist ein um den christlichen Namen sehr verdienter Prälat: Es ist der Bischof Livinhac, welcher die durch Kardinal Lavigerie gegründete Missionsgesellschaft der Weißen Väter ausbaute und an ihrer Spitze wahre Massenbekehrungen erzielte, die nur in den ersten Jahrhunderten des Christentums oder in den Zeiten des hl. Xaverius ihresgleichen finden. Er war es, welcher die Schar apostolischer Männer zur geistigen Eroberung Afrikas, auf dem für immer der Fluch Chams zu lasten schien, hinausführte. Er ist der Vater der Christengemeinde Ugandas, jener Gemeinde im Herzen Afrikas, welche sich gleich mit dem Purpurkleide des Martyriums schmückte und seither der Trost und die Freude unserer hl. Mutter der Kirche ist, die in unseren Tagen den Abfall und die Lauheit so vieler ihrer Kinder betrauern muß.

Einem gutgepflegten Garten vergleichbar, grünte und blühte die Ugandamission nach den furchtbaren Winterstürmen der Verfolgung. Welche Freude wäre es für den Oberhirten gewesen, sein Leben lang diesen Gottes-Garten zu hegen und zu pflegen! — Doch eine andere Aufgabe wartete seiner: Von Kardinal Lavigerie zurückgerufen, leitete er seit 1890 die Gesellschaft der Weißen Väter als General-Vikar des Gründers; seit dessen Ableben (im Jahre 1893) aber als General-Oberer.

Und dieser um die neuere Mission so verdiente Kirchenfürst kommt nach Metz, um einem seiner geistlichen Söhne die bischöfliche Weihe zu erteilen. Sie soll sich zu einer spezifisch lothringischen Feier ge= stalten. Denn wir dürfen nicht vergessen, daß es ein Kind unseres Landes ist, das also geehrt werden soll. Viele von uns kennen den neuen Bischof nicht. Aber der Papst kennt ihn. Er hat ihn erwählt und ernannt. Dieser Ausweis wiegt alle andern auf. Eines weiteren bedarf es nicht, um stolz sein zu dürfen auf unsern Landsmann, der Bischof und Kirchenfürst wird.

Darum laßt uns aus Stadt und Land zum hohen Dome nach Metz wallen, um Zeuge der bischöflichen Weihe zu werden. So ziemt es sich für uns, die wir treue Söhne der katholischen Kirche und eifrige För= derer der Verbreitung des Glaubens sein müssen. Indem wir fromm und andächtig betend der Weihe des Missionsbischofes beiwohnen, nehmen wir in etwa schon an seinen apostolischen Arbeiten teil und helfen ihm die Güter unserer heiligen Religion in jene Länder hineintragen, die jahrhunderte lang der Schauplatz des größten Elendes gewesen sind.

Das sei unser Entschluß, wir wollen unsere Missionare nicht nur mit unserm Gelde unterstützen[1], nein, auch durch unsere Gebetshilfe und Ermutigung aller Art wollen wir ihnen zur Seite sein, so gut wir können.

Tun wir es insbesondere für jene, die unsere Verwandten und Brüder sind, zumal da wir auch teil haben an ihren Verdiensten.

An uns ist es zum großen Teil, daß Bischof Leonard und sein ehrwürdiger Konsekrator die bevorstehende Feier in steter freudiger Er= innerung behalten werden.

II.

Die Bischofsweihe selbst nahm einen erhebenden Verlauf. Der Hochwürdigste Herr Bischof Benzler von Metz, umgeben von einer Corona zahlreicher Domherren, wohnte der imposanten Feierlichkeit, die von $9^1\!/_4$—12 Uhr dauerte, im Chor bei.

Außerdem waren an 160 Geistliche aus den verschiedenen Teilen Lothringens herbeigeeilt, um an diesem Ehrentage ihres Landsmannes zugegen zu sein. Die Vierung und das große Schiff bis zur Sakra= mentskapelle waren mit Gläubigen besetzt; die meisten waren aus der Stadt; viele aber auch aus der Heimat und von der Verwandtschaft des neuen Bischofs aus Oetringen, Entringen, Saareinsmingen.

Dem Konsekrator, Bischof Livinhac, assistierten zwei Bischöfe seiner Gesellschaft, Bischof Dupont, ehemaliger Apost. Vikar von Nyassaland, und Bischof Roelens, Apost. Vikar von Belgisch=Kongo. Ein unver= geßliches Bild: die vier Missionsbischöfe in ihrem bischöflichen Ornate, umgeben von ihren weißgekleideten Patres und Alumnen! An den liturgischen Verrichtungen beteiligten sich außerdem der General=Vikar M. Pelt als assistierender Priester, die Herren Cordel und Jeanhomme als Ehren=Subdiakon und Diakon, die Herren Hermann und Augustin Meyer als diensttuender Subdiakon und Diakon.

---

[1] Die Annalen der Glaubensverbreitung bekunden es, daß die Diözese Metz hierin viel tut. Ist sie doch mit ihren Gaben an der Spitze aller Diözesen der Welt.

Bischof Leonard, Apost. Vikar von Unyanyembe.

Es würde zu weit gehen, auf die sinnreichen Zeremonien der Kon=
sekration im einzelnen einzugehen: auf die Salbungen, die auf dem
gleichen Altar gemeinsam gefeierte hl. Messe, die hl. Kommunion aus
demselben Kelche.   Das alles ist sinnbildlich und trägt den Gedanken
nach dem Kalvarienberg hin, wo Jesus und Maria in innigster Ver=
einigung das Versöhnungsopfer zum Heile der Welt darbringen.   Es
folgen am Schlusse der hl. Messe die feierliche Ueberreichung des Bischofs=
stabes, des Ringes und der Mitra, die Segenswünsche des Konsekrators

an den Konfekrierten, der Friedenskuß, der feierliche, bifchöfliche Segen, den
der neue Bifchof, auf der oberften Altarftufe ftehend, allen insgefamt fpendet.

Dann fchreitet er die Stufen hinab. — Die Tränen der Rührung
kommen den Anwefenden in die Augen, als er vor feine hochbetagten
Eltern hintritt, ihnen fein Bifchofskreuz zum Kuffe hinreicht und fie fegnet.
Welch' fchöner und erhabener Augenblick! Welch' überirdifcher Troft und
welch' himmlifche Freude für dich, o chriftliche Mutter! für dich treu=
forgender Vater!

Nach dem Vater, der Mutter find es die Gefchwifter, Verwandte
und Bekannte, die vom Bifchof eigens gefegnet werden. Dann fchreitet
er ftill fegnend das Mittelfchiff der Kathedrale entlang und kommt ftill
fegnend wieder zum Chore zurück. Damit nahm die erhebende Feier ihr Ende.

Ad multos annos! fo rufen wir dem neuen Bifchof zu, ihm,
der bereits eine langjährige und vielfeitige Miffionstätigkeit hinter fich
hat. Am 2. Juli 1895 zum Priefter geweiht, nahm er im Auguft des=
felben Jahres den Weg nach der Uganda=Miffion und wirkte recht
fegensreich auf der Sefe=Infel (Weftufer des Viktoriafees) bis zum Früh=
jahr 1901. Um fich von den Nachwehen des Schwarzwafferfiebers, von
dem er zweimal kurz nacheinander heimgefucht worden war, zu erholen,
kam er nach Europa zurück und verbrachte einige Monate im idyllifchen
Marienthal (Luxemburg). Von 1902 bis Auguft 1904 verfah er den
Poften eines Oekonoms am Seminar zu Carthago. Es follte nur ein
Durchgangspoften fein; denn im Oktober 1904 kehrte er in die Mif=
fionen zurück. Er wirkte nunmehr in Deutfch=Oftafrika auf den Sta=
tionen Marienberg und Neuwied (Ukerewe=Infel), im Vikariat Süd=
nyanfa. Während einer hartnäckigen Krankheit des Bifchofs Hirth
(1908—1909) hatte er die ganze Leitung des Vikariats inne.

Zum Regionalobern ernannt, war er von November 1909 bis
Frühjahr 1912 ftändig auf Vifitationsreifen in den beiden Vikariaten
Südnyanfa und Unnyanyembe (Deutfch=Oftafrika). Er fah fomit die ein=
zelnen Miffionare an der Arbeit und konnte fich an Ort und Stelle
über den Fortgang, die Hoffnungen und Befürchtungen des Miffions=
werkes genau unterrichten.

Im Mai laufenden Jahres wohnte er dem Generalkapitel der Ge=
fellfchaft bei und wurde kurz darauf vom hl. Vater zum Titularbifchof
von Tipafa i. p. inf. (Nordafrika) ernannt. Er follte dem Apoftolifchen
Vikar von Unnyanyembe als Koadjutor zur Seite ftehen. Da aber
diefer unerwartet fchnell dahinfchied, fteht der neukonfekrierte Bifchof
Leonard an der Spitze des gen. Vikariates.

Am Montag, den 12. Auguft, las Bifchof Leonard die hl. Meffe
im Klofter der hl. Chriftina, in welchem eine Schwefter von ihm als
Klofterfrau lebt. Am Fefte Mariä Himmelfahrt hielt er in feiner Heimats=
pfarrei ein Pontifikal=Amt.

III.

Wie die Heimat ihren Bifchof zu ehren weiß, läßt fich
aus der Schilderung eines Augenzeugen entnehmen.

Die Pfarrgemeinde Oetringen=Entringen prangt in feftlichem Schmucke.
Mit vieler Mühe und Sorgfalt hatten fleißige Hände tagelang gearbeitet,

um dem neugeweihten Bischofe, der nunmehr sein erstes feierliches Pon=
tifikalamt inmitten seiner Verwandten und Bekannten halten will, in
einem herrlichen Empfang die sprechendsten Beweise ihrer aufrichtigen
Liebe und Hochachtung zu erbringen. Wenn früher der hochwürdigste
Herr als einfacher, schlichter Missionar nach jahrelanger Abwesenheit
unerwartet in der Heimat erschien und den lieben Eltern einen kurzen
Besuch abstattete, den Bekannten nur flüchtig im Vorbeigehen die Hand
zum Gruße reichte, so sollte es heuer anders sein. Seine Ankunft als
Bischof sollte ein Familienfest für die ganze Pfarrei werden. Die Ge=
meinden Oetringen und Entringen lagen in edlem Wettstreite; das Pfarr=
dorf wollte das Heimatsdorf überbieten in äußerer Prachtentfaltung.
Auch Groß=Hettingen wirkte mit, war doch ihm die Aufgabe zugefallen,
den hochwürdigsten Herrn vor allen andern zuerst zu begrüßen und ihn
durch seine Gemarkung hin zum Heimatsdorfe Entringen zu geleiten.

Bischof Livinhac, Generaloberer der Weißen Väter.

Es ist schon spät am Nachmittage des 14. August. Alles ist zum
Empfange des hochwürdigsten Herrn bereit. Man sammelt sich am
Bahnhof°. Die Feuerwehr von Groß-Hettingen hält die Ordnung aufrecht unter der Volksmenge, die herandrängt, den Missionsbischof zu
sehen und zu begrüßen. Der Zug läuft ein; Glocken läuten, Böller
krachen; es sind die Herolde, die jedes fremde Geräusch übertönen und
laut die Freude der Gemeinde zum Ausdruck bringen. Erwartungsvoll
blickt die Menge nach dem Ausgang des Bahnhofes. Da tritt der
hochwürdigste Herr aus der Halle; das weiße Kleid der Missionare hebt
ihn ab von der Begleitung; er ist's; kein Zweifel mehr möglich. Seht
die violette Kalotte; schaut das goldene Brustkreuz. Lebhaft, doch sicher
überfliegen die kleinen, dunklen Augen die harrende Menge und segnend
bewegen sich seine Lippen. Sein Antlitz ist stark gebräunt — eine Folge
des jahrelangen Arbeitens unter Afrikas sonnigem Himmel. Eben ist
der hochwürdigste Herr an der Sperre angekommen. Der Bürgermeister
von Groß-Hettingen tritt in Amtsschärpe auf den Bischof zu und begrüßt
ihn namens der Gemeinde in kurzen, warmen Worten. Ihm schließt
sich die Geistlichkeit an, und nun durchschreitet Bischof Leonard die
dichte Volksmenge, die selbst der starke Regen nicht zum Weichen bringt,
der eben einsetzte. Dankend nimmt Sr. Bischöflichen Gnaden auch den
Huldigungsakt der Gemeinde Oetringen-Entringen entgegen. Dicht hinter
dem hohen Herrn drängt die Menge wieder zusammen, wie wenn sie
sagen wollte, Bischof Leonhard sei aus ihrer Mitte und gehöre zu ihnen.
Recht mühsam war es für die Begleitung des Bischofs, sich an dessen
Seite zu halten. — Da steht mitten im Regen die ehrwürdige Schwester
mit der kleinen, weißen Schar. Lautlos lauscht die Menge auf die
Sprüchlein der Kleinen. Kaum hat der hochwürdigste Herr sie dankend
gesegnet, als der Knabenchor mit klarer, durchdringender Stimme den
ambrosianischen Lobgesang anstimmt; mit freundlichem Lächeln nimmt der
neue Bischof ihre Huldigung an.
Der Wagen, der den Missionsbischof in sein Heimatsdorf führen
soll, fährt vor. Bischof Leonhard steigt ein und der Zug setzt sich in
Bewegung. Voran die Radler mit rotweißer Schärpe und buntgeschmückten
Rädern, die beim Fahren ein prächtiges Farbenspiel erzeugen; ihnen
folgen unter Anführung eines schmucken Husars die Reiter auf geschmackvoll gezierten Pferden. An sie schließt sich unmittelbar der Wagen des
hochwürdigsten Herrn an. Die Wagen, in denen die Verwandten des
Bischofs und die ihn begleitenden Weißen Väter Platz genommen haben,
bilden den Abschluß des Zuges. — Glücklicherweise ließ nunmehr der
Regen nach. —
An der altehrwürdigen Kapelle von Entringen empfing der Orts-
pfarrer den neugeweihten Bischof und geleitete ihn durch das malerische
Spalier, das Reiter und Radfahrer zwischen den mit farbigen Guir-
landen verbundenen Maien bildeten. — Die Kapelle erglänzte von vielen
Lichtern. Ein herrlicher Dankessegen war's — der Pfarrei, die ihren
Sohn als Bischof empfangen durfte. Ergreifend wirkte das von kräftigen Männerstimmen vorgetragene Te Deum, das heilige Begeisterung
auf aller Angesicht zauberte. — Nach dem Segen bestieg der Bischof
wieder den Wagen; die prächtigen Rosse brachten ihn gar flink zum

Elternhause. Wer könnte das Glück und die Freude der greifen Eltern
schildern, als sie ihren Sohn und Bischof im bescheidenen Heime auf=
nehmen konnten. Wehmutsvoll ruhte das Auge des alten Mütterchen
und des betagten, doch noch recht rüstigen Vaters auf dem lieben Sohne;
nach langer Trennung ist er als Bischof im Elternhause eingekehrt. Un=
beschreibliches Glück erfüllte das trauliche Heim. Nicht machte man viele
Worte; was die Zunge nicht sprechen konnte, empfand das Herz, und
in den Freudentränen war's zu lesen.

Kunstvolle Ehrenpforten bezeichneten den Weg, den der Wagen des
hochwürdigsten Herrn nahm, als er am andern Morgen zum Pfarrdorfe
Oetringen hinüberfuhr. Am Eingange des Ortes war ein schöner Altar
aufgeschlagen; hier legte der Bischof seine festlichen Gewänder an; in
feierlicher Prozession wurde er dann zur Pfarrkirche geleitet. Der Chor
sang das „Veni Creator" und das „Magnificat", in welchem nach
jedem Verse das jedem Lourdes=Pilger unvergeßliche „Ave Maria" ein=
geschaltet wurde. In der Kirche hatte man den Verwandten des Bischofs
einen eigenen Platz unmittelbar vor der Kommunionbank eingeräumt;
von dort aus konnten sie bequem dem Festgottesdienste folgen. Bei dem
Pontifikalamt wurden die Zeremonien fast ausschließlich von den Weißen
Vätern ausgeführt; das kleidsame, weiße Gewand hob sie wirkungsvoll
ab von dem schwarzen Talare der übrigen Geistlichkeit. Der Erzpriester
Wagner aus Diedenhofen hielt die Festpredigt und entwickelte in be=
redten Worten die Würde des Priesters und Bischofs und ihre Be=
ziehung zum gläubigen Volke. Am Schluß des feierlichen Gottesdienstes
erteilte der hochwürdigste Herr allen Anwesenden den päpstlichen Segen.
Nach dem Pontifikalamt wurde der Bischof in Prozession zum Pfarrhofe
geleitet. — Gegen 3 Uhr wurde er daselbst wieder abgeholt zur Ponti=
fikalvesper, an die sich der feierliche Segen anschloß.

Wer den reichen Schmuck betrachtet, mit dem an diesem Tage die
Straßen und insbesondere die Kirche ausgestattet waren, könnte meinen,
Oetringen=Entringen habe mehr geleistet, als in seinen Kräften stand.
Doch neben dem Aufwand, den man für diese äußere Feier machte,
haben es sich die braven Landleute nicht nehmen lassen, dem hochwür=
digsten Herrn auch ein bleibendes Andenken in Form eines schönen Ge=
schenkes zu verschaffen, das sie ihm heute an Mariä Himmelfahrt im
Schulhause feierlich überreichten; es war die ganze bischöfliche Ausstat=
tung, zu der alle beizusteuern suchten. Sie wird dem Missionsbischof
in seinem fernen Wirkungskreis nach dem Aequator folgen und ihn
allzeit an die Anhänglichkeit und opferfreudige Liebe seiner Landsleute
erinnern.

Gegen 6 Uhr verließ der hochwürdigste Herr das Pfarrdorf und
fuhr hinüber nach dem Elternhause in Entringen. Wiederum gaben ihm
Reiter und Radfahrer das Geleite. Die Feier des Tages beschloß der
prächtige Fackelzug. Bischof Leonard nahm bei dieser Gelegenheit Ver=
anlassung, seinen Angehörigen und allen, die zur Feier beigetragen hatten,
seinen Dank auszusprechen; er ermunterte insbesondere die Pfarrange=
hörigen, stets treue, katholische Christen zu bleiben, wie ihre Väter es
waren. Die einfachen Worte des Bischofs machten tiefen Eindruck auf
die Menge.

Am folgenden Tage fand um 11 Uhr unter Assistenz des hochwür=
digsten Herrn ein feierliches Seelenamt für die Verstorbenen der Pfarrei
statt, bei welchem die Weißen Väter den Gesang übernommen hatten.
Die Absolution an der Tumba sprach Bischof Leonard selbst. Diese
zarte Aufmerksamkeit mußte die Pfarrangehörigen sehr freuen. Hatte
der hochwürdigste Herr am Tage zuvor das hl. Opfer für die Lebenden
der Pfarrei dargebracht, so stand er heute am Altar als Mittler der
Abgestorbenen. So begegneten sich am Opferaltare die Lebenden und
Abgestorbenen; was Wunder, wenn an diesem Tage die ganze Pfarrei
einer Familie glich; alle sahen in dem Bischofe einen Angehörigen; in
seinem Besitze fühlten sie sich als Glieder ein und derselben Familie.
Möge der Familiengeist, den die Pfarrangehörigen an diesem Tage offen
bekundeten, in der Gemeinde stets wirksam bleiben; in ihm besitzt sie
das sicherste Unterpfand für Gottes reichsten Segen.

Soweit unser Gewährsmann.

Schon nach einigen Wochen wird Bischof Leonard in seine Mission
nach Inner=Afrika zurückkehren. Die missionarische Tüchtigkeit, die viel=
seitige Erfahrung, die genaue Kenntnis von Sachen und Personen,
welche der Erwählte in seinem neuen Wirkungskreis mitbringt, berech=
tigen zu der sicheren Hoffnung, daß die Missionierung seines weit aus=
gedehnten Sprengels, der etwa doppelt so groß ist, wie Elsaß=Lothringen,
guten Fortgang nehmen werde. Ad multos annos!   H.

Gute Noten für den hl. Vater.

Bei Gelegenheit des St. Josephsfestes 1911 ordnete der Erzbischof
von Algier in seiner Erzdiözese eine Kollekte für den hl. Vater
an. Das Ergebnis, so führte er aus, solle dem hl. Vater als
Zeichen der Liebe und Dankbarkeit der algerischen Katholiken
überreicht werden. Darum sei es wünschenswert, daß alle,
groß und klein, sich nach dem Maße ihres Könnens an dieser
Sammlung beteiligten, selbst die Kinder — und wenn sie auch nur
10 Centimes (8 Pfg.) beisteuern könnten.

Allein 8 Pfg. ist viel Geld für Schulkinder, wenigstens bei uns
in Nordafrika bei den kleinen Kabylen.

Nun ist es in den Stationsschulen in Kabylien, wie bei uns, Brauch,
daß fleißige Kinder eine gute Note erhalten. Das ist auch ein gutes
Mittel, um in solchen Ländern, wo es keinen Schulzwang gibt, die Kleinen
zum regelmäßigen Besuch der Schule anzuhalten.

In der Mädchenklasse zu Tagmunt=Asus wurden, wie überall, von
Anfang des Schuljahres an all die guten Noten sorgfältig gesammelt
und gezählt und wieder gezählt, bis es so viele waren, als man haben
mußte, um ein Kreuz oder ein Bild dafür zu erhalten.

Da hörten die Kinder eines Tages von jener Verordnung des Erz=
bischofs. Die Kinder überlegten, wie sie wohl 8 Pfennig aufbringen
könnten.

Endlich machte ein frommes Mädchen aus der Schwesternschule den
Vorschlag, man solle einfach alle guten Noten sammeln und sie dem

hl. Vater schenken. Damit fand das Kind Anklang. Die größeren gaben alle Noten rückhaltlos. Die kleineren gaben zunächst nur die Hälfte, denn alle zu opfern, war doch zu schwer; dann zählten sie und zählten, und wie von Gewissensbissen gequält, machten sie es zuletzt wie die älteren Kinder und opferten auch den Rest.

In der Folge aber entspann sich ein wahrer Wettstreit, weitere gute Noten für den Papst zu gewinnen.

Als der hl. Vater von dieser opferwilligen Liebe erfuhr, war er darüber sehr erfreut und ließ der kleinen Christengemeinde von Tagmunt= Asus am 27. Mai 1911 durch den Kardinal=Staatssekretär einen be= sondern Segen übermitteln.

Kleine Mitteilungen.

Der Hochw. Herr P. Max Donders, welcher sich lange Jahre hindurch um den Afrikaboten und das heimische Missionswesen sehr verdient gemacht hat, ist auf der Hinreise nach den innerafrikanischen Missionen begriffen. Briefe ge= schäftlichen Inhaltes mögen der rascheren Erledigung halber nicht an ihn persönlich, sondern an die „Prokura der Weißen Väter, Trier," ge= richtet werden.

Diakonatsweihe. Im herrlich gelegenen Bruderpostulat und Ferienheim Marienthal (Luxemburg) spendete am 19. August der neusekrierte Missions= bischof der Weißen Väter, Seine bischöflichen Gnaden Heinrich Leonard an drei Alumnen des Trierer Missionsseminars die hl. Diakonatsweihe. Es waren die Herren: Johannes Paas aus Hüttingen (Eifel), Bernhard Stürzer aus Neuburg (Hagenau) und Michael Gaß aus Schaffhausen (Straßburg).

Flaggenschmuck vom Turm der schönen Klosterkirche kündete schon die Tage vorher einem jeden, daß man sich in dem sonst so ruhigen Kloster zu einer außer= gewöhnlichen Festlichkeit rüste. Fleißige Hände hatten in edlem Wetteifer alles in schönster Weise geziert, um dem hochwürdigsten Herrn einen würdigen Empfang zu bereiten und den lieben Mitbrüdern die Ehre des Tages zu erweisen. Mußte es doch alle mit doppeler Freude erfüllen, daß der neugeweihte Bischof, ein Weißer Vater, die hl. Handlung vornehmen wollte. Vorab aber betrachteten die Weihekandidaten selbst es als ein großes Glück, durch den Bischof zu höherem heiligen Dienst berufen zu werden, dem der eine oder andere vielleicht bald als Missionar in der Heidenbekehrung zur Seite stehen wird.

Die Weihe selbst mit ihren herrlichen Zeremonien fand in der Frühe des genannten Tages im engeren Kreise der Mitbrüder und Bruderpostulanten statt. Es sind Zeremonien, die zwar teilweise bei jeder höheren Weihe wiederkehren, die aber doch immer das gläubige Herz fesseln, voll schlichter Erhabenheit und tiefer Bedeutung, heilige Gebräuche, wie sie nur in der vom heiligen Geiste geleiteten Kirche zu finden sind. Auf sie sollten auch die Worte der heiligen Kirche keinen Eindruck machen, mit denen sie freudig bewegt den Diakon auf seine hohe Würde aufmerksam macht, im heiligen Zelt des neuen Bundes mit dem Herrn zu ver= kehren, selbst cooperator Mitarbeiter Christi und dispensator mysteriorum Dei Ausspender der Geheimnisse Gottes zu werden? Aber Mitarbeiter Christi, Diener des Herrn kann nur der sein, welcher zuvor selbst am eigenen Tempel seines Herzens wahre Levitendienste geleistet hat durch ernstes Streben nach Vollkommen= heit und Tugend. Deshalb weist sie auch mahnend auf die schweren Verpflich= tungen hin, die der Diakon auf sich nimmt. Er muß erst selbst ein „vas electionis" ein Gefäß der Auserwählung sein, um den andern aus dem goldenen Gefäß der reinen Lehre Jesu schöpfen zu können. Darum „mundamini" haltet euch rein! In diesem Streben ist dem Ordinanden das Leben und Beispiel des ersten Mar= tyrers und Diakons, des hl. Stefanus, Vorbild und Wegweiser. In seinem ganzen Wesen muß sich jene Heiligkeit wiederspiegeln, die er andern predigt, er muß ein „lebendiges Abbild" seiner Lehre sein. Aber nur Gott kann ihm diese Gnade verleihen, seines Amtes würdig zu wandeln und es im richtigen Geist zu ver=

walten. Im Bewußtsein seiner Abhängigkeit und eigenen Ohnmacht wirft er sich darum anbetend in den Staub nieder, während der Bischof mit Klerus und Volk in der Litanei alle Heiligen um ihre Fürsprache bei Gott anfleht. Es ist dies so recht der beredteste Ausdruck der vollständigsten Unwürdigkeit, die wahre Bußgesinnung, die ihr Elend erkennt und sich außerstande fühlt, es zu bessern. Doch der Gedanke, Fürsprecher im Himmel zu haben, gibt dem Diakon den Mut, freudig vertrauend das heilige Amt zu übernehmen. Und so schreitet er zum Altare, um durch die Handauflegung und das Gebet des Bischofs die Kraft des heiligen Geistes zur Stärke und zum Widerstand gegen den Teufel und seine Lockungen zu empfangen. Accipe Spiritum sanctum ad robur et ad resistendum diabolo et tentationibus eius. Und als Abzeichen seiner neuen Würde erhält er die Stola, die Dalmatika und das Evangelienbuch, um im Auftrag Gottes und der Kirche die Heilswahrheiten zu verkünden. In Ausübung dieses Amtes liest der neue Diakon gemeinschaftlich mit dem Bischof das Evangelium.

Es war das erstemal, daß der neuerwählte Bischof seine hohepriesterliche Weihegewalt ausübte, um der hl. Kirche ihre Diener zu geben. Wie muß es sein Herz mit hoher Freude und innigem Dank erfüllt haben, als er Mitgliedern seiner Gesellschaft die geweihten Hände auflegen konnte. Andererseits mag sich dieser Freude auch Wehmut beigemischt haben, als er an all die Seelen dachte, die seiner Leitung unterstehen und an die geringen Kräfte, welche ihm zu ihrer Führung behülflich sind. Die Feier erinnerte ihn dann auch an sein eigenes Negerseminar in Afrika, und in banger Sorge mag sich ihm die Frage aufgedrängt haben, wann er wohl dort drüben die Erstlinge zum hl. Priestertume berufen könnte. Ja, wann wird das sein, vielleicht vergeht noch mehr als ein Jahrzehnt? Gott weiß es. Rücken wir diesen Zeitpunkt näher durch unser Gebet: Herr, sende Arbeiter in deinen Weinberg!

Papst Pius X., Hort der Gerechtigkeit und Liebe. Wie weit niedrige Gewinnsucht und tierische Grausamkeit „zivilisierte" Weiße des 20. Jahrhunderts bringen kann, haben die Vorkommnisse in den Kautschuckgebieten Perus gezeigt. Dieselben wurden vor einigen Monaten zunächst gerüchtweise in den Zeitungen besprochen, kürzlich aber auch auf Grund amtlicher Erhebungen durch das englische Weißbuch als tatsächlich bestätigt.

Diese Erhebungen haben ergeben, daß in den peruanischen Gebieten lange Zeit hindurch von gewissenlosen Händlern und Aufsehern an den armen Indianern unsägliche Greuel verübt worden sind.

Aber ehe die große Welt etwas davon wußte oder wissen wollte, hatte der Papst bereits eine Hilfsaktion in die Wege geleitet.

Vor mehr als einem Jahre entsandte er in jene Gegenden eine Spezial-Mission. Führer der Mission war P. Genocchi von den Missionären des hlst. Herzens Jesu, der in elfmonatlichen beschwerlichen Reisen durch die Urwälder und Prärien die Indianer aufsuchte und sich an Ort und Stelle von der trostlosen Lage dieser einstigen Herren dieses Weltteiles überzeugte. Besonders schlimm erging es nach den Feststellungen dieser Mission den Indianern des Putumayogebietes, die, wie es schon damals bekannt wurde, in einer unmenschlichen Weise von den Kautschuckhändlern behandelt wurden. Der hl. Vater wurde bei der Schilderung dieser Grausamkeiten zu Tränen gerührt und hat in seinem Willen, zu helfen, eine Enzyklika an die Bischöfe des lateinischen Amerika erlassen.

In derselben beklagt er den Tatbestand, demzufolge oft wegen der geringfügigsten Ursachen und nicht selten aus reiner Lust am Morden, Menschen mit Peitschenschlägen oder glühendem Eisen getötet, oder die gewaltsam Unterdrückten zu Hunderten und Tausenden in einem Blutbad vernichtet, oder Flecken und Dörfer verwüstet und die Eingeborenen niedergemetzelt, von denen einzelne Stämme, wie wir erfahren haben, in wenigen Jahren fast ganz ausgerottet worden sind. Auch nicht die Schwäche des Alters und des Geschlechtes wird von ihnen (Händlern) geschont. Man muß sich schämen, über die Schand- und Freveltaten zu berichten, die sie beim Einfangen und Verkaufen von Frauen und Kindern verüben und mit denen sie, wie man in Wahrheit sagen kann, die schlimmsten Beispiele der heidnischen Greueltaten noch übertreffen.

Angesichts dieses Tatbestandes bespricht der Papst dann die Mittel und Wege, jenem unwürdigen Zustande ein Ende zu machen. Unter den Maßnahmen, welche er den Bischöfen anbefiehlt, sei nur folgende namhaft gemacht.

Dr. W. Benzler O.S.B., Bischof von Metz (siehe (S. 16).

„Ihr werdet angelegentlich eure Gläubigen an ihre heiligste Pflicht er=
mahnen, die Expeditionen zu den Eingeborenen, die zuerst den amerikanischen
Boden bewohnt haben, zu unterstützen. Und zwar sollen sie wissen, daß sie auf
zweifache Weise diese Unternehmen fördern können: durch Sammlung von Gaben
und durch das Mittel des Gebetes, was von ihnen nicht nur die Religion, son=
dern auch der Staat fordert. Ihr aber sorget dafür, daß überall, wo man sich
der Erziehung zu guten Sitten widmet, in den Seminarien, in Knaben= und
Mädcheninstituten, vor allem aber an den heiligen Stätten, niemals die Empfehlung
und die Predigt der christlichen Liebe aufhört, die alle Menschen, ohne Unter=
schied der Nation und der Farbe, als Brüder betrachtet, eine Lehre, die nicht so
sehr durch Worte, als vielmehr durch Taten bezeugt werden will. In gleicher
Weise darf keine sich bietende Gelegenheit vorübergehen, ohne daß gezeigt wird,
wie sehr die von Uns hier hervorgehobenen unwürdigen Zustände dem christlichen
Namen Schande bringen."

Jeder, der von dieser herrlichen Kundgebung des Heiligen Vaters hört, muß
in seiner Liebe und Verehrung für ihn bestärkt werden und aus dem tiefsten
Grunde seiner Seele sprechen: Oremus pro Pontifice Nostro Pio „Lasset uns
beten für Papst Pius!"

Papst Pius X. und der Neger Stanislaus Mugwanya. Am 18. Juli hat
der hl. Vater den Ugandaneger Stan. Mugwanya, den um Kirche und Reich in
Uganda hochverdienten Justizminister und katholischen Regenten mit dem G r o ß =
k r e u z   d e s   S t.   S i l v e s t e r o r d e n s ausgezeichnet. Auf die Bedeutung dieser
Auszeichnung werden wir noch eigens zurückkommen.

Das Klima der Küstenstriche von Tripolis und Bengasi. Tripolis hat
Temperaturverhältnisse, die denen von Süditalien ungefähr gleich sind, eher
noch etwas günstiger. Der Höchstbetrag der Temperatur stellt sich in Tripolis auf
43 Grad, während er in Foggia in der italienischen Provinz Apulien 46 Grad
erreicht. Die mittleren Temperaturen der heißesten Monate von Juli bis Sep=
tember sind in Tripolis fast genau gleich denen in Foggia und den sizilianischen
Städten Palermo, Catania und Syrakus. Im Winter ist die Abweichung eine
etwas größere, jedoch insofern zu Gunsten von Tripolis, als die Temperatur selten
unter 7 bis 8 Grad über Null sinkt, während in Sizilien und Süditalien Fröste
nicht selten zu beobachten sind.

Dennoch wäre es ein Fehler, daraus auf ein im allgemeinen günstigeres Klima in
Tripolis zu schließen. Die Hitze ist nämlich in Tripolis weit hartnäckiger als in Sizilien.
Schon im März und April wird es oft sehr heiß, im Mai noch heißer und die
Temperatur bleibt gleichmäßig hoch bis in den Oktober hinein. Nur die Abküh=
lung in den Nächten und das Auftreten einer kühlen Brise von Norden her bringen
etwas Erleichterung in diese Hundstage, die in Tripolis ein halbes Jahr oder gar
bis zu acht Monaten dauern können. Wenn man bedenkt, daß diese Angaben
eben immer nur von der Küste gelten, so kann man sich vorstellen, daß bei einem
weiteren Vordringen ins Innere die sommerliche Hälfte des Jahres noch erheblich
schlimmer sich gestaltet.

In Bengasi, am östlichen Rand der großen Syrte, ist das Klima das ganze
Jahr hindurch noch um 1 bis 2 Grad heißer, vor allem aber viel trockener, denn
in jenen acht Monaten von März bis Oktober fällt selten auch nur ein Tropfen
Regen. Auch die Niederschläge im Herbst und Winter sind weniger häufig und
stark. Die einzige Milderung in diesem Punkt ist der gewöhnlich sehr ausgiebige
Tau in den Sommernächten, und es mag daher auch dort am Platze sein, den
Tau als Trinkwasser zu benutzen, wie es gelegentlich geschehen ist. Für eine
Armee freilich dürfte er nicht ausreichen. Die Tatsache, daß die Luft in Bengasi
auch während der heißen Jahreszeit viel Feuchtigkeit enthält, die sich eben in der
Regelmäßigkeit des Tauniederschlages zeigt, ist für das Befinden des Menschen
eher ungünstig. Bekanntlich kann man von trockener Hitze viel mehr vertragen
als von feuchter; aus diesem Grunde ist auch das Klima des Roten Meeres mehr ge=
fürchtet, als das aller andern Tropenländer. Kommt der Wind an der Küste von Tri=
polis und Bengasi aus dem Innern her — er wird das Ghibli genannt —, so
ist er zwar weniger feucht, aber glutheiß und meist von Sand und Staub begleitet.
Daß er keine Krankheitskeime mit sich bringt und in dieser Hinsicht angeblich zur
Reinigung der Luft führt, ist nur ein geringer Trost. Die Italiener beabsichtigen

übrigens schon jetzt, nach der Besitzergreifung von Tripolis weitere Wetterwarten in Homs, Derna und Tobruc einzurichten.

Die ersten ostafrikanischen Fische auf dem Berliner Markt. Kürzlich ist eine Sendung von 13 Tonnen Aale, die im Tanganjikasee in Ostafrika gefangen wurden, über Genua mit der Bahn in Berlin eingetroffen. Diese Fischsendung ist um so bemerkenswerter, weil Ostafrika selbst Fische in sehr erheblichem Umfang einführt. Die Fischerei wird dort zwar sehr lebhaft betrieben, sie reicht jedoch nicht aus, um den außerordentlich großen eigenen Bedarf des Schutzgebietes zu decken. Im letzten Berichtsjahr betrug der Wert der ausgeführten Fische rund 6600 M., dagegen erreichte die Einfuhr einen Wert von 230 000 M. Falls der erste Versuch eines Exportes nach Berlin gute Ergebnisse zeitigt, dürften bald größere Sendungen nachfolgen.

Reiche Naturschätze am Roten Meer. Erst in allerjüngster Zeit hat man angefangen, die reichen Naturschätze, die die gebirgten Ufer des Roten Meeres bergen, auszubeuten, und dadurch den Anfang gemacht mit der industriellen Erschließung eines Gebietes, dessen Reichtum so lange brachgelegen hat. Ueber die Mineralschätze, die sich hier finden, ist man nur auf der Sinai-Halbinsel und an dem westlichen Ufer des Meeres ziemlich im Klaren. Hier haben umfassende geologische Untersuchungen den bedeutenden Erzgehalt der Gebirgsformationen erwiesen. Aber die östliche Seite, die sich unter türkischer Herrschaft befindet, ist noch völlig unbekanntes Terrain.

Wie A. J. Park Crawford in einem Aufsatz von Chambers Journal ausführt, besteht aber große Wahrscheinlichkeit, daß die Mineralschätze des östlichen Ufers denen des westlichen durchaus nicht nachstehen und daß ihre Ausbeutung von hohem materiellen Nutzen sein würde. Die Küsten bestehen ja alle aus einer Hügelkette, die vulkanischen Ursprungs ist. Die Nutzbarmachung der Naturschätze der Ufer des Roten Meeres hat bereits auf dem westlichen Teile der Sinai-Halbinsel und den ägyptischen Küsten begonnen. Man hat gewaltige Petroleumquellen entdeckt; ein großes Syndikat hat sich gebildet, und bald wird das Petroleum vom Roten Meer auf dem Weltmarkt eine hervorragende Rolle spielen. Die Gebiete, auf die sich bisher die Petroleumgewinnung konzentriert, liegen an der Küste von Suez nach Süden bis Tor und zu beiden Seiten des Golfs von Suez. Vorkehrungen sind hier in großem Maßstabe getroffen, um die Schiffe mit dem Brennmaterial gleich an der Stelle zu versehen, wo das Petroleum gefunden wird. Die Naturschätze, die auf der Sinai-Halbinsel in reichem Maße vorhanden sind, sind Kupfer, Eisen, Türkis, Mangan und Petroleum. Die Ataqua-Hügel südlich von Suez liefern Türkise, Sandstein und Kalk. Ein wenig nordwestlich von Schadwan an der Küste werden Schwefel und Petroleum gefunden, und das letztere wird auch in großen Mengen bei Zeitieh, Gahsun, Jubal, Ras, Deeb und Gonsah gewonnen. Bei Safaga stößt man auf Phosphate. Im Norden sind Granitsteinbrüche und im Süden alte Goldminen; diese alten Goldbergwerke, die ganz verlassen und verfallen sind, verlohnten es durchaus, von neuem in Betrieb gesetzt zu werden. Südlich von Kosseir finden sich reiche Marmorlager, so daß rings um das Rote Meer überall Reichtümer von der Natur dargeboten werden. Der Anfang zur Ausbeutung dieser Schätze ist bereits gemacht, und man darf annehmen, daß dies ganze Gebiet einen gewaltigen Aufschwung nehmen wird.

Die amerikanische Säugetierexpedition in Ostafrika. Nachdem der Erpräsident Roosevelt bei seinem Jagdausflug nach Ostafrika in den Jahren 1909 und 1910 die Unterstützung der großen und vermögenden Smithsonian Institution erhalten und demgemäß seine umfangreiche Beute, namentlich an großen Säugetieren, dieser Anstalt abgeliefert hatte, ist jetzt eine Expedition zu gleichem Zweck und ähnlichen Bedingungen unter der Führung von Paul Rainey in Ostafrika tätig. Nach einem Schreiben, das Ende Januar von Kisumu in Britisch-Ostafrika abgesandt wurde und jetzt in der Science veröffentlicht wird, hat auch dies neue Unternehmen große Erfolge erzielt. Die Arbeiten sind bereits abgeschlossen, aber die Versendung der erlegten Tiere hat wegen des Mangels an Trägern eine starke Verzögerung erfahren. Dr. Heller, ein wissenschaftlicher Begleiter der Expedition, hat deshalb die Gelegenheit wahrgenommen, von einigen Stationen der Ugandabahn aus Streifzüge zum Zweck der Ergänzung der Sammlungen zu unternehmen, namentlich in einigen Bezirken, die von Roosevelt nicht berührt worden

waren. Auch die nördliche Nachbarschaft des Viktoriasees ist dabei berücksichtigt
worden. Diese Nachlese ist so ergebnisreich gewesen, daß die Untersuchung der
Säugetierwelt von Britisch-Ostafrika jetzt als abgeschlossen bezeichnet wird. Im
ganzen wird die Expedition etwa 700 große Säugetiere und 4000 kleinere Säugetiere und eine große Zahl von Vögeln und Reptilien nach Washington schaffen.
Die meisten Stücke der Sammlung stammen aus bisher unerforschten Teilen des
Gebietes und einige aus den entlegensten Gegenden der ganzen Kolonie. Die Eng-
länder werden es sich nun gefallen lassen müssen, daß die größte zoologische Sammlung für Britisch-Ostafrika nicht in London, sondern in Amerika zu finden sein
wird, und wer die Tierwelt dieses interessanten Teils von Afrika gründlich studieren
will, wird sich nach Washington wenden müssen. Dr. Heller will übrigens vor
seiner Heimkehr noch einige Wochen in Berlin und London verbringen.

Das Auto in den Tropen. In letzter Zeit sind im belgischen Kongostaate
Versuche mit dem Kraftwagen gemacht worden, die so vorzüglich ausgefallen sind,
daß man allen Ernstes daran denkt, das moderne Gefährt dauernd als Trans-
port- und Verkehrsmittel dort einzuführen.

Heinz Roß in Antwerpen schildert im „Tropenpflanzer" diese Versuche, die
von Dr. Goldschmidt aus Brüssel veranstaltet worden sind.

Die wichtigste Straße, welche dem Automobilverkehr dort erschlossen werden
soll, ist die zwischen dem Kongo und dem Nil. Sie führt von Buta am Stim-
biri, einem Nebenflusse des Kongo, nach Bambili; sie ist über 900 km lang und
zurzeit noch im Bau begriffen.

Auf die Eingeborenen soll das erste Automobil einen großen Eindruck gemacht haben, und als man ihnen kurz seine Bedeutung beschrieb, war der Häuptling Manzali sofort damit einverstanden, daß seine Leute am Wegebau nach
Bambili tätigen Anteil nähmen. Durch diese Hilfe sind die Ingenieure in der
Lage, trotz der großen Geländeschwierigkeiten monatlich 4 km des Weges fertig-
zustellen.

Die zurzeit in Buta verwandten Kraftwagen erweisen sich zunächst als vor-
teilhafte Transportmittel für Baumaterial, Lebensmittel und Werkzeuge. Ist der
Weg erst fertiggestellt, dann wird die 200 km lange Strecke nach Bambili mit
dem Automobil in 15—20 Stunden zurückgelegt werden können. Die nach Bambili im Auto herbeigeschafften Waren werden dann auf dem Uelle-Fluß mit kleinen
Motorbooten weiter nach Njangora und bis zum Nil hinab befördert.

Dr. Goldschmidt ist gegenwärtig auch damit beschäftigt, ein Tropenschiff kleineren Stiles zu erbauen, das allen Wünschen gerecht werden soll, und die belgische
Regierung begünstigt diese Pläne.

Einige kleine Uebelstände unserer Autos, nämlich daß die Holzteile in der
großen Hitze der Tropen leicht springen und das geölte Segeltuchschutzdach nicht
lange vorhält, werden durch Verwendung von Tropenholz und Anbringung eines
Schutzdaches aus dünnen Aluminiumblättchen beseitigt. Vielleicht wird das Auto
später noch einmal zu einem der Hauptverkehrsmittel in den Tropen.

Empfehlenswerte Bücher und Zeitschriften.

„Von Hütte zu Hütte." Drama in drei Aufzügen von M. Th. Gräfin Ledóchowska. Verlag der St. Petrus Claver-Sodalität in Salzburg Dreifaltig-
keitsgasse 12. Preis 80 Pfg. Auch erhältlich durch alle bekannten Filialen
und Abgabestellen genannter Sodalität.

„Es ist ein trauriges Milieu", so schreibt das Wiener „Vaterland" nach der
glänzenden Erstaufführung dieses Stückes in Wien, „das auch ohne Worte ergreifend zu wirken vermag, nur durch die bloße Macht der Tatsachen. Jede
künstelnde Effekthascherei vermeidet die Verfasserin sorgfältig, ... wohl aber
liebt sie Kontraste, die in ihrer Schärfe die bunten Bilder aus dem Missionsleben viel klarer hervortreten lassen als die weitläufigste Schilderung es vermöchte.
Hierin hat Gräfin Ledóchowska eine gute dramatische Begabung bewiesen und
ihren Ruf vollauf gerechtfertigt. Ein kräftiger Strich genügte, um den gewaltigen
Unterschied zwischen der Wirksamkeit der „Kulturträger und Kolonisation" einerseits und der stillen, segensreichen Missionswirksamkeit drastisch und plastisch zum

Ausdruck zu bringen. . . . . Gerade diese ausdrucksvolle Kürze verleiht dem Stücke besonderen Reiz. Die Verfasserin zeigte, wie sie das Wort „realistische Dramatik" versteht: nicht in der Aufdeckung des Lasters, worin die modern sich nennenden Dramatiker allzuviel sündigen, sondern in der F o r m ohne künstliches Pathos und ohne die Farben zu stark aufzutragen, reißt sie uns nur durch ihre den Stoff plastisch gestaltende und formende Kraft mit, daß wir ihr willig überall folgen, ohne allzu stark zu ermüden."

Das Stück, welches hiemit wärmstens empfohlen wird, eignet sich besonders für christl. Anstalten, Vereine, Kongregationen und Pensionate; es läßt sich auch für ausschließlich weibliche Rollen einrichten.

Lilien des Feldes. Der Jungfrau Klosterleben in der Welt. Von Dr. J a k o b E c k e r , Professor am Priesterseminar zu Trier. S e c h s t e u n d s i e b t e Aufl. 12⁰ (VIII u. 146) Freiburg 1912, Herdersche Verlagshandlung. *M* —,80; geb. in Leinwand *M* 1,40.

Dieses Büchlein will den in der Welt lebenden, dem lieben Gott sich weihen= den Jungfrauen helfen, auf dem Wege zur Vollkommenheit sich zu befestigen. In sechs kurzen, aber inhaltsreichen Kapiteln behandelt der Verfasser die Tugenden, mit Hilfe derer es der jungfräulichen Seele möglich ist, ihren heiligen Stand rein und strahlend zu bewahren, nämlich: Reinheit, Gebet, Armut, Gehorsam, Einsam= keit und Schweigen. Diese Tugenden machen es der Jungfrau möglich, ihr in der Welt das oft vergeblich erstrebte Klosterleben zu ersetzen und dem Ideal der Voll= kommenheit nachzustreben. Das feinsinnig geschriebene und geschmackvoll aus= gestattete Büchlein hat mit Recht weite Verbreitung gefunden.

Drei Grundlehren des geistlichen Lebens. Von Moritz Meschler S J. Mit Approbation des hochw. Herrn Erzbischofs von Freiburg und der Ordensobern. D r i t t e u n d v i e r t e Auflage. kl. 12⁰ (XII u. 284 S.) Freiburg 1912, Her= dersche Verlagshandlung *M* 2,—; geb. in Leinwand *M* 2,60.

P. Meschler nennt sein Büchlein über die „Drei Grundlehren des geistlichen Lebens" die „Aszese in der Westentasche", weil es in kurzen und fast sprichwört= lichen Sätzen auf dem bewährten Wege des Gebetes und der S e l b s t v e r l e u g= n u n g zur wahren Liebe des Heilandes führt. Mehrseitige Bitten haben den Verfasser bewogen, dem Büchlein wirklich ein Taschenformat zu geben, damit man es auch auf Reisen ohne Beschwerung mitnehmen könne. Das ist mit der dritten und vierten Auflage geschehen. Es hat Platz in einer geräumigen Westentasche. Möge das Büchlein nun mit seiner heitern, fröhlichen Aszese ein treuer Begleiter der Unterhaltung, der Erbauung und des Trostes sein!

Liebfrauenschule. Lehr= und Gebetbuch für katholische Frauen und Jungfrauen von P. Aug. Rösler C. SS. R Mit einem Geleitwort von Dr. Paul Wilh. von Keppler, Bischof von Rottenburg. 3. u. 4. Aufl. Herder, Freiburg. 668 S., geb. *M* 2.—

Pater Rösler wendet sich nicht nur an das Gemüt der Leserin, sondern auch an ihren Verstand, indem er Hunderte von Fragen über unsern Glauben bespricht und beantwortet. Die Leserinnen finden in der heutigen zweifelerfüllten Zeit in der „Glaubensschule" neue Stärkung im Glauben; die „Gebetsschule" wird sie einen innigen Verkehr mit Gott lehren, die „Arbeitsschule" zur treuen Pflicht= erfüllung anspornen, die „Leidens"= und die „Freudenschule" stark machen für die Tage des Leids und der Freude. So ist die „Liebfrauenschule" das gleichwertige Seitenstück zu Peschs berühmtem Männergebetbuch „Das religiöse Leben", und es wird zweifellos wie dieses die segensreichsten Erfolge erzielen.

Sendboten=Kalender 1913. — 22. Jahrgang, herausgegeben von den Minder= brüdern zu Metz. Verlag des Sendboten. Marchantstr. 17, Metz.

Kinder=Missionskalender 1913. — 5. Jahrg., herausgegeben von der St. Petrus Claver=Sodalität für die afrikanischen Missionen, Salzburg. Ausgabe für Oesterreich=Ungarn, Deutschland und die Schweiz. Druck und Verlag der St. Petrus Claver=Sodalität. 64 Seiten. Preis 25 Pfg. Mit Post 30 Pfg. Bezugsadressen: St. Petrus Claver=Sodalität, Geislingen, Bez. Köln, Rhld. und alle übrigen bekannten Filialen und Abgabestellen und katholischen Buch= handlungen.

Der K i n d e r = M i s s i o n s k a l e n d e r verdient die Aufmerksamkeit aller katholischen Eltern und Erzieher. Er ist so recht dazu angetan, im jugendlichen

Herzen edle und dankbare Gefühle zu erwecken für all das Glück, das sich dem
Kinde im christlichen Heimatlande bietet und sein Interesse auch auf jene hinzulenken, deren Jugendjahre oft so dicht mit Leid und Schmerz durchwoben sind, auf die
armen Negerlein. Von ihnen bringt er, als ihr treuer Freund, zahlreiche Grüße, und
Scherz und Ernst sind da vereint zur Freud und zur Lehre der europäischen Kinderwelt.

Ein echter Missionskalender ist der soeben erschienene **Claver-Kalender 1913.**
6. Jahrgang. Herausgegeben von der St. Petrus Claver-Sodalität
für die afrikanischen Missionen, Salzburg. Ausgabe für Oesterreich-Ungarn,
Deutschland und die Schweiz. Verlag der St. Petrus Claver-Sodalität. 112
Seiten. Preis 50 Pfg. Mit Post 60 Pfg. — Bezugsadressen: Geislingen,
Bez. Köln, Rhld., alle übrigen bekannten Filialen und Abgabestellen sowie die
katholischen Buchhandlungen.

Einheitliche Stimme aller maßgebenden Kreise ist es, daß für Afrikas religiöse Entwickelung der entscheidende Zeitpunkt angebrochen ist. Tun die Katholiken in der Heimat ihr Bestes, um die katholischen Missionäre zu unterstützen, so
kann das katholische Element die Oberhand erringen; die Massenbekehrungen
unserer Tage sprechen dafür. Tun sie es nicht, so fällt Afrika nach Jahrhunderte
langem Heidentume, dem Islam oder dem Protestantismus zur Beute. Sollen
wir solch einem kritischen Augenblick wirklich mit verschränkten Armen gegenüberstehen? Nein, das kann, das darf nicht sein, es wäre dies gegen alle Katholiken-
pflicht. Nun denn, so sorgen wir für Weckung und Förderung allseitigen Mis-
sions-Interesses! Ein sehr geeignetes Mittel hierzu ist der Bezug und die Verbreitung
des Claver-Kalenders, der in seiner gefälligen Ausstattung, gut gewählten
Illustrationen und textlichen Vollendung sich gewiß die Sympathie eines jeden
Missionsfreundes erwerben wird.

Der hl. Aloysius von Gonzaga. Vorbild und Patron der Jugend. Sein Leben,
seine Nachfolge, die Andacht der sechs Sonntage und Gebete. Von Kaspar
Papencordt, Priester der Diözese Paderborn. Mit kirchl. Approbation.
4. Auflage. Verlag der Bonifazius-Druckerei. 96 S. kl. 8⁰. Preis gebd.
35 Pfg., franko 38 Pfg. Zu beziehen durch alle Buchhandlungen.

Kinderfreude. Erzählungen für Kinder. Mit farbigen Bildern von Fritz Reiß.
Zweite Auflage. 12⁰ Freiburg i. Br., Herdersche Verlagshandlung.
Erstes Bändchen: Die Fleißbildchen. Das Milchmädchen von Bergach.
Zwei Erzählungen für Kinder. Von Elisabeth Müller. (VIII u. 128 S.)
1912. Geb. .M 1.—

Zweites Bändchen: Ein Bubenstreich. Franzls Geheimnis. Zwei Erzählungen für Kinder. Von Elisabeth Müller. (VI u. 124 S.) 1912. Geb. .M 1.—.

Die aus acht einzeln käuflichen Bändchen bestehende Sammlung „Kinder-
freude" erfährt in vorgenannten Erzählungen eine neue Auflage, und mit aufrich-
tiger Freude begrüßen wir die schmucken Büchlein mit den duftigen köstlichen
Farbentafeln nach Aquarellen des bekannten Schwarzwaldmalers Fritz Reiß.
Der Zweck dieser Kinderbücher, gemütliche Unterhaltung und veredelnde
Geistesnahrung zugleich zu bieten, ist nach dem Urteil zahlreicher Fachzeitschriften
und Autoritäten beim erstmaligen Erscheinen erreicht worden, und die große, weite
Kinderwelt hat sich tausendfach an diesen echten, ungekünstelten Erzählungen erfreut und erfrischt, in denen Elisabeth Müller, die talentvolle Schriftstellerin, mit
feinem Nachempfinden eines Kindes Phantasie, Gemüt und Willen zu beschäftigen
und zu veredeln versteht. Wer Kindern von 7—10 Jahren eine Freude machen
will, wird nicht leicht Geeigneteres finden, als die allerliebsten Bändchen der ihren
Namen vollauf verdienenden Sammlung „Kinderfreude".

Feuer vom Himmel. Worte von der kleinen Hostie. Von R. Mäder,
Pfarrer. 160 Seiten. Elegant broschiert 40 Pfg., 50 Heller, 50 Cts. —
Bei 30 Exemplaren à 32 Pfg., 40 Heller, 40 Cts. — Einsiedeln, Waldshut,
Köln a. Rh. Verlagsanstalt Benziger & C. A. G.

„Es ist etwas Großes in Vorbereitung, ein Tag der Entscheidung für Millionen. Die Heere Gottes und der Hölle schließen sich enger zusammen." So
schreibt der Verfasser, und er ruft den zündenden Kriegsruf in die Gegenwart in
die katholischen Reihen hinein: Feuer vom Himmel! Das Himmelsfeuer brennt
im Tabernakel. Hier muß sich unser Glaubensfeuer für Tat und Leben wieder

entfachen. Die Kinderwelt des weißen Sonntags trägt die Banner des Kampfes und Sieges, die Fahnen der Zukunft uns voran. Die Kinder mit dem Heiland im Herzen zeigen den alten Jahrgängen, wie sie wieder jung werden können. Denn für die reifere Jugend und für die Erwachsenen, die im Auszug und in der Landwehr stehen, sind diese Flammenworte geschrieben, mit einer Kraft und Originalität der Sprache, die uns bis zum letzten Worte fesselt und hinreißt.

Kämpfende Gewalten. Von L. Rafael.

Auf der Fahrt nach dem Glück. Von Ant. Jüngst.

Aus dem Nachtasyl. Von Peter Bonn.

Die 3 Bändchen bilden die Fortsetzung der empfehlenswerten Sammlung: Aus Vergangenheit und Gegenwart. (Butzon & Bercker, Kevelaer.)

Wie macht man sein Testament kostenlos selbst? Unter besonderer Berücksichtigung des gegenseitigen Testaments unter Eheleuten gemeinverständlich dargestellt, erläutert und mit Musterbeispielen versehen von R. Burgemeister. Neuaufl. 1912. Gesetzverlag L. Schwarz & Comp, Berlin S. 14, Dresdener- straße 80. Preis Mk. 1,10.

Leben der seligen Margareta Maria Alacoque aus dem Orden der Heimsuchung Mariä. Nach dem vom Kloster zu Paray-le-Monial herausgegebenen fran- zösischen Orginal. 8⁰ (XII u. 228 S.) Freiburg 1912, Herdersche Verlags- handlung. ℳ 2,40; geb. in Leinwand ℳ 3.—

Schon ist der Name der demütigen Ordensfrau, mit der sich diese Biographie beschäftigt, auch in unsern deutschen Landen nicht mehr Alleingut eines kleinen Kreises stiller Verehrer. Wo immer die frohe Botschaft von den Erbarmungen des Herzens Jesu gepredigt wird, da wird auch der Name der Schwester Margareta mit Ehrfurcht genannt.

Es ist daher durchaus zeitgemäß, wenn uns das Werden und Wirken dieser auserwählten Dienerin aus erster und bester Quelle geboten wird: aus dem hand- schriftlichen Material und der lebendigen Tradition ihres eigenen Klosters selbst. Mit Recht weist darum gerade auf diesen Punkt der beste Kenner Alacoque- Literatur, Bischof Gauthey, hin, indem er zugleich die „herzerfreuende Genauigkeit, Klarheit, Treue" neben „vollem geschichtlichen Gerechtigkeitssinn, der nichts be- mäntelt", rühmt. — Möge diese Biographie die weiteste Verbreitung finden!

Das reizende Büchlein „Klein-Nelli vom ‚heiligen Gott‘, das Veilchen des allerheiligsten Sakramentes" von P. Hildebrand Bihlmeyer O. S. B. in Beuron, vor einigen Wochen im Verlage von Herder zu Freiburg (80 Pf.) erschienen, hat weithin großes Aufsehen erregt. In rascher Folge mußte eine dritte Auflage und damit das 11. bis 15. Tausend herausgegeben werden. Ueber diesen schönen Erfolg wird sich niemand wundern, der auch nur ein Kapitelchen des köstlichen Büchleins gelesen oder sein Inhaltsverzeichnis durchflogen hat. Wie wär's, du machtest einmal eine Probe und nähmst das Büchlein mit auf die Reise oder in die Sommerfrische – ? Glaub mir's nur, auch du wirst bald ein Freund „Klein-Nellis" werden, und das Büchlein in Bekanntenkreisen, in Vereinen und Bibliotheken, bei Verehrern des allerheiligsten Sakramentes, bei Kranken, Kinderfreunden und Kindern verbreiten helfen.

Das Dekret über die Einführung des Seligsprechungs= prozesses der Neger=Martyrer von Uganda

wurde, wie bereits mitgeteilt, am 14. August dieses Jahres in den acta Apostolicae Sedis durch die Ritenkongregation veröffentlicht. Nach einer kurzen Angabe über die Vorgeschichte der Verfolgung führt das Dekret der Reihe nach die Namen der einzelnen Martyrer auf, beschreibt in Kürze die Art des Marter= todes und gibt, wo immer tunlich, Tauf= und Sterbetag an. Damit ist die Grundlage für das Endurteil gewonnen, daß nämlich der Seligsprechungsprozeß eingeleitet werden solle.

Nunmehr wollen wir den Wortlaut selber auf uns wirken lassen.

Dekret über die Seligsprechung der 22 ehrw. Diener Gottes: Karl Luanga, Matth. Murumba und Ge= fährten, gewöhnlich „Märtyrer von Uganda“ ge= nannt, die nach den Berichten der Missionare ihres hl. Glaubens wegen den Tod erlitten.

Als Seine Heiligkeit. Papst Leo XIII. hochseligen An= denkens, Sr. Emi= nenz Kardinal Lavi= gerie, Erzbischof von Algier, beauftragt hatte, im Innern Afri= kas Missionen zu gründen und zu ver= breiten, entstand [1] in Algier die sogenannte Missionsgesellschaft der „Weißen Väter“, deren Mitglieder bis auf den heutigen Tag als eifrige Apostel und Ausspender der hl. Geheimnisse in jenen Gegenden wirken. Die schönsten Erst= lingsfrüchte zeitigte

die apostolische Tätig= keit im apostolischen Vikariate Nord=Ny= ansa und zwar im Königreiche Uganda. Es waren 22 edelge= sinnte Neger, fast alle noch jugendlichen Al= ters und im Dienste des Königs Mwanga. Diese, eben erst von den Missionaren in der katholischen Re= ligion unterrichtet und getauft, verachteten nichtsdestoweniger alle Reichtümer und Genüsse der Welt und brachten unter den

Wappen des Papstes Pius' X.

ausgesuchtesten Martern und Qualen für den Glauben und die Liebe zu Christus bereitwilligst Gott das Opfer ihres Lebens dar.

Wir führen nun die Namen dieser Neger einzeln der Reihe nach an mit einigen Angaben ihres Martertodes unter Mwanga, dem Könige von Uganda, in den Jahren 1885—87.

---

[1] Man hat dabei weniger an die eigentliche Gründung der Gesellschaft zu denken, die um 10 Jahre (1868) zurückreicht, als vielmehr an die Ueberweisung der großen innerafrikanischen Missionen, wodurch ihr ein neues Ziel und eine neue Bedeutung zuteil wurde.

1. **Dionysius Sebuggwao**, königlicher Page, der auf das Geständnis hin, andre in der christlichen Religion unterrichtet zu haben, als Erster vom Könige selbst mit der Lanze durchbohrt wurde.

2. **Karl Luanga**, königl. Page, getauft am 16. Nov. 1885, der nach langen und grausamen Folterqualen unter Anrufung des hl. Namens Jesu verbrannt wurde.

3. **Bruno Seronkuma**, königlicher Soldat, getauft am 18. Nov. 1885, der nach unmenschlicher Geißelung in den Flammen noch lebend seinen Tod fand.

4. **Mgagga**, königl. Page, ein junger Katechumene, der im heftigsten Sturme der Verfolgung von dem obengenannten Luanga getauft worden war und sich dann heldenhaft und heiteren Antlitzes dem Henker zum Feuertode anbot.

5. **Gonzaga**, königl. Page, getauft am 17. Nov. 1885, der seines standhaften Glaubensbekenntnisses wegen selbst von den Henkern bewundert mit einer Lanze durchbohrt wurde.

6. **Matthias Morumba**, im vollen Mannesalter, königl. Richter, der früher Mohammedaner gewesen war, sich dann den Protestanten angeschlossen hatte und schließlich am 28. Mai 1881 katholisch getauft worden war. Da er nun als überzeugungstreuer Katholik lebte und seinen hl. Glauben auf jede Weise auszubreiten suchte, wurde er auf dem Hügel von Kampala in Sabrija unter unsäglichen Qualen getötet.

7. **Andreas Kagwa**, königl. Page, der von seinem Könige wegen seiner hohen Verdienste zum ersten Führer ernannt worden war. Er wurde am 3. April 1881 getauft und gewann als Neubekehrter durch seinen religiösen Eifer viele für Christus. Wurde endlich vom Minister des Königs, genannt Katikiro, angeklagt und zur Enthauptung und Verstümmelung verurteilt.

8. **Noe Maggali**, ein frommer und gutherziger Jüngling, getauft am 1. Nov. 1885, der von seinem eigenen Herrn Mkovenda aus Furcht vor dem Könige den Christenverfolgern überliefert und von ihnen mit einer Lanze durchbohrt wurde.

9. **Joseph Mkaja**, getauft am 3. April 1881, Hofmeister der königl. Pagen, bei allen, selbst beim Könige beliebt, und sogar sein Berater, wurde hinterlistigerweise von den Ministern angeklagt und am 16. Nov. 1885 enthauptet und verbrannt.

10. **Pontian Mgodwe**, königl. Page, getauft am 18. Nov. 1885. Im Kerker gefangen gehalten, wurde er vom Henker gefragt, ob er bete (d. h. ob er katholisch sei). Auf seine bejahende Antwort hin wurde er von diesem mit einer Lanze verwundet und starb an der Wunde zu Mugnunu am 26. Mai 1886.

11. **Athanasius Badzehuhetta**, königl. Page, getauft am 17. Nov. 1885, der sehnlichst nach dem Martertode verlangt hatte und nach wiederholten Folterqualen am 27. Mai 1886 den Streichen erlag.

12. **Jakob Buzabaliao**, königl. Soldat, getauft am 18. Nov. 1885, der noch für seine Verfolger betend am 3. Juni 1886 bei Namunyongo den Feuertod erlitt.

13. **Kizito**, königl. Page, der jüngste seiner Gefährten, Sohn eines hochangesehenen Mannes, der schon am Tage seiner heiligen Taufe

ergriffen wurde und am 3. Juni zum Feuertode verurteilt noch auf dem Scheiterhaufen seinen Glauben bekannte.

14. Ambrosius Kibuha, königl. Page, getauft am 17. Nov. 1885, der ins Gefängnis geworfen vor dem Könige seinen Glauben bekannte und am 3. Juni 1886 lebendig verbrannt wurde.

15. Knavira, königl. Page, eben noch Katechumene, der noch an demselben Tage, an welchem er von Luanga die hl. Taufe empfangen hatte, ergriffen und eingekerkert wurde und, im Bekenntnisse des heiligen Glaubens standhaft verharrend, nach sieben Tagen, am 3. Juni 1886, nahe bei Namunongo gleichfalls den Feuertod erlitt.

16. Achilles Kiwanuko, königl. Page, getauft am 17. Nov. 1885, der im Kerker und auf dem Scheiterhaufen standhaft im Glauben am 2. Juni 1886 zu Namunongo die Krone errang.

17. Adolph Rudigo Mkasa, königl. Page, im Kerker getauft, der vor dem Könige seinen hl. Glauben bekannte und zur Strafe dafür am 3. Juni 1886 zu Namunongo lebendig verbrannt wurde.

18. Mkasa Kilwanvu, königl. Page, erst Katechumene, der auf das Bekenntnis hin, er sei ein Christ, in Banden gelegt wurde und am 3. Juni 1886 zu Namunongo das Los seiner Gefährten teilte.

19. Anatolius Kiligawajjo, königl. Page, der ein ehren= wertes Amt, das ihm vom König angeboten wurde, ausschlug und lieber seinem christlichen Glauben treu blieb. Er starb den Feuertod zu Namunongo am 3. Juni 1886.

20. Mbago Tuzinde, königl. Page, der an demselben Tage, an dem er von Luanga getauft worden war, mit diesem in Fesseln ge= legt und als standhafter Bekenner seines hl. Glaubens grausam ge= schlagen und auf dem Scheiterhaufen den Tod fand, am 3. Juni 1886.

21. Lukas Banabakintu, getauft am 28. Mai 1881, der mutig für seinen Glauben eintrat, deshalb gefangen genommen und am 3. Juni 1886 zu Namunongo in den Flammen seinen Tod fand.

22. Johann Maria Mzée, getauft am 1. Nov. 1885, ein Mann von unbescholtenem Lebenswandel, der älteste von allen und da= her der Berater seiner Gefährten, der zur Zeit einer ansteckenden Krank= heit mit bewunderungswürdigem Opfermut die Kranken gepflegt und unterrichtet und die Sterbenden getauft hatte. Mit seinem kleinen Ver= mögen und seinem kärglichen Erwerb kaufte er Sklavenkinder los und ließ sie unterrichten. Wegen seines Glaubens ergriffen und zum Tode verurteilt, erlitt er freudigen Herzens im Januar 1887 den Martertod.

Diese Angaben zeigen zur Genüge die Wichtigkeit unserer Frage und lassen den Nutzen erkennen, der sich daraus ergibt, zur größeren Ehre Gottes und zur Befestigung und Verbreitung des kath. Glaubens in den Ländern Zentral=Afrikas. Dies ist auch der Grund, der den Ordinarius bewog, den Prozeß einzuleiten, wodurch die obengenannten Diener Gottes aus dem Vikariat Nord=Nyanza zu Martyrern erklärt werden sollen. Die Akten zu diesem Prozeß wurden denn auch der hl. Ritenkongregation übergeben mit den geschichtlichen Beweisen, d. h. den Briefen des Kardinals Lavigerie, Erzbischofs von Karthago und Algier, des Bischofs Livinhac, apostolischen Vikars von Nyanza, sowie des Paters Simeon Lourdel.

Da nun alles zum Prozeß bereit war, stellte auf Antrag des hochw.
Paters Burlin, Generalprokurators der „Weißen Väter" zu Rom und

Bischof Livinhac segnet seine Firmlinge.

Postulators des Prozesses und auf die dringenden Bitten vieler Erzbischöfe, Bischöfe und apostolischer Vikare und Präfekten, sowie vieler
Oberen von Orden und Kongregationen, Se. Eminenz Kardinal Domi-
niskus Ferrata, der Anwalt des Prozesses, am 13. August 1912 an

das Kollegium der Ritenkongregation, das sich zur Beratung im Vatikan zusammengefunden hatte, folgende Frage:

„Soll die Kommission zur Einführung des in Frage stehenden Prozesses eingesetzt werden?"

Nach Anhörung des Kardinal-Anwaltes, nach Kenntnisnahme der mündlichen und schriftlichen Darlegungen des Promotors des Glaubens des Prälaten Alexander Verde, nach reiflicher Ueberlegung aller Umstände, haben Ihre Eminenzen, die Mitglieder der Ritenkongregation eine b e j a h e n d e Antwort gegeben, d. h. die K o m m i s s i o n s o l l e i n = g e s e t z t w e r d e n, s o f e r n S e i n e H e i l i g k e i t es genehmige. — 13. August 1912.

Ein diesbezüglicher Bericht wurde durch den unterzeichneten Sekretär der Ritenkongregation ausgearbeitet und dem hl. Vater Pius X. unterbreitet. Seine Heiligkeit hat nun eigenhändig unterzeichnet, daß der Seligsprechungsprozeß eingeleitet werde, oder daß den 22 Martyrern Karl Luanga, Matthias Murumba und Gefährten, die im Rufe stehen, im Ugandareiche (Zentral-Afrika) für den Glauben den Tod erlitten zu haben, den Titel: „Ehrwürdige Diener Gottes" führen sollen. —

R o m, den 14. August 1912.

Fr. Sebastianus Kardinal Martinelli,
Präfekt der hl. Ritenkonkregation.

Petrus La Fontaine, Bischof von Carysto,
Sekretär.

Man wird es den Kardinälen, welche die Angelegenheit über die Einführung des Seligsprechungsprozesses zu beraten hatten, nachfühlen, daß sie über den Heldenmut der jugendlichen Martyrer tief ergriffen waren. Das von Kardinal Lavigerie, Bischof von Livinhac und Pater Lourdel gesammelte Informationsmaterial, welches den Kardinälen vorlag, ist reich an rührenden Einzelszenen, die im Dekret nur a n d e u t u n g s = w e i s e berührt sind. (Eine ausführlichere Darstellung bringt die im Mosella-Verlag, Trier, erscheinende Broschüre: „Die Negermartyrer von Uganda.)

Man denke beispielsweise an den jungen Katechumenen Mbaga, den eigenen Sohn des Großhenkers Mkadljanga. Der unglückliche Vater versucht alles, ihm ein Wort zu entlocken, das als Glaubens-verleugnung gedeutet werden könnte. Vergebens. — Er läßt vor den Augen des Kindes die grausigen Vorkehrungen zur Hinrichtung treffen, immer noch hoffend, eine Sinnesänderung zu erzielen. Umsonst — das Kind läßt sich in die Schilfgarbe einbinden, ohne ein Wort zu sagen. Da macht der gequälte Vater einen letzten Versuch. — „Mein Kind", sagt er, „laß es geschehen, daß ich dich in meiner Wohnung verberge. Da kommt niemand hin; dort wird dich niemand suchen und finden."

„Vater", entgegnet das Kind, „ich will nicht, daß man mich verberge; du bist nur der S k l a v e des Königs! Er hat dir aufgetragen, mich zu töten; wenn du mich nicht tötest, kommst du in die schlimmsten Unannehmlichkeiten, und die will ich dir ersparen. Du weißt, warum man meinen Tod will: Der R e l i g i o n halber. Vater, „töte mich!"

Fürwahr C h r i s t u s i s t e s, der in dem Kinde kämpft und siegt; dafür die übernatürliche Ruhe, die über das Alter des Kindes

hinausgehende Besonnenheit und Sicherheit des Urteils, die rührende
Besorgnis für den unglücklichen Vater.

Es ist daher nicht zu verwundern, daß selbst den Heiden und
Henkern die höhere Bedeutung des Kampfes nicht unbekannt

Bagandaknaben.

blieb. Sie betrachten sich selbst nur als Werkzeuge, nicht aber als
Anstifter. Es sind die Götter selbst.

„Wisset, wir sind es nicht, die Euch töten. Es ist Nende, der
Euch tötet; es ist Mkasa, der Euch tötet; es ist Kubuka!"

Sie hatten demnach das Bewußtsein, weniger ihre eigene, als die
Sache der Götter zu vertreten.

Mehr noch aber waren die Martyrer überzeugt, für die Sache
Christi, des wahren Gottes, zu kämpfen. Daher unterschieden sie nach
dem Vorbilde einer hl. Felicitas wohl zwischen den Leiden, die infolge
ihrer Abstammung von Eva, der Schmerzensmutter unvermeidlich waren
und denen, welche sie um Christi willen freiwillig übernahmen.

„Gott wird mich befreien", entgegnet Matthias Murumba den
höhnenden Henkern; „aber Ihr werdet nicht sehen, wie er es tut. Er
wird meine unsterbliche Seele zu sich nehmen und wird in Euren Händen
nur die sterbliche Hülle lassen."

Kein Mittel, wodurch überhaupt unter den Menschen die Wahrheit
ermittelt und festgestellt werden kann, bleibt unversucht, um die Wahr=
heit des Christentums zu erweisen. „Damit ihre (der Apostel) Beweis=
führung nicht unvollständig und ihr von Christus abgelegtes Zeugnis
nicht gemächlich erschiene", schreibt der hl. Cyprian, wurden sie durch
Foltern, Martern und vielfache Peinigungsarten geprüft. Der Schmerz,

ein Zeuge der Wahrheit, wird angewandt, damit Christus, Gottes Sohn, der gemäß unserem Glauben den Menschen zum Leben gegeben wurde, nicht bloß durch die Predigt des Wortes, sondern auch durch das Zeugnis des Leidens verkündet würde.

Unsere Sache, fährt der Kirchenlehrer fort, ist somit erwiesen, durch den ruhmvollen Kampf der Brüder, die im Treffen solange ausharrten, bis die Schlachtordnung besiegt niedersank.

Das ist die Beweisführung des hl. Cyprian. Sie hat auch heute noch ihre Wirkung. Auch heute noch dürfen wir mit dem Kirchenlehrer ausrufen: „O unsere glückliche Mutter (die Kirche), die durch den Schmuck der göttlichen Gnade in so reichlichem Maße geziert, die in unsern Tagen durch das ruhmvolle Blut der Martyrer in so helles Licht gesetzt wird! Sie war vorher durch die Werke der Brüder weiß, jetzt ist sie durch das Blut der Martyrer purpurrot geworden. Ihrem Blumenschmuk dürfen weder Rosen noch Lilien fehlen. Jeder kämpfe nur um den höchsten Rang der einen oder der anderen Ehrensache. Jeder empfange entweder durch Tugendwerke den weißen, oder durch Martern den purpurnen Kranz. Im himmlischen Lager hat sowohl der Friede, als auch das Schlachtfeld seine eigenen Blumen, womit der Streiter Christi für seine Ruhmestaten gekrönt wird."

Skizzen aus dem Leben der heidnischen Ruanda-Neger.
Nach Aufzeichnungen von P. Arnoux.

1. Wie der Stamm der Boscha gegen den Häuptling Muterangoma zu Felde zog.

Vor einigen Jahren hat der Unterhäuptling Muterangoma dem Stamme der Boscha Herden geraubt. Seither herrscht zwischen beiden ein gespanntes Verhältnis.

Eines Abends nun bringen Spione dem Häuptling die Kunde, die Feinde kämen folgenden Tages, um sich zu rächen.

Ohne eine Minute zu verlieren, entsendet der Häuptling nach allen Richtungen seine Boten, zu Verbündeten und Freunden und besonders zu seinen „Blutsbrüdern". Sie werden von der Gefahr in Kenntnis gesetzt und gebeten, noch in der selbigen Nacht mit Wehr und Waffe an der Hütte des Häuptlings zu erscheinen, damit man schon gleich in der Frühe des kommenden Tages zu siegreichem Widerstande gerüstet sei.

Die Mobilmachung geht rasch und gut von statten. Schon bald kommen die aufgebotenen Krieger in kleinen Gruppen durch die Sorghofelder und die Schilfdickichte herangeschlichen. Mit schier überschwenglicher Gastfreundschaft werden alle vom Häuptling aufgenommen und mit Bananenwein reichlich bewirtet.

Um den Kampfesmut seiner Mannen noch mehr zu heben, muß der Zauberer auftreten. Nachdem auch er dem berauschenden Getränke gehörig zugesprochen, kommt der Prophetengeist über ihn. Stieren Blickes schaut sein trunken Auge in die Zukunft, und er erklärt ohne Umschweife. Der Sieg ist unfehlbar auf Seiten Muterangomas.

Es braucht nicht gesagt zu werden, daß zur gleichen Zeit auch die Feinde ihren Zauberer befragen und mit derselben Sicherheit den Bescheid erhalten, der Sieg werde auf Seiten des Botscha sein. Hier wie dort hörte man deshalb die ganze Nacht rufen: „Der Sieg ist unser! Günstig sind die Lose!" Um die Geister der Verstorbenen zu besänftigen, wird ihnen ein Opfer nach dem andern dargebracht bis der Morgen graut. In letzter Stunde wird noch unter die Kämpen eine Menge Amuletten verteilt, welche einem jeden völlige Unverwundbarkeit verbürgen. Alles ist zum Kampfe bereit.

2. Wie der Häuptling Muterangoma im Kampfe verwundet wurde.

Plötzlich melden ausgesetzte Wachtposten, daß die feindlichen Haufen hinter dem nächsten Hügel auftauchen. An ihrer Spitze sei der alte Haudegen Rugogwe.

„Ihr Frauen und Kinder", ruft der Häuptling, „fahret fort mit den Opfern! Ihr Männer aber, auf in den Kampf!"

Die beiden Schlachtlinien, wenn man diese wilden Banden in ihrem regellosen Durcheinander so nennen wollte, kommen sich näher und näher.

Sehr einfach ist ihre Taktik: weder Vorhut noch Nachhut ist vorhanden, sondern alle verfügbaren Streitkräfte greifen gleichzeitig an; auch braucht man keinen eigentlichen Befehlshaber, denn jeder ist sein eigener Führer und ficht auf eigene Faust, ohne sich viel um seinen Nachbarn zu kümmern.

Mit Schimpfen und Schellen fängt man an. Wenn der Lärm groß genug ist, beginnt der Kampf. Pfeile schwirren, Lanzen sausen, krachend schlagen die Keulen aneinander. Schon ziehen sich Verwundete wutschnaubend aus dem Kampfe zurück. Die übrigen dringen immer heftiger auf einander ein. Wessen wird der Sieg sein? Eine Zeit lang wogt der Kampf unentschieden, bis die beiden Führer auf einander stoßen. Der alte Haudegen Rugogwe sendet seine wuchtige Lanze mitten in Muterangomas Leib. Diese Heldentat jagt mit einem Schlage alle Mannen unseres Häuptlings in die Flucht. Die Feinde benutzen den Sieg, die gestohlenen Kuhherden wieder in Besitz zu nehmen, selbstverständlich mit reichlichem Profit.

3. Wie der Häuptling Muterangoma operiert wurde.

Muterangoma wird eiligst auf dem Rücken der Seinigen aus dem Kampfgetümmel in eine befreundete Hütte gerettet. Die Wunde ist zwar böse, aber nicht direkt tödlich. Rasch wird der Doktor gerufen. Das ist ein ganz gewöhnlicher Schwarzer, der einige abergläubische Rezepte kennt und deshalb das volle Vertrauen seiner Klienten besitzt.

„Das ist eine Wunde von vier Hacken", erklärt kurz und bündig der Arzt, nachdem er einen Augenblick überlegt hat. Damit gibt er die Kosten seiner Behandlung an, die immer genau im Verhältnis stehen zur Schwere der Krankheit.

Es handelt sich im vorliegenden Falle darum, die ausgetretenen Eingeweide in die normale Lage zurückzuweisen. Verbände von trockenen Bananenblättern wollen dazu nicht genügen. Schon beginnt man, alle Hoffnung auf Gelingen zu verlieren, als einer der Umstehenden auf einen schlauen Gedanken kommt: „Die Operation wird uns erleichtert, wenn wir die Eingeweide zunächst in eine Kürbisschale legen." Gesagt, getan. Man bringt eine Kürbisschale herbei, legt die unbotmäßigen Gedärme hinein und drückt dann die Schale mit ihrem Inhalt in den Leib des Verwundeten. Dann sucht man die Wunde mit großen Fäden über der Schale zusammen zu nähen und siehe da: es hält, es hält. Alle sind ganz froh und erstaunt, daß es hält.

Nach wenigen Wochen bleibt unserm Häuptling als einzige Erinnerung an seine Niederlage nur noch eine riesige Narbe. Wenn auch die große Beule nicht gerade hübsch aussieht, so verkündigt sie doch nicht minder laut den Ruhm des geistreichen Erfinders mit der Kürbisschale.

Da mögen nun unsere Aerzte die aseptische Heilmethode hoch rühmen gegenüber der antiseptischen, die selbst wieder einen so großen Fortschritt bedeutet gegenüber den nachlässigen und unsauberen Prozeduren des Mittelalters. Wie aber wollen sie die schnellen und vollständigen Heilungen bei den Negern erklären, Heilungen unter Umständen, die allen ärztlichen Grundsätzen Hohn sprechen? In unserm Falle hätte sicher jeder Arzt das angewandte Heilmittel für sehr unklug und gefährlich gehalten. Diese Schale mochte schon die verschiedensten Flüssigkeiten enthalten haben, hundert Neger mochten sie schon in ihren niegewaschenen Händen gehalten und mit ihren unsaubern, oft mit Geschwüren bedeckten Lippen daraus getrunken haben. Diese Schale wird einem Neger in den Bauch eingesetzt, ohne daß eine Entzündung entsteht; im Gegenteil, der Patient erfreut sich blühender Gesundheit.

Nun zurück zu unserer Erzählung.

4. Wie der Häuptling Muterangoma aus einem Hinterhalt getötet wurde.

Muterangoma nimmt im Hofstaat des Großhäuptlings das ehrenvolle Amt eines Hofmeisters ein. Wie überall, so ist auch in Negerlanden eine solche hohe Würde gar oft eine schwere Bürde. So fällt Muterangoma die Aufgabe zu, in Abwesenheit des Herrn dessen Hütten zu bewachen. — —

Einige Monate nach den erzählten Begebenheiten stellt sich ein Fremder ein, angeblich ein Diener des Großhäuptlings und sagt zu Muterangoma in vertraulicher, aber geheimnisvoller Weise:

Weißt du, daß du bei unserm Herrn in Ungnade fallen wirst? Seit seiner Abreise kommen Nacht für Nacht Frauen und stehlen seine Lebensmittel weg. Sein großer Vorrat an Sorgho verringert sich augenscheinlich. Du wirst zweifelsohne für diese Diebereien verantwortlich gemacht! Ich habe dich aus Freundschaft benachrichtigen wollen, denn es wird höchste Zeit, zu handeln.

Der Häuptling glaubt, seiner Pflicht nicht ausweichen zu können. In nächster Nacht machte er sich beim fahlen Licht der Sterne unter Begleitung seines Sohnes Tabaro auf zur Hütte des Großhäuptlings. Er hofft, die Diebe auf frischer Tat zu ertappen.

Doch es kommt anders.

Der fragliche Diener des Großkönigs war höchstwahrscheinlich ein Verräter, von den Feinden gedungen. Wie der Hofmeister die äußere

Umzäunung überschritten und sachte über den Haufen Aeste klettert, der in der inneren Umzäunung die Stelle der Tür vertritt, da sieht er sich plötzlich einem unangenehmen Gegner gegenüber. Dieser kennt die heikle Stelle am Körper des Häuptlings und schlägt auf die Beule los. Die Kürbisschale bricht in Stücke und acht Tage später befindet sich der Häuptling Muterangoma nicht mehr unter den Lebendigen.

5. Die Rache für Muterangomas Tod läßt lange auf sich warten.

Tabaro, Muterangomas Sohn, spürt eifrigst dem Mörder nach. Denn es ist in Ruanda höchstes Gesetz, daß jeder Ermordete durch den Tod des Mörders gerächt werden muß. Es genügt jedoch auch, wenn an einem Verwandten des Mörders die Rache vollzogen wird.

Bald hat Tabaro herausgefunden, daß sich der Uebeltäter etwa zwanzig Meilen entfernt in einem Bambuswalde unter seinen Bluts= freunden aufhält.

Dort nach ihm zu fahnden, ist zu gefährlich, denn vielleicht könnte Tabaro der Uebermacht unterliegen und dann wäre jede Rache ausge= schlossen. Die Landessitte in Ruanda läßt nämlich keine Rache mehr zu, wenn z w e i Glieder einer Familie von der feindlichen Partei ge= tötet sind. So geht denn der junge Häuptling den Verwandten überall mit ängstlicher Sorgfalt aus dem Wege und tut, als ob er der Sache nicht mehr gedenke; im Herzen aber gährt die Rache!

In einem benachbarten Dorfe lebt ein hochberühmter Zaubermeister, der mit einer wundersamen Flüssigkeit alle Verbrecher herbeihexen kann. Zu diesen geht Tabaro, sich Rats zu erholen.

„Gib mir einen fetten Ochsen und sechs Ziegen", spricht der Wunder= mann, „so wird auf meinen Befehl ein Donnerwetter den Mörder er= schlagen; oder, wenn dir das lieber ist, will ich ihn an einen bestimmten Ort bannen; dort magst du ihn ergreifen und du hast dann das köstliche Vergnügen, mit eigener Hand des Feindes Blut zu vergießen." Wie bei diesen Worten die Rache auflodert in Tabaros Brust! Kein Be= denken mehr. Der Handel wird abgeschlossen und das Honorar auch genau gezahlt.

Hätte nur auch der Zauberer sein Versprechen so pünktlich gehalten! Doch fünfmal hat schon die Sonne ihren Jahreslauf erneut, und immer noch läßt die Rache auf sich warten. Manches schwere Ungewitter hat sich über dem Bambuswalde entladen, aber keines hat den Mörder ge= troffen. Noch viel weniger ist er an einen Ort festgebannt worden, wie der Zauberer es versichert hat.

Die Verwandten des Mörders indessen glauben keineswegs, daß Tabaro auf die Rache verzichte, und nehmen sich sorgsam vor ihm in acht. Um endlich der ewigen Unruhe los zu werden, wenden sie sich an den König von Ruanda, daß er durch einen Machtspruch die Streitig= keiten für beendigt erkläre. Da der König ihrer Sippe gewogen ist, sendet er folgenden Entscheid: Tabaro kann den Tod seines Vaters am Mörder rächen. Den Verwandten aber darf er kein Haar krümmen; was ihnen geschieht, sieht der König an als sich selbst geschehen.

Der Häuptlingssohn befindet sich nun in einer fatalen Lage: einer= seits schreit das Blut des Vaters gebieterisch um Rache, und anderseits ist der Mörder nicht zu bekommen, und deſſen Verwandten ſtehen nun unter des Königs Schutz. Wiederum ſucht Tabaro bei einem Zauberer

Ruanda-Häuptlinge (aus der Herrenkaſte der Batuſſi).

Hilfe und diesmal erhält er beſſeren Rat. Nachdem dieſer die Loſe befragt, gibt er folgendes Orakel:

„Sohn des Häuptlings Muterangoma! Pflege häufigen Verkehr mit der Sippe des Mörders und knüpfe Freundſchaften an. Du wirſt

sie dann leicht veranlassen können, daß sie dir ein ihnen unbequemes
oder verhaßtes Mitglied der Sippe ausliefern. Mit dessen Blute kannst
du den Geist deines ermordeten Vaters besänftigen."

„Aber des Königs Verbot!" wendet Tabaro ein.

„Wenn du gescheit zu Werke gehst, wird der König nichts erfahren.
Du mußt dein Opfer heimlich an einen stillen Ort locken, weißt du . . .
und nun gehe in Frieden. Die Lose sind günstig."

6. Wie eine treulose Gattin ihren Mann als Racheopfer ausliefert.

Tabaro befolgte genau die Weisung des Zauberers. Bald ist er
mit der ganzen Sippe wohlbekannt und kann sich ein Opfer wählen.
Seine Wahl fällt auf einen gewissen Rukikamilera, den Neffen des
Mörders. Es ist das ein gutmütiger Tropf, der völlig unter dem Pan=
toffel seiner Frau Gemahlin steht. Der junge Häuptling geht zu diesem
Weibe, breitet vor ihren Augen einige glitzernde Geschenke aus und
spricht: „Siehe, dieses will ich dir geben und dazu noch vier Ziegen,
von denen zwei noch dieses Jahr trächtig sind, wenn du mir deinen
Mann auslieferst."

„Ich bin einverstanden," erklärt das treulose Weib. „Wann
und wo?"

„Sende morgen deinen Mann ins benachbarte Dorf zu dem
Zauberer Soundso; ich werde ihn dort mit einigen Bewaffneten erwarten",
antwortet der Häuptling.

„Gut, und ich werde Mittel finden, ihn in die Falle zu treiben",
spricht tückisch lächelnd die saubere Gattin. „Aber wie gesagt, vier Ziegen!"

Am folgenden Morgen hört Rukikamilera seine Frau in einem fort
klagen und weinen.

„Lieber Mann, meine Wunde am Knie wird mit jedem Tag
schlimmer. Wenn dir an meinem Leben gelegen ist, wenn du meine
Heilung wünschest, so gehe mir mal schnell zum Zauberer Soundso, der
wird dir geeignete Heilmittel geben."

„Wozu denn soweit laufen? wir haben einen tüchtigen Zauberer
vor der Tür!"

„Ihn haben wir schon hundert Mal befragt, und das hat uns den
dritten Teil unserer Ernte gekostet; ich traue seiner Macht nicht mehr.
Tu mir also den Gefallen! Zeige, daß du mich liebst!"

Der gutmütige Tropf läßt sich bereden und macht sich auf; aber
bald kommt er hinkend zurück.

„Ich weiß nicht, was mir ist. Ich werde von einer inneren Stimme
zurückgehalten, ins Nachbardorf zu gehen. Gehe du doch selbst zu deinem
Zauberer! Zudem bin ich unterwegs gestolpert und habe den Fuß ver=
staucht. Kann es ein schlimmeres Vorzeichen geben?"

„Du suchst Vorwände", schreit mit geheucheltem Schmerz das Weib,
„du willst mich tot haben! Gut, gut, aber ich will meine Tage anders=
wo beschließen, als bei dir. Ich trenne mich von dir! Ich gehe auf
der Stelle."

„Ach was, nicht trennen, bleibe! Ich will ja auch gehen", gibt
der Unglückliche kleinlaut zurück und geht.

7. Wie ein Neffe für seinen Onkel als Racheopfer verbluten muß.

Arglos, wenn auch nicht ohne eine gewisse Beklemmung tritt der arme Rukikamilera in die Hütte des Zauberers ein. Sofort stürzt Tabaro mit seinen Helfershelfern auf ihn los, knebelt ihn und führt ihn mit sich fort. Die folgende Nacht wird der Gefangene in sicherem Gewahrsam gehalten. Zu wiederholten Malen wird er in die Hütte geführt, die dem Geiste des Ermordeten geweiht ist. Tobend vor Freude schreit Tabaro und alle Verwandten stimmen bei:

„Geist meines Vaters! Ich habe es dir versprochen: Dein Sohn wird deinen Tod nicht ungerächt lassen. Es ist nicht meine Schuld, daß die Rache sich so lange verzögert hat. Allerhand Umstände waren mir zuwider. Aber siehe, Geist meines Vaters, endlich bringe ich ein Racheopfer. Du wirst es annehmen, ohne jeden Zweifel! Leider ist es nicht der Mörder selbst. Dein Mörder ist entwischt. Doch siehe, es ist der Neffe des Mörders. Dasselbe Blut fließt in seinen Adern. Freue dich! Bald werden wir ihn dir zum Opfer schlachten."

Mit stoischem Gleichmut läßt der arme Rukikamilera das Todesurteil über sich ergehen. — Tränen sind eine Schande für den Ruandaneger.

Am folgenden Tage, beim ersten Morgengrauen ist die ganze Verwandtschaft des Häuptlings versammelt. Sie geleiten den Gefangenen zu einer Anhöhe, nahe bei einem heiligen Walde, den ein alter König des Landes dort gepflanzt haben soll. Zwei lange Stunden hindurch wird das Opfer dort beschimpft und verhöhnt, bespien und mit Kot beworfen. Selbst die jungen Negerinnen kommen und überhäufen den Aermsten mit bitterem Spott. Der arme Schwarze aber läßt mit dem Gleichmut der Verzweiflung alles über sich ergehen.

Endlich ergreift der junge Häuptling Tabaro laut und feierlich das Wort:

„Der Tag der Rache leuchtet auf. Erinnert euch alle meines Vaters Muterangoma! Mein Vater ist ermordet worden, Rukikamilera, der Neffe des Mörders, muß jetzt als Sühneopfer gemordet werden; mein Vater starb an einem Lanzenstich, Rukikamilera muß gleichfalls durch die Lanze fallen; mein Vater wurde mit dieser Lanze gestochen, die ich sorgfältig aufbewahrt habe, damit dieselbe Lanze nun Rukikamilera treffe; meinem Vater wurde der Bauch aufgeschlitzt, deshalb stoße ich diese Lanze jetzt in Rukikamileras Bauch."

Mit diesen Worten bohrte Tabaro die Lanze tief in den Leib des Gefangenen. Zu Tode getroffen sinkt dieser nieder und fällt in ein ausgehöhltes Ameisennest.

Nun wirft sich Tabaro neben ihn zu Boden, um etwas Blut aus der Wunde zu trinken; so will es der Brauch. Dann werden dem Opfer Hände, Füße und Kopf abgehauen. Herz, Zunge und rechte Hand werden in Bananenblätter gewickelt, und dieses Päckchen wird oben an der Lanze befestigt. Die Lanze stellt man in die Hütte des toten Häuptlings. Der Rest der Leiche wird mit etwas Gras bestreut und bleibt so liegen als Beute der Geier und Hyänen.

Damit ist der Mord des Häuptlings gesühnt. Die Stimme des vergossenen Häuptlingsblutes, die so ungestüm um Rache schrie, ist erstickt durch das Blut Rukikamileras. Seither herrschen zwischen beiden Parteien die besten Beziehungen.

Die geschilderten Szenen haben sich in nächster Nähe unserer Missionsstation abgespielt und lassen einigermaßen die Schwierigkeiten ahnen, welche die Missionare zu überwinden haben, bis aus den rohen Wilden gesittete Christenleute werden.

Das Missionswesen in der Heimat

wird der 59. General=Versammlung der Katholiken Deutsch=lands in Aachen (11.—14. August 1912) viele Anregung zu ver=danken haben.

Das rege Interesse zeigte sich bereits in der 2. geschlossenen Versammlung, in welcher die Beratung über die einzuführende Mis=sionsresolution [1] geführt wurde. Dieselbe gab zu lebhaften Erörterungen Anlaß, in denen das unglückselige Wort: „Der Staat ist der geborene Heide" zurückgewiesen und die Art und Weise besprochen wurde, wie der katholische Adel und die verschiedenen katholischen Kreise sich an dem Kolonial= und Missionsdienst vorteilhaft beteiligen könnten.

Zu den Forderungen „mehr Geld und mehr Leute" fügte der greise Erzbischof von Bombay, Dr H. Jürgens S. J., eine dritte: „mehr Ge=bet" für unsere Missionen, welche zu ihrer wesentlichen Aufgabe, der Be=kehrung der Heiden, die Gnade und infolgedessen das Gebet benötigen.

Wie machtvoll das Missionsinteresse bereits alle Schichten des katholischen Volkes erfaßt hat, brachte die für den 14. August anbe=raumte allgemeine Missionsversammlung an den Tag. Gegen 10 000 Personen soll die Riesenhalle an jenem Tage aufgenommen haben, und 3000 wegen Raummangel abgewiesen worden sein. Mit dem katholischen Gruße: „Gelobt sei Jesus Christus!" wurde die Versamm=

---

[1] Die 59. Generalversammlung der Katholiken Deutschlands, erkennt in der Verbreitung des wahren Glaubens über die ganze Erde die vornehmste, gottge=wollte Pflicht der Kirche Christi, eine apostolische Aufgabe, an der jeder Katholik seinen Anteil haben soll.

Sie blickt daher voll dankbarer Bewunderung auf das heldenmütige Wirken der katholischen Kirche und ihrer Sendboten in den Heidenländern und fordert alle deutschen Katholiken eindringlich auf, diese Arbeit im Dienste des Glaubens nach besten Kräften zu fördern.

Darum empfiehlt sie der Opferwilligkeit der Katholiken Deutschlands die Mis=sionshäuser auf deutschem Boden, die ihre Mitglieder als Apostel in alle Welt entsenden, und die von der Kirche bestätigten Missionsvereine, deren Gebete und Geldmittel die Erhaltung und Ausbreitung der Missionen bezwecken. Sie erin=nert an die erfolgreiche Tätigkeit des Werkes der Verbreitung des Glaubens und des Werkes der heiligen Kindheit, beide in besonderer Weise mit Aachen ver=knüpft, des Bayerischen Ludwigsmissionsvereins, des Afrikavereins, der Missions=vereinigung katholischer Frauen und Jungfrauen, der St. Peter Claver=Sodalität und begrüßt lebhaft den steigenden Eifer der akademischen Jugend für die Ver=einsarbeit im Dienste der Heidenmission.

Die 59. Generalversammlung wünscht dringend, daß die Beteiligung an den Missionsvereinen eine allgemeine werde, damit sie befähigt seien, dem immerwach=senden Bedürfnis einigermaßen zu genügen. Die gesteigerte Kolonialarbeit des Reiches und die Ueberzeugung, daß wahrer Kulturfortschritt nur möglich ist bei freier Entfaltung der religiösen Kräfte, muß den deutschen Katholiken ein beson=derer Ansporn sein zu außerordentlichen Leistungen.

lung durch Herrn Kaufmann Alois Oster eröffnet, der sie in Aner=
kennung der Verdienste Karls des Großen um die Christianisierung
Deutschlands unter das unsichtbare Protektorat dieses mächtigen Kaisers
stellte. „Woraus schöpfte Karl der Große seinen Eifer in der Glaubens=
verbreitung? Aus der innigsten Verbreitung mit der Kirche. Eine Be=
gebenheit berichtet uns nach dieser Seite hin die Geschichte. Am Kar=
samstag 774 erschien der damals noch jugendliche Frankenkönig vor
den Toren Roms. An den Stufen der Peterskirche erwartete ihn
Hadrian I., Papst und König sanken sich in die Arme und schritten
Seite an Seite zum Grabe
des Apostelfürsten. So
sind zu allen Zeiten Liebe
zur Kirche und glaubens=
feste Verbindung zwischen
dem hl. Vater und den
Bischöfen die fruchtbarsten
Quellen eigentlicher Mis=
sionsarbeit gewesen. Diese
innige Verbindung mit
der Kirche findet auch
heute ihren Ausdruck
durch die Anwesenheit so
vieler Bischöfe, vor allem

durch die Anwesenheit des
Hochwürdigsten Herrn
Weihbischofs unserer Diö=
zese."

Als Präsident der
Versammlung wurde ein
Mann vorgeschlagen, der
seit Jahren „seine Person
und Arbeitskraft in den
Dienst der Kirche und
besonders des Missions=
Werkes gestellt hat": Se.
Durchlaucht Fürst Alois
zu Löwenstein.

Fürst Alois zu Löwenstein.

Er zeigte in einer längeren Rede die Missionsarbeit in der
Heimat, die in den verschiedenen Missionsvereinen ihre berufenen
Träger und Förderer gefunden habe. Sechs Missionsvereine sind es,
so führte er aus, die zu der heutigen Versammlung eingeladen haben
und die früher auf den Katholikenversammlungen ihre Sonderversamm=
lungen hätten. Indem diese alle heute in brüderlicher Einigkeit vor die
Oeffentlichkeit treten, wollen sie bezeugen, daß bei aller Verschiedenheit
der Organisation und der Mittel alle nur dem einen Ziele dienen, die
Lehre Gottes über die ganze Erde zu verbreiten.

Dann sich seiner eigentlichen Aufgabe zuwendend, zeichnete er die
einzelnen Missionsvereinigungen in ihrem Wesen und ihren Besonder=
heiten. Neben den älteren Vereinen (Xaverius=, Kindheits=, Ludwigs=,
Afrika=Verein, St. Petrus=Claver=Sodalität, Missionsvereinigung deut=
scher Frauen und Jungfrauen, erfuhren auch die jüngern: der aka=
demische Missionsverein und die Missionskommission des katholischen
Lehrerverbandes eine lobende Erwähnung. Was Sie hier sehen, so
rief der fürstliche Redner begeistert aus, sind die verschiedenen Truppen=
gattungen einer Armee, und alle stehen unter dem gemeinsamen Kom=
mando des Apostelfürsten und der Bischöfe. Die Armee unserer Streiter
muß sich immer mehr erweitern und größere Mittel müssen ihr zur Ver=
fügung gestellt werden. Unser Streitruf ist der alte, mit dem die Kreuz=
fahrer gegen die Ungläubigen gezogen sind: „Gott will es!", die Waffe,
aber nicht mehr das Schwert, sondern das Zeichen, unter dem vor
1600 Jahren Kaiser Konstantin der Große siegte, das Kreuz. (Leb=
hafter Beifall.) Und die Verheißung, die diesem ruhmreichen Kaiser
geworden ist, wird sich auch den Kämpfern für das Reich Christi auf

Erden bewahrheiten: In diesem Zeichen wirst du siegen! (Stürmischer Beifall.)

Ein recht anschauliches Bild von der Missionsarbeit unter den Heiden entwarf der Missionsbischof Fr. Xaver Geyer aus Chartum (Sudan).

Missionsbischof Fr. Xaver Geyer aus Chartum (Sudan).

Er verstand es, seine Zuhörer gleichsam mit erleben zu lassen, wie im fernen Heidenlande das Senfkörnlein der wahren Religion eingepflanzt, zur Entfaltung gebracht, gehegt und gegen schädigende Einflüsse geschützt werden müsse.

Die Aufgabe ist eine so gewaltige, daß nicht eine Mission allein, sondern nur die Gesamtheit der katholischen Völker sie völlig lösen kann. Am liebsten möchte ich alle katholischen Völker des Erdkreises zu dieser Aufgabe aufrufen (Beifall), aber wenn nur das gesamte katholische deutsche Volk sich mit Opfermut auf die Weltmission wirft, so wäre damit schon viel geholfen. Berechnung, Ruhe, Fleiß, Ausdauer, kosmopolitische Veranlagung und Anpassungsfähigkeit, befähigen die germanischen Völker ganz besonders zum Missionstrieb. Man klagt, daß die Ideale aus der Welt geflohen seien, das trifft nicht zu. Es gibt noch genug Idealisten (Beifall) — Knaben, Jünglinge, Jungfrauen suchen nach einem Lebenszweck. Hier ist er: die katholische Weltmission! (Erneuter lebhafter Beifall.)

Seinen Appell, das Werk der Heidenbekehrung zu fördern, kleidete er unter anderm in die herrlichen Worte:

Missionare sind die Arme, Geld die Füße des Missionswerkes, sein Herz aber ist das Gebet. Legionen von Missionaren und Milliarden Mark sind außerstande, die Heiden zu bekehren, ohne die göttliche Gnade. Diese Gnade muß durch Gebet erlangt werden. Gebet ist auch dasjenige Mittel, das in der Macht eines jeden liegt. Wer weder seine Person, noch von seiner Habe für die Mission opfern kann, der bete für sie.

Das Gebet ist ein wichtiger Missionsfaktor, so daß ihm noch bedeutend mehr Aufmerksamkeit geschenkt werden sollte. Wie rührend ist es, wenn die katholische Familie am Schlusse der Gebete ein Vaterunser für die armen Seelen im Fegfeuer betet. Die ärmsten der armen Seelen sind die vielen Millionen Heiden. Wie schön wäre es, wenn auch für sie täglich ein Vaterunser angefügt würde unter dem Motto: Für die Bekehrung aller armen Heiden!

Am Schlusse seiner Ausführungen empfing die Versammlung kniend den päpstlichen Segen, den der Hochwürdigste Herr im Auftrage des Heiligen Vaters allen Teilnehmern der Missionsversammlung spendete.

Recht packende Worte fand nach dem Bischöflichen Redner der Volksschullehrer H. Jansen, Ohligs über das Thema: „Die Pflege des Missionsgedankens bei der Jugend.“

Wir zeigten, wie der Missionsgedanke in Haus und Familie, in Schule und Unterricht erzieherisch verwertet werden könne, um das Glaubensleben und das Tugendstreben der heranwachsenden Jugend zu beleben und ihren Patriotismus zu veredeln.

Besonderen Dank schuldete die Missions= versammlung auch den zu Herzen gehenden Worten des Hochwürdigsten Herrn Weih= bischofs Dr. Müller (Cöln). Wir haben den Missionär geschaut in der Person des hochwürdigsten Herrn Missionsbischofs und in ihm alle die Missionäre, die da wandern durch jene verlassene Erdteile. Würden wir ihnen begegnen und sie fragen: Was suchst du hier? Sie würden antworten, wie einst Joseph geantwortet hat: Quaero fratres meos. Ich suche meine Brüder. So wan= dern sie dahin in apostolischer Begeisterung und suchen die Brüder Jesu Christi, unsere Brüder.

Wie wir ihnen helfen können, das fasse ich zusammen in den Worten: Mit der Liebe unseres Herzens. Diese Liebe aber wollen wir immer wieder in unseren

Lehrer H. Jansen, Ohligs.

Herzen entzünden an dem Glutofen der Liebe im heiligen Sakrament. Hier liegt die Quelle des Eifers und die Quelle der heiligen Liebe, die uns begeistern soll. Er ist rühmend hervorgehoben worden, wie außer= ordentlich segensreich gerade die Frauen und Jungfrauen arbeiten, und fast klang es wie ein leiser Tadel gegen die Männer, als ob sie noch in etwas zurückgeblieben seien. Deshalb rufe ich hinein in diese Versammlung, und ich möchte, daß es hinausklinge in alle Welt: An Euch appelliere ich, Ihr Männer und Jünglinge, folgt Eurem Herzen im aposto= lischen Eifer, und werdet auch Ihr Apostel Jesu Christi.

*   *   *

Einen wirkungsvollen Anschau= ungsunterricht zu den Reden über die Heidenmission gaben die Missions= ausstellung:

1. des Aachener kathol. Missions= vereins: „Sonntagsgesellschaft". Während ihres nunmehr 67jährigen Be= stehens hat diese Gesellschaft ihre Mit= glieder jeden Sonntag (daher der vom

Weihbischof Dr. Müller, Cöln.
(Phot. E. Ohle, Cöln.)

Volksmunde stammende Name) durch geeignete Vorträge für die hehren Aufgaben der Kirche zu begeistern gewußt. Von ihr ging die Anregung aus, den Teilnehmern der Katholikenversammlung ein Bild von der gesamten deutschen Missionstätigkeit, wie sie von Ordensmitgliedern geübt wird, vorzuführen.

Die allgemeine Beteiligung von 14 Orden und Genossenschaften beweist, wie zeitgemäß die Anregung war. Eine solche Menge von ethnographischen Gegenständen wurde eingeschickt, daß die große Turn= halle des Kaiser=Karl=Gymnasiums ausgefüllt werden konnte.

Wider Erwarten groß war die Zahl der Besucher. Und welchen Eindruck die Besucher mitnahmen, konnte man an der stets wachsenden Zahl von neuen Besuchern erkennen. Hervorgehoben zu werden verdient die Tatsache, daß viele Schulkinder, welche gruppenweise unter Führung die Ausstellung besucht hatten, tags darauf zurück kamen, um ihre Spiel= sachen und den Inhalt ihrer Sparbüchsen für die Heidenkinder zu opfern.

Gab diese Ausstellung eher ein Bild von der Tätigkeit der Mis = sionare selbst, so zeigten andere Veranstaltungen die Hilfsbereitschaft und Opferwilligkeit des katholischen Volkes im Dienste der Glaubensverbreitung. In dieser Richtung wirkten

2. die Ausstellung von Handarbeiten für kirchliche Zwecke, Para= menten, Altarbekleidungen und dgl. der Missionsvereinigung katholischer Frauen und Jungfrauen in der Turnhalle der Oberrealschule;

3. das bei den ehrw. Ursulinerinnen von der St. Petrus=Claver= Sodalität errichtete „Afrika=Museum", welches sich gleichfalls eines regen Besuches erfreute.

Fürwahr, der Missionsgedanken hat sich in Aachen machtvoll er= wiesen. Er hat verschiedene Bestrebungen, die bisher nur vereinzelt in die Erscheinung traten, geeint. Eine gemeinsame Kundgebung aller Orden, Missionsgesellschaften und Missionsvereine, die dann auch einen großen, gemeinsamen und allgemeinen Missionseifer im katholischen Deutschland als fruchtbares Ergebnis verdient, hat er zustande gebracht.

Auf der Präsidialtribüne waren zahlreiche Bischöfe und Prälaten erschienen: Weihbischof Dr. Müller (Köln), Bischof Koppes (Luxemburg), Erzbischof Schuler, Bischof Dr. von Keppler (Rottenburg), Erzbischof Dr. Juergens (Bombay), Erzbischof Menini aus Philippopel und Sofia, die Aebte von Mariawald und Merkelbeck, Prälat Dr. Fels (Aachen) und andere mehr; ferner der Präsident des Katholikentages, Dr. Schmitt, Graf Droste=Vischering, die Abgeordneten Gröber, Erzberger und andere hervorragende Männer aus dem öffentlichen Leben. Die Vertreter zahl= reicher Orden und Genossenschaften gaben der Versammlung ihr typisches Gepräge, und es schien wie ein Hauch aus den fernen überseeischen Missionsländern über die mächtige Versammlung zu gehen, die Gedanken und Wünsche schweifen weit hinaus zu den Millionen von Heiden und Mohammedanern, deren Bekehrung der sehnlichste Wunsch der Missions= freunde ist.

In den Bergen Urundis.

Heute möchte ich Euch erzählen von unserem schönen Urundi.

Schön nenne ich meine neue Heimat zunächst wegen ihrer landwirtschaftlichen Reize. Bergketten durchziehen allenthalben das Land, und ein prächtiges Panorama reiht sich an das andere. Aber was uns Urundi vor allem lieb und wert macht, das sind die Wunder der Gnade, die Gott dort in den Seelen wirkt, und die frohen Hoffnungen, die wir auf die Entwicklung der Mission setzen dürfen. Wenn Ihr mal hierher kommt und mich besucht, werdet Ihr sehen, daß ich recht habe. Denkt Euch oben auf jedem Berges= hang ein grünes Wäldchen, d. h. einen Bananenhain. Mitten darin seht Ihr, unter den prächtigen Wedeln versteckt, eine Umzäunung aus Baum= zweigen, und in dieser Umfriedung kommen 3, 4, 5 Hütten zum Vor= schein, die ein zahlreiches Völkchen beherbergen.

Familienleben bei den Warundi.

Unter den Warundi herrscht echter Familiensinn. Wenn sich ein junger Murundi verheiraten will, dann baut er seine Hütte innerhalb der Umzäunung, wo die väterliche Hütte steht; da will er mit seiner Zukünftigen leben; da sollen die Kinder, nahe den Großeltern, heran= wachsen. Daher so viele Strohkegel, d. h. Hütten und Menschen in einem einzigen Gehege. Aber den Ehrenplatz und die erste Stelle be= hauptet immer die Hütte der Großeltern, so lange diese leben.

Der Bananenhain draußen ist rings umgeben von üppigen Feldern, wo die Schwarzen Mais ziehen oder Sorgho (Negerhirse) oder Süß= kartoffeln oder Bohnen.

Alles das insgesamt führt den Namen Dorf und wird nach dem Berge benannt, auf dessen Hängen es liegt.

Allerhand Sitten und Bräuche.

Drunten aber in den Tälern rieseln zahlreiche Bäche, die uns so oft auf Krankenbesuchen in Verlegenheit bringen, wie wir da hinüber kommen sollen. Große Herden von Rindern mit ungeheuer langen Hörnern gehen hier zur Tränke.

Allein diese Tiere, die so gefährlich aussehen, haben Angst vor unseren weißen Kleidern. Zuweilen kommen sie wohl mit gesenkten Hörnern auf uns zu, aber da eilen auch schon die guten Negerfrauen, die uns begleiten, herbei und rufen dem sorglosen Hirten zu: „Gib auf die Rinder acht; hier ist eine Mama!" So nennt man hier die weißen Schwestern.

Wenn uns der Weg durch die Weidengründe führt, dann schallt es wieder den Hirten zu:

„Du sage, töten deine Rinder die Menschen?"

„Nein, sie töten sie nicht!" Oder auch: „Nur eins ist dabei; das tötet sie!"

„Nun, dann treibe sie alle auf eine Seite; kann denn eine Mama mitten durch eine Herde Rinder gehen, die die Menschen töten?"

Das wird prompt ausgeführt, und wenn wir dann außer Gefahr sind, so unterläßt es der Hirte selten, uns nachzurufen:

„Mwamikazi (b. h. Königin, Frau eines Häuptlings), ich habe
dir das Leben gerettet. Jetzt gibst du mir doch Perlen?"

Bei unseren Warundi gilt es als höflich und untertänig, eine
Höherstehende um etwas anzubetteln. Das ehrt den also Angebettelten.
Man darf aber nicht nervös werden, wenn es einem den ganzen Tag
in den Ohren tönt: Gib mir Perlen! Gib mir etwas zu essen! Gib
mir ein Messer, ein Stück Stoff u. s. w. Denn hier ist das eben Mode
und schmeichelhaft für den Angeredeten. Bittet man ihn um viel, dann
muß er eben wohl reich und edelmütig sein. Allein gibst du nichts her,
so ist der Bittsteller durchaus nicht beleidigt.

Noch einige hiesige Sitten und Gebräuche. Wenn man sich einem
Hause nähert und vor der Umzäunung steht, so muß man rufen:
„Mutuhe (Gebt uns)!" Die Leute in der Hütte erwidern: „Abandi
(Die anderen)!" d. h. die anderen haben bekommen.

Ist der Ankömmling aber ein Verwandter oder Freund, so wird
er mit der Grußformel beehrt. Die ältere der beiden sich begrüßenden
Personen legt beide Hände auf die Schultern der jüngeren, und letztere
tut dasselbe bei der ältern. Nun beginnt die ältere:
„Besitze deinen Vater! Besitze Kinder! Besitze Kraft! Besitze deine
Umzäunung! Besitze deinen Bogen! Besitze das, was du dir wünschest!
Besitze Getreidesaat!" u. s. w.

Ist die zu begrüßende Person eine Frau, so heißt es: „Besitze
deinen Mann! Besitze dein Heim!" u. s. w. Während man diese lange
Wunschformel heruntersagt, läßt man die Hände von der Schulter des
andern langsam herabgleiten, bis sie einander berühren.

Handelt es sich dagegen nur um Bekannte und weniger befreundete
Personen, so empfangen die nicht den feierlichen Gruß. Dann heißt es
nur: „Hast du den Frieden?" oder: „Was gibt es neues?" Antwort:
„Ich habe Frieden."

Will ein Mädchen heiraten, so darf es nicht des Bräutigams Namen
aussprechen, ferner soll es mit seinen künftigen Schwiegereltern nicht
reden, ja, sie nicht einmal sehen. Vor dem Hochzeitstage schenkt es alle
Stoffe, die es besitzt, seiner Mutter oder seinen Schwestern; von jetzt
ab trägt es nur die, welche sein Mann ihm schenkt.

Wenn es später als junge Frau seine Mutter besuchen will, so darf
es nicht den gewöhnlichen Eingang zur Mutter benutzen; vielmehr muß
es dann die Zweige der Umzäunung auseinanderbiegen und durch das
Loch hindurch schlüpfen.

Die Mutter darf überhaupt nicht zu ihrer Tochter auf Besuch
kommen bis zur Geburt des ersten Kindes. Bis dahin trägt die junge
Frau ein Stück Stoff auf dem Kopfe, namentlich in Gegenwart ihres
Schwiegervaters; sonst verstößt sie gegen eine der elementarsten Pflichten
und verscherzt die ganze Zuneigung ihres Schwiegervaters.

Die Stellung der Frau. — Sorge für die Kinder. — Der Schutzengel.

Das Weib ist hier bei uns nicht wie anderswo eine Sklavin des
Mannes. Dieser muß sich zwar seine Frau kaufen und dem Schwieger=
vater einen oder 2 Ochsen dafür geben, oder auch, wenn das Mädchen
arm ist, bloß eine Anzahl eiserner Hacken.

Aber die Frau nimmt doch die gebührende Stelle in der Familie ein. Sie hat ihre bestimmte Arbeit, gerade wie der Mann. Sie erzieht die Kinder, kocht das Essen, flechtet Körbe; der Mann aber näht Kleider,

Auf dem Malagarifi-Flusse (Missionsboot von Mugera, Urundi).

melkt die Kühe, bessert Hütte und Zaun aus.. Die Bestellung der Aecker und die Ernte liegt beiden gemeinsam ob.

Ich sagte oben, unsere Schwarzen hätten einen ausgesprochenen Familiensinn. Allein die Kinder genießen doch eine sehr große Freiheit; sie können gehen, wohin sie wollen, und ausbleiben, solange es ihnen paßt; niemand kümmert sich darum, ob und wann sie heimkommen.

Mir scheint, eben deshalb kommen die Kinder so leicht zu uns in den Unterricht; wir haben jetzt 120 in der Schule und 170 kleine Mädchen.

Bis jetzt beschäftigt sich die Mission besonders mit der Kinderwelt sowie mit der heranwachsenden Jugend. Allein auch viele erwachsene Männer „beten:"

Wir Schwestern gehen namentlich den Frauen und Mädchen nach und unterrichten sie. Damit haben wir nun erst seit Ostern begonnen.

Die Alten sind nicht weniger eifrig dabei wie das junge Volk. Eines Tages fragte ich eine dieser alten Damen — es war gerade Rede von den hl. Engeln gewesen: Nwunekure, hast du auch einen Schutzengel?"

„Nein!" erwiderte sie bestimmt.

„So, und Elisabeth Namembo?"

„Ja, die hat einen."

„Und Muhago?" (Diese letztere hat bereits die Medaille der Katechumenen bekommen, wird also bald getauft werden).

„Noch nicht, aber die erhält bald einen Schutzengel!"

Ich bin noch eine Heidin, wollte die Alte sagen; darum habe ich keinen Schutzengel; Muhago dagegen weiß schon viel vom lieben Gott, und bei ihrer Taufe nächstens erhält sie einen Schutzengel. Elisabeth hat schon längst einen, denn das ist ja eine Christin.

Die Lehre vom hl. Schutzengel ist für unsere Heiden und Christen so tröstlich und schön, daß sie sicher zu den wichtigeren Punkten des christlichen Unterrichts und der religiösen Erziehung gehört. Das liegt im Wesen der heidnischen Vorstellungen begründet. Die Leute vergehen oft vor Furcht und Angst vor den bösen Geistern, die uns umgeben, und die eben nur schaden, hassen, nachstellen, rächen können. Da kommt also die christliche Lehre von den hl. Engeln wieder einem Herzensbe= dürfnis unserer armen Schwarzen entgegen.

Maimonat und Fronleichnam.

Wir stehen jetzt im schönen Maimonat. Da ist keine Negerin, die nicht morgens die hl. Kommunion empfangen hat und nicht nachher einen Besuch beim Bilde der Gottesmutter machte und ein paar Pesa oder Perlen in die Opferschale legte, die wir da aufgestellt haben.

Selbst unsere kleinen ABCschützen wollten nicht zurückstehen. Eines Sonntags, als sie jedes eine große schöne Perle in der Schule bekommen hatten, beschlossen sie, jedes solle die seinige der Mutter Gottes bringen. Das geschah, und alle liefen wie die Häscher zur Kirche, um ihrer himm= lischen Mutter das sauer verdiente Geschenk zu überreichen.

Schon jetzt werden Anstalten zum Fronleichnamsfest getroffen. Unsere Schwarzen entwickeln da einen bei ihnen wirklich seltenen Eifer, um die Wege mit lang geschnittenen Gras zu belegen und mit Fähnchen zu zieren. Sie haben auch einen besonderen Namen für das Fest gefunden und nennen es „Den Tag, wo der König (d. i. der Heiland) sich den Heiden zeigt."

*   *   *

Nun sind wir Weißen Schwestern seit 1908 im Lande. Die Leute haben keine Angst mehr vor uns. In der ersten Zeit lief groß und klein vor uns davon.

Noch kürzlich, als wir in ein abgelegenes Dorf kamen, versteckte sich eine Frau in ihrer Hütte. Wir gingen ihr nach und teilten einige

Kleinigkeiten an die Kinder aus. Da es nun stockfinster in dem Hause war, zündete eine von uns ein Streichholz an. Aber da geriet die Negerin außer sich; sie konnte sich dies plötzliche Aufflammen des Hölzchens nicht erklären und rief: „Weg, weg! Geht hinaus mit Eurem Feuer!"

Gewöhnlich sind die Leute zutraulicher. Einmal jüngst trafen wir eine Frau, die noch nie einen Weißen in der Nähe gesehen hatte. Sie betastete unsere Kleider und unseren Rosenkranz; aber das Schönste kam, als eine Schwester ihren Regenschirm auf= und zumachte. Die Schwarze war außer sich. „Ein Haus, ein Haus!" rief sie. „Was ist das? Du hast dein Haus an einem Stock mitgebracht?"

Seht, die „Wilden" sind nicht so wild, als Ihr sie Euch wohl vor= stellt. Denkt oft in Eurem frommen Gebete an unsere armen Warundi und auch uns vergeßt nicht. Schwester Theresia.

Aus dem Leben des Uganda=Missionars P. Aug. Achte.

Am Lichtmeß=Tage, am Tage der Lichterweihe, den 2. Februar 1905 starb der P. August Achte, aus der Gesellschaft der Weißen Väter. Mit ihm schied ein eifriger, gottbegnadigter Missionar dahin, der 15 Jahre hindurch in Wahrheit ein Licht zur Er= leuchtung der Heiden gewesen ist. Sein Leben bietet des Belehrenden und Erbauenden so viel, daß es sich lohnen dürfte, einiges auszuwählen und für die Leser des „Afrika=Bote" zu einem kurzen Lebensbilde des P. Achte zusammen zu stellen.

1. Wie mit der Gnade Gottes ein Missionsberuf zur Entwicklung kam.

Der Volksschullehrer H. Jansen sprach auf dem diesjährigen Katholikentage zu Aachen über die Pflege des Missionsgedankens bei der Jugend. In der Ueberzeugung, daß die Mission in erster Linie Haus= und Familien=Angelegenheit sei, führte er aus:

Ich kann mir schlecht eine katholische Familie mit warmem, religiösen Pulsschlag ohne lebendiges Interesse für die Mission vorstellen. Die Mutter, welche die religiöse Erziehung der Kinder leitet, fördert auch das Missionsinteresse bei ihren Kindern, die sie bald nach der Taufe schon beim Werke der heiligen Kindheit als Mitglieder angemeldet. Durch Erzählungen von den armen Heidenkindern und der Tätigkeit der Missionare wird sie das Interesse der Kinder anregen. Gegenüber dem Eigennutz der Welt senkt die Mutter Sinn für Barmherzigkeit und Wohltätigkeit in das junge Herz. Es lernt zu entsagen, es lernt Opfermut und damit erwächst Heldenmut für das Leben. Hierin liegt ein bedeutsames Er= ziehungsmoment. Das Kind lernt kleinem Besitz zu entsagen und ihn für ein großes Werk zu opfern. Es ist eine Tatsache, daß katholische Familien, die ein warmes Herz und eine offene Hand für die Missionen haben, sich und ihren Kindern den katholischen Glauben lebendig erhalten.

Mit der Belehrung verbinde sich das Gebet in der Familie. Jähr= lich sterben 30 Millionen Heiden ohne den rettenden Einfluß des Christen= tums. Sollte da nicht jede Familie täglich ein Vaterunser beten für ihre Rettung? Es ist kein blinder Zufall, daß aus jenen Familien, in denen

eifrig für die Missionen gebetet wurde, vielfach Missionare hervorgegangen
sind. Solche Familien stellen auch die Mitarbeiter, Sammler und För=
derer des Missionswesens.

Man möchte beinahe glauben, Jansen habe die Familie Achte vor
Augen gehabt, als er die eben angeführten Worte sprach.

Als siebtes Kind arbeitsamer und tiefreligiöser Landleute im Dorfe
Warhem (französisch Flandern) am 5. August 1861 geboren, erfuhr er
gar bald an sich, die wohltuenden Wirkungen jenes „warmen, religiösen
Pulsschlages". Dieser ging, wie man es wohl erwarten darf, hauptsächlich
von der Mutter aus. Bei der vielen Arbeit, welche ihr die Führung
des Haushaltes auferlegte, verlor sie keinen Augenblick ihre Hauptaufgabe
aus dem Auge, die Erziehung ihrer 15 Kinder.

Von morgens früh bis abends spät sahen die Kinder ihre Mutter
in emsiger Tätigkeit, für alles besorgt, auf alles bedacht und das mit
einer Ruhe und Heiterkeit des Gemütes, einer Geduld und Gottergebenheit,
die sich nie verleugneten.

Das war Frau Achte bis ins 70. Lebensjahr hinein, wo sie von
ihrem arbeits= und verdienstvollen Leben zur ewigen Belohnung abberufen
wurde. „Gott ruft mich zu sich", war eins ihrer letzten Worte, „nichts
hält mich mehr auf dieser Welt zurück; denn ich sehe alle meine
Kinder den rechten Weg gehen, auf dem ich sie geführt habe."

Und worin lag das Geheimnis ihres Erfolges? In erster Linie in
dem ständig guten Beispiel in allem und überall; in der Uebung des
Gebetes, zu der sie auch frühzeitig ihre Kinder heranbildete, so daß
sie gerne und gut beteten. Sie benützte beispielsweise den schönen, der
lieben Mutter Gottes geweihten Mai Monat, um die für Kinder so
erwünschte und wohltuende Abwechselung im Gebetsleben zu erziehlen.
Zu diesem Ende ließ sie die schönsten Blumen aus Feld und Garten
pflücken, schmückte mit ihnen einen Marien=Altar, der im besten Zimmer
des Hauses aufgestellt wurde, und kniete allabendlich mit ihren Kindern
zu Füßen der im Kerzenlicht strahlenden Mutter=Gottesstatue zum gemein=
samen Rosenkranz= und Abendgebet.

Dann verstand sie es in meisterhafter Weise, die Zeit, in der sich
ihre Kinder auf die erste hl. Kommunion vorbereiteten, erzieherisch
auszunützen. Im Hinblick auf das große Glück, welches den Kleinen
in der hl. Kommunion zuteil werden sollte, begeisterte sie dieselben, recht
folgsam, liebevoll und dienstbeflissen zu sein, lehrte sie auf kleinen Besitz
zu verzichten, freiwillige Ueberwindung und Entsagung zu üben. Sie
selbst sah nach, wie es mit der Kenntnis des Katechismus und dem Ver=
ständnis der christlichen Wahrheiten bei ihren Lieblingen stände.

Um dieselben zu ermuntern und auf erhabene Beispiele hinweisen
zu können, hatte sie sich einige Lebensbeschreibungen von Heiligen ge=
kauft, aus denen sie während der Wiederholungsstunden packende Züge
entnahm und erzählte. Mehr konnte sie für gewöhnlich, wenn die Arbeit
sich draußen und im Hause häufte, nicht tun.

Aber es kamen die langen Winterabende, da war es ihre größte
Freude, längere Stellen aus dem Heiligenleben vorzulesen, zu erklären
und auf das Leben der Kinder anzuwenden.

Betrachten wir also das entzückende Bild: Die Mutter hält auf ihrem Schoße den kleinen Anselm, das elfte Kind; zu ihren Füßen August, der spätere Uganda-Missionar mit ·dem Katechismus in den Händen, und die jüngern Geschwister. Nach einigen Fragen und Erklärungen zeigte dann die Mutter wiederum an einem Beispiele, wie die Lehren und Vorschriften des Katechismus von den tugendhaften Menschen angewandt würden.

Diesmal war das Beispiel dem Leben des berühmten Missionars Theophan Venard entnommen, der durch seine gottbegeisterten Briefe, das Beispiel seines heiligmäßigen Lebens und sein glorreiches Martyrium so viele auf den Missionsweg geführt hat.

Das weitgeöffnete glänzende Auge des Knaben schaute unverwandt in das Auge der Mutter; er merkte es nicht, daß ihm der Katechismus aus den Händen glitt, so war er von der Erzählung in Anspruch genommen. Als er dann hörte, daß Venard als neunjähriges Kind die Spitzen der heimatlichen Berge erstiegen, sehnsuchtsvoll nach dem Orient ausgeschaut und ausgerufen habe: „Auch ich, auch ich gehe nach Tonkin", da zog es ihn empor und er stand hochaufgerichtet da. — Fast betroffen über die Wirkung ihre Erzählung, hielt die Mutter inne. August aber verharrte in seiner Stellung, die kleinen Fäuste krampfhaft ballend, als ob er etwas mit Gewalt festhalten wolle. Da kam es der Mutter ein, zu fragen: Nun wer von Euch will nach China gehen und die Heiden bekehren?

Eine geheimnisvoller Schauer durchzog die Kindesseelen. Der kleine Körper des August reckte sich noch mehr — und plötzlich kam es von seinen Lippen: „Ich, ich gehe nach China!"

In diesem Worte löste sich die seelische Erregung aus, die ihn während der Erzählung in Spannung gehalten hatte.

Die abendliche Unterrichtsstunde war zu Ende. Das Kind war noch zu jung, als daß es sich damals über den innern Vorgang in seiner Seele hätte Rechenschaft geben können. Auch die Mutter dachte nicht im entferntesten daran, daß der liebe Gott ihre Erzählung benützen wolle, um den Keim des Missionsberufes in der Seele des Knaben zu befruchten. Sie ließ den Vorfall allerdings nicht unbenützt vorbeigehen. Im Gegenteil: während der Vorbereitungszeit auf die hl. Kommunion erinnerte sie August daran, um ihn im Eifer zu erhalten, oder ihm die Uebung des Gehorsams, der geschwisterlichen Liebe, der Selbstentsagung leichter zu machen. Aber außer der erzieherischen, legte sie ihm keine weitere Bedeutung bei. Und nach einiger Zeit hatte sie ihn vergessen.

In der Seele des Kindes aber lebte der Vorfall in seinen Wirkungen noch fort. Er begleitete ihn zur ersten hl. Kommunion. Mehr einem inneren Drange, als überlegter und bewußter Erkenntnis folgend, brachte sich August seinem Heiland zum Opfer dar zur Bekehrung der Ungläubigen.

Die Nachwirkungen des glücklichen Vorfalles begleitete ihn durch die Zeit seiner Gymnasialstudien hindurch, denen er als Zögling des Knabenkonviktes in Hazebrouck oblag. — „China und Tonkin." Von diesen Worten ging eine geheimnisvolle Kraft aus, die ihn über die Verdrießlichkeiten und Enttäuschungen des Internats- und Studienlebens hinweg führte. Kein Wunder, daß er von seinen Zukunftsplänen mit

seinen Mitschülern sprach und sich bald Gesinnungsgenossen erwarb.
Natürlich waren alle wie er nur für China und Tonkin eingenommen.

So kam das Frühjahr 1876 und brachte die Nachricht, daß d r e i
Missionare aus der Gesellschaft der W e i ß e n V ä t e r, die Patres
Paulmier, Menoret und Bouchand in der Sahara um ihres Glaubens
willen ermordet worden seien. — „Was braucht man da bis nach China
zu gehen, um sich die Palme des Martyriums zu holen, wo sie doch
viel näher zu haben ist", diese und ähnliche Bemerkungen konnte August
öfters zu hören bekommen, wenn er wieder seinen chinesischen oder
tonkinesischen Missionen das Worte redete.

In der Tat wandte sich sein Interesse auch den Gebieten Afrikas
zu, die sich der Tätigkeit der Missionare erschlossen. Ja, er erwärmte
sich für dieselben, als im Jahre 1878 die Nyansa= und Tanganika=
Missionen durch ein Reskript vom 24. Februar vom Papste Leo XIII.
gegründet und den Weißen Vätern zur Missionierung übertragen wurden.
Der Umstand, daß einige seiner Landsleute, insbesondere P. Dromaur,
gleich in das neue Arbeitsfeld eintraten und in regelmäßigen Zeitab=
ständen die anziehendsten Schilderungen in die Heimat gelangen ließen,
gewannen ihn vollends für die N e g e r = M i s s i o n.[1]

Wie er, dachten noch eine Reihe anderer seiner Mitschüler. Um
sich auf die zukünftige Laufbahn vorzubereiten, übernahmen sie schwere,
körperliche Arbeiten, härteten sich auf mancherlei Weise ab, legten sich
Abtötungen auf und übten sich in körperlichen Strengheiten.

So trat August Achte in das Schlußjahr seiner Gymnasialstudien
(1879) ein. Die Ferienzeit hatte ihm öfters Gelegenheit geboten, den
Eltern von seinem Plane zu sprechen. Diese aber machten ihm Gegen=
vorstellungen der verschiedensten Art, ohne ihn umstimmen zu können.

Da kam die Abschlußprüfung, die für unsern August glücklich ver=
lief. Am 3. August teilte er den Erfolg seinen Eltern mit und trug
ihnen dann seine Berufsangelegenheit ernsthaft und feierlich vor:

„Ihr habt mir, lieber Vater und gute Mutter, stets die Versicherung
gegeben, daß Ihr für mich zu Gott betet, damit ich doch meinen Beruf
erkennen und wahrhaft glücklich werden möchte. Gott segne Euch für
alle Gebete, die Ihr für Euer Kind Gott aufgeopfert, für alle Opfer,
die ihr für mich gebracht habt. Gott hat Euch 9 Söhne geschenkt.
Alle sind gesund und stark. Keiner ist unter ihnen, der Euch ernsthaft
Kummer machte.

Gott hat nun durch ein Geheimnis seiner Güte zu meiner Seele
gesprochen: „Komm und folge mir nach!" — Ganz beschämt über so
viel unverdiente Liebe und Bevorzugung, kann ich nur sprechen: „Siehe,
Herr, hier bin ich, denn du hast mich gerufen!"

Ihr erratet, wo ich hinaus will! Nicht wahr, liebe Eltern, auch
Ihr sprechet zu Gott: „Du hast uns dieses Kind gegeben, wir geben

---

[1] Die göttliche Vorsehung gab einem der jüngeren Brüder, dem im Jahre 1966
geborenen Stanislaus, ins Herz, sich der Orient=Mission zu weihen. Er wurde
Trappist und weilt seit 1889 im Kloster Yank=kia=Ko, 4 Tagereisen von Pekin.
Von den 7 übrigen Brüdern wurde noch einer Missionar in der Gesellschaft der
Weißen Väter, drei wählten die Militärlaufbahn, drei verblieben in dem beschei=
denen Stande des Vaters. Von den Schwestern ging eine ins Kloster, die übrigen
blieben in der Welt.

es Dir wieder anheim. Es soll fortan ganz dein sein; es soll Dein
Priester und Missionar sein!"

Der Regens aber setzte noch folgende Worte hinzu: „Ich bitte Euch,
lasset heute noch Eurem Sohne August einige Zeilen zugehen. Lasset
ihn nicht länger in seiner Qual und Ungewißheit. Ganz unnötig, noch
den Rat des Herrn Pfarrers von Warhem oder der Familienmitglieder
einzuholen. Alle wissen längst, um was es sich handelt, und billigen
den hochherzigen Entschluß Eures Kindes."

Der Brief mit der Zusage wurde von Vater und Mutter aufgesetzt.
Beide schrieben daran. Aber dem guten Sohne entging es nicht, daß
der heiß ersehnte Brief mit Tränen benetzt worden war.

Ein Beruf war zur glücklichen Entwicklung gelangt.　　　-H-
(Fortsetzung folgt.)

Für Dienstboten.

Ein Beispiel, wie sie ständig und wirksam für die Erhaltung und Ausbreitung des
Glaubens arbeiten können.

Bekanntlich zählen die Dienstboten unter die eifrigsten Förderer der Mission.
Deshalb seien die folgenden Zeilen speziell an solche brave Dienstboten
gerichtet. Es soll aus dem Leben des großen Kardinals Lavigerie ein
kurzer Zug berichtet werden, der gerade ihrem Stande alle Ehre macht
und sie zugleich auf ein neues Wirkungsfeld hinweist, auf daß sie vielleicht
noch nie aufmerksam gewesen sind.

Kardinal Lavigerie entstammte einer vornehmen Familie aus Huire bei Bayonne
in Südfrankreich. Er wuchs auf in einer Zeit, wo religiöse Lauheit und Gleich-
gültigkeit weite Volksschichten ergriffen hatte. Zwar hatte in seinem Heimatsorte
auch noch die Religion ihren Platz, aber im Mittelpunkte des Lebens stand sie
gerade nicht.

Die Gesellschaft, die im Elternhause Lavigeries Verkehr pflegte, war, was
Weltanschauung und Glauben angeht, bunt gemischt. In den Sommermonaten
zog seine Familie mit der übrigen hohen Gesellschaft ans Meer nach den Bädern
von Biarritz, um dort einzig und allein der Erholung und dem Vergnügen zu
leben.

Erstaunt muß man sich fragen: Wie konnte doch im Rausche eines solchen
Weltlebens ein Priesterberuf aufkommen? Von ganz verborgener Hand ist der
Same des Priesterberufes in das jugendliche Herz gelegt worden. Es dienten
nämlich in Lavigeries Vaterhause zwei brave Mägde; Hannchen und Mariannchen
hießen sie. Diese sprachen ihm die ersten Gebete vor, unterwiesen ihn im Katechismus und erzählten ihm aus der biblischen Geschichte. Auch lehrten sie ihn
fromme Lieder singen und nahmen ihn häufig mit zum Gottesdienst. Besonders
aber wirkte auf das zarte Kindesherz das stete Beispiel ihres tugendhaften und
demütigen Lebens.

Das stille Wirken der beiden frommen Mägde wäre wohl niemand bekannt
geworden als Gott allein, der im Verborgenen sieht, wenn nicht der Kardinal selbst
später öffentlich davon gesprochen hätte. Als er nämlich nach seiner Erhebung
zur Kardinalswürde in seine Heimat kam und dort feierlich empfangen wurde, erzählte
er auf der Kanzel, wie er von Hannchen und Mariannchen seine erste religiöse
Bildung erhalten habe. „Meine Brüder", rief der hohe Kirchenfürst in begeisterter
Dankbarkeit aus, „das, was ich heute bin, verdanke ich den beiden frommen
Mägden meines elterlichen Hauses!"

Während der Kardinal so sprach, war eine der Mägde in der Kirche anwesend.
Es war die achtzigjährige Hanne, die am Fuße der Kanzel stand. Sie hörte zwar
nichts von ihrem Lob, denn sie war fast taub geworden; desto mehr war sie
über alles erstaunt. Sie konnte ihr Auge nicht abwenden von ihrem einstigen
Schützling, der nun in wallendem Bart und mit dem Kardinalspurpur geschmückt
vor ihr stand. Träne auf Träne rollte ihr über die runzeligen Wangen.

Wem verdanken wir also den Kardinal Lavigerie, den großen Apostel Afrikas? Antwort: zwei frommen Dienstmägden! Ja, wenn es dieser Hannchens und Mariannchens noch mehr gäbe, und sie uns noch manche solcher Männer erzögen, wie Kardinal Lavigerie, dann wäre Afrika bald bekehrt.

Kleine Mitteilungen.

Institut Lavigerie in Freiburg (Schweiz) nennt sich eine neue Niederlassung der Weißen Väter, welche bereits im vorigen Jahre gegründet, im Laufe dieses Jahres aber erst seine endgültige Ausgestaltung erhalten hat. — Die Neugründung verfolgt den Zweck, den Postulanten und Laienbrüdern eine gründliche technische Ausbildung in den verschiedensten Handwerken und Fertigkeiten zu ermitteln.

Zu diesem Ende wird ihnen auch Gelegenheit geboten, sich an der höheren Gewerbeschule theoretisch und praktisch weiter zu bilden.

Mithin tritt das Institut Lavigerie mit seinen Zielen und Mitteln geradeweges in die katholische Missionsarbeit ein, welche den noch ungesitteten Völkern die Vorteile unserer materiellen Kultur und die Bedingungen zu einem menschen= würdigen Dasein ermitteln will.

Möge Gottes Segen auf der Neugründung ruhen!

Junge Leute aus der Schweiz, die sich als Missionare dem Werke der Heidenbekehrung widmen, sowie alle jene, die sich unseres Werkes annehmen wollen, mögen sich an die Direktion des Instituts Lavigerie wenden.

Desgleichen beliebe man: Bestellungen des „Afrika=Bote", Adressenveränder= ungen, Abonnementsbeträge usw. aus der Schweiz an eben dieselbe Direktion zu richten.

Die I. ostafrikanische Bischofskonferenz in Dar-es-Salaam. Vom 23. bis 26. Juli tagte in den Räumen der Benediktiner=Mission in Dar-es-Salaam die I. ostafrikanische Bischofskonferenz. Zu derselben waren außer dem Bischof Thomas Spreiter, O. S. B., von Dar-es-Salaam die Bischöfe Vogt von Bagamoyo und Munsch von Kilimandscharo erschienen. Für den in Europa weilenden Bischof Allgeyer von Zansibar waren Vertreter erschienen. Ebenso waren Vertreter der Weißen Väter für die Vikariate Tanganjika und Unnanyembe gekommen. Aus dem reichen Material, über das beraten wurde, seien nur einige Titel ange= führt: Slavenfrage, Schulfrage, Festtage, hl. Kommunion, heid= nische Gebräuche, Katechumenat, Einheit der gewöhnlichen Ge= bete, Katechismusfrage, ärztliche Mission usw. Es ist zweifellos, daß diese Konferenz für die Zukunft segensreiche Folgen haben wird. Die nächste Konferenz soll im Jahre 1915 in Tabora stattfinden.

Ein schwarzer Hauptmann von Köpenik. Unweit der Missionsstation Munaga (Unnanyembe) wohnte ein alter buckeliger Zauberer. Die Missionare trafen ihn oft in unmittelbarer Nähe der Station, wie er die Neger mit Amuletten und Zauber= sprüchen betörte. Die Zauberei war aber nicht sein einziges Gewerbe, sondern nur ein untergeordnetes Nebenfach in seinem eigentlichen Gewerbe, der Spitzbüberei. Er verstand sich auf alle Schliche, die Spitzbuben je ersonnen.

Die Heldentat, die wir von ihm erzählen wollen, vollführte er mit einem Geschäftsfreund. Das war ein Halunke von derselben Art wie er. Erst kürzlich ins Land gekommen, hatte er sich neben der Missionsstation niederlassen wollen, war aber wohlweislich abgeschoben worden. So war er denn zu dem buckeligen Zauberer gekommen, der ihn zu inniger Spitzbubenbrüderschaft aufnahm. Bald bot sich eine Gelegenheit, an der diese sauberen Brüder ihr Glück mitsammen ver= suchen wollten. Ein Häuptling hatte in seiner Nachbarschaft Vieh gestohlen. Da die deutsche Behörde in ziemlich weiter Entfernung residiert, war es für die Be= stohlenen sehr umständlich, dort einen Prozeß anzustrengen. Viel lieber nahmen sie das Anerbieten des buckeligen Zauberers an, der um den Preis einer frisch= melken Kuh das gestohlene Vieh zurückzubringen versprach.

Der Zauberer hatte unter seinen Schätzen auch alte europäische Kleidungsstücke. Daraus suchte er für sich und seinen Genossen einige aus: ein paar Hemden, Hüte und Hosen und was ihm sonst noch grade unter die Hände kam, alles krumpelig, schäbig und schmutzig. In dieser Ausstaffierung erschienen sie vor dem Häuptling, der des Diebstahls bezichtigt war und mit der Dreistigkeit eines Hauptmanns von Köpenick sprachen sie gebieterisch: „Herr Häuptling! wir sind die Gesandten von Mendemendi" (so nennen die Neger den Pater Bebbeder). „Mendemende läßt dir sagen: Gib auf der Stelle die gestohlenen Kühe zurück, oder Mendemende wird dich totschießen mit seiner Flinte und deine Hütte in Brand stecken und dich fortjagen und aufhängen und deine Knochen zermalmen."

Ganz verdutzt stand der Häuptling da. Allein diese Drohung von Mendemende kam ihm doch sonderbar vor und er wagte schüchtern zu fragen: „Ist das wirklich wahr, daß Mendemende Euch schickt?" „Ei siehst Du den nicht an unserer Kleidung, daß wir seine Gesandten sind?" war die kurze Antwort. „Wir haben weiter nichts beizufügen; gib die Kühe zurück oder wir gehen und Du hast es mit Mendemende zu tun."

Der Häuptling entschloß sich rasch zur Zurückgabe. Die beiden Halunken erhielten ihren Lohn und zogen siegesfreudig heim. Doch nicht lange währte ihre Freude. Der Schwindel ward ruchbar. Der Häuptling, dem sie unterstanden, legte sich ins Mittel und bestrafte den Zauberer wegen Verleumdung seiner weißen Freunde zu Verbannung und Verlust aller Güter. Die ganze Habe des alten Schacherers fiel natürlich dem Häuptling zu. Das war auch die Triebfeder zu seinem prompten Eingreifen, weniger war es die Liebe zu seinen verleumdeten weißen Freunden, oder sein Gerechtigkeitssinn, denn schon einen Monat später befand sich der alte Buckelige wieder im Land und trieb ungestört sein Unwesen nach wie vor, obwohl der Häuptling darum wußte.

Der Freund der Zauberers aber kam noch schlechter weg. Sobald er Wind bekommen hatte, daß man ihm nachstelle, war er geflohen. Als er nun einen Fluß durchschwimmen wollte, geriet er unter Wasser und wurde von einem Krokodil geschnappt. Er war weder Christ noch auch ein eifriger Katechumene und unsere Negerchristen sahen in seinem unglücklichen Tode die strafende Hand Gottes.

Gutes Baumwolland in Deutsch-Ostafrika. Im Auftrage des Kolonialwirtschaftlichen Komitees hatte im Jahre 1910 Ingenieur Boos die südlich von Smith-Sund des Viktoriasees gelegenen Steppen einschließlich der Wembäresteppe untersucht, um festzustellen, ob eine Bewässerung dieser Landstriche für Zwecke des Baumwollbaues mit dem Wasser des Viktoriasees technisch möglich und rentabel wäre. Das Ergebnis dieser Untersuchungen war, daß technisch die Möglichkeit nicht nur der Bewässerung der südlich des Smithsundes gelegenen Mbalasteppe, sondern auch der durch einen Höhenzug von nur 19 Metern hiervon getrennten Majongaebene und Wembäresteppe im weitesten Umfange vorhanden ist. Das zur Ueberschreitung dieses Höhenzuges gehobene Wasser sollte als Antriebskraft zum Betriebe einer elektrischen Bahn Issaka—Tabora als Anschluß an den als Schiffahrtsweg auszubauenden Bewässerungskanal Viktoriasee (Smithsund—Issaka) dienen. Auf diese Weise sollte gleichzeitig ein billiger Transportweg für die anzubauende Baumwolle geschaffen werden. Im Auftrage des Kaiserlichen Gouvernements von Deutsch-Ostafrika hat jetzt der Königsberger Privatdozent Dr. Vageler, gegenwärtig landwirtschaftlicher Sachverständiger beim Kaiserlichen Gouvernement von Deutsch-Ostafrika, die Böden der oben erwähnten Steppenzüge behufs Beurteilung des wirtschaftlichen Wertes des Gebietes untersucht und berichtet darüber im Juliheft des Pflanzers. Das Resultat seiner Untersuchungen ist, das die technische Möglichkeit der Bewässerung und des Schiffahrtskanals in dem von Booth angedeuteten Umfange vorhanden ist. Dagegen beurteilt er die Nutzungsmöglichkeiten der Mbalasteppe nicht so günstig wie dieser. Während ersterer das bewässerbare Areal auf 55 000 Hektar schätzte, gibt Vageler das nach Schaffung einer Bewässerungsanlage zum erfolgreichen Anbau von Reis und Baumwolle günstig zu beurteilende Gelände auf 20 000 Hektar an. Die Schaffung einer Bewässerungsanlage der Mbalasteppe würde sich daher nur als Nebenanlage zu dem großen Projekte der Bewässerung der Wembäresteppe lohnen. Bei Bewässerung und Schaffung eines billigen Absatzweges zum Viktoriasee bzw. der Zentralbahn ist dagegen ein großer Teil der Wembäresteppe und Manjongaebene als ausgezeichnetes Ackerbau-, besonders Baumwoll- und Reisbaugebiet, zu bezeichnen, das an Qualität der Böden kaum hinter einem Baumwolldistrikt der Erde steht und in klimatischer Hinsicht mit einer langen, gute Ernten gewährleistenden Trockenperiode die meisten Baumwolländer übertrifft. Die dichte arbeitsame Bevölkerung der Ussukuma und der Unjamwesi läßt auch die Arbeiterverhältnisse in günstigem Lichte erscheinen. Unter diesen Umständen erscheint die Aufwendung selbst so großer Kosten, wie sie die Herleitung des Viktoriaseewassers in einem gleichzeitig die elektrische Kraft bestreitenden Schiffahrtskanal zweifellos verursachen würde, durch die hervorragende Güte der Böden wirtschaftlich gerechtfertigt, da auf diese Weise sich ein Baumwollareal schaffen ließe, dessen Erträgnisse ihrer Masse und Qualität nach geeignet sein würden, auf den Weltmarkt, besonders aber bei der Rohstoffversorgung Deutschlands einen entscheidenden Einfluß auszuüben.

Empfehlenswerte Bücher und Zeitschriften.

P. Wilhelm Judge S. J. Ein Blatt aus der Geschichte der Mission in Alaskas Goldfeldern. Deutsche Bearbeitung von Friedrich Ritter v. Lama. Mit 21 Abbildungen und einer Karte. (Gehört zur Sammlung „Missions-Bibliothek".) gr. 8⁰ (VIII u. 160 S.) Freiburg 1912, Herdersche Verlagshandlung. M 2.80; geb. in Leinwand M 3.50.

Haben uns frühere Bände der Missions-Bibliothek von Paraguay und vom Kongo erzählt, so führt uns der vorliegende Band nach dem Lande des arktischen Winters mit seiner monatelangen Nacht und seinem monatelangen Tage, hinauf in den „wildesten Westen", nach Alaska und seinen Bergen und Gletschern, seinen Seen und Flüssen. Wir lesen von den Eskimos, den Indianern mit ihren Medizinmännern, mit ihren Kanoes, von den Blockhäusern der Ansiedler, von Jagd und Gefahren.

Mehr noch! Wir sehen, wie in aufreibendster Arbeit katholische Missionare aus dem Jesuitenorden in der ihnen eigenen, großzügigen Weise eine Mission schaffen, die nach und nach auf immer weitere Teile des ungeheuren Gebietes ausgreift und in kurzem Weiße, Indianer und Eskimos in den Bereich intensivster Tätigkeit zieht. Aus den Briefen eines dieser Helden, der noch mitgearbeitet an den Anfängen der Mission, lernen wir das Land und seine Bewohner, ihre Sitten und ihre Kämpfe mit den Elementen, und insbesondere das nahezu übermenschliche Wirken der katholischen Glaubensboten kennen. Auf Schneeschuhen, im Boote oder auf dem Hundeschlitten gehen sie den Seelen nach, um sie für Christus zu gewinnen. Ein Mann tritt vor uns, der einzige unter den Tausenden von Pilgern, die nach den fabelhaften Goldreichtümern am Klondike drängten, den nicht das Gold anzog. Er tut Wunder der Nächstenliebe, um schließlich nach Erschöpfung seiner Kräfte zusammenzubrechen. Was er selbst nicht sagt oder sagen will, ergänzen uns Augenzeugen. Das Buch wird sicher seinen Zweck erfüllen, belehrend, erbauend und aufmunternd zu wirken.

Gebet und Betrachtung. Vom ehrwürdigen Ludwig von Granada aus dem Predigerorden. Aus dem Spanischen übersetzt von Dr. phil. et theol. Jakob Eker, Professor am Priesterseminar zu Trier. 2 Bändchen. 12⁰ (XLII u. 990 S.) Freiburg 1912, Herdersche Verlagshandlung. M 7.40; gebunden in Kunstleder M 9.—.

Das kleine Büchlein „Sei barmherzig gegen dich selbst! Gib Almosen!", durch das der große seit drei Jahrhunderten weltberühmte spanische Geisteslehrer bisher in der „Aszetischen Bibliothek" vertreten war, ist nur ein geringer Teil des bedeutenden Werkes „Gebet und Betrachtung". Da ein Neudruck dieses Bändchens nötig war, entschloß sich der Uebersetzer, das ganze Werk herauszugeben. Unsere deutsche aszetische Literatur ist dadurch um eine sehr wertvolle Perle bereichert.

Im ersten Teile ist zunächst Rede von der Nützlichkeit und der Notwendigkeit der Betrachtung. Darauf folgt eine Anleitung zum betrachtenden Gebete, das zu wenig geübt wird, weil es den meisten an Stoff mangelt und ihnen die Wärme und Andacht fehlt, die notwendig sind, damit diese Uebung fruchtbringend sei. Um dem Mangel an Stoff abzuhelfen, bietet Ludwig sieben ausführliche „Morgenbetrachtungen" über das bittere Leiden unseres Herrn, und sieben „Abendbetrachtungen" über die wichtigsten Geheimnisse des Glaubens: Sünde, menschliches Leben, Tod, Gericht, Hölle, Himmel und Wohltaten Gottes. Außerdem ist in diesem ersten Teile noch Rede von den fünf Teilen der Betrachtung: Vorbereitung, Lesung, Betrachtung, Danksagung und Bitte. — Der zweite Teil handelt von den Mitteln zur Erweckung der Andacht, von den Hindernissen, die sich ihr entgegenstellen und von den gewöhnlichen Versuchungen, denen fromme Personen ausgesetzt sind. An diese beiden Hauptteile schließt sich noch ein dritter Teil an, der von der Kraft des Gebetes und seiner beiden Begleiter, des Fastens und des Almosen= gebens handelt.

Wer die große Kunst des Betens würdigt und ernstlich bestrebt ist, sich mehr und mehr mit ihr vertraut zu machen, der greife zu diesem Buche! Ludwig von Granada war ein Mann des Gebetes, der von Herzen spricht; er war auch ein Meister der Sprache, der es wie wenige versteht, von Herzen zu Herzen zu reden.

Was die vorliegende deutsche Ueberseßung betrifft, so bleibt ja gewiß auch hier wahr, daß die Schönheiten des Originals nicht alle wiederzugeben sind; der Name des Uebersetzers bürgt jedoch dafür, daß die treue Wiedergabe des Ur= textes in einer Form geboten wird, in der man eher ein Original als eine Ueber= setzung vermutete.

Im Geiste des Kirchenjahres. Religiöse Essays für Katholiken aller Stände. Von Dr. Johannes Chrysostomus Gspann, Professor der Theologie. Mit Kopfleisten. 128 Seiten. Format 115 : 170 mm. Elegant broschiert und beschnitten M 0.90, Kr. 1.10, Frs. 115. In Leinwandband mit Rotschnitt M 1.60, Kr. 1.95, Frs. 2.—. Einsiedeln, Waldshut, Cöln a. Rh., Verlags= anstalt Benziger & Co., A. G.

Ein Büchlein, das den Katholiken aller Stände den tiefen Sinn und die erhabenen Ideen des Kirchenjahres in so engen Grenzen, in so schöner, populärer Sprache erklärte wie dieses, hat uns bis jetzt gefehlt. Professor Dr. Gspann hat es meisterlich verstanden, jedem Leser, dem Gebildeten und dem Manne aus dem Volke tiefes, inniges Verständnis für die entzückende Schönheit und die ergötzende, von großer Weisheit zeugende Anordnung des Kirchenjahres im Rahmen eines handsamen Büchleins zu bieten. Jeder der drei Kreise des Kirchenjahres mit den einfallenden Festen erfährt eine von wertvollen religiös=sittlicher Belehrungen reich durchwirkte Behandlung. Was der Verfasser beispielsweise über Weihnachten, den Dreikönigstag, das Kreuz in der Karfreitagsbetrachtung, Ostern, den Marienmonat, den großen Frauentag schreibt, ist einzig nach Gehalt und Gestalt, und ganz dazu geschaffen, frische, lebendige, glaubensfreudige Begeisterung für die einzelnen Feste und ihre großen Ideen im Herzen des Lesers zu wecken. Möchte das Büchlein so recht in das Volk hineindringen; seine allgemeine Lektüre und Beherzigung in der katholischen Familie bedeutete Neubelebung des in weiten Kreisen immer mehr schwindenden religiösen Bewußtseins, erzeugte ein glaubensstarkes katholisches Volk.

Des Lebens Flut. Neue Erzählungen für Volk und Jugend von Konrad Kümmel. Drittes und viertes Bändchen. Erste und zweite Auflage. 12⁰ (VIII u. 376 S,; VI u. 362 S.) Freiburg 1912, Herdersche Verlagshandlung. Je M 2.—; geb. in Leinwand M 2.50.

Die dritte Serie „Des Lebens Flut", welche gleich den beiden früheren „An Gottes Hand" und „Sonntagsstille" auf sechs Bändchen berechnet ist, hat in ihren zwei ersten Bändchen je sechs größere Kalendergeschichten gebracht; in den übrigen kehrt sie zurück zur Art der kürzeren Erzählungen, welche im all= gemeinen sich an die Zeiten des Kirchenjahres anschließen sollen. Von den vor= stehenden Bändchen III und IV hat das erste dementsprechend 8 Advents= und 8 Weihnachtsgeschichten, das zweite 11 Fastenbilder. Ueberschauen wir die einzelnen Stücke, so finden wir auch hier wieder verschiedene mit historischem Einschlag; so im „Letzten Priester" (Norwegen), „Dazwischen" (Altwirtenberg), „Sterbkreuz" (Kloster Scheyern), „Die Leiche des Papstes" (Pius IX.), „Bote der seligsten Jung= frau" (48iger Revolution in Oesterreich), „Die Notbrücke" (Kanada), Deinen Engeln 2c." (Erdbeben, Portiunkula) und „Das Christkindlein von Wettingen" (Aargau). Aus den übrigen Erzählungen heben wir hervor: „Die Ewiglichtlampe" (die Geschichte der beiden jungen Leute, von denen eines die Lampe, das andere das Oel stiftete, ohne daß die beiden etwas voneinander wußten bezw. sich kannten), „Der Orgeltreter" (Gegensatz der Kindheits=Atmosphäre in glaubensarmer vor= nehmer und glaubenswarmer Handwerkerfamilie). „Des Holzmachers Bub" (der tapfere Zwölfjährige rettet den Vater aus Schande und Not), „In Scherben" (niemals verzagen), „Des Buchhalters Geheimnis" (unglückliche Ehe, zugleich der Heimatzauber); ähnlich, aber doch wieder ganz anderer Art ist „Aus der Jugend=

zeit" gehalten (Studentenleben); „Gottes Antwort" ist von tiefer Tragik, ein eigenartiges Gottesgericht, aber versöhnend abschließend; „Sankt Xaveri-Glöcklein" zeigt eines barmherzigen Schwesterleins rührenden Einfall, um eine arme Seele zu retten. Die Kunst der Schilderung zeigt sich besonders in dem großen Stadtbrande, in dem säkularisierten Frauenklösterlein (Weihnachtstanne), in dem Innern der Heiliggrabkirche zu Jerusalem, in dem Interieur der veröbeten, verlassenen Klosterkirche von Wettingen u. a. Zum Gelungensten rechnen wir außer den schon genannten Erzählungen „Das Sterbkreuz", — „Die Ewiglichtlampe" noch „Das ärmste Kind" — wie das Kind einer toten Unbekannten das beste Heim und eine hohe Patin bekommt, „Das Tedeum", eine ergreifende Reminiszenz an ein Kriegslazareth anno 1870, und außerdem noch die beiden andern Weihnachtsgeschichten „Des Weihnachtsengel Flügel" und besonders „Im Hinterhaus" — wie die armen Leute der vermeintlich Aermsten unter ihnen eine Christbescherung bereiten; in dieser letzteren Erzählung kommt auch die Freude des Autors an heiteren Szenen gebührend zum Ausdruck.

Noch sei angefügt, daß sich die Erzählungen überall an tatsächliche Vorkommnisse anschließen.

Ein Adventsgedanke.

„Nehmet Euch einer des andern an, wie auch Christus sich Eurer annahm zur Ehre Gottes." (Aus der Epistel des 2. Adventssonntages. (Rom. 15, 7).

Der Völkerapostel Paulus ermahnt die römische Gemeinde, es sollte sich in ihr einer des andern annehmen, wie Christus sich aller, der Juden sowohl als auch der Heiden, angenommen hat, um Gottes Ehre zu mehren. Der Juden nahm sich der Heiland in eigener Person gleichsam aus Gerechtigkeit an, „um der Wahrheit Gottes willen, um die Verheißungen der Väter zu bestätigen" (Rom. 15, 8). Der Heiden aber nahm er sich an aus Barmherzigkeit; „und darum preisen die Heiden Gott um seiner Barmherzigkeit willen." (Rom. 15, 9.)

Aber wenn auch den Heiden die Berufung zum Reiche Christi nicht kraft göttlicher Verheißung zu teil wurde, so geschah sie doch nicht unvorbereitet. Nein, die Propheten des Alten Bundes sahen und sagten die Eingliederung der Heiden in die große Gottesfamilie voraus. Sie freuten sich darüber und forderten die Berufenen zur Freude auf. „Freuet Euch, Ihr Völker; und abermals: Lobet den Herrn alle Völker und preiset ihn alle Nationen." (Rom. 15, 10.) Denn Christus hat sich Eurer angenommen, ohne irgend jemanden auszuschließen und ohne jemanden zu bevorzugen, oder zurückzusetzen: „In Christo ist nicht Jude, noch Grieche, nicht Barbar, Skythe, Sklave, Freier, sondern alles und in allem ist Christus." (Gal. 3, 28; Kol. 3, 11.)

Wer mithin die Mahnung des Apostels vor Augen haben und befolgen will, darf es nicht machen, wie jene Leute, die sich deshalb ihres Nebenmenschen nicht annehmen wollen, weil er in einem andern Lande auf die Welt gekommen ist, oder weil er einem andern Stande angehört, oder gar eine andere Hautfarbe hat; mit andern Worten, er darf sich nicht von dem National=, noch von dem Klassen=, noch von dem Rassenhasse anstecken lassen. Er wird sich vielmehr der andern annehmen, „so wie Christus", d. h. ohne Ansehen der Person. Denn wozu hat das ewige Wort unter uns gewohnt, oder wie der Urtext des Evangeliums so schön sagt: „sein Zelt unter uns aufgeschlagen?" Doch nur um zu retten, was verloren war! Wenn es demnach für die von Christus gelehrte Nächstenliebe ein Ansehen der Person gibt, so ist es jenes der größeren Verlassenheit und Not. Je

elender, abstoßender, undankbarer jene sind, deren sich die christliche
Nächstenliebe annimmt, desto weniger findet sie vor, worauf eigener Vor=
teil, eigene Ehre sich stützen könnte, desto mehr aber tut sie „zur Ehre
Gottes"; desto näher kommt sie auch ihrem Urbild, Christi Nächsten=
liebe. Auf der einen Seite verzichtet sie ja auf persönlichen Vorteil,
auf persönliche Ehre, bringt aber auf der andern Seite persön=
liche Opfer, gerade so wie Christus, der sogar „für den Bruder
gestorben ist." (1 Kor. 8, 11, Rom. 14, 15.)

Noch ein Merkzeichen trägt die nach Christi Beispiel gebildete
Nächstenliebe; sie bezweckt vor allem, die unsterblichen Seelen der
hilfsbedürftigen Menschen zu erreichen, um ihnen das übernatürliche
Leben der Gnade zu vermitteln oder zu erhalten. Sie nimmt sich ihrer
an, „so wie Christus", nicht aber, wie manche moderne Menschen,
die bei all ihrer Humanitäts= und Sozialfürsorge vergessen, daß der
Nächste eine unsterbliche Seele habe.

Ist es dieser also gearteten Nächstenliebe nicht natürlich, daß sie sich
den Weg zu den Heidenländern suche? Denn wenn irgendwo, wird sie
hier Gelegenheit finden, sich der Menschen „so wie Christus zur
Ehre Gottes" anzunehmen: selbstlos und unentwegt, ohne Ansehen
der Person, unter Aufwand persönlicher Opfer. Und wenn es ihr auch
unmöglich sein sollte, materielle Hilfe zu leisten, so kann sie doch
immer noch den unsterblichen Seelen helfen. Es ist ungemein er=
baulich, zu beobachten, welches Verständnis hierfür im guten christlichen
Volke zu finden ist. „Ich denke an all die tausend Kinderherzen in
den Missionsländern", schreibt ein Dienstmädchen, „die gerne den lieben
Heiland im hl. Sakramente empfingen, wenn sie nur Kunde von ihm
hätten. Zudem muß man glauben, daß Jesus sich mit seiner Liebe im
heiligsten Sakramente auch den Heiden offenbaren will. Damit dem
allem nun recht bald entsprochen werden möge, wird von morgen ab
(13. Oktober 1912) jeden Tag von mehreren Marienkindern
die hl. Kommunion aufgeopfert werden. Wir Marienkinder
wenden uns auch an unsere himmlische Mutter Maria, die gewiß unsere
Bitten unterstützen wird; gilt es doch eben die Ehre ihres Sohnes."

Nur Gott allein weiß, wie viele frommen Erwägungen, wie viele
Uebungen der Geduld und Selbstüberwindung still und ungesehen für
die Bekehrung der Heiden, oder die Heranbildung eines einheimischen
Klerus Tag für Tag aufgeopfert werden; wie manch sauerverdienter
Groschen am Ende des Monates für das Werk der Heiden=Mission
zurückgelegt wird.

Hin und wieder aber fügt es die göttliche Vorsehung, daß etwas
von der verborgenen Schönheit also geübter Nächstenliebe bekannt werde.
Sie bezweckt nämlich, durch die Macht des Beispieles möglichst viele zu
bewegen, sich der Nebenmenschen anzunehmen „so wie Christus zur
Ehre Gottes" und dadurch dem Kinde von Bethlehem ähnlich zu werden.

Der hl. Franziskus Xaverius und das Gebet der Kinder.

"Brüder, betet für uns, damit das Wort des Herrn
seinen Lauf habe und verherrlicht werde." (2. Theff. 3,1.)

Die Missionsmacht des großen Apostels von Indien wurzelte hauptsächlich im Gebete. Selber in außerordentlicher Weise dem Gebete ergeben, nimmt er unablässig und mit der größten Inständigkeit das Gebet anderer für seine apostolischen Arbeiten zu Hilfe. Ein besonderes Vertrauen setzte er auf das Fürbitt= gebet der in der Taufunschuld gestorbenen Kinder. "Laffet uns", schreibt er in einem Briefe vom 12. Januar 1544 an die Gesellschaft Jesu in Rom, "die Seelen der Kinder zu Fürsprechern nehmen, welche, von meiner Hand getauft, ehe sie das Gewand der Unschuld ver= loren, von Gott in die himmlische Wohnung aufgenommen wurden. Es sind ihrer, glaube ich, mehr als tausend; wieder und wieder flehe ich zu ihnen, daß sie uns von Gott die Gnade erlangen, für den Rest unseres Lebens oder vielmehr unserer Verbannung seinen hl. Willen zu erfüllen."

In den Briefen an seine Missionare begegnet man immer wieder der Bitte, sie möchten ihn doch ja dem Gebete der Gläubigen, insbe= sondere der Kinder, empfehlen: "Beten Sie für mich", heißt es unter dem 20. September 1544 in einem Briefe an P. Franziskus Mansilla, "und sagen Sie den Kindern, daß sie nicht vergessen, in ihren Gebeten mich dem lieben Gott zu empfehlen!" Von dem Gebete der Kinder erwartet er vertrauensvoll "kräftige Hilfe in den Gefahren seiner Reisen und den Schwierigkeiten seiner vielen Geschäfte. Darum lassen Sie mich nicht vergebens um das Gebet der Kinder bitten", lesen wir in einem späteren Briefe (10. November 1544) an den genannten P. Fr. Mansilla. Derartige Belege ließen sich noch mehr erbringen. Doch sie genügen, um uns eine der lieblichsten Seiten der apostolischen Wirksamkeit des großen Apostels zu zeigen.

Im Gebete sieht er die größte, ja die einzig wirksame Missions= macht: "dem Fürbittgebete verdanken wir die Segnungen, welche der Himmel über unsere Missionsarbeit ausgießt. Sie übersteigen um vieles unsere Fähigkeiten, unser Wissen und Können", so spricht der hl. Fran= ziskus seine innerste Überzeugung in einem Briefe an den hl. Ignatius aus.

Es wäre ein unberechenbarer Gewinn für die Ausbreitung des Reiches Gottes auf Erden, wenn diese Überzeugung des hl. Franziskus allgemein würde. Dann würde noch mehr, als es tatsächlich geschieht, die Hauptmissionsmacht, das Gebet, in Tätigkeit gesetzt. Insbesondere würde man, wie es der Apostel Indiens so sehnlichst wünschte, die Kinder anhalten, fleißig für die Missionare und die armen Heiden zu beten. Damit würde man dem Missionswerke die hauptsächlichste Hilfe zuwenden, die wir arme Menschen ihm nur zuwenden können. Aber auch dem Kinde würden wir den größten Dienste leisten, den wir ihm nur leisten können. Abgesehen von den übernatürlichen Gnaden, die in ihm durch das Gebet geweckt, entwickelt und ver= mehrt würden, würden ihm noch andere unschätzbare Güter zu teil werden. Würde sich der Blick des Kindes nicht auf die ganze Welt= kirche erweitern, das jugendliche Herz sich nicht begeistern für die In= teressen und Kämpfe der Kirche auch jenseits der Meere? Ohne Zweifel.

Und wenn die Mutter am Abende zu den Kindern sagte: „Betet noch ein Vater unser für die Missionare in den Heidenländern oder für die armen Heidenkinder", so gäbe sie denselben die beste Anleitung, über das eigene Ich hinauszuschauen und sich im Gutestun zu üben. Und wenn die Kinder dann nach Kinderart fragten: „Wer sind die Missionare, wo sind sie, warum sind sie bei den Heiden?" fände da die Mutter nicht die schönste Gelegenheit, den Glaubensgeist bei ihren Lieben zu vertiefen, sie zu ermuntern, der guten Sache wegen sich zu über = winden, ein kleines Opfer zu bringen? Ganz gewiß! Das Er = ziehungsmoment, welches das Missionswerk der katholischen Kirche in sich schließt, sollte sich keine Mutter entgehen lassen, um die Seelen= kräfte ihrer Kinder auf das Gute hinzulenken. Sie darf dabei um so eher auf Erfolg rechnen, je empfänglicher das kindliche Gemüt für der= artige Erwägungen ist und je sicherer die Gnade Gottes ihr dabei zu Hilfe kommen wird. Man mache den Versuch!

Sehnsucht der Negerkinder nach der hl. Taufe.

Die Negerkinder, die nach der hl. Taufe verlangen, erhalten diese Gunst nicht so ohne weiteres. Sie müssen sich lange Zeit darauf vorbereiten durch fleißiges Beten und Lernen und über das Gelernte strenge Prüfungen be= stehen. Die Hauptprüfung geht unmittelbar der hl. Taufe voraus. Bei solchen Prüfungen können die Missionare stets Zeuge sein von rührenden Szenen der Freude und Trostlosigkeit. Kaum ist das Resultat bekannt gemacht, dann rennt die glückliche Schar der Zugelassenen im Sturmschritt zur Kapelle der lieben Mutter Gottes, um dort ihrer Freude Luft zu machen. Diejenigen aber, welche die Prüfung nicht bestanden haben, sind untröstlich vor Schmerz. „Vater, ich bin tot! Habe doch Erbarmen! Wenn du mich nicht taufest, sterbe ich vor Kummer und Gram." So rufen sie und ihr Rufen wird immer lauter und flehent= licher, so daß es einen Fels erweichen könnte.

Tante Emilias Weihnachtsfreude.
Von Schwester X.

Wir sind am Heiligen Abend friedlich versammelt. Da pocht es heftig an die Türe.

„Wer ist da?" — „Ich, Milia!" und herein stürzt unsere alte Tante Emilia, die gute, achtzigjährige Tante Emilia. Mit ungelenken Sprüngen tanzt sie durch das Zimmer und schreit ein über das andere Mal: „Mutter, die Freude tötet mich!"

„Ei, welche Freude denn?"

„Die Freude über das Jesuskind! Ich habe vier Kerzen gekauft, die ich in der Mitternachtsmesse vor der Krippe anzünden will. Der Bruder hat mir dafür Kerzenhalter geliehen und Du, gib mir ein paar Zündhölzer!"

Wer könnte einer solchen Bitte widerstehen?

Die gute Alte nimmt die Streichhölzer wie einen teuren Schatz in Empfang, klatscht voll freudigen Dankes in die Hände und hopst dann wieder zur Tür hinaus: „Die Freude tötet mich! Ich sterbe vor Freude!"

Die gute Tante Emilia! sie hat ihre Geschichte. Ich muß sie dem
Leser näher vorstellen.

Verkündigung der Geburt Christi.

Einst war sie die Lieblingsfrau des Königs Mtesa, jenes blut=
gierigen Tyrannen, der früher über dieses Land herrschte. Aber der
Titel einer Königin hätte sie vor der launischen Grausamkeit ihres Gatten
nicht geschützt ohne den besondern Schutz der göttlichen Vorsehung.

Eines Tages, da Mtesa schlechter Laune war, vermaß sich eine
seiner Frauen, in des Königs Gegenwart zu kichern. Er verurteilte
seine Frauen zur Enthauptung. Sofort wurden sie gebunden und die
Hinrichtung begann. Eben sollte die Reihe an Emilia kommen; da kam
vom launischen Könige der Befehl, aufzuhören. Sie war gerettet.

Später wurde Emilia Christin und seither widmet sie sich völlig
der Mission. Ganze Generationen sind von ihr in den Anfangsgründen
der hl. Religion unterrichtet worden und verehren sie wie ihre Mutter.
„Die Mutter Gottes hat mir das Leben des Leibes erhalten", pflegt sie
zu sagen, „um mir später auch das Leben der Seele zu verschaffen.
Ist es da nicht billig, daß ich Maria und ihrem göttlichen Sohne den
Rest meiner Lebenstage weihe und daß ich mit allem Eifer der Kinder
warte, welche die Mission meiner Obhut anvertrauen?"

Ein Stückchen Missionsleben.

Von P. Joseph Fimbel.

Ukerewe heißt das Arbeitsfeld, auf dem ich meine Missionstätig=
keit übe. Es ist eine große Insel im südöstlichen Teile des
Viktoria=Sees. Du willst, lieber Leser, einiges erfahren über
mein Tun. Nun, so höre:

Gleich nach den geistlichen Uebungen, dem Morgengebet,
der Betrachtung und der hl. Messe wird Beicht gehört. Nach=
dem ich nun ein kleines Frühstück, bestehend aus Reis oder Milch oder
Eiern genommen habe, gehts um 8 Uhr in die Schule; sie dauert bis
1/2 12 Uhr. Während dieser Zeit wird gelesen, geschrieben, gesungen,
überhaupt Unterricht erteilt. Ich habe eine wahre Freude an der Schule
und bin mit meinen Schutzbefohlenen recht zufrieden. Die Intelligenz
der Kinder ist mittelmäßig, doch gibt es auch Schüler, die den besten
europäischen kühn zur Seite gestellt werden können. Die Bakerebe
(Bewohner der Insel Ukerewe) übertreffen an geistigen Anlagen bedeutend
die umwohnenden Völker.

In der Schule geht es so zu: In einer ersten Abteilung wird das
ABC eingeübt. Ein älterer Schüler steht an der ABC=Tafel mit einem
Stock in der Hand. Er zeigt die Buchstaben und nennt dabei ihren
Namen. Die Jungen wiederholen alle miteinander und schreien dabei
aus Leibeskräften. So geht es 1 und 1/2 Stunde fort. Weh' dem
empfindlichen Missionar. Seine Ohren haben was auszustehen!

Hat ein Schüler das Alphabet glücklich in seinem Kopf, dann
wird er in die 2. Abteilung versetzt. Dort bekommt er auf dieselbe
Weise die Silben beigebracht. Hier dasselbe Schreien, dasselbe bunte
Leben wie in der 1. Abteilung. Ist auch diese Schwierigkeit über=
wunden, dann wird der Kandidat in die 3. Klasse befördert, wo ihm
das Lesen eingeübt wird. Anfangs geht es langsam mit dem Entziffern

der geheimnisvollen Worte. Doch bald bekommt der Unermüdliche eine gewisse Fertigkeit im Lesen. Wer jedes beliebige Stück nun geläufig lesen kann, erreicht die oberste Schulklasse. Da wird geschrieben, ge= rechnet, Kiswaheli gelernt. — Groß ist zurzeit der Zudrang zur Schule; groß die Lust zum Lesen und Schreiben. Ich kenne Erwachsene, die von 6 Stunden weit herkamen und nach 3 Monaten lesen und schreiben konnten. In der Schule sind Christen und Heiden bunt gemischt. Alle haben jeden Tag von 9—10 Uhr Religionsunterricht; selbst die Heiden nehmen freudig die religiösen Wahrheiten an, denn in der Todesstunde wollen sich alle Heiden auf der Insel taufen lassen, und dann haben die Bakerebe eine große Lust für die Diskussion selbst in Religions= sachen. Oefters kommen sie mit Indern und Protestanten zusammen, bei solchen Gelegenheiten bieten die Religionsfragen reichlich Unterhaltung. Die Lust und Freude für die religiösen Wahrheiten ist sogar bei den meisten Christenkindern zu bemerken, besonders bei den Kindern aus guten christlichen Familien. Es gibt Kinder, wahre Engelchen, die schon hinreichend in der heiligen Religion unterrichtet sind, wenn sie den ersten Unterricht besuchen.

Ungefähr im 6. Jahre werden die Sprößlinge katholischer Eltern zum Schulbesuch herangezogen (aber viele können wegen der großen Entfernung nicht kommen). Drei Monate werden sie in den Grund= wahrheiten der heiligen Religion, über die heiligen Sakramente der Buße und des Altars unterrichtet. Wer nach Ablauf dieser Zeit eine gute Prüfung ablegt, wird von nun an zur heiligen Kommunion zugelassen. Die feierliche erste heilige Kommunion mit Ablegung der Taufgelübde wird erst ein Jahr nachher mit großer äußerer Feierlichkeit begangen. Damit hört aber keineswegs die Verpflichtung auf, dem Unterricht bei= zuwohnen. Nein, im Gegenteil, er wird nur noch mehr gefördert, indem die Kleinen jede Woche zu den hl. Sakramenten zugelassen werden. Das ist das allerbeste Mittel, die Jugend vor den drohenden Gefahren zu bewahren und sie zu guten, opferfreudigen Christen heranzubilden.

An Arbeit fehlt es also nicht bei der lieben Kinderschar.

Hat man im Laufe des Vormittags nun das junge Erdreich be= ackert, so macht man sich nachmittags daran, Christen und Heiden, Ge= sunde und Kranke in ihren Hütten zu besuchen, zu belehren, zu er= mahnen, zu trösten und aufzumuntern.

Jedes Trimester werden größere Rundreisen von 8—10 Tagen unternommen, denn auf der ganzen Insel zerstreut wohnen die Schäflein, die sehnsuchtsvoll den Besuch ihres Hirten erwarten. Bei solchen Touren gibt es Gelegenheit, unter dem Zelte zu schlafen. Sehr interessant und abwechselungsvoll ist das Missionsleben.

Doch das hat auch seine Schattenseiten. Die angestrengten Märsche durch sumpfige Gegenden, die heißen Tage und die kühlen Nächte wirken äußerst ermüdend auf den Körper ein. Kein Wunder, wenn man sich ab und zu erkältet und das Fieber seinen Tribut verlangt. Sechszehn= mal hat es mich seit meinem Aufenthalt hier heimgesucht. Manchmal war ich nach einem Fieberanfall 8 Tage lang für jede Arbeit untaug= lich. Malaria kommt häufig vor in unserem Bezirk (Muansa). Die Eingeborenen leiden nicht minder darunter wie die Europäer. Als Be=

wahrungsmittel nehme ich jede Woche 2 Gramm Chinin. Seitdem ich nun dieſe Kur regelmäßig vornehme, bleibe ich von dem unbeliebten Gaſte verſchont.

Noch ein kleines Abenteuer. Vier Rieſenſchlangen habe ich in letzter Zeit erlegt. Eine davon hat die ſtattliche Länge von 4,30 m. Eines Abends wurde ich von einem Neger zu Hülfe gerufen; ich ging eilends zur Hütte und entdeckte eine gewaltige Schlange. (Der Neger hat eine fürchterliche Angſt, das Tier anzuſchauen; vom Töten wollen wir gar nicht reden.) Ein Schuß mit meiner Flinte machte dem ge= fürchteten Reptil ein jähes Ende. Eine andere Schlange, die ſich unter dem Dach der Schule ein gemütliches Heim aufgeſchlagen hatte, wurde auch eines Tages eine Beute meines Jagdglückes.

Zum Schluſſe noch eine Entdeckung oder Erfindung. Letzte Woche habe ich angefangen, Brot zu backen: Das erſte Brot auf Ukerewe! Wir haben 60 Pfund Weizenmehl zugeſchickt bekommen. Zwei alte Blechſchachteln dienen mir als Körbchen. Das Backen geht ſo: Alle zwei Tage backe ich 2 Laibchen Brot. Dazu nehme ich 1 Pfund Weizenmehl, 3 Pfund Maniokmehl, 1½ Löffel Salz, ein Glas voll Hefe von Bananenbier. Den gekneteten Teig in den Blechbüchſen ſetze ich einige Zeit den Sonnenſtrahlen aus. Er ſteigt ſchön in die Höhe. Dann bringe ich ihn in einen geheizten Backofen. den ich mir ſelbſt zu= rechtgemacht habe. Und ſiehe, nach einer Stunde hat man Brot, noch beſſeres, wie das europäiſche Roggenbrot. Die Patres ſind nun voller Freude über die Entdeckung, denn Brot haben ſie bis jetzt bei den Mahlzeiten noch nie gehabt. Die Geſchichte iſt auch nicht ſehr koſt= ſpielig. Jeden Monat brauchen wir 15 Pfd. Weizenmehl, das Maniok= mehl bekommt man hier leicht, es koſtet per Pfd. nur 1 Pfennig. Für heute Schluß der Redaktion.

Du ſiehſt, lieber Leſer, manche Freude bietet das Miſſionsleben dem Miſſionar. Er bedauert nur, ſich nicht vervielfältigen zu können, denn ſo viel Arbeit iſt das mit den eifrigen Neuchriſten. Bete auch du ein wenig für uns Miſſionare, daß wir als rechte Arbeiter im Wein= berge des Herrn arbeiten.

Die Miſſion Kabgaye im Jahre 1911/12.

Jahresbericht von P. P. Schuhmacher.

Die Ausſichten im vergangenen Jahre waren eher betrübender Art: Die Feindſeligkeit der Häuptlinge, beſonders einzelner, war noch in vollem Schwunge, und die ausländiſchen, ſchwarzen Unterhändler trieben mächtig ihr Unweſen; das alles gewiſſer= maßen als Zutat, da hier, wie überall, auch der Kampf des Chriſtentums gegen das Heidentum überhaupt ſeine Geltung hat. Wenn nun ſchon die nächſte Zukunft uns eine ſchöne Ernte vor= behält, ſo kann man darin nur das Walten desjenigen erblicken, der die Verheißung ſprach: „Und die Pforten der Hölle werden ſie nicht überwältigen.“

Unsere Christenzahl ist trotz aller Fährnisse von 183 auf 271 ge=
stiegen. Die Aussichten für den nächsten Jahresbericht sind ja bedeutend
tröstlicher, doch müssen wir dem lieben Gott für diesen pusillus grex
Neubekehrter, ein kleines Hundert, vielleicht dankbarer sein, als für die
voraussichtlichen — neuen Zweihundert fürs nächste Jahr: In Sturm
und Wetter sich nicht bloß unbeschädigt zu halten, sondern noch vor=
wärts zu streben, ist wohl ein besserer Beweis für die Zuverlässigkeit
eines Fahrzeuges, als wenn es bei ruhiger See eine größere Knoten=
geschwindigkeit entwickelt.

Das christliche Leben resp. die Glaubensbetätigung hat sich auf
ihrer frühern Höhe erhalten, davon mögen in mathematischer Kürze und
Genauigkeit ff. Zahlen zeugen:

Täglicher Kirchenbesuch 45—50 %; Segenandachten an Werktagen
30 %, an Sonn= und Festtagen 70—80 %[1]. Alle Christen beichten im
Durchschnitt einmal wöchentlich und auf eine Beicht kommen im Mittel
drei hl. Kommunionen.

Wie die christliche Ueberzeugung mit dem Heidentum aufräumt, be=
weist der Umstand, daß unsere Neophyten sich dazu entschlossen haben,
täglich nach der hl. Messe ihren Besuch auf dem Friedhof zu machen
und die letzte Ruhestätte ihrer Lieben schön in Stand zu halten. Da
wird man das nun nicht absonderlich heroisch finden, werter Leser: „Ein=
fach Pflicht und Schuldigkeit!" Ach, verehrtester! Wenn doch nur jeder=
mann seine Pflicht und Schuldigkeit täte, wie würde unser Jammertal
bald zu einem Freudentale — dann brächten unsere Christen in der
Heimat es wohl auch dazu, durchschnittlich dreimal in der Woche zu
kommunizieren und den lieben Heiland in seiner Verlassenheit zu trösten.
Nun denke dir den tief eingewurzelten Aberglauben dieser armen Leute,
in welchem sie geboren, erzogen wurden und in welchem sie schließlich
heranwuchsen. Denke dir, von Jugend auf habest du nichts anders ge=
hört, als der Kirchhof sei der angestammte Sammelplatz feindseliger Ge=
spenster, die nur einen Augenblick erspähen, um dich zu überfallen —
und nun käme ein Schwarzer aus Afrika und belehrte deine Gemeinde
eines Bessern: „Das alles ist Mumpitz: Geht nur regelmäßig in dieses
Gespensternest hinein — da, seht! ich gehe ja auch hinein!" Würdet ihr
nicht denken: „Was fällt dem Mohren ein, es besser wissen zu wollen,
als wir alle und unsere Väter? Unsere Gespenster wollen einfach nichts
mit diesem schwarzen Teufel zu tun haben, deshalb kann er ungestört
umherwandeln!" Wie der Weiße den Schwarzen verachtet, so verachtet
der Schwarze den Weißen — und da siegt denn die allwirkende Gnade.
Und — unter uns — gäbe es wohl viele unserer altchristlichen Europäer,
die sich dazu verstehen würden, eine Nacht auf dem Friedhof zuzu=
bringen? Oder doch viele würden sich nicht dazu verstehen; und das
nicht etwa aus Angst vor einer Erkältung. So erhielt ich denn auch
zum ersten als Antwort: „Nie wirst du mich dazu bringen, ein Grab
anzurühren!" Jetzt hegen und fegen sie selbst über Gräbern.

---

[1] Dabei ist zu berücksichtigen, daß eine große Anzahl aus entlegenern Ort=
schaften kommender Christen wegen der hl. Kommunion am Morgen den ganzen
Tag nüchtern bleiben müssen.

Die Einbildungskraft unſerer Neger iſt nämlich der Tummelplatz des bunteſten Geſpenſterglaubens. Ueberall ſpuken ihm die Geiſter der Abgeſchiedenen herum: In Haus und Hof, auf Weg und Steg, auf Flur und Anger. Wie oft findet man an Scheidepfaden das ſog. „rútsiro"

Anfängliche Wohnung der Miſſionare.

oder Exorzisierbündel, aus Stäben verschiedener Holzarten zusammenge=
bunden, um die irrenden Geister abzuhalten! Alles Uebel und jedwede
Krankheit kommt von irgend einem solchen Gespenst, so daß unsere
Wahrsager, die bápfuma, mit ihrem übrigens sehr einträglichen Geschäft,
dem Wahrsagen und dem Amulettenaufbinden, nie fertig werden; diese
übelwollenden Geister sind gerade die der verstorbenen Verwandten, ja
Vater und Mutter. Wie oft sagen wir den verstockten, aller Heilswahrheit
noch unzugänglichen Heiden: „Wie könnt ihr doch nur glauben, daß
Vater und Mutter, deren Liebe zu euch über allen Zweifel erhaben ist,

Jetzige Wohnung.

nach ihrem Tode auf einmal so umschnappen?“ Der diplomatische Schwarze
antwortet: „Richtig, die reinste Dummheit!“ — um dich loszubekommen;
er fügt noch etwas hinzu: „Es ist mir rein unerklärlich, wie ich nur so
einfältig sein konnte; gleich morgen komme ich zu dir in den Unterricht.“
Drehst du ihm dann endlich den erwünschten Rücken, so blinzelt er schon
die Anwesenden mit Siegesblicken an: „Seht doch mal diesen Europäer=
tölpel an!“ Geht und glaubt sich Sieger! „Wollen diese roten (nicht
etwa weißen) Vierbeiner es doch besser wissen, als unsere hochweisen
Ahnen!“ Muß hier nicht göttliche Gnade eingreifen, lieber Leser; und
haben wir fernen Glaubensboten nicht allen Grund, mit noch mehr Ein=
dringlichkeit für Gebet, als für Almosen anzuhalten? Was soll deine
Beredsamkeit ohne befruchtende Gnade vermögen? Kaum bist du fort,
so sitzen sie schon hinter den Wahrsagerschalen, um herauszubekommen,
ob die Geister nicht ob solcher schändlichen Reden mit diesen Läster=
menschen über sie herfallen werden!

Ein weiteres Zeichen eifrigen Glaubens ſind die häufigen Beſuche
vor dem Allerheiligſten: Nie wird ein Chriſt die Miſſion betreten, ohne
nicht zuerſt den Heiland zu grüßen, und wenn er weggeht, ſo nimmt er
noch Abſchied von ihm.

Was uns bisher noch nicht gelungen war, ſetzt jetzt an: Der
Proſelyteneifer neuer Chriſten, der eben den Grund zu oben ausge=
ſprochenen Hoffnungen bildet. Wie kann man es auch den armen Neu=
bekehrten verargen, ehe noch der Glaube feſte Wurzeln geſchlagen hat,
daß ſie ſich dem Unverſtand und der Verfolgung ihrer heidniſchen Brüder
ausſetzen, wenn ſie ſogar die Tätigkeit des Miſſionars ſo oft erfolglos
ſehen: „Was wollen wir ausrichten, wenn du ſelbſt nicht mit den Leuten
fertig wirſt?“ Es iſt für ſie der Heldenmut eines Schiffbrüchigen, der,
kaum entronnen, ſich wieder in den Strudel ſtürzt, um ſeine mit dem
Tode ringenden Gefährten zu retten! Doch ſtarker Glaube macht ſie
ſchließlich zu ſolch echten Uebermenſchen!

Wir haben ſogar das Unglaubliche erreicht: „Nie dageweſen!“
Unſere jungen Chriſten kommen bis zu ihrer Verheiratung **ohne Entgelt**
in die Schule. Als wir ihnen das zuerſt zumuteten, ſtarrten ſie ſich
gegenſeitig entſetzt an; ſie ſchienen ſich ziemlich unzweideutig die Frage
zu ſtellen, ob die Patres ſchließlich doch nicht etwas wirr wären: „Auf
den Bänken ſitzen, Buchſtaben lernen — und nicht bezahlt werden?!
Jeder Arbeiter iſt ſeines Lohnes wert!“ Mit viel Geduld und Ueber=
zeugung kamen wir nun auch dazu: In unſerer kleinen Chriſtengemeinde
haben wir eine verhältnismäßig glänzende Schule von über 30 Neophyten!

Unſere Katechumenenſchaft hat ſich faſt unverſehrt durch beſagte Schwie=
rigkeiten hindurchgerungen; nur im letzten Jahrgange haben wir einen
nennenswerten Defekt, der eben rüſtig daran iſt, ſich auszugleichen. In
den höheren Jahrgängen iſt ſogar noch ein kleiner Fortſchritt zu verzeichnen.
Selbſtverſtändlich können immer noch Schwankungen, ja Rückſchläge ein=
treten; ſo aber der liebe Gott uns weiter ſeinen Segen verleiht, wie in letzter
Zeit, werden meine Vorausſichten für nächſtes Jahr nicht unerfüllt bleiben.

Die Kämpfe, die unſere Glaubenshelden beſtehen müſſen, ſind aller=
dings keine Spielerei. Sicher würdeſt du zu Tränen gerührt, wenn ich
im einzelnen darſtellen wollte, was ſich hier tagtäglich zuträgt. Das
Verſchimpft= und Verläſtertwerden zählen wir nicht einmal mit, das geht
nicht „aufs Blut“; ſelbſt der Neger ſagt: „Ein böſer Blick iſt noch
lang keine Ohrfeige.“ Aber Kinder werden gefeſſelt und geſchlagen, von
ihren eigenen Vätern; ja ſelbſt erwachſenen Mädchen fügt man ſolche
Unbill zu. Wie oft werden ſie verſtoßen! Man ſetzt ihnen die Lanze
auf die Bruſt; man führt ſie hinaus, das Meſſer in der Hand: „Wenn
es anders nicht mehr geht, dann ſchneide ich dich in Stücke!“ Frauen
drohen, ſich mit den Kinderchen vom Vater zu trennen, wenn er das
„Europäertum“ nicht ablegt. Häuptlinge nehmen ihren Lehnsleuten das
Vieh weg, ja verjagen ſie von Haus und Hof. Sie kommen und er=
zählen und das alles mit einer Selbſtverſtändlichkeit, als ob das ſo
Herkommen wäre. Iſt das nicht chriſtliches Bekennertum?

Ein Stück weißes Zeug übt auf unſere Neger dieſelbe Anziehungs=
kraft aus, wie etwa ein duftender Braten auf den lauernden Pudel. In=
haber eines ſolchen Zeuges wird dann auch ohne weiteres als eine

Kapazität angesehen, und wäre er von Haus aus nur ein wohlgeborener Esel. Man stelle sich nun die Blendungsmacht jener ausländischen Händler, meistens Muselmanen, vor, die in Byssus und Leinwand wie Könige von Babylon einherschreitend, ihr Lästermaul über uns — ich sage nicht aufreißen, sondern überhaupt nicht zubringen. Ich brauche hier nicht zu wiederholen, was wir alles zu hören bekommen. Den einen oder andern haben wir auf gerichtlichem Wege zur Deckung dieses stabilen Maulwinkels veranlaßt, und andere — soweit es keine Muhamedaner waren — durch die Macht unserer guten Sache an uns gezogen: sie wurden unter unsere Katechumenen aufgenommen und machen jetzt doppelt gut, was sie früher sündigten.

Die meisten unserer stolzen Häuptlinge lenken auch ein in Friedens= bahnen; so bin ich z. B. fast bei allen zur Hausgemeinschaft zugelassen; wer wissen will, was das hier in Ruanda heißt, der lese nur das Reise= werk „Ins innerste Afrika" von Adolf Friedrich, Herzog von Mecklen= burg. Einige fangen an, mit Bewunderung vom Christentum zu reden. Ich bringe eben in Erinnerung, daß jene Häuptlinge keine Neger sind, sondern die oft beschriebenen hamitischen Batussi mit vornehmem Bronze= ton, aristokratischen Gesichtszügen und schlankem, hochgewachsenem Kör= perbau. Sie sind von großer Geistesgewandtheit, und keine Mittel sind ihnen zu schlecht, um ihrer Diplomatie zum Siege zu verhelfen.

Die größten Schwierigkeiten kämen uns jetzt also von dem eigent= lichen heidnischen Pöbel; aber auch die andern verüben noch manche Mordtat. In der Folge werde ich vielleicht im Afr.=B. die eine oder andere kleine Erzählung bringen, die man ohne weiteres als typisch ansehen kann. So vereinzelt ausgeführt, nimmt es mehr den Charakter des außerge= wöhnlich Heroischen an — aber hier sind, wie erwähnt, diese Szenen alltäglich.

Daß wir auch bei unsern Katechumenen auf „Bildung" halten, be= weist, daß die Lese=Schulen dieser Anfänger über 300 Schüler und Schü= lerinnen zählten, d. h. überhaupt alle, die nicht durch Leibes= oder Geistesgebrechen daran verhindert sind.

Ein Zeichen, wie sehr sie an ihrem Vorwärtskommen halten und die hl. Taufe ihnen wirklich über alles geht, ist ihre Furcht vor „Ver= säumnissen". Fünfmal den Unterricht versäumen, heißt unerbittlich zurück= gesetzt werden, es müßte sich denn um Frontagedienste bei dem Häupt= linge gehandelt haben. Sie verfolgen nun ihre Logik soweit, daß wir selbst sie nicht für unsere Zwecke haben können, z. B. einen mehrtägigen Botengang, wenn die betr. Tage gerade auf ihre Unterrichtsstunden fallen. Du hast dann einen Hof voll Leute und bringst nicht einen Boten auf, trotz des so begehrten Stück Zeuges, das als Lohn vorschwebt. Du wendest ein, daß sie bei diesem Gange nur einen Unter= richt versäumen werden und sich dann in der Folgezeit umsomehr zu= sammennehmen könnten — alles fruchtlos! Sie berechnen die Möglich= keit einer Erkrankung — denn das Gemeinwohl schreibt uns Strenge selbst für diesen Fall vor — usw., legen ihre Lanze über den Rücken, ziehen ab, und da stehst du mit deinem rwándiko = Schreiben.

Das wäre mein diesjähriger Bericht. Ich gehe aber nicht fehl, mit der Annahme, lieber Leser, daß du in deinem Gebete auch unserer Mission Kabgaye gedenken wirst.

Eine seltsame Taufe.

Ein braves Negermädchen, das schwer an Pocken erkrankt war, sehnte sich nach der hl. Taufe. Ihre Eltern, die schon alles getan hatten, ihr Kind vom Unterricht abzuhalten, gaben ihrem Flehen kein Gehör und schlossen die kleine Kranke sorgsam in ihre Hütte ein. Der Katechist wollte sie besuchen kommen, wurde aber nicht zugelassen; doch gelang es ihm von außen einige Worte mit dem kranken Kinde zu wechseln. In später Abendstunde machte er sich von neuem auf den Weg. Als er zu der Hütte kam, fand er an der Stelle, wo das Lager des Kranken war, ein Loch in der Wand. Das brave Mädchen hatte es unter vieler Mühe mit bloßen Händen gemacht und erwartete mit Ungeduld den Katechisten. Als es sich vergewissert hatte, daß er da sei, streckte es sein Köpflein durch das Loch hinaus und empfing so die hl. Taufe.

Der Sahara-Skorpion.

Eine naturwissenschaftliche Studie.
Von einem Missionar in der Sahara-Wüste.

Wie in der Geschichte von der Stadtmaus und der Feldmaus, so haben wir auch einen Stadt= und einen Landskorpion zu unterscheiden.

Der letztere wohnt, genauer gesagt, in den Palmen= hainen. Er ist klein von Gestalt, mager, dünn, fast durch= sichtig. Selten bringt er es auf mehr als 5 Zentimeter vom Kopf bis zum Stachel. Aber vielleicht gerade weil er so klein ist, ist er auch viel bissiger und giftiger als sein Kollege aus der Stadt. Der ist bedeutend länger und breiter; seine Farbe ist ein mattes Gelb.

Am giftigsten und gefährlichsten gelten solche Skorpione, bei denen die zwei oder drei letzten Schwanzringe schwärzlich sind. In diesen schwarzen Ringen, die bei beiden Skorpionarten gelegentlich vorkommen, lauert das Verderben, ja, der Tod.

Der Schlupfwinkel des Skorpions. — Sein Fang.

Der Stadt=Skorpion haust unter Steingeröll, und besonders in Fugen und Ritzen alten Gemäuers. Daher vernimm einen guten Rat, wenn du in Uargla eins der altersgrauen arabischen Häuser mieten willst: ver= lange vom Eigentümer zu allererst, daß er das ganze Gebäude von oben bis unten gut ausfugen und neu bewerfen läßt.

Wenn du aber einen Landskorpion sehen und einen guten Fang tun willst, dann komm mit mir in die Palmenhaine unserer Oasenstadt. Mit dem unserigen fangen wir an.

Je mehr dieser schlimmen Gesellen du hinter Schloß und Riegel bringst, desto weniger bleiben übrig, die uns einmal stechen können.

Siehst du die zwei Fuß breiten und ebenso tiefen Gräben, die den Hain durchziehen? Das sind kleine Kanäle, die das durch die Schöpf= brunnen gehobene Wasser in die einzelnen Pflanzungen und Palmbe= stände leiten. Aber nicht immer ist Wasser in diesen Kanälen, sondern nur an den Tagen, wo wir an der Reihe sind, d. h. wo die Schöpf= räder für uns arbeiten. Dann steht das Wasser etwa 25 cm hoch in den Gräben.

Heute find die Kanäle trocken, wie du siehst. Geh' einmal hinein!
Da siehst du hie und da kleine Löcher an den Grabenwänden. Aber
nur im obern Teil, wo kein Wasser hinkommt, finden sie sich.

In diesen Löchern hausen die Skor=
pione. Nur nicht den Finger hineinstecken!
Nimm deinen kleinen Spaten und lege den
Gang bloß, aber vorsichtig!

Siehst du? der Gang führt allmäh=
lich in die Tiefe, aber nur bis etwa einen
Finger breit über den höchsten Wasserstand
im Kanal.

Jetzt aufgepaßt! da liegt der schlimme
Geselle, ganz unten in dem Gange, wo es
so recht kühl ist. Nun schnell deine Zange
heraus! Packe ihn gehörig, aber vorsichtig,
und vor allem laß ihn nicht los! — So!
jetzt ins Kästchen damit, und dann den
Deckel gut andrücken.

Das macht schon einen! Schon, du
brauchst nicht weit zu gehen, um zwei, drei,
zehn andere zu bekommen.

Die Nahrung des Skorpions.

Wovon lebt nun so ein Skorpion!

Ja, darüber hört man allerlei Ansich=
ten. Wollen mal zuerst den Neger drüben
fragen; der nennt sich Skorpionjäger. Es
gibt ja allerhand Handwerke; es gibt
Rheinkadetten, es gibt Siebenunddreißiger
— so gibt es auch Skorpionfänger.

I Kopfbrust=Stück mit den 2 Scheitelaugen.
II Große Krebsschere.
1—4 Gangbeine, die in je 2 Klauen auslaufen.

Heda, Sliman, was fressen deine Skorpione eigentlich?

Die fressen Erde, Marabut!

(Nicht lachen, sonst bringen wir nichts mehr aus ihm heraus!)

Ihr Weißen wollt uns nie glauben! Stecke einmal ein paar
Skorpione in eine Schachtel, zuerst unten ein bißchen Erde — und lasse
sie ein halbes Jahr darin. Wenn du dann aufmachst, findest du immer
wenigstens einen, der noch am Leben ist.

Aha! Aber wenn du nun keine Erde hineintust, bleiben sie dann
nicht am Leben?

Nein, Marabut, denn dann hätten sie ja nichts zu fressen!

Also weil nach einem halben Jahr noch Erde in der Dose ist,
haben die Skorpione die Erde gefressen?

Siehst du, Marabut, daß Ihr uns nie glauben wollt? Die Skor=
pione fressen immer nur ein ganz klein wenig davon.

Schön, dann bringe mir mal zwei oder drei deiner Skorpione her,
wir wollen mal sehen, was die im Magen haben.

O Marabut, ich habe ihnen schon oft den Leib aufgeschnitten. Es
war nichts mehr drin, denn die haben einen guten Magen.

Was fressen sie denn sonst noch, außer Erde?

———————

* Abbildung nach Leunis: Zoologie, Hannover.

Fliegen, kleine Eidechsen, Käfer . . . Schau, Marabut, die haben gerne Veränderung. Aber am liebsten fressen sie sich gegenseitig.

Wie weißt du denn das?

Das sieht ja jeder! Wenn du zehn Skorpione in eine Schachtel tust und nach einer halben Stunde zuschaust, dann sind es nur noch acht; von den beiden andern siehst du nur noch ein paar Beine. Besonders der Stadtskorpion ist sehr versessen auf das Fleisch des Oasen=skorpions; er läßt nichts davon übrig. Die Mütter fressen sogar die eigenen Kinder, wenn sie sehen, daß diese groß und fett sind.

Wenn sie sich nur alle gegenseitig auffräßen!

Nein, Marabut, es bleiben doch immer welche übrig, ziemlich viele sogar.

Gefährlichkeit des Stiches.

Der Stich des Skorpions ist tödlich, wenigstens für die Einge=borenen. Der Gestochene verspürt einen heftigen Schmerz, gerade wie beim Bienenstich oder wie bei einem tüchtigen Stich mit der Nadel. Allein die Stichwunde ist nicht sichtbar und schwillt auch nicht an. Es kommt oft genug vor, daß man uns Kinder mit Skorpionstichen zur Stationsapotheke bringt[1]. Die kleinen Patienten strecken den ganzen Fuß hin, können aber selbst nicht sagen, wo sie „gebissen" sind, wie der gewöhnliche Ausdruck heißt.

Nach dieser ersten Schmerzempfindung im Augenblick des Stiches, fühlt der Gestochene, wie die Schmerzen nach allen Seiten ausstrahlen und dann langsam, ganz allmählich, emporsteigen, den Venen nach und dem Herzen zu. So dringt das Gift in den Körper ein.

Bei tödlichem Ausgang tritt das Verscheiden in der Regel binnen 24 Stunden ein, aber häufig genug in weniger als 12.

Der Kranke wird unruhig, erregt; es stellt sich Erbrechen und übel=riechendes Abführen ein, besonders bei Kindern. Dazu kommt oft hohes Fieber. Nach und nach werden die Gliedmaßen kalt und starr; endlich Herzschwäche und Tod.

Bei Eingeborenen ist also der Skorpionstich nach den Erfahrungen der Missionare stets äußerst gefährlich. Gilt für uns Europäer das gleiche? Ich glaube nein; unser Blut ist dem Krankheitsstoff gegenüber widerstandsfähiger, als das der Eingeborenen, die vielfach blutarm sind verschlechtertes, ungesundes, malariaverseuchtes Blut haben.

Immerhin ist mir ein Fall bekannt, wo ein europäischer Soldat nach einem Skorpionstich gestorben ist. Der Tod trat aber erst 48 Stunden nach dem Stich ein und zwar während eines hochgradigen Anfalls von bösartigem Wechselfieber, das vielleicht auch allein Ursache

---

[1] Ich habe zwei Fälle erlebt, wo Eingeborene zu mir kamen und behaupteten, sie seien in der Nacht von einem Skorpion gestochen worden. Der Fuß war rot und geschwollen. Die Stichwunde war ganz deutlich erkennbar und befand sich mitten auf einer mit einer gelblichen Flüssigkeit gefüllten Blase vom Durchmesser eines Fünfpfennigstückes. In beiden Fällen öffnete ich diese Blase vorsichtig und badete den Fuß in einer starken Lösung von übermangansaurem Kali. Es setzte zwar Tränen und Jammergeschrei ab, aber in einer halben Stunde war alles gut. Ich vermute indes, daß es sich da um den Biß einer giftigen Spinnenart, etwa der gelben Tarantel, gehandelt hat.

des Verscheidens gewesen ist. Aehnlich lag der Fall bei einem unserer
Missionare, der auf einen Skorpionstich hin starb.

Vor etwa zwanzig Jahren kam einmal eine Gesellschaft europäischer
Reisender nach Uargla und hielt sich kurze Zeit hier auf.

Die Leute hatten ein solches Grauen vor Skorpionen, daß sie nicht
mehr schlafen konnten; höchstens schlummerten sie ein wenig und träumten
von Skorpionen — kurz, sie lebten in beständiger Angst. Pater M.
wollte ihnen Mut machen und sagte ihnen, es gebe zwar Skorpione in
Uargla, aber doch nicht in solch riesiger Anzahl. Uebrigens sei der Stich
ja nicht tödlich. Um das auch zu beweisen, ließ er sich unter den Augen
der Reisegesellschaft von einem ausgewachsenen Skorpion stechen. Dieser
Missionar lebt noch, aber er hat gar keine Lust, dies Experiment noch
einmal zu machen.

*   *   *

Wann sticht der Skorpion? Wenn er angegriffen wird. Dem
Menschen gegenüber ist sein Stich ein Akt gerechter Notwehr. Ist es
denn nicht schließlich das gute Recht des Skorpions, wenn er dem, der
ihn mit Füßen tritt, einen Denkzettel gibt? oder, daß er dem einen
Stich versetzt, der ihm nicht einmal des Nachts ein bescheidenes Plätzchen
unter der Decke gönnt? oder, wer des Nachts nicht ruhig liegen kann
und zu viel mit den Beinen strampelt?

Anders, wenn der Skorpion des Abends seinen Raubzug antritt,
um seiner Nahrung nachzugehen. Dann ist sein Schwanz stets zum An=
griff hoch gerichtet; der Stachel am Schwanzende liegt über dem Kopf
nach vorn, stets bereit, das tödliche Gift von sich zu geben.

Da der Skorpion nun bei Tage schläft und des Nachts seine Beute=
züge antritt, so wird man auch in der Regel nachts von ihm gestochen.

Die gefährlichste Zeit ist der Hochsommer mit seiner Hitze, dem
schwülen, beengenden Wetter. Da scheint der Skorpion nervös zu werden,
gerade wie die Menschen; wütender als je sticht er darauf los und ver=
spritzt all sein Gift.

Kein Wunder, daß wir in den Monaten Juni, Juli und August
nur eine um die andere Nacht uns ruhig dem Schlaf überlassen können.
Oft pocht es zwei=, dreimal in der Nacht: „Pater, Pater, schnell, der
X. bei uns ist gebissen worden!“ — Kommt man dann heim, so ist es
spät oder vielmehr früh, und ade Nachtruhe!

Behandlung der Skorpionstiche.

Was für Mittel wendet man beim Skorpionstich an?

Als wir Missionare noch nicht im Lande waren, ließen die Leute
bei Skorpionstichen einen Neger rufen, der als Skorpionbeschwörer und
Heilkünstler in hohem Rufe stand.

Ich war öfter bei solchen Beschwörungen zugegen. Denn gewöhn=
lich baten mich die Leute, ich möchte bleiben, bis der Beschwörer fertig
sei; später nahmen sie dann gerne meine Arzneien an.

Der Neger stößt zuerst einen langgezogenen Pfiff zwischen den
Zähnen hervor. Dann pfeift er immer kräftiger und lauter und be=
zeichnet mit einer geheimnisvollen Bewegung des Armes dem Gifte die

Grenzen, die es nicht überschreiten dürfe. Dann sucht er den Skorpion zu bekommen, und tötet ihn; dann sagt er, sobald das Tier nicht mehr lebt, hat auch das Gift nicht mehr so viel Gewalt über den Gestochenen. Alsdann gibt der Zauberdoktor dem Patienten einen Trank, der hauptsächlich aus einem Absud von der Bitterzwiebel der Sahara besteht, und wenigstens vier Tage den Magen aus dem Geleise bringt. Schließlich reibt er mit einem in Milch getauchten Antilopenhorn die Stichstelle.

Wenn man uns zu einem Kranken ruft und der wackere Zauberkünstler ist da, so ist das ein glücklicher Umstand. Wir fahren dann mit dem Messerchen tüchtig in die Wunde hinein und bitten den Zauberdoktor, die Wunde tüchtig auszusaugen[1].

Das tut er gewöhnlich auch gerne, zumal da er gerade sein 50 Pfg.-Honorar eingestrichen hat und daher in bester Laune ist. Er saugt, spuckt aus, saugt wieder und spuckt und so fort, bis wir das verletzte Glied kräftig abgeschnürt und so dem Gift den Weg zum Herzen verlegt haben. Ist dies Abschnüren nicht möglich, z. B. wenn sich die Stichstelle auf der Brust oder auf dem Rücken befindet, so setzen wir Schröpfköpfe. In jedem Fall wird Ammoniak oder übermangansaures Kali in die Stichwunde und deren Umgebung eingespritzt.

Allein dies Mittel ist nicht absolut zuverlässig. — Es kommt vor, daß der Gestochene trotz alledem stirbt. Das ist dann natürlich sehr unangenehm und traurig. So wurde vor einem Jahre noch ein junger, kräftiger Bursche von 17 Jahren von einem Skorpion gestochen, und trotz baldiger Hülfe verschied er sechs Stunden nach dem Stich in meinen Armen.

Der Verlauf der Vergiftung, und namentlich das Erkalten der Patienten brachte mich auf den Gedanken, es mit Einspritzungen von Koffein zu versuchen. Das geschieht seit dem vorigen Jahre und zwar mit bestem Erfolg. Seit dieser Zeit ist uns niemand, der in den ersten Stunden nach dem Stich die Einspritzungen erhielt, gestorben. Wir gehen daher jetzt recht zuversichtlich zu solchen Kranken, in der sicheren Ueberzeugung, daß wir einem Menschen das Leben retten und uns auch den Weg zu seinem Herzen bahnen werden.

Einige besondere Beiträge zur Skorpionforschung.

Nun „eile" ich aber zum Schluß. Nur noch ein kurzes Geschichtchen; es handelt sich um unsern Skorpionjäger.

Eines Tages bekam ich von einem Universitätsprofessor einen Brief, worin dieser Herr mich bat, ihm doch ein paar Skorpionschwänze zu schicken. Wozu die Missionare nicht manchmal gut sind!

Natürlich ging ich nicht selber auf den Skorpionfang. Vielmehr beschied ich den mehrfach genannten Nimrod zu mir, unsern wackern Neger.

Höre, Sliman, fange mir doch so schnell als möglich zweihundert Skorpione. Ich will nämlich die Schwänze trocknen und nach Europa schicken.

---

[1] Der Verfasser des Briefes bemerkt wiederholt, daß dieser Neger gegen das Skorpiongift immun war. Sonst hätte er ihn gewiß nicht die Wunde aussaugen lassen. D. R.

Ei, fangt auch ihr jetzt in Europa an, den Kindern Skorpionen=
schwänze zu essen zu geben?

Keine Witze, Sliman! Schnell an die Arbeit!

Am folgenden Tage waren die 200 Skorpione auch richtig da.
Ich schnitt den Tieren mit der nötigen Vorsicht die Schwänze ab und
legte sie schön in Reih und Glied auf ein großes Stück Löschpapier, um
sie hernach im Schatten zu trocknen.

Eben wollte ich die schwanzlosen Tiere den Hühnern vorwerfen, für
die Skorpione ein Leckerbissen sind. Da kam unser Neger herzu.

Bitte, Marabut, gib mir alles das; weißt du? davon koche ich
Suppe; die schmeckt so gut!

Wa — a — s?

Gewiß, Marabut! Man kann die Skorpione auch roh essen; aber
am besten schmecken sie gekocht oder gebraten.

Hast du denn schon davon gegessen?

Als ich klein war, Marabut, in meiner Heimat, da mußte ich; man
hat mich gezwungen, davon zu essen. Darum tut mir auch der Stich
nichts mehr.

Am andern Morgen kommt der Neger in mein Zimmer. Ohne
weiteres steuert er auf meine Schwanzsammlung los und will eben an=
fangen, einige der Skorpionschwänze zu verspeisen.

Holla, langsam! sagte ich. Ich habe dich bezahlt, um Skorpione
zu fangen. Du könntest mir sonst wohl erst Geld geben, dafür, daß ich
sie dir getrocknet habe.

O Marabut, so getrocknete schmecken so gut wie gebratene. —

Ich hatte also meine Sammlung gerettet. Nun hoffe ich, daß die
Skorpionschwänze zur Entdeckung eines neuen Mittels gegen Skorpione
führen. Hoffentlich geht es dem Besteller nicht, wie jenem jungen Mediziner,
der mich einmal in der Sahara besucht hat.

„Geben Sie mir doch mal ein starkes Kaninchen“, bat er eines
Tages. „Ich möchte ihm eine Einspritzung von dem Tschen Schlangen=
gift=Serum machen. Nachher lassen wir dann das Tier von einem
Skorpion stechen. Sie werden sehen, das Kaninchen wird ganz munter
bleiben. Der Stich tut ihm nichts.“

„Und wenn das Kaninchen das Experiment nicht übersteht, bezahlen
Sie es mir?“

„Kann gar nicht vorkommen. Wir werden schon mit einander
fertig.“

„Gut.“

Wir suchen ein prächtiges, großes Kaninchen aus, das schönste im
Stall. Die Injektion wurde sehr gewissenhaft vollzogen; sonst hatte die
Sache ja keinen wissenschaftlichen Wert. Das Kaninchen wurde ganz
nachdenklich davon.

Der zweite Akt war heiklerer Art; es galt, das Kaninchen vom
Skorpion stechen zu lassen, ohne selber gestochen zu werden. Allein alles

ging prächtig von statten; der Skorpion schien seine Rolle zu begreifen und stach sofort zu.

Eine Stunde später waren sie beide tot, der Skorpion und — das Kaninchen.   P. L. D., Uargla.

*   *   *

Einen willkommenen Beitrag zu dieser Studie liefern die Beobach= tungen des Pfarrers Dupour auf Trinidad:

Die Folgen des Skorpionstiches hierzulande sind: heftiger Brech= anfall, allgemeine Starrheit und einen fast unwiderstehlichen Drang zum Schlafen. Das Blut gerinnt, und wenn der Kranke zum Schlaf sich niederlegt, muß man befürchten, daß er nicht mehr daraus erwacht. Um das eingedrungene Gift wirkungslos zu machen, sauge man dasselbe aus, wenn es geht, oder aber man verabreiche dem Kranken eine starke Dosis Branntwein oder dergl. und läßt ihn gymnastische Uebungen vor= nehmen, damit die Blutzirkulation mächtig angeregt werde. Diese Me= thode befolgen die amerikanischen Forscher immer mit Erfolg, wenn sie von einer Schlange oder einem anderen Tiere verwundet worden sind. Der englische Arzt meines Distriktes wandte dieses Mittel ebenfalls bei seinen Kranken an, die in dieser Lage sich befanden. Er selbst, so er= zählte mir dieser Arzt, hatte sich einstens auf diese Weise geheilt, als er beim Zubereiten einer Medizin mit sehr starkem Giftgehalt, unvorsichtiger Weise etwas von dem Gifte in eine kleine Wunde gelangen ließ.

Ich selbst habe dieses Heilverfahren bei mehreren meiner Diener angewandt, die von Skorpionen gestochen waren. Und dies stets mit gutem Erfolg. Ja, ich selbst wurde schon mehrere Mal gestochen, aber außer den heftigen Schmerzen, welche der Stich verursacht, habe ich keine schlimmen Folgen verspürt.

Ein kleiner Negerknabe, der mir diente, hatte eine andere Methode. Jedesmal wenn er einen Skorpion fand, aß er ihn, und dadurch, sagte er, sei er gegen die bösen Folgen des Skorpionstiches gefeit. Wieder andere legen Skorpione in Branntwein und verabreichen dieses Getränk den Gestochenen; aber ich glaube, daß der Alkohol allein schuld ist an ihrer Genesung.

Ein anderes Verfahren, das man auf Trinidad hat und das zu kennen Ihnen nützlich sein könnte, ist folgendes: Wenn jemand von einem tollen Hunde gebissen wird, so reibt man die Bißwunde kräftig mit Petroleum ein. Man versicherte mir, daß dieses Verfahren böse Folgen verhindern würde. Bis jetzt habe ich noch keine Gelegenheit gehabt, es zu probieren. Jedenfalls ist es ein einfaches Mittel und gar nicht gefährlich. Als ich noch zu Beiruth weilte, lernte ich den guten Jesuitenpater Fiorenditsch kennen, der während einer Choleraepidemie viele Kranke geheilt hat, indem er sie mit Petroleum einreiben, ja, sie sogar eine gewisse Quantität trinken ließ. Ein Beweis, daß die ein= fachsten Heilmittel oft die besten sind.

Ich wäre sehr glücklich, wenn diese Notizen Ihren Missionären in etwa von Nutzen sein könnten.

Aus dem Leben des Uganda=Missionars P. Aug. Achte.

2. In der Vorbereitung auf das Priestertum.

Im Sommer des Jahres 1881 erbat und erhielt der junge Achte die Aufnahme bei den Weißen Vätern. Die Zusage wurde ihm durch den Direktor des Konviktes, Herrn Dehaene, über= mittelt. Zugleich erfuhr er, daß er im September mit noch zwei andern seiner Jugendgefährten [1] mit dem Studium der Philosophie beginnen solle.

Zu diesem Ende begab er sich nach Algier, wo die Weißen Väter auf dem Buzariahügel neben der U. L. Frau von Afrika geweihten Basilika das Studienheim St. Eugen hatten. Anfänglich nur für die Gymnasialfächer bestimmt, wurde es im Sommer des Jahres, in dem wir stehen, vergrößert, und nahm zum ersten Male auch Studenten der Philosophie (30 an der Zahl) auf. [2]

Hier treffen wir den jungen Missionskandidaten ganz hingerissen von dem großen Ziele, dem er entgegengeht. „Welches Glück, Missionar zu werden!“ schreibt er seiner Familie wenige Tage nach seiner Ankunft; „welches Glück, den Beruf erhalten zu haben, den wahren Glauben denen bringen zu dürfen, die noch nie von ihm gehört haben. Danket Gott mit mir für diese unschätzbare Gnade.“ Die Gewißheit, da zu sein, wo der liebe Gott ihn haben wolle, spricht sich öfters in seinen Briefen aus. Zu Anfang des Jahres 1882 heißt es beispielsweise: „Alles, was ich an mir erfahre, bestärkt in mir die Ueberzeugung, daß ich in Wahrheit meinen Beruf gefunden habe. Ich bin ganz zufrieden und glücklich in meinen neuen Verhältnissen. Afrika ist mir schon zu einem andern Vaterlande geworden. Und doch bleibt mir die Heimat Warhem lieb und wert. Ihr schreibt mir, daß man in Warhem da= heim für den „August in der Ferne“ bete, und namentlich die Kinder für ihn beten lasse. Wie tröstlich ist doch der Gedanke! Insbesondere möge mein Patenkind, die kleine Germana, ihren Taufpaten nicht ver= gessen. Ich sage mir oft, wenn meine lieben, guten Eltern doch nur sehen könnten, wie glücklich und zufrieden ich bin, so würden sie über alle Maßen getröstet sein.“

Bei dieser geistigen Freude und Schwunghaftigkeit wurden ihm die verschiedenen Uebungen eines geregelten Kommunitätslebens verhältnis= mäßig leicht. Wenn dieselben auch manche Opfer an die Bequemlichkeit und Eigenliebe stellten, so half ihm sein Glaubensgeist doch darüber hinweg. Auch sein natürlicher Humor trug das Seinige dazu bei. So meint er scherzend in einem Brief an seine Eltern: „Der Strohsack, auf dem ich in den Wintermonaten schlafe, ist nicht gerade weich; und das Brett, welches ich zu Ostern bekomme, auch nicht. Aber so etwas

---

[1] Sie hießen Vandevalle und Veriele. Wir werden ihnen im Laufe der Erzählung noch begegnen.

[2] Die Gebäulichkeiten mit den dazu gehörigen Gärten gingen später in den Besitz der Erzdiözese Algier über und wurden schließlich durch das berühmte Trennungsgesetz vom Jahre 1906 vom Staate in Besitz genommen. Das Gym= nasium wurde nach St. Laurent d'Olt (Aveyron), das philosophische Seminar aber nach Binson (Marne) verlegt.

scheint meiner Natur gerade angepaßt zu sein. Denn Ihr dürft ver=
sichert sein, daß keiner von uns die zum Schlafe bestimmte Zeit so gut
ausfüllt, als ich."

Im übrigen verlief das Studienjahr ohne bemerkenswerten
Zwischenfall. Ein Tag drängte den andern. Arbeit wechselte mit Gebet;
Frohsinn und Erholung mit Stunden stiller Sammlung, Bedingungen,
welche die geistige Ausbildung unseres Philosophiestudenten vorteilhaft
beeinflußten. Er schloß mit einem sehr guten Examen ab.

Es kamen die zwei Ferienmonate (Mitte Juli bis Mitte September
1882). Sie leiteten ihrerseits zu einem neuen, wichtigen Lebensabschnitte
unseres zukünftigen Uganda-Missionars: dem Noviziate, über. Das=
selbe wurde nach vorausgegangenen achttägigen Exerzitien am 22. Sep=
tember durch die feierliche Einkleidung eröffnet. „Ein denkwürdiger
Tag", heißt es in einem Briefe vom 24. September, „aus den Händen
des Kardinals Lavigerie erhielt ich das Kleid der Missionare und die
Tonsur." Und voll rührender Aufmerksamkeit für seine Eltern führt
er ein Wort des Kardinals an, das ihnen Freude machen konnte.

„Nicht wahr, meine lieben Kinder", sagte der Kardinal zu uns,
„Ihr wäret froh, Eure lieben Eltern bei dieser schönen Feier gegenwärtig
zu wissen! Und diese selber wären ihrerseits glücklich, Euch zum Altare
Gottes schreiten zu sehen, um die weißen Abzeichen der Streiter Christi
in Empfang zu nehmen. Aber mit Unterwürfigkeit und Ergebung in
den Willen Gottes habt Ihr und haben Eure Eltern das Opfer dieses
Glückes gebracht. Eure Hochherzigkeit wird nicht unbelohnt bleiben."

Die Uebungen des Noviziates leitete P. Bridoux, ein Meister im
geistlichen Leben. Durch seine Konferenzvorträge und Anleitungen für
die verschiedenen Uebungen, durch das Beispiel seiner persönlichen Tugend
und Frömmigkeit, übte er auf das innere Leben unseres Novizen einen
nachhaltigen Einfluß aus.[1] Als mit dem 21. September 1883 die
Probezeit des Noviziates ihr Ende nahm, wurde Achte zum Eide zu=
gelassen, durch den er endgiltig in die Gesellschaft eintrat und sich für
immer dem afrikanischen Missionswerke weihte. Er leistete ihn vor dem
ausgesetzten Hochwürdigsten Gute und unterzeichnete dann die Eidesformel
auf den Stufen des Altares. „Liebe Fesseln", schreibt er bei der Ge=
legenheit, „süße Ketten, die mich fortan bis zum Tode an den Dienst
Christi binden."

Zu seiner theologischen Ausbildung siedelte Achte am 25. September
1883 ins Missionsseminar nach Karthago über, wo er drei Jahre ver=
blieb. So wurde er Zeuge aller jener Ereignisse, welche für die Wieder=
erweckung des kirchlichen Lebens in Karthago und ganz Tunesien so
bedeutungsvoll werden sollten. Gemeint sind: die Einweihung der pro=
visorischen Kathedrale in Tunis, die Abhaltung der Diözesansynode,
welche in den Räumen des Seminars selber tagte, die Grundsteinlegung
zur Kathedrale von Karthago, die Erhebung des tunesischen Priesters
Buhagiar zur Bischofswürde als Cooperator des Kardinals: Ereignisse,

---

[1] P. Bridoux wurde am 8. Juli 1888 zur Bischöflichen Würde erhoben und
als Nachfolger des Bischofs Charbonier mit der Leitung des Apostolischen
Vikariates vom Tanganika betraut. Er starb auf einer Missionsreise nach dem
Oberkongo in Kibanga am 21. Oktober 1890.

die geeignet waren, das empfängliche Gemüt unseres Seminaristen für die große Sache der Kirche zu begeistern.

Tiefgreifender und nachhaltiger aber war der Eindruck, den der Begründer der Ugandamission, P. Leo Livinhac, während eines zeit=

P. August Achte.

weiligen Aufenthaltes in Karthago auf ihn machte. Wir können es einem Briefe entnehmen, den er am 7. Juni 1884 an seine Eltern schrieb.

„Ich muß Euch noch etwas von dem Hochw. P. Livinhac erzählen. Bereits am 15. Juni vorigen Jahres war er zum Bischof von Pacando und Apostolischen Vikar der Nyansa=Mission ernannt und ersucht worden, zu seiner Weihe zurückzukommen. Aber es brauchte Monate und Mo=nate, ehe er Kunde davon erhielt, und wiederum Monate und Monate, ehe er die weite Rückreise hat vollführen können. Nunmehr ist er seit acht Tagen hier. In seiner Demut hätte er sich am liebsten der Bischofs=weihe entzogen. Seine diesbezüglichen Bitten fanden aber kein Gehör.

Daraufhin hat er sich als besondere Gunst erbeten, vor der Weihe sechs=
monatliche Exerzitien, eine Art zweites Noviziat, machen zu dürfen,
was ihm erlaubt worden ist. So lebt denn dieser hochverdiente Mis=
sionar wie einer der geringsten von uns in der Kommunität. Ich be=

Kathedrale von Karthago.

trachte das als ein großes Glück für meine Ausbildung. Ihr könnt
Euch denken, wie gerne ich ihn von der Negermission in Uganda sprechen
höre, wie gerne ich aber auch mit ihm ginge, wenn er nach seiner Weihe
wieder zurückkehrt."

Bischof Livinhac kehrte zurück (6. Mai 1885). Unser zukünftiger
Missionar aber verblieb noch ungefähr zwei Jahre im stillen Seminarleben
zu Karthago; aber er fand Gelegenheit, wahre Missionsarbeit zu tun.

Wir erinnern uns noch an seine beiden Mitschüler von Hazebrouck, die, wie er, Missionar werden wollten und mit ihm eingetreten waren. Der jüngere, Beriele hieß er, bekam ausgangs des Jahres 1884 eine schleichende Krankheit, die sich als unheilbar erwies. Da erbat und erhielt Achte die Gunst, Pfleger- und Wärterdienst bei dem Kranken leisten zu dürfen. Er tat es mit der Liebe und Hingebung einer Mutter. „Mein Kranker", schreibt er zu Weihnachten 1884 an die Eltern in Warhem, „ist zufrieden, wie ein Kind. Er sieht den Tod vor sich und ist nicht eingeschüchtert, ist vielmehr froh, etwas leiden zu können. Beten wir für diesen lieben Freund. Meine freie Zeit bringe ich größtenteils bei ihm zu. Für ihn ist das der größte Trost und für mich die größte Freude!" Das ganze kommende Jahr (1885) zehrte noch an der Lebenskraft des Kranken. Der Anfang des Jahres 1886 fand ihn ganz erschöpft und dem Tode nahe. Um ihm in den letzten Augenblicken beistehen zu können, verzichtete Achte gern auf die Wallfahrt nach Hippo, welche für die vierzehnhundertste Wiederkehr des Bekehrungstages des heil. Augustinus 15 000 Gläubige, 400 Priester, 3 Bischöfe und mehrere Prälaten nach der Bischofsstadt des großen Kirchenlehrers führte.

Bald darauf erfahren wir, daß sein Pflegling gestorben sei: „Ich habe den Trost gehabt, ihm bis zum Ende beizustehen und ihm die Augen zu schließen. Ganz sanft und ohne Todeskampf ist er hinübergeschlummert. Er ist mir in den Himmel vorausgegangen. Es ist doch gar wenig um das Leben des Menschen. Um so mehr will ich mich bereit halten, vor Gott zu erscheinen."

Die opferfreudige Hingebung führte unsern zukünftigen Missionar mit der Erlaubnis der Obern oft auf Krankenbesuche zu den nomadisierenden Erntearbeitern oder in die Araberdörfer der Umgegend. Auf diesen Ausgängen bot sich ihm Gelegenheit, viel Gutes zu tun und Anregung für sein Tugendstreben zu schöpfen. Um es im einzelnen darzutun, brauchte man nur die Episoden anzuführen, die sich auf solchen Krankenbesuchen zutrugen.

Aber wir müssen weiter eilen, um ihn bei seiner unmittelbaren Vorbereitung auf das Priestertum zu beobachten. Wie ernst er dieselbe nahm, ersehen wir aus einem Briefe vom 24. Juli 1886: „Ich stehe vor den Schlußexamina, die für die Weihen vorgeschrieben sind. Ihr sehet also, daß ich ganz nahe am Ziele bin. Das Ideal des Priestertums kommt mir so erhaben vor, daß ich zaghaft werden möchte. Darum möchte ich Euch bitten, Eure Gebete für mich zu verdoppeln. Der lieben Mutter danke ich recht herzlich, daß sie eine Wallfahrt für mich nach dem Heiligtum U. L. Frau von St. Omer gemacht hat."

Am 9. September wiederholt er dieselbe Bitte. „Ich kann diesen Brief nicht zu Ende schreiben", heißt es da, „ohne Euch gesagt zu haben, daß ich im Geiste vor Euch niederkniee, lieber Vater und gute Mutter. Verzeihet Eurem Kinde, wenn es Euch jemals im Leben Kummer gemacht hat, und gebt ihm zu der bevorstehenden Priesterweihe Euren Segen." Am 14. Sept. begann er zu Maison-Carrée im Mutterhause der Gesellschaft mit noch sechs andern die Vorbereitungsexerzitien auf die Weihen. Am 16. empfing er durch den Kardinal Lavigerie die Subdiakonats-, am 19. die Diakonats- und am 22. September die Priesterweihe.

Den erſten freien Augenblick benutzte er, um Eltern und Geſchwiſtern
ſein übergroßes Glück mitzuteilen.   „Geſtern hatte ich das unausſprech=

Mutterhaus Maiſon-Carree.

liche Glück, zum erſten Male an den Altar zu gehen. Glaubt es mir,
ich habe inſtändig für Euch gebetet, liebe Eltern und Geſchwiſter. Ich

habe niemanden von Euch vergessen. — Nach der hl. Messe wurde mir
eine neue Gnade zu teil: Ich bin nach Jerusalem ernannt, den Ort
der Sehnsucht aller guten Christen aller Zeiten. Morgen, den 25., reise
ich nach Marseille, um ein Schiff, das nach dem Orient abgeht, abzu=
warten." Und in der Besorgnis, es möchte den Eltern Kummer machen,
ihn nicht am Altare sehen und die hl. Kommunion aus seiner Hand
empfangen zu können, fügt er eine Nachschrift bei. Darin legt er ihnen
die Beweggründe dar, um deretwegen sie das Opfer aus Liebe zu Gott
und den Seelen bringen möchten.

Am 1. Oktober reiste er nach Jerusalem ab. Wir werden ihm in
sein erstes Arbeitsfeld folgen. H. (Fortf. folgt.)

Kleine Mitteilungen.

Die Mission Kirando am Tanganika im Zeichen des Fortschrittes. Die
Zentral=Station Kirando erfuhr einem Briefe von P. E. Keiling (18. August
1912) zufolge einen bedeutenden Zuwachs. 74 Erwachsene, 35 Männer und 39 Frauen,
empfingen die hl. Taufe. — In der Filiale Stefe zogen am 2. Juli die
Schwarzen Schwestern ein. Das Fest vom 2. Juli, „Mariä Heimsuchung", ist so
recht ein Sinnbild ihres stillen, demütigen und segensreichen Wirkens. Einstweilen
ist die Oberin der kleinen Genossenschaft noch an Ort und Stelle, Schwester
Adolphina, die frühere Königin Unda. Sie hat großen Einfluß bei den Leuten;
sie wird als Königin geachtet und geehrt. Dazu kommt ihre Liebe, Klugheit, ihr
Geschick in der Behandlung der einzelnen, ihr bescheidenes und doch festes Wesen.
Wir werden sie nur ungern scheiden sehen. Aber da sie Gehilfin der Novizen=
meisterin im Schwesternhaus zu Karema ist, wird sie nach einiger Zeit dorthin
zurückkehren müssen. Nach ihrem Weggange wird Schwester Luisa Joubert die
kleine Kommunität als Oberin leiten. Sie ist die Tochter des bekannten Kapitäns
Joubert, dessen Namen hier bei den Schwarzen einen guten Klang hat. In Um=
gangsformen und Bildung auf der Höhe einer Europäerin, wird sie eine gute
Oberin werden. Zu der kleinen Kommunität gehört auch Luisa Kachi, Tochter
eines in Malta ausgebildeten und am Kongo tätigen Negerarztes und Katechisten.

Der Einfluß der Schwestern macht sich schon bemerkbar in dem dreifach
stärker gewordenen Schulbesuch der Mädchen und in deren musterhaften und er=
baulichen Haltung in der Kirche. Morgens halten die Schwestern Schule in Stefe,
nachmittags in den umliegenden Dörfern. Ihr Gebets= und Arbeitsleben, ihr
Seeleneifer kommt auch den Erwachsenen zugute; sie sind ein Segen für unsere Mission.

Zu welch edlen Gesinnungen sich die Schwarzen unter dem Einflusse des
Christentums erheben, zeigt der Brief der Oberin der Schwarzen Schwestern
U. L. Fr. von Afrika, Adolfina Maria, an die General=Leiterin der
St. Petrus Claver=Sodalität (nach dem „Echo aus Afrika"):

Mama mpenzi na mfazili wetu:
Bwana Askafu wetu na Bwana Mkubwa wa Missione ya Zimba wamepata
kutusumulia marra nyingi ginsi unavvowapenda watu weusi wote wa Afrika na
mema unavyowaiakia. Hatta umetaka japo kazi zako nyingi na kubwa kutue-
lekea sisi Wabikira weusi wa Missioni hii na kutafanyiza. Ile cherehani uliyo-
tuletea ni nzuri sana na inakwenda vema kwa vema. Tumekwisha kajuribu
kwa kushona kanzu zetu, na tunasangaa kwa kuona ginsi cherehani yetu ina-
shona mbio na vema.

Ahsanti sana, Mama mpenzi, kwa kuwa umetufae hivyo. Tunaomba
Mungu akujalie neema zake huku uliwenguni upate kuwa na afia nyingi uon-
goze miaka mingi hawa wote wenyi kuwa chini yako.

Tumekusihi na sisi uombe Mwenyi ezi Mungu atupe msaada ya yake
tuweze kufanya vema kazi zetu hapa Zimba.

Upokee salamu yangu ya heshima, Mama mpenzi. Wenzangu wanasalimia.
Nimeandika mimi
Mama Adolfina Maria.

Ueberſetzung:

Vielliebe Mutter und unſere Wohltäterin!

Unſer hochwürdigſter Biſchof und der hochw. P. Superior der Miſſion von Zimba haben uns ſchon oft geſagt, wie lieb Ihnen die Neger Afrikas ſeien, und wie Sie ſich ihrer annähmen. Obſchon Ihnen viele und große Arbeiten obliegen, hatten Sie dennoch die Güte, den Schwarzen Schweſtern dieſer Miſſion Ihre Aufmerkſamkeit zu ſchenken und Ihnen einen großen Dienſt zu leiſten.

Die Nähmaſchine, die Sie uns zukommen ließen, iſt gar prächtig und geht ſehr gut. Wir haben ſchon verſucht, unſere Kleider damit zu nähen, und wir freuen uns, daß die Maſchine ſo ſchnell und gut näht.

Vielen Dank, vielliebe Mutter, daß Sie uns ſo beigeſtanden. Wir bitten Gott, daß er Ihnen ſeinen Beiſtand reichlich zukommen laſſe. Möge er Ihnen noch auf lange Jahre die nötige Geſundheit erhalten, daß Sie Ihre Untergebenen leiten können.

Wir bitten Sie unſererſeits um Fürſprache bei Gott dem Allmächtigen, daß wir unſere Aufgabe hier in der Miſſion von Zimba gut erfüllen mögen.

Empfangen Sie ergebenſt, vielliebe Mutter, meine beſten Grüße. Meine Mitſchweſtern entbieten ihren Gruß.

Eigenhändig geſchrieben

von Mama Adolfina Maria.

Der in den Hohenzollernſchen Landen bekannte P. J. Gaßldinger ſchreibt aus Muyaga (Urundi, D.=O.=Afrika) unter dem 30. Juli 1912: Könnten Sie nur einen Tag bei uns weilen, dann ſähen Sie wohl, wie es hier an Arbeit nicht fehlt. Wir können viermal im Jahr — Oſtern, Peter und Paul, Roſenkranzfeſt und Weihnachten — je 40—50 Erwachſene taufen. Sie meinen wohl, das ſei wenig. Ja, wenn es ſich bloß ums Taufen handelte, das wäre nicht ſchwer. Da könnten wir in 5 Tagen mehr als 800 finden, die ſich bereitwilligſt taufen ließen. Aber was wären das für Chriſten! Nein, lieber wenige, aber gute Chriſten als Grund= ſtock: das iſt die Parole!

Und ich glaube, daß wir gute Chriſten haben. Das darf ich aus dem regen Sakramentenempfang ſchließen: monatlich höre ich im Durchſchnitt 800—1000 Beichten. Dieſen Monat z. B. (Juli) 996. Kommunionen zählen wir monatlich 5600—5900 bei etwa 700 Kommunikanten.

Um die Zentralſtation gruppieren ſich eine Reihe Filialen, von denen ich zwei zu beſorgen habe. Sie zählen 4676 Seelen. Im ganzen haben wir auf 2½ Stunden im Umkreis rund 15 000 Seelen, ein Beweis, wie dicht bevölkert unſer Diſtrikt iſt; ein Arbeitsfeld, das nach mehr Arbeitern verlangt.

Baumwollausfuhr aus Uganda. Ein Bericht des Kaiſerlichen Vizekonſulats in Entebbe vom September d. J. läßt wiederum die Steigerung der Werte und Fortſchritte des Baumwollbaues in Uganda erkennen. Der Wert der Ausfuhr von Baumwolle, Baumwollkernen und Baumwollſaatöl aus dem Protektorat be= trug im letzten Jahre 4,81 Millionen Mark gegen 3,40 Millionen Mark im Jahre zuvor. Alle drei Artikel ſind von der Ausfuhrſteigerung in gleicher Weiſe betroffen worden. Die Menge der Ausfuhr an entkernter Baumwolle wuchs von 1634 Tonnen auf 2961 Tonnen; die der nicht entkernten Baumwolle ſank von 2504 Tonnen auf 2283 Tonnen, was ſich natürlich mit der Ausdehnung der Ginnereien erklärt.

Vor ſieben Jahren, 1904/05, wurden aus Uganda nur 9 Tonnen im Werte von 4700 M. exportiert. Es ſei daran erinnert, daß der Baumwollenbau in Uganda lediglich auf Eingeborenenpflanzungen beruht, ähnlich wie es in unſerem Viktoria=Seegebiet der Fall iſt.

Zeitungs=Verſchmelzung in Südweſtafrika. Unter dem Titel „Deutſch= Südweſtafrikaniſche Zeitung, vereinigt mit Swakopmunder Zeitung", ſind die beiden genannten, bisher ſelbſtändigen Zeitungs=Unternehmen mit einander verſchmolzen worden, nachdem ſie beide durch Kauf in den Beſitz der Swakopmunder Buchhandlung, G. m. b. H., übergegangen ſind. Die Vertretung für Deutſchland befindet ſich in Berlin W. 66, Wilhelmſtr. 49.

Empfehlenswerte Bücher und Zeitschriften.

Der Rosengarten. Auslese aus den Werken des P. Martin von Cochem. Von Heinrich Mohr. Mit Bildnis Martins von Cochem. 1. u. 2. Aufl. 12⁰ (XII u. 336 S.). *M* 2 20; geb. in Leinwand *M* 2.80.

Ein festliches Angebinde hat Heinrich Mohr dem großen Volksschriftsteller P. Martin, dem Alban Stolz des 17. Jahrhunderts, mit diesem Buche aufs Grab gelegt.

Noch gar vielen ist der bis zur Stunde blühende und duftende Rosengarten P. Martins Schrifttums verborgen und verschlossen. Diesen Garten dem deutschen katholischen Volke, für das P. Martin sein „Großes Leben Jesu" und die zahlreichen andern Werke geschrieben, wieder zu eröffnen, war der Zweck der Herausgabe dieses Büchleins, das die schönsten Stellen aus P. Martins Werken bietet.

Seine Erzählung ist, wie das Volk sie liebt, lebendig, natürlich, in allen Umständen durchaus anschaulich und malerisch. Man urteile nach der Textprobe: „Die Kornähre". Wie verwundern wir uns, wenn wir von einem Bühel herab unsere Augen auf die breiten Kornäcker werfen und die unzählbaren, wohlbeladenen Ähren anschauen, welche sich einhelliglich in die Höhe richten und ihre Früchte dem Himmel gleichsam aufopfern wollen! Ein jedes Körnlein hat sein eigenes Häuslein, sein eigenes Kleidlein, sein eigenes Häuptlein, sein eigenes Füßlein und seine eigene Nahrung. Eine jede Ähre hat ihr eigenes Hausgesinde bei sich, welches auf einer hohen Säule wohnt und ganz einig miteinander lebt, wiewohl eines höher, als das andere ist und eines dem andern auf dem Köpflein steht. Damit aber keines dem andern beschwerlich sei, darum hat ein jedes sein eigenes Kämmerlein und begehrt niemals, seinem Brüderlein das seinige einzunehmen. Ohne jede Hilfe der Menschen fahren sie bei Tag und Nacht fort, für sie zu arbeiten, zu wachsen, zu zeitigen und unsere notwendige Nahrung zu verschaffen. Wenn sie nun ihre völlige Zeitigung erreicht haben, so neigen sie ihre Häupter gegen uns, als wollten sie sagen: „Nun nehmet uns von der freigebigen Hand unseres gemeinsamen Erschaffers ab, welcher uns euch zu eurer Nahrung schenkt, und genießet uns zu seiner Ehre und zu eurer Notwendigkeit."

Weckrufe an die moderne Jugend. Von W. Dederichs, Kaplan. Mit Kopfleisten. 104 Seiten. Format 115 × 170 mm. Elegant broschiert und beschnitten M. —.90; Kr. 1.10; Frs. 1.15. In Leinwandband mit Rotschnitt M. 1.60; Kr. 1.95; Frs. 2.—. Einsiedeln, Waldshut, Köln a. Rh. Verlagsanstalt Benziger & Co., A.-G.

Es ist keine theoretische Bücherweisheit, was in diesem schönen Werklein der von so mannigfachen Gefahren und Versuchungen umgebenen Jugend geboten wird, sondern es wird hier das wirkliche, praktische Leben wahr und klar geschildert, das Leben der Jugend des heutigen Tages mit seinem modernen Hasten und Treiben. Und diese „moderne Jugend" möchten die „Weckrufe" das „Insichgehen" lernen, möchten sie zum „Nachdenken" über sich selbst, über die Mitmenschen, über das ewige Ziel praktisch erziehen. Die zwei Buchteile handeln über drei Tugenden: Gehorsam, Keuschheit, Charakterbildung — und drei Tugendmittel: Gebet, Beichte, Kommunion. „Das Schlußbild und Nachwort" zeichnet dann die Muttergottes als das erhabenste Ideal, vor allem für die Jugend, als ein Ideal, das vollkommen zu befriedigen vermag. So einfach und klar die Disposition des Buches sich zeigt, so verständlich ist sein Gedankengang, so ergreifend seine Sprache, so schlagend sind seine Beweise, so zeitgemäß seine Forderungen. Vikar Dederichs bietet in dem Buche unserer Jugend eine gesunde Geistesnahrung, die kräftigt und stärkt und zum Guten erzieht. Eine Jugend mit diesem wahrhaft goldenen Büchlein in der Hand und im Herzen wäre der sicherste Damm gegen die religiöse Verflachung unseres jungen Geschlechtes.

Das heilige Meßopfer. Ein Wort der Belehrung und Aufmunterung an das katholische Volk. Von Dr. Ferdinand Ruegg, Bischof. Mit Kopfleisten. 174 Seiten. Format 115 × 170 mm. Elegant broschiert und beschnitten M. 1.30; Kr. 1.60; Frs. 1.65. In Leinwandband mit Rotschnitt M. 2.—; Kr. 2.40; Frs. 2.50. — Einsiedeln, Waldshut, Köln a. Rh. Verlagsanstalt Benziger & Co., A.-G.

Der hochwürdigste Herr Verfasser der beliebten Volksbroschüre „Die öftere heilige Kommunion" und des Kommunionbuches „Das große Gastmahl" will mit diesem neuen Werklein den Gläubigen behilflich sein, das hl. Meßopfer immer besser zu verstehen und demselben möglichst oft und mit gebührender Andacht beizuwohnen. Kurz, klar, verständlich, populär stellt der hohe Autor die Lehre der Kirche vom hl. Meßopfer dar; die vielfachen Anfeindungen, denen das hl. Geheimnis speziell in der Jetztzeit und auch früher schon begegnet, weist er schlagend, mit viel Gemüt zurück. Dann zeichnet er wieder die Wichtigkeit, Erhabenheit und Heiligkeit des neutestamentlichen Opfers, dessen segensreichen Wirkungen und kostbaren Früchte, auch die Schönheit und Erhabenheit der kirchlichen Meßliturgie. Es ist so recht ein Bischofswort, das wir in dem Büchlein vernehmen, das Wort des eifrigen Seelenhirten, das uns Seite um Seite immer mehr zum Herzen spricht, immer tiefer ergreift.

Wer sich eine kurze, gediegene, praktische Meßerklärung wünscht, die ihn für das hl. Geheimnis erwärmt und begeistert, der greife zu diesem Büchlein der Benzigerschen neuen religiösen Volksbibliothek, er wird voll und ganz auf seine Rechnung kommen. Und wer einen Freund und Bekannten zur Wertschätzung und Liebe des Meßopfers führen will, der empfehle oder schenke ihm dieses herzige Werklein, das sein Ziel sicher erreichen wird.

„Im Dämmerschein der Zukunft" nebelhaft verhüllt ruhen zahllose, kaum geahnte Entwicklungsmöglichkeiten. Wenn großen Dichtern seit alters eine visionäre Kraft zugeschrieben wird, künftiges Geschehen vorauszuahnen und in Worte zu kleiden, und wenn man sich gewöhnt hat, derartige Geisteswerke nicht einfach als Hirngespinste rundweg abzulehnen, so darf auch der bekannte englische Romancier diese wohlwollende Beurteilung für sich und seinen Roman in Traumbildern: „Im Dämmerschein der Zukunft" beanspruchen. Das weitverbreitete Familienblatt Alte und neue Welt veröffentlicht im 47. Jahrgang die Uebersetzung dieses Zukunftsbildes und bringt da kongenial empfundene und fein ausgeführte Illustrationen des Münchener Künstlers Schwormstädt. Heft 3 zeigt uns den Helden auf einem der komfortablen Luftschiffe an der Pariser Haltestelle, und Benson führt uns aus dem Salon des Hauptes der katholischen englischen Kirche über den Kanal ins königliche Frankreich von 1973. Mit gespanntestem Interesse folgt der Leser den fesselnden Perspektiven des gelehrten und gewandten Schriftstellers. — Die Novelle „Wetterleuchten" und „Im Kielwasser des Kaisers, Ein Anarchistenabenteuer in den norwegischen Fjorden" sind ebenfalls Erzählungen von bestem Gehalt und unterhaltender Form. Ein Aufsatz über „Bauernhäuser in Hessen" mit guten Abbildungen, vor allem aber der reichillustrierte Originalbericht über den „23. Internationalen Eucharistischen Kongreß in Wien", die in Wort und Bild gehaltvollen Beilagen „Rundschau" und „Für Frauen" bieten jedem etwas zur Unterhaltung und Belehrung. Aus dem Bilderschmuck des Heftes seien hervorgehoben die Kunstbeilage „Verlorenes Glück", „Unterwegs", „Der heilige Martin, Almosen verteilend" und „Disput".

Folgende verstorbene Freunde und Wohltäter der Mission empfehlen wir dem Gebete unserer Leser:

P. Heinrich van der Sande, Rubier, Südnyansa.
Stadt-Verord. Ferd. Ullner, Trier.
J. Nic. Dollendorf, Wirtzfeld.
Joseph Brems, Trier.
Frl. Kath. Wagner, Bescheid.
Fz. Weber, Wochern.

Frau Kieffer, Algringen, Lothr.
Lehrerin Oppermann, Krefeld.
Frl. Math. Reigers, Bocholt.
Schw. M. Pelagia, Kuba, Algerien.
Hedwig Köderlein, Heustreu, Bayern.
Frau Boele, Münster i. Westf.
Frl. Salome Burg, Minversheim.

R. I. P.

Neujahrsgedanken eines Missionsfreundes.

Der Jahreswechsel ist die Zeit, wo unsere Missionare vor uns hintreten, um uns zu danken für unsere Mitwirkung am erhabenen Werke der Heidenbekehrung und uns ihre Zukunftspläne vorzulegen. Und damit wir auch einen handgreiflichen Beweis für die Erfolge unserer Arbeit haben, sind sie bereit, uns mit Zahlen zu dienen, die uns von den Früchten ihrer Arbeit sprechen sollen. Mit kritischem Blicke prüfen wir diese Zahlen; allein nicht selten erliegen wir dabei einer doppelten Gefahr: Einmal sind wir geneigt, die Resultate als zu gering anzusehen. Dann möchten wir die Schuld gerne auf unsere Missionare schieben, und schon wären wir versucht, den Entschluß zu fassen, weniger zu tun für die Missionen, oder wenigstens nur da mitzuwirken, wo, unserer Ansicht nach, alles gut „vorangeht". Wir vergessen dabei, daß auch verhältnismäßig niedrige Zahlen oft eine bedeutende Summe von Opfern und Entbehrungen jeglicher Art darstellen, und daß es gar oft nottäte, vor allem da einzugreifen, wo die Erfolge weniger glänzend sind.

Eine andere Gefahr: Wir glauben, das Recht, ich hätte fast gesagt die Pflicht zu haben, von den Missionaren Rechenschaft zu verlangen über ihre Arbeiten und Unternehmen auf dem Missionsfelde. Darob dürfen wir aber nicht vergessen, daß Gott der Herr nicht bloß die Missionare, sondern alle katholischen Christen zur Rechenschaft ziehen wird hinsichtlich ihrer Mitwirkung an der Heidenbekehrung.

Ich will meinen Gedanken etwas weiter erläutern. Das Missionswerk ist das Werk der ganzen Kirche, an ihrer Wiege ist es entstanden, mit ihr ist es groß geworden; darum ist es auch das Werk aller Katholiken, eines jeden von uns, dem wir nicht gleichgiltig gegenüberstehen dürfen. Wir alle bilden eine geschlossene Armee, die dem göttlichen Meister neue Länder erobern soll; unsere Missionare sind die auf der Front am meisten ausgesetzten Streiter — Streiter, die vergebens kämpfen und bald den Mut verlieren müßten, wenn sie sich nicht durch das nachrückende Gros der Armee gedeckt und gestützt wüßten. Auf diese Hilfe haben sie ein Recht.

Ehe wir darum die von unsern Missionaren in heißem Kampfe errungenen Erfolge zu niedrig einschätzen, dürfen wir uns fragen, ob wir selbst es nicht etwa zu leicht genommen haben mit unserer Mitwirkung an einem Werke, das unser eigenstes ist.

Neujahr ist ferner die Zeit der Wünsche. Manche Menschen erblicken darin bloß ein lästiges Servitut, andern gilt es als schöner und löblicher Brauch. Nun, ich will das für heute nicht entscheiden, sondern mich mit dieser Frage begnügen: Vergessen wir bei unsern Neujahrs-

wünschen nicht unsern besten Freund? Denn wir haben einen Freund,
auf den wir uns immer verlassen können, wenn auch alle andern uns
untreu werden sollten, unsern göttlichen Heiland und Herrn. Wozu be=
darf denn der unserer Wünsche? dürfte mich da wohl jemand fragen.
Allerdings bedarf er ihrer nicht, aber daß sie ihm nicht gleichgiltig
sind, geht schon aus dem Umstande hervor, daß er uns sogar die Worte
bestimmt hat, in die wir dieselben einkleiden sollen. Das sind nämlich
die Worte: „Geheiligt werde dein Name, zukomme uns dein Reich,
dein Wille geschehe, wie im Himmel, so auch auf Erden!" Das kom=
mende Jahr wird auch für Christus den Herrn ein frohes, glückliches
sein, wenn sein Name von allen Menschen, auch den Heiden geheiligt
wird, wenn alle Menschen, auch die Heiden, in sein Reich eintreten,
wenn bei allen, auch den Heiden, sein anbetungswürdiger Wille in Er=
füllung geht.

Dürfen wir uns aber mit einfachen Wünschen begnügen? Nein;
mit unsern Wünschen wollen wir auch das Versprechen verbinden, un=
sererseits alles zu tun, was diese Wünsche zu verwirklichen imstande ist.

Nur bei unserm göttlichen Freunde sollten diese Wünsche, dieses
Versprechen unterbleiben? Mit nichten! Jesus aber wird uns sagen:
„Wahrlich, ich sage euch, soweit ihr es einem dieser meiner geringsten
Brüder getan habt, habt ihr es mir getan. (Math. 20, 40.)." Zu
den geringsten seiner Brüder gehören zweifelsohne die Heiden, die ihn
noch nicht kennen und lieben.

Das wird unser göttlicher Freund tun: Seine Antwort auf unsere
Neujahrswünsche wird eine Einladung zur Unterstützung des Missions=
werkes sein.

Die Landwirtschaft in Unyamwezi.
Von P. van der Wee von den Weißen Vätern.

Daß der Schwarze, wie sein Bruder, der Weiße, der Nahrung be=
darf, bezweifelt sicherlich niemand, und so drängt sich uns die
Frage auf: „Von was lebt der Schwarze?"

Der Bewohner von Unyamwezi geht selten auf die Jagd.
Er ist von Beruf meistens Träger, und diese Tätigkeit er=
scheint ihm einträglich. Die Fischerei ist wenig dankbar, da
die meisten Flüsse im Sommer trocken liegen und infolgedessen sehr fisch=
arm sind. Der Schwarze ist somit auf das Erträgnis des Bodens an=
gewiesen, aber er bebaut ihn nur notgedrungen. Jede Feldarbeit ist dem
Neger verhaßt, er wendet dem Landbau sehr wenig Interesse und Sorg=
falt zu, auch wenn er mit geringer Mühe schöne Erfolge erzielen könnte.
Unter diesen Umständen ist es nicht zu verwundern, daß er sich vielfach
ohne jegliche Vorräte befindet, ein Umstand, der die Verproviantierung
unserer Karawanen sehr erschwert.

Im allgemeinen besitzt jede Familie ein Fleckchen Erde, und es steht
ihr jederzeit frei, ihre Rechte als Erstbesitzende darauf geltend zu machen.
Diese Eigentumsrechte vererben sich auf die Nachkommen und erlöschen
erst, wenn der Eigentümer sein Dorf verläßt, um anderswo seine Hütte

aufzuschlagen. Die Äcker werden abwechselnd jedes dritte Jahr bebaut und dann wieder brach liegen gelassen bis zu ihrer vollständigen Er=

Weiße Schwester mit einer Anzahl christlicher Kabylenmädchen (Algerien).

schöpfung. Diese tritt um so früher ein, als in jede Furche vier ver= schiedene Arten von Samen gelegt werden, nämlich: Mais, Bohnen, Erdnüsse und Sorgho. Dem Boden wird kein Dünger zugeführt; ver=

dorrte Gräser und Sträucher, verbranntes Unkraut, das zugleich mit dem
Samen in die Erde gelegt wird, ersetzen ihn. Wir müssen noch bemerken, daß die Werkzeuge, denen sich der Schwarze bedient, ganz pri-
mitiver Art sind und nur aus einer Art zum Aushauen des Gesträuchs
und einer Hacke in Form des Triangels bestehen.

In Unyamwezi wird besonders viel Reis angebaut, dann Sorgho,
dessen Mehl bei dem Bugali (dicker Brei) und bei der Bierbereitung
Verwendung findet. Ferner werden zwei Arten Mais, fünf Sorten
Bohnen, verschiedene Arten Kürbisse, Linsen, Erdnüsse, aus
denen das Öl gewonnen wird, die süßen Bataten, die Yamswurzeln,
der Tabak und die Brotstaude angepflanzt.

Der Neger baut nichts an, was nicht nutzbringend ist. Infolgedessen
ist er kein Freund von Blumen und kann den Weißen nicht verstehen,
der ihnen seine Pflege zuwendet. „Seht doch die Europäer an, wie
eigen sie sind, sie arbeiten für ihre Augen." — Anderseits hindert sie
ihr Aberglaube, sich mit der Kultur von Obstbäumen zu befassen.

Wenn auch der Mann zur Zeit des Feldbaues seine Frau bei der
Arbeit unterstützt, so fällt der Frau doch die ganze Last des Umhackens
zu, eine mühevolle Arbeit, wenn sie auch noch so oberflächlich ausgeführt
wird. Die größeren Besitzer und überhaupt alle jene, welche die Arbeit
nicht allein ausführen können, mieten sich Arbeiter; deren Lohn besteht
meistens in einem Festgelage, bei dem Bier, ein Ochse oder auch Ziegen
die Hauptrolle spielen.

Die Feldarbeit beginnt schon um 5½ Uhr morgens und wird mit
Ausnahme eines kleinen 1 Uhr-Imbisses ohne Unterbrechung bis zum
Abend fortgesetzt. Eine ausgiebige Mahlzeit beendet den Tag. Der
Neger begleitet die Arbeit meistens mit Gesang; Stillschweigen ist das
beste Zeichen eines faulen oder nachlässigen Schaffens.

Die Ernte wird von der Frau allein besorgt, höchstens daß ihr
Mann beim Dreschen des Kornes behilflich ist, falls sie nicht imstande ist, es allein zu besorgen. Im April und Mai findet die erste
Maisernte statt. Die Kolben werden zuerst durch einige Tage der Sonne
ausgesetzt, dann an Bäumen aufgehängt, von wo sie nach und nach, je
nach Bedarf, in die Küche geholt werden. Erdnüsse und Bohnen werden
zur Hälfte sofort verbraucht, die andern hingegen für später aufbewahrt.
Die Bataten werden in Scheiben geschnitten und an der Sonne getrocknet, dann entweder so gegessen oder auch in Wasser gekocht, wodurch
sie schmackhafter werden. Die Ernte des Reises und des Sorghos beginnt Ende Mai und dauert den ganzen Monat Juni hindurch. Die Ähren
werden abgepflückt, das Stroh aber als Nahrung für das Vieh stehen
gelassen. Ist die Ernte gut ausgefallen, so wird der Sorgho nur für
Zubereitung des Bieres verwendet. In Ermangelung einer Dreschmaschine
verwendet der Eingeborene den Dreschflegel, eine Art Schlegel mit langem
Stiel; dabei verfährt er in folgender Weise: Die Halme werden entweder auf einem Stein oder auf einem Platz, der vorerst geebnet und
mit Kuhmist bestrichen wird, ausgebreitet. Dank der großen Hitze erzielt
man durch das eben genannte Vorgehen einen sehr geeigneten, harten,
widerstandsfähigen Boden. Die Frau, unterstützt von einigen Bekannten,
denen sie später denselben Dienst erweist, begibt sich an die Arbeit.

Aber zuvor trifft sie noch eine letzte Vorbereitung. Diese besteht darin, daß sie den Körper mit weißem Ton bestreicht, um das Anhaften der Grannen an die Haut zu verhindern — eine sicherlich sehr verständige und ganz gerechtfertigte Vorsichtsmaßregel. Dabei sorgt ein entsprechender Gesang für die taktmäßige Bewegung des Dreschflegels, durch dessen starke Schläge das Korn von der Spreu getrennt wird. Ist der Sorgho gedroschen und geschwungen, so wird er gleich den andern Getreidearten in einem primitiven Speicher aufbewahrt, der zierlich eingerichtet ist und einem Korb aus Stroh, Binsen und Baumrinde gleicht. Eine Lage Stroh, darüber Mörtel, verhindern das Eindringen der Insekten. In Ermangelung eines Speichers wird das Getreide vielfach draußen gelassen und mit einer Art chinesischen Hutes zugedeckt. Der Mais, die Erdnüsse und die Bohnen werden in Bündel von zwei bis drei Meter zusammengebunden und hoch über der Erde an einem Pfahl befestigt.

Alle diese Vorgänge finden nur statt in solchen Landstrichen, in welchen die Landwirtschaft wirklich gepflegt wird, denn wie ich schon gesagt habe, lebt sonst der Schwarze von der Hand in den Mund, des darauffolgenden Tages nicht gedenkend. (Korr. „Afrika".)

Wie die kleine Maria den Weg zum Himmel fand.

Eine Episode aus dem Missionsleben in Tunesien von P. Paul Betz.

Wir verließen eben das Gotteshaus und schickten uns an, durch den gewöhnlichen kleinen Ausflug am Meeresstrande unserm Geiste neue Frische für weiteres Studium zu verschaffen, als ein Mitbruder an mich herantrat mit den Worten: „Kommen Sie mit mir, ich muß zu einem kranken Kinde, das in Todesgefahr ist!"

Einige Augenblicke später sind wir marschbereit. Noch ein kurzer Besuch vor dem Bilde Mariens, der Königin der Apostel, der wir unser Samariterwerk anempfehlen wollen, und dann ein kleines Gebet zu den hl. Cosmas und Damianus, den besondern Beschützern der Ärzte und Krankenpfleger, und frohgemut geht's den Abhang des Byrsa-Hügels, auf dem sich unser Seminar erhebt, hinab, dem Araberdorfe von La Marsa zu. Wenn man von der Höhe von Karthago seinen Blick schweifen läßt bis hin nach Tunis — „El Khedra", der „Grünen", wie sie der Araber nennt — oder bis zum alten Utika an der Mündung des Medjerda, oder ostwärts hinüber zu den Inseln Sembra und Simbretta, die den Eingang des Golfes von Karthago zu verschließen scheinen, und weiter hinweg über das Kap Bon zum Djebel-Bu-Kornin, dem „Zweihörnigen", dann ist man immer wieder ergriffen von der Majestät und Pracht, welche die Hand des Allmächtigen auf dieses kleine Fleckchen Erde mit wahrer Verschwendung ausgestreut hat. Da scheint es einem fast, als wäre es zur Zeit der Blüte des Christentums in Nord-Afrika den Besuchern der alten Basilika von Damus-el-Karita, deren Ruinen da vor uns sich dehnen, gar leicht gewesen, ihr Herz und ihren Geist zum Herrn der Welt zu erheben; es kommt uns vor, daß es den Märtyrern des alten Karthago nicht gar so schwer gewesen sein muß, im nahen Amphitheater für ihren Gott zu verbluten, um den zu schauen, der solche Fülle von Schönheit ihrem Lande gespendet hat.

Solche und ähnliche Gedanken werden uns durch jeden Fußbreit des Bodens, auf dem wir daherziehen, nahegelegt. Allein heute ist nicht Zeit zum Sinnen; immer wieder eilen die Gedanken unsern Schritten voraus, hin zu dem kranken Kinde, das vielleicht schon bald vor seinem Schöpfer erscheinen soll.

Werden wir es noch am Leben finden?

„Es ist aller Grund zur Besorgnis vorhanden", meinte mein Mit-bruder, dem man von einer ernsten Verschlimmerung im Zustande des Kindes gesprochen hatte. Und wenn wir es noch lebend treffen, wird es uns glücken, vor allem seine Seele zu heilen und ihr die Eintritts-karte für den Himmel auszustellen? Nun, unser guter Engel geleite uns!

Den Weg bis nach La Marsa, für den man bei mäßigem Tempo wohl seine drei Viertelstunden braucht, legten wir heute in der Hälfte Zeit zurück: so hatte der Gedanke, einer unsterblichen Seele die An-schauung Gottes sichern zu können, unsern Schritt beflügelt.

Durch die engen, schmutzigen Gassen des Städtchens kamen wir bald zu dem gewünschten Ziele.

Schon hat der dumpfe Schlag des eisernen Klopfers an der schweren Haustüre unsere Ankunft gemeldet.

Seltsam mutet es einen bei solchen Krankenbesuchen an, das rohe Bild einer Hand mit gespreizten Fingern über der Tür angebracht zu sehen. Diese Darstellung soll nach dem Glauben der Araber den „bösen Blick" abhalten und so das vom Feinde, — und dazu gehört vor allem der Rumi, der Christ, — den Hausbewohnern zugedachte Unheil abwenden. Das Zeichen der Hand — und wir kommen, um Glück zu bringen, ein Glück, von dem diese armen Leute keine Ahnung haben!

Ein zweiter Schlag mit dem Klopfer hallt dumpf im Innern wie-der. Da ertönt der Ruf, den wir erwartet hatten: wir dürfen eintreten.

Wir kommen durch einen engen, dunklen Gang zum Vorderraum. Da tritt uns auf der andern Seite eine junge Araberin entgegen. Auf ihrem Arme trägt sie das kranke Kind. Wir wechseln die gewöhnlichen Begrüßungsformeln und erkundigen uns dann unserer Gewohnheit ge-mäß nach dem Herrn des Hauses. Er ist ausgegangen, heißt es, und soll erst spät heimkehren. Gott sei Dank! Also schon ein Hindernis weniger.

„Und dein krankes Kind?" Bei dieser Frage treten der armen Mutter die Tränen in die Augen, und sie drückt ihr Liebstes inniger ans Herz.

„Du weißt, daß wir, die Marabut (Priester) der Rumis, den Kranken Arzneimittel geben, und dies „âla khâter Rebbi", d. h. aus Liebe zu Gott. Auch deinem Kinde könnten wir vielleicht helfen, wenn du uns gestattest, ihm dua (Arznei) zu geben. Schaden tut sie ihm sicher nicht, und Allah weiß, ob es nicht dadurch geheilt wird!"

„In scha Allah!" „So Allah will!" lautet die Antwort, aber aus dem wehmütigen Tone der Stimme kann man erkennen, daß die unglückliche Mutter nicht viel Vertrauen auf die Wiedergenesung des Kindes hat.

„Nun, willst du dua haben?"

Die Mutter bleibt einen Augenblick stumm, aber zu gleicher Zeit streift uns ihr forschender Blick; er hätte uns gerne durchbohrt und uns bis ins Innerste des Herzens geschaut. Wir verstehen: die Mutter fürchtet für ihr Kind; sie fürchtet den bösen Blick des Marabut der Christen, denn der wäre gewiß des Kindes Tod!

„Warum fürchtest du dich? Du weißt doch, daß wir unser Land verlassen haben, um euch Gutes zu tun. Allein es steht dir frei, unsere Wohltat für dein Kind anzunehmen oder nicht."

Das scheint die Mutter zu beruhigen; sie hockt vor uns nieder und zeigt uns das Kind, das sie auf ihrem Schoße ruhen läßt.

Armes Wesen! Man sollte glauben, ein neugeborenes Kind vor sich zu haben; so klein und winzig ist es, und doch ist es schon drei Jahre alt.

Ein leises Wimmern verrät uns die inneren Schmerzen des armen Geschöpfes, in dem das Lebenslicht jeden Augenblick erlöschen kann. Es hat nicht mehr die Kraft, seine dünnen, schmächtigen Ärmchen zu be=wegen, sein kleines Köpfchen zu drehen; nur mit Mühe kann es die Aeuglein öffnen, und es scheint, als wolle es uns einen flehenden Blick zuwerfen. „Dem muß unbedingt geholfen werden", erklärte mir mein Mitbruder; „also die Zeit ausgenützt, so lange niemand uns stört!"

„Seit wann hat die Kleine dieses starke Fieber?"

„Seit einigen Tagen, Sidi (Herr)."

„Und welche Mittel wendest du dagegen an?"

„Ach, Sidi, ich Mittel anwenden? Ich kenne keine; weißt du welche? Ach, so nenne sie mir!"

„Höre! ein sehr gutes Mittel gegen das Fieber ist bloßes Wasser; nur mußt du bei dessen Anwendung vorsichtig sein. Ich will dir zeigen, wie du es machen sollst."

Schon hat mein Mitbruder die kleine Tragapotheke, die wir mit uns führen, geöffnet. Er langt mir zuerst etwas Baumwolle hervor und dann ein braunes Fläschchen, mit der Aufschrift: A. B., d. h. Aqua baptismalis, Taufwasser. Es war, was ich brauchte.

„Nun gib acht", wandte sich mein Mitbruder an die Mutter, siehe zu, wie es der Babas (Pater) macht, damit du es wiederholen kannst, so oft das Kind starkes Fieber hat."

Während mein Konfrater nun die Mutter weiter zu unterhalten sucht und ihr erklärt, daß man auch, statt das Wasser zu gießen, noch bequemer durch Waschen mit angefeuchteter Baumwolle die Fieberhitze eindämmen könne, spende ich der Kranken die hl. Taufe. Und ohne daß die arme Frau es ahnt, ruht in ihren Armen eine kleine Maria, auf die die Engel des Himmels mit Freuden herabblicken. — Die Ab=kühlung hat dem Kinde wohlgetan; es schlägt die Augen auf, als wollte es seinem Wohltäter danken.

Arme Mutter, wenn du wüßtest, welch großes Glück deinem Kinde beschieden ward, du hättest andere Worte des Dankes gefunden, als das gewöhnliche: „Allah iketter khêirek, Allah vermehre dein Gut!" Wie gerne hätte ich es ihr gesagt. Möge die kleine Maria vom Himmel aus ihr diese Gnade erflehen!

Einige Minuten später schreiten wir wieder unserm Heime zu, über=glücklich, daß Gott sich gewürdigt hat, sich unser als Werkzeug zu bedienen, um dem Himmel eine Seele zuzuführen.

Nach Ruanda.

Briefliche Mitteilungen von Schwester Maria Regina aus der Genossenschaft der
Weißen Schwestern (Maria Stracke aus Würdinghausen).

II. Karawanenleben.

Nachdem wir acht Tage in Marienberg am Nyanza=See verweilt
hatten, um uns auf die Karawanenreise vorzubereiten, brachen
wir am Neujahrstage nach der Vesper von Marienberg auf
mit all unserer Habe, die 60 Träger auf ihren Rücken luden.
Wir zogen aus unter dem Schutze der lieben Mutter Gottes
und der hl. Schutzengel. Es erinnerte mich immer wieder an
den alten Bund, an den Auszug aus Ägypten, und ich selbst kam mir
so vor, wie Ruth in der biblischen Geschichte mit ihrer Schwiegermutter
auf der Reise dargestellt wird: in der Hand einen derben Krückstock,
ein Paar gut benagelter Schuhe an den Füßen und auf dem Kopfe zum
Schutze gegen die Sonnenglut einen großen Hut, der ungefähr denselben
Durchmesser hat wie der Sonntagshut meiner Schwester zu Hause (0,50 m.)

Wir machten noch am 1. Tage einen Marsch von vier Stunden.
Die Königin des Landes sandte uns noch am selben Tage einen Boten
entgegen, der uns Grüße überbrachte und uns einlud, noch an diesem
Tage in der Residenz vorzusprechen. Wir lehnten ab und sagten, wir
seien zu müde. Sie aber schickte uns noch Milch, Eier, Butter und
anderes entgegen, und am folgenden Morgen kam sie selbst in Beglei=
tung ihrer Dienerschaft, um uns zu sehen und zu sprechen, und gab uns
eine Strecke Weges das Geleite.

Am zweiten Tage unserer Wanderung kamen wir nach siebenstün=
digem Marsche nach Kagondo, wo die Weißen Schwestern schon seit
einem Jahre den Missionaren an der Bekehrungsarbeit helfen. Wir
besuchten den dort wohnenden König, einen mächtigen Häuptling, der
uns mit größter Gastfreundschaft empfing. Er zeigte uns einige Bilder
und Photographien, darunter auch Bilder von deutschen Fürsten. Ja,
er kredenzte uns sogar ein Gläschen guten Weines. Er wunderte sich
nicht wenig über die große Fußreise, die wir vorhatten, und schenkte
einer jeden einen tüchtigen, soliden Reisestab, um die hohen Ruandaberge
zu erklettern.

Unsere Schwestern aus Kagondo kamen uns mit Scharen von
Christen stundenweit entgegen. Man tanzte um uns her und sang und
schrie. Und als wir ins Dorf einrückten, erschollen von allen Seiten
kräftige Trommelschläge und allerhand sonstige Musik, welche die Neger
sehr lieben. Man hatte sogar geflaggt. Niemals habe ich Aehnliches
unter den Schwarzen gesehen.

Nach Begrüßung der Patres statteten wir dem Kirchlein einen Be=
such ab. Es glich sicher sehr dem einfachen Häuschen von Nazareth.
Die Armut spiegelte sich in allem ab. Ein Altar, ein Kreuzbild und
ein Krippchen, das ist der ganze Schmuck. Doch sieht man den Eifer
der Christen, die hier fast täglich der hl. Messe beiwohnen und sich dem
Tische des Herrn nahen und den ganzen Tag die Kirche nicht leer
werden lassen, so muß man sich sagen, daß hier das göttliche Herz mehr
geehrt und geliebt wird, wie dort im Schmucke reicher Gotteshäuser, die

während der Woche fast ganz leer stehen, weil sich nur selten eine Seele findet, die dem lieben Heiland guten Tag sagt.

Nun zurück zu unserer Reise. Am folgenden Morgen wurde uns

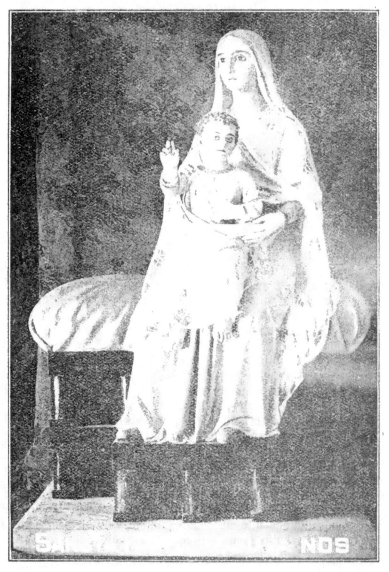

Darstellung der Gottesmutter aus dem V. Jahrhundert (Karthago).

vor der Weiterreise feierlich der Segen mit dem allerhlst. Sakrament gegeben. Darauf verließen wir die schöne Station Kagondo unter glei= chem Gesang und Trommelklang wie beim Einzug. Dann ging es fort bergauf, bergab, über Stock und Stein durch anmutige Bananenhaine und öde Steppen, über klare Flüsse und dann wieder durch Sümpfe.

Waren letztere zu breit zum Überspringen und zu tief zum Durchwaten, so stieg man auf den Rücken eines kräftigen Negers, der sich eine große Ehre daraus machte, die „Babikira", hinüberzutragen. Wenn auch dies nicht mehr ging, schwammen wir meist auf einem ausgehöhlten Baum= stamm hinüber. Dabei muß man genau achtgeben, daß das Gleich= gewicht bewahrt blieb; sonst kippte man mit dem schwanken Fahrzeuge um. Auf diese Weise setzten wir über manchen breiten Strom und manchen tiefen, himmelblauen See. Dabei stimmten wir allemal zu Ehren der Mutter Gottes das schöne Lied an: Ave, maris stella, und unter ihrem Schutze sind wir immer glücklich hinüber gekommen.

Des Abends werden in einem Dorfe oder auf einer Anhöhe Zelte zum Uebernachten aufgeschlagen. Morgens, sobald der Hahn kräht, geht's wieder weiter.

Das Karawanenleben gefiel mir sehr gut. Es ist wirklich schön, so zu reisen. Die Zeit wird einem nicht lang. Jeden Tag gibt es Neues zu sehen. Wie oft fühlt man sich gedrungen, seine Gedanken zu dem zu erheben, der diese große, weite, schöne Welt erschaffen hat und sie mit weiser Liebe erhält und regiert!

Unsere lieben Schwarzen nehmen täglich unter Singen und Lachen ihre schwere Bürde auf den Kopf. Oft tanzen sie vor Freude, wie kleine Kinder. Wenn sie abends ihre Lasten ablegen, knien sie also gleich daneben nieder und verrichten ein kurzes Dankgebet. Später ver= sammeln sie sich dann noch alle vor unserem Zelte zum gemeinsamen Abendgebet. Dabei wissen sie nichts von Menschenfurcht. Es war wirklich erbauend und erhebend, wenn wir Schwestern, umringt von andächtigen Negern, in der Dämmerung oder im Dunkel niederknieten zum Gebet. Wie mag das Auge des himmlischen Vaters mit Wohl= gefallen herabgeblickt haben! Wie mag er in liebender Sorge seine Engel gesandt haben, uns vor allen Gefahren zu schützen. Solche Ge= danken benahmen uns alle Furcht, so daß wir uns unbesorgt zum Schlafe niederlegten und inmitten der Wildnis ebenso friedlich und ruhig schliefen, wie einst als Kinder im Vaterhaus.

Zur Charakterisierung unserer Neger mögen noch folgende Einzel= heiten dienen. Am 6. Januar, dem Feste der hl. drei Könige, mußten wir eine große Steppe durchziehen. Da erblickte man von früh bis spät keinen Menschen, ja, überhaupt kein lebendes Wesen. Nur sah man hie und da Spuren von wilden Tieren oder ein einsames Wüstenblümchen. Den ganzen Tag fanden wir kein Tröpflein Wasser, um Kaffee zu kochen, geschweige denn, um Toilette zu machen. Dazu schien auch noch die Sonne ihre Macht zeigen zu wollen. Als wir abends unsere Zelte aufgeschlagen hatten, waren wir natürlich ganz erschöpft. Da kamen noch unsere braven Neger vor unser Zelt und baten, wir möchten noch mit ihnen das Hochamt singen. Wir antworteten: „Aber es ist doch Abend, und ihr seid müde, gerade wie wir. Jetzt müssen wir ausruhen und morgen singen." Unsere Schwarzen aber erwiderten: „Nein, Schwester, es ist doch heute Festtag. Da muß man ein Hochamt singen. Und auf Reisen macht man es, wie man kann. Wenn es morgens nicht geht, singt man das Hochamt am Abend." Wir konnten die Bitte nicht abschlagen und mußten noch in später Abendstunde die ganzen Meßgesänge von vorn bis hinten mit unsern Trägern singen. Damit hatten sie noch nicht genug. Auch der Rosenkranz mußte noch gebetet werden. Dann erst gingen sie zur Ruhe.

Ein andermal hatten wir unsere Zelte auf einem hohen Berges= gipfel aufgeschlagen. Ueber Nacht erhob sich ein Gewitter mit gewal= tigem Sturm. Der Wind machte sich aus unserm Zelte einen Spiel= ball und fegte es weg. Auf unsern Hilferuf kamen die Neger herbei= geeilt. Als sie die Verwüstung sahen, riefen sie: Seht da, das Werk des Teufels! Ihr seid Kinder von Gott zu uns Negern gesandt, und nun will euch der Teufel vernichten, um sich zu rächen! Schnell hatten sie alsdann das Knäul gelöst, zu dem Zelt und Stricke zusammen= gewirrt waren, und im Nu war unser Zelt wieder aufgeschlagen. Dabei hieben die Neger mit einer wahren Wut auf die Pfähle, wie wenn sie es mit dem leibhaftigen Teufel zu tun hätten.

Derartiger Zwischenfälle gab es viele auf der langen Reise.

So hatten wir einmal unser Zelt auf einem Ameisenhaufen aufge= schlagen. Die Tierchen wurden über Nacht sehr lebendig und kamen von allen Seiten auf uns zugekrabbelt. Wir konnten die ganze Nacht kein Auge schließen und zogen es endlich vor, einen Spaziergang im nächtlichen Dunkel zu machen. So folgte nicht selten auf einen heißen mühevollen Tag eine ruhelose Nacht.

Doch für alle Mühen wurden wir entschädigt, wenn wir durch die Christendörfer zogen. Dann glich unsere Reise einem Triumphzug. An mancher schönen Station mußten wir vorbei, blutenden Herzens, muß ich sagen, denn überall wären wir gerne geblieben, und an Arbeit fehlte es nirgends.

Leider fanden wir auf unserer Reise noch gar viele Dörfer, wo noch keine Missionäre und Schwestern wirken. Auch dort wurden wir vielfach mit Jubel und Freude empfangen. Die Neger hatten schon manchmal Glaubensboten vorbeiziehen sehen. Sie kamen uns entgegen und riefen: „Ihr sollt bei uns bleiben! Diesmal lassen wir euch nicht mehr los!"

Das war aber keine bloße Redensweise, das war bitterer Ernst. Könnte ich es schildern, wie es einem ins Herz schneidet, wenn man so ganze Völker nach dem Brote des Evangeliums schreien hört, und man vorüberziehen muß, ohne es ihnen geben zu können; könnte ich das wahrheitsgetreu schildern, könnte ich das manchen Gott liebenden Jung= frauen in meinem Heimatlande in die Seele hinein rufen, ich bin sicher, sie würden in Scharen Vaterhaus und Heimat verlassen und herüber= kommen nach Afrika, um die reife Ernte einheimsen zu helfen.

In Marangara traf ich den immer lustigen Pater Schumacher. Hier warteten meiner auch die zwei Mitschwestern, die für unsere Neu= gründung Nyundo bestimmt waren. Sie waren schon einige Monate früher gereist, um die Sprache des Landes zu erlernen.

Der letzte Teil unserer Reise war ein fast beständiges Klettern und Klimmen, bergauf, bergab. Oft, wenn wir eine Bergwand erklommen, sagten wir uns scherzend: „Noch eine kleine Leiter, dann wären wir im Himmel!" Aber immer wieder stiegen neue höhere Bergriesen vor uns auf.

Je näher wir dem Ziele kamen, desto mehr beschleunigten wir die Märsche. Ueberhaupt haben wir gehörig ausgegriffen. Zwei Paar Schuhe habe ich am Wege liegen lassen; mit dem dritten Paar bin ich in Nyundo, unserer neuen Heimat, angekommen.

III. Am Ziele.

Am 20. Oktober 1910 hatte ich die Reise angetreten; am 25. Jan. 1911 war ich am Ziel.

Die Christen von Nyundo holten uns schon viele Stunden weit ab. Sie konnten gar nicht glauben, daß wir Schwestern seien, sondern hielten uns für Patres. Jambo Patri! riefen sie uns zum Gruß zu, das heißt: Guten Tag, Pater! Man konnte sich der Volksmenge nicht erwehren. Ein jeder wollte uns sehen und grüßen. Sobald wir in ein Dorf kamen, rasselten die Trommeln, und jung und alt, Männlein und Weiblein, tanzten um uns her aus Leibeskräften. So wird von den Negern sonst nur der König empfangen.

Die Patres geleiteten uns zur Kirche, wo wir dem göttlichen Hei= land für die glücklich überstandene Reise dankten.

Darauf bezogen wir unser neues Heim, eine einfache Hütte aus Gras und Bananenblättern geflochten. Es findet sich daran kein Stein. Man braucht nicht zu weißen noch anzustreichen. Es ist auch keine Gefahr, daß man Fenster und Glastüren einrennt, denn solche gibt es nicht.

Die Station ist auf einem Hügel gelegen, von wo aus man einen herrlichen Rundblick hat. Auf der einen Seite sieht man in nächster Nähe hohe Vulkanriesen, von denen die einen noch tätig sind und jahr= aus jahrein ihre Rauchsäulen in die Lüfte senden, während die übrigen mit ewigem Schnee bedeckt sind. Auf der andern Seite glitzert der Spiegel des Kiwusees zwischen den Hügeln hindurch. Zuerst blickte ich stets mit Grauen zu den feuerspeienden Bergen hinauf, und es kam mir immer wieder der Gedanke: Wenn es diesem Unholden mal ein= fiele, etwas weiter zu spucken! Jedoch nach kurzer Zeit sind sie mir ganz vertraute Nachbarn geworden.

Eine weitere Merkwürdigkeit unseres Landes sind die heißen Quellen am Kiwusee, wo das Wasser kochend heiß aus dem Boden kommt. Wie praktisch wäre es, wenn wir näher daran wohnten und dort eine Leitung anlegen könnten. Leider ist das Wasser wegen seines üblen Geschmackes zum Trinken nicht geeignet. Nicht weit von uns entfernt soll auch die Quelle des großen Nilstromes liegen.

Die hiesige Gegend ist von großartiger Schönheit, die ich nicht zu beschreiben vermag.

Die Bewohner unseres Landes sind ein riesengroßer, wilder Menschen= schlag. Sie legen Speer und Bogen fast nie aus der Hand. Blut= rache ist an der Tagesordnung. Aber die Ruandaleute zeigen großen Eifer für das Christentum. Sie drängen sich sozusagen zum heiligen Glauben. Deshalb haben die Weißen Väter hier in Nyundo, in den zehn Jahren, seit sie hier wirken, eine in jeder Beziehung blühende Station geschaffen.

Es ist also ein vielversprechender Weinberg, für den mich der liebe Gott gedungen hat.

* * *

Soweit der Bericht der Missionsschwester, die nicht ahnt, daß ihre Zeilen an die Öffentlichkeit dringen. Möge der liebe Gott sie unter seinen besonderen Schutz nehmen! Möge er ihren Apostelmut dadurch lohnen, daß er durch ihre Hand recht viel Gutes unter den armen Negern Ruandas wirkt! Dann wird auch Schwester Regina den Lesern des Afrikaboten später hoffentlich noch manches zu erzählen wissen.

Die Ausgrabungen der Weißen Väter in Karthago. — Der Byrsa-Hügel mit der Kathedrale.

Die Marienverehrung in Nord-Afrika in den ersten christlichen Jahrhunderten nach den Zeugnissen der Archäologie.

Von P. Heinrich Baurmann (Haigerloch). Pastor bonus, Trier XXII. Heft 8.

„Von nun an werden mich selig preisen alle Geschlechter". Dies Wort, das Maria, von prophetischem Geiste erfüllt, einst gesprochen im schlichten Priesterhause zu Hebron, hat seine Wahrheit erwiesen im Laufe der Jahrhunderte. Die Hirten und Lehrer der Kirche haben in begeisterten Worten das Lob der Gottesgebärerin verkündet, die Theologen in scharfsinnigen Erörterungen ihre einzigartige Stellung im göttlichen Heilsplane ergründet, und das christliche Volk hat von den ersten Jahrhunderten an nicht aufgehört, die Mutter Gottes und Mutter der Menschen zu lieben und zu verehren. Ja, sogar die wiederholten Anfeindungen von seiten der Irrlehrer haben nur dazu beigetragen, ihre Vorzüge in noch hellerem Lichte erstrahlen, die Liebe ihrer Kinder zu lebensvollerer Glut auflodern zu lassen.

Bedeutsame Hinweise auf Mariens erhabene Stellung als Gottesmutter finden wir schon in den ältesten Schriften der apostolischen Väter. So beim hl. Ignatius von Antiochien (ad Ephes.) und in dem Briefe an Diognet, „wo Maria in den Vordergrund der christlichen Offenbarung und des christlichen Heilsglaubens gestellt wird" (Scheeben). Und als Mutter der Menschen feiert sie zu Ende des zweiten Jahr-

hunderts Irenäus, wenn er die Jungfrau Maria mit der Jungfrau
Eva, der „Mutter der Lebendigen", vergleicht und ihr gegenüberstellt
(contra haer.).

Da ist es wohl nicht zu verwundern, wenn auch die ältesten
Denkmale der christlichen Skulptur uns von Maria erzählen,
wenn in den Katakomben ihr Bild und ihr Name uns begegnen[1] und
so in anschaulicher Weise die Lehre der Väter ergänzen und den Glauben
und die Liebe des christlichen Altertums bezeugen. Nur eines könnte
auffällig erscheinen. Während nämlich in den römischen Grabstätten
Mariens Bild und Name sich wiederholt vorfanden, schienen die Aus=
grabungen, die seit Jahren in Nordafrika stattfanden und viele Erinne=
rungen einer glorreichen christlichen Geschichte in und um Karthago zu=
tage förderten, für die Kenntnis der Marienverehrung in jenen Landen
ziemlich unfruchtbar. Einen Grund dieser Erscheinung hat man in der
Tatsache der Geheimlehre finden wollen, mit der die ersten Christen
das Mysterium sowohl der Geburt des göttlichen Heilandes als auch
der Würde Mariens umgaben. Insbesondere hat man den Mangel an
dogmatischen Inschriften auf diese Weise zu erklären versucht.

Gewiß nicht mit Unrecht. In einer Zeit, wo Mariens einzigartige
Stellung wohl im Glaubensbewußtsein des katholischen Volkes lebte,
aber noch keine bestimmte dogmatische Formulierung gefunden hatte, wo
überdies die Lehre über die Person des Erlösers im Vordergrunde des
allgemeinen Interesses stand, mußten die Bilder und Inschriften, die
seine gebenedeite Mutter zum Gegenstande hatten, seltener und allgemein
gehalten sein.

Auch der Kampf gegen das noch immer mächtige Heidentum, dessen
Ideen und Vorstellungen den Neuchristen noch nicht ferne genug lagen,
machen es begreiflich, wenn die äußeren Zeichen des Marienkultus uns
spärlicher begegnen, als wir es wünschen. Tanaïs, die Göttin der Phö=
nizier und Karthager, mußte gleichsam erst völlig verbannt werden, ehe
Maria, die wahre Gottesmutter und Mutter der Menschen, in den Herzen
nicht nur, sondern auch im äußeren Kultus die ganze ihr gebührende
Verehrung finden konnte.

Da mag es wohl im Heilsplane Gottes gelegen haben, dessen Weis=
heit von einem Ende zum andern reicht und alles mit Macht und Milde
zugleich regiert, wenn die Verehrung der Gottesmutter in Nordafrika
im Laufe der ersten christlichen Jahrhunderte weniger hervortrat und
diesbezügliche archäologische Forschungen lange resultatlos schienen. Einen
anderen historischen Grund werden wir am Schlusse dieser Arbeit kennen
lernen.

Noch im Jahre 1885 mußte Kardinal Lavigerie eingestehen, daß
die Marienverehrung der ersten christlichen Jahrhunderte in Nordafrika
fast keine Spuren aufweise; aber er sprach die Hoffnung aus, daß spä=
tere Ausgrabungen auch hierüber wohl einiges Licht verbreiten würden.

---

[1] Vergl. Liell, Darstellung Marias in den Katakomben 1887. Wilpert,
Die Malereien der Katakomben Roms 1903. Kraus, Real=Enzyklopädie der
christl. Altertümer 1886, II. Bd. „Marienbilder". Rothes, Die Madonna in
ihrer Verherrlichung durch die bildende Kunst aller Jahrhunderte, 1910[2]. Köln,
Bachem (siehe Pastor bonus, 1910, Heft 8, S. 357 ff.).

Die Hoffnung hat sich erfüllt, dank der unermüdlichen Forscherarbeiten des Archäologen P. Delattre in Karthago. In einer Festschrift im An= schluß an den Marianischen Weltkongreß zu Rom im Jahre 1904 legt der gelehrte Kenner des christlichen Altertums die Resultate seiner viel= jährigen Arbeiten vor [1].

Die verschiedenen archäologischen Funde, die sich auf die Verehrung Mariens in den ersten Jahrhunderten beziehen, lassen sich füglich in zwei Gruppen scheiden: die einen stellen Maria dar als Gottes= mutter, die anderen reden von der Liebe und dem Vertrauen der Gläubigen zur Himmelskönigin; sie stellen also die Mutter der Gnade, die Mutter der Christen dar.

Maria, die Gottesmutter.

Es sind teilweise recht einfache, kunstlose Darstellungen der Gottes= mutter, die uns da begegnen, aber sie reden in ihrer Eigenart eine be= redte Sprache. Denn sie zeugen für die Verehrung Mariens nicht nur in den Versammlungen der Christen, sondern mehr noch im häuslichen Leben, im Familienkreise, wo diese kleinen Bilder aufgestellt und ver= ehrt wurden. Tertullian berichtet, wie die Christen beten und das Zeichen des Kreuzes machen, bei jeder täglichen Beschäftigung, beim Aufstehen und Schlafengehen, wenn man das Haus verläßt oder die Lampe an= zündet. Demgemäß hat man eine große Anzahl Lampen aus Ton ge= funden, auf welchen gleichsam als Mahnung an die christlichen Besitzer ein Kreuz oder andere religiöse Zeichen eingebrannt sind. Inmitten solcher Lampen nun, die offenbar christlichen Ursprungs sind, fand man auch kleine Tonstatuen, welche in schmuckloser Arbeit eine Mutter darstellen mit ihrem Kinde auf dem Schoße. Weist so schon der Fundort auf eine spezifisch christliche Darstellung hin, so lehrt eine genauere Dar= stellung, daß nur die Gottesmutter hier gemeint sein kann, auch wenn bei den meisten eine eigentliche Inschrift fehlt. Die Mutter sitzt auf einem erhöhten Sessel mit breiter Rückenlehne. Ein eigentlicher Nimbus findet sich in solchen Darstellungen noch nicht, doch ist die Lehne des Sessels meist so hoch, daß die am obern Rande bogenförmig angebrachte Verzierung nimbusartig das Haupt umrahmt. Auch die eingebrannten kreuzförmigen Verzierungen an der Lehne weisen auf eine besonderer Ehre würdige Person hin und lassen eine christliche Idee wenigstens ver= muten. Dasselbe bezeugt auch der Fußschemel, der sich häufig findet. Die Mutter trägt ein lang herabwallendes, mir Borden verziertes Ge= wand und hält das Kind auf ihrem Schoße, das ebenfalls entsprechend reich gekleidet erscheint, mit beiden Händen fest, es gleichsam den An= wesenden zeigend. In einer Darstellung lehnt sich der Knabe zutraulich an die Brust und den linken Arm der Mutter, während seine rechte Hand die Hand der Mutter berührt, eine überaus sinnige Darstellung. Ist es doch, wie wenn das Kind auch äußerlich in der Gebärde zeigen wolle, wie wohl es sich bei der Mutter fühle und alle einlade, gleich= falls unter den Schutz und in die Arme dieser Mutter zu fliehen. Eine

---

[1] Le culte de la sainte Vierge en Afrique d'après les monuments archéo= logiques par le R. P. Delattre, des Pères Blancs.

genaue Vergleichung dieser Tonstatuen mit anderen in Italien und in
Konstantinopel gefundenen Darstellungen scheint darzutun, daß diese Marienbilder aus dem Ende des 4. oder aus dem Anfang des 5. Jahrhunderts stammen. Sie sind gleichsam der monumentale Beweis dafür, daß
die Entscheidung des Konzils in Ephesus (431) über die Würde der
Gottesmutter auch in Nordafrika freudigen Widerhall fand und die
Christen ihrem Glauben an Mariens unvergleichliche Hoheit und Würde
lebendigen Ausdruck gaben.

Leider sind die meisten dieser Tonstatuen nur in arger Verstümmelung auf uns gekommen, so daß erst ein Vergleich der verschiedenen
Darstellungen einen klaren Einblick in den apologetischen Wert solcher
Bilder gewähren kann. Um so wertvoller sind deshalb die zahlreichen
uns erhaltenen S i e g e l aus Blei, Silber und Gold, welche ihrer Natur
nach den zerstörenden Elementen weniger leicht ausgesetzt waren.

Die Sitte des Altertums, Briefe und Urkunden mit Metallsiegeln
zu versehen, ist bekannt. Viele dieser Siegel nun stellen auf der einen
Seite die Jungfrau Maria mit dem Jesusknaben dar; hier ist die Darstellung, allerdings meist jüngeren Datums, deutlich erkennbar; auch trägt
sowohl die Mutter wie das Kind einen Nimbus. An archäologischem
Werte können diese Siegel zwar mit den schmucklosen Statuen des
4. und 5. Jahrhunderts nicht verglichen werden, da sie größtenteils der
byzantinischen Epoche angehören; aber immerhin zeigen sie, wie das
religiöse Bekenntnis in jener Zeit auch im öffentlichen L e b e n , im brieflichen Verkehr der Beamten deutlich zutage trat.

Die s c h ö n s t e und w e r t v o l l s t e Darstellung der Gottesmutter, die
bisher in Nordafrika gefunden wurde, liefert ein Bas-Relief aus Mar-
mor, ein Meisterwerk der Skulptur des 3. oder 4. Jahrhunderts. Leider
ist auch dieses Bild nur teilweise erhalten, aber die Darstellung ist so
schön und deutlich, daß über ihren Inhalt und ihren Wert vollste Ueber-
einstimmung unter den Kennern herrscht. Maria erscheint auf einem
Throne sitzend, wie sie das göttliche Kind den W e i s e n d e s M o r g e n -
l a n d e s zur Anbetung zeigt. Auf einem Schemel mit kanellierten, sehr
sorgfältig gearbeiteten Säulen steht ein gepolsterter Thronsessel, gleichfalls
von zierlichen Säulen getragen. Dieser Ehrensitz findet sich in zahlreichen Skulpturen und Malereien der Katakomben wieder und bildet
so in seiner Ausführung einen Anhaltspunkt zur Beurteilung des Alters
dieser Darstellung. Maria ist mit einem langen, faltenreichen, bis auf
die Füße herabwallenden Gewande bekleidet, dessen sorgfältiger Falten-
wurf die Meisterschaft des Künstlers verrät. Die Mutter ist nach links
dem Beschauer zugewendet und hält den Jesusknaben auf dem rechten
Knie. Die linke Hand hält den Knaben fest, die rechte ist verstümmelt.
Der Jesusknabe trägt gleichfalls eine lang herabwallende Tunika und
darüber einen kleinen Mantel. Im Hintergrunde erblickt man zwei
männliche Figuren, deren eine mit dem rechten Arm gen Himmel weist.
Ein Vergleich mit ähnlichen Darstellungen in den Katakomben läßt es
kaum zweifelhaft, daß hier die Propheten Isaias und Michäus gemeint
sind, die auf den Stern aus Jakob hinweisen.

Die linke Hälfte der Darstellung zeigte ursprünglich die Könige des
Morgenlandes, die dem göttlichen Kinde ihre Gaben darbringen. Im

einzelnen ist dieser Teil jedoch nicht mehr erkennbar. Nur Teile der
Füße, sowie ein Schmuckkästchen lassen den Sinn erraten. Zwischen
beiden Gruppen erscheint deutlich erkennbar die Gestalt eines Engels,
der die Weisen dem Erlöser zuführt. So sind beide Teile in schönster
Harmonie zur Einheit verbunden und lassen über die Bedeutung des
Ganzen keinen Zweifel aufkommen. Das Geheimnis der Erscheinung
des Herrn, das schon in frühester Zeit in der Kirche festlich begangen
wurde als Berufung der Heidenvölker zum wahren Glauben, muß ein
Lieblingsgegenstand für die altchristliche Kunst gewesen sein. Deshalb
finden wir es mehrfach dargestellt in den Katakomben, während z. B.
die Anbetung der Hirten seltener erscheint. So mag es auch in Kar=
thago einen Künstler des 3. oder angehenden 4. Jahrhunderts zu seiner
Marmorgruppe angeregt haben. In der Darstellung ist der Künstler
im allgemeinen der Erzählung bei Matthäus gefolgt, ohne sich jedoch
in allzu strenger Weise an das dort Erzählte zu binden. Wie der
hl. Text einen größeren oder geringeren Zeitraum zwischen der Geburt
des Gotteskindes und der Anbetung durch die Weisen vermuten läßt
und alte Traditionen ihn wahrscheinlich machen, so ist auch in dieser
Skulptur der Jesusknabe nicht als neugeborenes Kind, sondern als
zweijähriger Knabe dargestellt. Die Weisen sind soeben von der Reise
angelangt und werden nun von dem Engel Gabriel dem Erlöser zuge=
führt, dem sie ihre geheimnisvollen Geschenke darreichen. Offenbar wollte
der Künstler in dieser Weise klar und unzweideutig die göttliche Füh=
rung zum Ausdruck bringen, die den Königen des Morgenlandes den
Weg wies, sie leitete und so in ihnen das gesamte Heidentum dem
Weltenheiland zuführte. Die alttestamentlichen Propheten, die zur rechten
Seite auf den Stern aus Jakob hinweisen, sind diejenigen, die nicht
nur in der klarsten Weise den Ort der Geburt des göttlichen Kindes
und die einzigartige Stellung Mariens als Mutter und Jungfrau ge=
weissagt, sondern zugleich auch die Berufung der Heidenvölker und die
Anbetung der Könige des Morgenlandes vorherverkündet haben. Da
sich ähnliche Darstellungen des Geheimnisses der Epiphanie auch in den
Freskomalereien und Skulpturen der Katakomben finden, denen ein
höheres Alter zugesprochen werden muß, so dürfte unser afrikanischer
Künstler seine Idee wohl entlehnt haben. Ebenso ist die Zusammen=
stellung der Gottesmutter und des Jesusknaben mit einem Seher des
Alten Bundes nicht neu. Dagegen erscheint die sinnige Verbindung beider
Gruppen durch den Erzengel Gabriel eine eigene Erfindung des Künst=
lers zu sein. So weist die Anlage der ganzen Arbeit, die künstlerische
Gestaltung und Gruppierung auf eine Zeit hin, in der für schöpferische
Ideen in der christlichen Kunst Sinn und Verständnis herrschte. Die
vollendete Technik des Ganzen, die Sorgfalt in der Behandlung der
einzelnen Teile, die natürliche Haltung der Personen, der schöne Falten=
wurf der Kleidung, die zierlichen, stilvollen Säulen und die schöne Um=
rahmung der ganzen Gruppe durch ein stachelichtes Blattornament lassen
eine Zeit erkennen, da die Skulptur noch in Blüte stand. De Rossi,
der berühmte Erforscher der Katakomben, ist der Ansicht, daß dies
Meisterwerk jedenfalls aus einer verhältnismäßig früheren Periode der
Kunst stamme, aus einer Zeit, wo der Einfluß der Byzantinischen Kunst

Die hl. Familie (Bas-Relief aus Karthago).

sich noch nicht fühlbar machte. Man darf deshalb wohl annehmen, daß diese Marmorarbeit spätestens aus dem Anfang des 4. Jahrhunderts stammt. Denn bei keiner späteren Darstellung findet sich ein solcher Reich= tum der Formen zu so natürlicher Einheit verbunden. De Rossi schreibt deshalb dieſer Darſtellung einen hervorragenden Wert zu und behauptet, ſie nehme unter allen bisher bekannten Darſtellungen dieſer Art den erſten Platz ein.

Zugleich erſehen wir aber auch aus dieſer Arbeit der früheſten chriſt= lichen Jahrhunderte, welchen Ehrenplatz Maria bereits vor dem Konzil

Inneres eines Miſſionskirchleins (Schilfkapelle in Kabgaye, Ruanda).

zu Epheſus im Glaubensbewußtſein des chriſtlichen Volkes einnahm. Denn iſt auch der Hauptgegenſtand der Darſtellung die Erſcheinung des Herrn, ſo iſt doch der Perſon der allerſeligſten Jungfrau eine beſondere Aufmerkſamkeit zugewendet. Nicht nur erſcheint ſie als die von den Sehern der Vorzeit vorherverkündete, gottbegnadete Jungfrau und Gottes= gebärerin, und als ſolche in unzertrennlicher Verbindung mit ihrem Sohne, ſondern ſie iſt auch als erhabene Königin dargeſtellt. Sie nimmt einen Ehrenſitz ein und empfängt ſo zugleich mit ihrem Kinde die Huldigung der Völker. Noch deutlicher tritt dieſe innige Verknüpfung von Mutter und Sohn zutage, die dem Geiſte des Künſtlers nicht nur, ſondern des ganzen chriſtlichen Volkes vorſchwebte, wenn man bedenkt, daß dieſe Darſtellung nicht zum Schmucke eines Privathauſes beſtimmt war, ſon= dern in der hervorragendſten Baſilika des alten Karthago einen Ehren= platz einnahm. Darauf weiſt ſchon die außerordentliche Größe der Mar= morplatte hin, welche die ſtattliche Höhe von 1 m aufweiſt, und mehr noch der Umſtand, daß ſie aufgeſunden wurde unter den Trümmern der großen Baſilika Domus-el-Karita am Haupteingang in die Kirche, wo regelmäßig der Klerus ſeinen Einzug hielt. Dort muß die Darſtellung eine der Seitenwände geziert haben.

Von einem zweiten Marmorrelief, die Anbetung des neugeborenen
Heilandes durch die Hirten von Bethlehem darstellend, sind gleichfalls
deutliche Spuren gefunden worden. In dieser Zusammenstellung tritt
die Idee des Künstlers deutlich zutage. Die Anbetung des mensch=ge=
wordenen Gottessohnes durch Juden und Heiden sollte die Eintretenden
daran erinnern, daß auch die christliche Kirche ein Haus des Gebetes
und der Anbetung sei, daß dort unter der unscheinbaren Brotsgestalt der=
selbe Gottmensch throne und die Anbetung seiner Gläubigen erwarte, der
einst auf Mariens Schoß die Huldigung der Völker entgegengenommen.
Und wie dort Jesus durch Vermittlung seiner gebenedeiten Mutter den
Menschen sich zeigte, so soll auch jetzt noch das christliche Volk durch
Maria sich an Jesus wenden, um ihm den Tribut seiner Huldigung zu
bringen und von ihm Gnade zu erflehen. So verbindet diese im Aller=
tum so sichtlich bevorzugte Darstellung der Erscheinung Christi in sinniger
Weise die Idee der Mutter des ewigen Wortes mit dem Bewußtsein,
daß Maria zugleich Vermittlerin der Gnade, Mutter der Menschen ist.

(Fortsetzung folgt.)

Schwester Luise von Eprevier aus der Gesellschaft der Weißen Schwestern.

(Ein Lebensbild aus der neueren Missionsgeschichte.)

Von P. Matthias Hallfell.   (Fortsetzung.)

4. Eine Vorschule fürs apostolische Leben.

Luise war 21 Jahre alt, als der Ruf zum Missionsleben an sie
erging. Bereitwillig und großherzig kam sie ihm nach. Doch
auch bei diesem wichtigen Schritte noch sehen wir Frau von
Eprevier an ihrer Seite. Sie reist mit nach Nord=Afrika und
nimmt in der Stadt Algier Wohnung, während ihre Tochter
nach Uadhias, einer Schwesternstation in Kabylien, zieht.

In Uadhias entstand ein Tagebuch, das Luise für ihre Mutter
niederschrieb. Wegen der anschaulichen Schilderung, welche es von dem
Wirken der dortigen Missionsschwestern gibt, sei es wenigstens auszugs=
weise mitgeteilt.

Unter dem 8. Oktober 1886 schreibt sie: „Nun bin ich endlich in
der Mission, liebste Mutter, bei meinen zukünftigen Schwestern, mitten
in ihrem Wirkungskreise, d. h. unter den Kabylen, diesen armen, einst
christlichen Stämmen. Mein erster Besuch (nach meiner Ankunft) galt
natürlich der Kapelle, einem kleinen und recht engen, aber trotz seiner
Armut sehr sorgfältig gepflegten Heiligtume. Jesus wohnt dort beständig,
und dies ist ein guter Trost. Oder möchten wohl Ordensfrauen in dieses
abgeschiedene, ungläubige Land kommen, wenn sie nicht hier ihren gött=
lichen Meister fänden, der ihnen beisteht und sie beschützt, nachdem er sie
zur Mitarbeit an der Ausbreitung seines Reiches und an der Rettung
der Seelen, für welche er gestorben ist, berufen hat? Du kannst es Dir
schon denken, mein erstes Gebet in dieser kleinen, unter den Ungläubigen

verlorenen Kapelle war eine Aufopferung meiner Person, um aus allen meinen Kräften an dieser Wiedergeburt mitzuarbeiten.

Darnach besah ich das ganze Haus der Schwestern, welches auch das meinige werden sollte. Alles ist hier einfach, arm, wirklich apostolisch. Es enthält sechs Räume: einen Schlafsaal mit den Betten (einfache Bretter mit einem Strohsacke darauf); einen kleinen gemeinschaftlichen Saal mit einem Tische aus weißem Holze und einigen Strohstühlen; zwei kleine Schulzimmer für die Kabylenkinder, deren bisweilen mehr als achtzig kommen; den Speisesaal, fast genau wie der gemeinschaftliche Saal; endlich die Apotheke, wo sich die Arzneien befinden. Die Kranken setzen sich dort auf die Erde, und um sie zu verbinden, kniet man sich neben sie. Die Wände sind einfach mit Kalk geweißt, die Möbel aus Tannenholz, die Bestecke aus verzinntem Eisen, die Geschirre aus Erde. . . . Diese sechs Räume bilden ein langes Erdgeschoß, das auf drei Seiten von einer kleinen Terrasse umgeben ist, auf der die Schwestern einige Blumen pflanzen.

Das fiel mir beim ersten Anblick auf. Aber weit entfernt, mich abzuschrecken, ließ diese Armut mich gleich vom Anfange das Haus, welches ich bewohnen sollte, liebgewinnen. Und was suchte ich denn auch, als ich hierher kam? Nicht gerade das, was ich finde? Das erinnert mich an die Worte, die Don Bosco in Deiner Gegenwart an mich richtete, als ich ihn wegen meines Berufes um Rat fragte. „Wollen Sie ungefähr wiederfinden, was Sie zu Hause, in einem Schlosse, haben, so gehen Sie in ein Kloster Frankreichs; wollen Sie wirklich leiden, so treten Sie in eine Missionsgesellschaft." Uebrigens erzeugen diese weißen Wände durchaus keine Traurigkeit. Im Gegenteil: Frohsinnn herrscht in dieser lieben Mission; alle sind heiter; denn sie leben hier vollständig für den lieben Gott und werden nie durch den Lärm der Welt beunruhigt.

Bis heute, 18. Oktober, habe ich schon zwei Dörfer besucht. Diese Besuche, deren Zweck es ist, den Kranken und Armen beizustehen, bilden eine Hauptbeschäftigung in unserer Mission. Die Schwestern gehen zu zweien oder dreien zusammen mit einem Korbe, in dem sich eine ganze kleine Apotheke befindet, in die Dörfer, wohin man sie bestellt. Sobald die Kabylen sie bemerken, rufen sie dieselben schon aus weiter Ferne mit ihrem unnachahmbaren „A themrabath!" (o Marabutinnen!) an, und alle wollen sie nach ihrem Hause führen. Man gestattete mir schon am Tage nach meiner Ankunft als Postulantin im Hause der Uadhias. mitten in Kabylien, meinem Wunsche gemäß die Schwestern zu begleiten. Die liebe Mutter Oberin war neugierig, zu sehen, wie die Kabylen mich aufnähmen. Ich errege in meiner weltlichen Kleidung allgemeine Verwunderung unter den Weibern, welche mich lange beschauen; einzelne steigen sogar auf die Dächer, um mich besser zu sehen, andere begleiten uns beständig auf der Straße, befühlen und wenden alle Kleidungsstücke, sind entzückt ob aller Einzelheiten und bestürmen die Schwestern mit Fragen über meine Person. „Wozu kann wohl die Rumi (christliche Dame) hierher gekommen sein? Hat sie keine Mutter, keine Schwestern oder Brüder? Wie konnte ihre

Mutter sie gehen lassen? Was hat diese gesagt, als ihre Tochter von ihr wegging?"

Die Neugierde der Eingeborenen hinsichtlich meiner Person beginnt sich zu legen, so heißt es unter dem 22. Oktober. Trotzdem verlangte noch gestern eine alte Frau, ich solle singen; sie wollte wissen, was ich für eine Stimme habe. Am meisten verwundert man sich darüber, daß ich so weiß bin. "Dein Vater ist reich", sagte mir eine Frau, "denn Deine Hände haben nicht viel gearbeitet." Du wirst lachen, meine gute Mutter, wenn Du erfährst, zu welchem Preise man mich anschlägt. Bei meinem ersten Besuche im Dorfe Taurith besprachen sich die Kabylen untereinander darüber, wie teuer man mich wohl auf ihrem Markte ver= kaufen könne. Die einen meinten, um zweihundert Franken, andere um fünfhundert; eine Frau äußerte sich, man könne wohl leicht ein volles Quarrui Geld für mich bekommen. Derartige Klatschereien scheinen ihnen ganz natürlich, denn, wie Du weißt, werden hier alle Frauen gekauft. Bisweilen kauft man sie schon bei ihrer Geburt, da sie dann nicht so hoch im Preise stehen. Nur ein Beispiel. Ein junges Mädchen aus unserer Schule wurde von ihrem Vater verkauft. Ihr Mann führte sie vor drei Jahren mit sich zu einem benachbarten Stamme. Das arme Kind war untröstlich. "Nein, ich will nicht heiraten!" rief sie; "ich will Christin werden! Man sagt, Gott ist gut, und ich liebe die Muttergottes. Schickt sie mir denn niemanden zu Hilfe? Ich will nicht heiraten!"

Mit Gewalt wurde sie weggeschleppt. Im folgenden Jahre wurde sie schwer krank. Eine Schwester besuchte sie und fand sie weinend. "Was hast Du, Melchet?"

"Ich sterbe und komme nicht in den Himmel!"

"Und warum nicht? Du liebst Gott, und er wird Dich zu sich nehmen."

"O nein, die Kabylen kommen nicht in den Himmel, ich will Christin werden wie Ihr! Ach, Schwester, sage mir doch, was muß ich tun, um Christin zu werden? Komme ich nicht in den Himmel, so ist es Deine Schuld; versprich mir, mich nicht so sterben zu lassen!"

Unter dem 10. Dezember schreibt Luise: "Allmählich lerne ich die Kabylensprache sprechen, was den Reiz meines Aufenthaltes erhöht. Ich fühle, die Leute lieben mich, und ich liebe sie; da wird mir bei ihnen nichts mehr schwer. Gestern kamen wir in einem weitentlegenen Dorfe zu einem Marabut. Seine Frau ist fünfzehn Jahre alt. In ihrer Eigen= schaft als Frau eines Marabut darf sie nie ausgehen und nie ein Mann zu ihr ins Haus kommen. Darum ist sie auch das neugierigste Ge= schöpf von der Welt und verbringt ihre Zeit großenteils damit, daß sie durch die Türspalten schaut, um zu erfahren, was draußen vorgeht. In einem andern Hause fanden wir eine arme Frau, wie man ihrer hier nur zu viele sieht. Sie war von ihrem Manne derart zerschlagen und mißhandelt, daß sie halb stumpfsinnig zu sein schien. Der Elende hatte seine Mutter aus dem Hause geworfen, und seine Frau saß geduckt in einer Ecke und betrachtete uns mit so verstörten Blicken, daß es traurig war, sie anzusehen. Man bat uns für sie um Arzneien, aber was ist da zu tun? Welch trauriges Leben! Wären diese armen Frauen christ=

lich), welche Verdienste könnten sie sich mit ihren Leiden sammeln! Trotz der üblen Behandlung, welche sie erdulden, beklagen sich diese Unglück= lichen doch fast nie: denn sie wissen wohl, die Schläge würden sich ver= doppeln, wenn sie zu sprechen wagten.

Man sagt, die Araberinnen seien zur Trauer geneigt; das gilt nicht von den Kabylenfrauen: sie ertragen alles getrost, und wenn eine von ihnen mürrisch scheint, so sagen die anderen: „Die da ist nicht gut, man muß das Elend des Lebens ertragen können."

Aber wie oft finden wir Frauen und Kinder, die infolge von Schlägen fast blödsinnig geworden! Auf der Mission haben wir ein kleines Mädchen, das uns übergeben wurde, um es der schlechten Be= handlung zu entziehen. Es verstand nichts, und es schien unmöglich, ihm etwas beizubringen. In zwei Jahren war dieses Kind ganz um= gewandelt, Verstand und Gedächtnis zurückgekehrt, und jetzt folgt es dem Unterrichte mit seinen Altersgenossen. Bisweilen offenbaren sich noch die Instinkte seiner wilden Natur in sonderbarer Weise. Als man die arme Kleine uns brachte, war sie halb tot vor Hunger, und mehr aus Gewohnheit, als aus Not suchte sie alles Eßbare zu stibitzen. Jetzt noch erlappt man sie manchmal darüber, daß sie die Suppe aus der Hunde= schüssel nimmt, während sie ihr Brot verkommen läßt.

Bei allen ihren apostolischen Ausgängen hatte Luise einerseits das gleiche erschütternde Bild körperlicher und geistiger Verlassenheit vor Augen, war aber auch andererseits Zeuge von dem außerordentlichen Eindrucke, welchen die sittliche Ueberlegenheit der christlichen Frau und insbesondere der Ordensfrau hervorbrachte.

„Die Kabylenweiber staunten mich an", schreibt sie; „aber das Staunen, welches ich erregte, war nichts im Vergleiche zu dem Gefühle, welches ihnen die Schwestern einflößten. Bei ihnen fragten sie nicht, wie bei mir: „Warum? Wie?" Sie stellten sich vor, die Schwestern seien irgendwo vom Himmel gefallen in demselben Zustande, wie sie nach Kabylien kommen." Da versteht man die ergreifenden Worte, mit denen sie ihre Tagebuch=Briefe beschließt.

„Soeben erfahre ich, daß ich in drei Tagen (am 6. Januar 1887) abreisen soll, um endlich ins Noviziat einzutreten. Du erinnerst Dich, wie Se. Eminenz schon in den ersten Tagen nach unserer Ankunft in Afrika, wo er mich hierher schickte, mir sagte: „In vierzehn Tagen wissen Sie, was Sie von Ihrem Beruf zu halten haben, und sind Sie nicht berufen, so haben Sie damit von Ihren neuen Leben genug." Ich habe hier drei volle Monate verbracht, und weit entfernt, das auch nur einen Augenblick bedauert zu haben, fühle ich mich vielmehr immer glück= licher. Ich verließe nur trauernd meine lieben Kabylen, dürfte ich nicht hoffen, einst als wirkliche Missionsschwester unter sie zurückzukehren. Aber die Notwendigkeit einer ernsten Vorbereitung auf ein so erhabenes Amt steht mir zu klar vor Augen, als daß ich nicht nach dem Noviziale ver= langen sollte. Ein neues Leben wird für mich beginnen, und vor einem so wichtigen Schritte halte ich inne, nicht aus Furcht und Bangen — denn ich setze mein Vertrauen auf Den, welcher mir meinen Beruf gegeben hat —, sondern erfüllt von ernsten Gedanken.

Liebe Mutter, ich bin zu einem großen Werke berufen, denn unser Ziel ist kein geringeres als die Bekehrung Afrikas. Wenn nun Gott wirklich von mir verlangt, an diesem großen Werke mitzuarbeiten, wie niedrig wäre meine Hand= lungsweise, wenn ich bloß äußerlich dem Rufe folgte, und mich ihm bloß zur Hälfte gäbe! Erinnere Dich, derselbe, der zu mir sagte: „Ge= hen Sie!“ schrieb Dir am gleichen Tage: „Ihre Tochter ist zu einem vollstän= digen Opfer be= rufen.“

Wohl! der Augenblick, mich vollständig zu opfern, ist ge= kommen. Gleich am ersten Tage soll das Opfer von Grund des Herzens ganz vollbracht wer= den, die Hin= gabe der eigenen Person ist dann ein= für allemal abgetan. O, bete mit mir, damit ich jetzt nicht mei= ne Schwäche

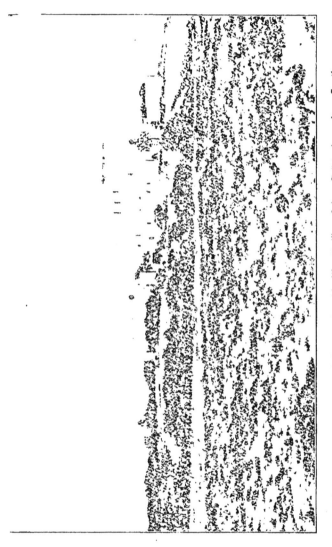

Das Kloster St. Monika („Tränen der hl. Monika“) auf der Stätte des alten Karthago.

sehe, und meines hohen Berufes nicht zu unwürdig sei! Vereinige Dich mit mir, um mich Gott aufzuopfern! Wende die Augen vom Opfer ab und schaue höher, nur zu Gott empor, welcher Dir eine große Gnade und eine hohe Ehre erzeigt, indem er Deine Tochter erwählet, und denke, daß er Dir dieselbe nur nimmt, um sie wiederzugeben an jenem Tage, da er Dich mit Freude und Seligkeit überhäufen wird, weil Du ihm Deine Tochter geopfert hast. Deine Tochter Luise.“ (Fortsetzung folgt.)

Kleine Mitteilungen.

Eine eifrige Jungfrauen=Kongregation, die sich u. a. zum Zweck gesetzt hat, für arme Missions= und Diasporakirchen zu arbeiten, besteht an St. Mauritz, Münster i. W. Vom 26.—29. November fand eine Ausstellung der in den letzten sieben Monaten gefertigten Paramente statt. Diese Veranstaltung zog Scharen von Besuchern an und legte in ihrer Reichhaltigkeit, der Schönheit und zweckent= sprechenden Verarbeitung des Materials einen wirklich rührenden Beweis ab von dem Eifer und emsigen Fleiße der jungen Damen. Am Sonntag, 26. Nov., fand unmittelbar neben dem Ausstellungslokal (Restaurant Hölscher) eine Versammlung von Mitgliedern und Gästen statt, in der ein Missionar aus dem Missionsleben in Zentralafrika berichtete. Möchte das Beispiel von St. Mauritz viele Nachahmer finden! Daß die Frauen und Jungfrauen Münsters den katholischen Missionen ein recht lebhaftes Interesse entgegenbringen, haben diese Blätter des öfteren her= vorgehoben. Wir erinnern nur an die eifrige Tätigkeit unserer dortigen Diözesan= vorsteherin Frau A. Valk und ihrer Mitarbeiterinnen.

Dominikaner in Belgisch=Kongo. Die Nachricht, daß belgische Dominikaner nun auch eine Mission in dem großen belgischen Kolonialgebiet übernommen haben, wird gewiß in weiten Kreisen mit großem Interesse entgegengenommen werden, greift doch dadurch der Dominikanerorden auf seine alten Traditionen zurück, die ihn zu einem der hervorragendsten Missionsorden gemacht haben. Die belgischen Dominikaner haben nun den östlichen Teil der apostolischen Präfektur Uele, der bisher ausschließlich in den Händen der Prämonstratenser von Tangerloo lag, zur Missionierung übernommen. Die Hauptstation der neuen Dominikanermission ist Amadis. Mit dem Monat November sollen die ersten Dominikaner abreisen. An der Spitze der kleinen Missionsschar steht der hochw. Pater Van Schoote. Ueber zwanzig Jahre war derselbe als Missionar unter den Indianern von Ecuador tätig gewesen. Ihn begleiten vorläufig noch zwei andere Dominikaner; Pater Van Calven aus Brüssel und Pater van Schingen aus Lüttich. Eine zweite Mis= sionskarawane soll etwas später abgehen. Möge der jungen Dominikanermission im dunklen Erdteil eine segensreiche Missionstätigkeit beschieden sein!

Ein amerikanisches Missionsseminar. Auf das freudigste ist es zu begrüßen, daß nun auch Amerika anfängt, sich an dem Missionswerk zu beteiligen. Durch ein volles Einsetzen der Katholiken der Vereinigten Staaten würde Europa, das bisher so ziemlich für das gesamte Missionswerk aufkommen mußte, zum erheb= lichen Teil entlastet werden und könnte seine Kräfte mehr auf ein spezielles Mis= sionsgebiet konzentrieren. Es hat nicht an Stimmen gefehlt, die schon zu wieder= holtem Male an den Missionseifer der amerikanischen Katholiken appelliert haben, denn bisher wurden sie schmerzlich vermißt bei dem großen Arbeitsaufgebot für das Missionsfeld. Auf der letzten Konferenz der Erzbischöfe der Vereinigten Staaten zu Washington bildete die Missionsfrage einen der ersten Programm= punkte, die zur Verhandlung kamen; es handelte sich um die Gründung eines amerikanischen Missionsseminars. Als sein Vorkämpfer trat Kardinal Gibbons auf, der vor Jahren schon die Idee eines solchen Seminars ausgesprochen hatte. Einen wirksamen Unterstützer fand die Sache auch in dem Erzbischof von Boston, der die Konferenz präsidierte und der sofort den hochw. J. A. Walsh, den lang= jährigen Diözesanleiter des Vereins zur Verbreitung des Glaubens, als Leiter dieses Seminars in Vorschlag brachte. Schon lange hatte man in Amerika die Not= wendigkeit eines solchen Seminars als Sammelpunkt von Missionskräften emp= funden, und da der Plan nun einmal aufgefaßt worden ist, wird amerikanische Tatkraft bald zu seiner Verwirklichung die geeigneten Mittel und Wege finden. Wie die Northwest Review berichtet, soll das Missionsseminar in der Nähe der Universität von Washington errichtet werden, um den Missionsseminaristen deren Studienvorteile zu ermöglichen. Das Seminar selbst soll auf ähnlicher Grundlage aufgebaut werden wie die Seminare für auswärtige Missionen in Paris, Mill=Hill und Mailand. Der ganze Plan soll vorerst dem Hl. Vater unterbreitet werden, und es ist zu hoffen, daß dann auch Amerika seinen Arbeitsanteil an dem Mis= sionswerk der hl. Kirche tragen wird.

Ueber die fortdauernden Verheerungen der Schlafkrankheit lesen wir in einem Briefe P. Cotels aus der Kongregation der Väter vom Heiligen Geist, Apostolischen Vikars von Ubangi=Schari: „Die Uferdörfer und die Ort=

schaften im Innern sind mit Schlafkranken tatsächlich überschwemmt. Meist sind es arme Sklavenkinder, die man reichlicher mit Prügel als mit Maniokbrocken bedenkt. Wir kaufen sie los, taufen sie und sorgen für sie nach bestem Können. Unvermögend, ihnen die leibliche Gesundheit wiederzugeben, sind wir gleichwohl glücklich, sie der Sklaverei und Verlassenheit, zeitlichem und ewigem Elend entreißen zu können. — Nichts vermag dem Umsichgreifen der entsetzlichen Seuche Einhalt zu tun, die fast in jedem einzelnen Fall mit besonderen Erscheinungen auftritt. Manche der von ihr Befallenen sterben dahin — die geschwächte Sehkraft allein ausgenommen — fast ohne jede Veränderung, fast ohne alle Leiden. Andere schleppen sich monatelang mühsam fort, abgemagert, entstellt, nicht mehr erkennbar, wandelnde Skelette, die nichts Lebendes mehr an sich zu haben scheinen, als die weit hervortretenden Augen. Viele, die Nervösen unter andern, verlieren leicht den Gebrauch der Vernunft: sie sind in beständiger Aufregung, mühen sich ab, lachen, weinen, halten lange, unverständliche Reden, während der ein Anfall sie öfters zu Boden wirft. Je mehr die Seuche um sich greift, umsomehr werden Furcht und Angst alles verwirren. Die Neger verlassen ihre Geburtsorte, weil das Land, das sie so lange ernährt habe, sie „nicht mehr liebe". Wie närrisch ziehen sie fort und suchen andere, vielleicht noch weniger milde Gegenden auf in der Hoffnung, da ein Fleckchen Erde zu finden, „das sie liebe". Und finden sie zufällig dieses heißersehnte Plätzchen, dann stellt sich der Hunger ein, der sie arg mitnimmt und sicher dem Tode in die Arme treibt. — Ich erwarte nur noch die Gutheißung meiner Obern, um 200 Kilometer von der Station entfernt, an der Grenze der Burakas und Sanghas die Missionsarbeit wieder aufzunehmen."

Expedition zur Bekämpfung von Schlafkrankheit und Malaria. Medizinalrat Prof. Dr. Nocht, Direktor des Hamburger Instituts für Schiffs- und Tropenkrankheiten, schiffte sich in Begleitung von Dr. Sturm aus Neustadt a. d. H. in Marseille auf dem Dampfer Kronprinz nach Deutsch-Ostafrika ein. Hier wird die Expedition mit den von dem bayerischen Landtagsabgeordneten Abreiß (Neustadt) erfundenen Apparaten, die zur Bekämpfung der Schnecken und des Heu- und Sauerwurms erfolgreich angewandt worden sind, die Vernichtung der Tsetsefliege und der Anopheles versuchen, die die Schlafkrankheit und die Malaria auf die Menschen übertragen.

Gegen die Ausrottung der Vogelwelt. Einer Aufforderung von Prof. C. G. Schillings in den Süddeutschen Monatsheften an unsere Damen, sich durch Namensangabe zu verpflichten, keine Reiher-, Paradiesvogel- und andere Federn mehr zu tragen, sind eine große Anzahl von Damen nachgekommen. Darunter ist die Großherzogin von Mecklenburg-Strelitz, Prinzessin Marie Alexandrine Heinrich VI. j. L. Aber auch die Schauspielerin Fritzi Massary geht die Verpflichtung ein, die sie des Schmuckes ihres Köpfchens beraubt. Interessant sind in den Süddeutschen Monatsheften die Mitteilungen Dr. Ernst Kundts über die Ausfuhr von Paradiesvogelbälgen aus Kaiser-Wilhelmsland in Deutsch-Neuguinea. Ueber 3200 Stück Paradiesvögel sind im letzten Jahre ausgeführt worden, und die Zunahme gegenüber dem Vorjahr ist sehr stark. Die Jagd auf diese Tiere ist für eine ganze Reihe Weißer wie Malaien ein Gewerbe, das sich jetzt gut bezahlt. Der Wert der ausgeführten Bälge wird in der amtlichen Statistik mit 65 360 M. angegeben, über 30 000 Stück im Werte von 60 000 M. sind nach Deutschland ausgeführt worden. Der Wert eines Balges ist mit 20 M. angesetzt. Der Ausfuhrwert der Bälge des schönsten Vogels ist nächst dem für Kopra der weitaus größte Posten im Gesamtwert der Ausfuhr des Schutzgebietes, und Deutschland hat den Ruhm, fast ausschließlich Bestimmungsland dieser Vogelmordausfuhr zu sein.

Ein Wunschzettel und dessen Wirkung. Auf die Frage, wie man ihre neugegründete Station in Nyundo wirksam unterstützen könne, antwortet Schwester Regina: „Unser jetziges Kapellchen ist noch in der größten Armut und Dürftigkeit. Ein kleines Kruzifix an der Wand, eine kleine Statue der lieben Mutter Gottes, das ist der ganze Schmuck. Ein etwas größeres Kreuz, das man auf den Altar stellen könne und einige Kerzenleuchter würden uns große Freude machen. Sodann haben wir noch keine biblische Geschichte in Bildern. Das würde unseren Negern gefallen, wenn man ihnen die Erschaffung der Welt und das Leben Jesu u. s. w. durch Bilder verständlich machen könnte. Also Bilder zu dem alten und neuen Testament sind sehr willkommen; desgleichen auch kleine Bildchen, (der Heiland, Namensheilige, die Muttergottes) zur Belohnung, sowie Kreuzchen, Medaillen, Rosenkränze, Kettchen und ähnliches. Meine Kinder müssen mittels langer Dornen ihre ersten Versuche zum Stricken machen; so wären also auch Stricknadeln erwünscht, ferner Nähnadeln, Stecknadeln. besonders sogenannte Sicherheitsnadeln. Alle letzteren Gegenstände dienen auch als Geld, ebenso wie Perlen, Stoffe, Stoffreste. Wir wohnen hier in einem Gebiet, wo europäische Gemüse gedeihen. Aber wo finden wir eine Samenhandlung. Deshalb wäre uns auch mit Blumen= und Gemüsesamen aller Art recht wohl gedient. — Die Neger hören äußerst gern Musik und deshalb haben wir auch für Musikinstrumente Verwendung, um die Schwarzen anzuziehen und gut zu unterhalten. Unsere Schule wird schon von recht vielen Negerkindern besucht, aber es würden noch viel mehr kommen, wenn wir Kleidchen für sie hätten. Die Kleidchen können ganz einfach wie Hemdchen in beliebiger Größe gewählt werden. Aermel dürfen fehlen. Weiße oder farbige Röckchen oder Hemdchen, besonders in den Farben rot oder weiß, werden bevorzugt."

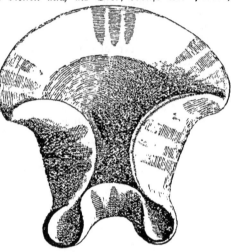

Punische Lampe (Karthago).

Diese Zeilen der Schwester, gerichtet an ihre Angehörigen und Freunde in der Heimat (Würdinghausen i. W.), haben gezündet. Man schreibt uns:

„Bald strömten aus dem Kreis der Freunde und Verwandten der Schwester Regina Beiträge aller Art herbei. Man kam nun auf den guten Gedanken, die einlaufenden Gegenstände nach Art einer Ausstellung zur Schau auszulegen und jeden Beitrag mit einem Zettelchen zu versehen, worauf der Name des Spenders vermerkt war. Das war eine unerwartete fruchtbare Anregung, besonders in der Damenwelt. Jeder wollte etwas beilegen und es womöglich noch besser machen als die andern. So kam eine recht ansehnliche Sammlung zustande, die vom Missionshause in Trier in zwei Trägerlasten nach Ruanda gesandt wurde. Es befanden sich darunter ein großes schönes Altarkreuz und vier Leuchter, die herrliche katholische Bilderbibel von Albert, etwa 60 fertige Negerkleider, hunderte religiöse Bilder, eine Menge Samen und viele andere Sachen und Sächelchen der gewünschten Arten. Niemand ist vom Geben ärmer geworden."

Wie reich und glücklich wird sich Schwester Regina fühlen, wenn sie in den Besitz der Sendung gelangt ist! Allen Spendern und Spenderinnen, die fortan, besonders an den langen Winterabenden fleißig weiter arbeiten wollen, sei ein herzliches Vergelt's Gott! gesagt.

Empfehlenswerte Bücher und Zeitschriften.

Des ehrw. P. Leonhard Goffine, Prämonstratenser Ordens, Christkatholische Handpostille oder Unterrichts= und Erbauungsbuch, das ist: Kurze Auslegung aller sonn= und festtäglichen Episteln und Evangelien samt daraus gezogenen Glaubens= und Sittenlehren. Mit Meßerklärung und Gebeten. Dreiundzwanzigste Auflage. Neue, verbesserte Volksausgabe. gr. 8' (XVI u. 616) Freiburg 1911, Herdersche Verlagshandlung. Geb ℳ 3,50 und höher.

Goffine ist und bleibt eines der besten Volksbücher aller Völker. Goffine ist sogar für den Missionar unter heidnischen, auf niedriger Kulturstufe stehenden Stämmen ein ausgezeichnetes Hilfsbuch. Eben erscheint eine von P. Leonhard Maßmann, Luxemburg, bearbeitete Goffine=Ausgabe in der Suaheli=Sprache Mittelafrikas, ein Beweis, daß das Werk allüberall wegen seiner klaren, zum Herzen gehenden Sprache, seiner gediegenen gehaltvollen Auslegung der Episteln und Evangelien sich Eingang verschafft hat. Der dritte Teil mit seiner praktischen

Uebersicht über das Morgen= und Abendgebet, die hl. Messe und ihre Zeremonien usw., die schöne Auswahl von Litaneien, der trostreiche Unterricht für Kranke macht das Buch um so wertvoller. Die Herdersche Volksausgabe hat den Vorteil, den echten alten Gossine in vortrefflicher Ausstattung zu liefern.   M. D.

Heiligen=Legende in täglichen Lesungen und Betrachtungen. Von Dr. Friedrich Hense. Vierte Auflage. Mit 16 Vollbildern. gr. 8 (XVI u. 721) Freiburg 1911, Herdersche Verlagshandlung   Geb. in Leinwand. ℳ 7,50.

Henses Heiligenlegende unterscheidet sich von den andern bekannten Legenden vornehmlich dadurch, daß sie sich auf kurze Darstellung beschränkt. Für jeden Tag gibt Hense die kurzgefaßte Lebensgeschichte des betreffenden Heiligen und fügt daran kernhafte Gebete und Betrachtungen als Frucht aus der Lesung. Auf jeden Tag entfallen durchschnittlich nur eineinhalb bis zwei Seiten Lesestoff. Manchen Christen, die von den täglichen Sorgen und Geschäften nicht mehr Zeit zu frommer Lesung erübrigen können, wird daher die Hensesche Legende eben wegen ihrer Kürze willkommen sein. Als eine begrüßenswerte Eigenschaft ist es auch anzusehen, daß Hense die deutschen Heiligen mit Vorliebe beizieht. Der soeben erschienenen vierten Auflage sind 16 schöne Vollbilder beigegeben.

Albert der Selige von Oberallaich O.S.B. Graf von Zollern=Hohenberg=Haigerloch. Von Eugen Mack. Rottenburg a. N. (Württ.), Wilhelm Bader 1911. gr 8", 70 Seiten (mit einem Vollbild), ℳ 1.

Der durch seine dramatischen Dichtungen und neuerdings durch eine Lueger= biographie rühmlichst bekannte Rottweiler Präfekt Eugen Mack bietet uns in vorliegendem Büchlein eine interessante Studie. Dieselbe behandelt in knapper Darstellung eine Zierde des Zollernstammes, Albert den Seligen von Oberallaich, Graf von Zollern=Hohenberg=Haigerloch († 26. Nov. 1311); die Schrift schildert ihn als lebensfrohen, ungebundenen Jüngling und begleitet ihn dann in die Schule der Vollkommenheit, zeigt ihn uns als Gelehrten, Jugendbildner und Klosterpfarrer voll Seeleneifer. Eine lesenswerte Schrift.

Führer durch die deutsche katholische Missionsliteratur. Von Robert Streit O. M. I. (Missions=Bibliothek) gr. 8" (XII u. 140) Freiburg 1911, Herdersche Verlagshandlung. ℳ 2,40; geb. in Leinwand ℳ 3.—.

Das Buch hat einen doppelten Zweck. Es will Material zu Vorträgen bieten und gibt daher bei jedem Werk womöglich ganz kurz und bündig Charakter und Inhalt an.

Sodann gibt die Schrift eine möglichst vollständige Uebersicht über unsere Missionsliteratur vom 19. Jahrhundert an, und zwar mit Anschluß der ausländischen.

Die Arbeit zeugt von hervorragendem Fleiß, praktischem Sinn und Genauigkeit. Nicht nur alle Missionare, nein auch der Missionsfreund wird dem Verfasser für seine wertvolle Gabe dankbar sein. Die Schrift entspricht, was Anlage, Umfang und übersichtliche Anordnung betrifft, durchaus unserer Erwartung und sei zum Studium aller Missionsfragen aufs wärmste empfohlen.

Blüten und Früchte vom heimatlichen und auswärtigen Missionsfelde. Dargeboten von den Oblaten der Unbefleckten Jungfrau Maria. — Fulda, Aktiendruckerei. Erstes Bändchen: Gehet hin und lehret alle Völker. — Von P. Joh. Wallenborn O. M. I. — Geheftet ℳ 0,30.

Ein lebendig und anregend geschriebenes Schriftchen, das die Sammlung von „Blüten und Früchten" recht glücklich einleitet. — Es schildert in fünf Kapiteln das kostbarste auf der Welt, die Erlösungsbedürftigkeit und =fähigkeit der Heiden, die Missionspflicht der Katholiken und einen Tag aus dem Leben eines Probeheftes. — Zur Orientierung und Anregung, speziell für Vorträge, recht geeignet.

Der Rosenkranz eine Fundgrube für Prediger und Katecheten, ein Erbauungsbuch für katholische Christen von Dr. Philipp Hammer. 5. Auflage. Zwei Bände zu 456 und 430 Seiten. Jeder Band ungeb. ℳ 3,60. — Paderborn 1911, Bonifaziusdruckerei.

Predigten über die Mutter des Herrn hört unser katholisches Volk gern. Aber es ist auch äußerst wichtig, daß der Seelsorger und Katechet die Verehrung Mariä oft empfehle, sie vertiefe und festige. Dazu wird ihm dieses Werk ein treffliches Hülfsmittel sein. Es enthält keine fertigen Vorträge, aber dafür eine Fülle von geeignetem Material. Besonders wichtig ist, daß Hammer eine fast allzu reichliche Auswahl von erbaulichen Zügen, geschichtlichen Ereignissen und packenden Vergleichen gibt, die in direktem oder indirektem Zusammenhang mit der Verehrung der Gottesmutter stehen. Das Werk ist auch ein prächtiges Erbauungsbuch; die Sprache ist natürlich, voll Wärme und Begeisterung und jener heiligen Kindlichkeit und Anmut, die des heimgegangenen Verfassers mündliche Vorträge seinen Zuhörern so unauslöschlich ins Gedächtnis gruben.

Der hl. Gertrud, der Großen Gesandter der göttlichen Liebe. Nach der Ausgabe der Benediktiner von Solesmes von Johann Weißbrodt. Dritte Auflage. Mit Approbation des hochw. Herrn Erzbischofs von Freiburg. (Ascetische Bibliothek) 12⁰ (XVI u. 620) Freiburg 1911, Herdersche Verlagshandlung. ℳ 4,20; geb. in Kunstleder ℳ 5.—

Das Werk gehört unstreitig zu den geistlichen Schriften ersten Ranges. Viele Partien sind selbstbiographischen Gepräges, und da Gertrudis eine sehr begabte, trefflich ausgebildete, charaktervolle, reich begnadete Frau war, besitzen gerade jene Abschnitte einen ungemeinen Reiz und Wert. Der „Gesandte" kündet unermüdlich, aber auch unermüdend von der Liebe Gottes: das ist der Kern und Hauptinhalt des Buches. Inhalt und Absicht treten aber nicht im Gewand der Abhandlung und Ansprache auf: Gertrud war mehr eine singende und besingende als eine predigende Natur. Es spricht im „Gesandten" eine Frömmigkeit, die im Geist der wahren christlichen Freiheit und Einfachheit gleichweit von Beengung und Schablone absteht. Die Gedankenwelt des berühmten Buches ist hoch und tief, dabei aber doch verständlich und von lichter Klarheit. Gertrud steht auf dem Goldgrund kirchlichen Glaubens und Lebens. Das verleiht ihr Bestimmtheit und Ruhe, Sicherheit in ihrem Geist und Objektivität. Sie fand auch in besonderem Maße die Anerkennung der Kirche. — Mit unbereitetem Sinn soll man an das herrliche Buch so wenig herantreten als an ein bedeutendes Kunstwerk, das auch beim Beschauer Kunstsinn verlangt. Dann wird man Fehler nicht zwar übersehen, aber angemessen beurteilen. Gertrud ist ein Kind ihrer Zeit, und das bemerkt man hin und wieder, wenn auch nicht in störender Weise, besonders nicht, wenn man die Gesinnung des großen Leibniz teilt, der in Beziehung auf mystische Schriftstellerinnen schrieb: Ich sehe diesen Leuten Leichtgläubigkeit, die man in ihren Schriften bemerkt, nach, und begnüge mich darin Ausgezeichnetes über die Hauptsache zu finden. (Das französische Original bei Baruzi, Leibniz S, 338.) Die Uebertragung von J. Weißbrodt auf Grund der einzigen kritischen Ausgabe von Solesmes ist fließend, treu und feinsinnig, in mustergültigem Deutsch. Die Kürzungen der 2. Auflage haben die sachliche Vollständigkeit nicht geschädigt. Die neue Auflage hat an Wert gewonnen, teils durch glückliche kleine Verbesserungen, teils durch dankenswerte Nachweise vieler Zitate.

Blumen aus dem Katholischen Kindergarten. Von Franz Hattler S. J. Kinderlegenden vom Verfasser selbst aus seinem größeren Werke „Katholischer Kindergarten" ausgewählt. Mit vielen Bildern. Elfte und zwölfte, verbesserte Auflage, herausgegeben von Arno Bösch S, J. 12⁰ (VIII u. 242) Freiburg 1911, Herdersche Verlagshandlung. ℳ 1,20; geb. in Leinwand ℳ 1,80.

Wohl selten hat ein für die Jugend bestimmtes, religiöses Buch eine so begeisterte Aufnahme gefunden als der „Katholische Kindergarten" des P. Hattler und die „Blumen". Das letzte Büchlein ist bereits in über 50000 Exemplaren verbreitet, außerdem wurde es in sechs Sprachen übersetzt.

Diese Heiligenlegende eignet sich trefflich als Geschenk für die heranwachsende Jugend. Es dürfte wohl kaum ein Werk geben, das zu Geschenken an Kinder, z. B zum Namenstag oder anläßlich der ersten heiligen Beicht oder der Erstkommunion, mit größerem und nachhaltenderem Nutzen verwendet werden könnte, als diese „Blumen".

In den Ferien. Von Zenaïde Fleuriot. Freie Bearbeitung von Philipp Laicus. Vierte, verbesserte Auflage. Mit 61 Bildern. 8⁰ (VIII u. 190) Freiburg 1911, Herdersche Verlagshandlung. ℳ 1,80; geb. in Leinwand ℳ 2,20.

Die bekannte Jugendschriftstellerin Fleuriot bietet auch in diesem Bändchen der Jugend eine Erzählung, die sich ausschließlich in dem Ideenkreis der jungen Welt bewegt. Robert, der einzige Sohn einer Witwe in Straßburg, ein verzärteltes Bürschchen, verlebt seine Sommerferien bei einem Oheim in der Bretagne. Er findet einen wackeren Kameraden in seinem Vetter Alfred, an dessen tatkräftigem Wesen er Gefallen findet. Im Verkehr mit ihm und der freien Natur wird er in einiger Zeit ein ebenso energischer Junge. Seine Erlebnisse schreibt er alle gewissenhaft auf für seine Mutter, die er zärtlich liebt. Interessant in diesem Tagebuch sind die zahlreichen Beobachtungen dieses geweckten Knaben geschildert.

So anziehend der Charakter Roberts ist, so wird in der Person des unwissenden, trägen, aufgeblasenen und lügenhaften Emil der Jugend ein warnendes Beispiel vor Augen geführt.

Auf der Sonnenseite. Humoristische Erzählungen von Konrad Kümmel. Zweites Bändchen. Erste bis dritte Auflage. 12⁰ (VI u. 320) Freiburg 1911, Herdersche Verlagshandlung. ℳ 1,80; geb. in Leinwand ℳ 2,30.

Konrad Kümmel, der bekannte Volksschriftsteller, dem es gegeben ist, Werke zu schaffen, die die Volksseele treffen wie heller Sonnenschein und süße Sonnenwärme, tritt mit einem zweiten Bändchen seiner Sammlung: „Auf der Sonnenseite" vor seine Leser hin.

Diese Erzählungen sind nicht geschrieben für solche, die über einen ehrbaren Witz, über einen gesunden Humor die Nase rümpfen, und auch nicht für jene, die nur Freude an pikanten Erzählungen finden. Sie sind bestimmt für unser gesundes Volk, das in Ehren fröhlich sein will. Unter diesem werden sie, ähnlich dem ersten Bändchen der Sammlung, ein dankbares Publikum finden.

Aehnlich dem vorhergehenden Bändchen ist auch dieses bestimmt, vergnügte, heitere Augenblicke zu bereiten durch kernigen Humor, durch fröhliche Heiterkeit, fern von jeder Sorge des Alltags, von jedem düsteren Pessimismus. Als Volksschriftsteller kennt Kümmel die Seele des Volkes. Er weiß, daß der gesunde Humor im Volke begründet ist, und daß es dieser allein vermag, in die Volksseele den Sonnenschein heiterer Stimmung, gemütlicher Freude und frohen Sinnes hinein zu tragen.

Seelenfriede. Anleitung zur Lösung von Gewissenszweifeln nebst Meß=, Beicht= und Kommunion=Andachten usw. von P. Franz Jos. Grüner, O. M Cap. 5. Auflage; 190 Seiten; in Leinwand gebunden 75 Pfg. Verlag von P. Pfeiffer (D. Hafner) in München, Herzogspitalstraße 6.

„Selten wird man so einleuchtende und packende Ausführungen über Gewissenszweifel finden wie hier. Auch die Gebete sind kernig in ihrem Inhalte und frisch und gut stilisiert. Das Büchlein ist eine Pastoralmedizin." So Literarischer Handweiser.

In herbstlichen Tagen. Trost= und Gebetbuch für ältere und alte Leute. Von Pfarrer Paul Joseph Widmer. In großem Druck. Gebunden ℳ 1,40. — Benziger & Co., Einsiedeln.

Wie die früher erschienenen Standesgebetbücher des Verfassers gliedert sich auch dieses in zwei Teile. Der erste: „Sorge um die Zukunft" umfaßt nur 184 Seiten mit zwölf Kapiteln. Die Gebete im zweiten Teile sind so gefügt, wie sie das Alter liebt: kurz, kräftig und trostreich.

Der Heilige Geist und der Christ. Ausführlicher Unterricht über das Sakrament der Firmung nebst Gebeten. Aus dem Französischen von Benedikt Bury, Pfarrer. 504 Seiten. Gebunden ℳ 1,35 und höher. — Einsiedeln, Benziger & Co.

Das Büchlein will in erster Linie dem jungen Christen Anleitung geben zu einem guten Empfang der hl. Firmung, will ihm dann aber auch behilflich sein, die im Sakramente empfangenen Gnaden stets zu bewahren und die übernommenen Pflichten zu erfüllen.

Das Ordensbuch der Tertiaren des heil. Franziskus von Assisi. Vollständiges Regel= und Gebetbuch für die Mitglieder des Dritten Ordens in der Welt. Von P. Johannes Maria O. Cap. — 664 S. Saarlouis, bei Hausen & Co.

Das Buch zerfällt in 2 Teile: Unterrichtsbuch der Tertiaren und Gebetbuch der Tertiaren. Alles, was das Mitglied des Dritten Ordens braucht und es interessiert, findet sich hier zusammengestellt, und zwar mit einer Vollständigkeit und Gründlichkeit, daß wir allen Freunden des Dritten Ordens warm empfehlen dürfen, zu diesem Werkchen zu greifen.

Gold, Edelsteine und Perlen oder die Zeremonien und Gebete bei der heiligen Messe. Von P. Plazidus Banz, O. S. B. 240 Seiten. 8⁰. Gebunden in Leinwand mit Goldtitel, Rundecken, Rotschnitt *M.* 3.—; Frcs. 3.75. — Einsiedeln, Waldshut, Köln a. Rh., Verlagsanstalt Benziger u. Co. A.=G.

Verständnis der beim heiligen Meßopfer vorkommenden Zeremonien und Gebete will das schmucke Büchlein vermitteln. Auch die zur Feier der hl. Messe notwendigen Gegenstände finden gebührende Würdigung. Aber nicht in monotoner Schulsprache behandelt der Autor die für jeden Katholiken so wichtigen Themen, sondern sein Wort ist lebendig, frisch, packend. Erzählungen und treffende Beispiele aus der Geschichte und dem praktischen Alltagsleben wirken wie schön ausgeführte sinnreiche Illustrationen. So ist „Gold, Edelsteine und Perlen" ein echtes Volksbuch, lehrreich genug für jeden Gebildeten und doch wieder so einfach und klar in Disposition, Gedankenfolge und Ausdruck, daß auch der schlichtere Leser dem Inhalt des Werkleins mit reichstem geistigen Nutzen folgen kann.

Der Soldatenfreund. Gebetbüchlein für katholische Soldaten. Von Tilmann Pesch S. J., neu herausgegeben von einem Divisionspfarrer. Mit einem Titelbild. Zweite Auflage. 48⁰. (XVI u. 268) Freiburg 1911. Herdersche Verlagshandlung. Gebunden in biegsamem Kunstlederband 65 Pfg.

Zu dem kürzlich erschienenen Soldatenbüchlein „Wer da?" von P. Seb. v. Oer bildet Pesch eine wertvolle Ergänzung: während v. Oer in seiner mit echt soldatischem Geist geschriebenen Schrift zu einer sittlich vertieften und dabei freudigen Erfassung des militärischen Dienstes anleitet, gibt Pesch dem Soldaten ein gerade für seinen Stand geeignetes Andachtsbüchlein in die Hand.

Ein Garnisonspfarrer schreibt über Peschs „Soldatenfreund" am 5. Oktober 1910: „Das Buch ist für seinen Zweck in hohem Grade geeignet. Sowohl der belehrende als der erbauliche Teil sind sehr gelungen. Ich habe auf der Pastoralkonferenz Veranlassung genommen, das Büchlein den Pastorationsgeistlichen als Geschenk an die Rekruten zu empfehlen."

Günstige Gelegenheit für Vereins = Bibliotheken!

Von den letzten Jahrgängen unserer monatlich erscheinenden Zeitschrift „Afrika=Bote" sind noch einige Jahrgänge abzugeben.

Einzelner Jahrgang Mk. 1.50 portofrei. Bei
Entnahme von mindestens 4 Exemplaren (auch
verschiedener Jahrgänge): à Mk. 1.25 portofrei.

Auf Wunsch werden dieselben auch gebunden geliefert à Mk. 2.25 bezw. Mk. 2.—.

Folgende Freunde und Wohltäter der Mission empfehlen wir dem Gebete unserer Leser:

Schw. Maria von der Auferstehung St. Charles (Algier).
P. Michael Arby, Beni Ismail (Kabylien).
Joseph Guthmann, Altkirch.
Quirin Schmitt, Altkirch.
Jos. Graff, Essen.
Wwe. J. M. Krämer, Adenau.

Margareta Schlöder, Schweich.
Frau Clemens, Irsch (Trier).
Frl. A. Hilzer, Nußbach (Baden).
Frau Servatius, Landscheid.
Frau Ph. Keiling, Selz (Elsaß).
G. Ferd. Becker, Trier.
Prof. J. Ewen, Trier.

R. I. P.

Die Senussija und ihre Gefahr für die christliche Kultur in Afrika.

Von P. Matthias Hallfell.

Wiederholt haben die Tagesblätter seit dem Ausbruch des türkisch=italienischen Krieges auf die sogenannte Senussija hinge=wiesen, als auf den Herd des mohammedanischen Fanatismus.

Die Senussija ist eine religiös=politische Brüderschaft, welche in den mohammedanischen Ländern Nordafrikas einen großen Einfluß hat. „Durch eine straffe Organisation zusammenge=halten", sagt bereits der deutsche Afrikareisende Lenz, „erweist sich die Senussija als der gefährlichste Gegner der europäischen Zivilisation in Afrika, zumal sie über reiche Mittel verfügt und ihr jedes Mittel zur Erreichung ihres Zieles recht ist."

Welches dieses ihr Ziel ist, werden einige Angaben aus dem Leben des Gründers klarlegen.

1. Der Stifter der Senussija.

Die Brüderschaft Senussija benennt sich nach Sidi=Mohammed=ben=Ali=ben=Essnussi=El=Khottabi=El=Hassai=El=Idrissi. Dieser Mann stammte aus dem heutigen Oran, einem Departement von Algerien in Nord=Afrika. Seine Geburt fällt in das Jahr 1791 oder 1792. Er führte zunächst ein Einsiedlerleben. Aeußerliche Strengheiten und Gebetsübungen, das Studium des Koran und seiner Erklärer füllten die Zeit aus, welche ihm die Besuche übrig ließen. Dann aber brach er das Einsiedlerleben plötzlich ab, um sich auf Jahre hinaus auf den großen Karawanenstraßen zu bewegen. Es gibt kaum ein bedeutenderes Heiligtum der mohammedani=schen Welt, das er nicht besucht hätte. Wo immer es eine Sauija (mohammedanische Schule) gab, die einen Namen hatte, ist er gewesen. Seine eigenen religiösen Beobachtungen und Erfahrungen, die Lehren, welche er auf seinen weiten Wanderungen zusammengetragen hatte, ver=arbeitete er zu einem Buche, dem er den unter den Mohammedanern beliebten Namen „Goldene Kette" gab.

Durch dieses unstete Leben, insbesondere aber durch die Abfassung seines geheimnisvollen Buches bildete sich bei Senussi die Ueberzeugung aus, er sei einer jener außerordentlichen Gesandten des Propheten Mo=hammed, denen die Aufgabe zufalle, für die Reinigung und Erneuerung des Islam einzutreten. Zu diesem Ende werde er übernatürlicher Ge=sichte und Offenbarungen teilhaftig, pflege Zwiegespräche mit dem Pro=pheten und habe dessen Geist in sich aufgenommen; jenen Geist, der die Dinge dieser Erde für nichts erachte, dafür aber für die Begründung des Glaubens und des Reiches Gottes, für die Aufrechthaltung des

Gesetzes in seiner ganzen Reinheit und Strenge eifere, kurz jenen Geist, der den wahren Moslim kennzeichnen müsse.

Wie so mancher Reformator aus der älteren Geschichte des Islam fühlte auch er sich zum Amte des vom Propheten verheißenen Mahdi (Führer) berufen, der die Welt mit Gerechtigkeit erfüllen wird. Als solcher trat er denn auch auf. Er wurde Wanderprediger. Der Ge= danke, den er dabei mit vielem Eifer und Geschick entwickelte, war fol= gender: Allah, der Allerhöchste, regiert die Welt. Er tut es aber nicht durch die Fürsten dieser Erde, wie es das gewöhnliche Volk so bereit= willig glaubt. Er tut es vielmehr einzig und allein durch seinen Ge= sandten und die durch ihn erleuchteten und beglaubigten Imane (unab= hängige mohammedanische Priester). Ihnen allein liegt es ob, das Gesetz zu predigen und zu erklären. Und weil nun das Gesetz (d. h. der Koran) nach dem Willen des Propheten für alle Betätigungen der Menschen, die bürgerlichen und politischen nicht ausgenommen, maßgebend ist, so ist es klar, daß die Regierung der Menschen und Völker jenen Imanen allein zusteht. Nur dann, wenn sie in ihren Händen liegt, ist an eine Reinerhaltung der himmlischen Lehre Mohammeds zu denken.

Doch macht sich in unseren Tagen innerhalb der islamitischen Völker eine Erschlaffung und Auflösung geltend. Reichtum und Wohlleben, mehr aber noch die Herrschgelüste arbeiten auf die Zerstörung des Islam hin. Dabei tun sich gerade jene hervor, die sich widerrechtlich in die Regie= rung der Völker eingedrängt haben, selbst jene, die von Amts wegen dazu bestellt sind, nach den Vorschriften des Propheten das Gebet zu pflegen und das Gesetz zu hüten. Schwäche und Erbärmlichkeit überall, nicht am wenigsten beim Fürsten und Herrn aller Moslime, dem Sultan von Konstantinopel! Wie könnte er sonst Verträge und Bündnisse mit den Ungläubigen schließen, den Ideen und Erfindungen Europas Eingang gestatten, ja, so weit gehen und unter seinen Ministern und Beratern Ungläubige dulden! „Darüber ist Allah ergrimmt und Mohammed un= tröstlich. Vom Himmel her läßt er an alle seine wahren Jünger den Aufruf ergehen, den Islam wiederherzustellen und die Welt der allge= meinen Verderbnis zu entreißen."

Derlei Reden fanden vor allem bei dem unwissenden V o l k e blinden Glauben. Es begeisterte sich für den neuen Iman, entschlossen, unter seiner Führung die Erneuerung der Welt in Angriff zu nehmen. Aber gerade jetzt zeigte sich Senussi als der überlegende und weit schauende Mann. Anstatt die erregte Leidenschaftlichkeit der Massen bis zu Ge= walttätigkeiten fortzutreiben — was ihm über kurz oder lang lebens= länglichen Kerker eingebracht hätte — hielt er es für besser, ihr Schranken zu ziehen, dafür aber ein um so tieferes Bett zu graben, in welchem sie, den Blicken der Regierungen entzogen, zu einer unwiderstehlichen Macht anwachsen könne.

2. Organisation der Senussi.

Jetzt schritt Senussi an die Organisation seines geplanten Werkes. Die fähigsten und besonnensten seiner Anhänger schloß er zu einer Art „Gelehrtengruppe" zusammen. Die Mitglieder nannten sich untereinander Chuân (Brüder). Sie hatten die strenge Weisung, den Massen gegen=

Hauptsitz der Senussija zu Audschile und Kufra (Rolfs).
Aus Falls, Drei Jahre in der libyschen Wüste (Freiburg, Herder).

über den Schein eines außerordentlichen Gebets= und Bußlebens an den Tag zu legen. Dazu kam der Ruf der Gelehrsamkeit, mit welcher er die Körperschaft umgab. Weiteres bedurfte es nicht, um die Massen dauernd unter seinem Einflusse zu behalten. Mit der Gründung dieser Gelehrtengruppe verfolgte er aber auch noch einen persönlichen Zweck. Er brauchte eine Deckung, hinter welcher er verschwinden konnte, sobald

9*

die öffentliche Aufmerkfamkeit ihm unbequem oder gar gefährlich werden konnte.

Um fich dann um fo ficherer jeder Verfolgung zu entziehen, ver= fchwand er an einen einfamen Wüftenort. Doch leitete er nach wie vor die ganze Bewegung. So befand er es im Jahre 1835 für gut, fich nach Tripolitanien zurückzuziehen. Hier gründete er auf dem Dfchebel Bachdar eine Sauija [1] mit Schule und Mofchee, welche für einige Jahre der Ausgangs= und Stützpunkt der gefamten fenuffiftifchen Werbearbeit werden follte. Ueber 400 feiner eifrigften Anhänger aus Arabien, Aegyp= ten und den Berberftaaten fcharten fich um ihn. Mit ihrer Hilfe breitete er in wenigen Jahren die Senuffija über ganz Nord=Afrika aus. Ueber ganz Tripolitanien hin, in Südtunefien, in der Marmarika, in Aegypten, im Gebiete der Tuareg, felbft in Arabien entftanden Sauijen. Seine Sendlinge durchzogen die entlegenften Gegenden, um den Senuffiideen möglichft weite Verbreitung zu geben.

Dabei hatten fie die ftrenge Weifung, jeden Anlaß zu Verwick= lungen, fowohl mit den europäifchen Mächten als auch mit der Türkei, ängftlich zu vermeiden. Infolgedeffen gaben fie fich überall als harm= lofe Wanderprediger, als Mitglieder einer Brüderfchaft aus, welche das Leben des Europäers achten, den Reifenden vor Beraubung u. dgl. zu fchützen bemüht find. Trotz diefer „diplomatifchen" Vorfichtsmaßregeln wurde man auf die gefährliche Neuerung aufmerkfam. Die Vertreter der amtlichen Orthodorie des Islam leiteten eine Gegenaktion ein, welcher die Regierungen, insbefondere die des Sultans von Konftantinopel, Nach= druck verleihen follten. Doch ehe noch Entfcheidendes gefchehen konnte, hatte Senuffi feinen Sitz vom Dfchebel Bachdar nach Dfcherbub, 2—3 Tagereifen füdöftlich von der Dafe Siwa, verlegt. Das gefchah im Jahre 1855.

Dfcherbub follte in kurzer Zeit die Bedeutung von Dfchebel Bachdar noch überholen. Bei der Wüftenbevölkerung der unmittelbaren Um= gebung führte fich die Senuffija vorteilhaft ein durch die Forderung der Enthaltfamkeit, das Verbot von Tabak, Kaffee, Tanz und Mufik. Die entfernter wohnenden Stämme erreichte man durch wohlorganifierte Pre= digertrupps. Diefelben dehnten ihren Einfluß bis auf die Negerftaaten Mittelafrikas aus.

Die Gefchicklichkeit, mit der Senuffi alle Gelegenheiten und Mittel feinen Plänen dienftbar zu machen wußte, beleuchtet folgende Tatfache. Eines Tages hörte er, daß eine aus dem Wadai=Gebiete ftammende Sklavenkarawane von 250 Sklaven nach Aegypten geführt werde, um dort verhandelt zu werden. Er ließ fämtliche Sklaven ankaufen, nach Dfcherbub bringen und in den fenuffiftifchen Lehren und Gebräuchen unter= weifen. Als er fie genügend unterrichtet und feiner Sache zugetan glaubte, fchickte er fie alle als Senuffiprediger in das Wadai=Gebiet zurück. Der Erfolg war ein durchfchlagender. Wadai wurde für den Senuffismus gewonnen. Von dort drang er nach den benachbarten Gebieten, insbe= fondere nach Bagirmi, Borum, Darfur, dem ägyptifchen Sudan, Nubien. Selbft durch den Tod des Senuffi, welcher im Jahre 1859 erfolgte,

---

[1] zauiya = geom. „Winkel"; Baftion; gewöhnlich jetzt = Häuferkomplex mit Grab eines Marabut, beftehend aus Grabmal mit Kuppel (Kubba), Wohnung des Vorftehers, Schule und Internat für auswärtige Schüler.

geriet die Ausbreitung seines Werkes nicht in Stillstand. Es wurde aufgenommen und im Sinne des Gründers erfolgreich weitergeführt durch dessen Sohn Sidi=Mohammed=El=Bedr, der unter dem Namen des „Sidi=El=Mahdi" bekannt geworden ist.

3. Der politische Einfluß der Senussi.

Solange die religiöse Seite des senussistischen Programms, die Reinigung und Erneuerung des Islam nämlich, ihre Zug= und Werbekraft behielt, hütete sich Senussis Sohn wohl, eine andere in den Vordergrund zu stellen. Denn einerseits mußte ihm daran gelegen sein, der ganzen Bewegung möglichst lange den Schein des rein Religiösen zu wahren und dadurch Verwicklungen mit der politischen Macht zu ersparen; andererseits war keine andere Taktik geeigneter, seine Machtstellung innerhalb der moham= medanischen Welt zu befestigen. Und darauf kam es ihm vor allen Dingen an. Wie sehr ihm das gelang, zeigt der Umstand, daß er durch wohlorganisierten Sklavenumsatz, günstige Handelsverbindungen, rationell betriebene Kamelzucht, Geschenke und Beiträge aller Art bedeutende Hilfs= mittel nach Dscherbub leitete. Diese ermöglichten es ihm, Dscherbub zu einem wahren Arsenal auszubauen, mit mehreren tausend Flinten, ja selbst Kanonen und Munitionsvorrat zu versehen.

Diese äußeren Machtmittel trugen nicht wenig dazu bei, bei den Senussisten die Ueberzeugung wachzurufen, daß Sidi=El=Mahdi nicht nur rechtlich, sondern auch tatsächlich die politische Souveränität über die nordafrikanischen Völker und Stämme innehabe.

Daß der Senussismus auch politische Zwecke verfolge und in ihrem Oberhaupte auch den politischen Führer erkenne, sollten die achtziger und

Bannerträger der Senussi=Brüderschaft, zum feierlichen Einzug in der Oase Siwa.
Aus Falls, Drei Jahre in der libyschen Wüste (Freiburg, Herder).

neunziger Jahre an den Tag bringen. Anlaß gab die Antisklaverei=
bewegung. Bereits im Jahre 1877 hatte König Leopold II. von Belgien
vor der in seiner Hauptstadt verfammelten „Internationalen Vereinigung"

Vor der Moschee der Genuffi von Siwa.

Das Haupt der Senuffi-Mönche (oben rechts) und der Gouverneur begrüßen Abbas Hilmi von Aegypten.

Aus Falls, Drei Jahre in der libyschen Wüfte (Freiburg, Herder).

erklärt, „daß die noch immer im größten Teil des afrikanischen Kon=
tinents herrschende Sklaverei einer Wunde gleiche, deren Beseitigung
allen Freunden einer wahrhaften Zivilisation am Herzen liegen müsse."
Die Berliner Konferenz, welche im Jahre 1885 zur Regelung der Besitz=
frage im Kongobecken zusammentrat, nahm in ihre Akten zwei Resolu=
tionen zur Unterdrückung der Sklaverei auf. Der 8. Mai 1888 brachte
die Enzyklika Leos XIII. an die Bischöfe Brasiliens, worin er die Skla=

verei im allgemeinen, insbesondere aber die afrikanische, aufs strengste
verurteilt. In den einzelnen Ländern bildeten sich Antiklaverei=Komitees,
welche auf einen internationalen Zusammenschluß hinarbeiteten. Derselbe
kam am 18. November 1889 zustande. Die Ergebnisse der Beratungen,
die sich bis zum 2. Juli 1890 hinzogen, wurden in den Generalakten
zusammengestellt. Sie behandelten in hundert Artikeln die Frage der
Unterdrückung der Sklaverei bis in ihre Einzelheiten. Die verschiedenen
Staaten verpflichteten sich zur Durchführung der Bestimmungen. Unter
den Unterzeichnern befand sich auch der Schah von Persien, und, was noch
bemerkenswerter ist, der Sultan von Konstantinopel und der von Sansibar.

Daß sich mohammedanische Fürsten an der Antisklavereibewegung
beteiligen konnten, brachte die Genussi in furchtbare Aufregung. Um
den Islam vor dem gänzlichen Ruin zu retten, müsse auch die welt=
liche Macht des Sultans von Konstantinopel unterwühlt und schließlich
vernichtet werden. Er sei nämlich ein Abtrünniger, der mit den Christen
gemeinschaftliche Sache mache, um die geheiligten Satzungen des Pro=
pheten zunichte zu machen. Ein Ausspruch des Sidi=El=Mahdi, der
die Stimmung gut kennzeichnet, wurde zum Losungswort:

Et-Turk ua nassāra,   „Türken und Christen,
El kull fi zámrat   die gleiche verächtliche Zunft,
Naqtāhum fil marrat.   will ich alle miteinander vernichten."

Da um dieselbe Zeit mit der Aufteilung der afrikanischen Küsten=
länder bis tief ins Innere hinein Ernst gemacht wurde, hielten die
Senussisten ihre Streitkräfte bereit. Im Anfang der achtziger Jahre,
als die Franzosen Tunesien unter ihren Einfluß brachten, und die Eng=
länder den General Gordon nach Aegypten entsandten, verfügte Sidi=
El=Mahdi zeitweise über eine Gesamtmacht von 30 000 Fußsoldaten und
1500 Reitern. Mit diesen unterstützte er in wirksamer Weise Mohammed
ibn Abdallah, dem es gelang, das englisch=ägyptische Heer in den
Jahren von 1883—1885 öfters zu schlagen und die Residenz Chartum
zu nehmen, wobei Gordon selber umkam.

Die unsichtbare und doch mächtige Hand der Genussi verspürten
die Italiener, als sie im Jahre 1893 Massaua an der abessinischen Grenze
besetzten. Nach einem kleinen Erfolge im Frühjahr 1894 bei Kassala
mußten sie sich wieder zurückziehen.

Seit 1896 suchten die Franzosen im Gebiete des Tschadsees festen
Fuß zu fassen. Aber wenn ihnen das erst im Jahre 1900 gelang, so
war es Sidi=El=Mahdi zuzuschreiben, der immer wieder senussistische
Streitkräfte in jene Gegenden entsandte.

Wissenschaftliche oder missionarische Expeditionen, welche in jenen
Jahren von Nordafrika nach dem Innern entsandt wurden, sind auf
Betreiben der Genussijaleitung hin entweder vereitelt oder gänzlich auf=
gerieben worden.

Sie ging dabei ganz hinterlistig und heimtückisch zu Werke. Ihre
Sendlinge hatten die Weisung, sich den Expeditionen von Europäern
anzuschließen, um sich durch Diensterweisungen aller Art das Vertrauen
zu erschleichen, um desto sicherer den geplanten Schlag führen zu können.

So wurden im Jahre 1876 drei Missionare aus der Gesellschaft
der Weißen Väter mit ihrer Karawane in der Sahara auf dem Wege

nach Timbuktu niedergemacht. — Am 16. Februar 1881 ließ sich der fran=
zösische Oberst Flatters auf der Suche nach einem Brunnen von seinem
im Dienste der Senuffija stehenden Führer in einen Hinterhalt locken, wo
er von einer eigens hierzu bestellten Tuaregbande mit allen seinen Leuten
niedergemacht wurde. — Am 20. Dezember desselben Jahres wurden
die Patres Richard, Pouplard und Morat auf Betreiben des Senuffisten
Mohammed ben=Elteni aus Ghadames von ihren eigenen Führern
auf dem Wege nach Ghât (Südwest=Sahara) ermordet (vergl. „Kath.
Missionen" 1911/12, S. 77 ff.).

4. Senuffija und Panislamismus.

Das ist die Senuffija, wie sie von Sidi Mohammed ben Ali=Es=
Senuffi begründet und von seinem Sohne Sidi Mohammed=El=Bedr,
genannt Sidi=El=Mahdi, verbreitet und ausgebaut wurde. Letzterer
starb im Jahre 1902 in Karu und überließ die Oberleitung seinem Ver=
wandten Sidi=Achmed. Aber mit Sidi=El=Mahdi war der Senuffismus
nicht fort. „Die jüngste französische Schlappe im Wadai=Gebiet, welche
im November 1910 große Opfer mit sich brachte, ist ganz auf das Konto
der Senuffija zu setzen, und es klingt bezeichnend genug, was die Fran=
zosen in der ersten Erkenntnis der Gefahren als Folgeprogramm dieser
Schlappe ausgaben: man werde zwar nicht die Räumung des Wadai=
landes verlangen dürfen, aber hervorheben, daß es ein durchaus un=
fruchtbares Gebiet sei, aus dem niemals eine den französischen Interessen
nützliche Kolonie geschaffen werden könne." (J. C. Falls: Drei Jahre
in der libyschen Wüste. S. 271 f.[1]

Nach der Ueberzeugung der Senuffi stirbt ihr religiöser und poli=
tischer Führer, der „Mahdi", überhaupt nicht. Er macht sich nur zeit=
weise unsichtbar, um bei günstiger Gelegenheit wieder zu erscheinen und
die religiös=politische Führerschaft wieder zu übernehmen. Und daß in
unseren Tagen eine derartige günstige Gelegenheit in Vorbereitung ist,
entgeht dem aufmerksamen Beobachter keineswegs. Sie reift heran in
der sogenannten P a n i s l a m = B e w e g u n g . Daß der Senuffismus im
Mittelpunkte dieser Bewegung steht, wurde noch jüngst von einem ange=
sehenen Mitgliede der Senuffi=Sauija in Alexandrien von Sali ben
Said Omer el=Khalidi offen in einer ägyptischen Zeitung ausgesprochen:
„Der einzige maßgebende Vertreter des All=Islams ist der Scheikh der
Senuffija." (Falls a. a. O. S. 274.)

Nach alledem wird die Senuffija noch auf Jahre hinaus die große
Gefahr für Afrika verkörpern. Sie ist eine Macht auf r e l i g i ö s = m o r a =
l i s c h e m Gebiete. Indem sie den Haß gegen alles predigt, was nicht Is=
lam heißt, erhält und schürt sie den religiösen Fanatismus, das g r ö ß t e
H i n d e r n i s d e r m o h a m m e d a n i s c h e n M i s s i o n i n N o r d = A f r i k a .

Mit ihrem Einflusse reicht sie weit hinein bis in die Negerländer
Mittelafrikas. Weil sie einerseits den armen Schwarzen den S c h e i n einer
gewissen äußeren Kultur bringt, andererseits vielen seiner Ausschweifungen

---

[1] Es sei hier besonders aufmerksam gemacht auf dies schöne Werk von
J. C. Falls, erschienen bei Herder in Freiburg 1911. Es gibt wertvolle Schilde=
rungen aus dem Leben der Wüstenstämme und ist äußerst flott und anregend
geschrieben, so daß es sich auch für die reifere Jugend sehr gut eignet.

und Verkehrtheiten den Charakter einer religiösen Einrichtung gibt, so ist es leicht begreiflich, daß sie eine erfolgreiche Werbearbeit betreiben kann. Darum bedeutet sie auch für die Heiden = Mission Zentralafrikas eine große Gefahr.

Ihrem Geiste und ihrer Geschichte nach ist sie zudem eine politische Macht, mit der die kolonisierenden Staaten zu rechnen haben.

Teffadith, ein Beispiel christlichen Starkmutes aus Kabylien.

(Aus dem Tagebuch einer Weißen Schwester.)

In dem letzten Jahresbericht der Kabylenmission liest man die tröstliche Nachricht, daß die Hinbewegung zu unserer hl. Religion entschiedener werde und größere Ausdehnung gewinne. Was früher eine Seltenheit war, ist es jetzt nicht mehr: nämlich, daß ganze Familien sich vom Islam lossagen, um die heilige Taufe zu empfangen. In dieser allmählichen Abkehr vom Islam und der entsprechenden Hinkehr zum wahren Glauben scheint die göttliche Vorsehung der Kabylenfrau eine besondere Rolle zugedacht zu haben, indem sie ihr eine ausgesprochene Anlage zur Frömmigkeit und eine mehr als gewöhnliche Festigkeit und Entschiedenheit zu teil werden ließ. Wie heilsam eine · also ausgestaltete Frau auf ihre Umgebung wirkt, soll durch die nachstehende Erzählung näher beleuchtet werden.

Teffadith ist eine Frau in den dreißiger Jahren, aus dem Stamme der Beni=Ismaïl. Sie lebt mit ihrem Manne, Merluf, einem arbeitsamen Kabylen in bestem Einvernehmen. Beide halten es vorab mit den Vor= schriften ihrer mohammedanischen Religion recht streng und genau. Im übrigen empfehlen sich die Leutchen durch Rechtlichkeit und Anstelligkeit, so daß sie gern von der Mission mit Arbeit und Dienstleistungen be= traut wurden. Es dauert gar nicht lange, und Teffadith setzt es durch, daß ihre drei noch unerwachsenen Kinder in die Missionsschule geschickt werden. Damit stößt die Familie Merluf bei ihren mohammedanischen Landsleuten gewaltig an. Doch Teffadith bleibt fest und weiß auch ihren Mann zu halten, so daß die Kinder in der Missionsschule bleiben, die zwei Knaben bei den Missionaren, das Mädchen bei den Schwestern. Sie geht einen Schritt weiter. Sie fängt an, den gottesdienstlichen Ver= richtungen und dem Katechismusunterricht auf der Mission beizuwohnen. Allmählich findet sie ein solches Gefallen daran, daß sie auch den Winter hindurch, wo die Wegeverhältnisse äußerst mühevoll und beschwerlich sind, regelmäßig zur Mission geht. „Was kümmert mich der schlechte Weg, was liegt mir an der Müdigkeit?" sagt sie, „da ich nun einmal um= kehren will, so tue ich es auch ganz; ich will nicht halbe Arbeit tun, halb Christo, halb Mohammed angehören!"

Die mutige Frau machte kein Hehl aus ihrer Sinnesänderung. Im Gegenteil: sie sagte es jedem, der es hören wollte. Oftmals nahm sie selbst Veranlassung, das Gespräch darauf zu bringen. Das geschah regel= mäßig am Sonntagnachmittag, wenn sie von der Mission in ihr Dorf zurückgekehrt war. Dann wiederholte sie ihren Nachbarinnen und

Bekannten die Predigt, welcher ſie beigewohnt hatte. Es braucht wohl
nicht eigens geſagt zu werden, daß im Anſchluß an die Predigt gar
mancher Widerſpruch laut wurde, daß gar manche Frage auftauchte, und
die Prieſter auch noch während der Woche beſchäftigte.

Man näherte ſich dem mohammedaniſchen Faſten=Monat, Ramadan
genannt. Voll Beſorgnis. Teſſadith möchte das herkömmliche Faſten nicht
halten, kamen die Frauen des Dorfes zu ihr: „Du wirſt doch mit uns
den Ramadan halten?" — „Nein, ganz gewiß nicht, lieber faſte ich
nach Weiſe der Chriſten!" — „Wie? du erkühnſt dich alſo, während
des Ramadan tagsüber zu eſſen?" — „Jawohl, weiß ich doch, daß
ich dadurch den lieben Gott nicht beleidige." — „Aber wehe dir, wenn
die Kabylen dich darüber erwiſchen!" — „O, wißt ihr, ich denke nicht
einmal daran, mich dabei zu verſtecken." Und richtig: Teſſadith ißt auch
während des Ramadan tagsüber, unbekümmert darüber, was die Leute
ſagen. „Teſſadith, laß doch ab, du ſtürzeſt dich ja blindlings in die Hölle",
mahnten wohlmeinend ihre Nachbarinnen. „Das werden wir ja ſehen,
wenn wir einmal drüben auf der andern Seite ſind", antwortete Teſſa=
dith ſcherzend.

Wenn Teſſadith ſich bei mir Rats erholt hätte, meint die Schweſter
in ihrem Berichte, ſo hätte ich ihr jedenfalls geraten, in ihren Aeuße=
rungen und Maßnahmen zurückhaltender zu ſein. Aber ſo war nun
einmal Teſſadith. Voll Eifer und Glaubensgeiſt trat ſie die Menſchen=
furcht mit Füßen und erhob ſich zu einer heldenhaften Unabhängigkeit.
Hohn und Spott, Drohung und Verwünſchung gingen ſpurlos an ihr
vorüber. Selbſt Verfolgungen blieben wirkungslos, obſchon ſie gerade
unter Umſtänden über die arme Frau hereinbrachen, wo ſie doppelt wehe
tun mußten. Teſſadith hatte nämlich einem vierten Kinde das Leben ge=
geben. Mit Zuſtimmung ihres Mannes war das Kind gleich zur Miſ=
ſionskirche gebracht und getauft worden. Das Kind war geſund und
kräftig, die Mutter aber ſehr krank und ſorgſamer Pflege bedürftig.
Aber gerade jetzt verſagte die mohammedaniſche Umgebung vollſtändig.
Vergebliche Mühe, eine der Nachbarinnen oder Bekannten zu irgend einer
Hülfeleiſtung im Haushalte zu bekommen. Dafür waren ſie für Geld
nicht zu haben. Nichtsdeſtoweniger hielten ſie ſich gerne in der Um=
gebung des Hauſes Merluf auf, doch nur um ihren Vorwitz zu befrie=
digen und höhniſche Bemerkungen hineinzurufen: „Es geſchieht dir Recht,
warum haſt du auch das Kind zur Kirche bringen laſſen!" — „Weißt
du nun endlich, törichtes Weib, warum du krank biſt? Weil du gleich
am erſten Tage das Kind haſt aus dem Hauſe bringen laſſen[1]!" Mit
der armen Frau wurde es immer ſchlimmer. Eine heftige Lungenent=
zündung brachte ihr Leben in Gefahr. Sobald die Schweſtern Kenntnis
von der Sachlage hatten, machten ſie gerne jeden Tag den weiten Weg,
um ihr eine rationelle Pflege angedeihen zu laſſen und ihr Troſt und Mut
zuzuſprechen. Teſſadith zeigte ſich auch in der Krankheit ſtark, ſie er=
baute die Schweſtern durch ihre kindlich=fromme Ergebung in Gottes

---

[1] Derartige Bemerkungen im Munde von Kabylenfrauen erklären ſich aus
der abergläubiſchen Ueberzeugung, daß ein Kind nicht vor den vier bis fünf erſten
Monaten aus dem Hauſe getragen werden dürfe. Wenn doch, ſo würde die Mutter
Schaden leiden.

hl. Willen und durch ihre unerſchütterliche Geduld. Eines Tages war
der Zuſtand der Kranken ſo beſorgniserregend, daß die Schweſtern glaub=
ten, den Miſſionar benachrichtigen zu ſollen, damit er ihr die hl. Taufe
ſpende. Der Prieſter kam, fand ſie in den Heilswahrheiten hinreichend
unterrichtet und wollte ihr behilflich ſein, einen Akt der Reue und der
Liebe zu Gott zu erwecken. „Ach ja“, rief Teſſadith aus, „alle meine
Sünden ſind mir von Herzen leid, und wenn ich jemanden etwas zu
Leide getan habe, bereue ich es aufrichtig. Ich verzeihe allen, die mir
Übles getan haben, und ich will, ſofern ich es nur kann, es ihnen vier=
fach mit Gutem vergelten.“ Ein ſolches Wort, das in etwa an den
Ausſpruch des Zachäus im Evangelium erinnert, konnte nur aus einem
wohlvorbereiteten Herzen kommen, und darum ſpendete ihr der Pater
auch ſofort die hl. Taufe und unmittelbar darauf auch das Sakrament
der letzten Ölung. Teſſadith war überglücklich. „Wenn ich jetzt ſtürbe“,
ſagte ſie, „ſo hätte ich nur eine Sorge, die um mein Kind; aber auch
dieſe Sorge wäre noch klein, weiß ich doch, daß die Schweſtern ſich der
armen Waiſe annehmen würden.“

Die innern Wirkungen, welche die übernatürlichen Gnadenmittel
unſerer hl. Kirche in der Kranken hervorgebracht hatten, ſchienen auch
dem Leibe wohlgetan zu haben. Das Geſamtbefinden war beſſer, das
Fieber ging herunter. Bald war kein Zweifel mehr, daß Teſſadith einer
vollſtändigen Geſundung entgegen ging. Da auf einmal erſchienen die
Kabylenfrauen wieder, doch nicht, um durch eine verſtändige Pflege die
Geſundung zu befördern, ſondern um durch allerlei abergläubiſche Mittel
deren Gang aufzuhalten. „Behaltet euren Kram für euch“, ſagte Teſſa=
dith, „ich erhoffe meine Geneſung vom lieben Gott allein; auch will ich
keine andern Heilmittel, als die, welche die Schweſtern mir geben. An
denen habe ich genug!“ Dem Pater, der ſie getauft hatte, ſagte ſie eines
Tages: „Es iſt ganz offenkundig, mein Vater, daß die Sakramente
mich geſund gemacht haben. Welches Glück, ein Kind der katholiſchen
Kirche geworden zu ſein! So entging ich mit einem Male dem zeit=
lichen und ewigen Tode.“

In Vorausſicht der vielen Gelegenheiten, erzählt die Schweſter weiter,
in denen Teſſadith ihren Verfolgerinnen gegenüber die Geduld und Feindes=
liebe werde zu üben haben, ermahnte ich ſie, allen mit gutem Beiſpiele
voranzuleuchten und alle Beſchimpfungen geduldig hinzunehmen. „Sei
nur ohne Sorge, Schweſter“, ſagte ſie zu mir; „jetzt, wo der liebe Gott
ſelbſt bei mir iſt, werde ich ſchon geduldig bleiben. Ich habe nur ein
Verlangen, allen ebenſoviel Gutes zu tun, als ſie mir Übles getan haben
und alle zur Kenntnis und Liebe Jeſu Chriſti zu führen. Und wenn
die Kabylenfrauen mich noch verhöhnen ſollten, ſo werde ich ihnen zur
Antwort geben: Vergelt’s Gott und mich beſtreben, ihnen überall zu
Dienſten zu ſein.“

Die Kabylen ihrerſeits fanden das Verhalten Teſſadiths vor, wäh=
rend und nach der Krankheit ganz merkwürdig. Doch waren ſie ver=
ſtändig genug, es auf die katholiſche Religion zurückzuführen. Eine,
welche ſich ſtets am ſchlimmſten gezeigt hatte, kam zu Teſſadith und ge=
ſtand ihr folgendes: „Die Miſſionare und die Schweſtern haben dich ſo
oft beſucht. Weder Wind, noch Regen oder Schmutz haben ſie zurück=

Blick auf Tripolis vom „Serail" aus, dem Sitz des türkischen Gouverneurs.

gehalten; und ich habe dir gar keinen Dienst erwiesen, obschon ich doch
dicht vor deiner Türe wohne." — „Die Religion der Missionare", ent=
gegnete Tessadith, „ist die Religion der Liebe. Weil ihre Religion gut
ist, sind sie selbst auch gut." — „Indessen", fuhr die Nachbarin fort,
„haben sie kein Entgelt von dir zu erwarten, denn du bist arm und
kannst ihnen nichts geben." — „Nicht um etwas zu bekommen, üben
sie die Nächstenliebe, nein, alles, was sie tun, tun sie aus Liebe zu Gott."
Das mutet die Kabylenfrau ganz seltsam an. Daß man einen solchen
Beweggrund seinem Handeln zugrunde legen könne, war ihr ganz neu.
„Da müssen die Missionare und Schwestern uns Kabylen für recht böse
und schlimme Menschen halten", meinte sie ganz verschämt. „Doch nicht",
entgegnete Tessadith, „sie sagen: nicht die Kabylen sind böse und schlimm,
wohl aber ist ihre Religion übel und böse und führt zum Bösen."
Die Kabylenfrau ist wie umgewandelt. Um ihre frühere Bosheit
wieder gut zu machen, zeigt sie sich fortan recht freundlich und artig gegen
Tessadith. Doch dabei bleibt sie nicht stehen. Sie nimmt die Neube=
kehrte sofort in Schutz, sobald sich böse Zungen gegen sie erheben. All=
mählich verstummen diese. Die besonneneren Leute geben Tessadith recht
und wünschen sich den Mut, ihr zu folgen. Einer besitzt ihn. Es ist
ihr Mann Merluf. Schon seit einiger Zeit besucht er den christlichen
Unterricht und wird in Bälde zugleich mit seinen drei ältesten Kindern
die hl. Taufe empfangen. Dann zählt die Gemeinde der Beni=Ismaïl
eine zuverlässige christliche Familie mehr. Gebe Gott, daß noch viele
andere sich bekehren und den Zeitpunkt beschleunigen, wo der ganze
Stamm der katholischen Religion wieder zurückgegeben ist!   M. H.

Die Marienverehrung in Nord=Afrika in den ersten christ= lichen Jahrhunderten nach den Zeugnissen der Archäologie.

Von P. Heinrich Baurmann (Haigerloch). Pastor bonus, Trier XXII Heft 8.

Maria als Mutter der Christen.   (Fortf. u. Schluß.)

In einer zweiten Gruppe archäologischer Funde, die das Museum
zu Karthago aufweist, tritt letztere Idee noch klarer hervor. Da erscheint
Maria so recht als Fürbitterin, als Schützerin der Menschheit.
Auch diese Darstellung ist nicht neu. Bekannt sind die Bilder der
Katakomben, in denen die Mutter des Herrn als „Betende" (orans)
dargestellt wird. Mit zum Himmel erhobenen Händen steht sie da, die
Gnadengaben Gottes auf ihre Kinder herabflehend, während eine In=
schrift oder doch die Anfangsbuchstaben ihres Namens den Beschauer über
die Bedeutung des Bildes aufklären. Aehnliche Darstellungen in Mar=
mor und Mosaik hat man auch in Nord=Afrika gefunden, und obgleich
dieselben den Namenszug Mariä nicht aufweisen, so muß man in ihnen
doch nach der Ansicht De Rossi's Bilder der allerseligsten Jungfrau er=
kennen, die aus dem 5., vielleicht sogar aus dem 4. Jahrhundert stammen.
Das lehrt schon ein Vergleich mit ganz ähnlichen Darstellungen in Italien.
Einige haben in diesen orantes irgend eine heilige Frau oder aber die
Kirche sehen wollen. „Allein", bemerkt mit Recht Hergenröther, „in der

Regel sind heilige Frauen entweder durch ihre Umgebung oder durch beigesetzte Ueberschriften genau bezeichnet. Bei unserem Bilde kommt nur ernstlich die Beziehung auf die Kirche oder auf Maria in Betracht. Wie nun die Väter viele Stellen des Alten Testamentes, besonders des hohen Liedes, der Sprichwörter und Psalmen, bald auf die hl. Jung= frau, bald auf die Kirche bezogen, so konnten auch die ersten Christen dieselbe bildliche Darstellung sowohl auf die leibliche Mutter als auf die Braut des Erlösers beziehen, die mit ihr nach so vielen Richtungen hin die innigste Verwandtschaft zeigt und ebenso als unversehrte Jungfrau wie als fruchtbare Mutter der Gläubigen erscheint. . . . Wir sind also wohl berechtigt, auch sonst, wo nicht entscheidende Merkmale ein anderes erweisen, Maria in dem betenden Weibe zu erkennen." Diese Worte, die der gelehrte Kirchenhistoriker über eine Darstellung Mariens als orans in den Katakomben schrieb, scheinen auf die in Afrika gefundenen Mosaik= und Marmorbilder vollauf zu passen.

An sich lassen diese Darstellungen Mariä wieder eine doppelte Be= deutung zu. Entweder erscheint Maria dem Beschauer als betende, in Gott versenkte Erdenbewohnerin, die sehnsuchtsvoll Augen und Hände gen Himmel hebt, gleichsam ihr eigenes Sehnen nach Vereinigung mit ihrem Sohne in die Brust der Beter hinüberspielend, oder aber der Künstler wollte sie vorführen, wie sie in verklärtem Himmelsglanze die Anschauung Gottes genießt, ohne ihre Kinder auf Erden zu vergessen. Letztere Idee hat man an dem Nimbus erkennen wollen, der manchmal das Haupt der Gebenedeiten unter den Weibern umgibt. Allein, da dieser Nimbus nur in einer späteren Zeitstufe sich findet, so dürfte eine derartige Unterscheidung der Bilder und Skulpturen nach ihrer Idee sich kaum durchführen lassen.

Ganz unzweifelhaft ist die Darstellung der bittenden Jungfrau auf vielen Siegeln des 5. und 6. Jahrhunderts. Nachdem das unfehlbare Lehramt der Kirche die Gottesmutterschaft Mariä als Glaubenslehre er= klärt und Nestorius nebst seinem Anhang aus der Kirche ausgeschlossen hatte, nahm die Liebe und Verehrung der Gläubigen für Maria in allen Teilen der Kirche einen neuen Aufschwung. Da ist es denn nicht zu verwundern, wenn auch die bildlichen Darstellungen an Zahl zunahmen und sich in Inschriften und Siegeln das Vertrauen der Gläubigen zu Maria kundgab. So ist denn die Zahl der Siegel aus Blei und an= deren Metallen, in denen die allerseligste Jungfrau als Fürbitterin dar= gestellt wird, wie sie, von einem Nimbus bekrönt, betend die Hände emporhebt, ziemlich bedeutend. Häufig finden sich auf der Rückseite dieser Muttergottessiegel Inschriften, welche neben dem Namenszug des Besitzers eine Anrufung der Gottesgebärerin und damit ein deutliches Glaubens= bekenntnis des Briefschreibers enthalten. Die Briefsiegel der byzantinischen Epoche zeigen durchweg die Gottesmutter und daneben die Inschrift M H R ΘΥ, Gottesmutter. Unter den in Afrika gefundenen Siegeln findet sich bis jetzt keines, das diese im Orient so beliebte Aufschrift trägt. Die hier vorgefundenen Siegel können daher nicht aus der Zeit der oströmischen Herrschaft stammen, sondern weisen ein höheres Alter auf; man nimmt die Zeit der Vandalenherrschaft als geeignetste an.

Eine deutliche Spur der Marienverehrung erkennt man auch in der uralten Sitte, den Täuflingen den Namen Maria beizulegen. Nicht nur die Katakomben Italiens weisen Grabinschriften auf, die diesen Namen tragen. Auch in den Ruinen Karthagos finden sich solche Grabsteine. Sie zeigen, daß es auch den Christen Afrikas ein lieber Brauch war, ihren Täuflingen die Gottesmutter zur Beschützerin zu geben.

Am unverkennbarsten aber spricht sich das Vertrauen der Gläubigen zu Maria aus in der Anrufung sancta Maria, adiuva nos, die sich auf mehreren Steintäfelchen vorfindet. Eines derselben zeigt in der Mitte eine geöffnete Rose, umgeben von einem Kranze kleiner Kugeln. Oben und unten stehen die Worte sct maria ajuba nos. Je ein kleines Kreuz kennzeichnet Anfang und Schluß der Inschrift. Ist es nicht, wie wenn das Bild der geheimnisvollen Rose, das uns bekannt ist, schon im Altertum dem Künstler vorschwebte, der ein Symbol suchte für die schönste und edelste der Jungfrauen, die Königin in Gottes Blumengarten?

Den angeführten Zeugen für den Glauben an die Würde der Gottes=mutter und die Verehrung, die ihr im altchristlichen Afrika zuteil wurde, Zeugen, die jedenfalls zu den bedeutendsten ihrer Art gehören, reihen sich die archäologischen Monumente aus der Zeit der arabischen Herr=schaft seit dem 8. Jahrhundert an. Wenn die Ausgrabungen in und um Karthago anfangs so aussichtslos schienen, wenn so viele Jahre hin=durch kein steinerner Mund uns von der Marienverehrung der ersten Christen in diesem Lande sprach, das doch eine hochentwickelte christliche Kultur aufwies, wo hunderte von rechtgläubigen Bischöfen sich um ihren Metropoliten in Karthago zu Beratungen über Glaube und christliche Sitte versammelten, so liegt nicht der unbedeutendste Grund in der alles zerstörenden Kultur des Islam. Hatte schon die Herrschaft der Van=dalen vieles von dem vernichtet, was dem christlichen Herzen teuer sein mußte an ehrwürdigen Denkmalen der Vergangenheit, so suchten die Anhänger Mohammeds, nachdem sie einmal mit blutiger Gewalt ihre Herrschaft aufgerichtet und alles Christliche mit Füßen getreten, mit den Erinnerungen an die Vergangenheit völlig aufzuräumen. Die katholischen Kirchen und Heiligtümer waren bald nur noch öde Trümmerstätten und Steingruben, in denen jeder nach Belieben seinen Bedarf an Baumate=rialien sich holte. Wie manches kostbare Denkmal der Skulptur mag da spurlos verschwunden sein! Nur wenige Reste, die tief unter der Erde geborgen, der Zerstörungswut eines wilden Fanatismus entgingen, haben sich bis auf unsere Tage erhalten und werden nun mit frommem Fleiße gesammelt und in den Museen der einstigen Handelsmetropole Nord=afrikas aufgestellt. Wehmut erfaßt den Beschauer beim Anblick dieser untergegangenen Herrlichkeit, aber auch ein Gefühl dankbarer Freude, wenn er selbst in diesen Trümmerresten noch Spuren einer großen christ=lichen Zeit intensiven Glaubenslebens und besonders inniger Liebe zur Gottesmutter gewahrt. Ist doch die Liebe zur gebenedeiten Himmels=königin dem katholischen Herzen so natürlich, daß sich ohne sie ein katho=lisch fühlendes Herz nicht denken läßt. In dieser Erkenntnis liegt denn auch der Wert des unvergleichlichen Schatzes, der dort gehoben wird. Maria, die in unserem Herzen eine so hervorragende Stellung einnimmt, war auch unseren christlichen Vorfahren keine Fremde. Die Liebe und kind=

liche Verehrung zu ihr ist von jeher ein Wesensbestandteil des katholischen Glaubenslebens gewesen. Mag auch die volle Erkenntnis ihrer hohen Würde und einzigartigen Stellung in Gottes Heilsplan anfangs nur dunkel im christlichen Bewußtsein vorhanden gewesen, ihre hehren Vorzüge erst allmählich von den Vätern und Lehrern der Kirche unter Leitung des hl. Geistes im einzelnen erschlossen worden sein, die geheimnisvolle Rose blühte stets im Garten der Kirche; ihre Farbenpracht erquickte schon damals das christliche Auge, ihr lieblicher Duft entzückte das fromme Herz und regte den Geist christlicher Künstler mächtig an. Was sie im Tiefinnersten der Seele empfanden. dem suchten sie auch äußerlich Gestalt und Farbe zu verleihen und wurden nicht müde, im regen Wetteifer mit Dichtern und Denkern diejenige zu verherrlichen, die selber in rührender Bescheidenheit und unvergleichlicher Demut sich die Magd des Herrn genannt, aber auch gotterleuchtet das kühne Wort gesprochen: „Siehe, von nun an werden mich selig preisen alle Geschlechter."

Das Erstlingsopfer der innerafrikanischen Mission.[1]

Die erste Karawane.

Im Jahre 1878 sandten die Weißen Väter ihre erste Missionskarawane nach Innerafrika, um die Negerländer im Gebiete der großen Seen für unsern hl. Glauben zu gewinnen.

Am Osterfeste dieses Jahres, es war am 21. April, schifften sich zehn Missionare in Marseille ein, um nach Zanzibar zu fahren. Von dort aus wollten sie einen Vorstoß ins Innere des dunklen Erdteils wagen.

Auf der von Sklavenjägern und Handelsleuten begangenen Karawanenstraße beabsichtigten sie nach Tabora vorzudringen. Von Tabora aus sollten fünf Missionare, denen P. Pascal als Oberer vorstand, weiterziehen bis zum Tanganika=See; die übrigen fünf sollten unter Leitung des P. Livinhac auf nördlichem Wege den großen Viktoriasee erreichen.

Es war ein kühnes Unternehmen, das sich nur aus dem großen Glaubensmut jener mutigen Apostel erklären läßt. Länger als anderthalb Jahre dauerte die Karawanenreise. Im Buche des Lebens sind die unsäglichen Leiden und Mühsale aufgezeichnet, welche diese wackeren Vorkämpfer der hl. Kirche zu überwinden hatten.

Schon der Weg an sich bot sehr viele Schwierigkeiten: bald führte er über reißende Ströme, bald durch grundlose Sümpfe, bald durch die öde, wasserlose Steppe. Wagen und Zugtiere konnten nicht mitgenommen werden. Nur einige Esel befanden sich im Zuge. Alles, was man brauchte, mußte durch gedungene Träger nachgeschleppt werden. Diese Träger, meist Sklaven, die nur an die Peitsche des arabischen Sklavenaufsehers gewohnt waren, bereiteten gleichfalls durch ihre Unbot-

---

[1] Diese Erinnerungen an P. Pascals Tod in Ugogo gehen uns aus dem Kreise unserer jüngeren Mitbrüder zu. Wir bringen sie gern hier zum Abdruck, obgleich sich ähnliche Züge gar oft im Leben der Glaubensboten wiederholen.

mäßigkeit den Missionaren manche Schwierigkeit. Zuweilen verschwan=
den sie scharenweise bei nächtlichem Dunkel mitsamt ihren Lasten.

Im Dickicht der Wälder lauerten die Wilden der Karawane auf,
überfielen plötzlich eine ungedeckte Abteilung, metzelten die Träger nieder
und bemächtigten sich ihrer Lasten. In jedem größern Dorfe mußte man
dem Häuptling Geschenke geben und sich durch unerschwinglich hohe
Summen den Durchzug erkaufen.

Dabei setzten die Ueberanstrengungen und das tropische Klima der
Gesundheit der Glaubensboten arg zu. Das Reisezelt glich fast beständig
einem Lazarett. Die Patres sahen es als eine besondere Gunst des
Himmels an, daß stets wenigstens einer mehr oder weniger gesund war,
um die andern zu pflegen und ihnen die großen Gedanken des
Glaubens in Erinnerung zu rufen.

Dem besondern Schutze des Himmels war es auch wohl zuzu=
schreiben, daß von den zehn Missionaren nur einer den Strapazen der
Reise erlag. Nur einer war ausersehen, das große Werk der inner=
afrikanischen Heidenmission durch das Opfer seines Lebens einzuweihen.
Es war P. Pascal, einer der beiden Obern.

Tod in der Wildnis.

Das Tagebuch der Missionare hat uns über das Leben, die Krank=
heit und den Tod des P. Pascal folgende rührende Züge übermittelt.

Montag, 12. August. Seit einigen Tagen wächst die Zahl unserer
Kranken.

Mittwoch, 14. August. P. Pascal hat eine sehr schlechte Nacht
verbracht; er hat fast beständig Fieber; doch erträgt er seine Leiden
mit himmlischer Geduld und Heiterkeit.

Donnerstag, 15. August. Wir feiern nach bestem Können das Fest
Mariä Himmelfahrt. Zum erstenmale seit Erschaffung der Welt erschallt
Mariens Lobgesang inmitten der Wälder Aequatorial=Afrikas. Dieser
Gedanke erfüllt uns mit heiliger Freude.

Wir empfehlen Maria, dem Heile der Kranken, in besonderer
Weise die baldige Genesung unsers Mitbruders. . . .

Freitag, 16. August. P. Pascal wird schwächer und schwächer.
Wenn man ihn anredet, antwortet er oft unzusammenhängendes Zeug. —
Die neugierigen Eingeborenen belagern uns hier wie überall. Sie
kommen in die Zelte, gaffen den kranken Pater an, ohne aber seine
Liebenswürdigkeit und Geduld auch nur einen Augenblick trüben zu
können; sie hocken so nahe um einen herum, daß man kaum einen
Schritt machen kann; mit ihren Blicken verfolgen sie unsere geringsten
Bewegungen und suchen sie nachzuahmen. Über alles und jedes müssen
sie lachen. Indessen glaube ich kaum, daß sie das tun, um sich über
uns lustig zu machen. Es sind halt Wilde, und sie betragen sich wie
richtige Wilde, denen es gar nicht in den Sinn kommt, daß sie uns
lästig fallen könnten.

Samstag, 17. August. P. Pascal hat wieder eine sehr schlechte
Nacht hinter sich. Er lag beständig in Fieberträumen. Als man auf=
brach, wollte er sich trotz seines elenden Zustandes durchaus nicht in
der Hängematte tragen lassen, sondern diese Annehmlichkeit einem Mitbruder

überlassen, der gleichfalls krank ist; er selbst wollte absolut seinen
Esel besteigen.

Nach zweistündigem Marsche kamen wir in das Gebiet von Mu=
kondoku, die volkreichste Gegend des Landes Ugogo. Unsere Ankunft
brachte natürlich wieder alles auf die Beine. Allein man gewöhnt sich
allmählich an den Lärm und kümmert sich weiter nicht darum. Nur
muß man alle Lasten, selbst die geringsten, im Auge behalten, um den
Besuchern nicht Versuchung zu bieten, die Kisten zu stehlen.

P. Pascal ist äußerst schwach; alle Zeichen weisen auf eine bevor=
stehende Krisis hin.

Der Marsch geht nur langsam voran, denn in jedem Dorfe läßt
man uns zwei bis drei Tage warten, um den „Hongo", d. i. den
Durchgangstribut, zu entrichten.

Es fehlt uns gänzlich an den hunderterlei Sachen, welche einem
Kranken Zerstreuung, Freude, Erleichterung und Heilung bringen könnten.

Sonntag, 18. August. Wir beginnen diesen Tag und diese Woche
mit dem Opfer der hl. Messe und weihen sie dadurch dem lieben Heiland.

Die für den Tanganika bestimmten Missionare machen zusammen
ein Gelübde, um von Gott die Genesung ihres guten Obern, des
P. Pascal, zu erflehen. P. Pascal selbst zeigt sich vollkommen ergeben.
Die Ergüsse seiner kindlichen Frömmigkeit sind wirklich rührend. In
den lichten Augenblicken, die ihm die böse Krankheit läßt, bringt er
Gott dem Herrn immer wieder sein Leben zum Opfer dar und ermahnt
uns zur Unterwerfung unter Gottes hl. Willen.

Dem Vezir, der dem hiesigen König zur Seite steht, haben wir es
zu verdanken, daß wir die vielen Plackereien vermeiden, denen wir uns
bei den übrigen Häuptlingen von Ugogo unterziehen mußten, um Durch=
laß zu erlangen. Ein kleines Geschenk, das wir gleich anfangs dem
König gemacht, hatte uns seine Gunst und Gnade erworben. —

Lebensmittel finden wir in Menge, aber in geringer Auswahl.

Montag, 19. Aug. Obwohl der „Hongo" schon gestern entrichtet worden
ist, bleiben wir doch noch im selben Lager; denn unsere Karawane muß
sich für die folgenden Tage mit Lebensmitteln versehen. Uebrigens wäre
es P. Pascal unmöglich, die Reise fortzusetzen. Er ist derartig schwach,
daß wir jeden Augenblick befürchten, er möge sterben. P. Pascal weiß
es auch selbst recht wohl, wie gefährlich es um ihn steht, und er hat
uns seine letzten Wünsche übergeben an seine Obern, seine Eltern und
seine Mitbrüder. Er opfert Gott den Schmerz auf, daß er so weit ent=
fernt von ihnen sterben müsse. Wenn man ihn anredet, gibt er stets in
der erbaulichsten Weise Antwort.

Nachmittags spendet P. Livinhac dem lieben Kranken die Sterbe=
sakramente und betet die Sterbegebete. Es scheint, daß unser teurer
Obere nur noch auf diese letzten Segnungen der hl. Kirche wartete, um
dann diese Erde zu verlassen. Um 1/2 4 Uhr verschied er.

Auf einer Matte unter dem Reisezelt liegend, schien er einschlafen
zu wollen, und er entschlief in Wirklichkeit mit der Ruhe und Freude
eines Heiligen, schlief den Schlaf des Friedens in den Armen seines
Heilandes. Er ist gestorben, indem er sein Leben für die Mission auf=
opferte, nach der er sich so sehr gesehnt hatte.

Wir konnten unsern Augen nicht glauben. Und doch hatten wir ihn alle Tage leiden sehen, hatten die steigende Verschlimmerung der Krankheit beobachtet; aber wir konnten und wollten uns nicht an den Gedanken gewöhnen, er könne sterben. Wir hatten immer noch gehofft,

der liebe Gott würde ihn der zu gründenden Mission erhalten. Doch
der Herr hat es anders gefügt. Sein Wille geschehe! Uns bleibt als
Trost der Gedanke, daß P. Pascal vom Himmel aus fortfahren wird,
über das Werk zu wachen, das er noch so gerne hier auf Erden
vollendet hätte. Die Fürbitte eines so heiligmäßen Priesters, wie P. Pascal
es gewesen, wird uns alle notwendigen Gnaden erlangen, besonders die
Gnade, in der rechten Weise zu leiden und Seelen zu gewinnen. Wir
haben nur den einen Wunsch, in seine Fußstapfen zu treten, und das
haben wir unserm göttlichen Meister auch versprochen an der Bahre
unseres lieben, verehrten Mitbruders.

Der gute P. Pascal wartete auf seinen Tod. Er mußte wohl
darüber eine Offenbarung gehabt haben. Wenn man ihm etwas zu
trinken reichte, sagte er zu wiederholten Malen: „Ach, es ist ja unnüß,
es ist ja doch bald aus mit mir!" Seinem Beichtvater, P. Livinhac,
kündigte er die Stunde seines Hinscheidens im voraus an. Auf die
Frage, wie er das wisse könne, antwortete er einfach: „Da fragen Sie
mich zuviel."

Armer Mitbruder! Von Beginn der Reise an hat er uns stets er=
baut durch seine Milde, seine Geduld und seinen Glaubensgeist. Wahr=
lich, er war am würdigsten, das Erstlingsopfer zu werden für dieses
arme Land!

An der Bahre des Missionars.

An der Bahre unseres väterlichen Obern dachten wir immer wieder
an seinen heiligen Lebenswandel und bewunderten darin das stille Wirken
Gottes. Einige der erbaulichsten Züge aus seinem Leben tauchten stets
wieder in der Erinnerung auf. Die Grundzüge des Tugendlebens
P. Pascals waren Klugheit, Demut, Liebe. Jedes Wort, das man
von ihm hörte, atmete äußerste Selbstverleugnung. Niemals war er
glücklicher, wie wenn er Gelegenheit fand, sich in den Augen anderer zu
erniedrigen. Seine Freude war es, allen, und besonders Armen und
Kranken, die niedrigsten Dienste zu erweisen.

Eines Tages traf er unweit von Geryville (Oran, Algerien) ein
armes Kind der Eingeborenen, dessen ganzer Körper sozusagen nur eine
schreckliche Wunde bildete. Das arme Wesen war von allen verlassen,
selbst von seinen Eltern. Der gute Pater aber entsetzte sich nicht davor,
er nahm es, trug es in seine Wohnung und war glücklich, wie er selbst
sagte, dergleichen Kranke aus Liebe zu Christus zu pflegen. Das Uebel
war selbstverständlich zu schwer, um geheilt werden zu können. Aber
durch seine mütterliche Sorge erleichterte der Pater dem armen Geschöpf
die letzten Lebenstage. Ja, er tat noch mehr, er gewann des Kindes
Herz. Das Beispiel der barmherzigen Liebe öffnete dem Kleinen die
Augen für das Licht des Glaubens, und wenn auch der Pater ihm
das irdische Leben nicht erhalten konnte, so hat er ihm doch die Freuden
des himmlischen Lebens vermittelt.

In ebenso rührender Weise zeigte sich sein liebevolles, mitleidiges
Herz, als er an der Wallfahrtskirche Unserer lieben Frau von Afrika
(Algier) angestellt war. Tag und Nacht stand er dort allen zu Diensten,
bereit, sich auf den ersten Ruf jedem hinzugeben. Seine mildtätige

Liebe ging so weit, daß er sich selbst vollständig beraubte. Dafür zwei Beispiele.

An einem Festtage hatte einer der arabischen Waisenknaben keine frische Wäsche anlegen können, denn die Missionare waren damals zu arm, um auch nur das Allernötigste beschaffen zu können. Pater Pascal hatte es bemerkt. Sogleich lud er den Knaben ein, mit ihm zu kommen und gab ihm eines seiner Hemden. „Nun geh und ziehe dieses Hemd an", sagte er ihm, „aber laß es ja niemanden merken, und vor allem sag' nichts davon." Man kann sich wohl denken, daß der junge Araber das Geheimnis nicht bewahrte. Als nun ein Mitbruder dem P. Pascal gegenüber äußerte, er müsse wohl sehr reich sein, um solche Geschenke zu machen, antwortete er lächelnd: „O, ich habe d r e i Hemden, da kann ich doch sehr gut e i n e s um der Liebe Christi willen fortgeben."

Ein andermal kam zu ihm ein Bettler aus Algier und bat um Almosen. Er traf den P. Pascal gerade, wie er das Haus verließ, um in der Wallfahrtskirche die Pilger Beichte zu hören. Geld hatte der Pater nicht. Aber er wollte doch nicht an einem Armen vorübergehen, ohne ihm geholfen zu haben. Denn sein lebendiger Glaube sah in dem Armen Jesus selbst lebend und leidend. Rasch ging er zurück in seine Zelle, nahm zwei Bettücher und gab sie dem Armen. Es war das einzige Paar Leintücher, das er besaß, denn für gewöhnlich benutzen die Missionare nur einfache Wolldecken. Als der Bettler fortging, wurde er bemerkt, und man setzte ihm nach, im Glauben, er habe die Tücher gestohlen. Er erzählte nun, wie er zu seinen Leintüchern gekommen sei, und P. Pascal wurde herbeigerufen und mußte die Aussage des Bettlers bestätigen. Als der Obere ihn daraufhin wegen seiner verschwenderischen Freigebigkeit tadelte, erwiderte er in seiner aufrichtigen, schlichten Weise: das einzige Opfer, das ihn diese Wohltat gekostet habe, liege darin, daß er die beiden Bettücher von seiner lieben Mutter erhalten habe.

Als P. Pascal noch an der Missionsschule zu St. Laurent in Frankreich wirkte, fand man heraus, daß er in den kalten Winternächten aus Abtötung auf den nackten Dielen ohne Decken schlief. In Staunen darüber bemerkte ihm einst ein Mitbruder: er habe einen Strohsack und zwei Decken und könne trotzdem kaum schlafen, ohne vor Kälte zu zittern. Die bescheidene Antwort des Pater Pascal lautete: „Da sind halt unsere Naturen verschieden. Ich habe kein Verdienst dabei!"

Der Mut des P. Pascal war ebenso hervorragend wie seine Selbstverleugnung und Nächstenliebe. Eines Tages benachrichtigte man ihn, daß zwei Araber in heftigen Streit geraten seien und sich zu töten drohten. Er eilte herbei und fand die beiden, das Messer in der Hand, bereit, einander zu erstechen. Er warf sich zwischen sie; dann wandte er sich an denjenigen, der am wütendsten zu sein schien und rief auf arabisch: „Töte m i c h, wenn du Mut dazu hast!" Vor solchem Heldenmut wichen die Eingeborenen zurück, und der unerschrockene Missionar umarmte sie vor Freude.

Das Grab im Urwald.

Diese Erinnerungen, diese Gedanken zogen an meinem Geiste vor=
über, als wir bei unserm teuren Verstorbenen die Totenwacht hielten.

Mit Rücksicht auf die abergläubischen Vorstellungen der Wilden,
in deren Lande wir uns befanden, die sicherlich wegen dieses Todes=
falles einen hohen Tribut von uns verlangt hätten, beschlossen wir nach
gemeinsamer Beratung, die Leiche unseres verehrten Obern über die
Grenze von Ugogo zu schaffen und sie in dem weiten Urwald, der dort
hinter der letzten Ebene dieses Landes seinen Anfang nimmt, zu bestatten.
Um das in Ruhe und Frieden tun zu können, warteten wir das
Dunkel der Nacht ab. Alsdann versammelten wir uns noch einmal an
der Bahre unseres Mitbruders, um ein letztes Gebet zu verrichten. Dann
brach ein Pater in Begleitung von acht Bewaffneten und zweier landes=
kundiger Führer auf und trugen die teure Leiche fort.

Das war ein Schauspiel von ergreifender Feierlichkeit, der stille
Abzug dieses kleinen Leichenzuges, der sich bald im Dunkel verlor. Sie
kamen ohne ernstlichen Zwischenfall durch.

Noch vor Tagesanbruch überschritten sie die Grenze von Ugogo und
drangen 7—8 km tief in den Urwald ein. Dort begruben sie P. Pascal.
Dort inmitten friedlicher Stille ruht unter einem einfachen Holzkreuze die
sterbliche Hülle unseres heiligmäßigen und hochverehrten Mitbruders und
wartet der Stunde der Auferstehung.

Dienstag, 20. August. Wir bringen das hl. Meßopfer dar für
P. Pascal, das erste Opfer der Mission in Aequatorial=Afrika.

Gegen 6 Uhr morgens brechen wir das Lager ab und erreichen
nach einer Marschstunde das letzte Dorf von Ugogo.

Beim Morgenappell vermissen wir drei Träger. Sie sind wohl
während der Nacht entflohen.

Nachmittags erscheinen drei Häuptlinge und beschuldigen uns, wir
hielten in unsern Zelten die Leiche eines unserer Mitbrüder verborgen.
Wir leugnen es, und zum Beweise fordern wir sie auf, alle Zelte nach=
zusuchen. Sie weigern sich dessen und fordern hartnäckig 50 doti, Stoff.
Wir verhandeln lange hin und her, alles umsonst. Zweifelsohne haben
unsere Flüchtlinge den Tod des P. Pascal verraten. Schließlich gibt sich
der Sultan mit 39 doti und 3 Rollen Kupferdraht zufrieden.

*   *   *

Soweit das Tagebuch der Missionare.

Als Kardinal Lavigerie, der Stifter der Weißen Väter, von dem
Tode des P. Pascal hörte, war er weit entfernt, sich darob zu be=
trüben, sondern er schien von heiligem Stolz erfüllt. In einem Briefe
vom 26. Dez 1880 sagt er, er schreibe den Namen des P. Pascal mit
jener Ehrfurcht, wie man in den ersten Zeiten der Kirche die Namen der
Bekenner und Martyrer niederschrieb. P. Pascal, wie auch die übrigen
Missionäre hätten alles erduldet, was Martyrer erdulden können: Krank=
heit, Hunger, Todesangst, Nachstellung. Man könne von ihm sagen,
was die Kirche dem hl. Martinus zuruft: Er hat die Märtyrerpalme
errungen, ohne vom Schwerte des Verfolgers hingerafft zu sein.

„Ich schreibe diese Zeilen", so heißt es weiter in demselben Briefe,
„gerade am Feste des hl. Stephanus. Die Kirche ehrt diesen Heiligen

in ganz besonderer Weise, vorzüglich deshalb, weil er ihr erster Mar=
tyrer ist. P. Pascal ist gleichfalls das auserlesene Erstlingsopfer. Er
war trotz seiner Jugend ein vollendeter Heiliger. Er ging ganz auf in
Demut, Liebe und englischer Reinheit. Der Eifer verzehrte ihn. Er
hat sterben müssen wie Moses, bevor er das Land erreicht, nach dem
er sich so sehr gesehnt."

Ein ehrendes Zeugnis für den schlichten Missionar. Es ist, wie
der Kardinal selbst sagt, eine letzte Hand voll Blumen, die er als Zeichen
seiner väterlichen Liebe ausstreut auf das Grab seines geliebten Sohnes,
auf das Grab eines Martyrers christlicher Liebe, der gefallen ist als
Erstlingsopfer der innerafrikanischen Mission.   F. St.

Schwester Luise von Eprevier aus der Gesellschaft der Weißen Schwestern.

(Ein Lebensbild aus der neueren Missionsgeschichte.)
Von P. Matthias Hallfell.   (Fortsetzung.)

5. Die Gottesbraut.

Freitag, den 25. März 1887, fand in der Kirche U. L. Frau
von Afrika zu Algier vor einer frommen Volksmenge eine
rührende Feier statt, die Einkleidung einer Missionsschwester.
Dem Leser des ,Afrikabote' ist die Postulantin, welche an
diesem Tage den Schleier nahm, keine unbekannte Persönlichkeit:
es ist die Verfasserin des Briefes über die Mission in Kabylien.

Die Einkleidung dieser Missionsschwester erregte die allgemeine Neu=
gierde in ganz besonderem Maße; denn man wußte, sie verzichtete um
den Preis der Aufnahme in eine Kongregation, wo so viele Leiden ihrer
warten, auf alles irdische Glück und alle weltlichen Hoffnungen, zu welchen
ihre hochedle Geburt sie berechtigte. Die allgemeine Aufregung steigerte
sich noch, als man vernahm, daß die Mutter des Fräulein Luise von Eprevier,
eine edle, seelenstarke Christin, selbst dem Opfer ihrer Tochter beiwohnen
werde, sowie auch ein Bruder der Postulantin, ein aktiver Offizier, der
seine Schwester bis zu den Stufen des Altares begleiten wollte, an
welchem er selbst, wie ein Ritter vergangener Zeiten in der Frühe die
heilige Kommunion empfangen hatte.

Se. Eminenz der Kardinal Lavigerie in eigener Person führte den
Vorsitz bei dieser Feier, zu welcher außer den Weißen Schwestern, bei
welchen Frl. Luise eintreten sollte, Deputationen fast aller Ordensge=
meinden Algiers und eine solche Menge frommer Gläubigen herbei=
eilt waren, daß die geräumigen Hallen der Kirche U. L. Frau von
Afrika nicht alle zu fassen vermochten. Sr. Eminenz assistierten sein
Koadjutor, Msgr. Dusserre, Erzbischof von Damaskus, seine General=
vikare und die Weißen Väter, welche das ganze Chor anfüllten.

Die Gesänge wurden durch die hundertzwanzig Zöglinge der Aposto=
lischen Schule mit einem solchen Ausdrucke des Glaubens und der
Frömmigkeit ausgeführt, daß mehr als einmal sich aller Augen mit Tränen
füllten.

Wir verbreiten uns nicht weiter über die gewöhnlichen Zeremonien einer Einkleidung; dieselben sind unseren Lesern bekannt; wir vermerken

Hochw. Herr Bischof Jos. Sweens auf der Reise nach Ruanda.

nur, was der Einkleidung einer Missionsschwester U. L. Frau von Afrika ihren besonderen Charakter aufprägt.

Zu Anfang der heiligen Handlung wurde die Litanei von den afri=
kanischen Heiligen gesungen. Nach den gewöhnlichen Anrufungen der
allerheiligsten Dreifaltigkeit, der seligsten Jungfrau Maria, der Mutter
von Afrika, wandte man sich an die großen Heiligen der alten afrika=
nischen Kirche: „Heiliger Cyprianus, — bitte für sie! Hl. Augustinus,

— bitte für sie!" Besonders jedoch beteten Klerus und Volk für die Einzukleidende zu den hl. Frauen von Afrika: „Hl. Perpetua — bitte für sie! Hl. Felicitas, — bitte für sie! Hl. Monica, — bitte für sie! Hl. Marciana, — bitte für sie!" und nach jeder Bitte fiel das ganze Volk ein: „Alle Heiligen von Afrika, — bittet für sie!"

Inzwischen begaben sich die Missionsschwestern prozessionsweise unter Vorantritt der Novizen in den Saal des Schwesternhauses, nahe bei der Kirche, wo die Postulantin in Brautkleidung sie erwartete.

Die ehrwürdige Mutter Oberin trat zu derselben und redete sie an: „Meine Tochter, der Bräutigam kommt Ihnen entgegen, um Sie auf den Weg der religiösen Vollkommenheit und des Apostolates unter den afrikanischen Ungläubigen zu führen. Wollen Sie ihm folgen? Wenn Sie ihm auf dieser Welt nachfolgen, werden Sie in der andern seiner Seligkeit und Glorie teilhaftig werden."

Die Postulantin antwortete auf den Knieen: „Ehrwürdigste Mutter, dies wünsche ich von ganzem Herzen." Darauf hob die Oberin sie an der Hand auf und folgte mit ihr der Prozession. Die Postulantin bildete, eine brennende Kerze in der Hand, den Schluß; sie hatte zu ihrer Rechten und Linken die Novizenmeisterin und deren Stellvertreterin.

Im Chore angelangt, kniete sie an dem für sie bestimmten Platze nieder, und der ehrwürdige Kardinal, welcher in bischöflichem Ornate die Zeremonie der Einkleidung vornahm, frug sie: „Meine Tochter, was wünschest du?"

„Die Barmherzigkeit Gottes, Eminenz, und die Gnade des religiösen und apostolischen Kleides."

Der Offiziant antwortete: „Deo gratias!"

Danach wandte er sich zum Altare und intonierte, auf der untersten Stufe niederknieend, das „Veni Creator", welches der Chor fortsetzte.

Nach dem „Veni Creator" bestieg P. Defour, Superior der PP. Jesuiten in Algier, die Kanzel und erklärte in frommen, beredten Worten das Wesen und die Pflichten des Ordenlebens und die symbolische Bedeutung der Einkleidung, welche er in einem glücklichen Vergleiche dem Geheimnisse, dessen Feier man am selben Tage beging, gegenüberstellte: er zeigte, wie der Sohn Gottes sich mit unserem Fleische umgab, um uns zu gestatten, daß wir dereinst das Kleid seiner göttlichen Herrlichkeit tragen, wenn wir uns ihm ohne Rückhalt weihen, so wie dies im apostolischen Leben geschieht.

Dann redete er die Postulantin selbst an und beglückwünschte sie, weil sie, auf Adel, Reichtum und allen Glanz der Welt verzichtend, das arme und demütige Ordenskleid gewählt habe. Ebenso richtete er einige Worte voll väterlicher Zuneigung an den jungen Offizier, einen früheren Jesuitenzögling, der nahe bei dem Altare stand, und erhob den Opfersinn der verehrungswürdigen Mutter.

Zum Schlusse wandte er sich an die Schwestern: „Und ihr, liebe Schwestern, ihr lebtet bis heute in Verborgenheit und Sammlung, um euch allmählich auf eure erhabene Mission, das Apostolat auf dieser afrikanischen Erde, vorzubereiten. Doch, nun werdet ihr euch entwickeln, ihr werdet wachsen und aller Blicke auf euch lenken im Dienste einer Mission, welche der Heldenmut von Uganda's Martyrern vor der gesamten Christenheit mit Ruhm bedeckt hat. Dafür bürgt euch das heroische Opfer, welches eure neue Schwester bringt, indem sie mit Hilfe der göttlichen Gnade heute euer Leben der Leiden, der Selbstverleugnung und Armut wählt."

Die ganze Versammlung war durch diese Predigt aufs tiefste gerührt.

Nun segnete der Offiziant die Ordenskleider der Postulantin, und damit spielte sich die ergreifendste Szene bei der Einkleidung einer Missionsschwester ab. Seit dem Beginne der Feier befand sich auf dem Altare ein großes Kruzifix mit den blutigen Wundmalen und daneben eine Dornenkrone. Ehe die Postulantin die Kirche verließ, um das weiße Kleid der Missionsschwestern anzulegen, kniete sie noch in ihrer Brautkleidung am Fuße des Altares nieder.

Der Kardinal reichte ihr das Kruzifix mit den Worten: "Dies ist das Bild dessen, welcher dein Bräutigam sein wird, dessen Kreuz du täglich wie die Apostel tragen mußt, willst du in Wahrheit dein Leiden mit dem seinigen vereinigen und arbeiten zu seiner Ehre, zu deiner Vervollkommnung und zum Heile der Seelen."

Dann setzte er der Postulantin die Dornenkrone aufs Haupt und fügte bei: "Du bist die Braut eines dornengekrönten Königs, doch wisse, trägst du würdig diese Krone, so wird sie dereinst sich verwandeln in eine Krone der Glorie."

Die Postulantin kehrte, das Kruzifix in den Armen und die Dornenkrone auf dem Haupte, zu ihrem Platze zurück, während der Chor die Antiphon sang: "Ich verachtete den Glanz der Welt und alle vergängliche Herrlichkeit aus Liebe zu Jesus Christus, meinem Herrn."

Der Kardinal hatte unterdessen die Kanzel bestiegen und richtete als Vater an seine Tochter eine herrliche Ansprache, aus der auszugsweise folgendes mitgeteilt sei:

"Meine liebe Tochter!

"Eine beredte und fromme Stimme sprach soeben über die Heiligkeit deines Berufes. Ich komme hierauf und auf die allen Ordensleuten gemeinsamen Pflichten nicht mehr zurück. Ihr erster Zweck ist für alle die eigene Heiligung, oder, um mich so auszudrücken, die Umgestaltung ihrer Mitglieder. Denn erst, wenn sie so geheiligt sind und gewissermaßen Jesum Christum angezogen haben, können sie erfolgreich am Heile der Seelen arbeiten.

"Aber die Zeremonie, die ich soeben vorgenommen habe, und der Zustand, in dem ich dich jetzt sehe, drängen mich, dir in kurzen Worten den besondern Charakter deines Berufes und jenen der Kongregation zu schildern, in welche du eintreten willst.

"Zu dem Brautkleide, dem Zeichen deiner keuschen Verlobung, sind jetzt noch die Sinnbilder deiner mystischen Vereinigung mit dem Bräutigam getreten: In den Händen trägst du sein Bild und auf dem Haupte die Krone seines Reiches. Doch sein Bild ist blutbefleckt, und seine Krone ist für dich eine Dornenkrone.

"Was bedeuten diese Sinnbilder?

"Um das wohl zu erfassen, meine liebe Tochter, erinnere dich, daß die Braut das Leben ihres Gemahls teilen, daß sie ihm gleich werden, oder, um mich der bezeichnenden Worte des Heiligen Geistes zu bedienen, daß sie ‚mit ihm eins sein' muß. Darum boten meine Hände dir ihn wundenbedeckt, ans Kreuz geheftet, die Hände und Füße durchbohrt von Nägeln, die Seite geöffnet durch eine Lanze, das Haupt zerrissen durch die Dornenkrone. Und alles dieses leidet er aus Gehorsam und Liebe.

„Das Kreuz und die Krone, welche du soeben empfangen hast, bezeichnen also sichtbarer Weise den Geist des freiwillig von dir gewählten Berufes.

„Denn auch du, meine Tochter, mußt, willst du dem Bräutigam in deinem Berufe nachfolgen, seinem Beispiele getreu alle Opfer und Leiden schon im voraus auf dich nehmen: das Opfer der Gewohnhei= ten, welche du von Kindheit an angenommen hast in einem Leben, das alle dir angenehm zu machen suchten; Opfer in den Entbehrungen, die deiner warten, und die du bereits kennen lerntest, als du wie die ärmsten Wilden auf bloßer Erde schliefest, dich mit einer groben Nahrung begnügtest und allen Unbilden eines oft mörderischen Klimas dich aus= setztest; Opfer in den Krankheiten, in einem frühzeitigen Tode: und was dich noch tiefer und schmerzlicher berührt, das Opfer deiner heiligsten Gefühle, denn um Jesu würdig zu sein, hast du sein Wort befolgt, welches er als Bedingung solcher Ehre hinstellte, als er im Evangelium sagte: ‚Wer Mutter oder Bruder mehr liebt als mich, ist meiner nicht wert.'

„Das Opfer bis zum Tode ist also das erste Beispiel, welches dir dein Bräutigam gibt für das apostolische Leben, das du auf seinen Ruf gewählt hast. Er gibt dir noch ein anderes, eindringlicheres, es ist die Liebe zu den Seelen, die Liebe zu denjenigen, die in ihren Qualen um Verzeihung bitten und um das Ende ihrer Leiden.

„Das Institut, in welches du eintrittst, ist aus dieser Liebe her= vorgegangen, aus der Liebe zu dem ungläubigen Afrika, auf dem noch so schwer der Erbfluch lastet.

„Gebeugt unter das Joch der Unmenschlichkeit, der Unwissenheit, der Menschenfresserei und Sklaverei, bildet Afrika seit Jahrhunderten gleichsam die irdische Hölle für die Schwachen.

„Die Frau ist dort hilflos jeder Grausamkeit von seiten der rohen Gewalt preisgegeben. Man verkauft sie in ihrer Jugend; man entreißt ihr, ist sie Mutter, mit Gewalt ihre Kinder; sie allein ist mit den härtesten Arbeiten belastet, und im Alter stirbt sie unter den Schlägen. Und diese Welt bildet nicht die Grenze ihrer Leiden. Ihre Erniedrigung und die daraus entspringende Unwissenheit und Verderbtheit lassen uns für sie selbst keine Hoffnung auf das jenseitige Leben. So wie also der auf der Welt ruhende Fluch Jesum in seiner unermeßlichen Liebe auf dieses Kreuz, dessen Bild du trägst, hinstreckte, so ist es die Liebe, das Mit= leid für unser barbarisches Afrika, welches deine Schwestern und dich selbst antreibt, dich ans Kreuz anzuschließen, um Afrika eines Tages zu retten.

„Ihr erhebt euch in dieser neuen Genossenschaft, um hinzugehen und seine Apostel zu werden.

„Frauen=Apostel! Ihr wollt sie der Kirche sein nach dem Beispiel der heiligen Frauen, die unserem Heilande während seines irdischen Lebens folgten und nach seinem Tode seinen Namen verkündeten durch ihren Glauben, ihre Liebe, ihr Beispiel. So gehet denn, liebe Schwestern, zu den Frauen Inner=Afrika's im Namen des Vaters und des Sohnes und des Heiligen Geistes. Erleuchtet sie durch euer Beispiel, gewinnet ihre Herzen durch eure Nächstenliebe, belehret sie durch eure Worte!"

Nach dieser Ansprache wurde die Postulantin, wie bei ihrem Eintritte, in Prozession durch die Schwestern ihrer Kongregation aus der Kirche in den Saal geleitet, wo sie das Ordenskleid anlegte. Darauf erschien sie wieder, in Ordenstracht, noch immer mit dem Kruzifixe und der Dornenkrone, und kniete am Altare nieder, während der Chor den 83. Psalm sang: „Quam dilecta tabernacula tua, Domine!"

Alsdann wandte sich der Kardinal an die Postulantin und gab ihr an Stelle ihres weltlichen Namens einen neuen: „Meine Tochter, um dich durch nichts an die Welt zu erinnern, vergissest du deinen Namen und das Haus deines Vaters und nennst dich in Zukunft ‚Schwester Maria Claver‘, im Namen Jesu Christi."

Zum Schlusse der feierlichen Handlung stimmte der Chor das „Te Deum" an.

Zum Schlusse sei noch ein rührender Zug erwähnt. Wegen Ueberfüllung der Kirche hatten viele Personen nicht eintreten können. Darunter befanden sich spanische, italienische und maltesische Frauen. Als die Novizin in Prozession von ihren Mitschwestern aus der Kirche zum Schwesternhause zurückgeleitet wurde, ließen es sich jene guten Frauen nicht nehmen, sich hinzuzudrängen, um die neue Schwester zu beglückwünschen und deren Kleider zu küssen. (Fortsetzung folgt.)

Rast vor dem Zelte (Hochw. Bischof Sweens).

Empfehlenswerte Bücher und Zeitschriften.

Neues Leben. Ein bilderreiches Übungs= und Gebetbüchlein für Erstkommuni=
kanten, zugleich zu wiederholter Erneuerung des geistlichen Lebens für jeder=
mann. Von Friedrich Beetz. Zweite Auflage. Mit 58 Bildern. 12⁰
(VIII u. 428). Freiburg 1910, Herdersche Verlagshandlung. Geb. *M* 2.20 und
M 2.70.

Ein vorzügliches Exerzitienbüchlein für Kinder, genau nach der
Methode des hl. Ignatius; etwas Neues und Originelles. Einfache, leichtfaßliche
Sprache — meist kurze Sätze —, Darstellung der religiösen Wahrheiten in Gleich=
nissen und Erzählungen, wie es ja auch die Lehrweise des göttlichen Kinderfreundes
war, treffliche in den Text eingeschaltete Bücher machen das Büchlein dem Kinde
interessant. Wie tief ergreifen die alten, ewigen Wahrheiten in neue Form ge=
bracht! ... Jenen Priestern, die in Klöstern oder religiösen Anstalten unterrichten,
kann das ‚Neue Leben‘ nicht genug empfohlen werden, aber auch den Katecheten
der öffentlichen Schulen wird es bei der Erstkommunion und überhaupt bei dem
Unterrichte vor jedem Sakramentenempfang vorzügliche Dienste leisten, da man
gute Reuemotive, Belehrungen über die letzten Dinge u. dgl. darin findet.
(Christlich=pädagogische Blätter, Wien 1910, 2. Heft.)

Die Religion der Naturvölker. Von Mgr. A. Le Roy, Bischof von Alinda,
Generaloberer der Väter vom Heiligen Geist. — Von der französ. Akademie
preisgekröntes Werk. Autorisierte Übersetzung aus dem Französischen von
G. Kierlein, Pfarrer. 551 Seiten. *M* 4.20. Rixheim i. Els., Sutter & Co., 1911.

Das vorliegende Werk wiegt nach P. A. M. Weiß zehn andere auf; P. W. Schmitt
empfiehlt es allen Missionaren (Anthropos IV, S. 828), und die franz. Akademie
hat das Buch mit einem Preise ausgezeichnet. Wir heben deshalb nur hervor,
daß hier ein Mann von der geistigen Bedeutung des Generalobern der Väter vom
hl. Geist zu uns spricht, ein Mann, der erst nach zwanzigjährigem Aufenthalt in
Afrika und nach ernstem Studium der einschlägigen Fachliteratur an diese äußerst
schwierige Frage herangetreten ist. Das Buch gibt Aufschluß über eine Reihe
wahrhaft brennender Fragen und zwar in meisterhafter, klarer, übersichtlicher Form.
Es ist ein Genuß, dem Verfasser zu lauschen und der herrlichen Synthese zu folgen,
in der all die verwickelten Fragen, die das Buch der Lösung näherbringt, wie in
einem überwältigenden Schlußakkord ihren Abschluß und ihre Krone finden. Das
Buch ist jedem Gebildeten zu empfehlen; jeden interessiert dieser Gegenstand, jeder
kann aus dem Werke reiche Belehrung und Erhebung schöpfen. M. D.

Lourdesrosen. Illustrierte Monatsschrift zur Verehrung der seligsten Jungfrau
Maria. Preis halbjährlich 80 Pfg. — K. 1.—. L. Auer, Donauwörth.

Die Monatsschrift wird redigiert vom hochw. Pfarrer J. P. Baustert und
bringt eine Fülle belehrender und unterhaltender Artikel in reicher Abwechslung.
Die Heilungsberichte nehmen einen breiten Raum ein, und das mit Recht; denn
eben in diesen Berichten spiegelt sich am besten die Bedeutung des großen Gnaden=
ortes für die katholische Welt, sowie die Macht und Mutterliebe Mariä.

Aus allen Zonen. Bilder aus den Missionen der Franziskaner in Vergangen=
heit und Gegenwart. Herausgegeben von P. Autbert Groeteken O. F. M. Druck
und Verlag der Paulinus=Druckerei, Trier. Jedes Bändchen geheftet 50 Pfg.,
elegant gebunden 80 Pfg.

Eine Sammlung volkstümlicher, billiger Schriften, unterhaltenden und be=
lehrenden Inhalts, die geschichtliche Stoffe aus der Missionstätigkeit der Söhne
des hl. Franziskus behandeln. Bis jetzt liegen folgende Bändchen vor:

1. Bändchen: Quer durch Afrika. Reisen und Abenteuer des Franzis=
kanerbruders Peter Farde von Gent in den Jahren 1686 bis 1690. Von
P. Cajetan Schmitz O. F. M.

2. Bändchen: Mongolenfahrten der Franziskaner im 13. Jahr=
hundert. Von P. Patritius Schlager O. F. M.

3. Bändchen: Die Missionsarbeit der Franziskaner in der Ge=
genwart. Von P. Autbert Groeteken O. F. M.

4. Bändchen: P. Viktorin Delbrouck. Ein Blutzeuge aus dem Fran=
ziskanerorden in unseren Tagen. Von P. Rembert Wegener O. F. M.

Blüten und Früchte vom heimatlichen und auswärtigen Missionsfelde.
   II. Bändchen: **Vom Reisekoffer, der gern in die Missionen gegangen wäre.** Von Joh. Wallenborn Obl. M. I. Geh. ℳ 0.30. Fulda
   1911, Fuldaer Aktiendruckerei.
   Das Büchlein gewährt einen Blick in das Herz eines vom hl. Seeleneifer
erglühenden Missionars, den der Wille der Oberen noch zurückhält von den Missionen. Es will ihn nicht halten innerhalb der vier Mauern des Arbeitszimmers,
er kann nicht froh werden auf dem Katheder. Ein Wunsch will seine Seele
nicht verlassen: „Mit Seelen muß ich in Berührung treten und nicht mit Gelehrten,
in den Augen der Kranken, Schwachen, Verstoßenen möchte ich lesen, nicht in alten
Folianten. Ja, das heiße Verlangen nach Glück und Frieden auch nur einen
Herzens gestillt zu haben, nur einer Seele die ewige Seligkeit vermittelt zu haben,
das geht mir über alles Lernen, Lehren und Schriftstellern.“ (S. 29.) Zugleich
erscheint vor unserm Auge die Idealgestalt einer christlichen Mutter. Die Oberen
erfüllen endlich den Wunsch ihres Sohnes. „Daß ich Dich auf Erden nie wieder
sehen soll“, schreibt sie ihm da, „ist für mich das schwerste aller Opfer .... Aber
der göttliche Heiland verlangt Dich. Da muß Frau Gertrud zurückstehen, zurück-
weichen in den Staub.“ (S. 41.) Und mit christlichem Starkmut erleichtert sie
ihm noch die Trennung. — Möge das in meisterhafter Sprache, ja mit poetischem
Schwung abgefaßte Büchlein dazu beitragen, bei den christlichen Müttern jenen
glaubensstarken Opfermut zu wecken, in recht vielen jugendlichen Herzen eine heilige
Begeisterung für das erhabene Werk der Missionen zu entzünden.   L. L.
Helfet den Heidenmissionen. Eine Bitte für die armen Heiden. Von
   Fr. X. Brors S. J. — Verlag der Missionsvereinigung kathol. Frauen und
   Jungfrauen. 56 Seiten.
   Der als Volksschriftsteller rühmlichst bekannte Verfasser beschert uns hier ein
ganz vortreffliches Schriftchen, das sich wie kaum ein anderes zur Massenverbreitung
eignet. In 7 Kapiteln wird behandelt: 1. Was ist die Heidenmission? 2. Was ist
ein Heidenapostel? 3. Was erwartet den Heidenapostel? 4. Wer stellt die Heidenapostel? 5. Was dürfen die Heidenapostel von uns erwarten? 6) Welche Missionen
verdienen unser besonderes Interesse? 7. Ein Missionsalmosen ersten Ranges.
Das Heilige Land in Wort und Bild. — Große Ausgabe mit 48 Aquarellen
   von F. Perlberg. Erläuternder Text von Prof. J. Schmitzberger. — Verlag
   von C. Andelfinger & Co., München. ℳ 4.—.
   Das Büchlein enthält 48 farbige Bilder aus dem heiligen Land und eignet
sich sehr zur Ergänzung des Unterrichts in der Biblischen Geschichte. Der kurze,
begleitende Text stammt vom hochw. Prof. Schmitzberger. Eine dankenswerte
Zugabe bildet die schöne, klare Übersichtskarte von Palästina.
Erziehungskunst. Von Alban Stolz. 8. Aufl. Billige Volksausg. Mit einer
   Einführung von Dr. J. Mayer. Geb. in Leinw. ℳ 2.40. Herder, Freiburg i. Br.
   Gar manche gute Bücher sind über „die königliche Kunst“ der Erziehung erschienen, aber leider viel zu wenig verbreitet. Wir wollen deshalb heute auf eines
der besten (und auch billigsten) Bücher dieser Art hinweisen. Es ist die „Erziehungskunst“ von Alban Stolz. Die dem Verfasser eigene tiefe Kenntnis der
menschlichen Seele, seine Vertrautheit mit dem Wesen, den Anlagen, Eigenschaften
und Bedürfnissen derselben machten ihn ganz besonders geeignet zur Abfassung
einer Anleitung zur Erziehungskunst. Nicht ein gelehrtes Werk für Fachmänner
wollte er schreiben. Nützen sollte seine Erziehungskunst, nützen allen Christen,
vor allem den Eltern und Erziehern. Sein Werk ist eine volkstümliche Er-
ziehungslehre in des Wortes ausgeprägtester Bedeutung.
Nieuwe afrikaansche Schetzen van Kanunnik Dr. J. Muyldermans — 164 S.,
   reich illustriert. — Seminarie der Missionarissen van Afrika (Witte Paters),
   Keizerstraat 25, Antwerpen.
   Freunde der flämischen Sprache und Literatur seien auf diese interessante
Volks- und Jugendschrift aufmerksam gemacht. Die „Skizzen“ sind unter drei Titel
gruppiert: Het Toverslot in de Sahara, Van den Halve-maan tot het Kruis und
Omar de Zeerover. Diese packenden Erzählungen sind von Dr. J. Muyldermans,
einem hervorragenden Kenner seiner Muttersprache und ihrer Literatur aus dem
Deutschen (A. Hirsing und Pater Schumacher) ins Flämische übertragen worden
und haben in Belgien großen Anklang gefunden. Das Werk ist zu beziehen vom
Missionsseminar der Weißen Väter in Antwerpen, Keizerstraat 25.

Katholischer Kindergarten oder **Legende für Kinder**. Von Franz Sattler S. J. Siebte, verbesserte Auflage, herausgegeben von einem Priester der Gesellschaft Jesu. Mit vielen Bildern, gr. 8° (XVI u. 608). Freiburg 1911, Herdersche Verlagshandlung. M 6.40; geb. in Leinw. M 8.—.

Der eminent christlich=pädagogische Wert des Buches liegt darin, daß das Kind, dem Heiligkeit und Vollkommenheit wolkenhohe Begriffe sind, in diesem „Kindergarten" sich plötzlich unter eine Schar heiliger Jugendgenossen versetzt findet. Kinder mit allen christlichen Tugenden — bis zum Heroismus des Mär= tyrers — geschmückt, rufen ihm hier zu: Was wir konnten, kannst auch du. Solche Beispiele können auf das bildsame Kinderherz unmöglich ohne Einfluß bleiben.

Möge das Buch, das in 7 Sprachen übersetzt ist, in seiner gefälligen neuen Ausgabe überall in die Hände unserer lieben Kleinen kommen, und dies um so mehr, als die Gegner des Christentums es heute gerade auf das Kind abgesehen haben. In keiner Familie, in keiner Schüler= und Volksbücherei, in keiner Er= ziehungsanstalt sollte Sattlers „Kindergarten" fehlen. .

Der große Krieg 1870—71. Dem Volke geschildert. Von Konrad Kümmel. Mit 46 Abbildungen. 8°. Freiburg 1911, Herdersche Verlagshandlung. Ge= bunden in Leinwand M 4.—.

Ein prächtiges Volks= und Familienbuch. Wie packend Kümmel zu schildern weiß, davon zeugen die prächtigen, mit dramatischer Wucht und Kraft aufgerollten Schlachtenbilder, sowie einzelne Szenen daraus, wie der Todesritt von Vionville, der Untergang der Brigade Wedel, die Einzelkämpfe vor Paris — lauter Kabinett= stücke militärischer Darstellungskunst.

Mit besonderer Vorliebe verweilt der Erzähler bei dem stillen Helden= tum des einfachen Soldaten. In den Ungezählten, die ihr Leben opfer= freudig für die große Idee hingaben, findet Kümmel mit Recht die Frage nach der Ursache des beispiellosen Erfolges beantwortet. Mit ernstem Sinn weist der Verfasser auf den alten Soldaten= und Mannesgeist hin. — Eine warme vater= ländische Begeisterung durchzieht das Buch, das übrigens auch dem Feinde, wo er es verdient, seine Anerkennung nirgends versagt.

Eingegangen sind ferner folgende empfehlenswerte Andachtsbüch= lein kleineren Umfanges:

Das betende Kind. Gebetbüchlein für Kinder. Von Wilhelm Färber. Mit Approbation des hochw. Herrn Erzbischofs von Freiburg. Fünfte Auflage. Mit Titelbild in Farbendruck und 32 Abbildungen. 32° (VI u. 120), Freiburg 1911, Herdersche Verlagshandlung. Geb. zu 40 Pfg. und 50 Pfg.

Die öftere und tägliche Kommunion von Lintelo, Ausgabe für Frauen. Preis 15 Pfg.; hundert M 13.50 (K. 16.20). Bei Hausen & Co., Saarlouis.

Meßbüchlein für fromme Kinder. Von Gustav Mey. Mit Bildern von Ludwig Glötzle. Dreißigste, verbesserte Auflage. Herausgegeben von einem Priester der Erzdiözese Freiburg. 24°, Freiburg, 1911, Herdersche Verlagshandlung. Geb. 40 Pfg. und höher.

Dasselbe. Ausgabe mit Einleitung. Geb. 75 Pfg.

Einleitung zum Meßbüchlein allein. Fünfte Auflage. 25 Pfg.

Des Kindes erstes Kommunionbuch mit Belehrungen über die hl. Messe, die hl. Beichte und das heiligste Altarsakrament, mit Kommunionandachten und Besuchungen für jeden Tag der Woche usw. Von P. Dröder Obl. M. I. Mit Genehmigung der geistl. Obrigkeit. 240 Seiten. Gebunden von 70 Pfg. an. Kevelaer, Butzon & Bercker, Verleger des Hl. Apost. Stuhles.

Philothea oder Anleitung zum gottseligen Leben vom heiligen Franz von Sales. Aus dem Französischen übersetzt von Heinrich Schröder. Mit Appro= bation des hochw. Herrn Erzbischofs von Freiburg. Elfte Auflage, mit einem Titelbild. 24° (XVI u. 576), Freiburg 1911, Herdersche Verlagshand= lung. Geb. M 1.30 und höher.

Die heiligsten Herzen Jesu und Mariä verehrt im Geiste der Kirche und der Heiligen. Herausgegeben von P. Alois Krebs C. SS. R. Mit Approbation des hochw. Herrn Erzbischofs von Freiburg und Genehmigung der Ordens= obern. Zwölfte Auflage. 24° (XVI u. 484), Freiburg 1911, Herdersche Verlagshandlung. Geb. M 1.40 und höher.

Kleines Laienmeßbuch. Nach der größeren Ausgabe des Meßbuches von P. Anselm Schott O. S. B., bearbeitet von einem Benediktiner der Beuroner Kongregation. Mit Approbation des hochw. Herrn Erzbischofs von Freiburg und
Erlaubnis der Ordensobern. Mit einem Titelbild. Schmal 24⁰ (XII u. 496),
Freiburg, Herdersche Verlagshandlung. Geb. *M* 1.30 und höher.

Lasset die Kleinen zu Mir kommen! Des Kindes erstes Beicht= und Kommunionbüchlein. Von P. Otto Häring O. S. B. Mit Titelbild, 10 Text=
illustrationen, worunter 5 Meßbildern, Kreuzwegbildern nach Prof. Feuerstein,
sowie vielen Randeinfassungen und Kopfleisten. 256 Seiten. Format V.
64 · 107 mm. Gebunden in Einbänden zu 50 Pfg., 60 Heller, 65 Cts. und
höher. — Einsiedeln, Waldshut, Köln a. Rh., Verlagsanstalt Benziger & Co.,
A.=G.

Mein erstes Beicht= und Kommunionbüchlein von Dr. Augustin Wibbelt,
Pfarrer. 128 Seiten in schönem, gut lesbarem Druck, hübsch gebunden von
M 0.45 an. Kevelaer, Butzon & Bercker, Verleger des heiligen Apostolischen
Stuhles.

Nazareth (Andachtsbuch für christliche Mütter), die sich eine glückliche Geburt er=
bitten wollen. *M* 1.—. Würzburg, F, X. Bucher'sche Verlagsbuchhandlung.

Des Kindes erstes Gebetbuch. Von Pfarrer J. Bauren. 131.—140. Tausend.
Neue Auflage mit Beicht= und Kommunionandacht sowie auf das Erst=
kommunikantendekret Bezug nehmende Belehrungen über die beiden Sakra=
mente der Buße und des Altares. Mit hübschem, farbigem Titelbild und
feinen, leicht getönten Meßbildchen. 192 Seiten, 67 112 mm. Preis gebunden
von *M*. 0.40 an. Kevelaer, Butzon & Bercker, Verleger des Hl. Apostolischen
Stuhles.

Handhabe für den ersten Beichtunterricht. Von M. Kreuser, Paderborn.
Bonifatius=Druckerei 1911. 66 S., 40 Pfg.

Andacht zu Ehren der heiligen vierzehn Nothelfer. 16 S. Paderborn, Boni=
fatius=Druckerei. *M* 0.10.

Missionsfest in M.=Gladbach.

Dem Beispiele der Bischofsstadt Fulda, die das erste große Missionsfest in ihren Mauern sah, folgten am 17. Dezember die rührigen Katholiken von M.=Gladbach. Die Beteiligung an dieser Veranstaltung und der Erfolg derselben hat alle Erwartungen hinter sich gelassen. Dank der unermüdlichen vorbereitenden Tätigkeit und Werbearbeit des Pfarrklerus der Stadt, namentlich des Herrn Pfarrers Oster, war eine ganze Reihe von Missionaren gewonnen worden, und konnten die Versammlungen gleichzeitig in acht großen Kirchen gehalten werden.

Am 16. Dezember trafen unter dem Geläute aller Glocken der Stadt Vertreter aus den verschiedensten Missionsgesellschaften und =Orden ein: Benediktiner, Väter vom hl. Geist, Oblaten, Priester vom göttlichen Worte, Salvatorianer und Weiße Väter. — Am Sonntag 17. wurde in den einzelnen Kirchen je in zwei hl. Messen über die auswärtigen Missionen der katholischen Kirche gepredigt. P. Theodor Frey, Provinzial der Weißen Väter (Trier) sprach in St. Joseph und St. Bonifatius. Wer diese andächtig lauschenden, Kopf an Kopf stehenden Scharen in der dicht gedrängten Kirche gesehen hat, wer die vielen geradezu rührenden Beweise katholischer Opferfreudigkeit zugunsten der armen Heiden geschaut hat, dem wird die Feier in M.=Gladbach wohl nie aus dem Gedächtnis schwinden.

Am Nachmittag hielten die Missionare zunächst der Kinderwelt eine Ansprache. Das Elend der armen Heidenkinder, die große Aufgabe der Kirche in den Missionsländern, die unerforschliche Liebe Gottes, der den weißen Kindern ein besseres Los beschieden hat, alles das fand ein lebhaftes Echo in den jungen Scharen, die hernach wetteiferten, ihre Ersparnisse zu opfern und so auch ihrerseits zur Rettung der armen Heidenkinder beizutragen.

Des Abends reichten fünf große Säle nicht aus, die vielen zu fassen, die zu den Festversammlungen eilten. Es wurden da noch besonders wichtige Fragen der Mission herausgegriffen: Die Aussichten der Missionen in unserer Zeit, die Ausbreitung des Buddhismus und des Islam, die Notwendigkeit einer recht eifrigen Beteiligung der deutschen Katholiken usw.

Neben dem Provinzial der Oblaten P. Kassiepe, P. Corbinian O.S.B. und anderen Missionaren ergriffen noch Redner aus geistlichen und Laien=Kreisen das Wort und ernteten reichen Beifall.

Zu besonderer Freude gereichte den Veranstaltern und Teilnehmern an der prächtigen Feier ein ermunterndes Telegramm Sr. Eminenz des Kardinals und Erzbischofs Fischer von Köln.

Eine dreitägige Ausstellung von Handarbeiten für die Zwecke der Missionen in der Pfarrei St. Joseph bot viel Anregung und Anleitung zur praktischen Mitarbeit am Werke der Verbreitung des Glaubens.

Wir können den wackern M.=Gladbachern nur Glück wünschen zu der erhebenden Feier, die, so hoffen wir bestimmt, ihre Früchte tragen wird: Dauerndes Interesse für die Aufgaben der hl. Kirche in den Heidenländern, Organisation und Belebung der Hilfsvereine, Anregung für weite Kreise, ja, für alle Städte und Dörfer der deutschen Lande.

Die religiösen Orden im Islam.
Von P. Paul Beß.

Manchen unserer Leser wird es befremden, daß wir hier von „religiösen Orden" im Islam reden, da man das Ordens= leben in seinen mannigfaltigen Erscheinungen im allgemeinen als ausschließliches Eigentum des Christentums zu betrachten pflegt.

Dieses Befremden wird wohl noch erhöht durch den Um= stand, daß der Stifter des Islam, der Prophet Mohammed, ein entschiedener Gegner religiöser Orden war; das Klosterleben verwirft er als „Erfindung der Schüler Jesu".

Dieser Jesus gilt, nebenbei bemerkt, dem Mohammed nicht als der menschgewordene Sohn Gottes, sondern als ein gewöhnlicher Sterblicher, den aber Allah sich zum Propheten auserwählt hat. „Und wahrlich", so heißt es im Koran, Sure 57, Vers 26—27, „wir (Allah) entsandten Noah und Abraham und gaben seiner Nachkommenschaft das Propheten= tum und die Schrift . . . Alsdann ließen wir Jesus, den Sohn der Maria, folgen und gaben ihm das Evangelium und legten in die Herzen derer, die ihm folgten, Güte und Barmherzigkeit. Das Mönchtum jedoch erfanden sie selber; wir schrieben ihnen nur vor, nach Allahs Wohlgefallen zu trachten, und das nahmen sie nicht in acht . . ."

An diese Lehre des Propheten von Mekka hielten sich auch die ersten offiziellen Ausleger des Koran.

Trotzdem ist man berechtigt zu der Behauptung, daß neben dem Christentum keine Religion so fruchtbar an religiösen Orden und Kongregationen gewesen ist, wie der Islam. Vor einigen Jahrzehnten zählte Hauptmann Rinn für Algerien allein nicht weniger als 355 islamitische „Klöster" mit annähernd 170 000 Khuân oder „Mönchen". Die Zahl der bloß Affiliierten (nach Art unserer dritten Orden) sowie der Khuatat, d. h. „Schwestern" [1] ist zwar nicht leicht zu bestimmen, aber auf jeden Fall eine beträchtliche gewesen.

Die religiösen Orden, von denen mehrere ihren Ursprung bis hinauf in das Zeitalter Mohammeds selbst verlegen, sind in allen vom Islam beherrschten Ländern ausgebreitet. Sie bilden dort eine gefürchtete Macht. Einmal auf religiösem Gebiete, da alle mehr oder weniger zur Rein= erhaltung der Lehre des Koran, zur Bekämpfung der Irrlehren, und nicht in letzter Linie des Christentums, ins Leben getreten sind. Dann aber auch auf politischem Gebiete, denn die religiösen Orden des Islam, welche in die Politik gar nicht eingreifen, gehören zu den Ausnahmen.

---

[1] Hier macht sich der Islam einer Inkonsequenz schuldig, indem er die Frau als minderwertiges Wesen betrachtet, das zu jeder moralischen Handlung unfähig ist, ihr aber trotzdem den Eintritt in religiöse Orden gestattet.

Letzteres ist leicht verständlich, wenn man bedenkt, daß im Islam Re=
ligion und Politik, wenn auch vielleicht nicht ganz identisch, so doch un=
zertrennlich miteinander verknüpft sind. Alle europäischen Mächte, die
in den Reihen ihrer Untertanen auch Anhänger des Islam zählen,
wissen manches zu berichten über die Quertreibereien der religiösen Orden.

Entstehungsursachen.

Vor allem dürfte es nicht ohne Interesse sein, auf die verschiedenen
Ursachen hinzuweisen, denen die Orden und Kongregationen des Islam
ihr Entstehen verdanken.

Als geschichtlich erste und auch als Hauptursache tritt uns das
Streben nach Vollkommenheit entgegen, welches sich allerdings in zwei
entgegengesetzten Richtungen bekundet.

Wer ein wenig mit den Anfängen der islamitischen Geschichte ver=
traut ist, weiß, daß der Islam schon gleich im ersten Jahrhundert seines
Bestehens in verschiedene Sekten auseinanderging, welche alle für sich
das unverfälschte Erbe des Propheten beanspruchten. Besonders ist es
die Reaktion der Sunna gegen den Sufismus, welche die ersten Kongrega=
tionen ins Leben rief.

Es ist im allgemeinen nicht leicht, eine genaue Begriffsbestimmung
des Sufismus zu geben. In seinen neuesten Erscheinungen wird er ge=
wöhnlich als religiöse Schwärmerei betrachtet, die den Grundlehren Mo=
hammeds, wenn auch nicht entschieden feindlich, so doch immer fremd
gegenübersteht. Die Sufis selbst[1] behaupten allerdings, daß sie sich
auf dem wahren Wege zur Vollkommenheit befinden, daß dieser
Weg durch Vermittlung des Erzengels Gabriel dem Propheten von Allah
mitgeteilt wurde, daß man auf ihm durch acht verschiedene Stufen schon
hier auf Erden bis zu einem Schauen Allahs gelangen kann. Denn
dieses scheint die ganze Weisheit aller Sufi=Lehrer zu sein, daß man
nach und nach in Allah sich versenken muß, um schließlich in ihm ganz
aufzugehen.

Auf dieses Lehrsystem — wenn es gestattet ist, dem Sufismus diesen
Namen beizulegen — stürzte man sich in den Anfängen des Islam mit
einer wahren Begeisterung, was sich ja aus dem zur religiösen Schwär=
merei neigenden Temperamente des Arabers leicht erklärt. Nicht alle
brauchten die achte Stufe der Vollkommenheit zu ersteigen; viele be=
gnügten sich mit der ersten, andere machten auf der zweiten oder dritten Halt.

Diejenigen, welche sich auf derselben Stufe befanden, sahen sich natur=
gemäß durch das Streben nach derselben Vollkommenheit als zueinander
gehörig an, und so haben wir die Anfänge der religiösen Orden.

Die Exzesse, zu denen sich die Schwärmer der einzelnen Stufen
bald verstiegen, und die für das Bestehen und die Ausbreitung des Is=
lam eine große Gefahr werden konnten, riefen die Gegenaktion der
Sunniten, d. h. des konservativen Elementes, der Rechtgläubigen im
Islam, hervor. Im Namen der Sunna[2] traten sie jenen Schwärm=

---

[1] So genannt, weil sie sich in weiße Wolle kleideten, zum Zeichen ihrer Reinheit.
[2] „Sunna" bedeutet Gesetz, Brauch, speziell die auf Aeußerungen des Pro=
pheten zurückgehende Regel, welche anfangs mündlich aufbewahrt, später aber
schriftlich fixiert wurde und das Gesamtleben der Islambekenner ordnen sollte.

geistern entgegen und drangen auf strengere Observanz bezüglich der Satzungen des Propheten.

Die Sunna=Lehrer versammelten Schüler um sich, welche sie zur Uebung der im Koran vorgeschriebenen oder doch empfohlenen Tugenden anleiteten — Schüler, die sie mit gründlichem Wissen ausgestattet zur Predigt aussandten. So entstanden neue Orden, deren Zweck neben der Tugendübung auch die Reinerhaltung der Lehre des Koran und die Bekämpfung der Häresien war.

Ein zweiter Anlaß zu Ordensstiftungen war mit der weitern Aus= breitung des Islam gegeben.

Anfangs hatte Mohammed geglaubt, er könne die Christen und Juden für seine neue Lehre gewinnen; als aber mehrere in diesem Sinne gemachte Versuche völlig scheiterten, da entbrannte der Haß des Propheten gegen die „Ungläubigen", und Allah, welcher übrigens den Wünschen seines Gesandten stets ganz gewogen war, kam auch hier mit einer Offenbarung zu Hilfe.

Allah verordnete den Heiligen Krieg gegen alle Ungläubigen; ihr Hab und Gut sollte Eigentum der Sieger werden. Diese will= kommene Offenbarung hatte selbstverständlich die beste Zugkraft: man darf wohl ruhig behaupten, daß manche in den Heiligen Krieg zogen mehr aus Liebe zu den Reichtümern, als aus Begeisterung für ihren Glauben.

Der Reichtum wurde das Mittel zum Vergnügen. Mit dem Ver= gnügen aber waren auch der Sittenverderbnis alle Tore geöffnet; die Zersetzung und Vernichtung des ganzen Volkes war angebahnt. Auch hier wieder tat eine Reaktion not, und sie ging aus von den besonnenen, gesunden Elementen des Volkes. Dem Reichtum, dem Luxus, dem Laster mußten Armut, Einfachheit und Tugend gegenübergestellt werden. Die für höhere Ideale begeisterten Seelen suchten durch engen Anschluß aneinander sich gegenseitig zu stützen, und so war ein weiteres Fundament zu religiösen Orden gelegt.

Soll bei diesen Neugründungen der persönliche Ehrgeiz der Stifter nicht auch manchmal eine Rolle gespielt haben? Ein Vergleich zwischen den einzelnen Orden legt eine bejahende Antwort sehr nahe. Denn abgesehen von einzelnen unwesentlichen Punkten stimmten sie der Hauptsache nach in ihrem Zwecke und auch in der inneren Organisation fast alle überein, so daß sich dem Beobachter die Frage aufdrängt: Wozu wohl dieser andere Orden, was hat er vor jenem voraus? Eine befrie= digende Lösung der Frage dürfte in manchen Fällen nur das ehrgeizige Streben einiger Stifter geben.

Hauptmann Rinn bemerkt in seinem Werke „Marabut und Khuân": „Die arabischen Schriftsteller berichten, im ersten Jahre der Hedschra[1] hätten sich 90 Einwohner von Mekka und Medina, Anhänger des modernen Glaubens, zusammengeschlossen und sich eidlich verpflichtet, der von Mohammed gepredigten Lehre bis zum Tode treu zu bleiben. Sie führten Gütergemeinschaft ein und unterzogen sich täglich gemeinsamen

---

[1] Die „Hedschra" oder Flucht Mohammeds von Mekka nach Medina war am 16. Juli 622; von diesem Tage an zählt die arabische Zeitrechnung, die daher selbst den Namen Hedschra trägt.

Sorgenlose Familie.

religiösen Uebungen, und zwar im Geiste der Buße und Abtötung."
Diese Worte erinnern uns ganz an die Satzungen mancher Orden in der
katholischen Kirche, und man geht wohl nicht fehl, wenn man behauptet,
daß die eine oder andere islamitische Kongregation eine Nachahmung
ähnlicher Einrichtungen im Christentume ist. Wundern kann einen dies
nicht, wenn man bedenkt, daß Mohammed selbst in seiner angeblich
„neuen" Lehre so manches aus dem Christentume entlehnt hat.

Gründung und Ordensregel.

Die Gründungsgeschichte ist in den einzelnen Orden in ihren Haupt=
zügen wohl stets dieselbe, wie auch die verschiedenen Ordensregeln trotz
nebensächlicher Abweichungen in den Grundlinien einander gleichen.

Vor allen muß der Ordensstifter den Beweis seiner Rechtgläubig=
keit erbringen; unterläßt er dies, dann wird er als Irrlehrer oder
Schismatiker betrachtet, und sein Leben ist dadurch selbst gefährdet.

Den Beweis der Rechtgläubigkeit aber soll die sog. „Kette" liefern.
Sie ist nichts anderes als eine Art geistiger Stammtafel, eine lange Liste
von Namen der berühmtesten Lehrer des Islam, beginnend mit dem
Ordensstifter selbst und hinaufreichend bis zu Mohammed oder gar dem
Erzengel Gabriel. Durch diese Tafel soll festgestellt werden, daß der
Stifter einer neuen Kongregation keine neue Lehre einführt, sondern daß
es dieselbe ist wie die, welche Mohammed von Allah selbst bekam, und
die durch eine ununterbrochene Kette von Lehrern unverfälscht den fol=
genden Generationen übermittelt wurde. Diese geistige Genealogie nimmt
den Ordensstifter gegen jeden Vorwurf der Neuerung in Schutz und
sichert auch zugleich den Erfolg seines Unternehmens. Kann der Ordens=
stifter außerdem sich als „Scherif" ausweisen, mit andern Worten, ist
es ihm möglich, nicht bloß seine geistige, sondern auch seine leibliche Ab=
stammung von Mohammed durch Fathma Zohra, die Lieblingstochter
des Propheten, und deren Gemahl Ali ben Abu=Taleb, dann kann er
um das Gelingen seines Werkes unbesorgt sein.

Behufs schnellerer Ausbreitung des neu entstehenden Ordens wird
der Stifter wohlweislich von einem göttlichen, an ihn ergangenen Auf=
trag reden: Allah hat ihn zu seinem besonderen Werkzeug gewählt, hat
ihm den ehrenvollen Befehl gegeben, den Gläubigen den Weg zum Para=
dies zu zeigen.

Diesen Weg aber soll die Ordensregel lehren, welche entweder fix
und fertig vom Himmel gekommen ist, oder doch wenigstens unter ganz
besonderem Beistande Allahs niedergeschrieben worden ist.

Obschon jeder Orden in der festen Ueberzeugung lebt, daß seine
Regel die beste ist, mit Ausschluß aller andern, und daß man durch sie
zur Vollkommenheit gelangen kann, so ergibt sich doch auch wieder aus
einem Vergleich einzelner Regeln, daß dieselben alle mehr oder weniger
nach demselben Schema aufgestellt sind. Man kann in allen einen doppelten
Teil unterscheiden, einen sogen. dogmatischen Teil, in welchem die
eigentliche Lehre der Kongregation auseinandergesetzt, das Vollkommen=
heitsideal gezeichnet wird — und einen zweiten, mehr praktischen
Teil, der die einzelnen Mittel angibt, jenes Heiligkeitsideal zu erreichen.
Zu letztern darf man wohl auch bestimmte Riten zählen, denen die Mit=

glieder der Orden sich unterwerfen müssen, durch welche sie eben aus der gewöhnlichen Masse der Mohammedaner herausgehoben werden, um eine abgesonderte Klasse von Menschen zu bilden.

Drei Punkte werden in diesen Regeln vor allem den Khuân ein= geschärft: blinder Gehorsam, Wahrung des Ordensgeheimnisses und Uebung der Bruderliebe. Ein Wort über jeden dieser drei Punkte.

Der Gehorsam, welchen der Khuân dem Scheikh oder General= obern geloben muß, kann mit Recht als blinder Gehorsam bezeichnet werden, denn in der Hand des Scheikh ist der einfache Mönch ein totes, willenloses Werkzeug. Der Khuân darf die Befehle eines Obern nicht bekritteln oder sie weniger zeitgemäß finden; er braucht nicht zu über= legen oder sich Rechenschaft zu geben, sich nicht zu fragen, ob der ge= gebene Befehl auch vom eigenen Gewissen gutgeheißen oder verworfen wird, er braucht nur zu gehorchen, denn nicht er, sondern der Scheikh trägt alle Verantwortung vor Allah und den Menschen.

Strengstes Schweigen muß ferner gewahrt werden über alles, was den Orden selbst betrifft. Diese Vorschrift erklärt uns, weshalb es besonders für den Rumi (Christen) äußerst schwer ist, das tiefe Ge= heimnis, in welches sich die einzelnen Orden einhüllen, zu durchdringen.

Folgender vom Hauptmann Rinn mitgeteilte Auszug aus dem Kommentar einer Ordensregel zeigt uns, wie die Uebung der Bruder= liebe zu verstehen ist. „Deine Brüder lieben", sagt der Scheikh zum Khuân, „soll für Dich die größte Ehre sein. Die Fehler Deiner Brüder sollen Dir unbekannt sein; kennst Du sie, dann sollst Du sie verborgen halten. Liebe die, welche Deine Brüder lieben, verabscheue die, welche sie hassen. Stehe Deinen Brüdern bei in der Krankheit, sei ihnen eine Stütze im Unglück; im Verkehr mit ihnen nimm Dich in acht vor Heuchelei und Stolz. Wenn Du von Deinen Brüdern sprichst, rühme ihre Verdienste und zeige, daß Du durch den Verkehr mit ihnen Dich geehrt fühlst . . ."

Dieses sind die wesentlichen Bestimmungen der Ordensregel; alles andere wird mehr als Nebensache betrachtet, womit jeder einzelne Khuân sich je nach Zeit und Umständen abzufinden sucht.

Hierarchische Gliederung in den Orden.

In ihrer Organisation haben die religiösen Orden des Islam wohl am meisten Aehnlichkeit mit den katholischen Orden und Kongregationen. An der Spitze des Ganzen steht der „Scheikh", welchem mehrere Khalifa zur Seite stehen. Unter dem Scheikh stehen die Mokaddem, deren Untergebene hinwiederum die Khuân sind. Regelmäßige Versammlungen ergänzen diese Organisation.

Den „Scheikh" kann man wohl am treffendsten mit dem Ge= neralobern der katholischen Orden vergleichen. Er ist der geistige Erbe des Ordensstifters und besitzt unumschränkte Gewalt über alle seine Unter= gebenen. Er hat für die Ausbreitung des Ordens Sorge zu tragen; seine Zirkularschreiben, welche von seinen Gesandten bis in die ent= legensten Sauija (Klöster) getragen werden, sollen überall die klösterliche Zucht aufrecht erhalten.

Die Art und Weise, wie man zu diesem Amte eines Scheikh ge=
langen kann, dürfte nicht ohne Interesse sein; sie ist übrigens verschieden,
je nach den einzelnen Orden. Bei den einen ist es der „Scheikh" selbst,
welcher noch zu seinen Lebzeiten einen Nachfolger bestimmt. Ander=
wärts muß die Wahl entscheiden.

Wird der erstere Modus eingehalten, so kann der „Scheikh" doch
nicht nach Willkür über sein geistiges Erbe verfügen, ja, er kann nicht
einmal den wählen, den er als den würdigsten betrachtet. Sehr oft
muß vielmehr einer aus der Nachkommenschaft des Stifters gewählt
werden, oder die Wahlfreiheit kann sich nur innerhalb bestimmter durch
die Ordenstraditionen gezogener Grenzen bewegen. Die Ernennung des
Nachfolgers wird eingeleitet durch mehrtägiges Fasten und Beten. An
dem für die Zeremonie bestimmten Tage versammeln sich die Mokaddem
und Khuân um den Scheikh, welcher öffentlich erklärt, daß er, erleuchtet
durch den Propheten, den oder den zu seinem Nachfolger ernennt. Die
Wahl wird von der ganzen Versammlung gutgeheißen, und allsogleich
wird eine offizielle Urkunde über die Sitzung aufgestellt, welche nach dem
Tode des Scheikh seinem Nachfolger die Besitzergreifung seines Amtes
ermöglichen soll.

Damit aber nun die oberste Leitung des Ordens nicht in die Hände
von Unwürdigen oder Unfähigen gerate, und so die Existenz des Ordens
selbst gefährdet werde, haben die ersten Mokaddem ihren Einfluß auf
den neuen „Scheikh" geltend zu machen, nötigenfalls auch selbst die Ge=
walt auszuüben, deren offizieller Träger er ist.

Wo dagegen die Wahl über die Nachfolge entscheidet, da steht dieses
Recht den Mokaddem zu, und diese wählen denjenigen, dessen intellek=
tuelle und moralische Eigenschaften ihnen die Garantie gewähren, daß
durch ihn das Ansehen des Ordens nicht gefährdet wird.

Von seinem Wohnsitze aus, welcher gewöhnlich an der Begräbnis=
stätte des Stifters oder doch in der Hauptniederlassung sich befindet
(Mutterhaus), leitet der Scheikh den ganzen Orden, indem er dabei
für die entfernteren Provinzen besonders sich der Khalifa bedient, welch
letztere man wohl Provinzialobere oder auch Visitatoren nennen könnte.
Jedem ist eine bestimmte Provinz zugewiesen, in welcher er den klöster=
lichen Geist aufrecht erhalten muß. Dies tut er durch regelmäßige Visi=
tationsreisen, wo er die Mißbräuche abstellt, das Gute fördert und die
fürs Mutterhaus bestimmten Almosen eintreibt.

Unter den Khalifa stehen die Mokaddem oder Lokalobern. Sie
sind die eigentlichen Stützen des Ordens, da sie mit den einfachen
Mönchen in direkter Beziehung stehen. Ihnen bezahlen die Khuân die
vorgeschriebenen Beiträge; durch ihre Vermittlung erbitten sie Lossprechung
von ihren Vergehen und den Segen des Scheikh. Beim Mokaddem
erfährt man die authentische Auslegung der Lehre des Ordens; er nimmt
den Eid des Gehorsams seitens der Khuân entgegen und nimmt die
Postulanten in den Orden auf" etc. [1]

Die Khuân oder Mönche wählen selbst ihren Mokaddem: Der
Kandidat wird dem Khalifa während seiner Visitationsreise vorgeschlagen;

---

[1] Revue des deux Mondes 1. III. 1886. p. 105.

die eigentliche Ernennungsurkunde aber wird vom Scheikh ausgestellt, vom Khalifa nur überreicht. Diese Urkunde ist übrigens ein sehr interessantes Schriftstück, das aus Pergament oder aus Seide besteht und oft eine Länge von zwei Meter erreicht. Dann enthält es die oben erwähnte „Kette", d. h. den geistigen Stammbaum des Ordensstifters, ferner den Dikr des Ordens (siehe unten), einige besonders empfohlene Gebete und den Namen des Titulars.

Neben diesen hierarchischen Rangstufen gibt es auch noch in jeder Sauija (Kloster) subalterne Aemter, welche ebenfalls sehr begehrt werden: so gibt es außer dem Stellvertreter des Mokaddem noch einen Ukîl (Schaffner), einen Negib el Sedjada (er hat Sorge zu tragen für den Teppich, auf dem der Mokaddem beim offiziellen Gebete kniet), einen Negib el Kahua (welcher den Kaffee bei den offiziellen Versammlungen zu bereiten hat) usw.[1]

Ein oder mehrere Male im Jahre versammelt der Scheikh alle Mokaddem zu einem Generalkapitel: Dort müssen die Lokalobern Rechenschaft über ihre Verwaltung ablegen; dort werden alle den Orden betreffende Fragen erörtert.

Bevor der Scheikh die Mitglieder des Kapitels verabschiedet, überreicht er ihnen auch ein Schreiben an die einzelnen Klöster, gewissermaßen einen Pastoralbrief, welcher die Khuân zu neuem Eifer und unverbrüchlicher Treue anspornen soll.

Aehnlich verlaufen die Provinzialkapitel. Zu diesen ruft der Mokaddem nach seiner Rückkehr vom Generalkapitel die Khuân seines Bezirkes zusammen. Nach einem gemeinsamen Festmahle werden die Beschlüsse des Generalkapitels mitgeteilt, die Briefe des Scheikh werden vorgelesen, die vom Mutterhause mitgebrachten Andenken (Rosenkränze und Amulette) werden verteilt, richtiger versteigert, und zwar manchmal zu ganz unerhörten Preisen. Hier werden ferner die zu entrichtenden Beiträge abgeliefert und wird endlich auch die Aufnahme von neuen Khuân vorgenommen[2]. (Fortsetzung folgt.)

Schwester Luise von Eprevier aus der Gesellschaft der Weißen Schwestern.
(Ein Lebensbild aus der neueren Missionsgeschichte.)
Von P. Matthias Hallfell. (Fortsetzung.)
6. In der Tugendschule.

Der 25. März 1887 hatte Luise von Eprevier das Ordenskleid gegeben. Die Einkleidung war ihr keineswegs eine bloße Zeremonie. O nein, sie betrachtete dieselbe vielmehr als eine bedeutsame kirchliche Feier, welche ihr die wichtigsten Lehren und Mahnungen vor Augen führte. Das geweihte, von der Kleidung der Weltleute verschiedene Gewand versinnbildete ihr die äußere Tatsache, daß die Novizin nicht mehr zu der Welt gehört, und daß die Welt sie auch nicht mehr zu den Ihrigen zählt. Luise gehörte nunmehr einem ganz eigenen Stande an.

---

[1] Petit: Mohammedanische Brüderschaften. S. 66. [2] u. S. 67.

Viel wichtiger war ihr noch ein anderes, was die Einkleidung an zweiter Stelle versinnbildete: die innere, geistige Umwandlung, welche die Seele zu einem möglichst vollkommenen Abbild der Heiligkeit Gottes machen soll; mit andern Worten, das Streben nach Vollkommenheit. So ward ihr das Standeskleid zum Symbol der Standespflicht.

Zwei Weiße Schwestern am Tage ihrer Profeß in der Mission.

Aeußere Umstände, wie Verfolgung oder gefahrvolle Reisen, mögen sie späterhin zwingen, ihr Ordenskleid mit einem weltlichen zu vertauschen. Aber nichts auf der Welt wird sie je zwingen, ihre feierlich gelobte Standespflicht beiseite zu setzen. Kurz, es war ihr unwiderruflicher Wille, eine heiligmäßige Ordensfrau und tüchtige Missionsschwester zu werden.

Jedermann findet es selbstverständlich, daß einer, der ein tüchtiger Handwerker, Künstler, Lehrer, Arzt, oder sonst etwas werden will, eine Vorschule, eine Lehr- und Uebungszeit durchmache. Da muß er das Ideal kennen und liebgewinnen lernen, nach dem er sich bilden will. Er muß die Arbeitsweise, Hilfsmittel und Kunstgriffe jener Leute kennen und ü b e n lernen, welche in dem betreffenden Fache etwas Tüch= tiges geleistet haben. Das sind die Vorbedingungen. Wer diese verab= säumt, wird zu nichts Rechtem gelangen. Und in die „Wissenschaft der Heiligen“, in das „geistliche Leben“, sollte man nur einzutreten brauchen, um mit einem Schlage ein Meister zu sein? Das mag die göttliche Vor= sehung in einzelnen Fällen wohl mal so fügen. Aber es sind Ausnahmen. Die Regel ist, daß man auch hier eine Vorschule durchmache, unter frem= der Anleitung die Seelenkräfte übe und für das geistliche Leben tüchtig mache.

In dieser Ueberzeugung trat Luise in die Vorschule des geistlichen Lebens, das Noviziat, ein. Im Studium und dem betrachtenden Gebete prägte sich das Urbild aller Heiligkeit, Jesus Christus, immer klarer und bestimmter in ihrer Seele aus.

Im Spiegel der Gewissenserforschung betrachtete sie dann aufmerksam ihr Denken, Reden, Tun und Lassen, um es mit dem ihres göttlichen Vorbildes in Einklang zu bringen.

Allmählich entwickelte der einfache Satz des Katechismus: „Ich bin auf Erden, damit ich Gott erkenne, ihn liebe, ihm diene und dadurch selig werde,“ eine solche Macht, daß sie ganz davon erfaßt wurde.

Wie selbstverständlich kam es ihr vor, daß der unendlich vollkommene Gott s e i n e r s e i t s die rechte Ordnung und damit unsere Ehrfurcht und Liebe wollen müsse, und daß wir u n s e r e r s e i t s nichts Höheres zu leisten vermögen, als Gott die Ehre zu geben.

Dadurch, daß der Mensch sich in der richtigen Ordnung zu seinem Gott und Schöpfer hält, arbeitet er an seinem i n n e r e n, p e r s ö n l i c h e n W e r t und setzt sich in den Stand, seinen M i t m e n s c h e n wahrhaft zu nützen.

Im Lichte dieser Grundsätze erschienen ihr die Heiligen und jene, die heilig zu werden trachteten, als die einzig konsequenten Menschen. Denn sie allein haben ihre Stellung zu Gott richtig erfaßt und handeln dar= nach. Die Ehre Gottes kann auf sie zählen, mag es auch Gut, Blut und Leben kosten. Und auch dafür, daß die Ehre Gottes a n a n d e r e n gewirkt werde, setzen sie ihre ganze Kraft ein. Alle möchten sie von der Sünde abbringen und dem lieben Gott, dem höchsten Gute, zuführen.

Und in diesem Streben, Gottes Ehre zu mehren, wie hoch erheben sie sich in ihrem p e r s ö n l i c h e n Werte!

„Ein H e l d ist, wer sein Leben G r o ß e m opfert“, sagt der Dichter. Wenn auch nicht alle heilsbegierigen Seelen den hl. Pater Claver in der Sorge um die Neger nachahmen, nicht alle wie eine hl. Theresia und Johanna Franziska von Chantal das Gelübde machen können, immer nur das Vollkommenere zu tun, so greifen doch alle die Uebung der Tugenden recht h e r z h a f t an.

Und das ist etwas Großes. Um so mehr, wenn sie es mit B e h a r r = l i c h k e i t tun. „Wir alle sind einmal Heilige eine Minute oder eine halbe Stunde lang, oder, wenn's hoch geht, eine Woche oder einen Monat hindurch; aber dann kommt ein anderer Wind, und was eine Wetterfahne ist, dreht sich. Das ist der, welcher das Wort hört und es mit Freuden aufnimmt; er hat aber keine Wurzel in sich, sondern dauert nur eine Zeitlang. (Matth. 13, 20). Nicht so die Heiligen.“

Darum, weil die Heiligen und die nach Heiligkeit strebenden Men=
schen mit dem lieben Gott gut stehen, in sich gut, tüchtig und schätz=
bar sind, tun sie auch den Mitmenschen viel Gutes. Die Seelen, welche
sich nur darum heiligen, um desto kräftiger für andere beten und Sühne
leisten zu können, ziehen ungezählte Segnungen auf ihre Mitmenschen
herab. Das ist und bleibt wahr, auch wenn es die heutige Welt in
ihrem ganz nach außen gerichteten Sinn nicht einsehen oder zugeben will.

Aus diesen Quellen lauterer Gottes= und Menschenliebe flossen die
Schwunghaftigkeit und Entschiedenheit, welche Luise zu allen Uebungen
des Noviziates mitbrachte. In ihnen fand sie auch den nötigen Rück=
halt, wenn ihr rasches und von Natur aus ungestümes Temperament
hin und wieder zum Durchbruch kam und sie zu geringfügigen Verstößen
gegen die Disziplin oder Nächstenliebe fortriß. Mit einer rührenden Ein=
falt verdemütigte sie sich dann vor ihren Vorgesetzten oder bal kniend
ihre Mitnovizinnen um Abbitte.

Das ist das wohlverstandene Tugendstreben, welches mit Hilfe der
Gnade selbst aus den eigenen Unvollkommenheiten und Fehlern Anlaß
nimmt, auf dem Wege der Vollkommenheit voranzuschreiten. Um wie
viel mehr wird es in den Fügungen Gottes gleichsam Lehren und Mah=
nungen erblicken, die Dinge dieser Welt im rechten Lichte, im Lichte der
Ewigkeit nämlich, zu betrachten. Eine dieser Fügungen sei in Kürze
erwähnt!

Eine Profeßablegung auf dem Todesbette.

Es war an einem Sonntagmorgen, als eine auf den Tod kranke
Novizin die feierliche Weihe an ihren göttlichen Bräutigam vollziehen sollte.

Das Krankenzimmer hatte das Aussehen einer niedlichen Kapelle.
Die Wände waren mit Girlanden und Blumen geschmükt. Zahlreiche
Lichter erstrahlten auf dem reich gezierten Altare; daneben stand ein Tisch,
auf welchem alles für die Zeremonie bereit gelegt worden war. In
Prozession traten die Schwestern und Mitnovizinnen ein, mit ge=
dämpfter Stimme die Litanei von den afrikanischen Heiligen singend, und
nahmen rings um das Krankenlager herum Aufstellung.

Die rührende Zeremonie begann. Nach den Einleitungsgebeten trat
die Novizen=Meisterin auf die Kranke zu, reichte ihr das Kruzifix
und sprach dabei: „Schwester, wenn du bereit bist, Jesum den Ge=
kreuzigten als Bräutigam zu erwählen, so nimm hin sein Bildnis und
präge es auf immer in dein Herz ein, auf daß du in diesem göttlichen
Vorbilde die Kraft findest, opferfreudig an deiner Heiligung zu arbeiten
und dich in den afrikanischen Missionen der Rettung der Seelen zu weihen."

Die Kranke nahm das Kruzifix entgegen, legte es in ihre Arme und
antwortete glückstrahlenden Auges: „Ja, ehrwürdige Mutter, ich bin
bereit, ihm bis zum Tode nachzufolgen, um mit seiner Gnade die Tugen=
den zu üben, die er zuerst geübt hat, und um mich mit ihm für die
Rettung der Ungläubigen Afrikas aufzuopfern." Dann empfing sie aus
der Hand der Novizen=Meisterin die Dornenkrone.

Mit dem Abzeichen des leidenden Heilandes geschmückt, folgte sie mit
rührender Sammlung und Andacht den kirchlichen Gebeten, sowie den Segens=
worten, die der Hausgeistliche über Mantel, Schleier, Rosenkranz, Ring und

Krucifix aussprach. Dann antwortete sie mit ruhiger Stimme auf die Fragen, welche der eigentlichen Profeß vorausgehen. „Deinem Wunsche gemäß", hieß es nun, „sei es dir gestattet, die Gelübde abzulegen und dich dem Sohne Gottes, der aus Liebe zu dir gestorben ist, als Braut zu weihen."

Und nun folgte die Profeß. „In Gegenwart meiner Mitschwestern, und vor Ihnen, ehrwürdiger Vater", klang es mit fester Stimme von den Lippen der Kranken, „gelobe und verspreche ich Gott dem Herrn auf die hl. Evangelien Gehorsam, Armut und Keuschheit, gemäß den Regeln und Statuten der Genossenschaft der Schwestern U. l. Frau von Afrika. — Zudem schwöre ich auf die heiligen Evangelien, mich fortan und bis zum Tode dem Werke der afrikanischen Missionen, vornehmlich bei der heidnischen Frauenwelt, zu weihen, wie es die Regeln und Konstitutionen derselben Genossenschaft vorschreiben."

Die Worte der Eidesformel: „bis zum Tode" hatten etwas Ueberwältigendes. Nur mit Mühe konnten die Schwestern und No= vizinnen das Weinen und Schluchzen zurückhalten. Mit Tränen in den Augen betrachteten sie die neue Profeßschwester, welche mit sichtlicher Freude und stillem Glücke die geweihte Ausstattung einer Gottesbraut entgegennahm den Mantel und Schleier, den Ring als Unterpfand der unauflöslichen Vereinigung mit Jesus, den Rosenkranz als Symbol des besonderen Schutzes der Gottesmutter, schließlich das Zeichen ihres ge= kreuzigten Heilandes, dem sie sich soeben in heiligem Treueid zur Braut geweiht. Das Dankgebet Te Deum laudamus beschloß die rührende Zeremonie.

Die Kranke hatte sehnlichst gewünscht, jetzt, wo sie im Begriffe stand, ihr Leben dem göttlichen Bräutigam zum Opfer zu bringen, die liebsten Erinnerungen ihrer Jugend, die geweihte Tauf= und Kommunionkerze an ihrem Bette brennen zu sehen. Sie wollte aber auch die teure Mutter in der fernen Heimat, die ihr zur feier= lichen Weihe an den göttlichen Bräutigam der Seelen einen rühren= den Brief geschrieben, wenigstens geistiger Weise recht nahe haben. Wie rührend war es, als die glückliche Schwester in kindlicher Einfalt sich mit der geliebten Mutter unterhielt und sie an ihr Sterbelager zu eilen bat. So schied sie endlich ruhig und heiter lächelnd hinüber, gleichsam in den Armen ihrer Mutter, hinüber zu ihrem himmlischen Bräutigam, um von ihm den ewigen Lohn für ihr unschuldiges, opfer= freudiges Leben in Empfang zu nehmen.

Die Taufkerze, das Sinnbild des Glaubenslichtes, das den Lebens= weg der jugendlichen Profeßschwester erhellt hatte, wurde ihr auch zum Sinnbild der ewigen Glorie, in der besseren, wahren Heimat.

Die Mitnovizinnen aber verließen tief erschüttert das Sterbezimmer. In ergreifender Weise war ihnen vor Augen geführt worden, daß es neben den weitentlegenen Heiden=Missionen ein anderes Feld apostoli= scher Arbeit gibt, und daß die Vollkommenheit und Heiligkeit ihres Standes vor allem in der kindlichen Erfüllung des hl. Willens Gottes bestehe.[1] (Fortsetzung folgt.)

---

[1] Die Novizin, welche in dem jugendlichen Alter von 20 Jahren eines so er= baulichen Todes starb, war aus Neustift (Bayern) gebürtig und hieß Maria Klärl.

Etwas von den Neu-Trierern in Deutsch-Ostafrika.

Neu-Trier (St. Matthias), 9. Februar 1911.

Jch habe Ihnen schon des öfteren geschrieben, daß unsere Neu-
Trierer sehr konservativ sind, oder, was in diesem Fall dasselbe
ist, in ihrer Gesamtheit harte Köpfe haben. Wir kommen deshalb nur langsam voran. Manchmal kommt es mir vor, als
sei ich in irgend einen Winkel in der Sahara oder der Kabylen-
Berge verschneit, so sehr sticht der Iraku-Neger von anderen
Negerstämmen ab. Er ist äußerst schwer zu überzeugen und hängt einstweilen hartnäckig an seinen alten heidnischen Anschauungen und Sitten.

Diese Schwierigkeit erklärt sich zum großen Teile schon aus religiösen Begriffen der hiesigen Neger. Denn wie alle heidnischen Völker,
so haben auch die Neu-Trierer, die Wan-Iraku, ihre religiösen Anschauungen.

Die Wan-Iraku kennen zwei Gottheiten.

Die eine ist gut, das ist die Sonne, hier Loa genannt. Die andere
bezeichnet den Urheber alles Unheils; das ist Netlang.

Der Sonnengott oder Loa hat in Verbindung mit Netlang die
Menschen geschaffen. Loa hat die Aufgabe, solange er am Firmamente
dahinwandelt, alle Dinge hienieden zu überwachen. Nachts schläft er,
und dann tritt der Mond so lange an seine Stelle.

Wie die Neger überhaupt, so kümmern sich unsere Waniraku nicht
besonders viel um den Sonnengott, denn er ist ja gut und tut niemand etwas zu leide. Es gibt aber doch einige Gebetsformeln und

Frisch gesattelt und gezäumt! — Der Missionar vor Antritt der Reise.

Segenswünsche, mit denen man nach der Meinung der Waniraku der Sonne Ehre erweisen kann. Diese Sprüche heißen d'lufay, d. h. etwa so viel wie „Segenswünsche". Diese d'lufay bestehen darin, daß man dem Freunde allerlei Gutes wünscht, daß z. B. sein Haus sich mit Kühen und Rindern fülle, daß er mit den Nachbarn in Frieden leben möge, daß er ein hohes Alter erreiche, daß seine Söhne heranwachsen mögen wie schöne schlanke Gerten, seine Töchter wie hübsche Näpfe usw.

Bei den Palavern spricht in der Regel der Aelteste solche Wünsche aus. Er beginnt stets mit H'ön komene = es gehe euch gut. Das wiederholt er dreimal, und jedesmal erwidert die Versammlung mit Beifallsgemurmel. Nun ist der Anfang gemacht, und der Aelteste spricht nach Belieben weitere Segenswünsche aus, die von den Versammelten durch Murmeln bestätigt und erwidert werden.

Dieser Segenswünsche bedient man sich auch, um seinen Dank auszusprechen. Da kommt ein Muniraku und bittet dich um eine Nadel oder um ein Stück Tuch. Bewilligst du ihm gleich das Erbetene, so sagt er kein Wort, nicht einmal „Danke!", mag es auch etwas noch so Schönes sein, das du ihm gibst. Stellst du dich dagegen taub gegen seine Bitte, dann sagt er einfach: nas, danke! Schlägst du ihm die Bitte ab, so antwortet er: nas saga wa tser, danke noch einmal! Weigerst du dich wiederholt, so sagt der Muniraku: namaaamis (== eine Verdoppelung von nas). Möchte er aber um jeden Preis gern das Erbetene haben, dann beginnt er mit einer Reihe von Segenswünschen. Die gewöhnlichsten sind: Dok chadzi = dein Haus möge voll werden;

Der Missionar auf der Reise.

gniurey = du mögeſt alt werden; dok i üwa suruki = dein Haus
möge ſich gegen Sonnenuntergang erweitern, ausdehnen; ibambut =
du mögeſt ſo alt werden, daß du gebückt gehſt.

Da hier gerade von Gegenswünſchen die Rede iſt, ſo ſei einiges
über die lo oder Verwünſchungsformeln angeſchloſſen. Sie beſtehen darin,
daß man jemand, mit deſſen Verhalten man unzufrieden iſt, allerhand
Böſes anwünſcht. Unſere armen Waniraku haben eine gewaltige Angſt
davor, denn wenn man ſolche Verwünſchungen im Ernſt ausſpricht, ſo
treffen ſie unfehlbar ein. Die gewöhnlichſten ſind:

Dumagniohi = der Leopard freſſe dich! (Der Leopard iſt äußerſt
gefürchtet, er gilt als Vollſtrecker der von Netlang verhängten Strafen.)

Dok inudzi = dein Haus möge zu Grunde gehen; lohi tlak
ohik = ſchlage einen falſchen Weg ein.

Dieſe Verwünſchungen verlieren nur dann ihre Kraft, wenn derſelbe,
der ſie ausgeſprochen, ſie auch zurückzieht. Das tut er auf Bitten des
andern mit den Worten: Amor h' o = zum Guten.

Man kann auch eine Verwünſchung ausſprechen, d. h. Unheil auf
das Haupt des Feindes herabrufen, indem man ihn auffordert, den
Gegenſtand, der den Zwiſt hervorgerufen, zu lecken.

Ein Beiſpiel wird Ihnen zeigen, was ich damit meine:

Eines ſchönen Tages hatten wir unſere Leopardenfalle, ein Teller=
eiſen, aufgeſtellt. Da kamen zwei Negerbuben, die in der Nähe wohnten,
und machten ſich an dem ſonderbaren Ding zu ſchaffen, obwohl ſie deſſen
Zweck kannten. Die beiden Wildfänge zogen zunächſt die eiſernen Sicher=
Bolzen heraus, die die Falle hindern ſollten, von ſelbſt zuzuſchlagen.
Dann erkühnte ſich der eine, trotz der Warnung ſeines Kameraden, mit
der Hand auf den Teller zu tippen. Das erſte Mal ging es gut, das
zweite Mal ebenfalls; aber dann drückte er etwas feſter zu, und — die
Falle ſprang zu. Auf das Jammergeſchrei des Kindes eile ich herbei
und befreie es aus ſeiner unangenehmen Lage. Zum Glück hatte der
kleine Wagehals nichts als eine geringfügige Quetſchung am Arm davon=
getragen.

Als der Kleine nach Hauſe kam, erzählte er zuerſt, er ſei von einem
Baum geſtürzt, ſpäter, als Nachfrage gehalten wurde, geſtand er ſeinen
Streich ein. Natürlich ſollte ſein kleiner Kamerad die Hauptſchuld tragen,
der habe ihn geſtoßen. Darüber erhebt ſich ein Streit. Der Unſchul=
dige wird niedergeſchrien und zu einem Schadenerſatz von beträchtlicher
Höhe verurteilt. Jetzt gibts für ihn nur einen Weg, an der Strafe vor=
beizukommen. Er fordert den verletzten Kameraden auf, die Falle zu
lecken; dann muß der Schuldige ſterben, der Unſchuldige bleibt am
Leben. Darauf wollte man es hier doch nicht ankommen laſſen, und ſo
ließ man die Sache auf ſich beruhen.

Bei dieſer Gelegenheit erzählte mir der Vater des einen Knaben
folgenden Vorfall:

Ein Mann aus Umbulu, einem Bezirke in Iraku, hatte mit ſeiner
Lanze einen Maſſai getroffen, jedoch nicht tödlich. Aber da eilt ein an=
derer Muniraku herbei und gibt dem verwundeten Maſſai den Gnaden=
ſtoß. Natürlich wollte nun jeder der beiden Täter ein Recht auf Habe
und Waffen des Maſſai haben.

„Ich habe ihm den ersten Stoß versetzt", behauptet der eine.

„Aber ich habe ihn doch getötet", entgegnete der andere. Kein Wunder, daß jeder auf seinem angeblichen Recht bestand. Denn einen Massai erlegen, galt von jeher für den Muniraku als die größte Heldentat; man gab ihm Rinder, schmückte ihn mit Perlen und setzte ihm das indilay auf, eine Art Diadem, wie es sonst bloß die Bräute am Hochzeitstage tragen. Einen ganzen Monat dauerte die Freude bei Gesang und Tanz.[1]

Daher auch in unserem Falle die gegenseitige Erbitterung der beiden Mörder des Massai. Der Muniraku, der den ersten Stoß geführt, forderte seinen Nebenbuhler auf, die blutige Lanze zu lecken, das Schicksal werde über ihre Rechte entscheiden.

Der andere war bereit und leckte die Lanze. Von da ab verfolgte ihn das Unglück. Bis dahin war er reich gewesen, er hatte mehrere Söhne und Töchter. Aber sieh, während seiner Abwesenheit stürzt seine Hütte über seiner Familie zusammen. Er nimmt den Rest seiner Habe, zieht davon und verheiratet sich wieder. Aber das erste Kind, das ihm aus dieser Ehe geboren wurde, wurde von einem Leoparden zerrissen und auch das zweite starb. Nun verließ er das Land und ging zu den Wataturu. Allein auch da hatte er lauter Unglück. So gab es denn nur einen Rettungsweg. Er begab sich zu dem, der alles Unheil über ihn gebracht, dem Genossen an der Ermordung jenes Massaikriegers, und bat ihn, den Fluch hinwegzunehmen. Das geschah und von Tag und Stunde an hatte unser Muniraku Ruhe.

Solche Geschichten bestärken alle, die sie hören, in dem Glauben an die Wirksamkeit dieser kindischen Bräuche.

Aehnliche Verwünschungen werden besonders gegen Diebe ausgestoßen. Ja, hier sind sie ziemlich das einzige Mittel und die einzige Waffe, um sich gegen die Begehrlichkeit der Räuber und Langfinger zu schützen. Denn eine Strafe auf Diebstahl gibt es sonst meines Wissens nicht. Der Bestohlene mag seine Ansprüche dem Diebe gegenüber höchstens mit dem Stocke geltend machen, das ist alles. Daher erklärt es sich auch, daß die Waniraku bedeutend mehr zu Diebereien neigen, als etwa die Wanyamwesi.

Der edelste, vorzüglichste Akt also, den der Muniraku vollzieht, nämlich jeglicher Akt der Gottesverehrung, gilt Netlang, der falschen Gottheit. Der Sonne, d. h. dem Schöpfer und Erhalter, da sie ja das Weltall regiert und behütet, fällt der allergeringste Teil der Verehrung zu.

Was ist nun eigentlich dieser Netlang? Es ist eine Gottheit, die ihren Sitz hauptsächlich im Wasser hat.

Kommt z. B. jemand durch Ertrinken im Wasser um, so heißt es, Netlang hat ihn verschlungen.

Was in oder auf dem Wasser lebt, also in Netlangs Reich, das ißt der Muniraku nicht, so Fische, Enten, Gänse, Wasserhühner, denn alles das gehört Netlang.

---

[1] Massai und Iraku-Leute waren übrigens von jeher Todfeinde. Die Massai machten ihre Beutezüge mit Vorliebe in das Stammesgebiet der Waniraku und räuberten daselbst Rinder.

Glaubt der Neger, daß durch irgend einen Verstoß der Zorn des Netlang erregt ist, so unterläßt er es tagelang, Wasser zu schöpfen. Die

Br. Gabriel.   Karawane vom 10. August 1911.   P. J. Bertsch.   P. E. Keiling.

Frauen vermeiden, so lange sie stillen, einen Bach zu überschreiten; sie dürfen dann auch nicht zum Wasserschöpfen an den Fluß gehen, sind sie doch, ihrer Arbeit wegen, am meisten des Netlangs Zorn ausgesetzt. Erwartet eine Frau ihre Niederkunft, so opfert man 2 Böcke und 2 Hähne, um den habgierigen Netlang zu versöhnen, der alles einheimst, was man nur opfert.

Das Hauptelement des Netlang ist aber das Wasser. Aber auch andere Oertlichkeiten werden als Wohnsitz dieser Gottheit betrachtet; so haust Netlang auch am Fuße mächtiger Bäume, auf hohen Bergen, kurz an grauenerregenden, ehrfurchtgebietenden Stellen. Netlang wohnt übrigens unter der Erde; dort hat er seine Mannen, seine Herden und Diener.

Netlang will kein Blut fließen sehen; wer Blut vergießt, zieht sich den Zorn und die Rache dieser Gottheit zu. Seine Rache äußert sich als Krankheit und Tod. Wer daher krank wird, der sucht schleunigst den Gott durch ein Opfer zu versöhnen.

Aber nicht immer ist Netlang als Urheber der Krankheit anzusehen. Oft rührt die Krankheit von den gii her, d. h. von den Geistern, Manen der Verstorbenen. Dann ist es nicht immer leicht, zu wissen, wem man opfern soll, den gii oder dem Netlang.

In solchen zweifelhaften Fällen befragt man den Wahrsager. Dessen Amt ist es, zu entscheiden, wem die Krankheit zuzuschreiben ist. Rührt sie etwa daher, daß jemand Blut vergossen und solches mit heimgebracht hat? Oder ist etwa die sanka daran schuld, d. h. die Opfermaterie, die ein anderer dargebracht und von der etwas ins Haus gelangt ist? Oder stecken die gii dahinter? Je nachdem der Wahrsager entscheidet, ist der Charakter des Opfers verschieden. Der Wahrsager gibt auch Auskunft über das, was zu opfern ist, über die Farbe des Opfertieres, ferner, ob es ratsam ist, einen andern Wohnsitz zu wählen u. a.

Das wären einige Angaben über die religiösen Vorstellungen unserer neuen Pfarrkinder. Sie sehen schon, daß diese Begriffe ziemlich verwickelter Art sind. Nächstens teile ich einiges von den Opfergebräuchen der Waniraku mit. Sie verstehen schon jetzt, weshalb diese Leutchen nicht so ganz leicht fürs Christentum zu gewinnen sind. Helfen Sie uns durch Ihr Gebet, besonders am Grabe des hl. Apostels Matthias, auf daß die Stunde der Gnade für unsere armen Waniraku desto eher schlagen möge.

P. Joseph Gaß

Schwarze Schwestern in Uganda.

Wer hätte vor dreißig Jahren, als die ersten Missionäre ins Gebiet der Großen Seen eindrangen, gedacht, daß in verhältnismäßig kurzer Zeit unter der Sonne des Aequators ein herrlicher Garten erblühen würde, bestehend aus vielen und starken christlichen Gemeinden! Und wer hätte damals zu hoffen gewagt, daß der göttliche Gärtner auf dieser mächtig erblühenden Flur auserwählte Seelen finden werde, die sich nach vollständiger Hingabe an den Bräutigam ihrer Seele sehnen würden im Ordensstande!

Niemand hat das gedacht. Innerafrika war bekannt als völlig unzivilisiertes, von Sklavenjägern durchzogenes Land, es galt als Heimstätte eines rohen Götzendienstes und all der heidnischen Greuel, in die die Menschheit in ihren niedrigsten Vertretern nur hinabsinken kann.

Seit Jahrhunderten arbeiteten mutige Glaubensboten in den Küstengebieten am indischen und atlantischen Ozean, aber keinem war es gelungen,. an den Gestaden der großen Binnenmeere das Kreuz zu pflanzen.

Niemand hätte es zu hoffen gewagt. Aber die göttliche Vorsehung hatte ihre Absichten. Was der einfache Arbeiter nicht ahnte und zu hoffen wagte, das hat der Herr der Ernte verwirklicht: nicht allein eine christlich=afrikanische Kirche hat er sich dort geschaffen, sondern er hat sich auch die edelsten und reinsten seiner schwarzen Kinder zu Bräuten er= wählt. So entstanden die schwarzen afrikanischen Schwestern.

In zweien unserer innerafrikanischen Missionen haben sich die ersten Ansätze eines religiösen, gottgeweihten Lebens gezeigt; in den Vikariaten Tanganika und Nord=Nyanza (Uganda).

Im folgenden geben wir einen kurzen Einblick in die Entstehung und Entwicklung dieser Gemeinschaft eingeborener Schwestern im Vikariat Nord=Nyanza (Uganda).

Ursprung der Genossenschaft.

Drei Christenverfolgungen haben bis jetzt an den Ufern des Nyanza getobt.

Die erste ging von den Heiden aus und wollte die junge christliche Kirche im Blute ihrer Kinder ersticken. Allein das Gegenteil trat ein, und der Heiligsprechungsprozeß der jugendlichen Opfer dieser Verfolgung schwebt zur Zeit beim hl. Stuhl in Rom.

Die zweite Verfolgung war das Werk der Mohammedaner und arbeitete mit Feuer und Schwert und der gewaltsamen Austreibung der Christen. Die Stationen wurden eingeäschert, die Glaubensboten ver= trieben. Den Christen waren somit ihre Väter im Glauben genommen, was sollte aus der Handvoll treuer Schwarzen werden? Es schien den völlig ausgeraubten Missionaren nichts übrig zu bleiben, als die Rück= reise nach Europa anzutreten. Und doch kam es nicht zur völligen Auf= gabe der Mission; die vertriebenen Missionare konnten zurückkehren, neue Strohhütten boten ihnen ein notdürftiges Unterkommen, und die paar schwarzen Christen mehrten sich zusehends.

Die dritte Verfolgung wurde von den irregeleiteten Anhängern anderer Bekenntnisse ins Werk gesetzt und ging mehr nach europäischer Art vor. Sie bediente sich der Hülfe der weltlichen Macht, suchte mit Geld und Maximgeschützen ihr Ziel zu erreichen. Hunderte von christ= lichen Schwarzen fielen in diesen traurigen Tagen. Und doch war der Mut der christlichen Baganda ungebrochen; ein Keimen und Sprossen begann wie nie zuvor, und als der Friede kam und geordnete Verhält= nisse einzogen, da war über Nacht eine reiche Ernte herangereift.

Es könnte dir scheinen, lieber Leser, als holten wir gar zu weit aus, um dir das Entstehen der schwarzen Schwesternkongregation zu schildern. Allein diese Vorgeschichte darf man nicht außer acht lassen, wenn man den geheimnisvollen Wegen nachgeht, auf denen die Vor= sehung sich nach und nach starke, im Kampfe gestählte Christen erzog, die es wagen konnten, das Gelöbnis steter Keuschheit, der Armut und des Gehorsams am Fuße des Altares abzulegen.

Der Friede kam wieder. Und siehe, die dreimalige blutige Ver= folgung, die Unsicherheit und Unruhe in das ganze Land trug, hatte zur Folge, daß alle Baganda nunmehr wußten, wer denn die weißen Männer waren, die vor wenig Jahren an den Gestaden des Viktoria=

Sees erschienen waren. Alles interessierte sich nun für die neue reine und heilige Lehre, die von den Glaubensboten gepredigt wurde. Im ganzen Lande sprach es sich rund, daß diese weißen Männer ohne

König Daudi Chwa, der jugendliche König von Uganda.

menschliche Hülfe, ohne Unterstützung der Mächtigen der Religion Jesu Freunde und Jünger zu gewinnen suchten und nichts anderes kannten, als Gebet und Wohltun. Allmählich wurde das überall bekannt. Denn die armen, gehetzten Christen zerstreuten sich nach allen Seiten und verbreiteten so allenthalben die wahre Religion, der sie mit Gefahr ihres Lebens treu geblieben waren. Die Eigenart des Charakters der Baganda, ihre vortreffliche Begabung, die Wärme und Zähigkeit, mit der sie ihre Ueberzeugung in der Fremde Ausdruck zu geben wissen, trug dazu bei, den christlichen Ideen in den verschiedenen Provinzen des Landes weite Vorbereitung zu verschaffen.

Die ersten Katechistinnen.

Sobald die Ausübung der christlichen Religion weniger gefahrvoll erschien, drängten sich die Baganda in Scharen zum wahren Glauben. Kinder und Jünglinge, Erwachsene und Greise baten inständig um das Brot der Wahrheit und um die hl. Taufe.

Allein die Zahl der Glaubensboten war äußerst gering; eine er= schreckende Sterblichkeit lichtete immer wieder ihre Reihen, und drückte sie auf die Stärke des Apostelkollegiums herunter.

Es war rein unmöglich, mit so geringen Kräften die nötige Arbeit zu leisten. Denn eine junge christliche Gemeinde im Heidenland muß im Glauben besonders gründlich unterwiesen werden; sonst setzt man sich der Gefahr aus, daß mancher dem Christentum den Rücken wendet. Ein mehrjähriges Postulat und Katechumenat muß deshalb dem Emp= fang der Taufe vorangehen.

Da wurde eine Einrichtung getroffen, die sich als sehr segensreich erwies, und die dann später den Anstoß zur Gründung des Instituts der Schwarzen Schwestern gab.

Es fanden sich unter den eben zum Christentum bekehrten Baganda= Frauen einige, die sich durch Eifer im christlichen Leben hervortaten und nichts sehnlicher wünschten, als recht vielen Schwarzen das Glück der hl. Taufe zu vermitteln. Sie stellten sich den Missionaren zur Verfügung und waren ihnen behülflich, die Kinderseelen im Katechismus, im Lesen und einer Reihe nützlicher Fertigkeiten zu unterweisen.

Das war eine wertvolle Hülfe. Die Missionare sahen sich ja allein außerstande, sich mit der Jugend hinreichend zu beschäftigen, ohne die andern Christen und Heiden, zu vernachlässigen.

Allein war es praktisch und entsprach es der Klugheit, diese uner= wartete Hülfe in Anspruch zu nehmen? Ist die Negerin in Anbetracht ihrer sozialen Stellung, d. h. der Mißachtung und der niedrigen Stufe, auf der sie seit Jahrtausenden gestanden, überhaupt geeignet für eine solche Aufgabe? Ist ihre geistige Begabung ausreichend, um eine brauch= bare Katechistin heranzuziehen?

Kann man endlich auf die sittliche Festigkeit und Zuverlässigkeit der armen Negerin rechnen? Das waren alles ungelöste Fragen.

Allein die Not war so groß, und der redliche Wille und der hoch= herzige Opfergeist dieser guten Negerfrauen so unverkennbar, daß der Versuch gemacht wurde.

So ließen denn die Missionare in der Nähe der Station eine An= zahl Strohhütten bauen für die sich freiwillig anbietenden und ledigen christlichen Frauen, und überließen letzteren die anstoßenden Bananen= schamben; die hatten sie mit Hülfe der ihnen anvertrauten Kinder in Ordnung zu halten und zu bebauen. Jede Katechistin bekam außerdem ein paar Lubugos (Kleiderstoff aus dem Bast des Fikus=Baumes), einen Tonkrug zum Wasserschöpfen, einen Kochtopf und eine Negerhacke. Das war alles. Mehr konnte und wollte man nicht tun. Denn vor allem mußte die Gefahr ausgeschaltet werden, daß diese Negerinnen nur aus materiellen Gründen im Dienste der Mission blieben. Was sie zum Bleiben ermunterte, sollte nicht eine gesicherte Stellung, ein sorgenfreies Leben sein, sondern Opfermut und der Geist freiwilliger Hingabe. Sonst hätte man besser auf die Hülfe schwarzer Frauen verzichtet.

Das Wirken der Katechistinnen.

Zunächst wurden die schwarzen Gehülfinnen mit dem Unterricht der Jugend betraut, und zwar bei den kleinen Knaben und Mädchen, die auf den Empfang der Taufe vorbereitet wurden. Die Arbeit der Katechistinnen war hierbei eine dreifache: Ueberwachung dieser kleinen, an keinerlei geordnetes Leben gewohnten Schar bei Tag und Nacht; Bereitung und Austeilung der täglichen Nahrung; besonders aber Unterweisung in den Gebeten des Christen, im Katechismus und im Lesen.

Die Erfolge dieser dreifachen Tätigkeit übertrafen alle Erwartung. Die guten schwarzen Frauen bewiesen nicht bloß eine rührende Hingabe an ihre neue Berufsarbeit, sondern auch ein erstaunliches Geschick in ihrer Rolle als Kindergärtnerinnen, Katechistinnen und Lehrerinnen.

Im Maße wie die Zahl der Missionsstationen zunahm, vermehrten sich auch die wertvollen Gehülfinnen. So sorgte die Vorsehung für die geistigen Bedürfnisse eines ganzen Volkes, das zur Krippe eilte, zum wahren Glauben. Bald gab es keine Station, die nicht wenigstens die eine oder andere Katechistin besaß. Der Unterhalt dieser braven, intelligenten Frauen war unbedeutend und ließ sich so desto besser in den Rahmen des Vikariatsbudgets einfügen.

Das war also eine glückliche und unerwartete Lösung einer schwierigen Frage. Allein noch blieb abzuwarten, ob die Einrichtung sich auf die Dauer bewähren werde. Vielleicht war der erste Eifer nur ein Strohfeuer, das bald erlosch; jedenfalls mußte man aber damit rechnen, daß die Katechistinnen früher oder später den Beruf zur Heirat in sich verspürten und die Missionen ihrem Schicksal überließen.

Allerdings zeigte sich bei manchen Katechistinnen alsbald, daß zwar der gute Wille vorhanden war, aber nicht die erforderlichen Eigenschaften. Andere blieben ein oder mehrere Jahre und entschlossen sich dann zur Heirat. Allein wir dürfen hervorheben, daß die Mehrzahl ausharrte.

„Das Institut der schwarzen Katechistinnen", so schrieb der Apost. Vikar, „das mit 4 braven Negerinnen begonnen wurde, hat sich recht günstig entwickelt und zählt zur Zeit über 100 Mitglieder. Diese sind auf sämtliche 25 Stationen verteilt und befassen sich mit der Erziehung und dem Unterricht der Kleinen. Ihr habt sie ja nun selbst bei der Arbeit gesehen und habt diesen schwarzen Katechistinnen, was Unbescholtenheit des Lebenswandels, Seeleneifer, Geschick und Erfolg in ihrem Wirken betrifft, laute Anerkennung gezollt. Der hl. Stuhl kennt und schätzt außerordentlich die trefflichen Dienste, die dieses Institut in der Mission leistet, namentlich auf dem Gebiete der Kindererziehung," (Der Apost. Vikar, H. Streicher, in einem Rundschreiben an seine Missionare 1911).

Die ersten Ansätze des Ordenslebens. Eröffnung eines Noviziats
in Villa Marina.

Solche Beharrlichkeit und opferfreudige Hingabe an einen keines=
wegs leichten Beruf zog den Segen von oben auf sich herab. Der Lohn
blieb nicht aus und wurde zu einer Ehrenkrone für diese schlichten
schwarzen Frauen. Dieser Lohn war nichts anderes, als der Ruf Gottes
zu einem Leben ungeteilter Hingabe an den Heiland, und als herrliche
Ehrenkrone dürfen wir es bezeichnen, daß diese schwarzen Frauen zu
den ersten Ordensschwestern gehörten, die Gott sich unter den Neger=
stämmen Innerafrikas erkoren hat.

Die schwarzen Katechistinnen hatten Tag für Tag das Beispiel der
weißen Missionare und Schwestern vor Augen; was das Missionsleben
an Opfermut, an Selbstlosigkeit und starkmütiger Liebe zu Gott und
den Seelen verlangt, konnten sie zur Genüge beobachten und erwägen.
So fühlten sich mit der Zeit auch manche der brävsten und eifrigsten
dieser Frauen gedrängt, sich gleichfalls ganz Gott zu schenken in einem
Leben der Selbstverleugnung und der Nächstenliebe.

Jahrelang sahen die Missionare dieser Entwicklung ruhig zu. Sie hörten
sich die frommen Wünsche der Katechistinnen ruhig an, ohne dieselben
recht ernst zu nehmen. Diese kluge Zurückhaltung trug dazu bei, den
Beruf der künftigen Schwestern zu festigen und zu erproben und zu=
nächst das christliche Tugendleben auf recht solider Grundlage zu entwickeln.

Allein nach fünf, sechs Jahren des Harrens und erneuten Bittens
— einige mußten sich sogar zehn Jahre und noch mehr gedulden —
blieb nichts übrig, als sich vor der Macht der Tatsachen zu beugen.

Gott der Herr gab zu deutlich zu erkennen, daß er diese Seelen zu
einem ihm geweihten Leben berief. Diese unvergleichlich kostbare Gabe,
diese Keime des Ordenslebens galt es nun zu pflegen, mit Sorgfalt und
Liebe und zugleich mit der gebotenen Vorsicht.

Der Apost. Vikar berichtete auch an den hl. Stuhl über den Stand
der Angelegenheit, und bald konnte er seinen Missionaren folgende Mit=
teilung machen:

„Auf den Rat und die ermutigenden Worte, die mir der Kardinal=
Präfekt der Propaganda gewidmet hat, habe ich mich endlich entschlossen,
diese erprobten christlichen Frauen in einer Sodalität zu vereinen und ein
besonderes Noviziat für sie einzurichten. Ich habe ihnen ferner einen
geistlichen Obern und eine vorläufige Regel gegeben und auch bereits die
Statuten entworfen. In drei Monaten werde ich unsere ersten No=
vizinnen auf drei Missionsstationen senden. Die fromme Genossenschaft
schwarzer Schwestern steht unter dem besondern Schutz der allerseligsten
Gottesmutter; die Mitglieder tragen den Namen Töchter Mariä oder in
der Luganda=Sprache »Bannabikira.«“

*   *   *

Diese interessante Erscheinung auf dem afrikanischen Missionsfelde,
die schwarzen Töchter Mariä, verdient gewiß die Beachtung des Mis=
sionsfreundes. Es offenbart sich auch hier die Wahrheit des alten Wortes,
das Tertullian einst geschrieben: „Die Seele des Menschen ist ihrer Natur
und Veranlagung nach christlich.“

Das zeigt sich zunächst in den Gründungsjahren einer jungen Mission, aber es läßt sich auch auf die ganze Entfaltung christlichen Lebens im Heidenland anwenden, bis es in der völligen Hingabe an Gott seine Blüte und seinen Abschluß findet.

Die Missionare Ugandas erblicken im Aufblühen dieser Sodalität der schwarzen Schwestern einen Beweis besondern Segens von oben und hegen den innigen Wunsch, daß sich das Institut recht glücklich ent= wickeln möge, damit es über die Stationen Nandere, Mitala Maria und Narozari hinaus im ganzen Lande der Baganda seinen segensreichen Einfluß übe.[1]   D.

Kleine Mitteilungen.

Die Wissenschaft auf Madagaskar. Die Rieseninsel Madagaskar ist ein interessantes Stück Erde. Allein die wissenschaftliche Forschung hat dort noch ein gewaltiges Feld vor sich. Immerhin ist schon einiges geleistet worden, namentlich von dem Observatorium, das schon im Jahre 1889 von der Katholischen Mission gegründet wurde. Diese Anstalt hat sich außer mit Himmels= und Witterungskunde auch mit Erdmagnetismus und Kartenaufnahmen beschäftigt. Den breitesten Raum haben die meteorologischen Beobachtungen eingenommen, von denen nun bereits 21 Bände vorliegen. Seit vier Jahren hat der Generalgouver= neur der Insel das Observatorium auch zur Herausgabe von Wettervorausjagen veranlaßt. Die Vorbedingung dafür war die Unterhaltung einer größeren Zahl von Beobachtungsstationen. Jetzt laufen in der Wetterwarte, die sich in der Hauptstadt Antananarivo befindet, täglich die Beobachtungen von etwa zwanzig Stationen telegraphisch oder telephonisch ein, die sich auf die Küsten und auf das Hochplateau im Innern der Insel verteilen. Außerdem werden tägliche Wetter= berichte durch Kabel mit der Insel Reunion ausgetauscht. Sobald ein Wirbel= sturm auf dem Indischen Ozean bemerkbar wird, benachrichtigt die Warte auf Madagaskar alle bedrohten Orte der Nachbarschaft von dieser Gefahr.

Ein erhebliches Verdienst haben sich die Jesuitenpatres, die das Observa= torium versorgen, durch erdmagnetische Arbeiten erworben, deren Ergebnisse eine ungewöhnliche Bedeutung beanspruchen dürften. Infolge eines eigentümlichen geo= logischen Aufbaues der Insel finden nämlich auffallende Störungen im Verhalten der Magnetnadel statt. Bisher sind magnetische Messungen bereits an 187 Stellen der Insel ausgeführt worden. Die Kartenaufnahmen schreiten langsam vorwärts. Die Umgebungen der Hauptstadt sind in dem großen Maßstab 1:50000 aufge= nommen worden, außerdem eine Fläche von 17000 Quadratkilometern im Maß= stab 1.: 100000.

Ein Mittel gegen die Schlafkrankheit. Nach statistischem Material, so schreibt das „Echo" (Knechtsteden), sind über 30 Weiße der Schlafkrankheit sicher zum Opfer gefallen.

Eine Nachricht aus Johannesburg in Südafrika, die gerade im gegenwär= tigen Augenblick, wo Teile des französischen Kongogebietes, das bekanntlich schwer von der Schlafkrankheit heimgesucht ist, an Deutschland fallen sollen, von beson= derem Interesse ist, meldet, daß es dem Leipziger Arzt Dr. Mehnarto, einem Mit= arbeiter Professor Kochs, gelungen sei, ein verläßliches Mittel gegen alle Trypano= somakrankheiten entdeckt und dieses selbst erprobt zu haben, nachdem er die Schlafkrankheit eingeimpft hatte, die eine sechstägige Bewußtlosigkeit verursachte. Die Entdeckung macht begreiflicherweise ein ungeheures Aufsehen. Dr. Mehnarto bereitet auf Ersuchen der medizinischen Gesellschaft einen öffentlichen Vortrag vor. Sollte sich die Nachricht bestätigen, so wäre das im Interesse unserer Gebiets= erwerbungen im Kongo mit ganz besonderer Freude zu begrüßen.

---

[1] Der jährliche Unterhalt einer schwarzen Schwester kommt auf M. 80.— zu stehen. Welche Freude würde es für Mgr. Streicher sein, wenn wir ihm einmal diese Summe übermitteln könnten, da die Verwaltung des großen Vikariats ihn zwingt, sich aufs äußerste einzuschränken!

Der Hl. Stuhl und der italienisch-türkische Krieg. Wir haben bereits mit=
geteilt, daß auf der vom ‚Osservatore romano‘ veröffentlichten Liste derjenigen
Souveräne, die dem Hl. Vater anläßlich des Jahreswechsels ihre Glückwünsche
übersandt haben, auch Mehemed V., Kaiser der Ottomanen, sich befunden hat.
Diese Tatsache verdient besonders hervorgehoben zu werden; zeigt sie doch, daß
das zwischen dem Hl. Stuhl und der türkischen Regierung vor dem Krieg be=
stehende Verhältnis durch denselben nicht gelitten hat. Dem Hl. Vater ist es also
gelungen, durch seine kluge Haltung eine der schwierigsten Lagen, in die je der
Heilige Stuhl gekommen war, glücklich zu überwinden. Das Papsttum zeigt sich
so in seiner Stellung als universale Macht. Das Märchen, an dem die italienische
Regierung ein so großes Interesse hatte, daß nämlich der italienisch-türkische Krieg
ein Religionskrieg sei, dürfte durch diese neueste Tatsache endgültig erledigt sein.

Die Sicherheit unserer Kolonien im Kriegsfall. Wie verlautet, ist von
seiten des Präsidenten der Deutschen Kolonialgesellschaft Herzog Johann Albrecht
von Mecklenburg soeben ein Ausschuß, bestehend aus erprobten Kolonialleuten,
einberufen worden, der sich mit der Frage der Sicherheit unserer Kolonien im
Kriegsfalle beschäftigen soll. Diese Frage ist bekanntlich in letzter Zeit mehrfach
aus Anlaß der Ereignisse des letzten Sommers in kolonialen Kreisen erörtert
worden. Dabei handelt es sich weniger um den Schutz der Kolonien von außen
her, wie um das Verhalten der Eingeborenen bei kriegerischen Verwicklungen des
Mutterlandes. Es ist bekannt geworden, daß die intelligenten Suahelineger reges
Interesse für die deutsch-französischen Marokkoverhandlungen gezeigt haben. Man
muß immerhin mit der Möglichkeit von Unbotmäßigkeit und Aufständen der Ein=
geborenen in den Kolonien rechnen, falls größere kriegerische Unternehmungen die
Streitkräfte des Mutterlandes vollkommen in Anspruch nehmen. Die ganze Frage
liegt naturgemäß in den einzelnen Kolonien sehr verschieden. Und aus diesem
Grunde erscheinen die Beratungen, welche die Kolonialgesellschaft eingeleitet hat,
sehr zeitgemäß. Man hat darauf hingewiesen, daß die Gefahren von Aufständen
der Eingeborenen sämtlichen Kolonialstaaten drohen, die in keinen Krieg verwickelt

Behauen der Baumstämme im Walde.

werden. Und aus diesem
Grunde ist der Gedanke erwogen, internationale Ver-
einbarungen zu treffen, nach
denen die Kolonien grund-
sätzlich als Kriegsschau-
platz für die kriegführenden
Mächte ausgeschlossen werden sollen.

**Schiffs- und Tropen-
krankheiten.** Neben dem
Kolonialinstitut, das
der Ausbildung künftiges
Kolonialbeamter und Kolo-
nisten dient, besitzt die Stadt
Hamburg ein Institut, das
in engem Zusammenhang
mit unsern Kolonien steht
und wichtige Aufgaben für
die Gesundheitspflege in den
deutschen Schutzgebieten löst:
wir meinen das Institut für
Schiffs- und Tropenkrank-
heiten. Der Gründung dieses
Instituts, dessen Gebäude
sich dicht am Hamburger
Hafen erhebt, lag ursprünglich der Gedanke zugrunde,
die für Hamburg mit seinem
weitumspannenden Verkehr
wichtige Schiffs- und Tro-
pen-Medizin zu bearbeiten.
Ließen die weitausgedehn-
ten, überseeischen Beziehungen Hamburgs das Be-
dürfnis nach einer solchen
Anstalt entstehen, so boten
sie dieser gleichzeitig reiches

Ein origineller heidnischer Dorfschulze.

Anschauungs- und Studienmaterial; kommen doch in Hamburg tagtäglich Schiffe aus
allen Teilen der Welt an. Das Reich leistet einen jährlichen Zuschuß zu dem Institut,
für den ihm einige Arbeitsplätze in den Laboratorien und einige Betten in dem
zum Institut gehörigen Krankenhause vorbehalten werden. Auch entsendet das
Reichskolonialamt zwei Kolonialärzte als Assistenten an die Anstalt, ebenso wie
das Reichsmarineamt und das Kriegsministerium Sanitätsoffiziere dorthin komman-
dieren. Die reichhaltigen Einrichtungen des Instituts bestehen in verschiedenen
Laboratorien für mikroskopische, bakteriologische und chemische Untersuchungen,
einem Protozoen-Laboratorium, mikrophotographischen und photographischen Vor-
richtungen, Sammlungen, einer reichhaltigen Bibliothek nebst Lesezimmern, einem
„Tropen"-Zimmer, in dem bei einer Luftfeuchtigkeit von 60—70 Grad eine ständige
Wärme von 25-30 Grad gehalten wird und das zugleich als „Käfig" für
Schlangen und andere Tiere, wie zur Zucht und zur Beobachtung von Insekten
dient, die ja in den Tropen vielfach die Erreger oder Verbreiter von Krankheiten
und Seuchen sind. Das Institut verfügt zu Versuchszwecken über allerhand Getier; so liegt im Dachgeschoß eine Voliere und nebenbei ein Stall für kleinere
Versuchstiere wie Affen, Meerschweinchen usw.; größere Tiere — Rinder, Pferde
— werden bei der Abdeckerei, größere Affen bis zur Verwendung im Zoologischen
Garten untergebracht.

Interessant ist in den Gartenanlagen das „Mückenhaus", in dem einheimische
Mückenarten gezüchtet werden. Außer der wissenschaftlichen Forschung dient das
Institut, wie schon erwähnt, der speziellen Vorbildung von Schiffs- und Kolonialärzten.

Die Mitführung eines Arztes ist durch die Seemannsordnung allen Schiffen
in mittlerer oder großer Fahrt vorgeschrieben, die mehr als 50 Reisende oder

mehr als 100 Personen während einer Seereise von mindestens sechs aufeinander folgenden Tagen beherbergen sollen.

Außer der Behandlung der Mannschaft und der Passagiere liegt dem Schiffs= arzt die vorgeschriebene Untersuchung aller in fremden Häfen angenommenen Mannschaften, der Verkehr mit den Quarantänebehörden, die Verwaltung der Schiffsapotheke und die sanitäre Ueberwachung der Einrichtungen und der Be= satzung des Schiffes ob. Wenn auch unsere Reedereien, die Bedarf an Schiffs= ärzten haben — es sind das der Norddeutsche Lloyd, die Hamburg=Amerika=Linie, Kosmos, Deutsche Ostafrika=Linie und Hamburg=Südamerikanische — aus prak= tischen Gründen von den Bewerbern um Schiffsarztstellen nicht verlangen können, daß sie das Hamburger Institut besucht haben, so ist die Teilnahme an dessen Kursen doch sehr wünschenswert für den angehenden Bordarzt. Von diesen Kursen veranstaltet das Institut jährlich mehrere, um approbierte Aerzte praktisch und theoretisch in das Gebiet der Schiffs= und Tropenhygiene einzuführen.

Eine wertvolle Unterstützung für diese Kurse bietet das mit dem Institut ver= bundene Krankenhaus, in dem ein besonderer Saal für Farbige bestimmt ist. Der Zusammenhang zwischen Forschung und Praxis wird auch dadurch erhalten und gefördert, daß der hafenärztliche Dienst mit dem Institut verbunden ist. Die Lei= tung des Instituts liegt in den Händen des früheren Hafenarztes, jetzigen Leiters des Hamburger Medizinalwesens Professor Dr. Nocht, der sich zurzeit auf einer Studienreise in den Tropen befindet.

Am Belgischen Kongo bestehen vorläufig drei Apostolische Vikariate mit dem Rang und Titel eines Bistums:

Belgisch Kongo: Bischof Van Ronslé (Väter von Scheut).

Ober=Kongo: Bischof Roelens von den Weißen Vätern und sein Koad= jutor Mgr. Huys (Weiße Väter).

Stanley Falls: Bischof Grison, (Priester des hlst. Herzens.)

Sieben Apostolische Präfekturen: Ober=Kassai: P. Cambier (Väter von Scheut).

Kwango: P. De Vos (Jesuiten).

Uelle: Kanonikus Derikx, (Prämonstratenser von Tongerlo).

Katanga (nördl.): P, Callewart, (Väter vom hl. Geiste).

Belgisch Ubanghi: P. Fulgentius von Grammont, (Kapuziner).

Matadi: P. Heinz (Redemptoristen).

Aequator: Trappisten von Westmalle. Eine Mission. Außerdem grün= deten die Dominikaner in Uelle eine neue Mission mit Amadis als Hauptstation.

Nachrichten der Propaganda. Der heilige Vater hat jüngst geruht, die Präfektur der Elfenbeinküste zu einem Apostolischen Vikariate zu erheben. Durch eine horizontale Linie ist das Gebiet in zwei Teile geteilt worden: die Distrikte Südens (Cavally, Sassandra, Comoé und Indenie) und die Distrikte des Nordens (Tuba, Mankona, Kong und Bunduku).

Die nördlichen Bezirke bilden eine neue Präfektur unter dem Namen Korogo.

Der hochwürdige P. Giulio Moury, bisher Apostolischer Präfekt der Elfen= beinküste, ist zum Apostolischen Vikar mit bischöflichem Charakter ernannt worden.

(Korr. „Afrika".)

Empfehlenswerte Bücher und Zeitschriften.

Märkisches Kirchenblatt. Religiöse Wochenschrift. Erscheint jeden Sonnabend. — 55. Jahrgang. Preis bei der Post vierteljährlich 60 Pfg., ins Haus ge= bracht 72 Pfg., unter Streifband wöchentlich zugeschickt M 1.10. — Berlin, Kommiss.=Verlag von Bernhard Poetschki, W 30, Luitpoldstr. 34.

Eine vortreffliche religiöse Wochenschrift, die wir etwa dem bei Laumann in Dülmen erscheinenden Missionsblatt an die Seite stellen möchten. Das Kirchen= blatt steht aber auf weiterer Basis und berichtet über alle Fragen des kirchlichen und praktisch=religiösen Lebens; es bringt Originalartikel aus den verschiedenen theologischen Gebieten und in der „Rundschau" eine sehr gut orientierende, populär gehaltene Darstellung der wichtigeren Vorgänge in Welt und Kirche. Das Kirchen= blatt, herausgegeben von P. Bonifaz Maria Schulte=Hubbert O. P. in Berlin, verdient nicht bloß in der Mark, sondern auch in allen Ländern deutscher Zunge die weiteste Verbreitung.

Die heilige Stunde. Sechs Andachten mit dreißig Betrachtungen über den am Oelberge Todesangst leidenden Heiland von P. Ludwig Zugmeyer S. J. 2. verbesserte und vermehrte Auflage. Zum Besten der katholischen Missionen. Straßburg, Verlag von F. X. Le Roux & Co. Preis gebunden *M* 0,95.

In schlichtem, allgemeinverständlichem Gewande sind in kurzen Betrachtungen über den Todesangst leidenden Heiland die Kernfragen unserer Glaubens= und Sittenlehre zusammengefaßt und durchwoben mit ergreifenden Anmutungen, um andächtigen Seelen gleichzeitig Trost, Erbauung und Belehrung zu bieten. Es wäre daher zu wünschen, daß dieses gediegene Werkchen eine größtmögliche Verbreitung erlange und ihm ein Plätzchen in der Familienbibliothek eingeräumt werde. M. Goerg. (Elsässischer Volksbote, 28. Jan. 1911.)

Kreuz und Altar. Betrachtungen über den heil. Kreuzweg von P. Ignatius Freudenreich, O. F. M., mit Gedichten von M. Lerchia und 15 Einschaltbildern. Autorisierte Uebersetzung aus dem Französischen. Groß 8⁰ (IX und 111). Geh. *M* 1,80; in feinem Leinwandband *M* 2,50; in feinerer Ausstattung *M* 3,50. Verl. d. „Sendboten", Metz. Zu beziehen durch alle Buchhandl.

Der hl. Leonardus von Portu=Mauritio pflegte bei Errichtung eines Kreuzweges zu sagen: Wo das Leiden Christi in einer Gemeinde eifrig betrachtet wird, da bin ich sicher, daß die Frucht der Mission erhalten bleibt. P. Ignatius Freudenreich, Professor der Philosophie im Franziskanerkloster zu Quebec, hat es versucht, im vorliegenden Buche Freude und Begeisterung für diese Andachtsübung zu wecken. Das Buch eignet sich besonders zur geistlichen Lesung; auch der Priester findet hier für die Homilie in der hl. Fastenzeit besonders manch neue Anregung.

Le Traducteur, The Translator, Il Traduttore, drei Halbmonatsschriften zum Studium der französischen, englischen, italienischen und deutschen Sprache. Probenummern kostenfr. durch den Verl. d. Traducteur in La Chaux-de-Fonds (Schweiz).

Diese Lehrschriften machen sich zur Aufgabe, das Studium der französischen englischen, italienischen oder deutschen Sprache, wenn Vorkenntnisse schon vorhanden sind, auf interessante und unterhaltende Weise weiter zu führen. Die dem Urtext nebenan gestellte genaue Uebersetzung führt dem Leser in beiden Sprachen den richtig gewählten Ausdruck vor, wodurch der Wortschatz vermehrt und Genauigkeit in der Wiedergabe des Sinnes erlernt werden kann.

Oſtergedanken.

Chriſtus iſt erſtanden! O tönt, ihr Jubellieder tönt!
Alleluja, Alleluja!

So erſchallt es am hl. Oſterfeſte in allen Kirchen, und ſo
hallt es in allen Chriſtenherzen wieder.

Die Tage der Buße ſind vorüber, verſchwunden ſind die Zeichen
der Trauer. Die Kirche triumphiert mit ihrem Bräutigam, der am
Palmſonntag auszog, um ſich als König huldigen zu laſſen. In ſeinen
Händen ſehen wir das Siegesbanner des Kreuzes, unter dem er zwar zum
Tode getroffen niederſank, aber nur, um nachher den Glanz ſeines Sieges
um ſo herrlicher erſtrahlen zu laſſen.

Das Kreuz, das Zeichen der Schmach und Schande, iſt zum Sieges=
zeichen geworden für unſern Herrn und Heiland, und durch ihn auch für
uns. Deshalb ſingt die Kirche ſo ſchön von ihm in der Präfation der
Oſterzeit: qui mortem nostram moriendo destruxit et vitam resur=
gendo reparavit, d. h. der unſern geiſtigen Tod überwunden, indem er
für uns ſtarb, und der uns das übernatürliche Leben der Gnade wieder=
gegeben durch ſeine Auferſtehung.

Oſtern iſt ein Feſt des Sieges und deshalb ein Feſt des Jubels und
der Freude. Freuen ſoll ſich die ganze Chriſtenheit, in deren Mitte in der
öſterlichen Zeit ſich die geiſtige Auferſtehung vollzieht von der Sünde zur
Gerechtigkeit und von der Lauheit zum Eifer und zur Heiligkeit.

Aber wie ſteht es mit den Millionen, denen die frohe Botſchaft noch
nicht verkündet wurde, die noch nichts gehört haben von dem Erlöſungs=
werke des Gottesſohnes? Auch für ſie iſt der Heiland auferſtanden, auch
in ihrem Herzen ſoll die geiſtige Auferſtehung vor ſich gehen. Dieſe
Gräber, in denen Moder und Fäulnis der Sünde ſich befindet, ſollen
ſich öffnen, der große und ſchwere Stein des Aberglaubens und der Sitten=
verderbnis ſoll von der Türe dieſer armen Herzen weggewälzt werden.

Wann wird endlich dieſer geſegnete Tag kommen, den jedes apoſto=
liſche Herz ſo heiß erſehnt?

Wann werden die Oſterglocken, die nun ſo hell und rein erklingen
und alle Herzen mit Oſterfreude und Oſterjubel erfüllen, auch in dieſen
unſterblichen Seelen ein Echo finden?

Welche Fülle von Trost für unsere hl. Mutter, die Kirche, wenn sie die geistige Auferstehung dieser Millionen feiern könnte!

Wie fühlt sich der Missionar glücklich, wenn es ihm nach langem, mühevollem Ringen gelungen ist, einer wenn auch nur geringen Anzahl aus diesen Ärmsten die Gnade der Auferstehung zum christlichen Leben zu vermitteln!

Glücklich, wer durch seine Arbeit, sein Gebet oder sein Almosen dazu beiträgt, daß dieser große Auferstehungstag recht bald anbricht.

Die Osterfreude wird ihm verdoppelt; er fühlt um so lebhafter und inniger jenes erhabenste Glück, das darin besteht, für andere Apostel und Spender der Freude zu sein. Die Osterglocken, die jetzt sein Herz erfreuen, werden ihn dereinst hinüberläuten ins bessere Jenseits zur wahren Auferstehung!

P. Th. Fr.

Schwester Luise von Eprevier aus der Gesellschaft der Weißen Schwestern.

(Ein Lebensbild aus der neueren Missionsgeschichte.)

Von P. Matthias Hallfell. (Fortsetzung.)

Schwester Luise als Leiterin der Novizen.

Ein und ein halbes Jahr hatte sich Schwester Luise den Uebungen des Noviziatslebens unterzogen. Vorbildlich in der Treue gegen die kleinsten Vorschriften, war sie von Herzen fromm und demütig, zuvorkommend und dienstfertig gegen ihre Mitschwestern, eifrig bei der Arbeit, heiteren und aufgeräumten Wesens bei den Erholungen. Der größte Gewinn jedoch, den sie aus dem Noviziatsleben gezogen, war die Anhänglichkeit an das Institut der Schwestern, die volle Aufnahme des Geistes der Genossenschaft.[1]

Das mag ausschlaggebend gewesen sein, als man sie nach Beendigung des Noviziates (8. November 1888) in eines der Erziehungshäuser der Gesellschaft zu schicken gedachte. Was sie noch eigens dafür empfahl, war die sorgfältige Erziehung, die sie selber genossen, die mehr als gewöhnliche Bildung, die sie sich angeeignet, die Gewandtheit und Sicherheit in der Führung von Geschäften und brieflichen Angelegenheiten, das erzieherische Geschick, von dem sie während ihrer Probezeit in einem der

---

[1] Mit dem Worte „Geist" bezeichnet man bekanntlich in erster Linie ein unkörperliches Wesen, wie Seele, Engel, Gott, in der erhabendsten Bedeutung des Wortes die dritte Person in der Gottheit, den heiligen Geist; dann aber bedeutet das Wort „Geist" auch die Bewegung, Anregung und Leitung, die insbesondere vom hl. Geiste ausgeht und den Menschen zuteil wird. In dieser Bedeutung wird das Wort „Geist" oft von der hl. Schrift angewandt. Aber nicht nur die einzelne Anregung zu einer Handlung wird Geist, sondern auch und noch viel mehr die ständige Willensverfassung, sich mit einer gewissen Leichtigkeit und Freude einer bestimmten Beschäftigkeit zu widmen. So spricht man beispielsweise von dem Geiste des Gebetes, von dem Geiste irgend einer Tugend, aber auch weiterhin vom Geiste eines Menschen, eines Heiligen, selbst einer ganzen Körperschaft. Den Geist einer Genossenschaft haben hieße demnach: die ständige Seelenverfassung besitzen, mit einer gewissen Leichtigkeit und Freude dem Zwecke und den Interessen der Genossenschaft dienen.

Schwesternhäuser Kabyliens Beweise gegeben hatte. Sie führte sich im Postulate zu Lyon so gut ein — ausgangs November 1888 — daß sie schon nach einem Jahre auf den verantwortungsvollen Posten der

Novizen=Meisterin

berufen wurde. In dieser Stellung verblieb sie mit wenigen Unter= brechungen vom Jahre 1889 bis zum April 1902. Ziel und Richtung ihrer Wirksamkeit fand sie in den Konstitutionen der Genossenschaft vorgezeichnet, vorab durch den grundlegenden Artikel, welcher den Zweck und die Aufgabe der Genossenschaft näher bestimmt. „Das Institut hat zum Zweck, die Ehre Gottes zu fördern, vornehmlich durch die persön= liche Heiligung seiner Mitglieder und dann durch die Mitwirkung an der Begründung und Ausgestaltung des Christentums in Afrika."

Daraus ist ersichtlich, daß die persönliche Heiligkeit gleichsam den Maßstab abgibt, nach welchem zu bemessen ist, inwieweit die einzelnen Mitglieder zur Ehre Gottes und zum Heile der Seele beitragen können. Als Schlußfolgerung ergibt sich damit von selber, daß die Neu=Eintretenden sich vor allen Dingen der Uebung der Vollkommenheit, mit andern Worten der wahren Frömmigkeit hingeben müssen. Ihnen bei dieser wich= tigen Arbeit Anleitung zu geben, ist die vornehmste Aufgabe der Novizen= meisterin. Schwester Luise zeigte sich dieser Aufgabe gewachsen.

Die falsche, unechte Frömmigkeit war verpönt, jene nämlich, welche man hin und wieder bei empfindsamen, phantasievollen Leuten findet, die die Andachtsübungen zu einem ungesunden Kult des Gefühlslebens machen. Derartige Leute sind kopfhängerisch, sentimental in Blick und Benehmen, abwechselnd auffallend heiter und abstoßend traurig. Ihre Pflichterfüllung ist nachlässig und gleicht mehr einem Spiel, als ernster Arbeit. Eine Verdemütigung bringt sie vollends aus der Fassung, mag sie nun durch den Tadel eines Vorgesetzten, oder durch den Mangel an Rücksicht eines Mitmenschen veranlaßt sein. Ein solches Gebaren ist natürlich geeignet, die Frömmigkeit in Mißkredit zu bringen.

Demgegenüber drang die gotterleuchtete Novizenmeisterin in ihren Vorträgen und Unterweisungen immer wieder auf die Voraussetzungen der echten Frömmigkeit: auf das gläubige Nachdenken und Betrachten über die Wahrheiten, die uns zur Hingabe an Gott bewegen. Diese sind einerseits das unbedingte Recht Gottes auf den Dienst aller seiner Ge= schöpfe und andererseits die eigene Unvollkommenheit und das Unge= nügen aller Geschöpfe für unsere Beseligung. Auf dieser Grundlage er= hebt sich die **echte** Frömmigkeit, die ja nichts anderes ist, als die Be= reitwilligkeit, Gott alles zu weihen, was zu seiner Ehre dient, und was sein Wille von uns fordert.

Diese Bereitwilligkeit aber findet ihren Rückhalt, ihre Stütze und Festigkeit in dem christlichen Starkmute, jener Ausrüstung und bleibenden Kraft des Willens, die den Christen befähigt, die Widerwär= tigkeiten in der Uebung des Guten und in der Ueberwindung des Bösen mutig zu ertragen. Unter dem Beistande des hl. Geistes wird der Zug von Furchtsamkeit und Schwäche, die ja ihrerseits in der Selbst= sucht, Sinnlichkeit, Eitelkeit und menschlichen Klugheit wurzeln, allmählich besiegt; die Vorschnelligkeit und Lebhaftigkeit unserer Launen wird ge=

bändigt, wir werden ruhig und besonnen. Selbst auf den Leib übt jene wunderbare Gabe ihren Einfluß aus, indem sie ihn manchmal mit einer außergewöhnlichen Kraft, Zähigkeit und Widerstandsfähigkeit für den Dienst Gottes und das Heil der Seelen ausrüstet, wie wir es bei den hl. Märtyrern, den Einsiedlern und vielen apostolischen Männern sehen.

In der Erkenntnis dieses Sachverhaltes unterließ Schwester Luise keine Gelegenheit, ihre Novizinnen für diese Gabe des hl. Geistes und damit für die echte Frömmigkeit empfänglich zu machen. Selbst den Empfang der Novizinnen verstand sie, diesem Zwecke dienstbar zu machen. Einer starken Frömmigkeit sollten sie sich fortan befleißen. Um ihnen das recht lebendig vor Augen zu halten, ließ „sie das ganze Noviziat mit gemalten Sprüchen ausstatten, die alle auf Leiden und höchste Aufopferung Bezug hatten. So verstand sie selbst den Missionsberuf, so wollte sie ihn auch anderen vorstellen."

Was aber in letzter Linie ihre Unterweisungen so wirksam machte, war nächst der Gnade Gottes, das Beispiel. Sie tat, was sie lehrte. In vollkommener Selbstverleugnung war sie die erste bei den oft beschwerlichen und harten Feld- und Gartenarbeiten, bei den üblichen Beschäftigungen in Haus und Küche.

Kein Wunder, daß bei der Gemeinde die Kennzeichen echter, gediegener Frömmigkeit zu Tage traten: aufrichtiges Pflichtgefühl. Da war nichts zu sehen von jener oberflächlichen Frömmigkeit, die nur im Gefühl und auf den Lippen liegt, der ihre Standespflichten aber viel zu gering sind, weil sie glaubt, nur zu den höchsten, außerordentlichen Uebungen berufen zu sein. In erster Linie dachte man daran, seinen Aufgaben voll und ganz gerecht zu werden, seine Standespflichten im großen wie im kleinen treu zu erfüllen.

Die echte Frömmigkeit bekundet sich durch eine aufrichtige Teilnahme an allen Interessen Jesu. „Jedermann weiß, was es heißt, Interessen zu haben," sagt P. Faber in seinem schönen Buch: „Alles für Jesus." Wenn ihr einen Blick auf die Welt werfet, so werdet ihr sehen, daß jedermann irgend ein Interesse hat, woran sein Herz hängt, und wofür er angestrengt arbeitet. Es gibt fast eben so viele Interessen in der Welt, als es Menschen gibt. Jedermann, dem ihr auf den Straßen begegnet, geht irgend einem Ziele nach. Ihr seht es an seinem Gesicht, seinem lebhaften Auge und seinem raschen Gang. Entweder betrifft es die Politik, oder die Wissenschaft oder den Handel, oder die Mode, oder es ist einfach der Ehrgeiz oder das Laster. Was es aber immer sein mag, jeder hat sein Interesse nach eigener Wahl ergriffen und macht sich eine Pflicht daraus, ihm zu dienen. Emsig arbeitet er dafür alle Tage; er geht zu Bett mit dem Gedanken daran und wacht morgens mit ihm auf. Selbst am Sonntag ist es eher seine Hand, die ruht, als sein Kopf oder sein Herz, die mit seinem Interesse erfüllt sind. Seht, was die Leute tun, einzeln oder vereinigt, um die Sklaverei abzuschaffen oder den Freihandel zu erhalten, oder den Postverkehr zu beschleunigen, oder neue Eisenbahnen anzulegen. Es ist klar, die Menschen haben Interessen genug in der Welt, die ihnen am Herzen liegen, und wofür sie kräftigst arbeiten. Ach, daß dies alles für Gott wäre, für den guten, gnädigen, ewigen Gott!"

Michael Rubungo, Sohn des Sultans Mutahangarwa von Kiziba (Deutsch=Ostafrika).

In der Klostergemeinde, welcher Schwester Luise vorstand, war die Teilnahme an den Interessen Gottes aufrichtig und rege. Hier herrschte ein ehrlicher Abscheu vor der Sünde.

Infolgedessen war es verpönt, daß die Einzelheiten eines nur im geringsten ärgerniserregenden Falles mit neugierigem Interesse besprochen wurden, um die Hauptsache, die Beleidigung Gottes, außer acht zu lassen. Wie oft kommt das nicht vor, selbst bei sonst guten und frommen Leuten! Aber es ist und bleibt eine Gedankenlosigkeit, ein Fehler, ein Mangel an echter Anteilnahme an den Interessen Jesu. Um so etwas nicht einschleichen zu lassen, richteten die jungen Novizinnen unter Anleitung ihrer gotterleuchteten Meisterin ihren Sinn einzig und allein auf die beleidigte Majestät Gottes, leisteten Sühne und Abbitte für die Fehler und Sünden anderer.

Ein weiteres Kennzeichen, durch das sich die Frömmigkeit des Noviziates als echt und stark erwies, war die lebhafte Teilnahme an den Schicksalen der hl. Kirche. Während der scheinbar Fromme sich wenig um die Kirche und ihr Oberhaupt, um ihre Freuden und vielen schweren Leiden kümmert, lebten die angehenden Weißen Schwestern ganz und gar für unsere hl. Kirche. Gerade hierauf legte die eifrige Novizen= meisterin besonderes Gewicht. Zu diesem Ende legte sie ihren geistlichen Unterweisungen bewußterweise kirchengeschichtliche Erinnerungen zu Grunde, deren sie sich viele durch ihre Studien, Lektüre, Reisen, insbe= sondere aber ihren Aufenthalt in der ewigen Stadt gesammelt hatte.

Weil aber, praktisch genommen, die Betätigung der Liebe zur Kirche und die Wahrung ihrer Interessen zusammenfällt mit der Tüchtig= keit und Gewissenhaftigkeit in dem jeweiligen Stande innerhalb der Kirche, so ging das Bestreben der Novizenmeisterein dahin, die ihr anbefohlenen Schwestern für den Missionsberuf tüchtig zu machen. Neben den Unterweisungen in unserer hl. Religion, den geistlichen Vorträgen und Lesungen zur Erhaltung und Stärkung des Seeleneifers wurde Ge= legenheit geboten, alle jene Arbeiten und Handfertigkeiten zu lernen, welche irgendwie das Missionswerk in Nord= oder Zentralafrika fördern können. Die Erfahrungen, welche man bereits in den Missionslän= dern gemacht hatte, wurden dabei zu Grunde gelegt; durch einen fleißig unterhaltenen Briefwechsel wurden andere gesammelt, alles das mit Rück= sicht auf die Erziehung und Ausbildung künftiger Missionsschwestern.

Dieser Briefwechsel wurde um so größer, je zahlreicher die Schwestern wurden, welche in die eigentliche Missionsarbeit bei den Heiden Afrikas eintraten.

Mit den meisten blieb sie im geistigen Verkehr, war ihnen Stütze, Rat und Beistand. Was sie immer wieder in ihren Briefen als die Quelle der eigenen Heiligung, der Segnungen für die arme heidnische Frauenwelt bezeichnete, war die Pflege der nie versagenden, opferfreudigen Liebe. Welch erhabene Auffassung man davon in der Genossenschaft hat, dürfte ein Dokument dartun, welches in der „Chronik der Missionsschwestern U. l. Frau von Afrika 1908", S. 119 ff., zu lesen ist.

„Die nächste Aufgabe der Missionsschwestern", so heißt es da, ist nicht, zu unterrichten, sondern die Herzen zu gewinnen und für den

Unterricht empfänglich zu machen. Ohne diese Empfänglichkeit, die Freudigkeit für den Unterricht in unserer hl. Religion bilden sich keine festen Ueberzeugungen. Der auf das Irdische gerichtete Sinn der Heiden würde sich nicht bis zu den erhabenen Wahrheiten des Christentums erheben, noch viel weniger an seinen strengen Verpflichtungen und Geboten Geschmack finden können.

Hast Du aber einmal das Vertrauen gewonnen, so hast Du den Weg entdeckt, Gutes zu tun. Denn der Heide, insbesondere der Neger, weiß folgende zwei Sachen nicht auseinander zu halten: Missionar und die Religion des Missionars; ist ihnen der Missionar lieb= und gutgesinnt, so ist seine Religion gut. Ist ihnen der Missionar aber nicht gut, so taugt die Religion nichts.

Was Dir aber den Weg zu dem Herzen bahnt, ist die unermüdliche Nächstenliebe, die Güte gegen jedermann, die Anteilnahme an jedem Leid, und wäre es noch so klein; die Geduld, jedermann zu ertragen, und wäre er noch so lästig, und käme er noch so ungelegen; die Liebenswürdigkeit und Freudigkeit zu jeder Zeit; kurz, indem man sich selber ganz vergißt, dient man den Interessen Gottes.

Oft wirst Du auf erlaubte Freuden und Annehmlichkeiten verzichten müssen, beispielsweise es aufschieben müssen, an Deine Familie zu schreiben; es sind nämlich arme Eingeborene da, die Dir ihre Verdrießlichkeiten, oder ihr häusliches Leid klagen wollen; sind diese fort, so kommt ein armer Verwundeter, der verbunden sein will; ist der besorgt, so stellen sich andere ein, die Dich als Friedensrichter in ihren Zerwürfnissen hören wollen. Widme Dich auch diesen. Sie verständen es nicht, wenn Du sie fortschicktest. Denn die armen Leute denken vorab noch gar nicht so weit, daß Du auch andere, vielleicht wichtigere Sachen zu tun hast. Aber so ist es: sehen sie sich einmal ungeduldig, barsch und rauh behandelt, dann heißt es gleich: „Die Schwester da ist nicht gut, sie hat uns nicht lieb." Das Zutrauen ist geschwächt, womöglich geschwunden, und es dauert geraume Zeit, bis es wieder auf den vorigen Stand gebracht ist, wenn es sich überhaupt wiedererwerben läßt. Darum kann der größte Seeleneifer, können die schönsten und vielfältigsten Talente oder Fertigkeiten nichts nützen, wenn die Grundlage der geduldigen, erbarmenden Liebe fehlt.

Wenn diese auch da ist, so ist es der Missionsschwester doch oft nicht gegönnt, die Früchte ihrer Arbeit zu sehen. Oft genug sind es nicht beachtete äußere Umstände, welche die Bekehrung der Eingeborenen oder deren Befestigung im Glauben bestimmen. Oder jene, denen Du Dich in vorzüglicherer Weise widmest, bekehren sich nicht, wohingegen andere, die Deinem Einflusse fern zu stehen scheinen, sich unserer hl. Religion zuwenden. Das alles trägt dazu bei, die Früchte der apostolischen Arbeit vor den Augen der Arbeiterin zu verbergen. Es ist, als ob der liebe Gott Dir begreiflich machen wollte: „Du streust zwar den guten Samen aus. ich aber bin es, der das Gedeihen gibt", — uns aber auch andererseits die Ermunterung gäbe: „Fahre getrost fort, allen Gutes zu tun, wenn Du auch nicht weißt, wer dafür empfänglich ist, und wer nicht!"

Nach und nach — die Erfahrung bestätigt es — wird das bescheidene Schwesternhaus das Stelldichein aller Unglücklichen.

Insbesondere sind es arme verstoßene Waisen, junge Mädchen oder unglückliche Frauen, die vor ihrer heidnischen Umgebung auf der Station Schutz und Hilfe suchen.

Dann aber kommen auch andere, Seelen von ausgesprochenem guten Willen, jungfräuliche Seelen könnte man sie nennen; kein irdischer Vorteil zieht sie an, kein irdisches Bedürfnis treibt sie, nein, eine ihnen uner= klärliche Sehnsucht ist es, die sie zu der Missionsschwester führt. Es ist die Gnade selbst, die derartige Seelen leitet. Nehmet sie mit offenen Armen auf. Hier ist der Boden gut vorbereitet, Ihr habt nur zu säen, die Früchte sind Euch sicher.

Das ist der Werdegang einer Mission. Der Geist der Liebe, welcher der Geist unseres lieben Heilandes selber ist, ist der Gründer, ist auch derjenige, der das Begründete erhält und ausbaut. Der Geist der Liebe, der Geist Gottes sei der Eurige, und Euer Werk wird Gottes Werk sein."

Man sieht, die Tätigkeit der Novizenmeisterin beschränkte sich nicht auf die enge Umgebung des Noviziates. Durch ihre b r i e f l i c h e n Unter= weisungen und Ermunterungen dehnte sie dieselbe aus bis in die ent= legensten Gegenden Afrikas, wo eine ihrer früheren Zöglinge wirkte.

(Fortsetzung folgt.)

Allerhand Heiteres aus den Gründungstagen einer Mission.

Station Usmao.

Lieber Freund!

Du meinst, meine Feder sei gehörig eingerostet und vergesse sogar das Danken für angenehme Ueberraschungen. Ja, Du hast ganz recht, doch glaub' mir, die arme Feder verdient Nach= sicht. Sie ist das Schreiben nicht mehr gewohnt; andere Ge= räte, schwerer und ermüdender, haben sie mir aus der Hand gedrückt, und nun liegt sie da, die arme Feder, und das Tropenklima hat sie längst mit Rost bedeckt.

Allein heute darf sie einmal wieder aus ihrem Gefängnis heraus= spazieren. Denn ich habe Arrest. Es ist Regenzeit. Draußen gießt's seit 6 Uhr früh nur so vom Himmel. Drinnen ebenfalls, nur mit dem Unterschied, daß wir den Regen draußen direkt aus der Quelle bekom= men, während er hier durch die Bast= und Grasschicht des Daches rinnt und schön filtriert ins Zimmer rieselt.

Es regnet mitten im Zimmer, es regnet an den vier Ecken, es rieselt auf mein Feldbett — so lustig, daß ich des Nachts, um ruhig zu schlafen, meinen Regenschirm darüber ausspannen muß. Der Regen rinnt auf die drei Bretter, die man hier Büchergestell nennt, auf die Stühle, und tropft sogar auf meinen Tisch. Das ist nicht immer sehr angenehm, aber eine kühle Dusche tut doch gut im heißen Afrika! Bei der Gründung der Station Muansa, also vor vier Jahren, ging es genau so; die Traufe für das Regenwasser war nicht draußen, sondern drinnen. Heute, im Jahre 1911, sind wir wieder so weit wie damals — diesmal allerdings in Usmao.

Den Namen Usmao hörst Du wohl jetzt zum erstenmal. Usmao ist ein kleines Negerreich im Südosten des Viktoria Nyanza und mag

70 000 Einwohner zählen. Wir sind hier neun Tagereisen von der Station Bukumbi und zwölf von Muansa, können uns also nicht jede Woche besuchen, zumal da es hier keine Eisenbahnen gibt, sondern nur Schusters alten, bewährten Rappen.

Inneres der Kirche in Nandere (Uganda).

14

Weißt Du, wie es bei einer Neugründung im Missionslande zu=
geht? Wahrscheinlich nicht oder doch nur sehr ungenau.

Eines schönen Tages, wenn man sich gerade so recht freuen will,
daß die Station schön ausgebaut und eingerichtet ist, bekommst Du
einen Schreibebrief vom Hochw. Apostolischen Vikar. Darin steht zu
lesen, Du möchtest in dem und dem Ländchen eine neue Mission gründen.
Den Namen der Gegend kennst Du; jedenfalls hast Du schon mal da=
von reden hören. Manchmal ist es bloß einige Tagereisen von Deiner
Station, zuweilen auch ein paar Wochen.

So wie die Nachricht vom Apostolischen Vikar da ist, geht auch
schon das Gesecht los. Die Trägerkisten aus Eisenblech werden hervor=
geholt und die dicke Staubschicht abgebürstet. Nun packst Du in Eile
Deine Siebensachen zusammen, Bücher, Schreibsachen, Kleider, Wäsche
und andern Kram. Dabei mußt Du hübsch darauf achten, daß Deine
eiserne Kiste nicht über 25 kg schwer wird; sonst streiken die schwarzen
Träger. Denn es gibt hier bei uns keine anderen Transportmittel als
die Rücken oder vielmehr die Köpfe der Schwarzen, und wenn die
Leute täglich 7—8 Marschstunden leisten sollen, so darfst Du sie nicht
gleich in den ersten Tagen überbürden und umbringen.

Am bestimmten Termin bricht endlich die Karawane auf. In
mäßigen Etappen, wie eben angedeutet, kommt man endlich an Ort und
Stelle. Im Negerlande sind nirgendwo Hotels oder „möblierte Zimmer
zu vermieten". Wir schlagen also in der Wildnis unser Zelt auf, und
da wohnen wir, bis wir uns eine richtige Negerhütte gebaut haben. Wir
strecken uns fein nach der Decke und pferchen unsere Habseligkeiten mög=
lichst eng zusammen, damit Missionare, Kisten und Kasten Platz haben
— denn wir sind stets zu dreien. Nun hast Du ein Bild von den
ersten Wochen in der Wildnis; des Nachts friert man unter dem dünnen
Zelt, und bei Tage sitzt man darin wie in einem Schwitzkasten.

Gleich in den ersten Tagen halten wir Umschau, um die Gegend
zu rekognoszieren und festzustellen, wo die Bevölkerung am dichtesten
ist. Wir trachten, das Nützliche mit dem Angenehmen zu verbinden,
und wählen deshalb, wenn irgend tunlich, einen hochgelegenen, weithin
sichtbaren Platz mit schöner Aussicht, eine Stelle, die möglichst gesund
ist, und wo es zugleich in der Nähe Trinkwasser gibt. Ist diese wich=
tige Entscheidung getroffen, dann stehen wir auch schon vor einer anderen
Frage, die auch ihre Bedeutung hat. Woher die nötigen schwarzen
Hülfskräfte zum Bau unserer Station nehmen? Damit ist die ganze
Bau= und Wohnungsfrage aufgerollt. Augenblicklich sind wir nun am
Bauen, und ich hoffe, daß wir, wenn Gott uns gesund erhält, bis Ende
des Jahres auch diese Frage gelöst haben — zum Teil wenigstens, denn
es ist ja auch eine vorläufige Kapelle, ein Schulsaal und eine Halle für
den Unterricht der Katechumenen herzustellen.

Wir haben bereits damit begonnen, Holz für den Dachstuhl und
die Schreinerarbeiten zu hauen, die wir während der Regenzeit zu Ende
zu führen hoffen. Später, im Juni, formen wir Mauer=Ziegel. Dann
bauen wir einen Ziegelofen, um die äußeren Mauerziegel, die später
dem Regen ausgesetzt sind, zu brennen; im übrigen begnügen wir uns
mit Lehmziegeln, die bloß an der Sonne getrocknet sind.

Dieses Jahr wird also hauptsächlich noch im Zeichen der materiellen Vorbereitungsarbeiten stehen; Gott gebe, daß unser Schweiß und unsere Mühe reichen Segen auf die armen Heiden hierselbst herabziehen!

Einige christliche Familien sind uns gefolgt und haben sich hier angesiedelt; weitere wollen nächsten Sommer von Bukumbi aus nachkommen. Dann haben wir doch die Freude, ein bißchen Seelsorge treiben zu können. Daneben besuchen wir alsdann fleißig die heidnischen Eingeborenen, und so läuft die geistliche Arbeit neben der materiellen her.

Was uns noch fehlt, das ist, neben vielen anderen nützlichen Dingen, eine Glocke, um die Christen an Sonn= und Wochentagen zum Kapellchen zu rufen. Ich verlange ja keine Kaiserglocke — die könnten wir hier auch kaum unterbringen, nein, ich denke an ein kleines Glöcklein — so bescheiden wie alle meine Wünsche und Ansprüche, von etwa 15—25 kg Gewicht. Ich sage Dir das ganz leise ins Ohr, gebe Dir aber die Erlaubnis, das nach Belieben „an die große Glocke zu hängen", damit wir desto sicherer im neuen Jahre unser Glöcklein bekommen.

Nun zum Schluß noch eins, und damit hätte ich eigentlich beginnen sollen. Ich sage Dir herzlichen Dank für den prachtvollen Phonograph, den Du mir geschickt hast. Er ist noch vor Weihnachten hier angekommen. Die Neger konnten sich nicht satt sehen und hören, so sehr hat es ihnen gefallen, und wenn ich die Vorstellung abbrach, gab's jedesmal Spektakel. Vorgestern kamen ein Dutzend Schwarze, um mich zu besuchen. Ich zwinkerte dem Bruder zu, er möge mal den Apparat spielen lassen, unterhielt mich aber weiter mit den Leuten. Meine Schwarzen saßen wie versteinert da. Endlich faßte sich einer und sagte: „Pater, hör' doch mal, wie Dein Kind schreit!"

„Kommt, erwiderte ich, seht's euch mal an!"

Da sahen sie denn die merkwürdige, redende und schreiende Maschine. Das war der Ueberraschung zuviel. Ausrufe höchsten Erstaunens! Dann Sprünge, so toll, daß ein lustiger August im Zirkus neidisch geworden wäre. „Mit dem Ding", meinte endlich einer, „kannst Du ja einen Tanz aufhalten!" Daraus schließe ich, daß das Erstaunen meiner wackeren Schwarzen auf den Höhepunkt gestiegen war, denn es gibt wohl nichts, was ein Negerherz mehr entzücken und mitfortreißen kann, als ein Tanz.

Er ist schon überall derart bekannt, unser Phonograph, daß ganze Scharen hierherpilgern, um das Wunderding zu sehen. Nach jeder Vorstellung folgt eine zweite und zwar eine Erklärung zum Bilderkatechismus. Der Neger muß spielend in den Ernst des Lebens eingeführt werden. Also nochmals tausend Dank!

Ich empfehle mich und diese junge Mission recht inständig in Dein Gebet. Es bedarf so vieler Gnaden von oben, um die Bekehrung eines Stammes anzubahnen. Ich bitte Dich aber auch, meinen Dank allen denen zu übermitteln, die an mich armen Missionar gedacht haben und mir ein Zeichen wahren Interesses und echter Freundschaft geschenkt haben.

Leo Bourget, Missionar.

Die religiösen Orden im Islam.
Von P. Paul Beß.

Aufnahme in den Orden.   (Fortsetzung.)

Die Zeremonie der Aufnahme in einen islamitischen Orden verdient eine ganz besondere Erwähnung, weil sich auch hier wieder, vorzüglich bei einigen Orden, die Erinnerung an das Aufnahme= ritual der katholischen Orden aufdrängt. Drei Hauptmomente können dabei unterschieden werden: die Vorbereitung, die eigent= liche Aufnahme und der Friedenskuß.

Die Vorbereitung kann verglichen werden mit dem der Profeß= ablegung in den katholischen Orden vorausgehenden Noviziat und den Exerzitien.

Die Dauer dieser unmittelbaren Vorbereitung ist verschieden je nach den einzelnen Orden; manchmal währt sie bis zu zwei Jahren und mehr (so in Orden der Kheluatija). Während dieser Zeit wird der Postulant vor allem über die Pflichten seines neuen Berufes unterrichtet. Nebenbei muß er sich bestimmten knechtlichen Arbeiten unterziehen, den Khuan und dem Mokaddem gewisse Dienste leisten. So soll er ihnen vor dem gemeinsamen Gebete oder den offiziellen Versammlungen beim Ablegen ihrer Kleider und Sandalen behilflich sein u. f. w.

Nach einiger Zeit wird er dieser niedrigern Dienste enthoben und hat zur unmittelbaren Vorbereitung auf die „Profeßablegung" bloß noch zwanzigmal im Tage die Fatiha[1], die erste Sure[2] des Korans herzu= sagen. Diese hat folgenden Wortlaut: „Lob sei Allah, dem Welten= herrn, dem Erbarmer, dem Barmherzigen, dem König am Tage des Gerichtes! Dir dienen wir, und zu Dir rufen wir um Hilfe. Leite uns den rechten Pfad, den Pfad derer, denen Du gnädig bist, nicht derer, denen Du zürnst, und nicht der Irrenden."

Endlich kommt der Tag der Ablegung des Eides. Nur einige der diesen wichtigen Akt begleitenden Zeremonien mögen hervorge= hoben werden; es sei aber vorausgeschickt, daß es bei den verschie= denen Orden kleinere Abweichungen von diesem Ritual geben mag.

Zuerst spricht der Postulant im Beisein der Khuan siebenmal die eben schon angeführte Fatiha sowie auch die 114. Sure des Korans. Letztere lautet: „Sprich: Ich nehme meine Zuflucht zum Herrn der Menschen, dem König der Menschen, dem Gott der Menschen, vor dem Uebel des Einflüsterers, des Entfliehenden (Teufel), der da einflüstert in die Brust der Menschen, vor den Djiun (bösen Geistern) und den Menschen." Hierauf tritt er vor den Scheikh, der ihn bei den Händen faßt[3] und spricht:

„Im Namen Allahs, des Gütigen, des Barmherzigen (1 Mal).
Allah möge verzeihen! (7 Mal).

---

[1] d. h. die Eröffnende, so genannt, weil sie die erste Sure des Korans ist.
[2] Der Koran ist in 114 Kapitel eingeteilt, welche Suren heißen.
[3] In einzelnen Orden legt der Scheikh seine rechte Hand in die Rechte des Aspiranten, Handfläche auf Handfläche; beide, sowohl der Scheikh als der Postu= lant, haben die Augen geschlossen. In andern muß der Postulant dem Scheikh in die Augen schauen.

Ich glaube an Allah, ſeine Engel, ſein Buch (Koran), ſeinen Geſandten (Mohammed), den Tag des Gerichtes, die Entſcheidungen Allahs, ſeine Wohltaten, ſeine Züchtigungen (1 Mal)."

Der Aſpirant aber antwortet: „Ich bin ein Mohammedaner und werde jetzt in meinem Glauben geſtärkt; ich reinige mich von allen meinen Vergehen durch eine aufrichtige Reue; ich verwerfe die Irrlehre und alles, was dazu verleiten kann." Dann fügt er hinzu: „Es gibt keinen Gott außer Allah allein, der keinen Genoſſen hat. Ich bekenne, daß Mohammed ſein Diener und Geſandter iſt. Von ihm wird mir die Aufnahme in den Orden gewährt; ich leiſte den Eid der Treue in die Hände des gelehrten Scheikhs N . . .; ich verpflichte mich zur Beobachtung der Gebote Allahs; ich gelobe, alles anzunehmen, was ihm gefällt, mir zu ſchicken, gelobe, ihm zu danken für alles Unglück, das mir zuſtoßen wird [1]."

Nach dieſem Glaubensbekenntnis ergreift wieder der Scheikh das Wort, um durch eine lange Reihe von Fragen feſtzuſtellen, ob der neue „Mitbruder" in den Pflichten ſeines Standes auch hinreichend unterrichtet iſt; bei dieſer Prüfung wird auf den blinden Gehorſam gegen die Obern das Hauptgewicht gelegt. Während er dann vermittels einer Schere dem neuen Khuân einige Haare vom Haupte abſchneidet, ſpricht er: „Allah! Schneide Du ſo ſeine perſönlichen Gedanken ab; bewahre Du ihn vor Ungehorſam und beſtärke ihn in der Religion des Islam!"

Nun wird dem Neueingeführten der Turban aufs Haupt geſetzt und ihm der Burnus [2] über die Schultern geworfen. Darauf folgt ein kleines Dankſagungsgebet, beſtehend aus der erſten und letzten Sure des Korans, jedoch in der Weiſe, daß die erſte zweimal, die letzte hingegen 22 Mal wiederholt wird.

Der Poſtulant iſt ſomit endgültig in den Orden aufgenommen. Nun kann ihm das Dikr mitgeteilt werden. „Dikr" iſt ein den Mitgliedern desſelben Ordens vorgeſchriebenes Gebet, gewiſſermaßen ein Loſungswort, an dem die Khuân einander erkennen und ihre Zugehörigkeit zu einem Orden nachweiſen können.

Dieſes Loſungswort iſt verſchieden, je nach den einzelnen Orden. So hat Sidi Ahmed-el-Tidjani, Stifter der Tidjanija, ſeinen Khuân folgendes Dikr, das er von Allah ſelbſt erhalten zu haben behauptete, auferlegt:

„100 Mal: Allah, der Gütige!

100 Mal: Allah, verzeihe!

100 Mal: Es gibt keinen Gott außer Allah!

100 Mal: Allah! gieße Deinen Segen und Deine Gnaden aus über unſern Herrn Mohammed, der geöffnet hat, was geſchloſſen war . . ., welcher der Wahrheit durch die Wahrheit zum Siege verholfen hat. Segne auch ſeine Nachkommenſchaft nach ihren Verdienſten!

12 Mal! Allah! gib Segen und Heil uſw. [3]."

Die ganze Zeremonie findet ihren Abſchluß im Friedenskuß und einem Freudenmahl. Der neue Khuân [4] gibt und erhält von allen an-

---

[1] Mohammedaniſche Brüderſchaften. S. 41.

[2] Burnus iſt der weiße Mantel, den die Araber tragen.

[3] Hauptm. Rinn. S 442.

[4] Khuân iſt der Name der Mönche in Nordafrika; in Indien heißen ſie Fakir, in der Türkei aber Derwiſch.

wesenden Mitgliedern den Friedenskuß; er gehört jetzt zur Familie. Wie
bei allen Feierlichkeiten des Moslem, so bildet auch hier das Freuden=
mahl den Schlußakt; während der Mahlzeit wird, wenn dies nicht schon
unmittelbar vorher geschehen ist, dem neuen Ordensmitglied eine Auf=
nahmeurkunde ausgestellt; von den übrig gebliebenen Leckerbissen schickt
man den am Erscheinen verhinderten Brüdern, damit auch sie einen An=
teil an der Freude des Tages haben.

Beim Abschiede erscheinen alle Khuân vor dem Scheikh, um ihm
eine Opfergabe darzubringen, und küssen ihm zum Zeichen der Ehrfurcht
und steten Gehorsams die Stirne.

Das Leben im Orden. [1]

Als äußeres Erkennungszeichen hat der Khuân ein eigenes Ordens=
kleid. Allein dieses ist nicht immer vollständig, sondern sehr oft be=
schränkt es sich auf ein einziges Kleidungsstück, manchmal sogar nur ein
Stück Tuch, welches als besonderes Abzeichen am gewöhnlichen Kleide
angebracht ist. So erkennt man den Resaija=Khuân an einem schwarzen Tur=
ban, während die Badauija den roten Turban als Ordensabzeichen tragen.

Noch mehr aber als durch die äußern Merkmale muß der Khuân
durch die eigentlichen Ordensübungen seine Zugehörigkeit zur reli=
giösen Familie bekunden. Vom blinden Gehorsam, vom Ordensgeheimnis,
von der Pflicht der Bruderliebe ist schon oben bei Besprechung der Regel
Rede gewesen; hier sei nur einiges hinzugefügt über das Gebet und
die aszetischen Uebungen. Sind es doch zwei der Haupt=
mittel, durch die der Khuân die Vollkommenheit erreichen will. Auch
hierin ahmt der Islam die Mitglieder unserer katholischen Orden nach.

Das Gebet nimmt selbstverständlich den Ehrenplatz ein, und unter
den Gebeten steht das Dikr obenan. Man unterscheidet ein tägliches
Dikr und das feierliche am Freitag. Für beide sind ganz genaue
Vorschriften erlassen, sowohl inbetreff der Haltung des Körpers als auch
bezüglich der Tonstärke. Das tägliche Dikr wird privatim rezitiert,
und zwar jedesmal nach dem Gebete, zu dem jeder Mohammedaner ver=
pflichtet ist, und zu dem ihn der Muezzin fünfmal im Tage einladet.

Zum feierlichen Dikr des Freitags versammeln sich alle Khuân
in der Moschee. Das Gebet wird gemeinsam verrichtet und wird von
einer betäubenden Musik begleitet; zugleich führt der Oberkörper, vor
allem das Haupt, genau bestimmte rhythmische Bewegungen aus [2]. Der
Eingang ist ganz langsam, getragen, fast majestätisch. Dann wird der
Rhythmus schneller; die Gebetsformeln werden verkürzt und folgen sich
in kleineren Abständen; zugleich werden die wiegenden Bewegungen des
Oberkörpers häufiger, während die Musik immer mehr in einen Höllen=
lärm übergeht. Die stärksten Nerven könnten da nicht standhalten, was
Wunder, wenn bald der eine, bald der andere der Khuân ohnmächtig
und erschöpft, einer toten Masse gleich, zu Boden sinkt! Doch das beab=
sichtigt man eben, denn der Zweck des Gebetes ist bei den meisten Orden

---

[1] S. Mohammedanische Bruderschaften, 43 fola.
[2] So besteht eine dieser Bewegungen bei den Scherurdija darin, daß sie 100,
200, 500 mal nacheinander, bis zum Zusammenbrechen, den Kopf so tief wie möglich
senken und dann wieder auf die rechte Schulter zurückfallen lassen.

Das afrikanische Schuppentier.

des Islam das Aufgehen des Menschen im göttlichen Wesen. Dieser
Zweck ist dann erreicht, wenn der Mönch im höchsten Grade dieser künst=
lich herbeigeführten Erregung bewußtlos zusammenbricht.

Das Dikr=Gebet ist vorgeschrieben; neben ihm hat man auch noch
sog. Stoßgebete, welche zwar nicht streng obligatorisch, aber doch be=
sonders geeignet sind, den Khuân auf dem Wege der Vollkommenheit
voranzubringen. So wird man z. B. in einer Zauija der Baduija
wahrnehmen können, daß die Khuân, die wenigstens, welche als Muster
gelten wollen, sich bemühen, jeden Abend 1360 mal einen kurzen Koran=
vers herzusagen, während man anderswo eine Koransure rezitiert und
noch die 99 Namen Allahs beifügt.

Unter den aszetischen Uebungen verdient vor allem das Still=
schweigen erwähnt zu werden; es ist mehr oder weniger streng, je
nach den Anordnungen der Ordensstifter. Aber man findet es überall;
manchmal sogar gestaltet es sich um zur vollständigsten Absonderung des
Khuân von der Außenwelt.

Vor allem tun sich die Kheluatija hierin hervor. Sie schließen sich
in enge Zellen ein, oder suchen sich einen einsamen Ort im Walde, irgend
eine unbekannte, kaum zugängliche Höhle auf. Das strengste Stillschweigen
ist vorgeschrieben; der Verkehr mit der Außenwelt geschieht nur durch
Zeichen. Während des Tages muß strengstes Fasten beobachtet werden,
und die erst bei Eintritt der Nacht zu genießende Speise besteht aus
Wasser, Mehl, Brot und trockenen Früchten. Mehr als drei Stunden
Schlaf darf sich der Büßer nicht gönnen. Das ihm vorgeschriebene
Gebet besteht darin, daß er 10 000, 20 000 mal den Namen Allahs
ausspricht, zugleich aber auch wieder jene rhythmischen Körperbewegungen
ausführt, bis mit der Erschlaffung des ganzen Organismus wieder der
„Seligkeitszustand" herbeigeführt ist.

Neben dieser strengen Klausur mit ihren Gebetsübungen seien einige
andere Punkte bloß kurz erwähnt. Den Senussija beispielsweise ist es ver=
boten, zu rauchen, zu schnupfen, Kaffee zu trinken; durch Enthaltung
von Gesang, Musik und Tanz wollen sie ihre Losschälung von der Welt
bekunden. Andern hinwiederum ist diese oder jene Speise verboten, oder sie
dürfen dieselbe nur an gewissen Tagen unter bestimmten Voraussetzungen
genießen usw. — alles, damit der allen Orden des Islam gemeinsame
Zweck, das Aufgehen des Menschen in Allah, das „Ueberfließen" in
Allah, schneller und wirksamer erreicht werde[1].

Die wichtigeren islamitischen „Orden".

Obschon Mohammed, wie schon bemerkt, ein persönlicher Feind der
religiösen Orden war und sie als eine „Erfindung" der Jünger Jesu
betrachtete, so finden wir doch die Anfänge des islamitischen Mönchtums
an der Wiege des Islam selbst.

---

[1] Die Aïssaua machen sich eine seltsame Vorstellung von diesem Sich=Absor=
bieren in Allah: Wenn sie durch Anwendung der geschilderten Mittel zu vollstän=
diger Gefühllosigkeit gelangt sind, durchstechen sie sich mit einem scharfen Eisen die
Arme und Beine, den Hals und den Leib; sie kauen Kaktusblätter, verschlucken
Glas oder giftige Tiere, bis sie ganz besinnungslos zusammenfallen. Sie werden
in Allah „absorbiert".

Als historisch erster trat der Orden der Seddikija ins Dasein.

Seinen Namen leitet dieser Orden her von Seddik = der Treue, der Wahrheitsliebende, einem Beinamen des ersten Khalifen Abu-Bekr. Mohammed war gestorben, ohne einen Nachfolger bestimmt zu haben; aber da jener nach des Propheten eigenem Zeugnis von allen seinen Anhängern nie an seinem Meister irre geworden war, schien wohl keiner geeigneter, das geistliche und weltliche Erbe des Religionsstifters anzutreten.

Die Erwartungen, welche man in ihn gesetzt hatte, wurden nicht getäuscht, und selbst Ali, Abu-Bekrs Gegner, mußte diesem nach seinem am 22. August 634 erfolgten Tode das Zeugnis ausstellen, daß er den Schwachen und Zagenden ein Muster des Starkmutes, den Ungläubigen und Heuchlern ein gerechter Richter, den Gläubigen aber ein lieber Vater war.

Abu-Bekr selbst hatte nicht an eine Ordensstiftung gedacht; dazu war er ein zu treuer Schüler Mohammeds und ein zu gewissenhafter Aus-leger des Korans gewesen [1].

Aber seine Freunde und Bewunderer sammelten nach seinem Tode die Aussprüche ihres Meisters; man machte eine Zusammenstellung der verschiedenen frommen Übungen, denen er während seines Lebens obge-legen, und so waren die ersten Elemente seiner Ordensregel gegeben.

Einige Stichproben aus den Lehren der Seddikija werden dem Leser einen Einblick in das „innere Leben" der Mitglieder dieses in den größeren Städten der Türkei, Syriens und Ägyptens verbreiteten Ordens gestalten.

„Der Hauptzweck des Ordens", heißt es bei Si Senussi, einem der Generalobern der Seddikija, „ist die Nachahmung des Propheten (Allah segne ihn und verleihe ihm das Heil!) [2]. Der Khuân möge seine Zunge nur gebrauchen, um ihn zu loben und ihn anzurufen; es soll dieses seine heiligste Pflicht sein bei Tag und bei Nacht. Das Tugend-beispiel des Propheten (Allah segne ihn usw.) werde ihm zur Richtschnur des Lebens, er möge dasselbe verkosten; dann werden sich ihm reichliche Quellen körperlicher und geistiger Freuden eröffnen. Der Prophet (Allah segne usw.) wird ihn dann im Glauben bestärken, er wird über alle Handlungen des Khuân wachen, und kein Geschöpf wird Macht über letztern haben, denn er gehört dem Propheten (Allah segne usw.)."

In diesem Tone geht es weiter. Also Nachahmung des Propheten, dahin soll alles Streben der Seddikija gehen; ist dies Ziel erreicht, dann dürfen sie sich den Namen Mohammed beilegen.

Si Senussi gibt auch die Mittel zum Ziele an; sie sind ver-schieden je nach der Stufe der Vollkommenheit, die der Khuân schon erstiegen hat: Allen wird die Betrachtung vorgeschrieben nebst einigen kleinen Gebeten für die Anfänger: die Vorangeschrittenen müssen weiter gehen; sie sollen neue Gebete hinzufügen, meist Verse oder ganze Suren aus dem Koran. Dann dürfen sie sich aber auch nicht mehr mit dem

---

[1] Andere wollen wissen, daß Abu-Bekr noch bei Lebzeiten gezwungen wurde, Ordensstifter zu sein, daß er aber die Leitung der Seddikija einem Freunde übertrug.

[2] Der Mohammedaner spricht nie den Namen des Propheten aus, ohne gleich seine Augen zum Himmel zu erheben und beizufügen: Solla Allah alih u esslam, d. h. Allah segne ihn und verleihe ihm das Heil!

einfachen Herunterleiern dieser Gebetsformeln begnügen. Sie müssen ver=
suchen, die mit den Gebeten verknüpften „Geheimnisse" zu ergründen.

Besonders häufig kehrt bei ihnen das Gebet für den Propheten
wieder, „denn", sagt Abu=Bekr, „das Gebet für den Propheten tilgt die
Sünden, wie frisches Wasser das Feuer löscht."

Hat der Khuân hierin eine gewisse Fertigkeit erlangt, gelingt es
ihm, fast ohne Unterbrechung kurze Gebetsformeln zu wiederholen wie
diese: Allah, breite deinen Segen über den Propheten aus! oder: Der
Segen Allahs sei über unserm Propheten Mohammed! — hat er in=
folgedessen den erwünschten Grad der Herzensreinheit erlangt, dann
darf er weiter schreiten und den Namen Allahs selbst anrufen, zuerst
in einer längeren Gebetsformel, dann nur mehr durch ununterbrochenes
Ausstoßen des Wortes: Allah, Allah usw.

„Diese Übung", schließt Si Senussi, „ist fortzusetzen, bis die Seele
Mohammeds (Allah segne ihn usw.) erscheint, sowohl während des
Schlafes als auch am Tage. Diese heilige Seele wird den Khuân nähren, ihn
führen und ihn hinleiten bis zu den höchsten Stufen der «Ver=
geistigung»."

Zur Zeit der Kreuzzüge, als die vereinigten Kräfte des Abend=
landes das vom Propheten und seinen Khalifen aufgeführte Gebäude
einen Augenblick ins Schwanken brachten, erschien ein Mann, welcher
wohl als die volkstümlichste Gestalt des Islam betrachtet werden kann,
Sidi Abd el Kader el Djilani, welcher durch Gründung des Ordens der
Kadrija nicht wenig beitrug zur Stärkung des Islam in Vorder=

Aus den Anfängen einer jungen Mission: Zeltleben im Busche.

aften. Abd el Kader war geboren 1078 unweit Bagdad, in Djilan, dem er auch seinen Beinamen el Djilani verdankt, und er starb hoch= bejahrt in Bagdad am 11. Februar 1166.

Unter allen Ordensstiftern zeichnet sich Abd el Kader ganz besonders durch seine Nächstenliebe aus. Als Ideal dieser Tugend soll ihm Jesus gegolten haben, für den er, ob seiner Liebe zu den Armen, seiner Güte gegen die Schwachen und Bedrängten, voll Bewunderung war. Das Lesen der Evangelien hatte ihn mit diesem Tugendideal vertraut gemacht.

Es ist leicht begreiflich, daß dieser Charakterzug Abd el Kaders ihm alle Herzen gewann; sein Name wurde mit Ehrfurcht und Achtung ausgesprochen, und nach seinem Tode war sein Andenken bei allen ge= segnet. Allenthalben erstanden ihm zu Ehren Heiligtümer, und auch heute noch erfleht der Arme sein Almosen „im Namen Abd el Kaders und im Namen Allahs."

Die Uebung der Nächstenliebe hat auch Abd el Kader den von ihm gestifteten Orden übermittelt, und die Kadrija zeichnen sich unter allen Khuân durch ihre Werke der Nächstenliebe aus. Nach dem Beispiele ihres Stifters, welcher wegen der aus allen Gegenden ihm zufließenden Geschenke zwar sehr reich war, aber alles in den Dienst der Armen stellte, suchen sie sich die Gunst der Vornehmen und Reichen zu erwerben, um durch ihre Vermittlung der leidenden Menschheit zu Hilfe zu kommen.

Durch eine beständige Berührung mit dem menschlichen Elend, dann auch wohl infolge eines natürlichen Hanges zum Pessimismus hatte sich bei Abd el Kader allmählich die Überzeugung herausgebildet, daß in dieser Welt die Trauer die Freude bei weitem überwiege. Das Glück, dies ist die Schlußfolgerung, zu der er gelangte, findet sich nur im Ver= gessen seiner eigenen Existenz.

Zur Erlangung dieses Glückes schreibt Abd el Kader seinen Schülern das schon öfter erwähnte Mittel vor, das beharrliche, ununterbrochene Gebet: Vor lauter Beten soll der Unglückliche sein Leid vergessen.

Ein doppeltes Gebet ist den Kadrija vorgeschrieben: Die Anfänger mögen sich damit begnügen, so oft es ihnen möglich ist, das islamitische Glaubensbekenntnis auszusprechen: La ilah illa Allah u Mohammed ressul Allah, d. h. es gibt keinen Gott außer Allah, und Mohammed ist der Gesandte Allahs. Wenigstens muß er dieses Credo 165 mal nach jedem der fünf pflichtmäßigen Tagesgebete sprechen.

Die Vollkommeneren unter den Kadrija müssen selbstverständlich mehr leisten. Mit untergeschlagenen Beinen hocken sie am Boden, — die Finger liegen ausgespreizt auf den Knieen — und sprechen dann das ihnen vorgeschriebene Gebet, indem sie, so oft der Name Allah wieder= kehrt, die letzte Silbe desselben so lange ziehen, bis ihnen der Atem aus= geht: Alla—a—a—a—ah usw. Es wäre zu lang, alle Gebete anzu= führen; einige Bruchstücke mögen genügen.

121 mal: „Allah, gieße deinen Segen aus über Si Mohammed und seine Familie; segne ihn und gib ihm das Heil!"

121 mal: „Allah, sei gepriesen! Lob sei Allah! Es gibt keinen Gott außer Allah! Nur bei Allah, dem Höchsten und Größten, ist Macht und Stärke."

121 mal: „O Scheikh Abd el Kader el Djilani, etwas für Allah!... 2c."

Denkt man sich dazu die schon früher erwähnten Bewegungen des Ober=
körpers, so begreift man, daß die „Ekstase" wohl nicht lange ausbleiben kann.

Vom Orden der Kadrija haben sich im Laufe der Zeiten verschie=
dene neue Stiftungen abgezweigt: so die Refaija, deren Stifter, Sidi
Ahmed er Refai, ein Schüler Abd el Kaders war, und deren größte
Ehre es ist, von ihren hierarchischen Obern mit Füßen getreten zu werden,
ferner die Chadelija, deren Urheber, Abu Hassen Ali ech Chadeli,
1258 auf dem Wege nach Mekka starb und nach seinem Tode fast die=
selbe Verehrung genoß wie Abd el Kader; andere Abzweigungen, die
Arussija, die Bekrija, usw. seien bloß erwähnt.   (Schluß folgt.)

Durch das Fahrrad in den Himmel.

Unser Missionsbezirk umfaßt die Insel Ukerewe, die eine Aus=
dehnung von etwa 20 km in der Länge und 70 in der Breite
hat und ziemlich eben ist. 1500 Christen wohnen hier in ein=
zelnen Dörfern zerstreut, oft 6 bis 8 Stunden von der Missions=
station entfernt. Die Wege sind weitläufig und mühsam und bald
durch Wälder, bald durch Sümpfe versperrt. Wie weit und
zeitraubend ist da die Reise zu einem Kranken oder gar Sterbenden!
Bis die Nachricht der Gefahr bei uns anlangt und der Pater an Ort und
Stelle sein kann, ist manchmal ein kostbares Leben ausgelöscht ohne die
Tröstungen der heiligen Kirche.

Da kann und da muß geholfen werden, dachte ich; wir müssen ein
Fahrrad haben! Das ist das beste Mittel, den Kranken und Be=
drängten zu Hilfe zu eilen, denn Flugapparate sind bei uns noch unbe=
kannt. Pater Superior war längst überzeugt von der Notwendigkeit
eines solchen Fahrzeuges, doch woher es nehmen? An Freunde und Be=
kannte in Europa wagte ich mich nicht zu wenden — was würde man
dort von einem Missionar denken, der in Zentralafrika Rad fahren will!

So sparte ich denn mühsam alle meine Pfennige zusammen, und
jetzt besitzt unsere Missionsstation ein echtes Fahrrad, einen unschätzbaren
Gehilfen in unserer Seelsorge.

Doch urteilen Sie selbst, wie nützlich eine solche Maschine für den
Missionar ist.

Es war vor einem Monat. Da kam mittags um 1 Uhr ein Eil=
bote bei uns an: „Kommet schnell, Ludwig von Nambubi ist schwer krank
und wird bald sterben." Nambubi ist 7 Wegstunden weit vom Missionshaus.

Ich nahm mein Rad und das heilige Öl, empfahl mich dem Propheten
Elias, dem Patron der Fahrer und Flieger, und bat ihn, er möge mir
helfen, den sterbenden Ludwig so schnell in den Himmel zu führen, wie
er selbst hineingefahren ist. Es war eine heiße Fahrt über sumpfige und
sandige Plätze hinweg, durch dichtverschlungene Wälder, an Höhlen und
Abgründen vorbei. Da grüßten aus den Baumkronen die bunten afri=
kanischen Sänger, daneben die häßlichen Affen, die laut schreiend Ver=
einsturnen abhielten. Schildkröten krochen langsam über den Weg, und
nicht allzu weit entfernt hielten die wilden Tiere ihr Mittagsschläschen in
ihren Behausungen.

Aber trotz Weghindernissen und Gefahren trug mich mein stählernes Roß sicher zum Ziel. Nach 3 Stunden langte ich in Nambubi an, suchte die Hütte des Kranken auf und fand den armen Ludwig voller Erwartung.

„Es geht sehr schlecht, Padri," sagte er traurig, „ich werde bald sterben."

„Da wirst Du Dich jetzt gut vorbereiten auf die letzte Stunde!"

„O ja, Padri, ich will doch in den Himmel kommen!"

Ich half dem Kranken bei seiner letzten Beichte. Mit reumütigem Herzen und festem Vertrauen auf Gott empfing Ludwig die heiligen Sterbesakramente.

Als ich dann fortging, dankte er mir. „Wie froh bin ich, Padri, jetzt kann ich sterben. Im Himmel werde ich nicht mehr leiden." —

Nun war meine Bitte erhört, meine Fahrt belohnt. Dankerfüllt machte ich mich auf den Heimweg. Noch an demselben Abend hoffte ich die Missionsstation zu erreichen; doch die Nacht überraschte mich im Walde. Da zog ich es vor, bei einem christlichen Häuptling zu über=nachten; in einer halben Stunde konnte ich dort sein. Ich fuhr in die Dunkelheit hinein, sah aber weder Menschen noch Hütten und merkte bald, daß ich auf verkehrtem Wege sein müsse. Ringsum Finsternis, kein menschlicher Laut, wohl aber die Gefahr, daß mir ein Leopard alsbald „Guten Abend" wünschte. Im Vertrauen auf Gottes Führung und Schutz fuhr ich tastend und horchend weiter. Und richtig, nach einer bangen Viertelstunde hörte ich Menschenstimmen und wußte mich gerettet. Ich fing an zu klingeln und zu schreien, aber niemand zeigt sich. Ich gehe bis dicht an die Hütten heran und klingele und rufe immer lauter. Endlich kommen zwei große Neger, mit Dolchen bewaffnet: Angst und Drohung malen sich auf ihren Gesichtern, denn niemals hatten sie solch unheimliche, rot und grüne Velolaterne gesehen, nie eine solche Klingel gehört. Ich fragte nach dem Weg zum Häuptling Claver. Da wich der Schrecken einer kindlichen Gefälligkeit. „Du bist auf dem falschen Wege, großer Herr," und friedlich geleitete mich einer der Neger im Lichte der seltsamen Laterne. Als Trinkgeld erhielt er etwas Tabak, der die aus=gestandene Angst reichlich belohnte.

Der Häuptling war hoch erfreut über den unerwarteten nächtlichen Besuch und wies mir in seiner Negerhütte Nachtquartier an, wo ich nach den Rettungs= und Irrfahrten des Tages dankbar und sicher schlief. Am andern Morgen kehrte ich ins Missionshaus zurück und erfuhr dort, daß Ludwig gleich nach meiner Abreise gestorben sei.

Zwei Wochen später ereignete sich ein ähnlicher Fall. Ein Kranker, der über 5 Stunden von der Station entfernt wohnte, bat um einen Priester. Pater Superior war abwesend, der andere Pater krank. Da ließ ich Schule und Unterricht im Stich, setzte mich aufs Rad und eilte dem Kranken zu Hülfe. Noch vor Mittag war ich zur Stelle, fand aber meinen Patienten so schwach, daß ich das Mittagessen verschob und sogleich an die Verrichtung einer guten Beichte ging.

„Padri," ich werde sterben," sagte der Neger, der etwas nachlässig im Dienste Gottes gewesen war.

„Du willst aber gut sterben, nicht wahr?"

„Ja, Padri, ich will gut sterben."

Eine reuige Beicht konnte ich noch abnehmen, die letzte Ölung und den Sterbeablaß erteilen — dann ging, noch ehe ich das Dorf verlassen hatte, eine erlöste Seele in den Himmel ein.

Welch ein Trost für den Missionar, wenn er zur rechten Zeit kommt! Er achtet nicht Hitze, nicht Hunger noch Dunkelheit, um eine sterbende Seele zum Himmel zu führen — aber hier hätten sich auch die schnellsten Füße verspätet! Nur dem flinken Rad, nächst Gott, dürfte ich es danken, daß meine Kranken zur Himmelsreise gerüstet waren. Durch das Rad in den Himmel!

P. Fimbel, Missionar in Ukerewe.

Sidona.

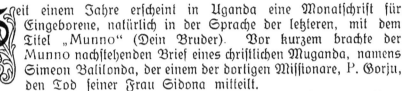 eit einem Jahre erscheint in Uganda eine Monatschrift für Eingeborene, natürlich in der Sprache der letzteren, mit dem Titel „Munno" (Dein Bruder). Vor kurzem brachte der Munno nachstehenden Brief eines christlichen Muganda, namens Simeon Balilonda, der einem der dortigen Missionare, P. Gorju, den Tod seiner Frau Sidona mitteilt.

Wir möchten zunächst noch hervorheben, daß die schwarzen Kate= chisten in Uganda in einer etwas mißlichen Lage sind. In materieller Hinsicht sind sie nämlich bedeutend schlechter daran, als ihre Stammes= genossen. Denn diese können sich nach Belieben für sich selbst beschäf= tigen, während der Katechist keine Zeit hat, einer einträglichen Arbeit nachzugehen und sich ein kleines Einkommen zu verschaffen. Gerade je eifriger ein Katechist, desto häufiger ist er genötigt, seinen Wohnsitz zu verlegen, wenn die Entwicklung der Mission das erfordert. Da ist also wahrer Opfermut vonnöten, wenn so ein Katechist nicht seinen harten Dienst quittieren soll. Aber die größte Schwierigkeit liegt darin, daß die Muganda=Frau außerordentlich an Heimat und Familie hängt und sich kaum bewegen läßt, auch nur in eine Nachbarprovinz zu ziehen.

Daher die Tatsache, daß manche brave schwarze Christen, die sich mit Freuden als Katechisten betätigen würden, aus Besorgnis vor häus= lichem Unfrieden davon abstehen.

Immerhin beträgt die Zahl der Wackeren, die sich dem Beruf des Katechisten gewidmet haben, über tausend. Aber nur sehr wenige finden bei ihrer schwarzen Lebensgefährtin solche edelmütige Aneiferung in ihrem schweren Beruf wie Simeon Balilonda.

*　　　*　　　*

Nach den üblichen Begrüßungsformeln macht Simeon dem Missionar die traurige Mitteilung vom Hinscheiden seiner Frau Sidona. Dann fährt er fort:

„Wir hatten zusammen ausgemacht, daß wir, Sidona und ich, bis zu unserem Ende Gott im Katechistenstande dienen wollten. Ich hatte ihr klar gemacht, daß ein Katechist nie lange auf einer Stelle bleibt. Sidona war ganz damit einverstanden, ja, sie freute sich darüber.

‚Ich bin ganz damit zufrieden', erklärte sie, ‚und bereit, überall hinzugehen, wohin wir geschickt werden. Denn als Frau muß ich ja meinem Manne folgen!' So entschlossen wir uns, ganz dem Dienste Gottes zu leben.

Sidona war mir eine liebe, sanfte Frau; wer sie kannte, erbaute sich an ihr. Sie hatte nie ein hartes Wort für andere. Alle Kinder ohne Ausnahme betrachtete und behandelte sie, als wären es unsere eigenen. Dafür hatten wir

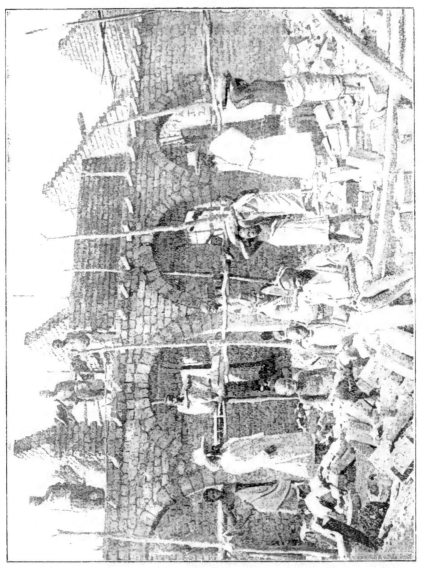

Der Missionar als Bauführer.

auch Gottes Segen; nie fehlte es uns an Helfern im Hause [1]. Sie boten sich uns freiwillig an, und wir hatten selten Mangel an Nahrung und Kleidung.

---

[1] Es ist Sitte bei den Baganda, daß man dem Häuptling Kinder aus den Familien des Landes zur Verfügung stellt. Diese Pagen haben am Hofe Unterhalt und Wohnung und werden dort in Landesbrauch und -sitte eingeführt; sie können aber jederzeit frei nach Hause zurückkehren. Je angesehener der Häuptling, desto größer die Pagenschaft.

Sidona hat mir auch niemals vorgeworfen, ich hätte sie betrübt oder mit Arbeit überladen; nein, sie war stets fröhlich und freundlich und pflegte zu sagen: ‚Gott sorgt für die Vöglein und nährt sie; er wird auch für uns sorgen!' Das sagte sie Tag für Tag und nie hat sie sich beklagt, daß wir so häufig umzögen.

Gott hat uns keine Kinder geschenkt. Sidona murrte aber nicht darüber; desto mehr nahm sie sich der Kranken und Armen an. ‚Das sind die Kinder', sagte sie, ‚die Gott mir gegeben hat.'

Wir waren achtzehn Jahre verheiratet, als sie starb. Seitdem wir Christen sind, hatten wir nicht ein einziges Mal Unfrieden oder Streit im Hause. Ich habe auch nicht gesehen, daß meiner kleinen Schwester (d. h. Sidona) ein Kind lästig wurde, obwohl sie immer eine große Anzahl um sich hatte.

Im Mai 1907 besuchte Sidona ihre Verwandten; es war das erste Mal seit unserer Heirat. Das ist etwas Ungewöhnliches in unserem Lande, und ich kenne keine Frau, selbst unter den Christen, die ein solches Beispiel der Treue gegeben hat und vierzehn Jahre hat vorüber= gehen lassen, ohne für kürzere oder längere Zeit in ihrer Heimat zu weilen.[1]

Im Sommer 1909 sandte uns der Bischof in das Land Nkole. Kaum wohnten wir dort 14 Tage in unserer neuen Bananenschambe, als ich schwer krank wurde. Zwar ging alles gut, aber seit der Zeit war Sidona oft in Unruhe. Mehrere Male sagte sie zu mir: ‚Wenn Gott mein Gebet erhört, dann sterbe ich vor Dir und Du, mein Bruder, begräbst mich.' Sie gestand mir, daß sie sich oft schwach und matt fühle. Anfang 1910 hatte ich häufig auf einen Tag in den umliegenden Dörfern zu tun, und jedesmal bei der Heimkehr fand ich Sidona ganz niedergeschlagen.

Im Monat Juni wurde sie sehr krank. Alle Arzneien waren um= sonst, niemand wußte, was Sidona fehle — nicht einmal den Namen der Krankheit kannten wir.

Einige Leute gaben mir den Rat, Sidona zu einem weißen Arzte zu bringen. Allein sie wollte nichts davon wissen. ‚Nein', erklärte sie, ‚tue das nicht; es ist ja ganz unnütz, denn Gott wird mich zu sich nehmen!' Alles, was ich ihr zu essen oder zu trinken gab, brach sie wieder aus. Gott ließ ihr bloß die Kraft zu reden. Alle Leute wun= derten sich, daß sie so leicht und frei sprach, als wäre sie gar nicht krank. In ihren Schmerzen rief sie oft die hl. Namen Jesu und Mariä an und besonders den hl. Joseph. Als ihr Ende nahte, da flüsterte sie mir zu: ‚Nun bleibe bei mir und halte mich so, bis wir von einander scheiden!' Ich tat, wie sie mir sagte.

Am 27. Dezember nahm die Krankheit zu. Wir blieben die ganze Nacht auf den 28. bei Sidona. Sie hatte nunmehr auch den Gebrauch

---

[1] Eine verheiratete Frau verbringt stets ab und zu einige Zeit im Schoße ihrer Eltern und Verwandten. Holt der Mann alsdann seine Frau wieder ab, so hat er den Eltern derselben allerhand Geschenke zu entrichten. Ist er arm und gibt er nicht genug, so bekommt er seine Frau nicht mehr heraus. Aehnliches ist der Fall, wenn die Frau nach einem häuslichen Zwist wieder zu den Eltern läuft. Das sind Gebräuche, die sehr häufig eine Versuchung zur Untreue in sich bergen. Wir kämpfen nach Kräften gegen diese Unsitte, und Simeon hebt ausdrücklich hervor, daß Sidona zu christlich dachte, um sich dem Landesbrauch zu fügen.

der Sprache verloren. Aber Gott gab ihr noch so viel Kraft, daß sie mich bitten konnte, ihr etwas aus dem Betrachtungsbuch vorzulesen. Da las ich ihr vor bis um 9 Uhr morgens. Um 10 Uhr kam es mir vor, als ob sie verscheide. Ihr Körper wurde steif, aber sie atmete noch. Erst am 30. Dezember verschied sie, während wir an ihrem Lager beteten."

So weit der Brief des Schwarzen. Ich möchte noch eines beifügen.

Zu Anfang des Jahres 1906 wollten wir eine Nebenstation in Bannege (Bezirk Entebbe) ins Leben rufen. Für diesen Platz brauchten wir einen durchaus zuverlässigen Katechisten. Unsere Wahl fiel sofort auf Simeon. P. Laane, der Superior des Missionsbezirks, trug dem braven Schwarzen seinen Plan vor. Simeon dachte eine Weile nach. Dann erwiderte er: ‚Vater, Du weißt, ich bin stets bereit. Nur eins — was wird meine arme Frau dazu sagen! Wir sind nun schon viel gewandert, und sie findet keine Ruhe. Sie hat nun gerade ihren neuen Bananenhain gerodet, und das Batatenfeld liefert uns die ersten Erträge. Vater, erlaube mir, daß ich meine Frau erst frage, was sie dazu sagt.

Simeon fragte also bei Sidoua an. Allein diese gab die schöne, entschiedene Antwort: „Warum fragst Du mich denn danach? Weißt Du nicht mehr, daß wir uns bis an unser Ende Gott ganz geschenkt haben. Geh' schnell zu dem Pater und sage ihm, daß Du einverstanden bist."

Wer die Anhänglichkeit der Baganda an ihre Scholle, ihren Bananenhain und ihr Heim kennt, der wird mir zugeben, daß das Helden= mut ist.

P. Gustav Domin.

Unsere Bilder.

Die drei kräftigen, hochgewachsenen jungen Schwarzen (S. 197) sind drei Christen vom Stamme der Baziba. In der Mitte gewahren wir Michael Rubungo, Sohn des Königs Mutahangarwa. Michael hat am 29. Juni 1910 in Bwanja die hl. Taufe empfangen und nimmt zur Zeit einen der ersten Häuptlingsposten ein. Er trägt auf unserem Bilde eine braune Khakiuniform. Zu seiner Rechten der junge Muziba Marzellus, der treue und geduldige Sprachlehrer des P. Donders, zur Linken Michaels sein Freund Chry= santhus, der sein Muhoro (Bananenbeil) auf der Schulter trägt. Michaels Bekehrungsgeschichte, von ihm selbst erzählt, hat der Afrikabote S. 10 ff. (Oktoberheft) dieses Jahrgangs gebracht.

Bild S. 201 zeigt die Kirche in Nandere (Uganda). Es ist ein unbeschreiblich erhebender Anblick für den Neuankömmling, wenn er des Sonntags die dichtgedrängten Scharen der schwarzen Christen im Gottes= hause so andächtig knien und beten sieht, in einem Lande, das vor wenig Jahrzehnten noch völlig unerschlossen und unbekannt war. Nandere zählt heute 11 000 Christen und 14 324 Katechumenen.

Ein merkwürdiges Geschöpf ist das afrikanische Schuppentier (Manis Temminckii) auf S. 207. Es ist ein nächtliches Tier, das zur Ord= nung der Zahnlücker gehört und sich von Ameisen und Termiten nährt. Es rollt sich beim Angriff igelartig zusammen; im übrigen sieht es aus wie ein ungeheurer Tannenzapfen, denn der ganze Leib bis zur Schwanz=

spitze ist mit starken, braunen, scharfkantigen Schuppen ausgerüstet. Die Eingeborenen behaupten, das Tier grabe die Leichen aus und fresse sie; daher hat der Neger, obwohl er das Tier nicht gerade fürchtet, doch nicht gerne mit ihm zu tun. Uebrigens bekommt man das Tier selten zu Gesicht, selbst viele Schwarze kennen es nicht.

Bild S. 210 zeigt die Anfänge einer neuen Station: Zeltleben in der Wildnis, wie P. Bourget das in so launiger Weise beschreibt (S. 200 u. ff.).

Den Bau eines festen Lehmziegelhauses veranschaulicht unsere Abbildung S. 215. Schon stehen die nackten Mauern; nun schnell noch ein Grasbelag oder eine Schicht Bananenblätter als Dach, bevor die Regenzeit einsetzt, die Lehmziegel aufweicht und der ganzen Herrlichkeit ein rasches Ende bereitet.

Auf S. 219 erblicken wir den Binnenhof eines vornehmen maurischen Hauses in Nordafrika. Auf diesen Hof gehen sämtliche Räume des Hauses; in der Mitte befindet sich ein Wasserbassin, das von Cypressen oder Orangenbäumen umgeben ist.

Gebetskreuzzug für Afrika.
(19.—27. April inkl.)

Wir alle besitzen eine Macht, die wir nur zu leicht vergessen — und das ist die Macht des Gebetes.

Es gibt kein noch so armseliges Menschenkind, das ausgeschlossen wäre von der Audienz, die der allerhöchste Herr der Welten Seinem Geschöpfe gewährt, sobald es Ihn gläubig anfleht. Elend, Schwäche, Armut sind ebensoviele Rechtstitel, die den Zutritt erleichtern. In unseren Händen ruht der Schlüssel zu den himmlischen Schätzen. Aus ihnen dürfen wir schöpfen, nicht allein für uns und unsere Lieben, nein, für alle, ohne fürchten zu müssen, Gottes unermeßlichen Reichtum jemals zu erschöpfen. Die Bedingungen, daß unser Gebet Erhörung finde, lassen sich in einem Worte zusammenfassen: es ist der Glaube. Wir alle können die Aussprüche des göttlichen Heilandes: „Dein Glaube hat dir geholfen"; „Gehe hin, so wie du geglaubt hast, soll dir geschehen". Er tadelt den sinkenden Petrus: „Kleingläubiger, warum hast du gezweifelt?" Haben nicht auch wir oft diesen Tadel verdient? Es bietet sich eine Gelegenheit, dieses Unrecht wieder gutzumachen. Die St. Petrus Claver-Sodalität ladet uns zur Teilnahme am jährlichen Gebetskreuzzug vor dem Schutzfeste des hl. Josef ein, den sie veranstaltet zur Befreiung von nicht nur einer Seele, sondern von ganzen Völkern aus der Gewaltherrschaft des Fürsten der Finsternis. Schließen wir uns aus ganzem Herzen dieser friedlichen Eroberung des dunklen Erdteils an. Führen wir mit felsenfestem Glauben die Waffen des Gebetes — ja, beten wir mit einem unerschütterlichen, demütigen und inbrünstigen Glauben! Beten wir, daß die armen Neger ihre schmählichen Götzen verlassen und den einen wahren Gott anbeten und lieben, beten wir, daß der Herr echt apostolische Berufe wecke und die bereits tätigen Missionäre und Schwestern mit neuem Opfermut ausrüste und mit Seinem himmlischen Gnadentau ihre Arbeiten segne und befruchte! Bestürmen wir das göttliche Herz Jesu, daß recht bald „ein Hirt und eine Herde" werde und seien wir versichert, daß unser Gebet hienieden und in der Ewigkeit herrlich belohnt werden wird.

Dieses Jahr findet der Gebets-Kreuzzug statt vom 19. bis 27. April. Man kann sich dabei des vom † Zambesi-Missionär, P. Menyhardt, S. J., verfaßten Abbittegebetes[1] zum hlgst. Herzen Jesu für die Neger Afrikas bedienen.

---

[1] Dieses kirchlich approbierte „Abbittegebet" kann in beliebiger Anzahl (Gebetbuch-Format) in deutscher, italienischer, französischer, englischer, portugiesischer, polnischer, böhmischer, slovenischer, kroatischer, slovakischer und ungarischer Sprache gratis und franko von allen Filialen und Abgabestellen der St. Petrus Claver-Sodalität bezogen werden.

Hof eines maurischen Hauses.

Kleine Mitteilungen.

Unsere Bahnen in Afrika. Von der Hauptstadt Deutsch-Ostafrikas, Dares-salam, kann man mit der sogenannten Zentralbahn jetzt bereits mehr als 700 Kilometer ins Innere gelangen. Nachdem Anfang August vorigen Jahres die dritte Teilstrecke von Dodoma nach Saranda eröffnet worden war, ist der Verkehr seitdem in einem beschränkten Umfang bis Tura (714 Kilometer weiter geführt worden, und nunmehr, Ende Februar, hat die erste Lokomotive Tabora erreicht. Der Bahnbau ist im letzten Jahre durchschnittlich um 20 km monatlich fortgeschritten. Die Zahl der damit beschäftigten eingeborenen Arbeiter belief sich auf mehr als 15000. Die Einnahmen der Bahn haben sich im letzten Jahr nahezu verdoppelt, ebenso das Gewicht der aus dem Innern nach der Küste beförderten Waren, desgleichen die Einfuhr nach dem Innern. Da man darauf rechnete, daß die Vorlage der Verlängerung der Bahn bis zum Tanganjikasee angenommen werde — dies ist inzwischen geschehen — so sind Vorbereitungen für einen ununterbrochenen Fortschritt des Baues getroffen worden. Die Usambara-Bahn ist bis Moschi am Fuß des Kilimandscharo eröffnet. Die Vollendung der ganzen Linie noch während des Jahres 1912 wird in sichere Aussicht gestellt. Es hat sich aber bereits als notwendig ergeben, die bisher gebaute Strecke wieder umzubauen, da der Oberbau für den starken Verkehr sich als ungenügend herausgestellt hat. Mit diesen Arbeiten ist der Ausbau des Hafens Tanga Hand in Hand gegangen und wird gleichfalls noch während des laufenden Jahres beendigt werden. Die Togobahn konnte im vorigen Jahr zwischen Lome und Atakpame freigegeben werden. Leider wurde der Verkehr dadurch geschädigt, daß wieder einmal die Landungsbrücke in der Hauptstadt Lome von der Brandung zerstört wurde. Trotzdem ist die Schaffung einer festen Landungsbrücke immer noch nicht in sichere Aussicht genommen worden.

In Kamerun wird an zwei Bahnlinien gearbeitet. Die nördliche, sogenannte Manengubabahn ist auf der bisher geplanten Strecke bereits in Betrieb gesetzt worden. Die Mittellandbahn, die von Duala am Kamerunfluß ausgeht, soll bis Edea am Sanagafluß am ersten Mai eröffnet werden. Über ihre Fortsetzung ist noch zu beschließen.

In Südwestafrika ist die Bahn von Keetmanshoop nach Windhuk, 225 Kilometer lang, fertig gestellt worden und soll für diese Länge schon am 1. April dem Verkehr übergeben werden. Die Einnahmen auf den bisherigen Strecken zwischen Lüderitzbucht und Keetmanshoop, sowie von Seeheim nach Kalkfontein haben sich sehr gehoben. In den vier Monaten April bis Juli allein wurde ein Überschuß von rund 16 000 Mark erzielt.

Einweihung der anglikanischen Gordon-Kathedrale in Chartum. Am Todestage des Generals Gordon wurde· in Chartum die zu seinem Gedächtnis gestiftete Kathedrale vom Bischof von London eingeweiht. Sie erhebt sich an der Stelle, wo vor 27 Jahren General Gordon fiel, und ihr Erbauer ist der Architekt R. W. Schulz. Die englische Hochkirche hatte in Chartum noch kein Gotteshaus. Die koptische Gemeinschaft besitzt eine Kathedrale, und eine römisch-katholische Kirche befindet sich im Bau. Die Errichtung dieser Kathedrale ist vor allem auf die Tätigkeit von Lord Cromer, Lord Kitchener, Lord Grenfell und Sir Reginald Wingate zurückzuführen; König Eduard war einer der ersten, die zu den Baukosten beitrugen. Das Gebäude ist aus rotem und weißem Sandstein errichtet. Bis jetzt sind 600 000 M. für den Bau ausgegeben worden, weitere 100 000 M. sind nötig, um die Pläne des Architekten zu Ende zu führen.

Zur Schlafkrankheit. Prof. Dr. Kleine hat sich am 24. Februar nach Afrika begeben, um in Schirati (Ostufer des Viktoria-Sees) neue Versuche zur Bekämpfung der Seuche in die Wege zu leiten und dann nach einer Rücksprache mit englischen Ärzten in Entebbe über Bukoba zum Tanganikasee zu reisen. Der Stabsarzt Taute, der die Arbeiten am Tanganika leitet, begibt sich nach Eintreffen des Prof. Kleine in das portugiesische und englische Nyassa-Land, um dort mit der englischen Expedition des Dr. Bruce zusammenzutreffen. — Der angebliche Erfinder eines Heilserums (siehe vor. Nummer), Dr. Mehnarto, ist als Schwindler entlarvt worden. Er war weder Prof. Kochs Assistent, noch hat er überhaupt studiert. — Was Kamerun betrifft, so macht ein Landeskenner, Wilh. Beggerow, in „Kolonie und Heimat", Nr. 18, darauf aufmerksam, daß die Berichte der meisten deutschen Zeitungen über die Schlafkrankheit in Kamerun übertrieben sind. — Die Firma W. Süsserott in Berlin hat soeben ein Preisausschreiben erlassen zur Bearbeitung des Themas: „Die Schlafkrankheit und ihre Bekämpfung". Wert des Preisausschreibens 3000 Mark. Nur Abonnenten der Kolonialen Zeitschrift können diese Preise gewinnen. Die Arbeit soll wenigstens 40 Seiten der Zeitschrift stark sein und muß bis 1. April 1913 eingereicht werden.

Die Kap-Kairobahn, die nach dem kühnen Plan von Cecil Rhodes den ganzen Schwarzen Erdteil von Nord und Süd durcheilen soll, ist nun im Norden um ein gutes Stück gewachsen, und zwar um die Strecke Chartum—El Obeid. Somit ist die Hauptstadt der Landschaft Kordofan erreicht und das reiche Gummigebiet erschlossen. Zwischen El Obeid und dem Nordende des Viktoria-Sees steht die Strecke noch nicht fest; es wird wohl noch eine Reihe von Jahren vergehen, bis das Mittelstück der großen transafrikanischen Bahn vollendet ist, selbst wenn man Dampfer auf den großen Seen als Verbindungsglieder betrachtet.

Empfehlenswerte Bücher und Zeitschriften.

Drei Tage bei den Jesuiten. Eine psychologische Skizze von Georg Baumberger. 32 S. geh. — Verlag von H. Potthoff, Bochum. 1912. Preis ℳ 0,50.

Ein mit dankbarer Liebe gezeichnetes Erinnerungsbild an die Tage der Exerzitien, aus der Feder des rühmlichst bekannten G. Baumberger.

Feierstunden fürs christliche Haus. Eine Sammlung ansprechender Erzählungen aus verschiedenen Jahrgängen der „Monika", ausgewählt von H. Wagner.
1. Bändchen: Feiertagsglocken. Erzählungen im Anschluß an die Feste des katholischen Kirchenjahres. 316 S.
2. Bändchen: Wo blüht dein Glück? Erzählungen und Bilder aus dem Kreise des Familienlebens. 328 S.
3. Bändchen: Das kostbarste Erbgut. Erzählungen und Skizzen aus dem Gebiet der Jugenderziehung. 324 S. Jeder Band, elegant gebunden ℳ 3. . Verlag von L. Auer, Donauwörth.

Der durch seine volkserzieherischen Bestrebungen bestens bekannte Verlag verfolgt mit diesem neuen Unternehmen den edlen Zweck, dem christlichen Hause

eine erhebende und erfreuende Familienlektüre für die Feierabende und die sonn=
täglichen Mußestunden zu bieten.

Das erste Bändchen, betitelt „Feiertagsglocken", führt uns an der Hand
hübscher, aus dem Leben gegriffener Erzählungen und stimmungsvoller Gedichte
durch das ganze Kirchenjahr.

Das zweite Bändchen führt den Titel „Wo blüht dein Glück?" „Daheim",
ist die Antwort, „bei deinen Lieben, im kleinen, aber wohlgepflegten und sicher um=
friedeten Garten deiner Familie." Wie traut weiß das Büchlein zu plaudern vom
Segen einer stillen Häuslichkeit, von dem tiefen Frieden eines in Liebe und Güte
gefestigten Ehebundes, von Mutterglück und Muttersorgen, von des Lebens stillen
Freuden und herbem Weh.

Das dritte Bändchen führt den Titel „Das kostbarste Erbgut". Darunter
wird mit Recht das Erziehungswerk einer guten, christlichen Mutter verstanden.
In 86 Erzählungen bietet das Buch eine recht praktische Hauspädagogik, die dem
Leben abgelernt und fürs Leben geschrieben ist, kein geschlossenes System, aber
viel echte Goldkörner wahrer Erziehungsweisheit, um die jede Mutter sich mühen
sollte. Auch der Zeitschrift „Monika" werden diese Bändchen neue Freunde erobern.

Es ist ein Gott. — Zur Verantwortung bezeugt von † Hermann Fick. Vierte
Auflage. 231 S. — Geb. M 2.75. Bei Joh. Herrmann in Zwickau.

Ein Buch, welches in unserer zum Atheismus und zur Skepsis neigenden
Gegenwart der allgemeinen Beachtung wert ist. Negativ und positiv werden darin
die überzeugendsten Beweise erbracht für das Dasein Gottes. Wer das Buch auf=
merksam liest und den Inhalt auf sich wirken läßt, wird mit dem Psalmisten aus=
rufen müssen: „Nur der Tor spricht in seinem Herzen: Es ist kein Gott."
„Prediger und Katechet".

Die Allerseligste Jungfrau Maria als Helferin der Christen. — Wien, Verlag
der Salesianer Don Boscos. 1911. 47 S.

Schildert die geschichtliche Entwicklung der Andacht zu Maria als der Hel=
ferin der Christen, und dann speziell Don Bosco als Apostel der Verehrung Mariä
unter diesem Titel. Mit zwei schönen Lichtdrucken.

Leben des Knaben Domenico Savio, Zögling des „Salesianischen Oratoriums"
in Turin. — Herausgegeben vom deutschen Don Bosco=Institut „St. Boni=
fatius" in Penango=Monferrato (Italien). 134 S.

Lebensbild eines heiligmäßigen Zöglings des „Oratoriums", von Don Bosco
selbst verfaßt.

Das hilft! Ein Wort über Exerzitien. Von Kaplan J. Könn. 96 S. 30 Pfg.;
25 Stück à 25 Pfg., 50 Stück à 20 Pfg. Gebd. 50 Pfg. Benziger, Köln.

Ein kleines, zur Massenverbreitung geeignetes Büchlein über Wesen und
Bedeutung der Exerzitien fehlte uns. Könn zeigt hier in der ihm eigenen,
packenden Art, daß Exerzitien durchaus nichts mit Frömmelei und äußerlicher
Religiosität zu tun haben, daß sie nichts anderes sind als ein tieferes Erfassen der
Wahrheit, als ein lebendigeres Entfalten der Kraft, die in der Religion liegt.
Das Büchlein ist frisch und interessant geschrieben, so daß auch solche es lesen und
zu Ende lesen werden, die nie geglaubt hätten, daß sie sich je für Exerzitien er=
wärmen würden.

Katalog über Projektionsdiapositive. Von Langer & Co., Wien III, 1.

Der fast 300 Seiten starke Katalog, über 50 000 Diapositive, wird von oben=
genannter Firma gegen Übermittlung von 30 Hellern franko zugeschickt.

Ernst und Scherz fürs Kinderherz. Heft 19 für Kinder von 7—10 Jahren. Mit
mehreren Illustrationen. 16 Seiten. Preis pro Exemplar 20 Pfg. = 25 Cts.
Heft 20 für Kinder von 10—14 Jahren. Mit zahlreichen Illustrationen. 32
Seiten. kl. 8º. Preis pro Exemplar 30 Pfg. 35 Cts. — Einsiedeln, Walds=
hut, Köln a. Rh. Verlagsanstalt Benziger & Co. A.=G.

Der unerschöpfliche Gnadenborn der Christenheit. Betrachtungen über die vom
apostolischen Stuhle genehmigte Herz=Jesu=Litanei nebst einem Anhange von
Gebeten von Dr. Fr. Frank, Pfarrer der Diözese Würzburg Mit Geneh=
migung des Hochw. Bischöfl. Ordinariats Würzburg. I/VIII, 512 Seiten, elegant
gebd. M 2.50. Buchers Verlag, Würzburg.

Das Buch bietet den Predigern wie den Verehrern des Herzens Jesu Betrachtun=
gen über die Anrufungen der neuen, von Papst Leo XIII. bestätigten Herz Jesu=Litanei.

Was dünkt euch von Christus? Eine Antwort auf die höchste Frage der Welt-
geschichte. Von Joseph Gotthardt, Religionslehrer. 300 Seiten. 1 Mark.
Paderborn, Ferdinand Schöningh.

Es werden hier die modernen Ansichten in aller Kürze zusammengestellt, um
mit der Sonde der Wissenschaft den Beweis zu erbringen, daß Jesus von Nazareth gelebt hat, und daß er Gottmensch ist, somit der Boden des
Christentums ein historischer und von dem Gottmenschen gegründeter ist. Denn
wohin führt die Leugnung des göttlichen Charakters Jesu Christi, abgesehen von
ihrer Unhaltbarkeit? Welche Religionsform, welches Bekenntnis bleibt dann noch
übrig, wenn der Glaube und die Überzeugung von dem einen persönlichen Gott,
von dem Verhältnis unserer einen unsterblichen Seele zu ihm, von der historischen
Tatsache der Offenbarung Gottes aufgegeben, ja vollständig über Bord geworfen
wird? Der Augenblick ist gekommen, wo unser noch christlich denkendes Volk
auf die furchtbar drohenden Gefahren hingewiesen werden, wo seine Glaubensge-
wißheit und christliche Glaubensfreudigkeit von neuem entfacht und belebt werden
muß, damit es in jedem größeren und kleineren Kampf gewappnet sei. Dieser
Absicht dient vorliegendes Büchlein.

Bete und betrachte. 35 Meßandachten in Betrachtungen und Gebeten, nebst einem
Anhang der gewöhlichen Gebete. Von Adolf Chwala. 586 Seiten. Preis-
gebunden M 1,80 und teurer. Verlag A. Laumann, Dülmen i. W.

Dieses Gebetbuch hat zum Zweck, die Seele zur Betrachtung, der Grundlage des vollkommenen Lebens, anzuleiten und die Liebe zur Betrachtung zu
wecken. Zugleich gibt dieses Büchlein einen kurzen Gesamtblick über die ganze
christliche Vollkommenheit. — Die einzelnen Betrachtungen werden in Verbindung
mit dem Anhören der heiligen Messe gebracht.

Der Sohn des Mufti. Eine Erzählung aus dem Morgenlande. Von Bernard
Arens S. J. Mit sechs Bildern. 8" (VIII u. 124) Freiburg 1911, Herdersche
Verlagshandlung. 80 Pfg.; geb. in Halbleinwand M 1,—

Damaskus, die alte Kalifenstadt, deren Schönheit der arabische Dichter als
„Blüte des Paradieses" feiert, ist der fesselnde Schauplatz dieses neuesten Bändchens (Nr. 26) der bekannten Sammlung „Aus fernen Landen". Mit Ernst und
großer Anschaulichkeit ruft P. Arens die Erinnerung an jenes unerhörte Blutbad
hervor, das 1860 fanatische Mohammedaner an der blühenden Christengemeinde
von Damaskus anrichteten. Die eigentliche Erzählung behandelt die Geschichte
einer innigen Freundschaft, die den Sohn des Mufti, des obersten Rechtsentscheiders
von Damaskus, mit einem gleichalterigen Christen verbindet. Sie stellt dann in
rasch sich abwickelnder Handlung dar, wie das edle Herz des kleinen Moslem an
den Früchten die wahre Religion und den wahren Frieden erkennt und mitten im
Glück dieser Erkenntnis sein junges Leben dem Fanatismus überliefern muß. Um
diese beiden Knaben ist eine Schar prächtig hervortretender Gestalten beziehungs-
voll gruppiert: der Mufti als die Seele des Blutbades, Abd el-Kader, sein edler
Gegner, der alte treue Diener Hassan und die einzelnen Typen der verfolgten
Christen.

Des Jünglings Weg zum Glück. Von E. Huch. Mit einem Geleitswort von
Dr. Joseph Drammer, Generalpräses der katholischen Jünglingsvereine
Deutschlands 12⁰. (VIII u. 120) Freiburg 1911, Herdersche Verlagshandlung.
Steif broschiert M 1.—; gebunden in Leinwand M 1.40.

Kein Lebensalter, kein Stand ist in religiöser, sittlicher und sozialer Hinsicht
bedroht wie der Stand des Jünglings. Darum hat die Teilnahme und Besorgnis
aller Jugendfreunde sich in erhöhtem Maße den Jünglingen zugewandt. Die Jünglinge aller Stände zu schützen, zu retten, zu festigen und zum Glück zu führen,
das ist auch der Zweck dieses Buches, welches in seinem ersten Teile in einer
kurzen apologetischen Skizze dem Jüngling die Grundlage für ein reines, edles
Leben, die Richtung für den Weg zum Glück zeigt; in seinem zweiten Teile aber,
welcher das ganze Leben des Jünglings umfaßt, ihm alle Gefahren zeigt, die
Mittel, ihnen zu entgehen und das Glück zu finden, das innere, das äußere und
das ewige. — Der Generalpräses der katholischen Jugendorganisationen, Dr. Jos.
Drammer in Aachen, hat dem Büchlein eine warme Empfehlung mit auf den Weg
gegeben. Möge es die weiteste Verbreitung finden!

Die weise Jungfrau. Gedanken und Ratschläge von P. Adolf von Doß S. J. Für gebildete Jungfrauen bearbeitet von Heinrich Scheid S. J. Zehnte Auflage. Mit einem Titelbild. 12⁰ (XII u, 460) Freiburg 1911, Herdersche Verlagshandlung. M 2.60; geb. in Leinwand M 3.80.

Seit seinem Erscheinen (1902) hat dieses Buch nun schon 10 Auflagen erlebt. Es ist ein recht praktisches, zeitgemäßes Werk. In 130 knappen Kapiteln begleitet es die Jungfrau in allen Möglichkeiten, Schwierigkeiten und Gefahren des heutigen Lebens. Nichts bleibt dunkel, keine Frage ungelöst. Die Sprache ist gedankenreich; die Darstellung hat die Eigenart, sich mit dem Leser in unmittelbare Beziehung zu setzen, ihn gleichsam in ein Gespräch zu verwickeln, aus dem sich Rat und Belehrung wie von selbst ergeben. Die hübsche Ausstattung macht das Buch auch äußerlich zur willkommenen Gabe. Eltern, die ihre Töchter mit christlichem Lebensernst zu durchdringen wünschen, können ihnen kaum ein passenderes Geschenk in die Hände legen.

Warum liebe ich meine Kirche? Ein Weckruf für Jugend und Volk. Von Jakob Scherer, Pfarrer. 176 Seiten. 8⁰. Gebunden in Leinwand mit reicher Goldpressung, Rundecken, Rotschnitt M 2,20; Kro. 2,65; Fr. 2,75. — Einsiedeln, Waldshut, Köln a. Rh., Verlagsanstalt Benziger u. C. A.-G.

Vollständige Vernichtung jedes Gottesglaubens in der menschlichen Gesellschaft: das ist das letzte Ziel unserer Gegner. Aber sie sehen wohl ein, daß, so lange die Kirche besteht, dieses Ziel nie erreichbar ist, daß sie anderseits, wenn jenes Bollwerk einmal zu Fall käme, auf der ganzen Linie gewonnenes Spiel haben würden. Deshalb führen sie den Kampf mit dem Aufgebot aller Mittel und mit einer Verschlagenheit und Durchtriebenheit, die nur allzugut geeignet sind, aus unbewehrten Herzen die Wurzeln der Liebe zur Kirche auszureißen. Da kommt nun das Büchlein „Warum liebe ich meine Kirche" vom hochw. Pfarrer Scherer wie gerufen. Der Verfasser führt darin dem katholischen Volk in warmherziger Sprache, edelster volkstümlicher Darstellung und schlagender Beweisführung vor Augen, was es an der Kirche für einen unendlichen Schatz besitzt.

P. Romuald O. S. B.

Die katholischen Missionen. Illustrierte Monatschrift. 40. Jahrgang. (Oktober 1911 bis September 1912.) 4⁰. M. 5.—. Freiburg im Breisgau, Herdersche Verlagshandlung. Durch die Post und den Buchhandel zu beziehen.

Inhalt von Nr. 6: Aufsätze: † Joseph Theodor Stein, Pfarrer in Siggen. — Die Religion der Galla. — Die Lage auf den Philippinen. — Die Krisis in der armenisch-katholischen Kirche. — Nachrichten aus den Missionen: Palästina. — China. — Vorderindien. — Natal. — Portugiesisch-Kongo und Angola. — Colombia. — Kleine Missionschronik und Statistisches. — Buntes Allerlei aus Missions- und Völkerleben. — Bücherbesprechungen. — Für Missionszwecke. — 15 Abbildungen.

Möchte dieser vortrefflichen und um die Missionen hochverdienten Zeitschrift ein immer größerer Leserkreis beschieden sein!

Die Kunst zu beten. Ars orandi von Mgr. Baron de Mathies (Ansgar Albing), mit kirchlicher Druckerlaubnis und einem Vorwort des hochwürdigsten Bischofs von Chur. Preis M. 3.60 in echtem Pergamenteinband; M. 2.50 in Elfenbeinkarton. 1.—3. Tausend. Petrus-Verlag, Trier.

Es fehlt dem Priester und auch dem frommen Laien nicht an aszetischer Literatur, wohl aber fehlt es vielfach an Schriften, zu denen der vielgeplagte, gebildete Katholik greifen könnte, um sich über die Grundsätze des geistlichen Lebens zu unterrichten. Das vorliegende Werkchen verbreitet sich nun in ansprechender, praktischer Form über die edelste der Künste. Möge das Büchlein in seinem prächtigen, vornehmen Frühlingsgewand auch wie die Frühlingssonne ins Herz hineinleuchten und es erwärmen, damit die Himmelsschlüsselblume der Gebete in den Seelen froh emporsprosse und blühe.

Dfd.

Anleitung zum Breviergebete und zur Feier der hl. Messe nach der Konstitution „Divino afflatu". Von Dr. Patriz Gruber, Kapitular des regul. Chorherrenstiftes Vorau. - 16 S., (Graz, Ullr. Moser's Buchhandl. Preis 20 Pfg.

Diese Anleitung könnte man füglich einen Blitzfahrplan zum Breviergebet nennen. Beim Titel „oratio imperata" muß es wohl heißen „mehr als" anstatt „schon".

Dfd.

Ein Besuch bei den Schlafkranken in Mpala
(Ober-Kongo).

Schon oft hat der Afrika-Bote von der Schlafkrankheit berichtet, die im Gebiete der großen Seen Afrikas ganze Gegenden entvölkert. Heute nun lädt er zum Besuch einer Missionsstation ein, die mitten im verseuchten Gebiete liegt.

Denke dich also, lieber Leser, weit hinweg über Berg und Hügel, über Meer und Wüste, tief hinein ins Innere Afrikas. Stelle dir vor, du schaukeltest in leichtem Rindenkahn auf den Wogen des Tanganikasees. Das gebrechliche Fahrzeug erregt zwar wenig Vertrauen, aber die wackeren Neger, die unter munterm Gesang die Ruder führen, und der Missionar, der mit sicherer Hand das Steuer hält, benehmen dir alle Furcht. Es ist P. Brutel, der am Ruder steht, ein erprobter Afrikaner, der schon oft diesen See befahren hat. Er befindet sich auf der Reise nach einer neuen Station und benützt diese Gelegenheit, im Vorbeigehen seinen Mitbrüdern in Mpala einen Besuch abzustatten und uns dabei als Führer zu dienen.

Schon öffnet sich vor uns die Bucht von Mpala. Vom schwarzen Bergsockel winkt die schöne romanische Kirche freundlich herab. Die weißen Mauern und die mit roten Ziegeln eingefaßten Fenster geben ihr ein stolzes Aussehen. Je näher wir kommen, desto deutlicher werden dem Auge die einzelnen Schönheiten der Landschaft. Am Ufer bewegen sich weiße Gestalten; das sind die Missionare, die uns erwarten. Da lösen sich auch schon Barken vom Gestade, Barken mit Kindern, die eiligst uns entgegenrudern, um uns im Namen der Patres willkommen zu heißen. Unsere Ruderer tun ihr möglichstes und lassen den Kahn wie einen Pfeil über die glatten Wogen schießen. Da sind wir am Ufer und werden von den Missionaren von Mpala herzlich begrüßt. Mit ihnen steigen wir den Felshang hinan, über dem die Station erbaut ist.

Mpala einst und jetzt.

Arme Mission von Mpala! Sie ist eine weinende Witwe, ganz in Trauer versunken, unkenntlich vor Schmerz. Ein Gefühl der Trostlosigkeit beschleicht jeden, der jetzt diese einst so blühende Station besucht. Noch vor wenigen Jahren war Mpala ein Urbild von Leben und Reichtum und Glück. Die niedrige, fruchtbare Ebene war ganz bedeckt mit Pflanzungen von unerhörter Üppigkeit. Die dichte Bevölkerung betrieb mit Fleiß den Anbau von Mais, Brotwurzeln, Reis, Süßkartoffeln und Erdnüssen. Im Hof der Mission sangen und sprangen die Zöglinge der Katechistenschule. Die prächtige Bucht wurde Tag und Nacht von Fischerbarken durchfurcht.

Heute aber, heute ist es ein Land des Schlafes, ein Land des Todes. Keine Barke belebt mehr die einsam gewordene Bucht, sondern sie liegen wie Leichen auf dem Ufersande. Kein Singen, kein Lachen

Eingeborene Frauen bereiten die für die Schlafkranken bestimmte Nahrung (Maniok). G. G. 228.

hört man mehr über dem See; nichts wie ein eintöniger Wellenschlag, der an dem hohlen Felsenbusen verhallt. Keine Freudenrufe, keine Spiele mehr im Hofe der Missionsstation, die viel zu geräumig geworden ist für die wenigen Missionare und die paar Waisenkinder, welche noch darin wohnen. Denn die Konviktoristen und die Katechistenschüler sind vor der Ansteckung auf die Hochebene geflohen, wohin, wie man sagt, die Schlafkrankheit nicht kommt.

Die Bewohner der Ebene haben sich in die umliegenden Berge zerstreut. Nur wenige haben vorgezogen, in der Nähe der Missionare zu bleiben, um ihres Beistandes in der Sterbestunde sicher zu sein. Die kleine Glocke der Kirche, auf deren Ruf sonst die Scharen der Christen herbeiströmten, klingt nur mehr matt und schwach, denn die wenigen Leute haben sie bald gehört. Es sind nur wenige gesunde Familien, einige Gruppen Kinder, einzelne Männer, deren Frauen im Sterben liegen, einige Frauen, deren Gatten dem Grabe nahe sind, und zuletzt noch einige Kranke, deren Kräfte noch nicht gänzlich erschöpft sind, die in stiller Ergebung warten, bis der Herr sie abruft.

Langsamen Schrittes wanken sie heran, lispeln sich einige Worte ins Ohr und nehmen dann in der Kirche Platz, die so groß, so kahl erscheint, weil sie leer ist.

Der Priester stellt das Allerheiligste aus, und man singt ein Lied, aber die Stimmen versagen fast. Man betet den Rosenkranz, und alle versuchen zu antworten, aber dort z. B. diese arme Frau kann nur noch murmeln, sie vermag nicht zu folgen, die Sprache wird verwirrt; die Negerin schließt die Augen, sie schläft. Der hl. Segen wird gegeben, und damit ist alles aus.

Die Missionare kehren in ihre Wohnung zurück; immer trauriger, immer mehr vereinsamt. Morgen wird ihre kleine Herde wieder ein Schäflein weniger zählen, übermorgen noch eins weniger.

Die Pflanzungen sind fast spurlos verschwunden; wildes Gestrüpp hat die Felder überwuchert; die Pfade nach den halbzerfallenen Dörfern sind zugewachsen, und auf den verlassenen Hütten wächst Gras.

Behandlung der Schlafkranken bei Heiden und Christen.

Noch viel mehr Elend richtet die Schlafkrankheit in rein heidnischen Gegenden an.

Sobald man merkt, daß ein Eingeborener an dem schrecklichen Übel leidet, jagen ihn seine Nachbarn, seine Freunde, seine Verwandten, ja selbst seine Eltern zum Dorf hinaus, in der Hoffnung, das gefürchtete Uebel so von sich zu entfernen. Versucht der Unglückliche nun, sich einem fremden Dorfe zu nähern, so laufen die Leute zusammen und jagen ihn weiter; sie werfen Steine nach ihm und bedrohen ihn mit Lanze und Pfeilen. Was wird aus dem Armen? Unstät irrt er einher und nährt sich elendiglich von rohen Wurzeln, bis die Kräfte ihn verlassen. (Bild S. 238.)

Dann beginnt ein langsamer Todeskampf; Hunger und Durst erschöpfen den Rest seiner Lebenskraft. Er kämpft nicht mehr gegen den Schlaf und reagiert nicht mehr gegen die krampfhaften Zuckungen, das Zeichen einer baldigen Auflösung. So verröchelt er einsam und verlassen. Oft ist es auch der Pfeil der Tropensonne oder der Biß eines wilden Tieres, der dem traurigen Leben des Schlafkranken ein Ende macht.

Unsere Christen dagegen zeigen mehr Liebe und Mitleid für ihre Kranken. Ihre Religion gibt ihnen die Kraft, in selbstloser Aufopferung für die Bedürfnisse der unglücklichen Mitbrüder zu sorgen und ihre Leiden zu lindern. Das kostet sie aber die größte Ueberwindung, denn

jeder Schwarze, auch der Christ, fühlt sich von Natur aus von den
Schläfern abgestoßen und sträubt sich, ihnen irgendwelchen Dienst zu
erweisen.

Das Hospital für Schlafkranke.

Unterstützt von der mildtätigen Liebe der katholischen Welt haben
die Missionare ein geräumiges Hospital erbaut; die Mauern sind aus
Ziegeln, das Dach von Stroh. Wenn es dem freundlichen Leser beliebt,
wollen wir auch diesem Hospital einen Besuch abstatten. Es ist zwar
in seiner Einrichtung recht bescheiden, aber leider ist es immer noch zu
bevölkert. Das Kreuz dort, das da oben auf dem Hügel thront, steht
im Hofe des Hospitals. Die Schwarzen und die Kinder, die uns unterwegs begegnen, sind Eltern oder Waisenkinder von Schlafkranken. Sie
haben einige Augenblicke bei ihren Angehörigen zugebracht, um etwas
zu plaudern, oder um ihnen eine kleine Erfrischung zu bringen: ein
Bissen geräucherten Fisch, ein bißchen Salz oder eine geröstete Maisähre.
Einige haben ihren Ekel vor den Schlafkranken so weit überwunden,
daß sie hingehen, um für die Reinlichkeit ihrer Angehörigen zu sorgen.

Daß diese Besucher alle Christen sind, braucht man nicht zu sagen;
die Heiden bringen wohl auch manchmal ihre Kranken ins Lazarett; aber
das ist alles; nachher lassen sie sich nicht wieder sehen.

Wir treten in den Hof des Hospitals. Siehe da ein armes
Mädchen, das sich mühsam vorbeischleppt, schrecklich abgemagert, ein
wandelndes Skelett, mit glänzenden, fiebernden Augen. Ein Missionar
hat es gestern auf einem einsamen Pfade ihres Dorfes gefunden. „Herr",
hat sie ihm gesagt, „meine Eltern sind an der Schlafkrankheit gestorben,
und ich habe Hunger."

Die Schlafkranken haben die Besucher bemerkt und kommen aus
dem Spital heraus, um uns zu begrüßen. Es sind ihrer etwa 60, viele
im besten Mannesalter, einige auch jünger. Drinnen befinden sich noch
ungefähr 20, die nicht mehr genügend Kraft haben, aufzustehen. Auch
diese wollen uns guten Tag sagen, aber die Stimme ist so schwach, daß
wir den Gruß nur an der Bewegung ihrer Lippen erraten können.
Auch Kinder eilen herbei und geben uns das Händchen; sie wollen
lächeln, die armen Kleinen, aber es ist ein Lächeln, das Weinen erregt.

In wenigen Wochen wird der Tod alle diese Opfer ins Grab ge-
bettet haben, manche sogar in wenigen Tagen; aber niemand von ihnen
mag es glauben, kann es glauben. Wenn die ersten Zeichen des Übels
auftauchen, suchen sie sich darüber hinwegzutäuschen. Alles Mögliche wird
versucht, um die Schläfrigkeit los zu werden, Bewegung, Arbeit, Bäder,
Medizin, an nichts wird gespart. Aber es kommt der Tag, wo sie sich
eingestehen müssen, daß nur eines ihnen übrig bleibe, der Eintritt ins
Hospital. Obwohl sie den nahen Tod vor Augen sehen, obwohl sie
sehen, wie sie täglich neue Leichen auf den Friedhof tragen, so scheinen
sie doch ganz ergeben zu sein in ihr unabwendbares Geschick. Die
Schwarzen sind zwar von Natur aus ziemlich sorglos für die Zukunft,
aber sie zeigen auch eine bewundernswerte Ergebung in Gottes heiligen
Willen. Im täglichen Katechismusunterricht und im Verkehr mit den
Missionaren haben sie die Barmherzigkeit des lieben Gottes besser kennen

gelernt; auf ihn vertrauen sie, denn sie wissen, daß er die Leiden dieser kurzen Erdentage mit ewiger Himmelsherrlichkeit lohnt.

Schenken wir nun noch einen Augenblick der Weißen Schwester unsere Aufmerksamkeit, die dort mit den Kranken des letzten Stadiums beschäftigt ist. Ein rührenderes Bild kann es nicht geben, wie dieser Engel, der an der Seite eines solchen Kranken kniet. Die stärkste Natur muß sich davon abgestoßen fühlen, aber nichts hält die Schwester ab. Alle Tage bekommt sie neue Kranke zu reinigen und zu pflegen; alle Tage muß sie von neuem sich überwinden und die natürliche Zartheit ihres Geschlechtes verleugnen. Zu dieser Selbstverleugnung gesellt sich eine ebenso bewundernswerte Geduld und Milde. Liebevoller kann keine Mutter ihr Kind behandeln. (Siehe Bild S. 233.)

Im letzten Stadium der Krankheit verliert der Schläfer alle Kraft, er vermag nicht mehr sich zu bewegen und erwacht nur selten aus seiner Betäubung; er hat nicht einmal so viel Energie, die Nahrung an den Mund zu bringen. Dabei verbreitet er weit um sich einen so ekeligen Geruch, wie eine verweste Leiche. Eiter quillt aus den Ohren und dicker, gelber Schaum tritt vor den Mund. Schon erscheinen Würmer. Der Tod ist nahe. (Siehe Bild S. 244.)

Mit innigem Mitleid für die armen Schlafkranken verlassen wir das Spital und kehren zurück zum See. Dort nehmen wir Abschied von den Missionaren und steigen wieder in die Barke. Unser Führer steht wieder am Ruder, aber er ist stumm geworden. Mit stiller Wehmut schaut er nach Mpala zurück und seine Lippen bewegen sich zum frommen Gebet. Er betet für die armen Opfer der Schlafkrankheit. Folgen wir seinem Beispiele.   F. Str.

Hospital der Schlafkranken in Mpala. (S. 228.)

„Kwa heri!“

Von P. Josef Bertsch in Karema.

Es war an einem schönen Frühlingstage[1]. Die Nachmittagssonne sandte ihre Strahlen vom wolkenlosen Himmel hernieder. Eine Gruppe munterer Negerknaben spielte vor den Hütten des Dorfes Karema.

Auch Sagule war heute unter ihnen. Er mochte etwa 13 Jahre zählen. Und doch sah es man seinem schwächlichen Körperbau, seinen eingefallenen Wangen an, daß dies junge Leben bereits den Keim des Todes in sich trug. Schon seit Monaten siechte er dahin an einem unheilbaren Uebel. Allein wenn es Tage gab, an denen der Kranke sich recht elend fühlte, so kamen auch wieder Stunden und Tage, wo es ihm besser ging, wo die jugendliche Kraft neu aufzuleben schien und alle Gedanken an Siechtum und frühen Tod verscheucht wurden.

Ein solcher Tag war auch heute. War es die lachende Frühlingssonne, die den Knaben aus der Hütte gelockt? War es das muntere Spiel der Kameraden und ihr fröhliches, weithin schallendes Rufen, ihr heiteres Lachen, das ihn angezogen? Kurz, Sagule wollte dabei sein. Er fühlte sich heute so kräftig und gesund, die warmen Sonnenstrahlen taten ihm so wohl, als ob er nie krank gewesen. Wer möchte es da dem Knaben verargen, daß er am Leben hing und den Gespielen versicherte, er werde nun bald ganz gesund sein und wieder in die Schule gehen und den Katechismus lernen und die Biblische Geschichte hören und auch aufs Feld gehen und mitarbeiten können, wie die anderen.

So hatten die Knaben eine Zeitlang mitsammen gespielt, geplaudert und sich die Zukunft ausgemalt, da erklärte plötzlich Sagule, er wolle jetzt nach Hause gehen. Mit dem Gruße Kwa heri! verabschiedete er sich von von seinen Genossen.

Kwa heri! riefen alle verwundert, denn Kwa heri (mit Glück) ist ein Gruß, den der Neger dann gebraucht, wenn er eine Reise vorhat oder auf längere Zeit sich verabschieden will. „Warum denn Kwa heri?“

„Ja, ja, ich muß schnell gehen“, erklärte Sagule, „denn der liebe Gott ruft mich. Kwa heri!“

Zu Hause angekommen, bat der Knabe die Mutter, sie möge doch den Pater rufen, damit er ihn taufe; „denn“, sagte er, „ich werde jetzt sterben.“ Die Mutter suchte den Kleinen zu beruhigen. „Deine Gesundheit hat sich doch gebessert. Du hast ja heute aufstehen und sogar hinausgehen können.“ Allein Sagule bestand darauf, daß er jetzt sterben werde, er wisse es ganz bestimmt. Deshalb solle sie schnell den Missionar rufen.

Der Pater kam, und der Kleine, der sich unterdessen niedergelegt hatte, erneuerte ihm seine Bitte um die Taufe. „Pater“, sagte er, „ich werde sterben, der liebe Gott ruft mich; aber ich will nicht sterben ohne Taufe.“ In den Glaubenswahrheiten war Sagule hinreichend unterrichtet; hatte er doch mit den anderen Knaben die Schule besucht und

---

[1] Ausgangs Dezember, also zu Ende der Kleinen Regenzeit, wenn die Sonne „wiederkehrt“.

für den Katechismusunterricht stets Interesse bezeigt. Allein Todesgefahr schien nicht vorhanden. Im Gegenteil, alles deutete auf eine Besserung seines Zustandes hin. Deshalb suchte der Priester den Knaben zu trösten, zum Gottvertrauen zu ermuntern und erklärte ihm schließlich, daß er ihn taufen wolle, sobald wirklich einmal Todesgefahr da sei.

Eine Stunde später kam die Mutter des Knaben abermals zur Mission. Sagule lasse ihr keine Ruhe. „Mutter, der liebe Gott ruft mich, ich werde sterben; rufe den Pater, ich will nicht sterben ohne Taufe!"

Nun begab sich der Missionsobere selber in die Hütte des Kranken.

„Pater, ich will getauft werden; ich werde sterben, Gott ruft mich!" Diese immer wiederholte Bitte des Knaben, an dem kein Zeichen des nahen Todes zu sehen war, machte den Pater nachdenklich. Ob nicht der liebe Gott wirklich den Kleinen rufe, ihm eine innere Gewißheit des baldigen Todes gegeben habe? Solche Fälle sind ja nicht unerhört. Da zudem der Kranke auf den Empfang der Taufe hinreichend vorbereitet war, auch sonst kein Hindernis für die Aufnahme in die Kirche vorlag, so glaubte der Missionar, der dringenden Bitte nachgeben zu sollen.

Noch einmal führte er Sagule die großen Glaubenswahrheiten des Christentums kurz vor Augen, sprach ihm die Gebete vor, erweckte mit ihm Reue über die Sünden und den Vorsatz, Gottes Gebote treu zu beobachten, und dann goß er das heilige Wasser über die Stirn des Knaben. — — — Jetzt war Josefs Herzenswunsch erfüllt. Er konnte dem Rufe Gottes folgen. Noch am selben Abend verschied Josef Sagule.

Gottes Wege sind wunderbar!

Die religiösen Orden im Islam.
Von P. Paul Betz. (Schluß.)

Auch Si Djelal ed Din Maulaua, einer der größten arabischen Dichter und Mystiker, wollte Stifter eines religiösen Ordens werden, der nach ihm „Maulauija" benannt wurde, aber mehr unter dem Namen „Tanzende Derwische" bekannt ist.

Geboren zu Balkh (1207), unternahm er schon mit 14 Jahren die Pilgerreise nach Mekka und ließ sich dann mit seinem Vater, der übrigens ebenfalls ein berühmter Mystiker war, in Koniah nieder, wo er auch 1273 starb. Dort gründete er den genannten Orden, der, entgegen dem Geiste des Korans[1], die Musik und den Tanz beim Gottesdienst zu Ehren brachte; daher auch der Name „Tanzende Der= wische". Dieser Orden übt heute noch einen sehr großen Einfluß in der Türkei aus: er hat den Vortritt vor allen andern, und dem Scheikh der Tanzenden Derwische steht es zu, dem jeweiligen neuen Sultan von Konstantinopel bei der Inthronisationsfeier mit dem Schwerte zu umgürten.

---

[1] Im Koran selbst ist zwar die Musik nicht verboten, aber manche Gesetzes= lehrer wollen dieses Verbot in der islamitischen Ueberlieferung finden. „Musik an= hören", soll Mohammed gesagt haben, „ist ein Vergehen gegen das Gesetz; sich der Pflege dieser Kunst aber widmen, ist eine Sünde gegen die Religion." Im übrigen sind sich die Ausleger nicht einig über die Ansicht des Propheten in betreff dieses Punktes.

Im übrigen sind die Maulauija nicht als strenge Aszeten bekannt; die Reichtümer, die sich bei ihnen anhäufen und ihnen ein sorgenloses Dasein verschaffen, bringen ihnen nicht eben den Ruf großer Heiligkeit ein.

Bekannt ist auch, besonders in Nord=Afrika, der Orden der Aïs= saua. Ihr Stifter ist ein marokkanischer Scherif aus Meknes (Marokko), gewesen, Sidi Mohammed ben Aïssa, welcher zu den größten Wunder= tätern des Islam gehört.

Manche wollen allerdings in ihm nur einen gewöhnlichen Betrüger erblicken, und als Beweis erinnern sie, wie Petit in seinem Werkchen „Mohammedanische Brüderschaften" mitteilt, an jenen Tag, wo er 40 seiner getreuesten Gefährten Allah zum Opfer schlachtete: „Einer nach dem andern verschwand hinter einer Türe, wo die Opferung stattfinden sollte; die von Staunen und Schrecken ergriffene Menge hörte grausenerregendes Ge= schrei, das bald in das letzte Röcheln eines Sterbenden überging, während zu gleicher Zeit das noch dampfende Blut unter der Türe hervorfloß. Ben Aïssa wirkte nun ein Wunder, in dem er seine Getreuen dem Leben wiederschenkte; ganz schwer konnte ihm dies allerdings nicht fallen, da man im kritischen Momente 40 Hämmel hergebracht hatte, die dann hinter der geheimnisvollen Türe hatten verbluten müssen."

Immerhin sind es solche „Wunder", welche Ben Aïssas Ruf be= gründeten und ihm als Ordensstifter großes Ansehen erwarben. Seine Nachfolger in der Leitung des Ordens, die Scheikhs der Aïssaua, glaubten sich selbstverständlich auch im Besitze der Wunderkraft Ben Aïssas, denn diese gehörte zu einem geistigen Erbe, und darum tragen die Sitzungen der Aïssaua=Khuân, von denen schon oben die Rede war (Seite 208 Anm.) so sehr das Gepräge der Zauberkünstlereien.

Merkwürdig nehmen sich neben diesen Taschenspieler=Stückchen die moralischen Vorschriften der Aïssaua aus, von denen Hauptmann Rinn (S. 315) folgende anführt: „Der Khuân muß sich bemühen, sich folgende zehn Eigenschaften, die sich im Hunde vorfinden, anzuzeigen: Nur wenig in der Nacht schlafen, denn das ist das Zeichen der wirklich liebenden Seelen; — sich über Hitze und Kälte nicht beklagen, denn solches ist das Zeichen eines in der Geduld bewährten Herzens; — nach seinem Tode kein Erbe zurücklassen, denn daran erkennt man die wahre An= dacht; — weder Zorn noch Neid zeigen, denn das charakterisiert den echten Gläubigen; — keinen festen Wohnsitz haben, gleich dem Pilger auf Erden; — sich begnügen mit dem, was man uns zum Essen hin= wirft, denn so tut es ein genügsamer Mensch; — schlafen, wo man sich eben befindet, denn das verrät Zufriedenheit des Herzens; — seinen Herrn nicht verkennen, und selbst, wenn er die Hand zum Schlagen erhoben hat, zu ihm zurückkommen, denn so tun es die Wis= senden (?); — endlich immer Hunger haben, woran man den Tugend= haften erkennt."

Viel jüngern Datums, als die schon erwähnten Orden, sind die Tidjanja und die Senussija, zwei Korporationen, welche ihr Ent= stehen dem Erstreben eines engern Zusammenschlusses aller Mohamme= daner unter sich verdanken. Beide haben Algerien zur Heimat.

Die Tidjanja sind das Werk Si Ahmed ben Salems. Geboren im Stamme der Tidjani, unweit Laghuat, erhielt er den Beinamen El

Die Schlafkranken in Mpala empfangen die hl. Kommunion. (Siehe S. 229.)

Tidjani. Schon früh hatte sich der 1737 geborene Knabe durch seine Geistesgaben sowie durch seine große Liebe zum Studium ausgezeichnet; nicht weniger aber trat bald sein Unabhängigkeitstrieb scharf zutage. Beides war ihm eine treffliche Vorbedingung für seinen spätern Beruf als Ordensstifter: einerseits konnte er sich so die orthodoxe Lehre in höchstem Maße aneignen, andererseits aber wollte er sich auch nicht im Gelernten von einem einzigen Lehrer abhängig machen, weshalb er die berühmtesten, damals bekannten Lehrer aufsuchte, um so sein Wissen vielseitiger zu gestalten.

Nachdem er alles damals, nach seiner Meinung wenigstens, Wißbare sich angeeignet hatte, versammelte er selbst Schüler um sich, denen er zugleich auch eine gemeinsame Lebensregel gab.

Damit war das Fundament zu einem neuen Orden gelegt. Da El Tidjani den Gottesdienst ziemlich vereinfachte, ihn aller Geheimnistuerei und Abstraktion, wie sie in andern Orden gang und gäbe waren, entkleidete, schlossen sich ihm die Kleinen und Schwachen, welche für hochfahrende Spekulationen nicht gemacht waren, vor allen andern an. Ihnen galt er als alsbald allmächtiger Mittler bei Allah, einen Mittler, durch welchen den armen Menschenkindern alle und jegliche Gnade zufloß.

Wir haben oben, bei Gelegenheit der Aufnahme in einen religiösen Orden, schon vom Dikr der Tidjanja gesprochen.

Eine Eigentümlichkeit der Ordensregel möchten wir noch hervorheben, denn durch diesen einen Punkt zeichnen sich die Tidjanja wohl vor allen andern Orden aus. Wenn auch El Tidjani bei seiner Gründung vom Gedanken geleitet war, alle Mohammedaner enger zusammenzuschließen, so wollte er zugleich aber auch allen rechtmäßig konstituierten

Regierungen feine Anerkennung nicht verfagen, ob fie nun moham=
medanifch feien oder nicht: alfo eine gewiffe Toleranz.

Diefer Geift der Mäßigung ging auch auf die Scheikhs des Ordens
über, und die Gefchichte liefert uns dafür Beifpiele, welche den Kenner
des Islam nicht mit geringem Staunen erfüllen. Als beifpielsweife der
Emir Abb=el=Kader die Tidjanja veranlaffen wollte, mit ihm gemeinfame
Sache gegen die franzöfifchen Eroberer zu machen, erhielt er vom Ordens=
fcheikh folgende Antwort:

„Mein Wunfch ift es, in der Ruhe des Ordenslebens mich nur
mit himmlifchen Dingen zu befchäftigen; übrigens fehlen mir die Macht
und der Einfluß, welche man in mir zu finden glaubt. Liegt es dazu
in den Abfichten Allahs, der die Franzofen in mohammedanifches Land
geführt hat, fie wieder daraus zu vertreiben, fo bedarf es dazu nicht
meines Armes. Meine Pflicht ift es, diejenigen, welche fich mir anver=
traut haben, in der Furcht Allahs zu leiten und fie ferne zu halten von
allen politifchen Konflikten."

Das find gewiß feltfame Worte aus dem Munde eines Moham=
medaners, dem jeder politifche Gegner auch zugleich ein religiöfer Feind
ift, auffallender aber noch und ftaunenerregender im Munde des Scheikhs
eines religiöfen Ordens. Man begreift deshalb auch leicht, daß diefes
Verhalten gegen die Rumi (Chriften) nicht bloß das Anfehen des Scheikhs,
fondern auch das des ganzen Ordens in der islamitifchen Welt in ganz
bedeutendem Maße gefchädigt hat.

Aehnliche Toleranz gegen die Europäer kann man den Senuffija
nicht nachrühmen. Ueber das Entftehen diefes Ordens, feine Organifation
und feinen politifchen Einfluß ift fchon in der Februar=Nummer diefer
Zeitfchrift (Seite 129—136) berichtet worden; dorthin verweifen wir den
Lefer; nur einiges möchten wir zu dem dafelbft Gefagten ergänzend hin=
zufügen.

Sidi Mohammed ben Ali ben Effenuffi hatte den Entfchluß ge=
faßt, alle islamitifchen Elemente zufammenzufchließen, um diefelben dann
gegen die Chriften zu wälzen; zu diefem Behufe find alle eingeladen, in
den von ihm geftifteten Orden einzutreten. Nicht bloß den „Laien"
unter den Mohammedanern, fondern auch den Khuân anderer Orden ift
die Möglichkeit geboten, fich in die Senuffija aufnehmen zu laffen, und
zwar ohne auf die Zugehörigkeit zum frühern Orden zu verzichten.
Kadrija, Rahmanija, Taibija und andere mehr finden fich hier vereint;
nicht einmal die Ehrenämter, die man in einem andern Orden bekleidete,
braucht man mit der Aufnahme in diefen Orden aufzugeben. Auch ift
jedem bezüglich der Beobachtung der Regel, der er feine erfte Treue ge=
fchworen hatte, die weitgehendfte Freiheit gelaffen.

Auf den erften Anblick bieten demnach die Senuffija ein feltfames
Schaufpiel: eine Zufammenwürfelung von Vertretern der verfchiedenften
Richtungen des islamitifchen Monachismus. Infolgedeffen wäre die An=
nahme berechtigt, daß bei fo lockerem Zufammenhange der Senuffija unter
fich die zur Stärke notwendige Eintracht und Einheit fehlt, daß demnach
die Senuffija unmöglich jener gefährliche Feind fein können, jenes Ge=
fpenft, das man mit Vorliebe dem Europäer an die Wand malt.

Doch sehen wir etwas näher zu: äußerlich bleibt der Kadrija=, der Rahmanija=Khuân u. a. auch nach seinem Eintritte in den Senussija= Orden, was er war, er selbst merkt kaum einen Wechsel. Doch nach und nach flößt man ihm den Geist der Senussija ein; stufenweise wird er durch einen strengen Rigorismus zu vollständiger Absonderung von der christlichen Welt, den christlichen Anschauungen, geführt; es wird nach und nach eine tiefe Kluft gegraben zwischen dem Senussija=Khuân und aller christlichen und europäischen Kultur sowie allen, die sich von dieser Kultur nur irgendwo wollen beeinflussen lassen, die mit ihr nur irgend= wie liebäugeln, seien es nun Europäer selbst oder Afrikaner und Asiaten.

Und wenn nun auch zugegeben werden muß, daß wegen Mangels eines engeren Zusammenschlusses der die Senussija konstituierenden Teile die Macht des Senussija=Scheikhs vielleicht nicht so weit her ist, wie man manchmal hört und liest, und daß sein Einfluß gegebenenfalls vielleicht nicht allzuweit reichen würde, so ist doch andererseits wieder gewiß, daß die systematische Aufhetzung der besseren Elemente im Islam — denn als solche kann man wohl die Mitglieder der religiösen Orden betrachten — gegen alles Christentum und auch Europäertum dem Vordringen der wahren Kultur einen starken Damm entgegensetzen muß.

* * *

Wir haben im vorhergehenden versucht, ein wenn auch unvollkom= menes Bild einer seltsamen Erscheinung im Islam zu entwerfen. Wohl die wenigsten Leser haben das Vorhandensein dieser religiösen Orden geahnt, oder sie haben sich von denselben eine hinter der Wirklichkeit weit zurückbleibende Vorstellung gemacht, am allerletzten werden sie an diese Mannigfaltigkeit und weitgehende Verzweigung des islamitischen Ordenslebens gedacht haben.

Und doch haben wir es hier nicht zu tun mit einer Eintagserschei= nung, die sich bald überlebt, und die sich auslebt, um einer andern Platz zu machen. Das weiß der näherstehende, aufmerksame Beobachter, das weiß vor allem der unter den vom Islam angesteckten Völkern wirkende Missionar: als einer der schlimmsten Gegner tritt ihm überall der Khuân entgegen.

Wie könnte es auch anders sein! Denn im Vollkommenheitsideal, im „Tugend"=Ideal, welches die einzelnen Orden, jeder nach seiner Art, erstrebt, hebt sich der Haß gegen den Rumi besonders ab. Der Rumi, der Christ ist ein Ungläubiger, denn „Gläubige sind nur die, welche an Allah und seinen Gesandten glauben und hernach nicht zwei= feln, und die mit Gut und Blut auf Allahs Wegen eifern; das sind die Wahrhaftigen" (Koran, Sure 49, Vers 15).

In betreff der Ungläubigen aber hat Allah durch seinen Propheten in der 47. Sure die schrecklichsten Befehle ergehen lassen: „Und wenn ihr die Ungläubigen treffet, dann herunter mit dem Haupt, bis ihr ein Gemetzel unter ihnen angerichtet habt ...... Und hätte Allah gewollt, wahrlich, er hätte selber Rache an ihnen genommen; aber er wollte die einen von euch durch die andern prüfen ..... Ihr, die ihr glaubt, wisset, daß, wenn ihr Allah helft, auch er euch helfen und eure Füße festigen wird! Die Ungläubigen aber, Verderben über sie! Irre leitet Allah ihre Werke ....! Sie sind's, die Allah verflucht hat."

Frommes Vergehen.

s war am Vorabend des vierzigstündigen Gebetes. Auf der
Missionsstation Tagmunt=Asus, hoch oben in den Kabylen=
bergen herrschte reges Leben, denn man wollte alles aufs
schönste für das dreitägige Fest bereiten. Die Weiße Schwester,
die mit dem Unterricht der Waisenmädchen betraut war, wollte
auch das Ihrige dazu beitragen und erklärte ihren Schüle=
rinnen den Zweck der drei Bettage: Man müsse, sagte sie, den lieben
Heiland trösten und ihm nach Möglichkeit Sühne bieten für die Belei=
digungen, die ihm im Sakramente der Liebe zugefügt würden; das
könne geschehen durch Gebet und freiwillige Abtötung.

Die Schülerinnen hörten mit großer Aufmerksamkeit zu, wie ge=
wöhnlich. Als nun die Schwester von Beleidigungen sprach, die Jesus
im Tabernakel erleide, warfen sich zwei Kinder einen verständnisvollen
Blick zu und wurden ganz verdutzt. Ihre Bewegung stieg noch höher,
als die Schwester erklärte, wie man die Beleidigungen sühnen müsse.

Das alles hatte die Schwester wohl gemerkt; aber sie vermutete
nichts Ungewöhnliches, sondern setzte den Unterricht fort.

Als die Schule aus war, begaben sich die Kabylenmädchen ins
Freie. Aber die beiden Kleinen gingen nicht mit den übrigen singen
und springen, sondern zogen sich in einen Winkel des Spielhofes zu=
rück und hatten dort folgendes Zwiegespräch:

„Hast du gehört, Liasmina, wie die Schwester von den Beleidi=
gungen erzählte, die Jesus im Tabernakel zugefügt werden?"

„Ja, Hadjila, ich habe es wohl gehört."

„Und hast du auch verstanden, was sie sagte von der Pflicht,
solche Beleidigungen zu sühnen?"

„Ja, ich habe es verstanden."

„Und du weißt auch wohl noch, was wir einst Jesus im Taber=
nakel getan haben?"

„O ja, ich dachte auch schon dran."

„Nun gut, wir müssen unsern Fehler sühnen, und zwar sobald wie
möglich, sonst — sonst sind wir verloren!"

„Das ist wahr. Aber was tun?"

„Wir könnten uns vielleicht zur Buße mit Brennesseln schlagen.
Was meinst du dazu?"

„Ja ja, das wollen wir tun."

Wie gesagt, so getan. Jede rupfte eine Hand voll Brennesseln aus
und nun begannen sie, einander über Hände und Arme zu schlagen, und
zwar allen Ernstes.

Da kam eine Schwester vorbei. Sie glaubte, es sei plötzlich zwi=
schen den beiden zum Streit gekommen und wies sie strenge zurecht:

„Ei ei! Ihr bösen Mädchen, muß man sich denn so schlagen?
Das ist nicht schön von Kindern, die so oft zur hl. Kommunion gehen!"
— Verschämt standen die überraschten Kleinen da; ihre Brennesseln
fielen ihnen aus den Händen. Endlich sagte die ältere:

„Wir schlagen uns ja gar nicht."

„Was tut ihr denn anders?"

„Wir leisten dem lieben Heiland Sühne für etwas Schlimmes."

„Sühne für etwas Böses?"

Nun erzählte Hadjila:

„Es ist schon lange her. Ich war damals noch nicht Christin. Da waren eines Tages die andern Kinder alle an der Arbeit. Während= dessen trat ich mit Liasmina heimlich in die Kirche, schnell lief ich hin= auf zum Chor, setzte einen Schemel vor den Altar, stieg hinauf und klopfte an die Tabernakeltür, wie man es an die Türe der Mutter Oberin tut, wenn man ihr einen Besuch abstatten will."

Erstaunt fragte die Schwester:

„Ja, was wolltest du denn vom lieben Heiland? Ihn sehen? mit ihm sprechen?"

„Ich habe ihm gesagt: „Lieber Jesus, mach', daß ich bald getauft werde. Habe auch Erbarmen mit meiner Mutter; sie ist eine Moham= medanerin. Hörst du mich, Jesus?"

„Und was war die Antwort?"

„Es entstand ein Geräusch draußen im Gang, und wir flohen eilends, bevor wir Jesus hören konnten. Nicht wahr, Schwester", fügten die beiden Büßerinnen hinzu, „das war schlimm? Denn wir haben die Türe des lieben Heilandes berührt und mit ihm gesprochen, was doch nur der Priester tun darf!" Dabei traten den Kindern die Tränen in die Augen.

Die Schwester beruhigte die beiden und machte ihnen klar, daß der Heiland ganz gut höre, auch wenn man nicht an die Tabernakeltüre klopfe.

Fr. Str.

Schwester Luise von Eprevier aus der Gesellschaft der Weißen Schwestern.

(Ein Lebensbild aus der neueren Missionsgeschichte.)
Von P. Matthias Hallfell. (Fortsetzung.)

9. Schwester Luise als General=Assistentin.

Schwester Luise war vom Herbst 1889 bis zum April 1902 mit kurzen Unterbrechungen Novizenmeisterin gewesen. Die Grund= sätze der wahren Frömmigkeit, gemäß denen sie selber vor= bildlich in der Treue gegen die kleinsten Vorschriften, demütig, zuvorkommend und diensteifrig gegen ihre Mitschwestern, eifrig bei der Arbeit, heiteren und aufgeräumten Wesens bei den Erholungen war, hatten ihre Tätigkeit auf dem verantwortungsvollen Posten verdienstvoll vor dem lieben Gott, heiligend für ihre eigene Person und segensreich für die Genossenschaft gemacht.

Dieselben Grundsätze waren auch für die Arbeit in ihrer neuen Stel= lung als Generalassistentin maßgebend. Diese Stellung bekleidete sie neben der der Novizenmeisterin und behielt sie bis zum Jahre 1904 bei, wo sie den Weg nach den innerafrikanischen Missionen nahm.

Die Gewandtheit und Sicherheit in der Führung von Geschäften und brieflichen Angelegenheiten kamen ihr jetzt sehr zu statten.

Das innere Wachstum der Genossenschaft, die fortschreitende Aus= dehnung, welche die Arbeit auf dem nord= und innerafrikanischen Mis=

sionsfelde nahm, machten größere Geldmittel notwendig und erheischten zahlreiche und gute Kräfte.

Ersterem Bedürfnisse sollten verschiedene Reisen und die Gründung von Unterstützungskomitees entgegenkommen. Schwester Luise widmete sich diesen beiden notwendigen, aber opferreichen Aufgaben in den Jahren 1893 bis 1895.

Dabei boten sich zahlreiche Gelegenheiten, welche ihre vollendete und ausgereifte Frömmigkeit und Tugend in ein helles Licht setzten.

„Sie gab mir fortgesetzt das schönste Beispiel der Demut, des Gehorsams und der Abtötung, das ich nie vergessen werde", schreibt ihre Begleiterin, Schwester Johanna. Wir waren im Jahre 1893 in Marseille auf einer Sammelreise. Bei ihrer damals angegriffenen Gesundheit war ihr das Gehen recht beschwerlich, zumal ihre Füße immer an geschwollen

Ein Opfer der Schlafkrankheit, das, in die Wildnis hinausgestoßen, sich dort eine kleine Hütte erbaut hat. (S. 227.)

waren. Nichtsdestoweniger zeigte sie sich stark und ausdauernd. So schwer es ihr wurde, sie war doch immer auf den Beinen. Einmal daheim und zum Umfallen müde, hielt sie sich mit Gewalt aufrecht und nützte ihre Zeit bis auf die letzte Minute aus, als ob sie sich der besten Gesundheit erfreut hätte. — Mir gegenüber war sie von einer ausnehmenden Güte und Liebenswürdigkeit und nahm jede Gelegenheit wahr, mir eine Freude, Erleichterung zu verschaffen."

„Mit einer wahrhaft kindlichen Einfalt und Natürlichkeit nahm sie bei jeder Gelegenheit Anlaß, Sinn und Gemüt zu Gott zu erheben; so kam es, daß unsere Ausgänge, unsere Wanderungen vor den Augen Gottes wohl wie wirkliche Wallfahrten gewertet worden sind, zumal da unsere innere Sammlung sich ganz den Augen der Menschen entzog."

„Diese Seelenverfassung benahm den vielen Verdemütigungen, mit denen man uns Kollektantinnen bedachte, gar manches von ihrer Bitterkeit. Schwester Luise ging ihnen keineswegs aus dem Wege; im Gegenteil, sie schien dieselben zu suchen, da sie es über sich brachte, die allergewöhnlichsten Gebrauchsgegenstände, wie Briefpapier, Kerzen usw., ja, selbst unser tägliches Brot dankbarst entgegenzunehmen. Und wenn ich selber ganz rot vor Scham und Verlegenheit wurde, wenn uns derartige Unterstützungen a n g e b o t e n wurden, mehr aber noch, wenn Schwester Luise den Mut hatte, darum zu b i t t e n , dann mußte sie mich durch ihren wohlwollenden Blick und ihr mitleidiges Lächeln wieder aufzurichten.''

„Inmitten dieser Beschäftigung, welcher sich die Eigenliebe am liebsten entziehen möchte, erhielt Schwester Luise unerwartet die Nachricht, daß ihre Mutter, die Gräfin von Eprevier, von Tunis her in Marseille eingetroffen sei.''

„Jetzt offenbarte sich bei ihr ein ausgeprägtes P f l i c h t g e f ü h l und der Geist des G e h o r s a m s . Den Weltkindern mag es ü b e r t r i e b e n scheinen, daß sie die bereits geplanten Ausgänge keineswegs verschob. Ich selbst hätte es ganz natürlich und in der Ordnung gefunden, wenn sie es getan hätte; sie aber dachte und tat ganz anders. Zur festgesetzten Stunde gingen wir aus. Die einzige Vorbereitung, welche sie für die Ankunft der Mutter traf, war folgende: Sie gab eine genaue Personalbeschreibung von ihr, so daß unsere Hausleute sie gleich erkennen und auf das Zimmer Luisens führen könnten. Das war alles.''

„Zur gewöhnlichen Zeit kamen wir zurück. Aber Frau von Eprevier war nicht da. Eine Depesche lag auf dem Tisch: „Mutter gefährlich krank!'' — In den Nachmittagsstunden aber kam ein zweites Telegramm: „Mutter gestorben.'' —

„Welch ein Schlag für Luise! Sie, die liebende Tochter einer heiß liebenden und heißgeliebten Mutter litt unsäglich. Aber starken Herzens setzte sie andern Tags ihr demütiges Liebeswerk fort. Ihre Augen schwammen in Tränen. So schritt sie durch die Straßen der Großstadt Marseille. Ein wahrer Leidensweg harrte ihrer heute; die Bitterkeit wurde noch vermehrt durch den oftmaligen Mißerfolg, den heute ihre Bitten hatten. Und doch bat sie nicht für sich. Sie bat für die unglückliche Kinder- und Frauenwelt Afrikas. Unter unsern heutigen Umständen kam es mir noch viel härter vor, als früher, wenn man uns abwies. Für Luise war das offenbar noch mehr der Fall. Denn jedesmal, wenn sie abgewiesen worden war, sah ich, daß sie still · weinte. Und doch war im Grunde ihrer Seele nicht die geringste Bitterkeit. Der Schmerz über den schweren Verlust war durch den starken Glauben und die ausgereifte Tugend geläutert; in heiliger Wehmut wandte sich Sinn und Gemüt unwillkürlich Gott zu, der einzigen Trostquelle, an der sich das von Leid und Schmerz heimgesuchte Menschenherz erlaben kann.''

„Am Abend des gleichen Tages ging sie zum Bahnhof, um ihren jüngsten Bruder, Raimund von Eprevier, zu treffen, der auf die Nachricht vom Tod der Mutter hin nach Tunis reiste. Sie weinte bitterlich, als sie mit ihm zusammentraf. Und auch Raimund konnte seiner Tränen nicht Herr werden. Aber mit ihm nach Tunis zu reisen, wie er es so sehnlichst wünschte, das glaubte sie nicht tun zu dürfen. Die Erlaubnis dazu hatte sie eben nicht bei ihren Obern einholen können. Ohne Erlaubnis hinzugehen, das widerstrebte der gehorsamen Ordensfrau. So ließ sie denn den Bruder allein zur verstorbenen Mutter reisen. Sie aber kehrte in ihre Wohnung zurück und verbrachte die

Abendstunden und einen großen Teil der Nacht im Gebete für ihre gute Mutter, die so viel Verständnis und Liebe für den Beruf Luisens gezeigt hatte."

„Und am andern Morgen nahm zur gewohnten Stunde unser Kollektantenleben seinen Fortgang. Das war Luise!"

„Im Jahre 1894 war ich mit Luise zu gleichem Zwecke in Paris, der stolzen, großen Stadt. In ihrer Jugend hatte sie in den besten Pariser Kreisen verkehrt, war sie in den besten Familien stets gerne gesehen. Und jetzt! — Eigenartig waren die Erfahrungen, die sie machte."

„Einmal gingen wir in die herrschaftliche Wohnung einer ihrer früheren Bekannten. Der Lakai nahm die Karte Luisens in Empfang. Luise hatte es für gut befunden, ihren Mädchennamen, den sie früher getragen, unten auf die Karte zu schreiben. Man geleitete uns in den hocheleganten Salon. Ich war freudig überrascht, auf einem der prächtigen Tische eine Photographie zu sehen, auf der Luise in Soiree-Toilette dargestellt war. Diesmal, so dachte ich, ist uns eine wohlwollende, wenn nicht gar herzliche Aufnahme gewiß! Und was geschieht? Der Diener kommt zurück und überreicht auf silberner Platte ein 50 Centimesstück (40 Pfennig). — Das war zuviel! Eine solch grausame Enttäuschung trieb der Schwester das Blut ins Gesicht, so daß sie über und über rot wurde. Sie verneigte sich und ging. Eine Klage aber kam nicht über ihre Lippen, weder gleich noch später."

„Ihre Gewohnheit war, nach derartigen Erfahrungen mich zu bitten, doch für sie beten zu wollen, damit sie die Gesinnungen einer guten, frommen Klosterfrau nicht verliere. Denn sie mißtraute sich selbst und war ängstlich besorgt, sich durch die Berührung mit der Welt ihrem Ordensberufe zu entfremden."

Um dem Missionswerke dauernde Hilfsmittel zuzuführen, gründete Schwester Luise während ihres Aufenthaltes in Frankreich ständige Komitees, die sich am besten mit den bekannten Missionsvereinigungen katholischer Frauen und Jungfrauen vergleichen lassen. Derartige Gründungen entstanden vom Jahre 1894 ab in verschiedenen Städten Frankreichs. Zu größerer Bedeutung gelangten sie in Lyon, Paris und Lille. Im Kreise der Damen, welche sich zu den genannten frommen Vereinigungen zusammenschlossen zu gemeinsamer Arbeit und Hilfeleistung, zeichnete sich Luise aus durch ihr sicheres und gewandtes Auftreten, ihre feinen gesellschaftlichen Formen. Aber ebensosehr erbaute sie alle durch ihre Bescheidenheit, Natürlichkeit und ungeheuchelte Frömmigkeit.

Großes und Nachhaltiges hat Schwester Luise auf ihren Kreuz- und Quer-Reisen durch Frankreich im Interesse ihrer Genossenschaft und des Missionswerkes geleistet. Nur derjenige wird es wahrhaft würdigen können, der gewöhnt ist, alles mit den Augen des Glaubens zu betrachten und die übernatürlichen Absichten zu erkennen, derentwegen eine Missionsschwester so mannigfaltige und opferreiche Arbeiten auf sich nimmt. Es ist einzig und allein die größere Ehre Gottes und das Heil der Seelen, das sie sucht; daher die große Selbstlosigkeit, mit der sie zu Werke geht, jene echt christliche Tugend — außerhalb des Christentums wird man sie nicht finden — die auf Kosten des eigenen Vorteils andern zu Diensten sein will, jene köstliche Frucht der

Liebe Gottes, von der der hl. Paulus sagt: „Die Liebe sucht nicht das Ihrige." (1. Kor. 13, 5.)

Eingangs wurde erwähnt, daß das innere Wachstum der Genossen=schaft und die fortschreitende Ausdehnung des nord= und innerafrikani=schen Missionswerkes zahlreiche und tüchtige Kräfte erforderte. Wie den immer größer werdenden Bedürfnissen gerecht werden? Das war die bange Frage, welche sich die Leitung der Genossenschaft immer wieder stellte. Auch hier war es wiederum Schwester Luise, welche ihren Obern die drückende Sorge abnahm oder wenigstens mittragen half. Auf ihren Reisen ließ sie sich keine Gelegenheit entgehen, Kräfte für die junge Genossenschaft zu gewinnen. Ihre sorgfältig abgefaßten Briefe verfolgten zum Teil denselben Zweck. Mit besonderem Interesse aber blieb sie den bereits bestehenden Postulaten zugetan. Dem zu Lyon befindlichen hatte ja ihre erste Tätigkeit als Schwester gegolten (1888 bis 1889). In dem zu Malakoff bei Paris hat sie zu wiederholten Malen längere Zeit Wohnung genommen, um von da aus die verschie=denen Hilfskomitees zu organisieren oder zu besuchen.

Schwierig aber war es, neue Postulate ins Leben zu rufen. Nichtsdestoweniger gelang es ihr: zum ersten Male im August des Jahres 1896 zu Millan in Frankreich.

„Bei der Einrichtung derartiger Anstalten zeigte sie sich als wahr=haft gute und besorgte Mutter", schreibt eine Schwester, die von ihr als Oberin eingeführt wurde." Ein lebendiges Beispiel der Armut, der Arbeit und der Abtötung, wußte sie es so einzurichten, daß ihr der größte und weniger angenehme Teil der Arbeit und Sorge zufiel. Sie, die Vorgesetzte, tat das alles mit einer Einfachheit und Liebenswürdig=keit, die alle mit fortriß. Mit welcher Geduld und Hingebung machte sie mich mit allen Obliegenheiten meiner neuen Stellung bekannt! Wie verstand sie es, mich zu führen und zu leiten während der kurzen Spanne Zeit, die sie unter uns verbrachte! Und war sie fort, so suchte sie ihre Abwesenheit durch häufige Briefe zu ersetzen."

Eine zweite Neugründung gelang ihr im Jahre 1903 zu Haecht in Belgien. Die aufstrebende Missionstätigkeit in Belgisch=Kongo hatte den Boden in etwa bereitet. In kluger Würdigung der Verhältnisse wurde das Werk begonnen und zur Ausführung gebracht. —

So arbeitet eine Missionsschwester für die Interessen Gottes und der Kirche.

In diesem Zusammenhange sei noch einer weiteren Tätigkeit Er=wähnung getan, die Schwester Luise im Interesse der Genossenschaft auf sich nahm.

10. Schwester Luise als Visitatorin.

In dieser Eigenschaft sah Schwester Luise im Jahre 1902 die ver=schiedenen Postulate Europas wieder, um die Schwestern und Postu=lantinnen in ihrem Berufe zu bestärken. Dann kehrte sie nach Nord=afrika zurück und begab sich zur Visitation nach Tunesien. Sie besuchte nach einander die Niederlassungen in Karthago und Porto=Farina und wandte alsdann ihre Hauptsorge der Niederlassung La Marsa zu. Dieselbe war vor 20 Jahren (1882) in einem alten maurischen Hause durch Kardinal

Lavigerie eingerichtet worden mit der Bestimmung, gefährdete Mädchen und Frauen vor dem materiellen und sittlichen Ruin zu bewahren. Sollte das Werk weiterhin seine segensreiche Tätigkeit fortführen oder gar erweitern — was wegen der örtlichen Verhältnisse eine unabweis= bare Notwendigkeit war, — so mußte das alte Haus umgebaut und beträchtlich vergrößert werden, denn es war ganz baufällig geworden und zudem viel zu eng und zu klein.

Aber der Kostenpunkt! Zur Deckung der tagtäglichen Ausgaben reichten im großen und ganzen die Einnahmen, welche man durch Waschen, Bügeln, die Erträge aus der Handarbeitsschule erzielte, hin. Zu einer weiteren Leistung war das Haus nicht imstande.

Doch Schwester Luise ließ sich nicht entmutigen. Im Vertrauen auf Gott nahm sie ihre Zuflucht zu der Mildtätigkeit der Missionsfreunde und brachte die nötigen Kosten auf, so daß die baulichen Veränderungen und Vergrößerungen vorgenommen werden konnten. Die Folge davon war ein neuer Aufschwung des Werkes.

Die bestehenden Anstalten erhalten und ausbauen, neue gründen, das war die Losung, welche Schwester Luise auf ihrer Reise nach Tunesien hatte. Ersteres hatte sie bereits erreicht; um letzteres zu tun, begab sie sich nach Thibar, einem Orte, der gegen 80 km südwestlich von der Stadt Tunis in einer fruchtbaren Talsenkung zwischen zwei Höhenzügen, dem Djebel Arussa und dem Djebel Gorra, liegt.

Thibar ist aus einer Pflanzung entstanden, welche die Weißen Väter im Jahre 1895 dort anlegten. Zahlreich waren die Arbeitskräfte, welche von Anfang an zur Bearbeitung der Felder, Gärten und Weinberge, zur Besorgung des großen Viehstandes eingestellt werden mußten. Selbst= verständlich nahm man dieselben nach Möglichkeit aus der umwohnenden einheimischen Bevölkerung. Gleichzeitig wurde ein Knaben=Waisenhaus eröffnet. Die Waisenknaben erhielten daselbst eine christliche Erziehung, die bei den allermeisten mit dem Empfang der hl. Taufe gekrönt wurde. Später verheirateten sie sich mit arabischen Mädchen, zumeist Waisen= kindern, welche im Schwesternhause zu Karthago oder Kuba (Algier) erzogen und getauft worden waren.

Die jungen Familien siedelten sich in der unmittelbaren Nähe der Pflanzung an und bildeten allmählich ein ansehnliches Dorf. Es hatte seine Kirche nebst Pfarrhaus. Im Jahre 1902 war ein Schwestern= haus fertig. Im gleichen Jahre zogen die Bewohnerinnen zur größten Freude des Dorfes ein. Schwester Luise leitete die Gründung und Ein= richtung. Eine Bewahr=, Primär= und Arbeitsschule wurde eröffnet, der Krankendienst organisiert. Daneben wurden die Schwestern die berufenen Beraterinnen der jungen Hausfrauen in der Führung des Haushaltes, der Erziehung zur Ordnungsliebe und Sparsamkeit, in der Pflege und Erziehung der Kinder. Wie viel haben die frommen Klosterfrauen nicht schon durch Lehre und Beispiel zur Hebung und Bekehrung der moham= medanischen Frauenwelt und damit zur Wiedererneuerung eines ganzen Volkes beigetragen!

Schwester Luise aber kehrte ins Mutterhaus St. Karl zu Kuba bei Algier zurück. Hier harrte ihrer eine neue wichtige Mission.

(Fortsetzung folgt.)

Die Nächstenliebe im Heidenland.

Folgende beiden Züge aus der Mission Unnanyembe beleuchten grell den Gegen=
satz zwischen Heidentum und Christentum:

in Hauptgegenstand meiner Sorge", so schreibt P. van der Burgt
aus Usambiro, „sind die alten Neger, um die sich im Heiden=
tum kein Mensch bekümmert. Für solche habe ich hier eine
Zufluchtsstätte geschaffen, und merkwürdig, manche arme Heiden
führt ihr Schutzengel anscheinend bloß dazu hierher, daß sie eines
christlichen Todes sterben. Ganz kurz nach ihrer Herkunft ruft
der liebe Gott sie oft ab. Ein Geheimnis der Auserwählung Gottes!

Vor einigen Tagen kamen zwei christliche Negerfrauen in Eile auf
mich zugelaufen.

„Vater, komm schnell!" hieß es. „Wir waren im Wald und
suchten Holz, und auf einmal fanden wir neben dem Pfad eine arme
Alte, die dort im Sterben liegt."

Ich eilte gleich an Ort und Stelle. Ich fand da eine arme alte
Negerin aus Usuwi, zum Skelett abgemagert und so armselig und schwach,
daß sie kaum noch einer Bewegung fähig war. Unsere beiden christ=
lichen Frauen brachten ihr etwas zu essen. Nach und nach kam sie
wieder so weit, daß wir sie in eine schützende Hütte transportieren konnten.

Es war auf den ersten Blick klar, daß die Tage der Unglücklichen
gezählt waren. Ich trug daher der wackeren Katechistin Scholastika,
ebenfalls eine Negerin aus Usuwi, auf, der Alten jeden Tag zweimal
einen kleinen Unterricht zu halten.

Das geschah, und als er Tod nahte, empfing die alte Oda das
Sakrament der Wiedergeburt. Ihre Seele war für den Himmel ge=
rettet, und da ist sie jetzt hoffentlich schon längst.

Wie so viele andere betagte Neger hatten die eigenen Angehörigen
die arme Frau von der Schwelle gejagt, und sogar ihre eigenen heid=
nischen Kinder hatten die betagte Mutter im Stiche ge=
lassen. Was tut Oda? Sie wanderte, so gut es ging, in nördlicher
Richtung auf Nyongazi zu, wo sie bei Verwandten etwas Nahrung zu
finden hoffte. Der Schutzengel hatte sie zur Mission geleitet.

Wie schön ist doch das Los des Missionars, der kraft seines Be=
rufes als Werkzeug der Vorsehung die wunderbaren und liebevollen
Ratschlüsse Gottes vollführen darf!

*   *

*

Bischof Franz Gerboin, Apostolischer Vikar von Unnanyembe, erzählt:

„Rosa ist jetzt Wittwe. Früher war sie das Weib des braven Jo=
seph, der so stolz auf den Titel „Gärtner" war, den er von mir bekommen.

Es war eine echtchristliche Familie. Aber ach, da suchte die Krank=
heit die guten Leute heim. Joseph erlag. Er entschlief ruhig und fried=
lich, nachdem er zuvor die Sorge für den eben geborenen kleinen Matthias
seinem Weib ans Herz gelegt hatte.

Einige Monate darauf wurde eine Nachbarsfamilie vom Unglück
heimgesucht. Die Mutter starb fast plötzlich hinweg, nachdem sie ihren

Mann fünf Jahre lang liebevoll gepflegt hatte. Der arme Petro, ihr Mann, blieb also allein zurück mit einem Kinde von drei Monaten.

Ich hätte da so gern Hilfe gebracht, aber wie?

Da kommt eines Tages Rosa auf mich zu. Nach Art der Neger= frauen läßt sie sich auf beide Knie nieder und grüßte mich bescheiden, ohne ein Wort zu sprechen.

„Du hast mir gewiß etwas zu sagen, Rosa", sagte ich.

„Ja, Vater!" — —

„Nun?"

„Der Tod hat unser Dorf heimgesucht, Vater."

„Ich weiß es, Rosa. Und der arme Petro ist nun allein. Seine Frau hatte so treu für ihn gesorgt; das war eine brave Christin."

„Ja, Vater. Und dann ist noch die kleine Waise da. Und…"

„Was wolltest du sagen?"

„Vater, mein kleiner Matthias, den ich hier auf dem Rücken trage, ist stark und kräftig. Ich kann ihn entwöhnen und diese kleine Waise an seiner Statt nähren. Dann habe ich statt eines Kindes deren zwei."

Das ist nun im Negerland etwas Unerhörtes. Darum konnte ich kaum meine Rührung verbergen. Nach und nach senkt sich die Lehre des Heilandes tiefer und immer tiefer in die Herzen unserer Schwarzen. Aber daß junge Christen, die eben getauft sind, durch die hl. Taufe so umgewandelt werden, daß sie auch jene Tugenden verstehen und üben, die den Heiden ganz unbekannt sind, ja unnatürlich scheinen, das ist das Wunder der Gnade. Preise den Herrn, meine Seele, daß er dich berufen hat, unter diesem geliebten schwarzen Volke zu wirken!

Rosa erwartete eine Antwort von mir.

„Gott hat dir diesen Gedanken eingegeben, Kind", sagte ich. „Er wird dich segnen und dir hundertfach alles Gute ersetzen, das du an dieser armen Waise tust."

Und Rosa ging hin und nahm das Waisenkindchen zu sich, und statt des kleinen Matthias ruhte fortan dessen Adoptivbrüderchen auf dem Arm der Mutter.

Gestatte mir, lieber Leser, nur noch ein Wörtchen zu diesem kleinen Bericht des Bischofs. Welch ein Unterschied zwischen dem Verhalten der heidnischen Kinder der alten Oda und dem Edelmut der guten Christin Rosa!

Aus Ukerewe (Marienhof)

berichtet Bruder Paulin Leyendecker unterm 5. November 1911:

Bevor ich Ihnen schrieb, wollte ich zuerst die Rückkehr meines Bruders abwarten[1], den ich in Muansa zu treffen hoffte. Eine Zusammenkunft mit ihm wäre mir sehr lieb, da er ja aus der lieben Heimat kommt und ich ihn seit 16 Jahren nicht mehr gesehen habe.

Wir Brüder der Nyansa-Mission haben uns diesmal in Marienberg zu den jährlichen Exerzitien versammelt, und so hatte ich Gelegenheit, das schöne Buhaya wiederzusehen. Ich traf dort auch den Br. Vitalis, der ebenfalls nach Marienhof berufen worden ist.

Somit sind wir wieder zu zwei Brüdern hier. Und das ist gut, denn an Arbeit fehlt es nicht. Unsere Baumwollpflanzung entwickelt sich mehr und mehr. Wir beschäftigen täglich wohl 400—500 Schwarze, denn da es hier keinen Winter gibt, ist immer Arbeit vorhanden. Unsere Dampfmaschine ist wohl $3/4$ der Zeit im Betrieb, um die Baumwolle zu entkernen und in Ballen zu pressen.

---

[1] Gemeint ist Bruder Alfred Leyendecker (ein leiblicher Bruder des Bruder Paulin), der nach 11jährigem Wirken in Ruanda u. a. vorigen Sommer einige Monate in der deutschen Heimat verbracht hat.

Die Baumwollkultur findet bei den Schwarzen Anklang. In diesem Jahre haben wohl 4000 Eingeborene Saat erbeten und erhalten. Jeden Dienstag und Mittwoch wird die Baumwolle aufgekauft; dann sieht man die Leute mit frohen Gesichtern nach Hause eilen, um zu beraten, was mit all dem Geld, das sie gelöst, anzufangen sei.

Als ich vor zwei Jahren nach hier kam, sah man viele Neger, die wirklich armselig gekleidet waren, während man jetzt eine Besserung wahrnimmt, die den Fremden auffällt.

Auch die Kinder werden zur Arbeit angehalten. Täglich haben wir deren 150 - 200 im Alter von 5—15 Jahren. Es ist eine Freude, ihnen des Morgens zuzusehen, wenn sie zur Arbeit eilen, in der einen Hand einen Korb, in der andern eine Maniokwurzel.

Munter geht's dann aufs Feld zum Pflücken der Baumwolle. Gegen 3—4 Uhr kommen alle zurück, um ihre 4, 5, 6 und mehr Heller zu erhalten, je nach ihrem Fleiße.

Wir befassen uns hier nicht mit der eigentlichen Mission, da ja die Station Neuwied eine Stunde von hier liegt. Aber trotzdem fördert unsere Tätigkeit auch die Mission, weil die Christen hier bei uns genügend Arbeit finden und nicht in der Welt herumzulaufen brauchen.

Da der Bezirk Muansa sich wohl als Baumwolland eignet, so sucht die Regierung die Eingeborenen zu bewegen, sich selbst ein kleines Baum= wollfeld anzulegen. In Muansa selbst ist eine Gin=Anlage eingerichtet, damit die Schwarzen dort ihre Wolle verkaufen können."

     *   *   *

Marienhof und seine Baumwollkultur hat sich unter der sachkun= digen und zielbewußten Leitung des vielen Lesern bekannten P. Aloys Conrads in wenig Jahren gut entwickelt. Hoffentlich bringen nicht un= vorhergesehene elementare Ereignisse, die in tropischen Ländern noch öfter als bei uns das Werk der Menschenhand gefährden, dem schönen Kul= turwerk auf Ukerewe Schaden.

Das Seminar vom hl. Thomas von Aquin der Weißen Väter in Katigondo (Uganda).

Der Rektor P. Franco schreibt an die General=Leiterin der St. Petrus Claver=Sodalität wie folgt:

"Bei einer anderen Gelegenheit berichtete ich bereits, daß unser hochw. Apost. Vikar die endgiltige Trennung der beiden Seminare, des großen und des kleinen, beschlossen habe, die bisher in Bukalassa vereinigt waren. (Siehe Bild S. 251.)

Dies war bedingt dadurch, daß die Räumlichkeiten nicht mehr aus= reichten, die stets wachsende Zahl der Schüler aufzunehmen, dann auch durch die Entwickelung des Werkes selbst. Andererseits entsprechen wir hiemit auch der jüngsten, vortrefflichen Bestimmung des hl. Vaters be= züglich der Seminare.

Das neue Seminar wurde unter den besonderen Schutz des "Engels der Schulen", des heiligen Thomas von Aquin, gestellt. Als Ort hiefür bestimmte man den Hügel von Katigondo, nordöstlich von Bukalassa.

Die Wahl des Patrones wie auch des Ortes waren ausgezeichnet. Der heilige Thomas wurde ja von Leo XIII. zum Schützer aller katholischen Schulen ernannt. Das neue Seminar liegt auf einer Anhöhe, welche die ganze Gegend beherrscht.

Links auf einem kleinen Hügel erhebt sich die Station Villa Maria, das Haus der Weißen Schwestern und das Noviziat St. Leo für die eingeborenen Schwestern. Gegenüber, fünf Minuten davon, sind die Gebäude des Seminars von Bukalassa; nicht weit davon die neue Missions-Niederlassung von Kitovu und das englische Fort Masaka. Fern am Horizont verlieren sich die Berge von Bi-Kira und Koki; rechts zieht sich das Dorf Kaligondo hin, sowie das Lazarett für Aussätzige, welches an den Fluß Namapuzi grenzt, der seine trägen, langsamen Wasser in den Katonga ergießt.

Mit Lust und Liebe machten wir uns an die Arbeit; das Hauptgebäude, das als Wohnhaus für Missionäre bestimmt ist, wurde am 1. Juni 1910 begonnen und im Februar 1911 bereits vollendet.

Der 7. März des Jahres war für uns ein Tag überaus großer Freude. Unterstützt von den Seminaristen Bukalassas, wurde der Umzug am 6. März, dem Vorabend von St. Thomas, ausgeführt.

Am Feste selbst brachte man zum ersten Male das hl. Opfer dar. Der hochwürdige Apost. Vikar las die hl. Messe in Gegenwart vieler Missionäre und aller Seminaristen der beiden Seminarien. Das lichtumstrahlte Bildnis des „englischen Lehrers" krönte den bescheidenen Altar und blickte mit Liebe auf die neuen Schützlinge.

Ein geräumiger Saal, der später einem andern Zwecke übergeben wird, dient uns jetzt als Kapelle. Wohl ist sie einfach und unansehnlich, doch wie innig betet es sich hier, in Gegenwart des göttlichen Heilandes, unter dem schützenden Blick des heiligen Thomas! Eine Lampe, ein Geschenk von Euer Hochgeboren, erinnert uns jeden Moment an den Meister der Apostel, der bei uns weilt; fast jeder Gegenstand, der das Heiligtum schmückt, ruft uns die Wohltaten der Frau Gräfin in Rom ins Gedächtnis, wie wir Euer Hochgeboren hier nennen.

Missionäre und Seminaristen bewohnen jetzt gemeinsam das Haus, welches später nur für die Missionäre und solche Kleriker bestimmt werden soll, welche schon die höheren Weihen empfingen. Gegenwärtig setzen wir die Arbeiten an den Nebengebäuden des Seminars fort. Allmählich bieten unsere Gebäude fast den Anblick eines europäischen Seminars und ziehen die allgemeine Bewunderung auf sich.

Neben allen Wohltätern danken wir ganz besonders Euer Hochgeboren für die reichliche und ausdauernde Unterstützung. Daß wir nun in Kaligondo eine so trauliche Stätte besitzen, verdanken wir den vielen Gönnern und Missionsfreunden, welche die göttliche Vorsehung und Euer Hochgeboren uns zugeführt haben.

Unsere zehn Seminaristen begeben sich mit neuem Eifer an die theologischen Studien, doch tragen sie auch täglich durch ihrer Hände Arbeit zur Verschönerung der Gärten, Höfe und der nächsten Umgebung bei.

Welcher Trost ist für uns der Gedanke, die ersten Priester Ugandas von Kaligondo ausziehen zu sehen! Und zwar schon in kurzem, denn zwei unserer Seminaristen vollendeten bereits ihre Probezeit und bereiten sich jetzt auf die höheren Weihen vor.

Gegen Ende 1911 wird, unserer Regel zufolge, ihre Würdigkeit für das Subdiakonat geprüft, nächstes Jahr jene für das Diakonat und bis Schluß des dritten Jahres werden sie zur Priesterweihe zugelassen; so

Gott will und unsere Alumnen würdig befunden werden, dürfen wir zu Weihnachten zum erstenmale die Erteilung der Subdiakonatsweihe vornehmen. Welch ein Jubel wird das sein für uns, für unsere Seminaristen, sowie für alle Wohltaten unserer Missionen! Welche Ermutigung für die anderen Alumnen des Seminars und welcher Segen für ganz Uganda! —

Doch möchte ich hiemit den Ereignissen nicht vorauseilen; es geschehe, wie und wann der Herr es will! Das allein ist unser Wunsch!

(Korr. „Afrika.")

Wie in Ruanda ein Stern vom Himmel fiel.
Von P. Burget.

Ich will Euch ein kleines Geschichtchen erzählen; es ist ganz frische Ware von heute morgen.

Ich hielt in einer Negerhütte einem alten Manne Katechismus. Allmählich kamen mehr Leute dazu. Es war gerade die Rede von Gottes Größe und Macht. Das Thema war also leicht und die Gedanken boten sich von selbst.

So redete ich und redete, und geriet immer mehr ins Feuer der Begeisterung. Zuletzt wurde ich ganz poetisch, denn ich verstieg mich zu den Sternen. Mein guter Alter war ganz entzückt; ein seliges Lächeln spielte um seine Lippen, wie wenn er die Englein sähe, die da über den Sternen wohnen. Ich hätte schwören mögen, daß mich der gute Mann völlig verstand, denn meine Vergleiche waren ja leicht zu fassen, und daß z. B. die Sterne droben recht groß seien, mußte die Leute interessieren.

Um nun das Gesagte auf die Gemüter besser wirken zu lassen, hielt ich etwas inne, denn ich war vielleicht doch etwas zu schnell gegangen oder vielleicht zu hoch.

Da stellte einer meiner Zuhörer plötzlich eine Frage, die mich und die ganze Gesellschaft wie mit einem Schlage wieder aus den Höhen der Poesie in die prosaische Wirklichkeit versetzte.

„Pater, kennst Du meinen Vetter Chombo?"

„Gewiß, mein Sohn, ich kenne ihn."

„Chombo ist Soldat gewesen."

„Wissen wir!"

„Und als Chombo Soldat war, da ist er nach Ruanda gegangen, und in Ruanda hat er etwas ganz Merkwürdiges gesehen."

„So, was denn?"

„Ein Offizier hielt ein Ding, so ähnlich wie eine Röhre (Brennglas), gegen den Himmel, und vor den Augen der ganzen Kompagnie ließ er einen Stern vom Himmel in seinen Teller fallen."

Da bleibe ernst, wer kann! Man müßte ein Stoiker sein wie der alte Cato, und das bin ich nicht. Ich konnte mich deshalb auch nicht halten und schüttelte mich vor Lachen. Mein Neger machte ein erstauntes Gesicht; er nahm beinahe an mir Ärgernis. Ich schien die Wahrhaftigkeit seines Vetters Chombo in Zweifel zu ziehen! Des Chombo, der in Ruanda Soldat gewesen, der es gesehen, mit eigenen Augen gesehen, wie der Stern vom Himmel in den Teller fiel!

„Und was tat der Offizier damit?" fragte ich noch immer lachend.

„Der Stern glänzte einige Augenblicke wie Feuer."

„Und dann?"

„Dann trug er den Stern in sein Zelt, und man sagte, er habe ihn in einen Koffer gepackt, um ihn nach Europa zu senden."

„Aha, dann wird er jetzt in einem astronomischen Museum Deutsch= lands ausgestellt sein mit der Aufschrift: Ein Stern aus Ruanda, Deutsch= Ost=Afrika, ist vom Himmel auf den Teller eines Offiziers gefallen in Gegenwart von Chombo usw.

*
*   *

Nach diesem Zwischenakt konnte ich mit meinem Katechismusunter= richt nicht mehr ins Geleise kommen. Jedenfalls werde ich es nicht mehr so leicht wagen, beim Religionsunterricht das Dichterroß zu besteigen. Man muß vielmehr streng bei der Sache bleiben und Schritt für Schritt vorgehen; man muß sich in die Haut seines Zuhörers denken. Ja, wenn man einmal auch nur eine Stunde lang den Kopf eines Negers haben könnte, um zu sehen, welch Wunderdinge von Ideen der Neger= verstand hinter dem dicken krausen Schädel erzeugt!

Kleine Mitteilungen.

Ueber den Besuch der Löwen berichtet Br. Irenäus Hadeler aus Uschirombo: „Wie dreist und kühn der Löwe zu Werke geht, und welche Kraft er entwickelt, das beweist folgendes Vorkommnis: Kürzlich zeigten sich wieder mehrfach Löwen in unserer unmittelbaren Nähe. Zwei Eingeborene fielen den frechen Räubern zum Opfer. Ein kleiner Schwarzer erzählte mir, wie der Löwe in seines Vaters Hütte einbrach und den Vater fortschleppte. Eines Nachts lag der Knabe friedlich mit seinem Vater in der wohlgeschlossenen Hütte, als man plötzlich ein Knistern und Rascheln im Stroh des Daches vernahm. Auf einmal fiel etwas ziemlich Großes ohne viel Geräusch auf das Graslager neben dem Kleinen, wo der Vater lag. Der Knabe hörte, wie sein Vater sich regte und glaubte, der Vater stehe auf. „Vater!" rief der Knabe in die Dunkelheit hinein, „Vater, wo gehst Du hin?" Aber keine Antwort ertönte, nur wieder das unheimliche Knistern im Stroh des Daches. Andern Morgens fand der Kleine seinen Vater zur Hälfte aufgefressen nahe der elterlichen Hütte; der Löwe hatte ihn an der Brust gepackt und durch das Loch im Dache hinausgeschleppt. — Da der Löwe immer wiederkommt, um die Reste seines Mahles zu verzehren, so legten wir ihm ein Stück Fleisch hin, das mit einer Messerspitze Strychnin vergiftet war. Andern Morgens lag unser Löwe neben den Resten des vergifteten Köders. Es war ein prächtiges Tier von 3 15 m Länge." — Br. Irenäus ist seit Anfang Dezember in Marien= tal (Ullungwa).

Einrichtung einer Leprastation auf Samoa. Um der weiteren Ausbreitung der vor etwa zehn Jahren nach Samoa eingeschleppten Lepra vorzubeugen, werden jetzt endlich energische Schritte unternommen. Auf einstimmigen Beschluß des Gouvernementsrats sollen die für Landkauf, Bau und Einrichtung der Lepra= Isolierstation erforderlichen Mittel der Dringlichkeit wegen außeretatlich aufgebracht werden. Die Station wird voraussichtlich etwa 20 Kilometer von Apia entfernt auf einem gut isolierbaren, von hohen Bergen eingeschlossenen Lande jenseits des Falofaflusses zu liegen kommen. Die Verwaltung wird der katholischen Mission übertragen werden, die sich dazu erboten hat, die nötigen Pfleger zu stellen, welche zeitlebens auf der Station zu verbleiben haben, da sie durch den Verkehr mit den Kranken sich früher oder später infizieren und dann dem Tode verfallen sind. Die Zahl der Leprakranken auf Samoa ist ja noch verhältnismäßig gering, aber mancher wäre dem grausigen Schicksale nicht verfallen, wenn dem Drängen der

Bevölkerung, welche in Versammlungen die Isolierung der Kranken schon vor Jahren gefordert hatte, früher stattgegeben wäre. Leider befindet sich auch ein Weißer unter den Unglücklichen, während ein deutscher Schmiedemeister vor drei Jahren seinem Leiden erlag. Wenn nunmehr die Kontrolle der Bevölkerung und die Isolierung neuentdeckter Kranker streng durchgeführt wird, besteht keine Gefahr mehr für die Bevölkerung dieser sonst so glücklichen Südseeinseln.

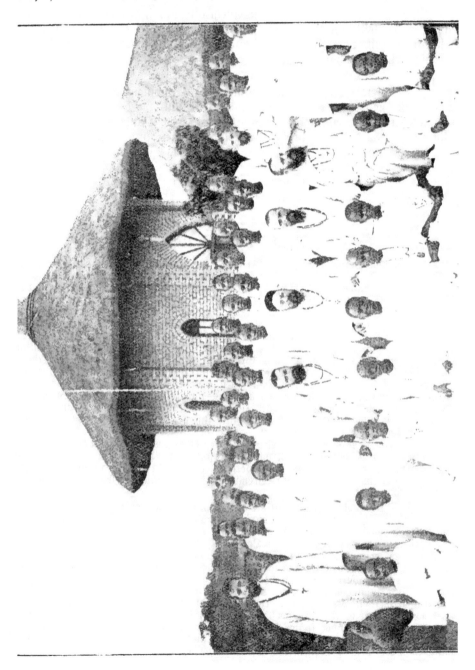

Ordensauszeichnungen katholischer Missionare auf Ponape. Aus Anlaß der Niederwerfung des Eingeborenenaufstandes auf Ponape sind dem Amtsblatt von Neu-Guinea zufolge eine Reihe von Ordensauszeichnungen verliehen worden. Dabei sind neben den Regierungsbeamten u. a. auch katholische Missionare bedacht worden, denen bekanntlich der frühere Bezirksamtmann Fritz in seinem Buche „Ad majorem Dei Gloriam" die Schuld an dem Aufstande zugeschrieben hatte. So wurde der Superior der Missionsgesellschaft, der Kapuzinerpater Ignatius, mit dem Roten Adlerorden 4. Klasse ausgezeichnet. Pater Gebhardt von derselben Mission erhielt den Kronenorden 4. Klasse.

Eine Strafexpedition am oberen Nil. Wie nach einer Meldung des Reuterschen Bureaus das Kriegsamt in Kairo bekannt gibt, stieß eine kleine, von einem britischen Offizier kommandierte Expedition, die in das Gebiet der Annuak am oberen Nil entsandt war, um diesen Stamm für von ihm unternommene Raubzüge zu bestrafen, am 15. März auf starke feindliche Streitkräfte. Der Kampf fand im dichten Busch statt. Die Annuak wurden zum Rückzuge gezwungen und die Dörfer in der Nachbarschaft von Odongo eingenommen und zerstört. Von den Truppen wurden zwei britische und drei ägyptische Offiziere, sowie 42 sudanesische Soldaten getötet, ein ägyptischer Offizier und zwölf Mann verwundet. Die Annuaks hatten schwere Verluste.

Empfehlenswerte Bücher und Zeitschriften.

Komm, Herr Jesu, komm! Kommunionbüchlein für die Jugend. Erwägungen und Gebete zur Vorbereitung und Danksagung beim Empfang der hl. Kommunion, nebst einem kleinen Gebetbuch. Von P. Otto Häring, O. S. B. Mit 3 Lichtdruckbildern. 320 Seiten. 75×120 mm. Geb. M — .90 und höher. — Einsiedeln, Waldshut, Köln a. Rh., Benziger & Co.

Des Büchleins erster Teil „Auf zum Gastmahl" zählt die Beweggründe für die öftere hl. Kommunion auf und deren segensreichen Früchte, widerlegt die Ein- und Ausreden und erteilt praktische Winke für eine gute Vorbereitung und Danksagung. Im zweiten Teile „Beim hl. Gastmahle" werden zwölf Kommunionandachten geboten, schlicht, einfach, verständlich und doch wieder edel und tief genug, um auch größern, geistig weiter vorangeschrittenen Kindern vollauf zu genügen.

Die Echtheit und Glaubwürdigkeit der Schriften des neuen Testamentes — Die Genußsucht. — Der junge Katholik in der modernen Welt. — Standeswahl und Ehe. — Die Aufgabe des christlichen Vaters. — Die Sorge der Eltern für Leib und Seele der Kinder. — Die Eltern als Religionslehrer der Kinder. Sämtlich von Dr. Augustinus Egger, Bischof von St. Gallen. 48—72 Seiten. Broschiert je 20—25 Pfg. Benziger & Co., Einsiedeln.

Diese sieben Schriften aus der Feder des so rühmlich bekannten Verfassers bringen wir gerne in empfehlende Erinnerung. Die vorliegenden Ausgaben erscheinen soeben; sie zeigen ein handliches Format (8×12 cm) und hübsche Ausstattung. In Partien billiger.

Die katholische Heidenmission im Schulunterricht. Ein Hilfsbuch für Katecheten und Lehrer. Von Friedrich Schwager S. V. D. Steyl, Missionsdruckerei. (183 S., geb. M 2 —)

Mancher eifrige Katechet und Lehrer hat sich nach einem Werke gesehnt, das ihn zur Behandlung des leider noch nicht planmäßig genug bebauten Gebietes der Heidenmission im Unterricht anleitet. Wir haben kürzlich schon auf die „Methodik des gesamten Religionsunterrichtes in der Volks- und Mittelschule" von J. Schieser hingewiesen. P. Schwager bietet nun im vorliegenden Buche reichliches Material zur Behandlung der Heidenmission in Katechismus, Biblische Geschichte, Erdkunde. In dankenswerter Weise wurde auf Beispiele, Lebensbilder von Missionaren, besonders auch der deutschen, besonderes Gewicht gelegt. P. Schwagers Gabe verdient alle Empfehlung und weiteste Verbreitung. Jetzt fehlt es nicht mehr an fertig vorgelegtem Material, das sich leicht in den Unterricht einflechten läßt. Ein Literaturverzeichnis ist dem Buche beigefügt.

Fastenbilder. Für Jugend und Volk geschrieben von Konrad Kümmel. Sechste und siebte Auflage. (An Gottes Hand. 3. Bändchen.) 12° (VIII u. 312 S.). Freiburg 1912, Herdersche Verlagshandlung. M 1.80; geb. in Leinwand M 2.30.

In nunmehr 6. und 7. Auflage liegen die „Fastenbilder" von Konrad Kümmel vor, ein deutlicher Beweis, welch' anhaltender Nachfrage sich diese erhebenden Fastenerzählungen erfreuen. Sie spiegeln den hehren Leitgedanken der Fastenzeit: „durch Leiden und Kreuz zur Herrlichkeit der Auferstehung" in Ausschnitten aus dem Leben wieder, so natürlich, so echt menschlich empfunden, daß wir uns zur Liturgie der Fastenzeit und den Fastenpredigten als Drittes nichts Passenderes und Wertvolleres denken können, als eben Kümmels Fastenbilder.

Unsere Schwächen. Plaudereien von P. Sebastian von Oer, Benediktiner der Beuroner Kongregation. Zehnte Auflage. 12° (VIII u. 286), Freiburg 1912, Herdersche Verlagshandlung. M 1.50; geb. in Leinwand M 2.30.

P. Sebastian von Oers Plaudereien über „Unsere Schwächen" sind berühmt geworden wie ihr Seitenstück „Unsere Tugenden"; beide erleben Auflage um Auflage, das uns heute vorliegende Bändchen „Unsere Schwächen" schon die zehnte. Leichte Plaudereien, skizzenhafte Studien nennt der Verfasser selbst seine Büchlein, aber es sind Plaudereien mit tiefem, sittlichem Gehalt. Aus eindringender Kenntnis der menschlichen Seele heraus und in feiner, geistreicher Sprache schildert der Verfasser die Schwächen und Fehler, wie sie mehr oder minder jedem Menschen, selbst dem ständig nach Vollkommenheit ringenden, ankleben.

Biblische Zeitfragen, gemeinverständlich erörtert. Ein Broschürenzyklus, herausgegeben von Prof. Dr. J. Nikel-Breslau und Prof. Dr. J. Rohr-Straßburg. Vierte Folge. Heft 10: Dr. Wilh. Koch, Das Abendmahl im Neuen Testament. — Preis 60 Pfg. Subskriptionspreis für die vierte Folge (12 Hefte) 5,40 Mk. (pro Heft 45 Pfg.).

In diesem Heft der „Biblischen Zeitfragen" ist der Versuch gemacht, auf engstem Raum ein möglichst klares und erschöpfendes Bild des hl. Abendmahls zu zeichnen, wie es im ersten Frühling des Christentums, im Zeitalter der Apostel, gefeiert und im Glauben betrachtet wurde. Dann wendet sich der Blick fragend zurück nach der Herkunft und dem ursprünglichen Sinn dieses urchristlichen Brotbrechens und Herrnmahls. Das komplizierte Problem des letzten Abendmahls Jesu mit seinen fast zahllosen Lösungsversuchen, mit seinen textlichen, chronologischen, exegetischen und dogmatischen Nebenfragen wird alsdann entwickelt und Punkt für Punkt zu beantworten gesucht.

Trost und Ermutigung im geistlichen Leben. Von Abt Ludwig Blosius O.S.B. Nach dem Lateinischen bearbeitet von P. Placidus Friedrich, Benediktiner von Emaus in Prag. (Aszetische Bibliothek.) 12° (XVI u. 214), Freiburg 1911, Herdersche Verlagshandlung M 1.60; geb. in Leinwand M. 2.20.

Weit davon entfernt, eine vollständige Abhandlung über die Prüfungen des Lebens schreiben zu wollen, hat es der als Aszetiker so berühmte Sohn St. Benedikts vermieden, die niedergeschlagenen, über die Vergangenheit beunruhigten oder mit der Zukunft beschäftigten Gemüter, die mit Traurigkeit erfüllten Herzen durch lange Abhandlungen zu ermüden. Der Verfasser faßte viele schmerzliche Seiten des Lebens ins Auge und begnügte sich, einige trostreiche, leicht faßliche Gedanken zusammenzustellen — kurze, klare Züge, die dem Gegenstand angepaßt sind, so daß wir über nichts mehr erstaunen, als über Gottes endlose Barmherzigkeit, und dankbar mit dem Psalmisten jubeln: „Die Erbarmungen des Herrn will ewig ich preisen".

Leben des hl. Aloysius von Gonzaga, Patrons der christlichen Jugend. Von Moritz Meschler S. J. Mit drei Bildern. Elfte Auflage. 8° (XII u. 312), Freiburg 1911, Herdersche Verlagshandlung. M 2.70; geb. in Leinwand M 3.70.

Die meisterhafte Darstellung des P. Meschler, gestützt auf die Akten der Heiligsprechung und die Briefe des Heiligen, hat das ihrige dazu beigetragen, der Jugend das leuchtende Vorbild noch näher zu bringen. Mit seinem psychologischen Verständnis ist das Lebensbild entworfen und hebt sich von dem interessanten Hintergrund landschaftlicher Schilderung und sorgsam gewählter, maßvoller Mitteilungen aus der Zeit- und Kulturgeschichte leuchtend ab. Das Büchlein ist ein vorzügliches Geschenk für christliche Jünglinge.

Das Haus des Herzens Jesu. Illustriertes Hausbuch für die christliche Familie.
Von **Franz Hattler** S. J. **Fünfte und sechste,** gänzlich neu illustrierte
Auflage, herausgegeben von **Arno Bötsch** S. J. Mit fünf Farbentafeln
und 49 Textbildern nach Führich u. a. 4⁰ (VIII u. 264), Freiburg 1912, Herder.
.M 5,—; geb. in Leinwand .M 7.—.

Möge dieses herrliche Familienbuch, das uns in schlichter und doch so anschaulicher und herzlicher Sprache die Pflichten der einzelnen Mitglieder einer
christlichen Familie darstellt, in seiner neuen, vornehmen Ausstattung Eingang
finden in alle christlichen Familien. Besonders empfiehlt es sich als Geschenk für
Brautleute am Tage der Hochzeit. Die Neuauflage dieses bereits in Tausenden
von Familien so beliebten Hausbuches ist in würdiger Weise mit religiösen Bildern
eines der größten christlichen Meister der neueren Zeit, Joseph Ritter von Führich
(† 1876), ausgestattet. Außerdem wurden fünf Farbentafeln anderer Künstler
beigegeben. So führt dieses religiöse Volksbuch zugleich die bedeutendsten Kunstwerke eines einzigen Künstlers einheitlich vor Augen und vermittelt dadurch
ein tieferes Verständnis seiner Kunst. Wir können diese neue Idee nur auf das
wärmste begrüßen.

Wo ist das Glück? Aphorismen. Von **Arthur Maria Baron Lüttwitz.**
Viertes Tausend. 8⁰ (VIII u. 224), Freiburg 1911, Herdersche Verlagshandlung. .M 2.20; geb. in Leinw. .M 3,20.

Das Büchlein hat solchen Anklang gefunden, daß schon nach kurzer Zeit das
vierte Tausend erscheinen kann. Woher diese Anziehungskraft? Ist es die viel-
gestaltige Frage des Titels oder die Art und Weise, wie der Verfasser die Frage
gelöst hat? Wohl beides. Der Verfasser, ein lebenserfahrener Weltmann, ein
tiefer Menschenkenner und wahrer Seelenfreund, hat schon lange die gewöhnliche
Zeitdauer des menschlichen Lebens überschritten. In 61 Abschnitten läßt er das
ganze Menschenleben von der Wiege bis zum Grabe mit all seinem Hoffen und
Lieben, mit seinem Streben und Wirken betrachtend an uns vorüberziehen und
unterläßt es nicht, auf die edlen Freuden, welche diese Erde bietet, aufmerksam zu
machen, nicht in der trockenen, wissenschaftlichen Sprache der Gelehrten, sondern,
wie man es in unsern Tagen liebt, in feiner, aphoristischer, poesievoller Form,
wobei tiefe Reflexionen, geistreiche Sentenzen und Paradoxa mit anziehenden Erzählungen und Erinnerungen aus dem vielbewegten Leben abwechseln.

Hin zu Jesus durch die häufige und tägliche Kommunion. Für Welt- und Ordens-
leute. Von Jesuitenpater **Emil Springer.** 660 S, Saarlouis 1912, bei
Hausen & Co., geb. .M 1.80 u. mehr.

Ein sehr schönes, äußerst reichhaltiges Buch. Zunächst belehrt der Verf in
20 Leitungen über die Grundzüge des geistlichen Lebens, dann folgen treffliche
Ausführungen über die hl. Beicht. Der Hauptteil aber umfaßt Kommuniongebete
für mehr als 100 Kommuniontage. Es folgen endlich die gewöhnlichen Gebete
des Christen. Sehr zu empfehlen.

Leben und Lehre Jesu Christi. Betrachtungen für alle Tage des Jahres von
Nikolaus Avancini S. J. Aus dem Lateinischen übersetzt von Dr. theol.
phil. **Jakob Ecker,** Professor am Priesterseminar zu Trier. **Vierte Auflage.** 12⁰ (XXXVI u. 708), Freiburg 1912, Herder. .M 5; geb. in Leinwand
.M 6.40.

Nächst der „Nachfolge Christi" von Thomas von Kempen hat kaum ein
zweites aszetisches Werk eine derartige Verbreitung in allen europäischen Sprachen
gefunden, wie das von Avancini. Die sachgemäße Einteilung, die glückliche Wahl
und Gliederung der Betrachtungspunkte, die bei aller Kürze an tiefen und kräftigen Gedanken reiche Darstellung, die durchweg originelle, oft überraschende,
praktische Anwendung aufs Leben, die den Meister im geistlichen Leben erkennen
läßt, die fließende, nicht selten klassische Sprache sichern den Betrachtungen dauernde
Bedeutung und immer neue Freunde unter den nach Vollkommenheit ringenden
Seelen. Für den Anfänger bleibt es das **praktischste Betrachtungsbuch.** Die Uebersetzung von Ecker gibt mit der Prägnanz und lakonischen Kürze
die volle Kraft und Schönheit des lateinischen, auf einer kritisch hergestellten kor-
rekten Ausgabe fußenden Urtextes wieder. Dem ersten Bändchen ist ein trefflicher
Unterricht über die Art und Weise der Betrachtung beigegeben.

Erstarke in Christo! Ein Lebensbüchlein für aufwärtsstrebende Katholiken. Von Leopold von Schütz, Kaplan. Ausgabe ohne Anhang. 496 Seiten. Geb. M. 1.30 u. höher. Ausgabe mit Anhang enthaltend: Die kleinen Tagzeiten von der Unbefleckten Empfängnis und Allgemeine Statuten der Marianischen Kongregationen. 496 und 32 Seiten. Preis der verschiedenen Einbände je 5 Pfg. mehr, als die Ausgabe ohne Anhang. — Benziger & Co., Köln.

Ein vortreffliches, recht solides Lebensbüchlein.

Höhenblicke. Festtagsgedanken von K. A. Vögele. 184 S. Freiburg, Herder, 1912, *M* 2.20, geb. *M* 3.—.

Das Gebiet des religiösen Essays ist noch wenig bearbeitet. Hier betrachtet nun der geistvolle Aesthetiker K. A. Vögele, dessen tiefgründiger Idealismus in seinem preisgekrönten Werke „Der Pessimismus und das Tragische in Kunst und Leben" (2. Aufl., 1910) allgemein Beachtung fand, die alten, religiösen Wahrheiten von neuen, namentlich ästhetischen Gesichtspunkten.

Was aber besonders ergreifend in diesem Buche wirkt, ist der mehr und mehr im Leser Wurzel fassende Eindruck: Alles, was in diesem Werke einen starken, freudigen, überzeugungsvollen Ausdruck findet, ging einst durch das Fegfeuer des Zweifels hindurch und erstand erst klar und unzweifelhaft nach ringenden, mühevollen Studien der modernen Philosophien.

„Die Pharisäer". Roman aus der Zeit Christi. Autorisierte Uebersetzung der 76. Auflage des Werkes von Le Rayon (von M. R. Montlauer) von Ludwig Klinger. 251 S., Petrus-Verlag, Trier. 1912. In Originalheftung *M.* 2.80.

Der Bischof von Montpellier, Fr. M. A. de Cabrières, schrieb im November 1908 über dies Werk und seine Verfasserin:

„Seitdem M. R. Montlauer, dem Drängen der Ihrigen nachgebend, ihre Hefte geöffnet, blieb sie nicht lange bei dem stehen, was sie über die Geschichte zweier Frauen geschrieben; zwar verschmähte die junge Schriftstellerin keineswegs den Beifall, mit dem diese beiden Essays aufgenommen und gelobt wurden, indessen machte sie sich fast Vorwürfe, daß sie ihre Feder nicht in den Dienst anderer Werke gestellt habe.

Und mit zarter Hand, mit einer Feder, die dem Pinsel Fra Angelicos den Rang streitig macht, zeichnete sie auf tausendmal wiedergedruckten Blättern den sieghaften Strahl, dessen unwiderstehliche Macht nach so vielen Jahrhunderten bezeugt, daß er nicht dem Geiste eines Philosophen, sondern dem Herzen des Gottmenschen entstammt."

Der Tropenarzt. Ausführlicher Ratgeber für Europäer in den Tropen, von Dr. med. Fr. Hey. — Zweite, völlig umgearbeitete Auflage. 1912. Hinstorffsche Verlagsbuchhandlung Wismar i. M. — XII u. 435 S. Preis M. 7.—, gebd. M. 8.50.

Das vorliegende Werk ist aus langjähriger Erfahrung herausgewachsen. Es bringt in äußerst klarer, gemeinverständlicher Form das Wissenswerteste über tropische Hygiene, die wichtigeren tropischen Krankheiten und deren Behandlung. Dabei kommt nicht bloß die Allopathie zur Sprache, sondern auch — und dafür darf man Dr. Hey dankbar sein — die Naturheilmethoden werden fleißig berücksichtigt. Für die Pflege und Behandlung der Eingeborenen werden äußerst schätzenswerte Winke eingeflochten. Dies Buch ist reichhaltig und durchaus praktisch; aus seinem gläubigen, christlichen Standpunkt macht der Verfasser kein Hehl. Die Ausführungen sind etwas breit; die sich widersprechenden und irreführenden Ausführungen auf S. 359 ff. werden hoffentlich bei der nächsten Auflage umgestaltet, damit wir das Buch uneingeschränkt empfehlen können.

Günstige Gelegenheit für Vereins = Bibliotheken!

Von den letzten Jahrgängen unserer monatlich erscheinenden Zeitschrift „Afrika-Bote" sind noch einige Jahrgänge abzugeben.

Einzelner Jahrgang Mk. 1.50 portofrei. Bei Entnahme von mindestens 4 Exemplaren (auch) verschiedener Jahrgänge): à Mk. 1.25 portofrei.

Auf Wunsch werden dieselben auch gebunden geliefert à Mk. 2.25 bezw. Mk. 2.—.

Die Mission St. Peter und Paul in Kala (Tanganika).

Von P. P. Majerus.

Schon seit längerem hat der Afrikabote keinen zusammenhängenden Bericht mehr über die Tanganika-Mission geboten. Um so mehr freut es uns, nachstehenden Brief von P. Majerus zur Kenntnis unserer Leser zu bringen. Er ist um so interessanter, als darin ein vollständiger Überblick über die Entstehung und Entwicklung einer Mission gegeben wird. Ein solcher Bericht gibt natürlich ein besseres Bild, als zwanglose Plaudereien, Reiseepisoden und Einzelzüge.

m 11. Mai dieses Jahres zählt die Missionsstation St. Peter und Paul in Kala zwanzig Jahre ihres Bestehens. Dieser Gedenktag bietet mir eine willkommene Gelegenheit, den Lesern des Afrika-Boten einen kurzen Einblick in die Entwickelung und den jetzigen Stand der Mission zu gewähren.

I. Geschichtlicher Rückblick.

Schon im Jahre 1890 hatte der damalige Apostolische Vikar der Tanganika-Mission, Bischof Bridoux, den Plan gefaßt, in der Landschaft Urungu eine Missionsstation zu gründen und dadurch den Süden des Tanganika in den Bereich der Missionstätigkeit zu ziehen. Allein ein unverhofft früher Tod raffte den Bischof hinweg, bevor er zur Ausführung seines Planes hatte schreiten können.

Sein Nachfolger, Bischof Lechaptois, nahm jedoch den Plan wieder auf. Im Mai des Jahres 1892 begab er sich selbst nach Urungu, begleitet von P. Randabel und Bruder Gustav. Drei christliche Familien aus Karema und eine kleine Schar losgekaufter Sklaven, von denen jedoch nur einige wenige die Taufe empfangen hatten, folgten den Missionären; sie sollten den christlichen Kern der neuen Mission bilden und zugleich den Missionären bei den zur ersten Einrichtung nötigen Arbeiten behilflich sein.

Am 11. Mai gelangte die kleine Expedition in die Bucht von Kala, welche die Grenze zwischen den Landschaften Usipa und Urungu bildet, und unverzüglich begann man mit der Rekognoszierung der Gegend.

Das Ergebnis war recht erfreulich.

In einem Umkreis von etwa zwei Stunden zählte man elf größere oder kleinere Dörfer, darunter das Dorf Kala, welches man zu den bedeutendsten der ganzen Tanganikaküste rechnete.

Der Häuptling des Dorfes und die ganze Bevölkerung zeigten sich den Missionären gegenüber sehr gut gesinnt, und als diese ihre Absicht kundgaben, sich dauernd bei ihnen niederzulassen, waren sie darüber hoch erfreut und versprachen bereitwillige Mitwirkung.

Auch in materieller Beziehung schien die Gegend günstig. Der Boden in der Ebene ist fruchtbar, und der sie durchziehende Gebirgsbach mit seinem beständig fließenden Wasser bot nicht nur gesundes Trinkwasser, sondern konnte auch zur Bewässerung eines etwa anzulegenden Gemüse= und Obstgartens benutzt werden.

Nach gemeinsamer Besprechung beschlossen die Missionäre noch am selben Tage, sich in dieser Gegend niederzulassen.

Als zukünftigen Bauplatz wählten sie eine kleine Anhöhe in der Nähe des Dorfes Kala, welche in gesundheitlicher Beziehung vorteil= hafter schien.

Gleich am folgenden Tage begann man das Terrain zu ebnen, um daselbst ein provisorisches Wohnhaus einzurichten. Zahlreiche Arbeiter stellten sich; bis 200 Schwarze wurden an einem Tage eingeschrieben. Unter der klugen Leitung des Bruders Gustav [1] arbeiteten die Leute recht wacker, und am 5. Juni, dem Pfingstfeste, hatten die Missionäre das Zelt bereits mit einem provisorischen Wohnhaus vertauscht.

Das schönste und geräumigste Gemach des Hauses war zur Kapelle eingerichtet, und der Chronist kann die Freude nicht verhehlen, welche die Missionare empfanden, als sie nach so langem Zeltleben zum ersten Male die hl. Geheimnisse in diesem armen Kapellchen feierten. Dazu waren gerade neue Meßgewänder aus Europa angekommen, und das erhöhte die Festfreude der armen Missionäre nicht wenig.

Nach dieser provisorischen Einrichtung galt es natürlich ein defini = tives Wohnhaus, Kirche und Nebengebäude zu bauen. Den Löwen= anteil an diesen Arbeiten hatte naturgemäß der Bruder; aber auch der Bischof und P. Randabel scheuten sich nicht, zur Kelle zu greifen. So bauten sie „klugen Sinnes und unverdrossen mit Lot und Wage, Winkel= maß und Säg' und Wage, Axt und Kelle Tag auf Tage, bis es ihrem Fleiß gelungen, Haus und Kirche fest zu gründen," wie es in Dreizehn= linden heißt. Haus und Kirche stehen noch heute, und wenn sie auch an Schönheit von den in neuerer Zeit aufgeführten Missionsstationen übertroffen werden, so können sie doch mit Rücksicht auf die großen Schwierigkeiten, mit welchen man in den Anfängen zu kämpfen hatte, als recht tüchtige Leistungen bezeichnet werden.

Inzwischen wurde die eigentliche Missionsarbeit nicht vernach= lässigt. Die Tätigkeit der Missionäre erstreckte sich zunächst auf die kleine Schar losgekaufter Sklaven, welche ihnen hierhin gefolgt war. Ihre religiöse Ausbildung war bereits in Karema begonnen, aber sie mußte hier weitergeführt werden. Am Ostersamstag 1893 fanden die ersten feierlichen Taufen statt.

Auch den Bewohnern von Kala und den benachbarten Dörfern wurde die frohe Botschaft des Heiles verkündet, und sie fand daselbst günstige Aufnahme; wenigstens enthält die Chronik der Mission eine ganze Reihe von erbaulichen Zügen, welche zu dieser Annahme berechtigen.

So kam eines Tages der Häuptling von Kala zu der Mission und bat, man möge ein Bethaus im Dorfe selbst errichten.

„Ich und die jungen Leute," sagte er, „wir können ja jeden Tag herauf zur Kirche kommen. Aber die Alten finden es beschwerlich, die Anhöhe zu ersteigen; besser ist es, wenn Ihr ein kleines Bethaus im Dorfe selbst errichtet, damit alle beten können."

---

[1] Ueber Br. Gustavs kürzlich erfolgten Tod berichten wir in nächster Nummer.

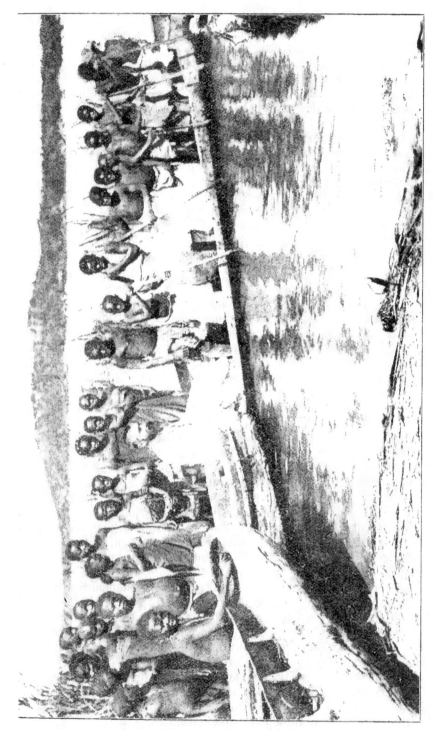

Luſtige Fahrt auf dem Tanganika. (P. van Mupen mit ſeiner Knabenſchar.)

Natürlich wurde dieſem Wunſche gerne Rechnung getragen.

Trotz dieſer guten Willensverfaſſung der Bevölkerung war man mit der Spendung der Taufe nicht voreilig, ſondern man befolgte auch hier die Praxis, welche Kardinal Lavigerie ſeinen Söhnen empfohlen hat, und welche darin beſteht, die Taufkandidaten erſt einer vierjährigen Probezeit zu unterwerfen. Zu Oſtern 1898 betrug die Zahl der Täuflinge aber bereits 38, die Geſamtzahl der getauften Chriſten ungefähr das Doppelte.

Im ſelben Jahre ließen ſich auch die Weißen Schweſtern in Kala nieder, um die Miſſionäre namentlich bei der Erziehung des weiblichen Geſchlechtes zu unterſtützen.

Inzwiſchen begann der Einfluß der Miſſion ſich auch auf die weiter entlegenen Ortſchaften auszudehnen. Er bewegte ſich geographiſch in zwei Hauptlinien, einer nördlichen Richtung nach Uſipa und einer ſüdlichen nach Urungu.

Die Warungu verhielten ſich lange Jahre hindurch der Religion gegenüber ziemlich gleichgültig, während die Waſipa ihrem gutmütigen Charakter entſprechend ihr bereitwillig Aufnahme gewährten.

Im Jahre 1903 fand die erſte feierliche Taufe in dem zu Kala ge= hörigen Teile Uſipas ſtatt, und ſeither vermehrte ſich die Zahl mit jedem Jahre.

Aber nicht bloß der Küſte des Tanganika entlang erſtreckte ſich die Miſſiontätigkeit; ſie dehnte ſich ſogar bis auf die Mannika=Hoch= ebene aus. Auf dieſe Weiſe wurde der Boden zur Gründung zweier großen und blühenden Miſſionen auf der Hochebene geebnet; es ſind die Miſſionen von Kale und Mwazye.

Die Ausdehnung und Entwicklung der Miſſion ging jedoch nicht ohne Schwierigkeiten vor ſich.

Ich will hier nicht reden von jenen Schwierigkeiten, welche allen Miſſionen Innerafrikas gemeinſam ſind, wie Vielweiberei, Aberglaube, Apathie und geiſtige Beſchränktheit der Neger uſw.; ich möchte bloß die beſondern Schwierigkeiten hervorheben, mit denen die Miſſion Kala zu kämpfen hatte.

Hier muß vor allem die große Sterblichkeit unter den Miſ= ſionären erwähnt werden. Acht Miſſionäre und vier Schweſtern ruhen bereits auf dem Miſſionskirchhof, und die Mehrzahl von ihnen fiel in der Vollkraft der Jahre, nach 2—3jähriger Tätigkeit. Der durch dieſe häufigen Todesfälle veranlaßte Wechſel im Perſonal war für das Miſ= ſionswerk ſehr hemmend, um ſo mehr, da der Erſatzmann allemal erſt Sprache und Sitten der Eingeborenen lernen mußte.

Es wäre jedoch gefehlt, wenn man aus dieſer großen Zahl von Todesfällen den Schluß ziehen würde, daß Kala beſonders ungeſund ſein muß. Ich glaube, es iſt nicht ungeſunder als die übrige Küſte des Tanganika, aber ein unglücklicher Zufall hat, wie es ſo oft im Leben geſchieht, auch hier mitgewirkt.

Eine zweite Schwierigkeit erwuchs der Miſſion aus dem Benehmen der Häuptlinge. Der deutſche Teil Urungus erkennt nämlich keinen Alleinherrſcher an, ſondern hat eine Unzahl von kleinen Häuptlingen, die ſich gegenwärtig beneiden und befeinden, und die Willkür und üble Laune dieſer kleinen Potentaten machte ſich mehr als einmal auch der Miſſion gegenüber bemerkbar.

Hemmend für die Missionstätigkeit wird endlich die Nähe der Mohammedaner, welche sich in zwei Ortschaften unseres Missions= distriktes, in Bismarckburg und Kisumbi, niedergelassen haben. Zwar ist die Propaganda, welche sie machen, nicht sehr intensiv; aber ihre äußerst laxe Moral ist für die Schwarzen ein schlechtes Beispiel, das um so ge= fährlicher wirkt, als die Anhänger des Islam ihrer Sittenverderbnis den Firnis der Zivilisation zu geben suchen.

Trotz all dieser Schwierigkeiten hat die Missionstätigkeit guten Er= folg gehabt, wie ein Blick auf den gegenwärtigen Stand der Mission zeigen wird.

II. Gegenwärtiger Stand der Mission.

1. Kulturarbeiten. Die eigentliche Aufgabe der Missionäre ist das Bekehrungswerk; aber mit der missionierenden Tätigkeit ist die rein menschliche Kulturarbeit eng verknüpft. Der Missionar muß darauf be= dacht sein, sich an Ort und Stelle die nötigen Existenzmittel zu ver= schaffen; er muß sich auch bestreben, die materielle Kultur der Einge= borenen zu heben und dieselben zu intensiverer Arbeit heranzubilden.

Denn wenn schon, wie der protestantische Missionstheoretiker Mirbt richtig bemerkt, „in Europa die Art, wie ein Mensch arbeitet, ein wich= tiges Kriterium seiner sittlichen Reife ist, so wird die Stellung des Negers zur Arbeit geradezu als ein Gradmesser für den Erfolg der ihm zuge= zugewandten Erziehung anzusehen sein."

Die Missionäre von Kala haben diese Gesichtspunkte nicht außer acht gelassen und mannigfache Kulturarbeiten unternommen. Vor allem verdient die Garten= und Obstbaumkultur erwähnt zu werden. Nahe am See hat die Mission einen großen Garten, welcher zur Hälfte von den Patres, zur andern Hälfte von den Schwestern bebaut wird. Da befinden sich, fein säuberlich nach Beeten abgeteilt, fast alle Gemüsearten Europas. Den Wegen entlang stehen die verschiedensten Fruchtbäume: Kokos= und Dattelpalmen, Orangenbäume (vier verschiedene Sorten), Mandarinen (drei verschiedene Sorten), Zitronen, Feigen, Oliven, Maulbeer= und Guajavenbäume. Aus der Gattung der Anona sehen wir da ebenfalls drei verschiedene Arten: den Zimtapfel, das Ochsenherz und die soge= nannte amerikanische Crèmefrucht. Auch Blumen fehlen nicht: mir ge= fällt vor allem die Hauptallee mit ihren stets blühenden Rosensträuchern. Da liebe ich es in der Kühle des Abends mein Brevier zu beten, und würden die kleinen Schwarzen, die da abseits am Ufer des Tanganika spielen, mir nicht in Erinnerung rufen, daß ich in Afrika bin, ich wäre versucht zu glauben, daß ich in einem Pfarrgarten Deutschlands wandelte.

Die hier stehenden Fruchtbäume dienen jedoch hauptsächlich zur Ver= schönerung des Gemüsegartens. Der eigentliche Obstgarten befindet sich in einer Entfernung von zwanzig Minuten von der Station, am Ufer des Flusses Mwinu, welcher die Ebene von Kala durchschneidet. Eine schöne Allee von großen, schattigen Mangobäumen führt dahin. Da stehen lange Reihen von Apfelsinen=, Mandarinen= und Guajavenbäume, die jedes Jahr reiche Früchte tragen. Besonders gefällt die sogenannte Aprikose von San Dominiko, mit ihrem prächtigen Laubwerk und ihren großen, aprikosenähnlichen Früchten, die mit einer rauhen, braunen Schale

umgeben find. In größerer oder kleinerer Anzahl sind ferner vorhanden
der Jackfruchtbaum, die Sapotillpflaume, die Avocadobirne, der Rosen=
apfel, der Cytherenapfel, der Granatapfel, die Gewürznelke, Tee= und
Zimmetbäumchen.

P. Depaillat, der frühere Oberer der Station, war unermüdlich im
Versuchen der verschiedenartigsten europäischen und tropischen Fruchtbäume,
und sein Fleiß und seine Ausdauer fanden ihren Lohn, denn jetzt haben
die Missionäre von Kala sozusagen jahrein jahraus frisches Obst. Kala
ist gewissermaßen eine Versuchsstation für sämtliche Missionen des Tanganika
geworden, und selbst nach dem Nyassa, nach dem Kongostaat und nach
Unyanyembe wurden gelegentlich Kerne oder junge Bäumchen versandt.

Was aber besondere Erwähnung verdient, ist der Umstand, daß auch
die Eingeborenen sich nunmehr der Obstbaumzucht widmen.

Früher herrschte bei ihnen der Aberglaube, daß jeder, der einen
Baum pflanzt, sterben muß, bevor der Baum die ersten Früchte trägt.
Infolgedessen hatten sie keine anderen Fruchtbäume als den sogenannten
Melonenbaum (Papane), der sehr schnell wächst und schon im zweiten
Jahre Früchte trägt. Auch jetzt noch halten die Alten an diesem Aber=
glauben fest; aber sie haben ein bequemes Auskunftsmittel ersonnen. Sie
lassen nämlich den Baum durch einen Christen pflanzen; der, sagen sie,
hat nichts zu fürchten.

Die Christen ihrerseits lachen nunmehr über jenen Aberglauben, und
in fast allen Ortschaften, welche dem Einfluß der Mission unterstehen,
sind jetzt Obstbäume gepflanzt, namentlich Mangobäume. Das wird,
wenn die Bäume einmal größer sind, den Dörfern ein freundliches Aus=
sehen geben und zugleich den Eingeborenen erlauben, ihren allzu ein=
fachen Speisezettel etwas zu bereichern.

P. Depaillat hat auch eine Kaffeeplantage angelegt. Die Ur=
barmachung des Geländes war schwierig und kostspielig, denn der größte
Teil war mit Schilf und Gestrüpp bewachsen. Die aufgewandten Mühen
und Opfer fanden jedoch ihre Entschädigung, denn jetzt steht unser Kaffee
recht gut. 4000 Bäumchen waren im letzten Jahre ertragsfähig; mit
den Neupflanzungen dürfte die Gesamtzahl der Bäume sich auf 10 000
belaufen. Nach dem Urteil einiger Pflanzer aus Usambara, welche unsere
Mission neulich besuchten, wäre unser Kaffee sogar von vorzüglicher
Qualität; das bestätigten sie nicht nur durch Worte, sondern auch durch
die Tat, indem sie eine Tasse nach der andern leerten.

Nicht mindere Verdienste hat sich der genannte Pater durch Anlegung
eines Palmenhaines erworben. Die Ölpalme kommt bekanntlich in
größeren Mengen im Norden des Tanganika vor; aber an der südlichen
Küste steht sie nur vereinzelt. Ich selbst habe sie außerhalb der Missionen
nur in Kipanga, eine Tagereise südlich von Kala, getroffen, und dort
stehen sie in einem sogenannten Götterhaine ohne jegliche Pflege, denn
niemand wagt auch nur ein Ästchen abzuschneiden, aus Furcht vor der
Rache der Götter. In Kala dagegen ist ein wohlgepflegter Palmenbe=
stand von ungefähr 800 Bäumen, von denen die meisten tragfähig sind.
Aus den Früchten bereiten die Negerinnen unter Anleitung der Schwestern
ein viel begehrtes Öl, das zur Beleuchtung verwendet werden kann.
Die Eingeborenen benutzen es auch als Speiseöl oder verarbeiten es zu

Seife, die zum Reinigen ihrer Kleider dient. Die Mission hatte auch eine kleine Kautschukpflanzung angelegt, doch ist dieselbe wohl wegen ungünstiger Bodenverhältnisse nicht vorwärts gekommen. Auch das Ge= treide gedeiht nicht recht, und mußte daher auf den Anbau verzichtet

Br. Irenäus Hadeler (S. vorige Nr. S. 250) mit einigen Christen in Urundi, Deutsch-Ostafrika.

werden, was übrigens nicht sehr empfindlich ist, da die Nachbarstation Kala uns von ihrem Vorrat bereitwillig abgibt.

Von den sogenannten Eingeborenenkulturen baut die Mission noch Reis, Bananen (18 verschiedene Arten) und Erdnüsse. Aus den Bananen wissen die Schwestern Bier und Essig herzustellen, aus den Erdnüssen gewinnt man ein angenehmes Speiseöl.

Was die Handwerke angeht, so konnten dieselben in Kala bisher nicht besonders gepflegt werden, da die Mission noch keinen berufsmäßig ausgebildeten Laienbruder besaß; aber dadurch, daß die Eingeborenen zum Bau, zur Einrichtung und Erhaltung der Missionsgebäude heran= gezogen wurden, haben sie doch mancherlei gelernt, und einige arbeiten als Maurer, Schreiner und Zimmerleute gar nicht übel.

Sehr gut hat sich die Ziegelei entwickelt, in der Dachziegel, Back= steine und Platten als Fußbodenbelag hergestellt werden. Man arbeitet vor allem für den eigenen Bedarf, aber zu wiederholten Malen konnte man auch den Militärstationen von Bismarckburg, Ujiji und Usumbura abgeben.

2. Missionstätigkeit. Während die materiellen Arbeiten der direkten Leitung unseres Missionsbruders unterstehen, beschäftigen sich drei Patres mit der Arbeit am Heile der Seelen. Wir unterscheiden hier in Kala die Arbeit in der Station und die in den Filialen.

Die Arbeit in der Station erstreckt sich nicht bloß auf das Missions= dorf, in dem alle Familien nunmehr christlich sind, sondern auch auf alle übrigen Dörfer, welche an der Bucht von Kala gelegen sind. Die Ein= wohnerzahl dürfte etwa 1500 betragen; die Hälfte ungefähr sind Christen. Das macht eine kleine Pfarrei, und die Arbeit der Missionäre ist der Pfarrseelsorge in der Heimat ähnlich, nur daß unsere Christen durchwegs im Empfang der Sakramente eifriger sind und auch sonst den Priester mehr in Anspruch nehmen als daheim.

Die nichtchristliche Bevölkerung wird übrigens nicht vernachlässigt; am Sonntag kommen sie zahlreich in die Kirche zur Predigt, und an den Werk= tagen wird von den Katechisten in den verschiedenen Dörfern Unterricht erteilt, den der Missionar gelegentlich kontrolliert und ergänzt.

Mehr Zeit und Mühe nehmen die Filialen in Anspruch. Die Mission Kala zählt deren zur Zeit neun, fünf in Ufipa (nördliche Richtung) und vier in Urungu (südliche Richtung.) Alle liegen am Tanganikasee, mit Ausnahme einer einzigen, welche in dem Zwischenbergland zwischen dem See und dem Hochplateau von Ufipa errichtet ist. In drei dieser Filialen befinden sich aus Stein und Ziegel aufgeführte Kapellen; in den übrigen muß man sich einstweilen noch mit gewöhnlichen Lehmbauten begnügen.

Jede dieser Außenstationen ist mit einem eingeborenen Katechisten besetzt, dessen Aufgabe es ist, die Leute zum Gebete zu versammeln, die Andachtsübungen zu leiten und christlichen Unterricht zu erteilen. Jeden Monat aber geht ein Missionar auf einige Tage in die verschiedenen Filialen, um die Arbeit des Katechisten zu kontrollieren, den Christen die hl. Sakramente zu spenden, die Taufbewerber weiter auszubilden und allen das Wort Gottes zu verkünden.

Bei besondern Anlässen, wie zur Vorbereitung zur hl. Taufe oder zur ersten hl. Kommunion weilt der Missionar auch wohl mehrere Wochen ununterbrochen in diesen Außenstationen.

Um diese Ausführungen durch Zahlen zu ergänzen, lasse ich hier die Statistik für 1911 folgen. Ende 1911 betrug die Zahl unserer Christen etwa 1500, die Zahl der Katechumenen über 800. Im Laufe des Jahres sind 112 Erwachsene feierlich getauft worden; mit den Taufen der Kinder und den Taufen in Todesgefahr betrug die Zahl annähernd 300. 47 Kinder sind zum Empfang der ersten hl. Kommunion vorbe= reitet worden; die Gesamtzahl der Beichten und Kommunionen belief sich rund auf 8000.

Wenn ich noch ein Wort über das religiöse Leben unserer Christen sagen darf, so ist es von vornherein klar, daß die Taufe sie nicht mit einem Male zu reinen Engeln umgewandelt hat; die beim Neger so tief gesunkene menschliche Natur bleibt auch nach der Taufe. Wer aber die sittliche Führung unserer Christen mit derjenigen ihrer heidnischen Umgebung eingehender vergleicht, der wird bald die Ueberzeugung gewinnen, daß eine wesentliche Umwandlung zum Bessern da ist. Was ihre Fehler und Schwächen angeht, so kann man auf sie das Wort des hl. Franziskus Xaverius anwenden, der von seinen Neubekehrten sagte: „Wenn man bedenkt, seit wie kurzer Zeit erst sie den Glauben angenommen haben, und wie sie inmitten ihrer heidnischen Umgebung oft lange Zeit der Hilfsmittel der Religion entbehren, dann muß man sich wundern, daß sie sich noch auf dieser Höhe halten."

3. Schultätigkeit. Der Pflege des geistlichen Lebens ist eine rege Schulwirksamkeit zugesellt. Die Knabenschule in der Station wird von einem Missionar persönlich geleitet unter Mitwirkung zweier schwarzen Hilfslehrer. Desgleichen leiten die Weißen Schwestern eine Mädchenschule.

Außerdem hat die Mission noch elf Nebenschulen, welche mit eingeborenen Katechisten besetzt sind. Im Jahre 1911 waren diese Schulen von 780 Knaben und 110 Mädchen besucht. Ueber den Zweck dieser Schulen, die Art des Betriebes und deren Erfolge habe ich in meinem Aufsatz „Die Missionsschulen am Tanganika" eingehend berichtet, und darf ich daher hier von weiteren Ausführungen absehen.

4. Aerztliche Fürsorge. Mit der Krankenpflege ist es bekanntlich bei den Negern schlimm bestellt. Bald gebrauchen sie abergläubische, absolut wirkungslose Heilmittel, bald wenden sie wirklich heilbringende Kräuter und Säfte an, vernachlässigen aber dabei die einfachsten Regeln der Reinlichkeit und verfahren überhaupt mit so viel Unverstand, daß das Uebel sich in vielen Fällen nur verschlimmert, statt zu heilen.

Insbesondere auch die Ernährung und Pflege der Kinder läßt sehr zu wünschen übrig, und die Kindersterblichkeit erreicht deshalb eine Höhe, von der man sich in Europa keine Vorstellung macht.

Da ist es denn ein Werk reiner Menschlichkeit und christlicher Nächstenliebe zugleich, dieses Elend zu lindern. Zu diesem Zweck hat die Mission einen Negerarzt, welcher auf der Hochschule zu Malta wissenschaftlich ausgebildet wurde und sich seither viele praktische Kenntnisse angeeignet hat, die er bereitwillig im Dienste der Eingeborenen verwendet.

Außerdem widmen sich unsere Schwestern eifrig der Krankenpflege. Jeden Morgen sieht man an der Klosterpforte eine große Schar von Unglücklichen, welche Heilmittel für Wunden und andere Gebrechen erbitten und unentgeltlich empfangen. Mehrmals in der Woche machen die Schwestern Besuche in den umliegenden Dörfern, um den Kranken leibliche Pflege und geistlichen Trost zu bringen. Gott allein weiß, wie viel Not auf diese Weise gelindert wurde, wie viel kleine Kinder insbesondere vom drohenden Tode errettet wurden! Anderen, bei denen die leibliche Heilung unmöglich war, wurde durch die Taufe die Pforte zum Himmel geöffnet.

Wenn der freundliche Leser die Geduld besaß, die vorhergehenden
Ausführungen mit Aufmerksamkeit zu lesen, so wird er vielleicht das
Urteil gewonnen haben, das neulich der hochwürdigste Herr Bischof über

Der schwarze Katechist hält Unterricht.

die Mission von Kala fällte. „Viel Gutes," schrieb er mir, „ist in Kala
geschehen; mehr noch bleibt zu tun." Für das Gute, das geschehen,
möge er mit den Missionären Gott danken; für das „Mehr", das
noch zu tun ist, möge er Gottes Beistand erflehen und die Fürbitte
der glorreichen Apostelfürsten Petrus und Paulus, der Patrone unserer
Mission!

Statistische Ueberficht
über die Missionen der Weißen Väter in Deutsch-Ostafrika von Juli 1910 bis Juli 1911.

Die nachfolgenden drei Tabellen geben einen Ueberblick über das Berichtjahr 1910/11. Wir beschränken uns diesmal auf die drei im deutschen Gebiete liegenden Vikariate der Weißen Väter: Tanganika, Unyanyembe und Süd-Nyanfa. Die übrigen von den Weißen Vätern verwalteten Missionsbezirke liegen in den außerdeutschen Gebieten Afrikas. Es find:

Algerien und Tunis   im französischen Gebiet

Sahara   „   „   „

Nord-Nyanfa (Uganda)   „ englischen   „

Ober-Kongo   „ belgischen   „

Nyassa   „ englischen   „

Welt-Sudan   „ französischen   „

Aus Mitgliedern aller dieser und anderer europäischer Nationen setzen sich die Missionare zusammen — ein kleines Bild der völkerumspannenden katholischen Weltkirche. Die einen ziehen, mit dem priesterlichen Charakter geschmückt, hinaus, die heidnischen Stämme durch Predigt des Wortes Gottes und Spendung der hl. Sakramente, durch Erziehung und Unterricht zu einem christlichen Leben des Gebets und der Arbeit zu bewegen; die andern sind als Missionsbrüder an der Seite der Missionspriester tätig, um für die gemeinsamen materiellen Bedürfnisse der Station zu sorgen: Missionsstationen, Schulen, Kirchen zu bauen und einzurichten, Pflanzungen und Gärten anzulegen, die Eingeborenen zur Arbeit anzuleiten, in Handwerk und Landwirtschaft einzuführen. Um so mehr und um so besser können sich die Priester ihrer Hauptaufgabe widmen. Daher finden wir auch auf Stationen, die größere Pflanzungen oder Handwerksbetriebe haben, stets einen oder mehr Brüder. Allein es ist klar, daß auf jeder Station Missionsbrüder von der größten Wichtigkeit und Bedeutung sind; nur heißt es auch da: „Der Arbeiter sind wenige."

Erst wenige Missionsschwestern haben in die Missionen Innerafrikas ihren Einzug gehalten. Und doch sind die Schwestern in den Missionsländern bei der Erziehung der kleineren Kinder, der Frauenwelt, in der Krankenpflege durch nichts zu ersetzen. Allein noch viel weniger als die Missionare, dürfen die Schwestern ihre Kräfte zersplittern, daher finden wir die Schwestern auch stets zu drei oder noch mehr auf einer Station vereint. Weil nun Schwestern in der Mission so notwendig sind, und ihre Zahl einstweilen durchaus nicht ausreicht, so hat die göttliche Vorsehung sich unter den Eingeborenen eine Anzahl braver, frommer Christinnen erwählt, die die Reihen der Missionsschwestern verstärken und in der Tabelle nicht aufgeführt sind. Wer diese schwarzen Schwestern an der Arbeit gesehen, wer Gelegenheit hatte, sich von ihrer soliden Frömmigkeit und ihrem Seeleneifer zu überzeugen, der kann nicht anders, als Gott den Herrn preisen, „der sich das auserwählt, was schwach ist vor der Welt, um das, was stark ist, zu Schanden zu machen," und der auch in den jungen afrikanischen Christengemeinden das Streben nach der Vollkommenheit geweckt hat.

18*

Name der Station (nebst Landschaft¹ und Gründungsjahr)	Patres	Brüder	Schwestern	Katechisten	Christen	Katechumenen	Taufen Erwachsener	Taufen v. Christenkindern	Taufen in Todesgefahr	Schulen	Knaben	Mädchen	Charitative Anstalten	Gepflegte Kranken
1. Karema (Kabende) 1885	6	2	7	9	1578	1000	43	81	31	7	350[2]	328		18 800
2. Utinta (Ufipa) 1895	2	1	—	4	427	171	14	19	36	5	119	96		5 000
3. Kirando (Ufipa) 1894	3	1	—	16	1342	1709	107	77	125	17	523	441		5 822
4. Gala (Ubungu) 1892	2	1	4	18	1301	725	66	42	129	13	780	547		9 000
5. Jimba (Rukwa) 1897	4	1	4	12	1308	734	128	55	80	11	1064	570	2 Aussätzigenheime, 8 Waisenhäuser, 20 Ärmenapotheken, 1 Epital, 2 Ärzte	8 190
6. Mkulwe 1899	3	—	—	9	434	450	138	35	10	9	388	365		700
7. Galula (Ubungu) 1899	3	—	—	7	140	300	70	5	20	8	170	120		1 000
8. Utwira 1902	3	—	—	5	79	700	24	3	10	6	174	60		2 420
9. Mpimbwe 1904	3	1	—	4	184	491	35	13	38	5	368	255		2 833
10. Mwazye (Jangalie) 1904	3	2	4	12	190	562	101	27	72	15	717	547		4 015
11. Kate (Ufipa) 1906	3	1	—	10	530	650	131	35	113	9	800	380	2	1 800
Zusammen	35	11	19[3]	106	7513	7492	857	392	664	105	5453	3709	33	59 380

¹ Wo nur ein Name angegeben, sind Landschafts= und Stationsname identisch. ² Darunter 30 Katechistenschüler. ³ Ferner 8 eingeborene Schwestern.

B. Vikariat Unyanyembe (Juli 1910 bis Juli 1911).

Name der Station (nebst Landschaft¹ und Gründungsjahr)	Patres	Brüder	Schwestern	Katechisten	Christen	Katechumenen	Taufen Erwachsener	Taufen v. Christenkindern	Taufen in Todesgefahr	Schulen	Knaben	Mädchen	Charitative Anstalten	Gepflegte Kranken
1. Ushirombo: Mission (Usumbwa) 1891	5	1	7	12	2452	218	43	41	57	9	192	83		27 180
2. Ushirombo: Seminar	2	2	—	—	—	—	—	—	—	—	25	—		—
3. Mfalala 1893	3	1	—	6	593	9	29	26	1	2	12	25		2 191
4. Ndala 1896	3	2	4	8	575	174	49	22	9	2	19	16		3 252
5. Tabora (Unyanyembe) 1900	3	—	—	—	290	300	21	24	31	7	25	56		22 441
6. Marienthal (Ulungwa) 1902	3	1	—	3	147	160	19	10	5	1	26	—		8 540
7. Friedberg (Usambiro) 1904	2	—	4	—	209	150	144	11	50	5	35	—	19 Armenapotheken, 13 Epitäler, 18 Waisenhäuser	3 949
8. Mugaga (Urundi) 1896	3	1	—	15	626	820	145	30	95	5	560	125		5 050
9. Mugera (Urundi) 1899	3	—	4	17	988	1271	52	61	72	3	80	—	61 Waisenhäuser	18 215
10. Marienheim (Buhonga, Urundi) 1902	3	1	—	9	290	320	76	24	56	—	62	76		20 950
11. Marienseen (Kanyinya, Urundi) 1905	3	—	—	5	263	745	—	22	30	3	35	—		15 600
12. Neu-Trier (Sraku) 1907	3	1	—	—	7	12	—	—	7	1	36	—		2 848
13. Turu 1909	3	—	—	—	17	14	—	2	—	—	12	—		1 192
14. Rugari (Urundi) 1909	2	—	—	1	—	130	—	—	20	2	320	20		14 400
Zusammen	41	10	19	76	6457	4323	578	273	435	37	1439	401	50	145 772

Name der Station (nebst Landschaft und Gründungsjahr)	Patres	Brüder	Schwestern	Kate-chisten	Christen	Katechu-menen	Taufen Erwach-sener	Taufen v. Christen-kindern	Taufen in Todes-gefahr	Schulen	Knaben	Mädchen	Charita-tive An-stalten	Gepflegte Kranken
Bezirk Bukoba.														
1. Bukoba (Kyamtwara) 1910	3	1	—	9	205	322	22	43	10	9	136	21		10 853
2. Marienberg (Kyamtwara) 1892	4	1	6	23	2 517	1 637	112	92	107	26	465	173		20 834
3. Bwanja (Kiziba) 1902	2	—	—	16	1 148	196	73	38	106	11	150	50		3 600
4. Kagondo (Kyanja) 1903	3	1	5	17	518	2 034	102	27	65	2	74	78		37 768
5. Rubia-Mission (Shangiro) 1904	3	1	—	3	325	259	69	16	43	2	62	36		5 760
6. " Seminar 1903[2]	5	—	—	—	—	—	—	—	—	2	80	—		—
7. Katoke (Uhwi) 1897	3	—	—	9	395	275	25	17	32	3	70	—		3 000
Bezirk Muansa.														
8. Muansa 1907	2	1	—	—	152	53	3	5	3	1	16	—		910
9. Bukumbi 1883	3	—	—	7	1 020	367	28	52	33	2	57	32		1 800
10. Nsumbied (Ukerewe) 1895	3	—	—	17	1 433	754	42	48	449	8	90	45		6 567
11. Marienhof (Ukerewe) 1906[3]	2	1	—	—	—	—	—	—	—	—	—	—		—
12. Kome 1900	2	2	—	7	541	485	31	18	18	2	50	—		6 540
13. Tjumpe (Usman) 1911	2	1	—	1	—	36	1	—	7	—	—	—		200
14. Nyegina (Bururi) 1897[4]	2	—	—	—	—	—	—	—	—	—	—	—		—
Bezirk Ruanda.														
15. Save (Ruanda) 1900	3	—	6	25	2 135	845	193	191	300	15	300	220		15 000
16. Naza (Kijaka) 1900	3	—	—	15	1 186	1 010	77	88	116	3	92	55		10 545
17. Nyundo (Bugone) 1901	3	1	6	6	1 863	1 548	283	165	247	2	35	89		13 000
18. Rwaza (Mulera) 1904	4	2	—	38	1 284	1 443	216	151	155	5	331	19		15 500
19. Mibirizi (Kinyaga) 1903	3	—	—	28	403	579	19	30	54	4	80	25		4 680
20. Kabgaye (Marangara) 1906	4	—	—	11	184	436	43	16	72	2	172	120		5 755
21. Rulindo 1909	2	1	—	3	16	400	12	1	25	1	70	12		3 680
22. Nyarubengeri 1910	2	1	—	3	18	254	—	1	17	2	53	38		2 850
23. Murunda 1909	2	—	—	3	—	270	—	—	7	1	35	—		—
Zusammen	62	15	23	241	15 343	13 203	1 351	999	1 866	103	2 418	1 013	45	168 842

Charitative Anstalten: 19 Armenapotheken, 7 Spitäler, 19 Waisenhäuser (Zahlen vom dortigen Jahre)

Negerjustiz. — Gepfählter Kuhdieb.

Dem Unglücklichen hat man zur Strafe eine spitze Stange durch den ganzen Körper getrieben.

Unsere schwarzen Christen und die heilige Eucharistie.

Von P. Max Donders.

Scheinbarer oder wirklicher Erfolg?

Schon mancher Leser dieser Blätter hat seine Verwunderung geäußert, wenn wir ihm von dem Aufschwung des christlichen Lebens in den Negerländern berichteten. Der eine oder andere aber, dem wir mündlich eine Reihe erbaulicher Züge aus unseren christlichen Gemeinden erzählten, hat gemeint, das erinnere ja an die ersten christlichen Zeiten. Und damit hatte er zweifellos recht.

Nun müssen wir freilich bedenken, daß beim Licht auch der Schatten nicht fehlt. Auch in der Urkirche hat es nicht an beklagenswerten Erscheinungen, großen Aergernissen, bittern Enttäuschungen gemangelt. Man lese einmal die Briefe der Apostel, zum Beispiel den 2. Brief des hl. Paulus an die Korinther.

Also die Missionen beklagen gar manches verirrte Schäflein, das eben nicht den Mut gehabt hat, seinem Taufversprechen treu zu bleiben, das „schwach geworden" ist, wie der Neger sich ausdrückt, d. h. dem Spott der Heiden, dem bösen Beispiel auf die Dauer nicht widerstanden hat.

Wer sich darüber wundert, der kennt nicht das Menschenherz und die menschliche Gebrechlichkeit, und der kennt sich nicht einmal selbst.

Dann ist es auch eine billige und unvernünftige Behauptung, wenn man hie und da immer noch hören und lesen kann, die Missionen erreichten nichts bei den Schwarzen, weil diese gelegentlich immer noch das Lügen und Stehlen nicht lassen könnten und auch von ihrem Aberglauben nicht ganz kuriert seien. Als wenn so etwas bloß bei den Negern vorkäme! Als wenn die weißen Christen lauter Muster wären!

Da aber solche Behauptungen zum eisernen Bestand mancher Kreise gehören und unbesehen einfach übernommen werden, so wollen wir dabei diesmal nicht verweilen, zumal da nicht nur Missionare, sondern auch andere einsichtsvolle Männer dies oberflächliche und vollständig falsche Urteil oft zurückgewiesen haben.

Wir Missionare freuen uns der offenkundigen Umwandlung, die im Schoße der christlichen Gemeinde sich vollzieht und b e w u n d e r n — — gerade wie so viele unserer Leser — das Walten der göttlichen Gnade.

Vor zwei, drei Jahren waren diese guten Christen noch vom Wahn des Heidentums, des Geisterglaubens, des Fetischismus umfangen; heute sind sie wohl unterrichtet über ihr Ziel und Ende und den schmalen Weg, der zum Leben führt, d. h. die christlichen Pflichten. Damals waren es noch grausame, unzugängliche Wilde, ohne Mitgefühl für andere, ohne den einfachsten Begriff der Nächsten= oder gar Feindes= liebe, heute zeigen sich überall Keime und Blüten der edelsten Tugenden. Vor zwei Jahren tranken sie die Sünde und Ungerechtigkeit wie Wasser, und heute ist ihr christliches Gewissen so zart, daß sich der Missionar, der ihr Inneres kennt, daran erbaut.

Niemand, der die Missionen im Negerlande kennt oder auch nur regelmäßig die Briefe der Missionare liest, wird das leugnen. Woher sonst auch die bekannte Erscheinung, daß es den Missionar, den der

Wille des Obern in Europa zurückhält, wie Heimweh befällt nach seinen schwarzen Kindern? Woher das, wenn bei all der Mühe und Arbeit in Afrika nichts herauskommt?

Eine Frage und eine Antwort.

Aber wie erklärt sich denn hauptsächlich dieses Aufblühen christlichen Lebens unter den schwarzen Christen? Und ich antworte: Diese herr= lichen Früchte christlichen Tugendlebens bringt derjenige hervor, der da Stärke und Liebe selbst ist, jenes Brot, das alle Kraft und Süßigkeit in sich enthält. Es ist unser „Emmanuel", unser Herr und Heiland im heiligsten Sakrament.

Der schwarze Christ, der nach vier langen und oft bangen Jahren der Vorbereitung, des Unterrichts, der Prüfung, des sehnlichen Ver= langens, die hl. Taufe empfängt, erhält damit ein g a n z n e u e s L e b e n, ein übernatürliches Leben, das ihn aus der irdischen, sinnlichen, rein natürlichen Sphäre hinaushebt und ihm Anteil am göttlichen Leben verleiht.

Wie wahr das ist, und wie selbst der Neger das empfindet und versteht, das zeigt folgender Zug.

Einst fragte ich einen jungen Schwarzen von etwa 25 Jahren, wie alt er sei.

„Zwei Jahre", lautete die Antwort.

„Nein", sagte ich lächelnd, „du bist wenigstens 22 Jahre alt."

„Ach, Pater", meinte er treuherzig, „du fragst mich, wann meine Mutter mich geboren hat. Wie kann ich das wissen? Ich meinte, du wolltest wissen, wann ich getauft sei; denn davor, Pater, davor habe ich nicht gelebt!" —

Aber unsere schwarzen Christen fühlen auch recht gut, daß dies neue Leben der S t ä r k u n g u n d K r ä f t i g u n g bedarf. Sie fühlen recht gut, und oft viel inniger als wir, daß sie, um Kraft und Mut zu schöpfen, oft zu dem gehen müssen, in dem die göttliche und menschliche Natur sich vereinigt hat, der uns nicht bloß durch Wort und Beispiel, sondern mit seinem gottmenschlichen Fleisch und Blut nähren und stärken will zum christlichen, zum ewigen Leben.

Unsere schwarzen Christen und ihre Liebe zum Altarssakrament.

Tritt ein, lieber Leser, in eine unserer Missionskirchen, eine jener vielen, die schon längst der stets zunehmenden Zahl der Christen wegen aus dem Stadium der provisorischen Missionskapelle herausgewachsen ist. So arm und dürftig es da auch aussehen mag, dort wohnt unter seinen schwarzen Kindern der Erlöser der Welt, der König der Ewigkeit, der treue Freund aller Armen und Kleinen. S e l t e n, höchst selten wirst du ihn im Sakrament der Liebe vereinsamt und verlassen finden. Jeder= zeit kniet da auf den rauhen Grasmatten eine Anzahl andächtiger Schwarzen. „Sie sprechen mit dem König", und es ist gar keine Seltenheit, daß dieses Gespräch eine Stunde und länger dauert. Andere beten den Rosenkranz — den haben sie immer bei sich, oder bereiten sich auf die Beichte vor oder beten ihre Buße.

Fast in allen unsern Stationen ist mir aufgefallen, mit welchem Eifer unsere Schwarzen den hl. Kreuzweg gehen. Auch beim allgemeinen Kreuzweg ist die Kirche so voll wie am Sonntage.

Und wenn du dann hinausgehst, so begegnest du sicher dem einen oder andern, der einen kleinen Besuch im Gotteshause machen will, und wenn du ihn fragst, was er vorhabe, so antwortet er dir freundlich: „Ninyija kukurata Omukama: ich gehe, um beim König den Hof zu machen." (So drückt sich der Neger aus, wenn er dem Groß= häuptling seinen Huldigungsbesuch macht.)

Meine jungen Schwarzen in der Stationsschule zu Bwanja gingen aus eigenem Antrieb in der Schulpause zum Gotteshaus, und wenn sie sich auf den Heimweg machten, führte ihr Weg zuerst wieder zum Hei= land im Sakrament. Ich erinnere mich nicht, das jemals ausdrücklich empfohlen zu haben; es bedurfte dessen nicht.

Wenn ich morgens um 5 Uhr die Kirche öffnete, fand ich draußen immer eine gute Anzahl Christen, die da im Halbdunkel stand und war= tete. Dann schlüpften sie herein wie dunkle Schatten und knieten nieder auf der Matte oder auf dem Teppich von sorgfältig geschichteten Gräsern und verharrten im Gebet bis zur hl. Messe, die um 6 Uhr begann.

Man beurteilt nicht mit Unrecht den Stand des christlichen Lebens in einer Pfarrei nach der Beteiligung am hl. Meßopfer auch an Werktagen. So viel ist gewiß, daß das Opfer des Altares, die unblu= tige Erneuerung des Kreuzesopfers selber, die allererste und vornehmste Art der Gottesverehrung ist, der Mittelpunkt und Brennpunkt, von dem alles christliche Leben ausgeht, und auf den es zurückflutet.

Diese ihm gebührende Rolle spielt das hl. Meßopfer bei den schwarzen Christen.

Bei Tagesgrauen erklingt, zwar nicht die Stimme der Kirchen= glocken — die gibt es in Innerafrika nicht, sondern der dumpfe Ton der Kriegstrommel. Früher hat dieselbe Trommel zu Kampf und Krieg gerufen; auf ihren Schall strömten Männer im Kriegsputz mit blitzen= dem Speer beim Häuptling zusammen.

Und jetzt ruft diese selbe Trommel jeden, der kann und will, zum Gotteshause, zu den Füßen des Heilandes, wo Streit und Unfrieden verstummt, und wo Ruhe und Liebe wohnt.

Wer immer in der Nähe der Mission seine Hütte hat, der eilt her= bei. Nun beginnt der schwarze Katechist das Morgengebet, das er mit lauter Stimme vorbetet. Dann tönt wieder die Trommel draußen; die Christen in der Kirche beten den Engel des Herrn, und der dumpfe Schlag der Trommel trägt die Kunde vom Geheimnis der Menschwer= dung in die Runde.

Inzwischen ist es sechs Uhr geworden. Ziemlich unvermittelt er= hebt sich der feurige Sonnenball über dem Nyanza=See im Osten. Da tritt der Priester an den Altar. In dichten Reihen stehen die Christen im Schiff des Gotteshauses, rechts die Männer und Zöglinge, links die Frauen und Mädchen, und wohnen andächtig dem hl. Opfer an. Ein Anblick, der sich jedem, der das gesehen, unauslöschlich einprägt.

Des Abends um halb sechs, wenn schon die Sonne sich anschickt, zur Rüste zu gehen und hinter den Bergen Kokis und Karagwes zu verschwinden, dann erklingt abermals die mächtige Stimme der Trommel. Sie kündigt Feierabend an und ruft die Christen wieder zu Füßen des Heilandes im Sakrament. Gemeinsames Abendgebet, gemeinsamer

Dank, gemeinsame Gewissenserforschung und Reue und gemeinsame Für=
bitten, und dann wieder der Engel des Herrn.

Welches Bild des Friedens, wenn dann die schwarzen Christen
heimwärts wallen, in traulichem Geplauder, während die muntere Jugend
dem Missionare wohl noch schnell einen seltenen Käfer, einen Schmetter=
ling bringt, natürlich beim Einfangen schrecklich zugerichtet; überdies hat
der Kleine das Tierchen stundenlang in einem Knoten seines Schurzes
mit herumgetragen.

Was aber auf den Neuankömmling am meisten Eindruck macht,
das ist der Sonntagmorgen. Zum Schlag der dicken Kriegstrommel
gesellen sich alsdann noch vier oder fünf kleinere Trommeln. Und sieh!
in dem dichten Grün der Bananenhaine tauchen allüberall die schönsten
weißen Sonntagsgewänder auf aus Marduf und Basta, und wie sie
alle heißen, die Lieblingsstoffe des Schwarzen; auf allen Wegen und
Pfaden zieht's strahlendweiß im Sonnenlicht heran, und von den
Hügeln und Bergen steigt's herab, und das alles wallt der Mission zu
und in die Kirche hinein. Die Lanze läßt man draußen stehen, ebenso
die seltenen Holzsandalen, oder den Regenschirm, der zuweilen nichts
anderes ist, als ein Bananenblatt. Nun stehen sie da, in der Kirche,
lautlos, Kopf an Kopf, in tadelloser Ordnung; da ist kein Kopf, der
sich neugierig dreht, kein Gesicht, das sich beim Anblick eines Bekannten
zum Lächeln verzieht. Wenn aber das Asperges oder Gloria von den
Lippen des Priesters klingt, oder einer der andern liturgischen Gesänge,
so fällt alles ein, wie nur in den bestgeordneten Gemeinden Europas.

Diese Andacht, diese Einmütigkeit und Freude, mit der die schwar=
zen Christen im Heidenland dem Heiland Ehre und Preis singen, ver=
eint mit der ganzen Kirche Christi auf Erden — das alles erhebt das
Herz des jungen Glaubensboten; er fühlt sich zu Hause, er sieht, daß
das Feld, das ihm Gott angewiesen, der Arbeit und des Schweißes lohnt.

Freilich muß ich gestehen, daß der Gesang der Schwarzen nichts
vom Gesang der Engel auf Bethlehems Flur an sich hat, so wie ich mir
den Engelsgesang denke, noch an das Muttergottes Wiegenlied, wenn
sie den kleinen Jesusknaben in Schlummer sang, aber wenn ich auf die
gute Absicht und die andächtigen Gesichter schaue, so bin ich versöhnt
mit den haarsträubenden Dissonanzen und denke mir, der Heiland nimmt
noch viel mehr Rücksicht, als wir Missionare; er liebt diese schwarzen
Menschen, die er um so hohen Preis erlöst hat, und will, daß auch sie
ihr Hosanna und Alleluja mit dem der Cherubim vereinigen.

Wir brauchen uns also nicht zu wundern über die wunderbare
Umwandlung, die sich bei den getauften Schwarzen allmählich vollzieht.
Sie erfüllen nicht nur alle ihre Pflichten gegen den Herrn im Sakra=
ment, sondern besuchen ihn auch oft und gern. Was wunder, wenn die Güte
und Milde Christi nach und nach die harte Rinde der Selbstsucht erweicht und
im täglichen Verkehr diese Herzen einigermaßen nach seinem Herzen bildet!

Unsere schwarzen Christen und die heilige Kommunion.

Woran das Herz wahrhaft hängt, danach sehnt es sich, das möchte
es besitzen, mit dem möchte es eines sein. Das wußte niemand besser
als der Heiland, und darum hat er auch ein Mittel ersonnen, sich mit

den Menschenkindern so innig zu vereinigen, wie es eine innigere Art der Vereinigung nicht gibt. Wir meinen die heilige Kommunion.

Wir berichteten kürzlich aus der Station Chilonga (Nyassaland), die empfindlichste Strafe für einige Christen habe darin bestanden, daß sie vom Empfang der hl. Kommunion ausgeschlossen wurden.

Der Schwarze sieht sehr gut ein, daß ebenso wie der Leib, so auch die Seele der Nahrung bedarf, die da die Kräfte erhält und stärkt.

Der Missionar, der uns das mitteilte, bemerkte: Von meinen 250 Neubekehrten, die überhaupt die hl. Kommunion empfangen können, gehen 140 bis 150 jeden Sonntag zum Tisch des Herrn; an Werktagen teile er im Durchschnitt 30 hl. Kommunionen aus.

Die Station Villa Marina sieht keinen einzigen Tag im Jahre weniger als 100 Schwarze an der Kommunionbank. Die Jahresziffer der Beichten beträgt in derselben Station 59 000, die der hl. Kommunionen 101 847. „Allerdings", fügt P. Gorju, der das berichtet, bei, „welche Arbeitssumme entfällt damit auch auf die paar Missionare der Station!"

Die Mission Rubaga steht ihrer Schwesterstation nicht nach; sie hat sogar noch etwas höhere Ziffern. Lassen wir dem P. Moullec das Wort:

„In der festen Ueberzeugung, daß Gott der Herr die Hauptarbeit in der Seele unserer schwarzen Pfarrkinder tun muß, und daß vor allem er selber sie in der beharrlichen Uebung des Guten und im Stand der Gnaden erhalten muß, ermuntern wir unablässig unsere Christen zum häufigen Empfang der hl. Kommunion. Dies Jahr haben wir 104 971 Kommunionen in der Kirche zu Rubaga gespendet, dazu noch 8 112 auf unsern Reisen im Bering der Station."

Doch lassen wir einmal diese großen Stationen mit ihrer zahlreichen christlichen Bevölkerung außer acht, und wenden wir uns zu einem bescheideneren Posten. Da ist z. B. die Station Kisubi.

War das vor Jahren ein Leben in Kisubi! Fruchtbares Gelände ringsum, herrliche kraft- und saftstrotzende Bananenhaine, in der Nähe der Nyanza=See mit seinem unerschöpflichen Reichtum an Fischen, und vor allem ein glückliches Völkchen, das keine Not und Armut kannte. Da kam die Schlafkrankheit, und mit ihr unnennbares Leid; die dichte Bevölkerung schmolz zusammen und beträgt heute nur noch 1246 Seelen.

Aber was Kisubis arme Christen auszeichnet, das ist ein wahrer Hunger nach dem Brote des Lebens. P. van Ertryck gibt als Jahresziffer 28 344 hl. Kommunionen an. Pius' X. väterlich=dringliche Mahnung ist also dort nicht ergebnislos gewesen. In den ersten zwei Monaten nach den Oster=Exerzitien wurden 2337 und 2443 Kommunionen ausgeteilt.

Das sind erfreuliche Ziffern für diese eine kleine Station Kisubi, und wie müssen sie den Herrn im hl. Sakrament gefreut und getröstet haben!

Ueber 200 Christen gehen jeden Sonntag zum Tisch des Herrn, und an Werktagen durchschnittlich 40.[1]

---

[1] Zur richtigen Beurteilung dieser Ziffern beachte man, daß bei uns in Europa die Christen gruppiert wohnen, in meist geringer Entfernung von der Pfarrkirche. In Afrika dagegen wohnt meist eine ganz geringe Zahl rings um die Mission; die meisten Christen sind stundenweit, ja, Tagereisen weit entfernt. Daher ist z. B. die Zahl 40 für tägliche Kommunionen sicherlich hoch.

So könnten wir alle 115 Zentralstationen durchwandern, wo unsere Missionare den Schwarzen die frohe Botschaft verkünden. Wir würden gewahren, daß überall die jungen christlichen Gemeinden wetteifern im häufigen andächtigen Empfang der hl. Kommunion.

Allein das würde ermüdend wirken. Wir geben darum zum Schluß nur noch eine Uebersicht über den Empfang der hl. Sakramente in unseren afrikanischen Missionsgebieten im Laufe der letzten Jahre:

Jahr	Beichten	Kommunionen
1898	181 798	174 778
1899	249 107	244 837
1900	291 432	286 206
1901	395 068	387 946
1902	435 940	440 344
1903	485 942	473 668
1904	530 898	529 602
1905	603 101	593 466
1906	661 456	636 259
1907	719 227	784 259
1908	789 372	1 027 939
1909	906 781	1 479 999
1910	998 251	1 767 778
In Summa	7 251 373	8 827 081

*   *   *

Damit ist die Frage, die wir eingangs gestellt haben, gelöst.

Nochmals: Wir wollen nicht behaupten, daß alle diese guten Schwarzen Musterchristen oder gar Heilige seien; man denke doch nur an die heidnische Umgebung, an das heidnische Blut, das noch in den Adern dieser jungen Christen rollt. Es liegt uns auch ferne, Vergleiche anzustellen zwischen Europa und Afrika. Es kommt uns hier darauf an, zu zeigen, daß die christlichen Neger im großen Ganzen sehr guten Willen, redliches Bemühen an den Tag legen, daß sie wissen, wo die Quelle der Kraft und des Mutes zu finden ist, und daß sie aus ihr schöpfen, obwohl auch für sie der Empfang der hl. Sakramente oft mit vielen Beschwerden verbunden ist — oft viel größeren als bei uns.

Unsere schwarzen Christen treten in täglichen innigen Verkehr mit dem Heiland im allerheiligsten Sakrament. Sie treten ferner oft zum heiligen Gastmahl, um das Brot der Engel, Christi heiliges und reinstes Fleisch und Blut zu genießen. Diese Himmelsspeise aber bringt Wunder der Umgestaltung und Erneuerung auch im schwarzen Christen zustande; sie teilt ihm das Leben der Gnade in seiner Fülle mit und damit christliches, weil Christi Empfinden, Denken, Tugendleben.

Nur zweierlei ist zu beklagen, und das ist ja unser steter Refrain:

Erstens die geringe Zahl der Arbeiter, die den Weinberg des Herrn im Negerland bestellen helfen.

Und zweitens, daß so viel Kapital an Kraft und Intelligenz und Geld verschwendet wird in der Jagd nach irdischer Lust, im Dienst der Eitelkeit und Genußsucht, Kapital, das so Herrliches wirken könnte im Heidenland zu Gottes Ehre und zum Segen für die Neger!

„Sendbote des göttl. Herzens Jesu" Nr. 7 u. 8.

Schwester Luise (X) mit ihren Gefährtinnen vor der Abreise nach Zentralafrika.

Schwester Luise von Eprevier aus der Gesellschaft der Weißen Schwestern.

(Ein Lebensbild aus der neueren Missionsgeschichte.)
Von P. Matthias Hallfell.   (Fortsetzung.)

11. Auf Missionspfaden.

Schwester Luise hatte bereits 15 Jahre im Dienste der Mission zugebracht (1888—1903). Die vorausgegangenen Ausführungen haben dargetan, mit welch vorbildlicher Hingebung sie für das **innere Wachstum** der Genossenschaft sorgte, mit welch' heldenmütiger Selbstlosigkeit sie die nötigen Geldmittel aufbrachte, welche für die Aufrechterhaltung und Entwicklung der nord= und innerafrikanischen Missionen unerläßlich waren. Durch alles das hat sie zweifelsohne das Missionswerk merklich gefördert; aber, wie es die Natur der Sache mit sich bringt, nur **mittelbar**.

Mit dem Jahre 1903 jedoch gewinnt es den Anschein, als ob es ihr auch vergönnt sein sollte, **unmittelbar** an der Missionsarbeit in den heidnischen Gegenden Mittel=Afrikas teilzunehmen.

Ungefähr **zehn Jahre** waren bereits verflossen, seitdem die Weißen Schwestern dort ihre Tätigkeit begonnen hatten.[1]

---

[1] Am 7. Juni 1894 nahmen die fünf ersten von Marseille aus ihren Weg nach Afrika und erreichten im Oktober des gleichen Jahres Uschirombo im Apostol. Vikariate Unnanyembe (Deutsch=Ostafrika). Dieser Auszug war für die kleine Genossenschaft ein Ereignis, und der Abschied vom Mutterhause sehr rührend. Die

In der Zwischenzeit aber war es den Obern nicht möglich gewesen,
an Ort und Stelle die Missionsarbeit in Augenschein zu nehmen oder
durch das lebendige, gesprochene Wort die einzelnen Missionsschwestern
in ihrem schönen, aber schwierigen Berufe zu bestärken. Die brief=
lichen Mitteilungen und Unterweisungen bieten auf die Dauer dafür
keinen vollgiltigen Ersatz.

Eine regelrechte Visitation war daher am Platze. Dieselbe schien
um so eher angebracht, als die Genossenschaft durch die Gründung von
zehn neuen Niederlassungen in Mittelafrika einen bedeutenden Zuwachs
erfahren hatte.

Da mußte den Obern viel daran gelegen sein, sich selber davon zu
überzeugen, ob überall der ursprüngliche Geist der Genossenschaft, der
Geist der Demut, der Armut, des Eifers für das Heil der Seelen, lebendig
und wirksam sei: eine Aufgabe, zu deren glücklicher Lösung viel Erfah=
rung, Umsicht und Klugheit, aber auch recht beschwerliche und zeitraubende
Reisen erforderlich waren.

An erster Stelle wäre die Generaloberin selber dazu berufen ge=
wesen; aber man bedenke, daß sie weit über ein Jahr vom Mutterhause
hätte abwesend sein müssen, und man wird verstehen, daß sie sich in
dieser wichtigen Angelegenheit vertreten ließ. Unter diesen Umständen war
es Schwester Luise, die den schwierigen Auftrag erhielt, eine Visi=
tationsreise nach Zentralafrika zu unternehmen. Wir wissen ge=
nugsam, was sie dafür empfahl. Die allermeisten Schwestern waren ihr
persönlich bekannt. Umgekehrt erfreute sie sich bei allen der größten
Wertschätzung und Liebe. Die sorgfältige Erziehung, die sie in Familie
und Schule genossen, hatte sie im Kloster unter dem Lichte der ewigen
Wahrheiten und der Wärme eines regen Gebetslebens immer weiter
geführt; die reichen geistigen Anlagen, die sie von Jugend an durch
Studium, Lektüre und Beobachtungen gepflegt, waren durch eine 15jährige
Erfahrung in Führung der Geschäfte und Leitung der Schwestern unge=
mein erweitert worden.

Dazu kam, daß sie von Natur aus unternehmend und opferfreudig
war und sich unter der Einwirkung der göttlichen Gnade zu den Mühen
und Leiden der afrikanischen Negermission unwiderstehlich hingezogen fühlte.

Fürwahr: Natur und Gnade schienen sich vereinigt zu haben, um
Schwester Luise für die wichtige Sendung auszurüsten.

Ihre körperliche Konstitution und Gesundheit wurde von den Aerzten
als durchaus gut und widerstandsfähig befunden. Zudem war die Er=

Generaloberin, begleitet von ihrer Assistentin, wohnte der Einschiffung bei. Im
Augenblick der Trennung erschien der hochwürdigste Generalobere der Weißen Väter,
Bischof Livinhac, und gab vor der Abfahrt den Schwestern seinen bischöflichen
Segen. Die Ueberfahrt ging glücklich von statten. Die Oberin der kleinen Reise=
genossenschaft, Schwester Hieronyma Baumeister aus Unsleben (Bayern), opferte
sich ganz für das Wohl ihrer Töchter auf. Sie stammte aus einer Familie von
Missionären, und es war ihr ein ganz natürliches Bedürfnis, für andere zu sorgen.
Ihr Bruder hatte schon sein Leben in der Mission Gott zum Opfer gebracht. Auf
dem Wege zwischen Tabora und Kaduma war er von der Lanze eines Wilden
durchbohrt worden. Ihr alter Onkel arbeitete ebenfalls seit 15 Jahren in den
Missionen am Tanganikasee, während ihre Schwester als Oberin einem Waisen=
hause in Algier vorstand.

fahrung einer 15jährigen harten Arbeit da, die ihr das denkbar beste Zeugnis ausstellte.

Im festen Vertrauen, daß der liebe Gott mit der geplanten Visitationsreise nach Zentralafrika besondere Segnungen für die Genossenschaft und die Missionsarbeit der Schwestern verbinden werde, gab die Generaloberin ihre Einwilligung dazu. Um ihrer langjährigen Mitarbeiterin ein Zeichen der Liebe und Anhänglichkeit zu geben, reiste sie selber mit bis nach Marseille. Da bestieg Schwester Luise mit noch sechs andern Schwestern am 9. September 1904 den Dampfer „Herzog" und erreichte am 23. September wohlbehalten die englische Hafenstadt Mombasa an der Ostküste Zentralafrikas.

Die englische Ugandabahn brachte sie mit ihren Gefährtinnen von dort nach Port=Florence am Nordostende des Viktoria=Nyansa. Auf dem Dampfer „Winifred", der den Verkehr auf dem großen Binnensee vermittelt, erreichte sie Uganda und sah sich damit auf einmal am Ziele ihrer Wünsche, in dem heißersehnten Missionslande.

In ihren umfangreichen und sorgfältig geführten Tagebüchern entwirft sie ein anschauliches Bild von der segensreichen Tätigkeit der Missionsschwestern. Um es voll und ganz auf sich wirken zu lassen, habe man vorerst Land und Leute vor Augen.

12. In Uganda.

Uganda dehnt sich halbkreisförmig längs des Nord= und Nordwestufers des Viktoriasees aus. Der dem See zunächst gelegene Landstrich ist hügelig. Nach dem Innern zu öffnen sich die Täler immer mehr, um nach und nach fast ebenem Gelände Platz zu machen. Letzteres behauptet sich weit nach Nordwest.

Dringt man aber weiter nach Westen und besonders nach Südwesten vor, so kommt man wieder in bergige Gegenden, die allmählich immer höher ansteigen, bis sich schließlich am Ufer des Albertsees gewaltige, schneebedeckte Bergriesen auftürmen.

Die landschaftliche Schönheit Ugandas ist entzückend. Sie hat an dem berühmten Afrikareisenden Stanley einen begeisterten Lobredner gefunden. Seine Schilderungen gelten vorab der Umgegend der Hauptstadt Rubaga.

„Nach allen Seiten breitete sich in großartigen Wellenlinien ein üppiges Land im Sonnenglanze aus, strotzend von Fruchtbarkeit und im Grün des Frühsommers prangend, dabei durch die sanften, von dem großen äquatorialen Süßwassersee herüberwehenden Winde abgekühlt.[1]

Isolierte Bergkegel oder quadratische, tafelförmige Massen stiegen aus der wunderschönen Landschaft empor, um wie Mysterien die Blicke des wißbegierigen Fremden an sich zu ziehen; Dörfer und Bananenhaine mit noch frischerem Grün, die bis in weite Fernen auf dem Kamm der schwellenden Bergrücken standen, verkündeten, daß Mtesa (der damalige König) ein Land besaß, das wohl wert war, geliebt zu werden. Dunkle Schlangenlinien bezeichneten die Windungen tiefer, mit Bäumen

---

[1] Obgleich Uganda fast unter dem Aequator liegt, so hat es doch ein verhältnismäßig mildes Klima. Das Thermometer steigt kaum über 33⁰ C. und sinkt fast nie unter 10⁰ C. Durchschnittlich bewegt es sich zwischen 16⁰ und 27⁰ C.

sanftem Wellenschlag bewegten Talgründe und Abhänge markierten die
dicht bewachsener Schluchten, und die grasbedeckten Flächen der wie von
Weidenplätze. Breitere Bodensenkungen ließen kultivierte Gärten und
Getreidefelder vermuten, während wir an dem fernen Horizonte die
Schönheit und die Reize des Landes im bläulichen Nebel verschwinden sahen."

Und Emin Pascha, welcher im Jahre 1878 sich vorübergehend in
Rubaga aufhielt, schildert einen Ausflug nach dem Seeufer folgender=
maßen (Reisebriefe S. 124): „Wie durch einen Garten marschieren wir
zwischen Bananenwäldern und Häusern dahin; hat der Mensch irgendwo
eine Lücke gelassen, so ist Mutter Natur um so eifriger bedacht gewesen,
sie zu füllen mit grandioser Grasvegetation und eleganten, schlanken
Bäumen. Undurchdringliche Dichte, Zufluchtsorte für die hier sehr
häufigen Leoparden, fassen bisweilen die Straßen ein, und das Auge
wird vom Betrachten all der Formen und Farben förmlich müde. In
den fast betäubenden Geruch einer zur Heckenbildung gebrauchten Liliacee
mischen sich die Düfte einiger Umbelliferen; -- wo ein Wasserfaden zum
See geht, haben sich förmliche Vegetationsnester gebildet, welche oft
einen Sumpfboden decken, oft auch am Wasserlaufe Galerien bilden.
Gigantische Bäume wiegen hier ihre luftigen Kronen in der Sonne,
während unter ihnen im tiefen, kühlen Schatten Schlingpflanzen aller
Art ihre Netze spannen. — So wechseln beständig künstliche und natür=
liche Gärten, — nur können sich jene, Bananen und süße Bataten, mit
diesen nicht messen, weder an malerischer Schönheit, noch an mannig=
faltiger Gliederung. Ein schönes, gesegnetes Land mit seinem roten
Boden, seinen grünen Gärten, seinen luftigen Bergen, seinen dunkeln,
lauschigen Tälern!"

Das ist Uganda. — Ein kurzes Wort über die Tierwelt des Landes.

Auch die ist reich. Von den Haustieren ist an erster Stelle
das Rind zu erwähnen. Es erfreut sich einer besonderen Pflege, die
in den Händen der „Baima" liegt, einem wahrscheinlich aus Aethopien
eingewanderten Hirtenvolke. Was dem Fremden an den Tieren auf=
fällt, ist der beträchtliche Fettwulst über dem Nacken, eine Eigentüm=
lichkeit, welche alle drei hier lebenden Rassen haben. Diese Rassen sind
äußerlich leicht erkenntlich. Die erste ist überhaupt hornlos; die zweite
hat ganz kleine Hörner, wohingegen die dritte Hörner trägt, welche im.
Vergleich zum übrigen Körperbau unverhältnismäßig lang und stark sind.

Bis zur Ankunft der Europäer scheint es dem Kgandaneger nicht
in den Sinn gekommen zu sein, die Kraft der Rinder zum Ziehen
oder Tragen nutzbar zu machen. Er verwertete das Fleisch — es
wird mehr als jedes andere Gericht geschätzt —, die Milch, die man
immer erst sauer werden läßt, ehe man sie trinkt, und schließlich die
Haut, welche man zu Kleidungsstücken verarbeitet. In letzter Zeit jedoch
fängt man auch damit an, die Tiere, insbesondere die Ochsen, zum
Ziehen und Tragen abzurichten.

Die Ziege ist äußerst häufig und kommt in mehreren Arten vor.
Sie ist durchweg feinhaarig und oft schneeweiß. Obwohl anspruchslos
in ihrer Nahrung, wird sie doch leicht fett und liefert ein vorzügliches
Fleisch. Der Milchgewinn ist gering, zumal da die Eingeborenen bis
zur Ankunft der Europäer sich nicht viel darum kümmerten.

Die Schafe sind nicht weniger zahlreich. Was sie bemerkenswert macht und im Werte steigen läßt, ist der ungeheure Fettschwanz, den sie nachschleppen. Sie liefern keine eigentliche Wolle. Vielleicht, daß die europäische Industrie Mittel und Wege findet, die dichten und langen Haare dieser Schafe zu verwerten.

Das Huhn heißt nkoko. Es ist kleiner, als das europäische Haushuhn. Man trifft die Hühner in großen Scharen auf allen Dörfern und Gehöften.

An Wild aller Art ist großer Ueberfluß. Wenngleich die Zahl der Elefanten gegen früher zurückgegangen ist, so ist sie immerhin noch groß. Die gewaltigen Tiere richten auf ihren nächtlichen Wande= rungen in den Gärten und Feldern der Eingeborenen große Verwüstungen an, insbesondere, wenn sie herdenweise in eine Pflanzung einbrechen.

Sehr gefürchtet ist der Büffel. Weniger gefährlich, weil unbe= holfener, ist das Rhinozeros oder Nashorn. Man trifft Rhinozerosse mit einem und mit zwei Hörnern. Das Zebra, dessen Fell sehr ge= schätzt wird, ist ziemlich häufig. Dann gibt es ungemein viele Anti= lopen und Gazellen, Hasen und Kaninchen.

Die Steppen und Dickichte beherbergen Löwen, Leoparden und Hyänen. Bei dem ungeheuren Wildreichtum ist es selten, daß sie den Menschen anfallen oder bis in die Nähe der Dörfer und Gehöfte kommen.

Anders der Schakal, der mit Vorliebe die menschlichen Woh= nungen umschleicht und in den Maisfeldern große Verheerungen anrichtet. Die Wildkatze endlich ist der Schrecken der Hühnerställe. In den

Das Schwesternhaus in Kagondo (Süd=Nyansa).

Wäldern wohnen Füchse, Schimpansen und verschiedene kleinere Affenarten, welche oft genug in den Pflanzungen eine wahre Zerstörungs= arbeit anrichten.

Der Viktoriasee ist ungemein fischreich, zudem der Tummelplatz vieler Flußpferde. An den Ufern des Sees und in den Zuflüssen hausen zahlreiche Krokodile. Die Vogelwelt, in vielen Arten vertreten, zeichnet sich durch Mannigfaltigkeit und Lebendigkeit der Färbung aus. Einen Vogelgesang jedoch, der sich in etwa mit dem der Heimat vergleichen ließe, kennt man nicht.

Diese einfache Aufzählung genügt, um sich von dem Reichtum der Tierwelt Ugandas zu überzeugen.

Auf eine erschöpfende Beschreibung des Landes müssen wir an dieser Stelle verzichten und darum hinweggehen über die Bodenschätze und Erzeugnisse, deren hauptsächlichste sind: Bananen, Süßkartoffeln (Bataten), Melonen, Hirse, Mais, Zuckerrohr, Hanf, Tabak, Kaffee, Reis und in letzter Zeit auch Baumwolle.

Die Bewohner des Landes, Baganda genannt, haben eine nach dem einstimmigen Urteile der Kenner wohlklingende und vokalreiche Sprache, ein ausgebildetes Staats= und Verwaltungswesen, sind tüchtig in Handel und Gewerbe. Hierüber, wie auch über die Verkehrs=, Wohnungs= und Kleidungsverhältnisse, über Heer und Flotte können wir uns nicht länger verbreiten. Doch soll noch kurz der religiösen Vorstellungen, sowie der eigentümlichen Charakter= anlagen des Volkes gedacht werden, die einerseits große Hindernisse, andererseits auch wieder einige günstige Vorbedingungen für die Annahme des Christentums bieten. So werden wir an der Hand der Tagebücher von Schwester Luise die geleistete Missionsarbeit um so besser würdigen können.

Die religiösen Vorstellungen werden beherrscht von dem Glauben an einen großen Gott, der die Welt erschaffen hat. Die Ba= ganda nennen ihn Katonda, d. h. „er hat geschaffen", kümmern sich aber recht herzlich wenig um ihn. Im Mittelpunkte ihres religiösen Lebens stehen die Geister, welche in zwei Familien zerfallen, die Natur= geister oder Lubare, und die Geister der Ahnen oder Mulimu, Muzimu. Lubare gibt es eine große Anzahl: einen Lubare des Regens, des Erd= bebens, des Gewitters; einen Lubare der den Baganda so gefährlichen Pocken und der andern, sie noch schwerer heimsuchenden Plage, der Pest (kaumpuli) usw. Diese gefährliche Krankheit herrschte im April 1881 so heftig, daß die Leute in Rubaga zu Hunderten dahin starben. Der König Mtesa wollte nicht einmal die Zahl der täglich Sterbenden wissen, um ja nicht die Geister noch mehr zu erzürnen. „Lassen wir die Plage an uns vorübergehen", pflegte er zu sagen; „dann mag man feststellen, welche und wie viele Leute gestorben sind." Als er einmal äußerte, die schreckliche Krankheit sei von Katonda geschickt worden, um die Menschen zur Buße anzutreiben, erhielt er von den Großen zur Ant= wort: „Nein, der Lubare der kaumpuli ist aufgebracht und rächt sich, daß man ihn bei Seite setzt, anstatt auf ihn zu hören." — Der einfluß= reichste und oberste Lubare ist der Mugassa oder Geist des Viktoria= Nyanza. Er hat die Oberaufsicht über den See, und die Seeleute und

Fischer sind deshalb stets eifrig darauf bedacht, ihn sich wohlgesinnt zu erhalten. Andere Dämonen sind Tschiwuka und Nenda, die Kriegs= götter, die auf Bäumen wohnen. Diesen bringt man lebendige Tiere zum Opfer, ehe es in den Krieg geht. Ein anderer Lubare ist der Ndaula, der mit einem alten Könige des Landes identisch zu sein scheint und auf dem Berge Gambaragara (Gordon Bennett) wohnt; er soll die Masern hervorbringen. Jeder Lubare nimmt von Zeit zu Zeit von einem Menschen Besitz, der ist dann Mandwa und soll übernatürliche Kräfte besitzen, Krankheiten heilen, Regen, Hunger und Krieg vorhersagen und veranlassen können. Der Mandwa wird als Gesandter der Geister an= gesehen und übt einen schrecklichen Einfluß aus auf das Volk und den Fürsten.

So stellte sich eines Tages ein solcher Mandwa am Hofe des Königs ein und sagte zu ihm, ohne ihn vorher zu grüßen:

„Ich bin Dein Vater Suna!"

„Was willst Du von mir?"

„Menschenopfer sollen die Erde röten, die meine Reste bedecken!"

Auf der Stelle ließ der König über vierhundert seiner Untertanen einfangen und erwürgen.

Selber zum höchsten Grade abergläubisch, hatte Mtesa in seinem Hause einen Fetisch, den er beständig verehrte und um Rat fragte. Und ehe er einen Beschluß faßte, ging er noch eine Menge Wahrsager um ihren Rat an. Wie der König, machen es seine Untertanen. Aus abergläu= bischen Wahnvorstellungen behängen sie sich ihre Häuser und alles, was ihnen gehört, mit zahllosen Amuletten. Letztere bestehen aus toten Eidechsen oder sonstigem, kriechendem Getier, Stückchen Holz oder Haut, Teilen von Nägeln oder gar Menschenleichen, Tierklauen, Vogelschnäbeln, kurz, aus den ungereimtesten Sachen.

Im Gefolge dieser Wirrnis im religiösen Denken und Fühlen war eine große Verkommenheit in den Sitten eingerissen. Das Empfinden für die Heiligkeit der Ehe, fremden Lebens und Besitztums schien aus= gelöscht. Ein großer Teil der Bevölkerung schmachtete in der Sklaverei. Durch Laster und Mißstände aller Art waren nach und nach die natür= lichen guten Anlagen des Bagandavolkes vollständig überwuchert und wirkungslos geworden. Aber durch das Christentum sind sie wieder freigelegt und fruchtbar gemacht worden. Und als Schwester Luise den Boden Ugandas betrat, war die Mission schon weit über die Anfangs= stadien hinaus. Sie traf eine wohlbegründete und organisierte **Neger= kirche,** die zu den schönsten Hoffnungen berechtigte. — (Forts. folgt.)

Kleine Mitteilungen.

Klerus und Heidenmission. Der Missionsgedanke ist im katholischen Deutsch= land in den letzten Jahren in großartiger Weise erblüht und erstarkt. Am 7. Mai hat nun in Münster auch eine Missionskonferenz des Diözesanklerus statt= gefunden. Mehr als 250 Geistliche waren erschienen. Man beschloß auf Antrag von Prof. Dr. Schmidlin, die Gründung einer **Missionsvereinigung des Münste= rischen Diözesanklerus.** — Der Vorstand der Vereinigung wurde sogleich gewählt. Er besteht aus einem Vertreter des Herrn Bischofs, mehreren Vertretern aus dem westfälischen, rheinischen und oldenburgischen Anteil der Diözese, Vertretern der

theologischen Fakultät und einem Vertreter der Religionslehrer. — Es sprachen
Professor Dr. Schmidlin über „die Pflicht der Teilnahme der Seelsorgsgeistlichen
an der Heidenmission", ferner P. Schwager S. V. D. über: „Die praktischen Mittel
zur Hebung des heimischen Missionswesens", in Predigt, Unterricht, Katechese,
durch privates und öffentliches Gebet, durch Förderung der Vereine; auch die Be=
deutung der Missionsfeste sei nicht zu unterschätzen. Die Tagung nahm unter
Leitung des Stadtdechanten Müer einen erfreulichen Verlauf; hoffen wir, daß
Münsters Beispiel Nachahmung finden wird! — Auf Vorschlag von
Prof. Meinertz beschloß man, die Verhandlungen und Vorträge in einer Broschüre
zu sammeln und sie so dem Klerus zugänglich zu machen.

Wechsel in den Kolonial=Gouverneurstellen. Zum Gouverneur von Togo
ist nunmehr Herzog Adolf Friedrich zu Mecklenburg, zum Gouverneur
von Deutsch=Ostafrika der Direktor im Reichskolonialamt, Dr. Schnee, und
als dessen Nachfolger der bisherige Gouverneur von Kamerun, Dr. Gleim, be=
stimmt worden. — Dr. Schnee, der neue Gouverneur von Deutsch=Ost=
afrika, trat 1897 als Regierungsassessor in das Auswärtige Amt ein. Von
1898 bis 1903 war er in der Südsee tätig, zuerst als Richter, dann als Stellver=
treter der Gouverneure von Neuguinea und Samoa. 1903 wurde er zum stän=
digen Hilfsarbeiter in der Kolonialabteilung ernannt. 1905 wurde er der Botschaft
in London als Beirat für koloniale Angelegenheiten zugeteilt und kehrte im nächsten
Jahre als Vortragender Rat in die Kolonialabteilung zurück. Er soll jetzt den
Freiherrn v. Rechenberg in Deutsch=Ostafrika ersetzen. — Der neue Direk=
tor im Reichskolonialamt, Dr. Gleim, ist schon seit 1896 im Kolo=
nialamt. Er war 1896—98 Gerichtsassessor in Lome (Togo) und dann bis 1899
Kanzler dortselbst. 1901 kam er, nachdem er Konsul in Französisch=Kongo ge=
wesen war, als Hilfsarbeiter ins Auswärtige Amt, wo er bis 1910 blieb, mit
Ausnahme einer Frist von 1904 bis 1905, in der er mit der Vertretung des Gou=
verneurs von Kamerun beauftragt war; 1910 wurde er Gouverneur von Kame=
run, mußte aber diesen Posten aus Gesundheitsrücksichten verlassen und wurde
Ende Januar dieses Jahres durch den Geheimen Oberregierungsrat Ebermaier
ersetzt. — Der bisherige Gouverneur von Deutsch=Ostafrika, Freiherr Albert
von Rechenberg, wurde am 15. September 1859 als Sohn des Wirkl. Lega=
tionsrats und Generalkonsuls Julius Frhr. v. Rechenberg in Madrid geboren.
Nach Ablegung des Assessorenexamens trat er 1889 in die Konsularabteilung des
Auswärtigen Amtes ein. Nach seinem Uebergang in die Kolonialabteilung war
er von 1893 bis 1895 als Richter und Bezirksamtmann in Deutsch=Ostafrika tätig,
und zwar in Tanga und Daressalam. Im folgenden Jahre kam er als Vize=
konsul und Konsularverweser nach Zanzibar und verwaltete, nachdem er 1898 zum
etatsmäßigen Konsul ernannt worden, das dortige Konsulat bis zum Jahre 1900.
1901 wurde Frhr. v. Rechenberg Konsul in Moskau und 1905 Generalkonsul in
Warschau. Von diesem Posten, den sein Vater lange Jahre bekleidet hatte, ging
er im Jahre 1906 als Nachfolger des Grafen Götzen wieder nach Deutsch=Ost=
afrika zurück.

Der neue Fahrplan der ostafrikanischen Zentralbahn. Für die Strecke
Daressalam (713 Kilometer; also etwas mehr als die Luftlinie Köln=Posen) ist von
der Direktion der Ostafrikanischen Zentralbahn soeben ein neuer Fahrplan zur
Ausgabe gelangt. Danach werden jetzt wöchentlich drei Züge von Daressalam
abgefertigt, von denen zwei bis zur vorläufigen Endstation Tura (demnächst Molongwe)
durchgeführt werden, während einer nur bis Morogoro fährt. Die Gesamtreise=
dauer beträgt 31 Stunden. An der Strecke liegen 35 Stationen. Für die Marsch=
strecke Daressalam=Tura waren früher 20 Tage und mehr nötig. Jetzt gelangt
man auf der Bahn in anderthalb Tagen mitten ins Zentrum von Deutsch=Ostafrika
und kann von hier aus in 16—18 Tagen den Tanganjika=See erreichen.

Der italienisch=türkische Krieg und die Gefahr des Islams. Bischof Spreiter
von Daressalam in Deutsch=Ostafrika schreibt: „Wie die hiesige Zeitung un=
widersprochen berichtet, kam anfangs Dezember 1911 ein italienisches Schiff nach
Sansibar, um seine Ladung zu löschen; aber Neger und Araber weigerten sich,
Hand anzulegen, und der Dampfer mußte unverrichteter Dinge wieder umkehren.
In wenigen Stunden hat man dann unter der Bevölkerung mehr als 60 000 Mark
gesammelt und, soviel ich weiß, der türkischen Regierung zur Verfügung gestellt.

Der türkisch-italienische Krieg hat, wie dieser Vorgang bezeugt, die islamische Welt enger zusammengeschlossen, als es bisher der Fall war, und zwar ganz spontan. Hier in Daressalam sollen sich die Mohammedaner und die verschiedenen Sekten der islamitischen Inder lebhaft für diesen Krieg interessieren. Alle Welt wünscht dem Staate, der ihn so unbegründet begonnen, eine verdiente Züchtigung. Wenn aber die Türkei siegt, so siegt mit ihr der Islam, und für die Missionen in Afrika und Asien und für alle Europäer können schwere Zeiten kommen. Die Arbeit der Mission wird ohne Zweifel schwieriger sich gestalten als bisher. Wenn die geheime Zentrale des Islam, die offenbar vorhanden ist, bisher schon an Proselyten klingende Münzen austeilen konnte, dann wird sie in Zukunft eine noch viel größere Gefahr werden. In meinem Arbeitsgebiete, und in anderen Missionsgebieten ist es ganz ähnlich, sind in den letzten Jahren wohl die meisten Jumben-Ortsvorsteher zum Islam übergetreten. Nur in der Nähe von Missionen gibt es wenige christliche Unterbeamte. Islamit zu sein, gilt als vornehm, als gebildet, als modern. Die Christen werden von den Islamiten nicht selten als Sklaven der Missionäre geschmäht, Christen in angesehener sozialer Stellung gibt es nur relativ sehr wenige. Da ist es kein Wunder, wenn der Islam ungeahnte Fortschritte macht. Beim Islam ist jeder Händler, jeder sogenannte Gläubige ein Missionär. Da braucht es kein drei- bis vierjähriges Katechumenat, keine Schulen, keine Kirchen, keine Kapellen, keine eigentlichen Missionäre. Die Beschneidung und einige unverstandene arabische Gebetsformeln genügen. Wenn nun der Krieg die islamitische Welt, die bisher trotz der losen Verbindung schon so große Expansionskraft zeigte, noch mehr zusammenschließt, und vielleicht sogar politisch, dann ist die Aussicht für die Zukunft nicht gerade erfreulich. Wir Missionäre werden wie bisher tun, was in unseren Kräften steht, um einmütig zu arbeiten, daß der Islam sich nicht weiter ausbreite, und wir hoffen zuversichtlich, daß man in der Heimat uns bei dieser Arbeit nicht vergessen wird."

(Korr. „Afrika".)

Der Missionar auf einem Krankenbesuch.

Empfehlenswerte Bücher und Zeitschriften.

Der Heiland ruft. Erster Religions- und Kommunionunterricht für die Hand frommer Eltern und Kinder samt den notwendigen Gebeten, von Albert Fuhrmans, Pfarrer in Essen a. d. Ruhr. 67 Seiten. Mit farbigem Titelbild, elegant brosch. 20 Pfg. Kevelaer, Butzon & Bercker.

Das Büchlein verfolgt den Zweck, die Kleinen gemäß den Weisungen des Dekrets vom 8. 8. 1910 auf die hl. Kommunion vorzubereiten.

Die Heidenmission. Unter besonderer Berücksichtigung der deutschen Kolonien. — Für Schule und Haus bearbeitet von Prof. Dr. Herm. Ditscheid, Religionslehrer in Coblenz. Mit Geleitworten von Provinzial P. Acker und Alois Fürst zu Löwenstein. Köln 1911 Verlag J. P. Bachem.

Dank sei dem Verfasser, der als Missionär für die Heidenmission mit diesem Büchlein auftritt, daß er den Versuch unternommen und — wie Fürst zu Löwenstein in seinem Geleitwort sagt, die Beweise für die Daseinsberechtigung der Heidenmission, ihre Geschichte und was jeder Katholik von den Missionen wissen muß, in aller Kürze eindrucksvoll und allgemein verständlich zur Darstellung bringt. — Auf 112 Seiten bietet das Büchlein in 7 Kapiteln in knapper, klarer Sprache eine Fülle von Stoff: Beweggründe zur christlichen Missionstätigkeit, — Missionsgedanken aus der hl. Schrift, — Anknüpfungspunkte im Katechismus, — Ueberblick über die Geschichte der Mission, — Die Mission in neuester Zeit, — Die Missionen in den deutschen Kolonien, — Rückblick und Ausblick. — Auch die evangelische Missionstätigkeit ist anerkennend berücksichtigt. Erzählungen aus dem Missionsleben, welche eingeflochten sind, gewähren der Darstellung, die ja meistens in trockenen Zahlen und Daten sich bewegen muß, Lebhaftigkeit, erhöhtes Interesse.

Möge das Büchlein weiteste Verbreitung, namentlich Eingang in Haus und Schule finden. Geistlichen und Lehrern wird es beim Religionsunterrichte wesentliche Dienste leisten, und ebenso den Leitern von Vereinen, Arbeiter-, Gesellen-, Jugendvereinen reichen Stoff zu Vereinsvorträgen bieten.

Kommet und kostet! Kommunionbuch von P. Sebastian von Oer, Benediktiner der Abtei St. Martin in Beuron. Mit Approbation des hochw. Herrn Erzbischofs von Freiburg und der Ordensobern. Mit einem Titelbild von Anna Freiin von Oer, 24° (XVI u. 580 S.) Freiburg 1912, Herdersche Verlagshandlung. Geb. M 2.— und höher.

In der Einleitung wird kurz die kirchliche Lehre vom Wesen der Eucharistie und die Geschichte des hochheiligen Sakraments dargestellt. Die darauf folgenden 30 kürzeren an Worte der Heiligen Schrift geknüpften Betrachtungen bieten in ihrer reichen Auswahl die wünschenswerte Abwechslung zur Vorbereitung und Danksagung. Sieben Meßandachten, alle für den am heiligen Gastmahl Teilnehmenden speziell eingerichtet, geben genügenden Stoff für die Mitfeier des heiligen Opfers. Sodann folgt eine größere Zahl von Gebeten vor und nach der Kommunion, herrliche Stellen aus kirchlichen Texten und Schriften der Heiligen, ferner Beichtgebete, eine Krankenkommunion und im Anhang einige Litaneien, passend gewählte Psalmen und Hymnen.

Die Nachtigall Gottes. Von Alban Stolz. Sammel-Ausgabe der Kalender für Zeit und Ewigkeit 1879–1881, 1884, 1886–1888. Mit Approbation des hochw. Herrn Erzbischofs von Freiburg. (Gesammelte Werke von Alban Stolz. Billige Volksausgabe.) 12° (752 S.) Freiburg, Herdersche Verlagshandlung. M 3.—; geb. in Leinwand M 3,80.

Nicht mit Unrecht hat Alban Stolz dem vorliegenden Bande den Sammeltitel „Die Nachtigall Gottes" gegeben; finden sich doch in diesen gesammelten Jahrgängen seines berühmten „Kalenders für Zeit und Ewigkeit" wundersame Akkorde der christlichen Heilslehre. „Das Leben der hl. Germana" (Kalender 1879), „Die vornehmste Kunst" (Kalender 1881, über Erziehung und gutes Beispiel), „Die acht Seligkeiten" (Kalender 1884) sind von unvergänglichem Werte, während der Kalender 1880 („Misericordia") mit seiner originellen Erklärung des in der Gegenwart öfters behandelten Epheserbriefes besondere Beachtung verdient. Die Kalender 1886/88, zu den frühesten Schöpfungen des Meisters gehörend, bieten in ungemein klarer Form Belehrungen über die Eigenschaften Gottes.

Die Missionsschulen und das Missionsseminar der „Weißen Väter".

Die Aufnahme erfolgt zum Oster- oder Herbsttermin. Es wird vor allem erfordert:

1. **Wahrer Beruf** und die feste Absicht, sich aus Liebe zu Gott als Missionar der Bekehrung der Ungläubigen zu widmen, wohin auch immer der Gehorsam ruft.
2. Eine **kräftige Gesundheit.**
3. Ein **offener, fester und folgsamer Charakter,** sowie ein gesundes Urteil.
4. Die zum Studieren nötigen **Anlagen.**
5. Ein jährlicher **Pensionspreis,** der für die Dauer der Gymnasialzeit keinem ganz erlassen wird.

Die untern Gymnasialklassen (bis Untertertia einschließlich) werden in Haigerloch (Hohenzollern) absolviert, die obern Gymnasialklassen dagegen in Altkirch (Ober-Elsaß), wo die Zöglinge das staatliche Gymnasium besuchen. Das Missionsseminar befindet sich in Trier.

Wer nach reiflicher Erwägung und beharrlichem Gebet den schönen, aber mühe- und gefahrvollen Beruf eines Missionars in sich zu erkennen glaubt, erbitte nähere Auskunft

a) vom Superior des Missionshauses in Trier (für das Missionsseminar);
b) vom Superior des Missionshauses in Haigerloch, Hohenzollern (für untere Klassen bis Untertertia einschließlich);
c) vom Superior des Missionshauses in Altkirch i. E. (für obere Klassen).

Ein Missionshaus zur Heranbildung von Brüdern der Gesellschaft der Weißen Väter befindet sich in Marienthal, Post Mersch (Luxemburg). — Aufnahme jederzeit.

Für deutsche Missionsschwestern der Kongregation der Weißen Schwestern besteht ein Postulat in Linz a. Rhein. — Anfragen beantwortet bereitwilligst die Oberin.

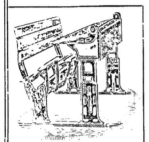

Ein Jahr in den Atlas=Bergen.

Schilderungen einer Weißen Schwester.

Schwester Regina (jetzt in Nyundo, Ruanda) berichtet in nachstehender leben=
diger Schilderung über das Missionsleben in Kabylien, wo sie vor ihrer Ab=
reise nach Deutsch=Ostafrika ein Jahr tätig war.

Hochkabylien. — Die Station Tagmunt=Asus.

Ratet einmal, was mir das Christkind dieses Jahr gebracht hat?
Die Berufung in die Kabylen=Mission, auf die Station Tag=
munt=Asus. Ein schöneres Weihnachtsgeschenk hätte es mir
nicht bringen können.

Fünf Tage vor Weihnachten nahm ich frühmorgens Ab=
schied vom Mutterhause St. Karl und reiste per Bahn nach
Tisi=Usu, wo ich gegen Mittag ankam. Von da ab ging es „Reiter zu
Pferd," oder richtiger gesagt „Reiter zu Maulesel". Bevor ich aufstieg,
mußte ich doch herzlich lachen. Wie oft werde ich wohl herunterpurz=
zeln? fragte ich mich. Doch es ging besser, als ich gedacht. Ich bin kein
einziges Mal gefallen, obwohl oft Gelegenheit vorhanden war. Der Weg
ist stellenweise sehr schlecht. Oft ritten wir unter knorrigen Bäumen hin=
weg; da mußte man sich wohl hüten, sein Haupt stolz zu erheben, sonst
hätte es einem gehen können wie Absalom.

Kabylien ist ein Gebirgsland, ein Hügel reiht sich an den andern.
Die Dörfer sind meistens hoch oben auf den Kuppen der niedrigeren
Berge angelegt, um sie in Kriegszeiten besser verteidigen zu können. Es
ist eine wahre Lust, durch diese großartige Gebirgswelt zu reiten. Die
Natur scheint hier dem Schöpfer Ersatz zu bieten für die Ehre, die ihm
von seiten der mohammedanischen Bewohner vorenthalten wird.

Die Kabylen sind die Ureingesessenen des Landes und waren
früher schon einmal fromme Christen. Aber die arabischen Eroberer haben
ihnen die Lehre Mohammeds aufgedrungen, so daß jetzt das Christen=
tum fast spurlos verschwunden ist.

Dieses Volk wollte Kardinal Lavigerie für den wahren Glauben
zurückgewinnen.

Im Jahre 1873 entsandte er die ersten Missionare in die Kabylen=
berge. Die Glaubensboten waren so bescheiden ausgerüstet, daß sie ihre
ganze Habe an ihrer Seite auf dem Maultier unterbringen konnten.
Sie ritten damals denselben Weg wie wir, und vor Müdigkeit erschöpft
machten sie im ersten größern Dorfe Halt, in Tagmunt=Asus nämlich,
das auch unser Reiseziel ist.

Dort erwarben sie ein Grundstück mit einer armseligen Hütte.
Diese Hütte mußte ihnen lange Zeit als Kapelle, Wohnung, Schlafraum,
Küche, Empfangszimmer und Stall dienen. Als ihnen von mildtätiger
Hand einige Mittel zugegangen waren, bauten sie sich ein Häuschen.

Pater Superior war Baumeister, und seine zwei Mitbrüder leisteten ihm
Handlangerdienste. Nach zwei Jahren spülte ein Gießbach das Häuslein
in die Tiefe, und das Bauen mußte von neuem beginnen.

Gleich bei ihrer Ankunft eröffneten die Missionare eine Schule, die
aber lange Zeit nur drei Schüler zählte.

Unterdes machten sie sich weit im Umkreis mit Land und Leuten
bekannt und suchten durch Werke der Barmherzigkeit ihr Vertrauen zu
gewinnen, namentlich durch die Krankenpflege. Dabei hatten sie strenge
Weisung erhalten, vor den Eingeborenen kein Wort über Religion zu
sagen und auch ihre Religion nicht offen zu üben, um den Christenhaß
der Mohammedaner nicht zu schüren. Das war ein hartes Opfer für
die seeleneifrigen Missionare.

Lange Jahre arbeiteten sie so in der Stille, ohne irgend einen Erfolg zu sehen. Aber unmerklich breitete sich ihr Einfluß aus, und die
Herzen wurden in den Bann ihrer Liebe geschlagen.

Nun erst konnte man an Bekehrungen denken.

Allein noch immer schien kluge Zurückhaltung geboten zu sein. Die
Missionare waren indessen nie ohne Arbeit; im Gegenteil, schon in den
ersten Jahren mußten die Weißen Schwestern zu Hülfe gerufen werden.

Der Same des göttlichen Wortes, der so langsam gekeimt hat, ist
doch endlich aufgegangen und scheint jetzt in die Halme zu schießen.
Jetzt ist der Einfluß der Missionare so gestiegen, daß sie nicht mehr mit
ihrer religiösen Ueberzeugung zurückzuhalten brauchen, sondern ihrem
Eifer Luft machen können. Offen predigen sie Gottes Wort jedem, der
guten Willens ist. Sie lehren die Kabylen, von Herzensgrund zu Gott,
ihrem himmlischen Vater, zu beten. Dieses Gebet muß Gottes Segen
auf sie herabziehen, daß sie ihn auch lieben; die Liebe Gottes aber
führt sie zur Liebe des Sohnes. Von der Liebe Christi finden sie dann
leicht den Weg zum vollen Glauben, und mit dem Glauben kommt
ihnen auch der Mut, diesen Glauben zu bekennen.

Die Station Tagmunt-Asus zählt bereits 51 Neubekehrte; zwölf
bereiten sich auf die hl. Taufe vor. Die kleine Christengemeinde gewährt den Missionaren durch ihr musterhaftes Leben reichen Trost.
Neben der eigentlichen Missionsarbeit widmen sich die Patres auch dem
Unterricht der Knaben, 120 an der Zahl; die Schwestern unterrichten
die Mädchen. Die Kinder atmen in der Missionsschule den christlichen
Geist und wirken als Apostel in ihren Familien. „Seht da,“ sagte ein
alter Mann, der von seinem Töchterchen zur Mission gedrängt wurde,
„meine Tochter hat mich zur Mutter Gottes beten gelehrt, hat mir diese
Medaille umgehängt und wird mich noch gar bekehren.“ So geschah es auch.

Die ganze Jugend, Mohammedaner wie Christen, suchen oft die
weite Flur nach Blumen ab und bringen sie zur Muttergotteskapelle.
Und wenn die mohammedanischen Kinder hie und da zum Altar der
hohen Himmelskönigin zugelassen werden, um dort ein arabisches Marien-
lied zu singen, so halten sie das für eine hohe Ehre und Freude.

Ihren vollen Einfluß können die Schwestern auf die 25 Waisenkinder ausüben, welche sie aufs sorgfältigste erziehen. Ganz im christlichen Geiste aufgewachsen, sollen diese Kinder später einen musterhaften
Grundstock der kleinen Christengemeinde bilden.

Die Schwestern führen auch eine Arbeitsschule, worin etwa ein Dutzend Frauen beschäftigt werden; auch bei ihnen beginnt der Same der Wahrheit zu keimen.

Neben der Schule ist die Krankenpflege der beste Weg zum Herzen der Kabylen. Im letzten Jahre haben sich etwa 30 Tausend Kranke der Mission zur Pflege anvertraut. Sie kommen scharenweise, sich Heilmittel zu holen. Ist eine Gruppe fort, so klopft schon wieder eine andere an die Türe. Dabei kann man sie keinen Augenblick allein lassen, denn stehlen tut das Volk wie die Ratten.

Arbeitsleben.

Was ist nun mein Anteil an der Missionsarbeit?

Meine nächste Aufgabe ist die Erlernung der Sprache. Nach Französisch, Holländisch, Arabisch und Kiswahili ist das Kabylische die fünfte Sprache, die ich zu lernen beginne. Anfangs konnte ich nur lächeln mit den kleinen Kabylen. Deshalb mußte ich mit allem Eifer die Sprache lernen. Es kostet Mühe, bis eine solche fremde Sprache in den alten Kopf geht. Doch ich bin ja auch nicht hergeschickt worden, um Reden zu halten, sondern um meine „westfälischen Fäuste" in den Dienst der Mission zu stellen.

Wie im Mutterhause ist mir auch hier die Küche anvertraut worden. Zwar sind hier die Kochtöpfe kleiner, aber Arbeit gibt es in Fülle. Oft möchte ich beten wie Josue, daß die Sonne am Himmel stehen bleibe und den Tag verlängere. Wenn ich sage, ich sei Koch, so gibt das meine Beschäftigung nur teilweise an; treffender muß ich sagen, ich habe für hungrige Mägen zu sorgen. Denn ich muß nicht nur fürs Kochen sorgen, sondern auch für das, was gekocht wird. So fällt mir die Sorge zu für unsere Kuh, für die vier Schweinchen und die zwölf Hühner.

Gleich in den ersten Wochen mußte ich auch ans Brotbacken. Das Schusterhandwerk, das ich während des Noviziates im Nebenamte betrieb, habe ich jetzt an den Nagel gehängt.

Da bleibt mir nur selten Zeit, mich in dem großen schönen Garten zu beschäftigen. Darin gedeihen alle Arten von Gemüse, besonders Blumenkohl, Erbsen, Wurzeln und Kappus. Dergleichen kennen aber die Kabylen nicht. Sie säen nur eine Art Gerste. Wenn sie reif ist, schneidet man sie mit einer Sichel ab, oder wenn keine Sichel vorhanden, rupft man sie mit der Hand aus. Sense, Harke und Flegel sind völlig unbekannte Dinge. Um das Getreide zu dreschen, läßt man die Ochsen darauf herumtrampeln. Zum Aufraffen des Strohes haben die Kabylen wenigstens eine Art Gabel. Die Körner werden mit Steinen zu Mehl geklopft, und aus dem Mehl kochen die Eingeborenen ihr Nationalgericht, Kuskus genannt. Sonst essen sie, was die Natur ihnen bietet, alles roh.

Kommt dann der glühend heiße Hochsommer, wo hier alles Leben in der Natur erstirbt, so daß es öde und kahl wird, wie bei Euch im Winter, dann leiden die armen Leute oft große Not und belästigen uns mit Betteln. Wir haben vorgesorgt, und besonders habe ich viele Fässer Kappus eingemacht. Das hält „wider". Wir säen zweimal im Jahre, im Februar und September, und ernten im Juni und Dezember.

Wie es hier keine Bauern gibt, so gibt es noch viel weniger Hand=
werker oder Fabriken. Was man haben will, muß man sich selbst
machen. So müssen wir Schwestern gar oft ins Männerfach hinein.
Schuster, Schreiner, Doktor, Apotheker, alles müssen wir selbst spielen.
Dabei fehlt es an den notwendigsten Werkzeugen. Den Patres geht
es nicht viel besser. Oft müssen sie selbst den Kochlöffel führen, denn
sie können hier nicht so einen guten Bruder Koch haben, wie man sich
das in Trier, Haigerloch und Altkirch leisten kann, sondern ein Kabyle
kocht für sie. Ja, wenn die Studenten wüßten, wie ihnen hier später
manchmal das Süppchen versalzen wird, dann würden sie sich in den Ferien
fleißig hinter die Mutter stellen, um ein wenig in die Kochtöpfe zu gucken.

Streifzüge.

Eine schöne Abwechselung im täglichen Arbeitsleben bietet sich,
wenn mir Mutter Oberin erlaubt, in Begleitung einer älteren Mit=
schwester Streifzüge weit ins Land zu machen. Frühmorgens um 5 Uhr
brechen wir auf. Nach mehrstündigem Marsch, der manchmal von einer
Rutschpartie unterbrochen wird, kommen wir an ein mohammedanisches
Dorf, wo man uns noch nicht näher kennt.

Sobald die Kinder uns von weitem sehen, laufen sie schreiend weg.
Doch wie sie merken, daß wir mit ihnen scherzen und ihnen kleine Ge=
schenke darreichen, werden sie zutraulich, und bald haben wir das ganze
Dorf um uns versammelt. Die Frauen laufen uns nach; die eine zerrt
uns hier in ihre Hütte, die andere dort. Man kehrt schnell die Hütte
und sogar den Weg, den wir nehmen sollen, und schleppt Matten her=
bei, damit wir uns darauf setzen. Die Kinder steigen auf die Dächer,
um uns zu sehen. Den meisten Verstand beweist ein altes Mütterchen:
es bietet uns einige Aepfel an, die uns recht willkommen sind, da sie
den Durst löschen. Das Wasser ist hier sehr rar; man holt es eine
halbe Stunde weit in steinernen Krügen, die aber nicht sehr appetitlich
aussehen.

Nun fragen wir, ob Kranke vorhanden seien. Alle melden sich,
alle wollen krank sein, um Arzneimittel von uns zu erhalten. Da fällt
es oft schwer, die wirklich Kranken herauszufinden. Sehr häufig leiden
sie an großen faulenden Wunden, die sie sich durch träges Herumliegen
zuziehen. Man lobt uns über die Maßen, überschüttet uns mit Segens=
wünschen und küßt uns Hände und Kopf. Das alles aber tun sie nur
deshalb, um von uns verpflegt zu werden, nur deshalb liebt und lobt
und ehrt man uns. Es ist aber keineswegs angenehm, mit den armen,
verkommenen Leuten zu verkehren, die von Schmutz starren und von
Ungeziefer wimmeln.

Noch mehr Ueberwindung fordert es, die Kabylen in ihren Woh=
nungen aufzusuchen. Am ehesten möchte ich ihre Behausung mit alten
Schweineställen vergleichen, ohne Tür und ohne Fenster. Kriecht man
durch das enge, niedrige Türloch hinein, so will einem der Atem aus=
gehen vor Rauch und Gestank. Nach einer Weile, wenn sich das Auge
an das Dunkel gewöhnt hat, sieht man in der Mitte ein Feuer glimmen.
Darum liegen einige alte Säcke, womit die Eingeborenen ihre Blöße
bedecken. Kein Tisch, kein Stuhl, keine Gabel, kein Löffel, kein Bett,

kein Schrank findet sich drinnen. Ja was haben sie denn? werdet
Ihr denken. Sie haben gar nichts. Bloß einige Steintöpfe stehen in
der Ecke, und oben an der Decke hängt so etwas wie ein Vogelkorb.
In diesem Käfig ist ein gar seltsamer Singvogel; darin hockt nämlich das
Kind. Mittels eines Strickes steht die große Zehe der Mutter in Verbindung
mit der Wiege, und ein kleiner Ruck mit der Zehe genügt, um ihr „Leben"
eine Zeit lang hin und her gondeln zu lassen. Wie praktisch, nicht wahr?

Missionsschwestern und Kabylenmädchen aus dem Atlasgebirge.

Den kleinen Kindern widmen wir besondere Pflege. Diese armen
Würmchen sind meist nur Haut und Knochen, denn die Eltern haben
nichts, um sie zu ernähren. Ich glaube, daß sehr viele Kinder einfach
verhungern. Oft finden wir auch ganz verkrüppelte Wesen, die als
einziges Lebenszeichen ein leises Wimmern hören lassen. An einem Tag
trifft man manchmal 7—12 sterbende Kinder, die nur noch auf das
Wasser der hl. Taufe zu warten scheinen. Doch nur, wenn sie voraus=
sichtlich sicher sterben werden, können wir sie taufen. Wir geben ihnen
mit Vorliebe den Namen des Tagesheiligen oder machen unsere Eltern,
Verwandte und Wohltäter zu Paten.

So gehen wir von Hütte zu Hütte, eine noch duftiger wie die an=
dere, bis der Abend naht. Dann kehren wir mit stiller Freude und
Befriedigung nach Hause zurück. Denn, wenn der liebe Gott unser
Wirken mit seiner Gnade befruchtet hat, sind sicher wieder einige Kabylen
unserer hl. Religion um einen ganz kleinen Schritt näher gerückt.

Was man in der Mission findet, ist, wie Ihr seht, das Leben Christi,
sein verborgenes Leben der Arbeit und des Gebetes und sein öffentliches
Leben, das uns mit den wenigen Worten geschildert wird: „Er ging
einher Wohltaten spendend."

Ein Paket aus der Heimat — Abschied und Rückreise.

Wohltaten spenden, das ist leicht gesagt; aber wir sind arm, und
deshalb müssen wir oft das Elend sehen und blutenden Herzens vorbeigehen.

Welche Freude, wenn es da auf einmal heißt: Ein Paket aus der
Heimat! Hastig und gierig stürzt man sich darüber. Schnell sind die
Sachen sondiert: die Spielsachen und Kleidchen werden als Weihnachts=
geschenk für unsere Waisenkinder beiseite gelegt; die Bildchen, Kreuzchen,
Medaillen erhalten die Schulschwestern zur Verteilung an fleißige Schüle=
rinnen; einige gute Kleidungsstücke verschenkt die Mutter Oberin an
arme Christenfrauen, die des Sonntags in diesem Schmucke in der Kirche
und an der Kommunionbank erscheinen. Die Schmucksachen nehmen
wir mit, wenn wir weit entlegene Dörfer besuchen, um die Leute für
uns zu gewinnen. So findet alles seine Verwendung.

Es ist wunderbar, was sich hier mit einem Paket aus der Heimat
alles machen läßt: es macht froh das ganze Haus, das ganze Dorf,
fast möchte ich sagen, die ganze Gegend.

Dabei ist das Porto nach Kabylien verhältnismäßig gering (5 kg
zu 1,20 Mk.). Wie leicht kann man deshalb unsere Missionstätigkeit durch
Sendungen aus der Heimat unterstützen! Dort wird so manches fort=
geworfen oder wandert in den Lumpensack, so manches, woraus eine
fleißige und geschickte Hand noch recht brauchbare Kleidungsstücke für
unsere armen Waisenkinder fertigen könnte. —

*　　*　　*

Als ich ein Jahr unter den Kabylen gewirkt hatte und mich in
Sprache und Sitte eingelebt hatte, kam eines Tages vom Mutterhause
die Anfrage, ob ich gewillt sei, nach Aequatorial=Afrika zu ziehen. Ohne
Zögern fügte ich mich dem Willen der ehrw. Mutter, obwohl ich auch
ganz gerne bei meinen Kabylenkindern geblieben wäre. Die Kleinen
fingen laut an zu weinen, als sie von meiner Versetzung hörten und
sagten mir immer wieder vorwurfsvoll: „Du willst zu den Negern gehen?
Du liebst die Neger mehr als uns!"

Besonders zeigte sich ein kleines Waisenmädchen betrübt, das bald
getauft werden soll und mich zur Patin ausersehen hatte. Es sagte mir
beim Abschied, ich möchte beten, daß es stürbe. Auf meine erstaunte
Frage, weshalb es sich den Tod wünsche, gab es zur Antwort: „Dann
würde ich doch endlich einmal getauft werden; in Todesgefahr tauft ja
der Pater sogar kleine Kinder, die noch nicht reden können! mir aber
sagt er immer, ich wüßte den Katechismus noch nicht genug." Dann
brach die Kleine in lautes Weinen aus.

Ade nun, liebes Tagmunt=Asus, das ich wohl nimmer wiedersehen
werde! Auf meinem Maulesel thronend sende ich dem liebgewonnenen
Posten meinen letzten Scheidegruß zu. Möge Gottes Gnade die Christen
im Glauben stärken und erhalten, und möge sie auch den Mohamme=
danern die Augen öffnen, daß sie sehen, was ihnen zum Heile dient!

Aus Abd-el-Kaders Tagebuch.

Nachstehender Bericht stammt fast wörtlich von einem jungen Araber. Wir ersehen daraus einmal wieder, wie Gott der Herr die Seele, wenn sie nach Wahrheit sich sehnt und geraden Sinnes ist, der Wahrheit zuführt. Wie viel aber bei solchen Bekehrungen das Gebet und die Liebesgaben der Christen Europas beigetragen, das wird dereinst am Tage der großen, gerechten Abrechnung offenbar werden.

Mein Geburtsort ist Tiaret, im Süden der Provinz Oran (Nordafrika), etwa 150 km von der Küste des Mittelmeeres. Mit den andern Kindern meines Alters mußte ich in meinen jungen Jahren die Herden hüten. Dies Geschäft sagte mir wirklich zu, das Leben als rahi[1] in Gottes freier Natur war so recht meine Sache. Mit besonderer Vorliebe trieb ich die Herden weit ab vom väterlichen Zelte; am liebsten wäre ich mit ihnen immer weiter nach Süden gezogen, bis tief hinein in die Wüste. Ja, die Wüste! Nach ihr stand mein Sinn, zu ihr zog es mich mit unwiderstehlicher Sehnsucht. Ich hatte so manches von der Wüste erzählen hören, und ich selbst hatte mir das Bild weiter ausgemalt.

Der Gedanke an die Sahara wollte mir nicht aus dem Kopfe. Wenn ich beim Herdenhüten mit Karawanenleuten zusammentreffen konnte, ging ich immer eine Strecke Wegs mit ihnen und ließ mir erzählen von dem schönen Lande im Süden, dem Ziel meiner Wünsche.

Wollte man mich während meiner freien Zeit, wo die Herden vor dem Zelte unter den Olivenbäumen ruhten, aufsuchen, dann fand man mich immer auf dem Suk[2] von Tiaret. Dort stöberte ich in allen Ecken umher; alles wollte ich sehen, was vom Süden kam, alles wissen. Und was ich sah, schien mir so schön, und was ich hörte, klang mir so seltsam, daß es mich jedesmal wie mächtiges Heimweh erfaßte.

Eines Tages, so habe ich wenigstens gehört, ließ mein Vater mich auch wieder auf dem Suk suchen. Doch vergebens: ich war nirgends zu finden, ich war und blieb fort. Ob und welche Sorgen das meinem Vater, der immer seine Freude an mir gehabt hatte, bereiten konnte, welchen Kummer ich dem Herzen meiner Mutter machen würde, dieser Gedanke kam mir nicht einmal; ich machte mich kurz entschlossen auf und schloß mich einer eben nach dem Süden ziehenden Karawane an.

So wanderten wir denn endlich dem Ziel meiner Sehnsucht zu, zum Sandmeere der Sahara. Ich mochte damals zwölf Jahre zählen — ganz genau entsinne ich mich nicht mehr des Jahres, jedenfalls war ich schon kräftig genug, um wenigstens anfangs die Strapazen dieser langen Wanderung zu ertragen. Aber andererseits war ich auch noch zu jung, um mir irgendwie Rechenschaft ablegen zu können über die Folgen dieses verwegenen Bubenstreichs.

Armer Abd-el-Kader! Deine kühne, aufgeregte Phantasie war bald beruhigt. Die Hitze, die Müdigkeit, der quälende Durst und dieser lästige Sand, daran hatte ich doch nicht gedacht! Ich hatte mich bei meinen Wüstenträumen immer hoch oben auf einem Kamel gesehen, wie ich mit Windeseile über die Sandhügel dahinfuhr. Und nun mußte ich ganz prosaisch hinterher laufen. Wahrlich, ein trauriger Anfang!

---

[1] Hirte. [2] Markt.

Als wir nach mehrtägigem, mühevollem Marsche in einer Oase an=
kamen — den Namen habe ich heute vergessen —, da sah ich, wie die
Kameltreiber jeder die Richtung nach einem Zelte einschlugen; keiner
schien sich mehr zu interessieren für den armen Jungen aus dem Norden.

So war ich also in der Wüste, aber allein; man hatte für mich
höchstens einen Blick des Mitleides.

Wenn der Gedanke an die ausgestandenen Strapazen mich nicht
abgeschreckt hätte, ich wäre auf der Stelle wieder umgekehrt. Aber
einstweilen war ich froh, als es mir gelang, mich einem reichen Oasen=
besitzer, Sidi Mohammed ben Amr, als Hirten zu verdingen; wenigstens
war ich jetzt aus der bittersten Not. Ich hatte nun allerdings auch Zeit,
über mein Schicksal nachzudenken. Ob meine Phantasie, die mir einen
so dummen Streich gespielt hatte, jetzt auch noch Lust verspürte, in der
Wüste herumzustreifen, weiß ich nicht; nur dieses einen erinnere ich mich,
daß ich, in der ersten Zeit, besonders, gar oft in Gedanken im väter=
lichen Zelte weilte.

Ich blieb über ein Jahr im Dienste bei Sidi Mohammed, als ich
von einem Uebel befallen wurde, das mir zum Heile ward. Unter dem
rechten Arme bildete sich eine Geschwulst, die sehr schnell einen bösartigen
Charakter annahm. Mein Herr, der mich immer gut behandelt hatte,
ließ mich zuerst durch die arabischen Ärzte behandeln, aber ihre Arzneien,
obwohl verstärkt durch die besten Zaubermittel und die angeblich wirk=
samsten Beschwörungsformeln, blieben ohne Erfolg.

Das wollte mir nicht recht behagen, und trotz meines nicht unge=
gefährliches Zustandes machte ich mich auf nach Ghardaia.

Man hatte mir gesagt, dort befände sich ein großes Haus, in dem
kranke Araber unentgeltlich Pflege und Kost bekämen. Dorthin wollte
ich mich begeben, wenn auch nicht ohne ein gewisses, leicht begreifliches
Bangen: denn welcher treue Anhänger des Propheten würde so ohne
weiteres Christenhänden sein Leben anvertrauen?

Ich wurde mit der größten Freundlichkeit von den Weißen Schwestern
aufgenommen. Im Laufe des ersten Vormittags wurde ich dem europäischen
Arzte vorgestellt. Sein Urteil war für mich gerade keine Freudenbot=
schaft. Das einzige, was man erreichen könne, meinte er, sei, das
weitere Umsichgreifen des Übels zu hindern; an eine vollständige Ge=
nesung sei vorderhand nicht zu denken.

Es wurde mir deshalb von den Schwestern der Vorschlag gemacht,
im Spitale zu bleiben. Da könnten sie mich leichter und besser pflegen.

Ich hatte zwar einiges Bedenken, aber mein Leben war mir doch
zu teuer. Darum setzte ich mich über alle diese Bedenken hinweg, ich
nahm den Vorschlag an.

Nun war mir Gelegenheit geboten, die Christen näher zu betrachten
und ihr Leben fast auf Schritt und Tritt zu verfolgen.

Ich muß gestehen, daß ich dies auch gründlich besorgte. Aber je
länger ich diesen Spionendienst versah, desto mehr schwanden auch meine
Vorurteile gegen die Schwestern und gegen die christlichen Marabuts [1],
welche zweimal im Tage dem Krankenhause einen Besuch abstatteten,

---

[1] Priester.

von Bett zu Bett gingen und mit jedem einzelnen einige Worte wechselten. Einer von ihnen, es war der Vorsteher, schien sich besonders für den armen Jungen dort in der Ecke zu interessieren, und so oft er den Saal betrat, kam er immer zuerst zum Bette, das gezeichnet war: Abd-el-Kader.

Solche Zuvorkommenheit und Liebe hatten in mir eine ganze innere Umwälzung hervorgerufen. Ich konnte die Christen nicht mehr hassen, ich mußte ihnen Gegenliebe erweisen. Mein jugendliches Herz, das sich so leicht für das freie Leben der Wüste begeistert hatte, fühlte sich jetzt auch wieder ganz hingerissen von dem schönen Beispiel, das ich jeden Tag vor mir hatte. Ja, ich dachte schon allen Ernstes daran, ein Christ zu werden.

Mein Zustand hatte sich noch nicht wesentlich gebessert. Ich konnte den Krankensaal verlassen, konnte auch einige leichtere Arbeiten verrichten, aber das war alles. Die Schwestern betrauten mich mit verschiedenen kleineren Verrichtungen in und außer dem Hause, um mir Gelegenheit zu bieten, wenigstens teilweise meinen Unterhalt zu verdienen.

Fünf Jahre hatte ich wohl so verbracht, als mir der Gedanke kam, mich zu verheiraten. Rasch und entschlossen, wie wir Araber sind, hatte ich auch dieses Geschäft gar schnell, zu schnell erledigt, und schon nach kurzer Zeit hielt ich mit meiner Halima Einzug in einem nicht weit vom Spitale entfernt gelegenen Gurbi[1]. Ich hatte schon manchen Streich meines Lebens zu bedauern gehabt; auch hier blieb die Reue nicht aus. Die Zeit gegenseitiger Zuneigung und Liebe war gar kurz. Es war nur eine Woche und dazu noch eine Woche von bloß vier Tagen; die aufgehende Sonne des fünften Tages fand mich schon auf dem Wege nach Norden. Ich hatte genug vom Eheleben, ich wollte meine Freiheit wieder.

Im Umgange mit den Schwestern des Spitals von Ghardaia hatte ich erfahren, daß dieselben unweit Birmandreis in der Nähe von Algier ihr Mutterhaus hätten.

Wenn ich also in Algier selbst oder in der Umgebung keine lohnende Arbeit fand, so wollte ich in Birmandreis anklopfen. Ich wußte im voraus, daß man da Mitleid mit mir haben würde. Und so kam es.

In die Zeit meines Aufenthaltes in Birmandreis fällt eine Begegnung, auf die ich nicht gerechnet hatte. Das Schlußergebnis aber war, daß ich nach einigen Monaten wieder in Ghardaia bei meiner Halima saß! Eines Tages nämlich ging ich Geschäfte halber nach dem etwa zwei Stunden von Birmandreis entfernten Bordsch-el-Harrasch.[2] Ich wollte die Gelegenheit benutzen, um einige meiner Landsleute, die in der dortigen Niederlassung der christlichen Marabuts beschäftigt waren, zu besuchen.

Aber welches war nicht meine Verlegenheit, als ich mich plötzlich dem Pater gegenübersah, der mir während meines Aufenthaltes im Krankenhause immer ein ganz besonderes Wohlwollen bekundet hatte! In der ersten Ueberraschung wußte ich nicht, was sagen oder tun.

Nachdem wir uns einen Augenblick schweigend angeschaut, mußte ich etwas über mich ergehen lassen, was eher allem anderen, als einem Komplimente glich.

---

[1] Hütte.
[2] Die arabische Bezeichnung für das Zentralhaus der Weißen Väter.

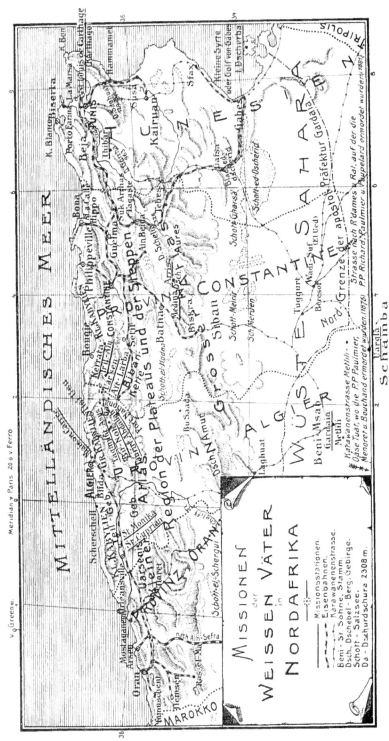

Das Missionsfeld der Weißen Väter in Algerien und Tunesien (Nordafrika).

Nun, ich hatte es verdient. Ich ging auch in mich, wenigstens einen Augenblick, und willigte sogar ein, nach Ghardaia zurückzukehren und einen neuen Versuch mit Halima zu machen.

Mein rechter Arm war noch immer nicht geheilt. Gleich bei meiner Rückkehr ging ich daher wieder zu den Schwestern. Diesmal waren die Mittel wirksamer. Eine kleine Besserung machte sich gleich bemerkbar und schon nach wenigen Tagen war das Übel gehoben. Ich hatte diesen merkwürdigen Erfolg der Arznei zugeschrieben. Später aber erfuhr ich den wahren Sachverhalt: man hatte der Arznei etwas Lourdes-Wasser zugesetzt, und ich glaube bestimmt, daß ich der Vermittelung der Muttergottes meine rasche Genesung verdanke.

Ich hätte nun dankbar sein sollen und mich vor allem doch mit ganzem Herzen der Religion Jesu zuwenden sollen, der ich so vieles verdankte. Allerdings hatte ich ja schon öfters daran gedacht, hatte mich auch schon des längeren unterrichten lassen. Aber so rasch ich in meinen sonstigen Entschlüssen war, so schwer fiel es mir hier, bis ich mich entscheiden konnte. Eines aber stand jedenfalls schon jetzt bei mir fest: um keinen Preis wollte ich als Mohammedaner sterben.

Es dauerte nicht lange, da stimmte es wieder nicht zwischen mir und Halima. Es schien rein unmöglich, mit ihr auszukommen, und Halima war mir schier unerträglich. Heute muß ich gestehen, daß auch ich nicht immer ganz unschuldig war. Kurz, ich schlug wieder den Weg nach Norden ein und zwar wollte ich meiner Familie in Tiaret wieder einen Besuch abstatten. Ich hatte schon manches erlebt, seit ich, diesem Trugbilde der Wüste nachjagend, mich heimlich von Hause fortgeschlichen hatte. Ich fragte mich mit Bangen, wie man mich wohl empfangen würde. Aber ich weiß nicht, wie mir zu Mute war, es trieb mich trotzdem nach Tiaret, hin zu meinem Stamme und meiner Familie, und es schien mir, als müßte ich gehen.

Ich kam auch glücklich in der Nähe von Tiaret an. Alles kam mir seltsam und verändert vor. Fremde Menschen schienen ins Land eingezogen zu sein; nur hier und da sah ich einige bekannte Züge. Allein selbst alte Freunde schienen mich nicht mehr zu kennen; ich war ein Fremder aus dem fernen Süden, der wohl Geschäfte halber nach dem Norden gekommen war, und ich mußte es wohl eilig haben, daß ich nicht einmal Zeit gefunden hatte, mich einer der Karawanen, die doch jetzt schon auf dem Wege sein mußten, anzuschließen.

Ich kam zum Olivenhaine meines Vaters, dort, wohin ich früher die Herden getrieben, und drüben, etwas weiter, im Schutze der riesenhaften Kaktushecke, hatte das väterliche Zelt gestanden.

Richtig, da hebt sich ja auch noch das braune Zelttuch über die Kaktusblätter empor.

Klopfenden Herzens lenke ich meine Schritte dem elterlichen Zelte zu.

Die großen, weißen Hunde schlugen an, aber ich fürchtete mich nicht und trat ein. Da sah ich jemand auf der Matte liegen. Es war mein alter Vater!

Es kostete mich nicht geringe Mühe, dem alten, kranken Manne beizubringen, daß ich sein Sohn sei, den er schon längst tot geglaubt, und den er jedenfalls nie wiederzusehen gedacht hatte. Erst als ich ihm die Einzelheiten meines einstigen plötzlichen Verschwindens erzählte, da begann es nach und nach in ihm zu dämmern. Seine Freude war unbeschreiblich).

Armer Vater! Er sollte dieses Glück nicht lange genießen, und ich selbst sollte bald erfahren, weshalb ich mich so gedrängt gefühlt hatte, noch einmal nach Tiaret zu gehen und meinen Vater zu besuchen. Kurz nach meiner Ankunft wurde er nämlich von einer schmerzhaften Krankheit befallen, von der er sich nicht mehr erholte.

Ich aber wollte den Kummer, den ich meinem Vater früher durch meinen bösen Streich verursachte, in etwa gut machen, und wich nicht vom Lager des Kranken.

Doch noch etwas anderes hielt mich dort zurück. In meinem Innersten war ich von der Wahrheit der christlichen Religion überzeugt, wenn ich mich auch noch nicht hatte entschließen können, die Taufe zu empfangen. Aber das stand fest: meinen Vater wollte ich nicht ohne Taufe sterben lassen.

Ich benützte alle Augenblicke, die ich allein mit ihm verbringen konnte, um ihn zu unterrichten. Maria hat mir sichtlich geholfen; die Unterweisung ging so gut von statten, daß der Kranke nach einigen Tagen, als er merkte, daß sein Ende nicht mehr ferne sei, selbst die Taufe begehrte.

Er starb als Christ, und während man hinter seiner sterblichen Hülle her das Lob des Propheten verkündete, legte seine Seele im Himmel für mich Fürsprache ein.

Ich hatte meinem Vater den Himmel gesichert. Doch von diesem Augenblicke an hatte ich keine Ruhe mehr, in meinem Innern wogte es auf und ab in Freude und Angst.

Ich durfte mich ja freuen, meinem Vater dieses Glück bereitet zu haben, aber mußte ich nicht auch fürchten, durch mein leichtsinniges Zögern selbst dieses Glückes verlustig zu gehen? Auch das mußte anders werden.

In der Ebene des Scheliff, wohin ich mich begab, erfuhr ich, daß der Marabut, der mich schon einmal zur Rückkehr nach Ghardaia bewogen hatte, augenblicklich wieder in Bordsch-el-Harrasch weilte. Ich mußte zu ihm, koste es, was es wolle, mußte ihn unbedingt sprechen.

Ich wußte, daß ich auch diesmal kein Lob einheimsen würde, aber trotz alledem trieb es mich fort mit unwiderstehlicher Kraft.

Am Tage der Unbefleckten Empfängnis Mariens kam ich am Ziele an, und noch am selben Nachmittage hatte ich eine lange Unterredung mit dem Marabut.

Er nahm mich auf wie der Vater den verlorenen Sohn. Ich versprach, alles solle anders werden, und diesmal habe ich mit Gottes Gnade Wort gehalten. Sogleich begann der Priester, meine Kenntnisse über die Religion Jesu zu vervollkommnen, und am 15. August empfing ich die hl. Taufe. Am selben Tage empfing ich auch zum ersten Male die hl. Kommunion.

Maria, die mir schon einmal die Gesundheit des Körpers wiedergegeben hatte, hatte mich nun auch zum gewünschten Ziele geführt.

Inzwischen waren auch meine Beziehungen zu Halima wieder geregelt worden, und ich muß gestehen, daß ich mir wohl selbst den größten

Teil der Schuld an den früheren Zwistigkeiten aufs Konto schreiben darf. Heute sind wir glücklich und zufrieden, und wir wollen es auch bleiben.

* * *

Lieber Leser! Das haben deine Gebete vermocht. Fahre fort, denn solche Arme und Unglückliche, wie Abd-el-Kader früher gewesen, gibt es noch viele, und vielleicht wartet Gott auf dich, um ihnen auf deine Fürsprache die Gnade der Bekehrung zuzuwenden. Mit Abd-el-Kader rufe ich dir zu, wie der Makedonier dem hl. Paulus: „O, komm herüber und rette uns!"

P. B.

Schreiben eines schwarzen Seminaristen an einen weißen Seminaristen zu Trier.[1]

Rubia, den 25. XII. 1911.

Den liebevollen Brief, den Sie mir am 12. September geschrieben haben, habe ich mit großer Freude empfangen und gelesen. Mich und alle Mitseminaristen hat derselbe Brief nicht nur sehr gefreut, sondern auch in der Liebe unseres göttlichen Heilandes sehr erbaut und wachsen lassen.

Zuerst danke ich Ihnen nun, lieber F., für Ihr stetes Andenken an uns arme Schwarzen. Mögen Sie, bitte, weiter fortfahren, für uns zu beten; denn Ihr seit unsere ältesten Brüder im wahren Glauben an Christum, unsern Herrn — wir aber sind ganz die Jüngsten, die wir nach den Worten des berühmten Kirchenschreibers, Tertullianus, gestern geboren worden sind.

Auch wir beten ganz gerne für Euch, damit Ihr, nachdem Ihr durch Gottes unendliche Barmherzigkeit, wie wir's sehr hoffen, Priester geworden seit, zu uns, in Afrika, kommen könnt, um die Seelen unserer Mitbrüder zu retten.

Hier ist, mein lieber F., das hl. Wort unseres göttlichen Erlösers: „Die Ernte ist zwar groß, aber der Arbeiter sind wenige" noch ganz in vollkommener Erfüllung.

Es gibt, obwohl das arme Afrikaland nicht mehrere Millionen Bewohner hat, doch viele Seelen zu retten; die Arbeiter aber zur Rettung dieser Seelen sind zu wenig.

Doch dem Rate unseres lieben Heilandes nach: „Bittet den Herrn der Ernte, damit er noch andere Arbeiter in seine Ernte sendet" hoffen wir, daß der liebe Gott unsere Gebete erhören und uns andere vielen Priester aus Europa, besonders aus Deutschland, schicken wird.

Darum bitten wir Euch, Geliebte im Herrn, daß Ihr an die Seelen der armen Afrikaner, die noch im Schatten des ewigen Todes leben, immer mehr und mehr denken möget, mit dem lieben Heiland sagend: „Sitio", es dürstet mich nach der Rettung der Seelen.

Es hat uns sehr gefreut, den hl. Geburtstag unseres göttlichen Heilandes mit vielen Christen, unter welchen sich 18 Neugetauften befanden, zu feiern. Nachmittags um 3 Uhr haben wir mit vielen Christen

---

[1] Schreibung genau wie im Original.

und Catechumenen die Grotte unserer lieben Mutter Maria, unter Musik und Weihnachtsliedern besucht.

Bei dieser Prozession ging wie gewöhnlich das Kreuz voran, zwischen zwei Acolythen. Dem Kreuze folgten die Pfarrkinder und Christen nach.

Darauf kamen die Musikanten, die Seminaristen, die Missionare und Se. Bischöflichen Gnaden Mgr. Sweens.

Nach ihnen folgten dann die Reihe der Frauen.

Es wurde während der Prozession mit großer Freude gesungen:

Zuerst sangen die Musikanten mit ihren verschiedenen Musikinstru=menten; dann wiederholte das Volk dasselbe Lied, eine Strophe nach der andern.

An die Grotte, wo das schöne Bild unserer lieben Frau von Lourd steht, hielt der ehrwürdige Pater S. eine sehr berührende Predigt. Alle waren still und hörchten ganz gern. Dann machten wir uns auf, in gleicher Prozession wie vorher in die Kirche zurückzukehren.

Die Catechumen erfreuten sich, das zu sehen. Die umstehenden Heiden aber bewunderten sich sehr; sie schauten alles mit großen Augen an und folgten uns nach, bis zur Tür der Kirche selbst.

So war dieser Tag ein Tag der großen Freude unter uns und alle Christen von Jhangiro.

Ich denke, daß auch Sie, lieber F. L., viele Freude haben würden, wenn Sie dabei gegenwärtig wären.

Ihnen und allen Seminaristen von Trier wünschen wir noch einmal viel Glück und Segen für das neue Jahr.

Mit diesen Gesinnungen empfehle auch ich noch einmal uns und alle Seelen der armen Afrikaner Ihren Gebeten.

Euer in der Liebe unseres göttlichen Heilandes unerwachsenes Brüderchen in Christo   **Cölestin Kipanda.**

Fortschritte der Mission Ngumba (Britisch=Nyassaland). — Schiffbruch auf dem Bangweolo=See.

P. Molinier schreibt:

Die Mission in Ngumba macht recht gute Fortschritte. Die Schwarzen sind durchaus harmlos und haben uns Missionare gern. Das sehen Sie schon daran, daß wir über 200 Katechumenen haben. Für eine Mission, die erst zwei Jahre besteht, ist das eine gute Ziffer.

Die Minen in Salisbury ziehen allerdings sehr viele jungen Leute an und dadurch von der Mission ab; wenn diese Leute zu Hause blieben, würden sie zweifellos größtenteils zum Unterricht kommen und ihre besseren Hälften auch.

Jetzt, wo die Männer draußen in Salisbury arbeiten und von Hause weg sind, wagen die Frauen auch nicht zu kommen. Das macht die „auri sacra fames", die schlimme Geldgier!

Wir dehnen den Bereich unserer Arbeit so weit als möglich aus. In jedem Dorfe werden Kapellen oder doch Gebetslokale, meist arm=selige Schuppen, errichtet, und die Leute kommen gern, ja freudig.

Im Jahre 1908 gründeten wir eine Filiale auf Kishi, einem Inselchen im Bangweolo-See von zirka 12 km Länge und ½ km Breite. Gegen alles Erwarten bezeigten diese weltfernen Insulaner einen so prächtigen guten Willen, daß die Insel mit ihren etwa 3000 Bewohnern allem Anschein nach eine liebliche christliche Oase in unserm weiten Bezirk werden wird.

Aehnliches hoffe ich von anderen größeren Plätzen, die uns große Freude machen. Die jüngere Bevölkerung wünscht sehnlich den christlichen Unterricht; viele gehen mit einander im saka (Versammlungshütte) das Gehörte wieder und wieder durch.

Im Einbaum auf dem Bangweolo-See.

Das ist ein gutes Zeichen und macht die Arbeit süß und leicht. An einem kleinen Mißgeschick hie und da fehlt's freilich nicht. Hören Sie, was mir vor kurzem passiert ist.

Der Apostolische Vikar, Msgr. Dupont, berief mich nach Kilubi. Ich bringe also meine Siebensachen, Kleider, Bücher, meine ganze Habe, in meiner einzigen, treuen, alten Kiste aus Eisenblech unter und besteige mit dieser Kiste, Reisealtar und Zelt, frohgemut das lange Boot.

Allein kaum haben wir abgestoßen und schwimmen einige hundert Meter vom Ufer auf dem See, als plötzlich ein mächtiges Flußpferd laut schnaufend aus dem Wasser emporfährt und sich steuerbord auf unsere Barke wirft. Meine schwarzen Ruderer verlieren den Halt und werden hinausgeschleudert, ich folge ihrem Beispiel. — Das Boot kenterte vollständig. Wir waren alle so überrascht, daß jeder bloß an die eigene Rettung dachte und sich verzweifelt an das Boot anklammerte. Zweimal glitt ich ab und ging unter. Ich sah bald ein, daß ich mich mit den nassen Kleidern unmöglich über Wasser halten konnte.

Da kam ein zweites, kleineres Boot, mit zwei Ruderern bemannt, heran. «Der Pater ertrinkt», rief der eine dem andern zu; «rudere schnell!» So wurde ich denn noch rechtzeitig aus dem Bangweolo gefischt. Als wir dem Ufer zufuhren, bemerkte ich meinen treuen, unentbehrlichen

Reisegefährten, das Brevier, auf dem Wasser schwimmen. Ich konnte es noch retten.

Am Ufer aber dankte ich mit Inbrunst dem lieben Gott und der Himmelskönigin für die glückliche Rettung. All meine Habe ist dahin, meine gute Kiste mit Inhalt ruht auf dem Grunde des Sees, und neben ihr mein Tragaltar und das Zelt, aber alle meine Leute sind gerettet! «Keiner von uns allen hat auch nur sein Kreuz verloren!» sagte ein Katechumene.

Nun sitze ich hier ohne andere Kleider, als die, die ich auf dem Leibe trage, ohne Zelt, ohne Reisealtar. Wissen Sie nicht eine gute Seele, die da helfen kann?“

Harter Anfang.

P. L. Embil, der sich vorigen Sommer nach zwölfjährigem Aufenthalt in Deutsch-Ostafrika einige Monate zur Erholung in Europa aufgehalten hat, ist wieder in Afrika angekommen. Er schreibt aus Bururi (Ostufer des Viktoria-Sees):

In Bukoba erhielt ich meine neue Bestimmung, und zwar für die eben neu gegründete Station in Bururi. Zwei Tage später bestieg ich den Dampfer nach Muansa.

In Muansa war eben eine Barke aus Ukerewe angekommen, und so konnte ich dieselbe gleich andern Tages besteigen. Allein welch eine Reise! Statt fünf Tage brauchte ich neun Tage zu dieser Kahnpartie, denn wir hatten fast beständig Gegenwind.

Das Boot selbst wies überall Löcher und Ritze auf; beinahe jede Viertelstunde mußten wir wieder halten und eins der Löcher zustopfen. Ich gestehe, daß mir wirklich angst wurde, als die Wellen über uns hinwegspritzten.

Meist fuhren wir abends oder nachts. Da war es zwar dunkel, aber es wehte um diese Zeit in der Regel ein günstiger Wind. Bald brachen wir abends acht Uhr auf, bald um zehn, bald des Morgens um zwei Uhr. Mehrmals waren wir gezwungen, um Mitternacht an einem Inselchen anzulegen. Dann rollte ich mich in meine Decke ein und streckte mich unter dem Schutze eines Felsens in den Ufersand. Nun sind wir endlich am Ziel.

Sagen Sie dem guten P. Ökonom, ich hätte zuweilen mit stiller Wehmut der Speisekarte in Trier gedacht; ich hatte nämlich zuweilen nichts als gequellte Kartoffeln und Wasser aus dem Viktoria-See. Allein hier, wo ich jetzt bin, ist überhaupt kein Trinkwasser; was wir so nennen und trinken, sieht gerade aus wie Kaffee mit etwas Milch darin. Während ich Ihnen schreibe, habe ich ein Glas voll von diesem Wasser geschöpft und stehen lassen; ich konstatiere eben einen Bodensatz aus Schlamm u. s. w. von $1\frac{1}{2}$ cm Höhe. Ich bitte daher recht herzlich 1. um einen Filter, denn bis jetzt helfen wir uns mit Alaun; 2. um ein Krankenthermometer.

Allein der liebe Heiland ist doch noch bedeutend schlechter untergebracht als ich. In einer armseligen Hütte da wohnt er, so armselig, wie ich selbst in den zwölf Jahren in Afrika noch keine sah.

Drei Tage nach meiner Ankunft war das Fest der Unbefleckten Empfängnis. Ich hätte so gerne ein bißchen mein Kapellchen geschmückt, allein ich fand nichts, nicht einmal ein paar Lappen in der „Sakristei". Als Behang für den selbstgezimmerten, allzu unwürdigen Tabernakel habe ich zwei Stücke von einem alten Vorhang verwandt.

Sie haben früher so oft über den Plunder gelächelt, den ich überall gesammelt habe. Sehen Sie? eines schönen Tages ist man froh, Plunder zu haben.

Das Erste, was ich jetzt tue, soll sein, daß ich einen ordentlichen Altar zimmere, und wenn Sie mir ein bißchen Lackfirnis dazu schicken können, wird er sogar großartig werden. Natürlich, hätte ich ein ordent= liches Altarkreuz und ein paar Leuchter, so wäre mir völlig geholfen; und wenn ich zwei Antependien und zwei Tabernakelbehänge hätte, so könnte die eine Garnitur für alle Tage, die andere an Festtagen dienen, und die Schmuckfrage wäre erledigt. Bitte, empfehlen Sie mich und meine Mitarbeiter (P. Brossard und Br. Balthasar) recht angelegentlich den eifrigen Damen des Paramentenvereins.

Sollte es mir gelingen, eine brauchbare Aufnahme von unserem Missionskapellchen zu machen, so sende ich Ihnen eine. Denken Sie sich dann dasselbe in einer echten afrikanischen Wildnis, in der sich unge= zählte Antilopenherden tummeln und die Hütten der armen, wenig oder gar nicht bekleideten Bururi-Neger versteckt liegen, dann haben Sie ein Bild der Bururi-Mission. Allein Gott hat mir noch immer und überall in Afrika geholfen; so wollen wir denn unverzagt ans Werk gehen, und mit seiner Hilfe werden wir auch hier die schwierigen Anfänge überwinden.

Schwester Luise von Eprevier aus der Gesellschaft der Weißen Schwestern.

(Ein Lebensbild aus der neueren Missionsgeschichte.)

Von P. Matthias Hallfell. (Fortsetzung.)

12. Die Schwestern an der Arbeit.

Mit dem Eintritt in Uganda (ausgangs September 1904) bot sich Schwester Luise das Bild einer sehr regen Missions= tätigkeit. In der Hauptstadt Rubaga, wohin die Schwestern im Jahre 1899 kamen, traf sie eine blühende Mädchen= schule. „Was mir bei der Bagandajugend besonders auf= fiel", schreibt sie in ihrem Tagebuch, „war ein ausgesprochener Zug von Selbständigkeit und Unabhängigkeit.

«Wo gehst du hin, Kleine?» fragte ich eines Tages ein Kind von zwei Jahren, das bedächtig die Anhöhe nach Rubaga hinaufging.

«Ei, nach der Mission», war die selbstverständliche Antwort. Und ohne sich auch nur nach mir umzusehen, wanderte die Kleine weiter. Sie war allein und hatte noch einen halbstündigen Weg zu machen. Jeden Morgen sieht man Kinder von erst zwei Jahren ganz allein zur Kirche kommen.

Früher hatte ich es nie recht glauben können, daß die Baganda=
kinder eine derartige Selbständigkeit an den Tag legten; jetzt konnte ich
es jeden Tag mit erleben. Tags nach unserer Ankunft in Rubaga stellt
sich eine kleine Elisabeth ein, die kaum das zweite Jahr überschritten
hat. „Ich will die neu angekommenen Babikira (Schwestern) besuchen“,
hieß es.

Diese naturhafte Anlage zur Selbständigkeit kommt der Ausbreitung
des Christentums zu statten. In der Missionsgeschichte Ugandas be=
gegnet man gar nicht selten Kindern, die in einem Alter von 8—10 Jahren
sich gegen den Willen ihrer Eltern und Verwandten dem katholischen
Glauben zuwenden und sich durch nichts mehr davon abbringen lassen.
Man hat es erlebt, daß sie für ihren heiligen Glauben die ausgesuch=
testen Quälereien, ja, selbst den Tod erduldet haben.

Hand in Hand mit dieser Selbständigkeit geht eine frühzeitige Reg=
samkeit und Gewecktheit des Verstandes. Dieselbe zeigt sich überall,
selbst bei den jugendlichen Spielen und Neckereien, die sehr oft Anlaß
zu dem beliebten musango (Prozeß) geben. Die Kinder tragen nämlich
gerne ihre kleinen Uneinigkeiten in einem prozeßartigen Verfahren nach
dem Vorbilde der Erwachsenen aus. Eines der größeren Kinder — am
öftesten aber der Missionar oder die Missionsschwester — wird als
Richter angerufen, und nun sucht eine jede der Parteien in Rede und
Gegenrede ihrer Sache zum Siege zu verhelfen. Die Wahrheitsliebe
spielt dabei keine Rolle. Es handelt sich nur darum, den Gegner durch
Geschick in der Darstellung zu übertrumpfen. Sie machen es wie die
Alten, die bei derartigen Anlässen sich nicht gegenseitig unterbrechen,
sondern aufmerksam einander zuhören, bis der Richter die Sache für
spruchreif erklärt und sein Urteil fällt. Es wird mit Gleichmut und
ohne Widerrede hingenommen, und alles ist wieder gut.

So kamen eines Mittags zwei Knaben zu uns in die Erholung,
um einen musango zu führen, und baten eine der Schwestern, ent=
scheiden zu wollen. Ernsthaft marschieren sie auf. „Wir haben einen
musango“, sagt der eine; „wir wollen ihn ausfechten. Die Mukuru
(Schwester [1]) soll uns richten.“

Der erste läßt sich auf die Knie nieder (so will es nämlich die Sitte bei
ähnlichen Anlässen) und beginnt also: „Mein Freund hier und ich waren
beisammen in dem kigango (Schulraum) der Patres. Da fing es an,
„Steine zu regnen“ (hageln). Mein Freund sagte: „Wenn du unter
den Steinen herläufst bis zum Hause der Patres, gebe ich dir einen
Kauri.“ [2] Gut! ich laufe, ich komme wirklich bis zum Hause der
Patres; ich drehe mich um, laufe zurück, bin wieder bei meinem Freunde
und fordere von ihm den Kauri. Und was tut der? Er gibt mir den
Kauri nicht, nimmt mir selbst noch meinen lubugo (Stück Zeug aus
Baumrinde). Siehst du, er hat ihn jetzt noch in Händen. Und ich
habe nur mehr meinen mpale (Lendenschurz) an. So! Nun bin ich
fertig.“ —

---

[1] Eigentlich „die Große“, „Fürstin“.
[2] Muschelgeld; zehn Kauri = 1 Heller = $1^{1}/_{3}$ Pfennig.

Damit läßt sich der kleine Sprecher rückwärts auf die Hacken nieder und wartet. Nunmehr ist der andere an der Reihe. Bedächtig legt er den

lubugo vor sich hin und beginnt seine Verteidigungsrede: „Mein Freund hier war mit mir zusammen in dem kigango der Patres. Auf einmal fing es an zu donnern und „Steine zu regnen". Da sagte ich zu meinem Freunde: „Wird es dir nicht bange?" — „Nicht mehr wie dir!" antwortete er. „Nun denn", sagte ich), „dann lauf' unter den Steinen her

bis zum Patreshause und zurück, und ich gebe dir einen Kauri!" Fort
ist er, hält seinen lubugo über seinen Kopf, und so läuft er
bis zum Patreshause. Dann kommt er zurück und fordert mir einen
Kauri ab. Ich aber sage ihm: „Du bist ja gar nicht unter den Steinen
gelaufen, du bist unter deinem lubugo gelaufen. Dafür mußt du mir
etwas geben. Her mit deinem lubugo! Und ich nehme ihm seinen
lubugo ab. So! Nun bin ich fertig!" — Dann hockt auch er sich hin wie der
der andere. Und beide warten ernsthaft und schweigsam auf den Urteilsspruch.

Und der lautete? „Du bist zwar wacker gelaufen", lautete es für
den einen, „hast dich dabei aber einer List bedient; und kannst darum
den Kauri nicht bekommen!" — „Du aber", hieß es für den andern,
„der du deinen Freund zum Laufen angestellt hast, durftest ihm den
lubugo nicht abnehmen, weil er ja viel mehr wert ist als ein Kauri.
Du mußt ihm also den lubugo wieder zurückgeben. Weil ihr aber
beide eure Sache so gut gemacht habt, sollt ihr beide eine Belohnung
haben. Ich schenke euch den Kauri, um die ihr euch gestritten habt!"

Dieser Urteilsspruch wurde mit einem nachdrücklichen „tweyanze"
(du hast weise geurteilt) aufgenommen. Und froh über den guten Aus=
gang trabten die kleinen Prozeßführer davon.

Das Schulhaus der Schwestern ist ein großes, schuppenartiges Ge=
bäude aus Fachwerk und mit Stroh gedeckt. Es ist durch Wände aus
Weidengeflecht in sechs große Räume, „Schulsäle", abgeteilt. Die Ein=
richtung ist bis jetzt die denkbar einfachste: keine Bänke oder Pulte;
eine Schicht trockenen Grases liegt auf dem gestampften Fußboden, auf
der die Schuljugend Platz nimmt, eine große Schultafel und daneben
ein Tischchen mit Stuhl für die Lehrerin. Das ist alles. Um so besser
sieht es aber mit dem Lerneifer der Jugend aus. Lange vor Beginn
der Schule umlagern die Kleinen den Eingang und sagen sich gegen=
seitig die Lektion auf.

Die Schwestern haben auch die kleinsten Knaben in der Schule.
Diese in Ordnung zu halten, ist keine Kleinigkeit. Das Lachen und
Schwätzen zu lassen, bringen die kleinen Knirpse noch ziemlich gut fertig.
Aber dann verfallen sie auf sonstige schalkhafte und drollige Streiche.
Besonderes Vergnügen bereitet es ihnen, gespaltene Grashälmchen auf
den Augenlidern reiten zu lassen. Mit einer bewunderungswürdigen
Behendigkeit bewegen sie die Augenlider, und es nimmt sich höchst
drollig aus, die Grashälmchen auf und nieder hüpfen zu sehen. Dann
bekommt wieder einer den Einfall, mit kleinen Stäbchen seinen Nach=
barn zu stoßen, oder gar durch die geflochtene Scheidewand hindurch
einen Jungen in dem Schulraum nebenan zu treffen oder wenigstens zu
zerstreuen und zu belustigen. Treibt es einer gar zu toll, so wird er
wohl vor die Türe gesetzt und muß zur Strafe im Hofe stehen oder
knieen bleiben.

Mit Mahnen und Strafen, ernsthaftem und liebevollem Zureden er=
reicht die Schwester eine verhältnismäßige Ruhe und Ordnung, um
gegen zwei Stunden lang Schule halten zu können. Mehr darf sie den
wilden Rangen einstweilen noch nicht zumuten, sondern muß nach Ab=
lauf der zwei Stunden schließen. Das junge Leben will Bewegung

haben. Und so stürmen denn die Buben hinaus ins Freie und tummeln sich, daß es eine Lust ist, natürlich unter lauten Freudenrufen.

Haben die Knaben das Alter der ersten Beicht und Kommunion (6—7 Jahre) erreicht, so kommen sie in die Knabenschule, welche der Leitung der Patres untersteht.

Die Lehrtätigkeit der Schwester bleibt selbstverständlich den Mädchen zugewandt. Je nach Alter und Kenntnissen werden sie verschiedenen Klassen zugeteilt. Wie es die Natur der Sache mit sich bringt, ist in allen Klassen Religion das Hauptfach. Daneben wird Unterricht in Lesen, Schreiben, Rechnen, Erdkunde und Geschichte erteilt. Auch lernen die Mädchen nähen und stricken, kurz alle Arbeiten, welche ihnen später notwendig oder nützlich sein können. Selbst der Gesang wird gepflegt. Die Bagandakinder bringen im allgemeinen gute Anlagen dazu mit. Ist der Tonsatz einfach, wie es beispielsweise bei den gewöhnlichen lateinischen Kirchengesängen der Fall ist, so genügt ein ein= oder mehrmaliges Anhören, um nachsingen zu können. Doch verändern sich während des Singens die lateinischen Worte. Weil nämlich in der Sprache des Landes alle Worte auf einen Vokal, nie aber auf einen Konsonant endigen, so ist begreiflich, daß unsere Sängerinnen auch den lateinischen Wörtern einen Vokal anhängen. So sind sie imstande und singen beispielsweise im Gloria: Et in terra paxi hominibussi bonae voluntatissi. Es kostet Mühe, ihnen das abzugewöhnen.

Für die älteren Mädchen, die über die eigentlichen Schuljahre hinaus sind, hat man Sonntagsschulen eingerichtet. Dieselben bieten den Besucherinnen Gelegenheit, sich weiter in den Wahrheiten unserer heil. Religion oder sonst nützlichen Kenntnissen auszubilden und pflegen daneben, wie es sich denken läßt, Geselligkeit und Spiel.

Wenn auch die Sonntagsschule den Schwestern empfindliche Opfer auferlegt — stellen sie doch auch den Schülerinnen die Hauptmahlzeit für den Tag, mmere genannt — so verdient sie, nicht nur beibehalten, sondern noch weiter ausgebaut zu werden. Denn hier haben die Schwestern besser Gelegenheit, sich den einzelnen zu widmen, den Anlagen und Neigungen der einzelnen mehr Rechnung zu tragen. Und das ist höchst wichtig für die Pflege des religiösen Lebens bei den Zöglingen. Aber wo es geschehen kann, da treten auch die Wirkungen eines außerordentlichen Tugendlebens zu Tage. Eine dieser christlichen Jungfrauen heiligt beispielsweise die Woche durch ein dreimaliges strenges Fasten. Eine andere hat sich durch eine Gelübde verpflichtet, überhaupt kein Fleisch zu essen. Es mag ihr hart ankommen, es zu halten; denn sie wohnt in dem Hause eines Häuptlings, und da kommt jeden Tag Fleisch auf den Tisch. Wieder eine andere nimmt sich vor und führt es auch aus, daß sie drei Nächte betend am Eingange der Muttergottes=Kapelle zubringt. Durch diese dreimalige Nachtwache will sie für einen leichten Fehler, den sie begangen, Sühne leisten. Eine vierte legt sich ein achttägiges Schweigen auf, um eine Zungensünde zu büßen.

An diesen Beispielen, die aus vielen ähnlichen herausgegriffen sind, offenbart sich genugsam die Echtheit des Tugendstrebens, dem diese guten Kinder sich widmen. Denn wo einmal die Flucht vor der Sünde

und den Unvollkommenheiten, die Selbstüberwindung und die Liebe zur
Abtötung Platz gegriffen haben, da ist der Boden bereitet, auf dem die
schönste Frucht des christlichen Tugendlebens gedeiht: das jung=
fräuliche Leben im Ordensstande.

Die ersten Ansätze dazu machten sich schon bemerkbar, noch ehe die
Schwestern im Lande waren. Durch die Verhältnisse wurden die Mis=
sionare dazu gedrängt, erprobte Jungfrauen oder Witwen zur Kranken=
pflege und Leitung von Mädchen=Waisenhäusern heranzuziehen. Manche
von ihnen gewannen diese Missionshilfsarbeit so lieb, daß sie sich dem=
selben zeitlebens zu widmen wünschten. Das Anerbieten wurde mit
Freuden angenommen und durch eine Art religiöse Weihe bekräftigt.
Bei der Gelegenheit baten die opferfreudigen Jungfrauen und Witwen,
das Gelübde der Keuschheit ablegen zu dürfen. Man gestattete es ihnen
für ein Jahr und ließ sie es dann forthin Jahr für Jahr erneuern.
Fürwahr, vielversprechende Ansätze eines beginnenden Ordenslebens!

Man kann sich denken, wie unter solchen Umständen die Ankunst
wirklicher Ordensfrauen aus Europa wirkte. Das weiße Kleid, die
Bescheidenheit und Sittsamkeit, die Liebe zu den Eingeborenen, die Hin=
gebung im Dienste der Kranken, die Geduld mit den Kindern, vor allem
das Gebetsleben der Weißen Schwestern: das alles wirkte wie eine
Offenbarung. Was man in unbestimmtem Sehnen bisher nur geahnt
hatte, das sah man jetzt in Wirklichkeit vor sich: das Ideal der christ=
lichen Jungfrau, die sich ganz dem lieben Gott und seinem Dienste schenkt.

Von der Wirksamkeit dieses Ideals fühlte sich bald manche gott=
suchende Seele ergriffen, ohne sich selber oder andern darüber Rechen=
schaft geben zu können. Aber in der Stille vollzog sich eine Arbeit,
deren Ergebnis der Entschluß war, es den „Babikira"[1] aus Europa
gleich zu tun und Babikira, wie sie, zu werden. Der Bischof beobachtete
mit Freuden das Wirken der Gnade und gestattete nach einigem Ab=
warten den Schwestern, daß sie ein Postulat eröffneten. Die Postulan=
tinnen lebten nun mehr nach einer klösterlichen Hausordnung. Gebets=
und Andachtsübungen, Unterricht und praktische Einführung in den
späteren Beruf wechselten miteinander ab. Daneben gingen sie den
Schwestern bei der Krankenpflege, dem Unterrichte der Jugend, den
Ausgängen in die umliegenden Dörfer tüchtig zur Hand.

Da benützte die göttliche Vorsehung das Andenken an eine Landes=
sitte, um die junge Gründung einen Schritt weiter zu bringen. Seit
unvordenklicher Zeit waren die adligen Stammeshäuptlinge gewohnt,
einige ihrer Töchter zum Hofdienst nach der Hauptstadt zu schicken und
dem jeweiligen Könige als Eigentum abzutreten. Der sittigende Einfluß
des Christentums hat allmählich diese Gewohnheit verdrängt, die An=
schauung aber, aus welcher die besagte Gewohnheit hervorgegangen
war, geläutert und unserer hl. Religion dienstbar gemacht. Er brachte
nämlich zwei einflußreiche katholische Provinzhäuptlinge auf den Ge=
danken, dem Wunsche ihrer Töchter zu willfahren und sie nicht einem
weltlichen Könige, sondern dem Könige des Himmels und der
Erde zu ewigem Dienste zu schenken.

---

[1] Jungfrauen.

Jetzt hielt der Apostolische Vikar von Uganda, Bischof Streicher, den Augenblick für gekommen, das Noviziat für die zukünftigen ein= heimischen Schwestern zu eröffnen. Zahlreich waren die Postulantinnen, die um die Aufnahme baten. Aber vorab konnten nur z w ö l f aufge= nommen werden. Unter ihnen waren Anzera (Agnes) die T o c h t e r und Amea die N i c h t e des Katikiro (Minister), ferner Elisa, die Tochter des Kaima, des Vorstehers der Provinz Mawokota. — Sie lebten sich rasch in die Ordnung und die Übungen des Noviziates ein, bezeigten viel Eifer und Ausdauer, für Fleiß und Lernfreudigkeit für die Beleh= rungen und Unterweisungen der Novizenmeisterin, einer Weißen Schwester. Doch übertrug man ihnen schon während der Noviziatszeit einige Unter= richtsstunden in der Mädchenschule. Sie zeigten viel Lehrgeschick, namentlich in der Erklärung der Glaubenswahrheiten. Das dürfte mit ein Grund gewesen sein, daß der Bischof nach Ablauf ihrer z w e i = j ä h r i g e n Noviziatszeit glaubte, sie einstweilen auf den Filialstationen als K a t e c h i s t i n n e n anzustellen, ehe er sie zur Profeß zuließ.

So bezogen sie denn zu zweien eine der Filialstationen, schickten wenigstens alle vierzehn Tage der bischöflichen Instruktion gemäß einen Rechenschaftsbericht an die Schwestern und kamen dann selber alle drei Monate wieder ins Schwesternhaus nach Rubaga zurück, um das No= viziatsleben wieder einige Zeit mitzumachen und sich im innern Leben zu erneuern und zu stärken.

Die Gesinnung, in der die angehenden Ordensfrauen an ihre Auf= gabe herantraten, das Mißtrauen gegen sich selber, die Anhänglichkeit an die Weißen Schwestern, das Vertrauen auf das Fürbittgebet offen= baren sich in einem Briefe, den die Katechistin Marina an die General= Oberin der Weißen Schwestern geschrieben hat.

An meine Mutter Oberin in Europa!

Es geht Dir wohl gut, meine Mutter Oberin? Ich möchte Dir Nachrichten aus dem Lande Uganda geben. Uns obliegt eine wichtige Arbeit: jene lesen zu lehren, welche anfangen, im Buch zu lesen. Ihrer sind viele. Und die ganz Kleinen, die noch nicht zur ersten hl. Kommunion gegangen sind, ihrer sind auch viele.

Aber, Mutter Oberin, wir haben Kummer gehabt! Siehe, zwei Jahre sind wir bei den Babikira gewesen; wir hatten uns so an sie gewöhnt!

Habe Mitleid mit uns und schicke uns viele Babikira. Tue es, damit die Babikira nicht nötig haben, uns allein zu lassen und allein in die Dörfer zu schicken.

Wir bitten Dich, bete viel für uns, denn wir haben kein Ver= ständnis, Unterricht zu erteilen, keine Kraft, diese wichtige Arbeit zu tun; es sei denn, daß Du für uns betest und Gott unsere Herzen umwandelt und stärkt. Denn Gott kann, auf Dein Gebet hin, uns die Kraft geben, unsere Arbeit zu tun.

Ich habe Dir jetzt, Mutter Oberin, die Neuigkeiten aus Uganda mitgeteilt. Was wir am liebsten täten, wäre, immer bei den Babikira zu bleiben. Aber ich gehe doch auch gerne überall sein, wohin der liebe Gott es haben will.

Jetzt erfahre meine Kümmernisse, die groß und viele sind, weil meine Eltern nicht in der wahren Religion beten. Bete für sie, meine Mutter. Wenn Gott dieses Wunder tut, werde ich es Dir mitteilen.

Mein Herz ist zerrissen, daß ich Dich nicht besuchen und nicht mit Dir sprechen kann. Wenn es sich tun ließe, so kämen wir alle Dich besuchen. Unsere Herzen aber siegen über die Beschwernis des Leibes und sind bei Dir in Europa.

Du weißt, daß wir erst in der Vorstufe des Ordenslebens sind. Denke an uns und bete für uns, auf daß wir willig und folgsam sein und bleiben.

Jetzt bin ich fertig. --

Gott behüte Dich; Maria, unsere Mutter, behüte Dich, der heil. Joseph und der liebe Schutzengel behüte Dich.

Ich Mariya.

Alles, was Schwester Luise sah und hörte, erfüllte sie mit großer Freude und gab ihr die berechtigte Hoffnung, daß das so weit fortge-schrittene Werk auch bald seine Vollendung haben werde.

Sie konnte mit Genugtuung feststellen, daß die Schwestern erfolg-reich tätig waren in der Fortbildungs- und Arbeitsschule, im Hospital und der Armenapotheke.

In der Landschaft Buddu traf sie ein nicht minder reges Missions-leben. Dort hatten neue Bedürfnisse neue Unternehmungen nötig gemacht. Unter diesen war die Fürsorge für die Erstkommunikanten eines der wichtigeren. Dasselbe wurde nun beispielsweise in Villa Maria folgen-dermaßen eingerichtet: Die 400—500 Kinder, die sich da alljährlich auf die erste hl. Kommunion vorbereiten, nehmen einen mehrmonatlichen Aufenthalt auf der Schwesternstation. Mit vieler Liebe und Geduld widmen sich die Schwestern diesen Kindern, um sie tiefer in die Kenntnis der Glaubenswahrheiten einzuführen, sie an Ordnung und leichtere Arbeit in Haus und Feld zu gewöhnen, mit ihnen zu beten und sie auf die Beicht vorzubereiten, die allmonatlich einmal oder nach Wunsch noch öfter abgelegt wird. Jeden Sonntag versammelt einer der Missionare die Kleinen in der Kirche, um Unterricht zu halten und sich ein Bild von dem Fortschritte der Kleinen zu verschaffen.

Schwester Luise konnte sich davon überzeugen, daß nirgends das Werk der Gnade so offenkundig zu Tage tritt, als gerade bei diesen empfänglichen Kinderseelen. Während dieser gründlichen Vorbereitungs-zeit nehmen sie Tugendkeime in sich auf, die sich über kurz oder lang entwickeln, um herrliche Früchte christlichen Lebens, ja selbst Ordens-berufe hervorzubringen.

In kurzer Zeit hat der liebe Gott durch seine Missionare in Uganda große Dinge getan: das war der Eindruck, den Schwester Luise beim Scheiden von diesem schönen Lande mitnahm. (Fortsetzung folgt.)

Ein Ueberfall in der ostafrikanischen Steppe. (Ein junger Löwe durchbeißt einem starken Zebra die Halsschlagader.)

Stand der Missionen der Weißen Väter

von Juli 1910 bis Juli 1911.

Missionsbezirke	Stationen	Missionare	Schwestern	Katechisten	Christen	Katechumenen	Taufen Erwachsener	Taufen v. Christenkindern	Taufen in Todesgefahr	Schulen	Knaben	Mädchen	Charitative Anstalten	Gepflegte Kranken
1. Tanganika	11	46	19	106	7 513	7 492	857	392	664	105	5 453	3 709	33	59 580
2. Unyanyembe	14	51	19	76	6 457	4 323	578	273	435	37	1 449	401	50	145 778
3. Süd-Nyanja	23	77	23	241	15 343	13 203	1 351	999	1 866	103	2 418	1 013	48	168 842
4. Nord-Nyanja (Uganda)	24	107	24	1 105	113 811	87 629	5 861	3 495	2 898	490	11 244	7 913	46	394 495
5. Nyassa	12	45	8	342	5 982	57 007	789	431	1 540	723	13 232	5 107	15	47 767
6. Ober-Kongo	9	41	15	82	6 456	26 839	471	412	1 328	25	2 646	878	52	225 960
7. Sudan	9	39	12	12	1 316	1 717	123	85	69	9	130	48	17	33 093
8. Nordafrika (Algerien, Tunesien)	12	56	80	11	999	238	44	41	646	13	651	294	23	130 907
9. Sahara	3	11	6	3	10	13	4	3	32	4	92	70	5	12 957
Zusammen	117	473	206	1 978	157 887	198 461	10 078	6 131	9 478	1 509	37 315	19 433	289	1 219 379

Erstkommunion in Marienberg.

Ueber einen Besuch in Marienberg (Süd=Nyanfa) berichtet der Weltreisende
J. Baumann in „Quer durch Afrika" („Sammler", Nr. 23.)

J**n der Residentur Bukoba ist viel Ordnung und der Resident
bei den Eingeborenen sehr angesehen und beliebt.
Am Pfingsttage (15. Mai) ritt ich mit Wunderlich nach
Marienberg, der Hauptmissionsstation der „Weißen Väter"
in Deutsch=Ostafrika. Viele und schöne Dörfer mit ihren
Schamben lagen in der Nähe des Weges. Alles Land weitum
gehört dem Sultan Kahigi, der in dem von Bukoba eine kleine Tage=
reise entfernten Kanafi residiert und Hütten und Felder an seine Leute
abgibt. Jeder dieser Besitze ist sauber abgegrenzt. Die wellige und frucht=
bare Landschaft macht einen anmutigen Eindruck. Man sieht kleine Haine
und vereinzelte uralte Bäume. Die Leute in der Landschaft Bukoba
sind alle außerordentlich freundlich und respektieren den weißen Mann
als weit über ihnen stehend. Viele Leute begegneten uns, die als Klei=
dung Kalbsfelle trugen oder braune Rindenstoffe. Die Weiber hatten
ganz kurze Grasröcke, die wie bei Ballettdamen kokett weit abstanden.
Männer und Frauen, die uns entgegenkamen, legten in der Regel alle
Lasten, die sie trugen, weg, knieten nieder, schlugen die Hände aneinander
und riefen: „kassure rugaba", das will sagen: „Neige Dich gnädig
zu mir!" Dieses unterwürfige Grüßen überrascht, wenn man es zum
erstenmal sieht. — Wir näherten uns auf einer breiten Straße der
Kirche, aus der gemeinsamer Gesang ertönte. In einer offenen Seiten=
halle neben der Kirche erläuterte der Pater den Katechumenen den Ka=
techismus, unterbrach aber den Unterricht, um uns zu begrüßen und in
die große Hallenkirche zu geleiten, in der mehr als tausend Angehörige
zum Gottesdienst versammelt waren. Vor dem Eingang lehnten hun=
derte von Speeren an der Wand. In der hohen Halle, die des Fest=
tages wegen mit Blumen und Girlanden geschmückt war, saßen auf dem
Boden die Versammelten, und zwar rechts die mit weißen Tüchern be=
kleideten Männer, links die in rotbraune Rindentücher gehüllten Frauen
mit ihren kleinen Kindern, von denen sie die kleinsten auf dem Rücken
trugen. Vorne befanden sich die Knaben und Mädchen. Für uns hatte
man, da wir unseren Besuch angesagt hatten und nur des Regens wegen
zu spät eingetroffen waren, ganz vorne einen mit einem Tuch geschmückten
Betstuhl aufgestellt. Die ganze stattliche Gemeinde, die ausschließlich aus
Schwarzen bestand, respondierte in lateinischer Sprache; die Bedeutung
der einzelnen Worte wird ihnen im Unterricht erläutert. 40 weißgeklei=
dete Kinder gingen dann nach einer Ansprache des Geistlichen zur Erst=
kommunion. Am Schlusse des erbaulichen Gottesdienstes sangen mehr
als 1000 Stimmen von einem Harmonium begleitet ein altes Kirchen=
lied, das ich nach den ersten Tönen als den auch bei uns bei festlichen
Anlässen üblichen Ambrosianischen Lobgesang erkannte: „Großer Gott!
wir loben Dich), preisen Deine Macht und Stärke." Der schöne Lob=
gesang, den wir in unserer Jugend inmitten einer großen Gemeinde so
oft in festlich gehobener Stimmung kräftig mitgesungen und den hier im
Herzen von Afrika eine Gemeinde von schwarzen Gläubigen genau in

der heimatlichen Melodie ſang, machte auf mein empfängliches Gemüt
eine ergreifende Wirkung. Einen ähnlichen Eindruck hatte ich ſchon in
Daressalaam gelegentlich eines Pontifikalamtes gewonnen und nochmals
wieder im Süden von Ruanda und am Kongo. Die mächtige Wirkung
einer „universitas ecclesiae" läßt ſich wohl nicht wegdisputieren. Der
ganze Gottesdienſt und das Benehmen der Andächtigen, dies namentlich
auch in bezug auf die Kinder, war in hohem Maße erbaulich. Der An=
fang des erwähnten Kirchenliedes lautet in der Wageiaſprache: „Mbwenu
twaija kussima Isheichwe burungi bwawe", wörtlich überſetzt: „Jetzt
kommen wir zuſammen, um zu loben Dich, unſeren großen Vater, wegen
Deiner Güte."

Nach dem, was ich in Afrika gehört und geſehen, insbeſonders
aber nach dem Urteil bekannter Afrikaforſcher, ſcheinen die „Weißen
Väter" ihre Aufgabe als Miſſionare recht gut zu löſen. Da ſie mitten
unter den Schwarzen wohnen, treten ſie dieſen näher als die Beamten
und Offiziere, dies namentlich auch durch die Schule und Krankenpflege.
Ueberall halten ſie die Eingeborenen zur Arbeit an, machen mit ihnen
den Boden urbar, fertigen Ziegel, fällen Bäume, ſchneiden Hölzer, bauen
Häuſer, legen Aecker und Pflanzungen an, die ſie pflügen und mit Korn,
Gemüſen und Früchten anbauen. Sie bringen den Eingeborenen Achtung
vor der zuſtehenden Obrigkeit bei und leben beinahe überall, wie mir
immer wieder beſtätigt worden iſt, im beſten Einvernehmen mit den Offi=
zieren und Beamten. In Bukoba ſind ſie an Kaiſers Geburtstag die
regelmäßigen Gäſte an der Offizierstafel. — Später beſuchten wir die
„Weißen Schweſtern", welche heute die Erſtkommunikanten bewirteten.
Die netten, freudig erregten Kinder in ihren weißen Kleidchen kamen alle
zutraulich heran und zeigten mir ihre Kommunionbildchen. Die Kleinen
waren nicht wenig überraſcht, als ich jeden mit ſeinem Taufnamen an=
reden konnte, — ein harmloſer Trick von meiner Seite, da ich ja auf
dem Bildchen den Namen ableſen konnte. Die Schweſtern geleiteten
uns in ihren Empfangsraum, auf deſſen Boden fußhoch weiches, reines
getrocknetes Gras gelegt war; hier ſaßen die Kinder. Die Unterhaltung
wurde recht animiert, da die Schweſtern nur ſelten Gelegenheit haben,
mit Beſuchen aus der ſo weit entlegenen Heimat zu ſprechen. Es war
nun köſtlich, wie die Kinder an unſeren und an der Schweſtern Mienen
hingen. Sie verſtanden kein Wort, da ja der Unterricht in der Einge=
borenenſprache abgehalten wird. Erzählten wir Ernſthaftes, ſo ſchauten
die Kinder ebenſo ernſthaft wie wir ſelber. Wurden die Augen der
Schweſtern helle, ſo leuchtete dies in den Kinderaugen wider; und als
wir ſcherzten und die Frauen lachten, ſo lachten alle die Kinder laut
und herzhaft mit, um gleich darauf mit unſeren Mienen wieder tiefernſt
zu werden. Beim Mittagsmahl waren wir natürlich Gäſte der Väter.

Auf dem Heimweg machten wir einen Umweg, um einen jungen,
noch minderjährigen Sultan Nſongo in Karema aufzuſuchen. Sein
Gebiet Bugabu reicht bis zur Grenze von Engliſch=Uganda (1. Grad
ſüdl. Br.). Der Miniſter, welcher die Regentſchaft führt, empfing uns
freundlich und geleitete uns in eine ſehr reinliche Rundhütte, in die man
dann auch zwei Stühle brachte. Der 14jährige manierliche junge Sultan
zeigte ſich recht erfreut über unſer Kommen, und wir tauſchten Artigkeiten

aus. — Als wir dann später aufbrechen wollten, flüsterte er einem Höf=
linge etwas zu, und man brachte mir ein Gastgeschenk, nämlich eine der
landesüblichen langstieligen Äexte (Muhoro == Haumesser) und ein er=
wachsenes Lamm. Das Lamm war nun ob der ihm zugemuteten Ehre gar nicht
sonderlich erbaut; es sträubte sich mitzugehen und blökte jämmerlich. Eine
Zeit lang führten wir beide es im Wechsel an einem Grasstricke; dann
aber gaben wir es preis, worauf es mit freudigen Sprüngen heimkehrte."

Schwarze Erstkommunikanten in Uganda.

Kleine Mitteilungen.

Aus Karema (Tanganika) berichtet P. Nikolaus Tresch: „Vom Hinscheiden
des Br. Gustav haben Sie wohl schon Kunde erhalten. Er litt an einer Magen=
krankheit, die schließlich starkes Blutbrechen zur Folge hatte. Der Arzt in Bis=
marckburg sandte ihn zu völliger Ausspannung und Erholung nach dem gutgelegenen
Kate. Allein beim ersten Schein der Besserung kehrte er nach Ulinfa zurück und
ist uns dann sehr schnell entrissen worden. — P. Höfele ist bei P. Hamberger in
Mkulwe und hat seine Stelle an der Katechistenschule in Karema an P. Bertsch
abgetreten." — P. Tresch wirkt noch mit größter Hingabe an genannter Schule,
die sich sehr zu heben scheint: die Zahl der Schüler beträgt jetzt 50.

Abreise von Missionaren: Am 28. April haben sich in Marseille an Bord
der „Rhenania" u. a. eingeschifft: P. Aloys Meyer, der nach zwölfjähriger Tätig=
keit in Süd=Nyanza und kurzem Aufenthalt in Europa wieder in seine Mission
zurückkehrt. Ferner Br. Franz Joseph (bisher in Trier), der für Mombasa (Bri=
tisch=Ostafrika) bestimmt ist; Br. Crispinus aus Trier (bisher Thibar, Tunesien) und
der Br. Tobias (ein Neger aus Uganda), beide nach Uganda.

Heidnische Gebräuche. Bruder Castulus schreibt aus Rubia (Süd=Nyanza):
„Unser alter Sultan Nyarubamba ist 1911 gestorben. Er war lange Zeit krank,
und oft hat er den Besuch des Missionars gehabt, doch ist er als Heide hin=
geschieden. Mag ein Häuptling in gesunden Tagen auch noch so viel Macht be=

sitzen, auf dem Sterbelager ist er ganz und gar in den Händen der Zauberer. Die
überwachen ihn aufs sorgfältigste und lassen niemand zu ihm. Zwar getrauen sie
sich nicht leicht, dem Missionar den Zutritt zu verwehren, allein sie sorgen schon
dafür, daß nicht von Religion gesprochen wird, und so ist der arme Mensch gestorben wie er gelebt, obwohl ihm das Glück der hl. Taufe so nahe war. — Sobald der Häuptling tot war, wurde er in einen ausgehöhlten Baumstamm gelegt,
und nun wurde Milch zugegossen bis zum Rand. In diesem Bad bleibt der Leichnam liegen, bis er völlig in Fäulnis übergegangen ist, denn nur die Knochen
dürfen begraben werden. Bis dahin muß die Leiche in ihrem Bottich mit Milch
streng bewacht werden. Der erste Wurm, der sich in der Leiche zeigt, wird ehr-
furchtsvoll in Empfang genommen, denn darin wohnt der Geist des Häuptlings.
Der Wurm wird an einer abgelegenen Stelle von einem Weibe Tag und Nacht
bewacht. Das Weib darf sich nicht entfernen; das wäre nämlich das größte Ver-
brechen und würde den Tod der Frau zur Folge haben. Sobald nämlich der
Geist des verstorbenen Sultans die Freiheit bekäme, würde er den neuen Häuptling töten, und das muß doch verhindert werden. — Ihr seht, daß dies arme Volk
noch tief im Heidentum steckt. Möge doch der liebe Gott diese unglücklichen Menschen erleuchten mit dem Licht seiner Gnade und sie aus dem Abgrund des Heidentums retten, denn auch sie sind ja für den Himmel geschaffen und mit dem kostbaren Blute unseres lieben Heilands erlöst worden!"

    Die katholische Mission in Britisch-Indien. Einen interessanten Ueberblick
in den Fortschritt und den Stand der katholischen Mission in Indien gibt ‚The
Catholic Directory of India' 1912. Dieses Direktorium, das schon seit 62 Jahren
erscheint, berücksichtigte früher nur die Erzdiözese Madras, ist aber jetzt dank der
Mitarbeit der Missionare und besonders des so rührigen P. Honpert S. J. zu einem
Generalschematismus der katholischen Kirche in Britisch-Indien geworden, d. h.
von ganz Vorderindien, Ceylon, Birma und Malakka.

    In dem ganzen Gebiete, das bekanntlich mit Ausnahme von Birma die ost-
indische Delegatur bildet, hat die katholische Kirche: 9 Erzbischöfe, 30 Bischöfe,
4 Apostolische Präfekten. Die Zahl der europäischen Priester betrug im Jahre
1851 in Indien 190, in Birma 13, in Ceylon 34; im Jahre 1911 aber wurden in
Indien 958, in Birma 91, in Ceylon 167 europäische Priester gezählt. Rechnet
man dazu noch die einheimischen Priester, die heute in Indien auf 1596, in Birma
auf 14, in Ceylon auf 66 angewachsen sind, so ergibt sich für das ganze Missions-
gebiet eine Priesterzahl von 2892. Dazu kommen außerdem in Indien 561 Laienbrüder und 2961 Schwestern, in Birma 52 Brüder und 142 Schwestern, in Ceylon
122 Brüder und 512 Schwestern, zusammen also 4350 Laienbrüder und Missionsschwestern, von denen mehr als die Hälfte Einheimische sind.

    Kirchen und Kapellen gab es vor 60 Jahren in Indien 737, in Birma 7, in
Ceylon 149. Diese Zahl hat sich bis 1911 um ein Bedeutendes vervielfacht; in Indien dienen 4914, in Birma 480, in Ceylon 712 Kirchen resp. Kapellen dem katholischen Gottesdienst.

    Ein erfreulicher Fortschritt ist auch auf dem Gebiete der Schule zu notieren.
Die Zahl der Schulen und Schüler hat sich seit 1851 mehr als verzehnfacht: die
Gesamtzahl der Studierenden und der Schulkinder — soweit dies aus der Statistik, die in diesem Teil leider nicht vollständig sein konnte, hervorgeht — beträgt
250 400, die auf 26 Seminare, 29 Katechetenschulen, 17 Kollege, 246 Sekundär-
schulen und 3752 Elementarschulen verteilt sind. An Katecheten weist das Gebiet
2727, an männlichen Lehrpersonen 4305, an weiblichen Lehrpersonen 1311 auf.
Leider bleiben aber diese Zahlen hinter denen der protestantischen Mission weit zurück.

    Die Katholikenzahl betrug 1851 in Indien 964 249, in Birma 3000, in Cey-
lon 146 320. Diese Zahl hat sich dann in stetem Wachsen bis zum Jahre 1911
erhöht in Indien auf 2 203 336, in Birma auf 88 447, in Ceylon auf 322 163.
Hiervon sind ungefähr 5 Prozent Ausländer. Der Katholizismus behält also dem
Protestantismus gegenüber — abgesehen von Birma — noch einen Vorsprung.
Während sich die Zahl der Katholiken innerhalb 40 Jahren kaum verdoppelt, hat
sich die der Protestanten mehr denn verdreifacht. Die protestantische Mission zählt
nämlich schon 1 012 463 Mitglieder und 355 710 Kommunikanten. P. Honpert, S. J.,
gibt als Gründe dieses schnelleren Wachstums u. a. an die viel einfachere und
daher weniger kostspielige Seelsorge, die Heranziehung zahlreicher einheimischer

Missionsgehilfen, die reicheren finanziellen Mittel und die Einführung der Selbst=
unterhaltung der Christengemeinden.

Afrikanische Erziehungskunst. Die Erziehungsmethode der Neger im fran=
zösischen Kongogebiet ist eine wahre Pädagogik der Tat.

Allein Worte oder Schläge werden kaum angewandt: man bedient sich anderer
Mittel, um den jungen Gemütern einzuschärfen, was sie unterlassen sollen.

Wenn ein kleines Kind z. B. entgegen dem ausdrücklichen Verbot der Eltern
doch zum Flusse hinabschleicht, um zu spielen, so kommt es nicht zu Vorwürfen;
behutsam schleicht die Mutter dem Kleinen nach, und ohne ein Wort zu sagen,
stößt sie ihn in die Wellen und drückt den Kopf des ungehorsamen Sprößlings so
lange unter das Wasser, bis das Kind nahe daran ist, zu ersticken. Dann zieht
sie den Kleinen heraus und zeigt ihm, wie diese Gefahr zu ersticken immer lauernd
im Flusse liege, und daß Kinder darum nie allein zum Flusse gehen dürfen, da
nicht immer die Mutter gerade hinzukommt, den Ertrinkenden zu retten.

Wenn ein Kind in der Hütte gekochte Bananen nascht, so macht sich die
Mutter ohne ein Wort der Erklärung ans Werk, dem kleinen Feinschmecker einen
Riesentopf gekochten Bananenbreies zuzubereiten. Dann stellt sie den ganzen Topf
dem Kinde hin und fordert es auf, nach Herzenslust zu essen. Der Kleine läßt
sich das gewöhnlich nicht zweimal sagen. Behaglich schmunzelnd beginnt er das
Mahl. Aber schließlich kommt der Augenblick, wo sein Appetit gestillt ist und er
aufhören will, zu essen. Aber nun besteht die Mutter darauf, daß der Kleine
weiter esse. Dabei gibt es keine Nachsicht und keine Gnade. Wenn der Junge
nicht mehr kann, tritt die energische Nachhilfe der Mutter ein, und dieser päda=
gogische Schmaus endet erst dann, wenn die Eltern sehen, daß die Abfütterung ge=
fährlich wird.

Auf diese Art wird den Kindern eingeprägt, daß das Naschen seine Schatten=
seiten haben kann. Ist das Kind sehr weinerlicher Natur und vergießt es ohne
Grund Tränen, so geht die Mutter in den Wald und sammelt einen gehörigen
Busch eines Krautes, das unserer Brennessel verwandt ist. Damit reibt sie den
Körper des kleinen Melancholikers energisch ein und erklärt ihm dann ganz ruhig:
„Nun weine, jetzt hast du wenigstens einen Grund dazu."

Eigentümlich sind die Namen, die den Kindern gegeben werden. Oft nennt
man sie nach irgend einem Gegenstande, nach einem Orte oder nach einer
besonderen Eigenschaft, die die Gegend aufweist, in der das Kind geboren wurde.
Da hört man den Namen Rote Liane oder Blumenbeet, Flußpferdzahn, Sturm=
wind, Heimkehr von der Jagd usw. Viele Kinder heißen „Vergessen". Es sind
die Kleinen, bei deren Geburt die Mutter starb. Der Name soll den Geist der
Mutter, der sonst umgeht, um Rache zu nehmen, besänftigen und ihn vergessen
lassen, daß dies Kind die Ursache ihres Todes gewesen.

Unter den Menschenfressern am Kongo. Der italienische Marinearzt Baccari
schreibt in der ‚Rivista Navale' seine Beobachtungen über die menschenfressenden
Kongostämme. Der Hauptzweck der Kriege zwischen den einzelnen Ortschaften ist
die Menschenjagd. Die leicht oder gar nicht verwundeten Gefangenen werden für
die künftigen Schmausereien gemästet; die Schwerverwundeten werden sofort nach
den Getöteten verschlungen. Das Fleisch, das nach diesen furchtbaren Fressereien
noch übrig bleibt, wird geräuchert und dient für die Tage der Not.

Als geringeres Fleisch gilt das der schwachen und mißgestalteten Kinder, der
Kranken, der Alten, überhaupt aller derer, die dem Gemeinwohl keinen anderen
Dienst mehr leisten können, als daß sie als Nahrung dienen.

Deshalb begegnet man in manchen Gegenden nie einem Blinden, einem
Krüppel oder einem Menschen mit weißen Haaren. Bei den Wabembe gibt man
im Austausch für einen gelähmten Knaben oder eine kranke alte Frau bereitwillig
eine schöne Ziege.

Den geringsten Wert hat das Fleisch der an Krankheit Gestorbenen; aber
selbst die Leichen der Pockenkranken werden nicht verschmäht; die Krankheit war
ja nur in der Haut, und diese ist abgezogen, ist dann nicht alles Böse fort, — so
wird ein Neger seelenruhig erklären. Nicht einmal die Leichen der Bestatteten
werden in Frieden gelassen, und die der Weißen werden nur deshalb verschont,
weil ihre Friedhöfe gut bewacht sind.

Uebrigens ist zu bemerken, daß entgegen der allgemeinen Ansicht die Neger das Fleisch von ihresgleichen dem der Weißen vorziehen, das ihnen fade, wässerig und unangenehm riechend erscheint. Wenn sie das Fleisch der Weißen auch gern nehmen, so tun sie dies nicht des Geschmackes wegen, sondern weil sie glauben, daß sie durch dessen Genuß oder wenigstens durch das Trinken einer daraus bereiteten Suppe den Mut und die Kühnheit in sich aufnehmen, den die Neger an den Weißen bewundern. Aus demselben Grunde geben die Mütter ihren Söhnen Stücke vom Herzen eines getöteten Feindes zu essen, der als tapfer bekannt war. Das Fleisch der Kinder wird für besonders zart gehalten und bleibt den Tischen der Häuptlinge reserviert. Die Frauen werden nie zu diesen Schmausereien zugelassen, sind aber doch sehr glücklich, wenn sie sich heimlich ein Stück Fleisch verschaffen können."

Die Missionsschulen und das Missionsseminar der „Weißen Väter".

Die Aufnahme erfolgt zum Oster= oder Herbsttermin. Es wird vor allem erfordert:

1. Wahrer Beruf und die feste Absicht, sich aus Liebe zu Gott als Missionar der Bekehrung der Ungläubigen zu widmen, wohin auch immer der Gehorsam ruft.
2. Eine kräftige Gesundheit.
3. Ein offener, fester und folgsamer Charakter, sowie ein gesundes Urteil.
4. Die zum Studieren nötigen Anlagen.
5. Ein jährlicher Pensionspreis, der für die Dauer der Gymnasialzeit keinem ganz erlassen wird.

Die untern Gymnasialklassen (bis Untertertia einschließlich) werden in Haigerloch (Hohenzollern) absolviert, die obern Gymnasialklassen dagegen in Altkirch (Ober=Elsaß), wo die Zöglinge das staatliche Gymnasium besuchen. Das Missionsseminar befindet sich in Trier.

Wer nach reiflicher Erwägung und beharrlichem Gebet den schönen, aber mühe= und gefahrvollen Beruf eines Missionars in sich zu erkennen glaubt, erbitte nähere Auskunft

a) vom Superior des Missionshauses in Trier (für das Missionsseminar);
b) vom Superior des Missionshauses in Haigerloch, Hohenzollern (für untere Klassen bis Untertertia einschließlich);
c) vom Superior des Missionshauses in Altkirch i. E. (für obere Klassen).

Ein Missionshaus zur Heranbildung von Brüdern der Gesellschaft der Weißen Väter befindet sich in Marienthal, Post Mersch (Luxemburg). — Aufnahme jederzeit.

Für deutsche Missionsschwestern der Kongregation der Weißen Schwestern besteht ein Postulat in Linz a. Rhein. Anfragen beantwortet bereitwilligst die Oberin.

Unsere Missionshäuser. Die Gesellschaft der Weißen Väter.

Der Augustmonat bringt allen deutschen Missionsanstalten der Weißen Väter den Schluß des Schuljahres und den Beginn der großen Ferien. Denn auch das Missionsseminar in Trier und das Brüderpostulat in Marienthal (Luxemburg) schließen sich der Einheitlichkeit halber unseren süddeutschen Anstalten an und beenden in diesem Monat ihr Arbeitsjahr.

Das ist nun die Zeit, wo die Gesuche um Aufnahme in das eine oder andere unserer Häuser sich mehren. Daher seien uns folgende kurze Angaben über die deutschen Missionshäuser der Weißen Väter und über den Charakter der Kongregation selbst gestattet.

Das Missionshaus der Weißen Väter in Haigerloch (Hohenzollern) beherbergt die Zöglinge der unteren Gymnasialklassen von Sexta bis Untertertia. Der Unterricht wird im Hause erteilt. Das Missionshaus zählte im verflossenen Jahre 82 Schüler, von denen die ältesten, also die Untertertianer, sich nun bereits rüsten, um nach Altkirch im Elsaß überzusiedeln.

Von Obertertia an besuchen nämlich die Missionsschüler das staatliche Gymnasium in Altkirch (Oberelsaß). Sie wohnen indes im dortigen Xaveriushaus der Weißen Väter. Letzteres zählt zur Zeit 51 Insassen, von denen 9 im Juli ihre Reifeprüfung am Gymnasium bestanden haben.

Nach dem Abiturientenexamen beziehen sie das Missionsseminar der Weißen Väter in Trier (Rheinland), um daselbst im Oktober mit dem Studium der Philosophie und Theologie zu beginnen. Die philosophischen Studien nehmen 2 Jahre, die theologischen 3 Jahre in Anspruch; dazwischen fällt ein Jahr Noviziat, das auf afrikanischem Boden verlebt wird. (Das zweite Jahr des Noviziats fällt mit dem ersten Jahre der Theologie in Trier zusammen.) Das Trierer Missions=Seminar zählte im vergangenen Jahre 22 Seminaristen (dazu kommen die Novizen des ersten Jahres).

Das Missionshaus zur Heranbildung von Missionsbrüdern deutscher Zunge befindet sich in Marienthal bei Mersch (Luxemburg). Es zählte im verflossenen Jahre 25—30 Postulanten.[1]

Hier seien nun einige wenige Angaben über den

Charakter der Gesellschaft der Weißen Väter

angeschlossen.

Die Weißen Väter sind kein Orden im eigentlichen Sinn, sondern eine Missionskongregation. Die Mitglieder derselben setzen sich aus

---

[1] Das Missionshaus der Weißen Schwestern (Schwestern U. L. Frau von Afrika) ist, wie unsern Lesern bekannt, zu Linz am Rhein.

Priestern und Brüdern zusammen, die sich durch einen feierlichen
Eid auf Lebenszeit der Kongregation weihen.

Wer also diesen hl. Eid vor ausgesetztem hochwürdigsten Gute abge=
legt und die eigenhändige Urschrift auf den Stufen des Altares unter=
schrieben hat, gehört bis zu seinem Tode der Kongregation an und unter=
steht im hl. Gehorsam dem Generaloberen der letzteren.

Es versteht sich von selbst, daß der hl. Eid, so gut wie ein Ge=
lübde, den Missionar vor Gott dem Herrn bindet, und daß nur der
Generalobere aus den gewichtigsten Gründen, die er für kanonisch hin=
reichend erachtet, diesen Eid lösen kann.

Hat aber der Generalobere tatsächlich ein Mitglied der Kongre=
gation, gleich ob Priester oder Bruder, von dessen eidlicher Verpflichtung
entbunden, dann scheidet damit der betreffende Missionar aus dem Ver=
bande der Kongregation vollständig aus. Wollte dieser Missionar nun
doch später seine Wiederaufnahme in die Kongregation erlangen — denn
er müßte ja wieder aufs neue a u f g e n o m m e n werden — so kann
ihm auf seine Bitte hin der Generalobere diese Wiederaufnahme gewiß
gewähren und ihn zur erneuten Ablegung des hl. Eides zulassen, voraus=
gesetzt, daß nichts dieser Wiederzulassung im Wege steht, und daß natür=
lich jene Gründe, die die Lösung der eidlichen Verpflichtung motivierten,
fortgefallen sind.

Dies diene zur Antwort auf mehrere Fragen, die in letzter Zeit an
uns gestellt wurden.

Die K o n s t i t u t i o n e n und S t a t u t e n zielen in ihren Grundzügen
sowohl, als auch in den einzelnen Vorschriften und Regeln für die innere
und äußere Verwaltung der Gesellschaft, sowie für das aszetische und
materielle Leben der Missionare einzig darauf ab, das für Leib und Seele
gleich opferreiche Missionsleben recht erfolgreich zu gestalten und zuver=
lässige Christen zu bilden. Um diesen Zweck sicherer zu erreichen, stehen
die Missionare niemals allein in den Missionen; dadurch wird gar
mancher Anlaß der Entmutigung verhütet. Sie sind immer wenigstens
zu dreien beisammen, so daß sie sich gegenseitig Hilfe leisten und zur
Uebung der apostolischen Tugenden anfeuern können.

Die Konstitutionen bestimmen nämlich: „Niemals und in keinem
Falle und unter keinem Vorwande, welcher es auch sein mag, dürfen
die Missionare, wenn sie in die Mission gehen, auf die Dauer zu weniger
als zu d r e i e n sein, Priestern oder Brüdern. Um nicht gegen diese
Regel zu verstoßen, wird man viel lieber die vorteilhaftesten und dringend=
sten Angebote zurückweisen; ja, man würde eher selbst auf das Be=
stehen der Gesellschaft als auf diesen Hauptpunkt verzichten."

Die von Anfang an befolgte Missionsmethode setzt sich zum Ziele,
recht zuverlässige Christen zu erziehen. Zu diesem Zwecke verlangt sie
von den Taufkandidaten ein 4jähriges Katechumenat, während welchem
sie in die christliche Lehre und das christliche Sittengesetz eingeführt und
an ernsthafte Arbeit gewöhnt werden.

In der vorigen Nummer dieser Zeitschrift gaben wir eine statistische
Uebersicht über die Missionsarbeit des letzten Jahres. Aus
dieser Statistik ergibt sich eine Zunahme um rund 12 000 getaufte
Christen: gewiß Grund genug zu freudigem Dank gegen Gott den Herrn.

Allein wie viele Völker und Stämme harren noch vergebens der frohen Kunde; wie viele sehnen sich nach dem Brote der Wahrheit und des Lebens, und keiner ist, der es ihnen bricht!

Wohnhaus der Missionare in Utinta.
Oben auf der Treppe P. Emil Daull († 10. Juni 1901).

Aus Utinta.

P. Ernst Keiling, der, wie wir berichtet, am 10. August 1911 in die Tanganika-mission abgereist ist, schreibt uns aus Utinta:

Wenn auch räumlich durch Länder und Meere von Ihnen ge-trennt, denke ich doch noch oft und gern zurück an die schöne Zeit, die ich in Trier verlebt. Ich befinde mich immer noch recht wohl und munter und wanderlustig. Habe auch noch kein Fieber oder sonst etwas gehabt. Langeweile kennt man hier erst recht nicht; die Zeit fliegt noch schneller dahin, als in Trier. Ich habe täglich von 7¼ bis 9¼ Uhr Schule. Mein Urteil bis jetzt lautet: Die lieben Jungen und noch mehr die Mädchen, soweit ich das in der Gesangstunde ermessen kann, haben harte Köpfe und sind die Zerstreutheit und Unaufmerksamkeit selbst. Allein das hindert nicht, daß ich gerne Schule halte. Mit Geduld und kleinen Hilfsmitteln hoffe ich doch etwas zu erreichen. An hohen Festen muß man den Schwarzen womöglich etwas „bieten". Am Feste der Unbe-fleckten Empfängnis nach dem Hochamt kamen zahlreiche Neger zum Besuch vors Haus. Da ließen wir zur Freud' und Belustigung der Schwarzen Bananen, an einer Schnur befestigt, von der Veranda her-unterhangen und hin- und herbaumeln. Die Liebhaber durften sie nur mit dem Munde erhaschen. Das war ein Schauspiel zum Totlachen. Hernach warf man allerhand kleine Schätze, wie Sicherheitsnadeln, Angeln, Stecknadeln, Zwirn usw. unter die Schwarzen, und sogleich wälzte sich ein Menschenknäuel am Boden." —

21*

Ueber das Hinscheiden des ehrw. Bruders Gustav

macht uns P. Keiling folgende dankenswerte Mitteilungen:

Der gute Br. Gustav war nur kurze Zeit hier in Utinta und auch nicht sehr lange in Kirando; daher bin ich über sein Leben und Wirken nur in großen Zügen unterrichtet.

Br. Gustav war ein Kind des Schweizerlandes. In Leuk= Bad, Kanton Wallis, war er am 7. April 1852 geboren. Er war vor seinem Eintritt in die Gesellschaft der Weißen Väter Koch und übte diese Kunst in mehreren großen Städten der Schweiz, ferner in Nizza, Wien und Paris. Von Paris aus besuchte er zweimal seine Schwester, die Klosterfrau in der Bretagne war.

Die Worte des Klostergeistlichen in Mont St. Michel, der ihm von der Wichtigkeit des Seelenheils sprach, machten schon beim ersten Besuch tiefen Eindruck auf den jungen Mann, und als er im nächsten Jahre wiederkam, wurde er von den ergreifenden Worten jenes Priesters so überwältigt, daß sein Entschluß feststand, die Welt zu verlassen und Ordensmann zu werden. Er überlegte aber seinen Schritt vorher reiflich, und bald wurde es ihm klar, daß ihn Gott in die auswärtigen Mis= sionen rufe. Er lernte die Weißen Väter kennen und bat, schon 31 Jahre alt, in Algier um das Kleid der Missionare (1883).

Seine Kochkunst sollte er nun allerdings in den Missionen nur äußerst wenig verwerten, aber dafür gab ihm Gott ein anderes, reiches Feld der Tätigkeit, zumal damals die innerafrikanische Mission noch in ihren Anfängen stand. Alles war noch zu tun. So mußte sich Br. Gustav ans Bauen geben. Natürlich konnte er nicht gleich Kunstwerke der Baukunst hervorzaubern, aber er war äußerst geschickt und arbeitete sich zu einem recht guten Baumeister empor, so daß er als solcher im ganzen Vikariat bekannt und geschätzt war. Er baute vor allem sehr schnell, da er gewöhnlich wohl 100 Arbeiter unter sich hatte, die er mit Geschick zu leiten verstand. Die nicht kleine Filialkirche St. Johannes in Itete (bei Kirando) baute er in einer Trockenzeit. Dabei waren seine Bauten aber sehr solid, und keins der von ihm aufgeführten Gebäude hat bei dem letzten Erdbeben, das doch in so vielen Stationen beträchtlichen Schaden angerichtet hat, gelitten.

Bruder Gustav war ein rastlos tätiger Missionar. Im Jahre 1887 begann er seine Tätigkeit in Karema. Zwei Jahre später sehen wir ihn in der inzwischen aufgegebenen Station Kibanga (Kongostaat), 1892 ist er in Kala, wo er das definitive Stationsgebäude aufführt. Drei Jahre darauf (1895) beginnt er in Kirando mit dem Bau der Station sowie einer schönen Kirche; weiterhin führte er daselbst noch 5 Kapellen sowie das Kirchlein St. Johannes in der Itete=Ebene auf.

Im Jahre 1899 erst reiste er mit Msgr. Dupont zu längerem Erholungs= aufenthalt nach Europa. Aber 1901 kehrte er freudigen Herzens nach Afrika zurück und war zunächst in Kirando, dann aber in einer Reihe von Stationen, endlich abermals in Kirando unermüdlich tätig. 1911 wurde er hier nach Utinta geschickt.

Indes zeigte sich bald, daß der eifrige Missionar dringend der Ruhe bedurfte. So sandte man ihn denn zur Erholung nach Kate. Allein am 15. November traf er, völlig wiederhergestellt, wie er behauptete, hier in Utinta ein. Er klagte in der Tat über nichts, beschäftigte sich indes gleich damit, seine sämtlichen Sachen in Ordnung zu bringen.

Am 21. genoß er sozusagen nichts; indes erschien uns das weiter nicht beunruhigend. Br. Gustav glaubte, er habe sich übermüdet. Allein um Mitternacht stellte sich Blutbrechen ein, und dies kehrte auch an den folgenden Tagen wieder.

Am vierten Tage hörten die Blutverluste auf. Br. Gustav fühlte sich jedoch todmatt; Nahrung konnte er nicht mehr zu sich nehmen. Gegen 6 Uhr abends — es war der 25. November — begann der Tod sich zu nahen. Unser Negerarzt war während der Tage der Krankheit kaum vom Br. Gustavs Lager gewichen. Wir drei Priester wechselten ab und waren beim Hinscheiden alle zugegen. Der Todeskampf war ruhig. Am 23. hatte der Bruder noch die hl. Kommunion empfangen, am folgenden Tage die letzte Oelung, am 25. morgens nochmals die hl. Wegzehrung. Nach der hl. Oelung bat er uns demütig um Verzeihung für alle Fehler."

„So vergoß er", schließt P. Keilings Bericht, „sein Blut, aufgerieben im Dienste der Seelen, verfolgt, nicht von einem Tyrannen, sondern von einem heimtückischen innern Feinde. Ein Wort, das er einmal sprach, ist bemerkenswert. «Ich habe wohl etwas Furcht vor dem Tode», meinte er, «aber da ich dem lieben Gott so manches Haus gebaut, hoffe ich, wird er mich auch in das seinige aufnehmen.»

Uebrigens, hatte Br. Gustav auch manches Gebäude aus Holz und Stein geschaffen, so hatte er auch das geistige Gebäude der eigenen Vervollkommnung nicht vernachlässigt. Er war bekannt durch seine tiefe Frömmigkeit und zärtliche Verehrung Mariä. Nie ging er an ihrem Altar oder einem Bilde der Gottesmutter vorüber, ohne sich niederzuwerfen und sie zu begrüßen. Möge er vom Throne Gottes aus seinen weißen und schwarzen Freunden ein Bruder und Mitarbeiter bleiben!"

Die Kinderkommunion im Herzen Afrikas.

Seit drei Jahrzehnten hat nun das Christentum im alten Negerkönigreich Uganda Wurzel gefaßt. Schon steht der Baum der katholischen Kirche grünend und blühend im schönsten Schmucke da. Kräftig treibt im Stamm und in den großen Ästen das religiöse Leben.

Aber auch bis in die kleinsten Zweige pflanzt sich der lebenskräftige Saft fort; auch die kleinsten Knospen bringt er zur Blüte und schließlich zur Frucht.

Diese zarten Ästchen, die 1911 zum erstenmal Blüte getragen, das sind jene 4986 Kinderchen von 7—10 Jahren und die 3850 von 10 bis 14 Jahren, die im vergangenen Jahre zum erstenmal das Brot der Engel genießen durften.

Ungezählt sind die Schwierigkeiten für den Missionär und seine Helfer in wilden und halbwilden Ländern, die Kleinen aufzufinden und vorzubereiten. Um so ermutigender aber und erfreuender zugleich ist es hernach, wenn man alle diese Kinderchen am Tische des Herrn versammelt sieht.

Schwierigkeit der Durchführung.

Bei der großen Ausdehnung, die die einzelnen Missionsgebiete Ugandas haben, stößt die Durchführung wichtiger, allgemeiner Bestimmungen auf Schwierigkeiten.

So auch, als der hl. Vater das Dekret über die Kinderkommunion erlassen hatte, und der hochwürdigste Herr Bischof Streicher in seinem Apostol. Vikariat Uganda den Patres die Kunde davon zukommen ließ.

Allein freudig wurde die Nachricht aufgenommen. Aus Nandere schreibt ein Pater:

„Nachdem Anfang Januar das Dekret Quam singulari amore in unsere Hände gekommen war, ließen wir am 17. und 18. desselben Monats 150 der besser vorbereiteten Kinder zum erstenmal die hl. Kommunion empfangen. Doch es schien uns, als sei unser göttlicher Heiland noch nicht völlig mit uns zufrieden. Denn die Allerjüngsten waren nur schwach bei diesem ersten schönen Liebesmahl vertreten. In den Dörfern unseres Bezirkes sind noch gegen 2000 christliche Kinder von 6—10 Jahren zerstreut; der Heiland kennt diese seine Schäfchen, und nun ruft er sie von ferne durch Pius X. Müssen wir sie ihm da nicht ohne Verzug zuführen?"

„So nahm ich denn meinen Wanderstab und zog 29 Tage lang von einem Katechistenposten zum anderen. Ohne Unterlaß wiederholte ich den Eltern und ihren Schutzbefohlenen das Wort des Heilandes: «Lasset die Kleinen zu mir kommen»."

Wer die afrikanischen Verhältnisse kennt, weiß, welche Anstrengungen für den Körper und auch für den Geist es kostet, beinahe einen Monat beständig predigend und ermahnend umherzureisen. Eisenbahnen gibt es nicht, Wege in unserem Sinne auch nicht. Dabei brennt die Tropensonne vom tiefblauen Himmel hernieder und preßt den Schweiß aus allen Poren. Doch einen Missionar darf diese Unannehmlichkeit nicht zurückhalten, wo es Gottes Ehre gilt und die Ausbreitung seines Namens; da muß er sich selbst vergessen.

Nach Beendigung des Rundganges fragte sich der Pater: „Hat man mich wohl recht verstanden? Haben meine Worte ein Echo in den Herzen der Kinder und der Eltern gefunden?"

Nicht minder arbeitete man auf der Station selber. Predigt und Unterweisungen zielten auf denselben Gegenstand: die Kinder-Kommunion.

Der Erfolg sollte sich aber auch schon bald zeigen. Kaum waren einige Wochen verstrichen, so sah man täglich das kleine Negervölklein, geführt von Katechisten und den Landlehrerinnen, zur Missionsstation eilen, um sich auf die hl. Kommunion vorzubereiten.

Nicht überall hat man die Kinder in so großer Zahl bekommen können. In dünner bevölkerten Strichen wird es sowohl den Patres, als auch den Katechisten schwerer, die Kinder zu sammeln.

Die Eltern können vielleicht nur selten zur Missionsstation kommen. Denn der Vater ist fort, um sich das Geld zur Entrichtung der Steuern zu verdienen. Der Mutter liegt die Sorge für die Familie ob; sie hat das Land zu bestellen, zu säen, zu ernten und andere Arbeiten, die im Negerland in ihr Handwerk schlagen, auszuführen. Und die Kleinen?

Ja, die müssen hinaus, die Ziegen hüten. Diese jungen Hirten und Hirtinnen läßt die Mutter nicht gerne ziehen.

Dem Drängen der treuen Katechisten aber konnte auch dieses Hirtenvolk nicht widerstehen; auch sie ließen ihre Kinder durch den Katechisten zum Pater bringen, damit er sie mit dem Brot des Lebens stärke.

Hat man nun glücklich eine Anzahl Kinder in der Mission zusammen, dann sieht sich der Missionar wieder vor eine andere Schwierigkeit gestellt. Diese kleinen Dinger haben alle einen Magen und verfügen als Kinder der Natur über einen gesunden Appetit. Wo soll

Ein Nest mit Krokodileiern in Deutsch=Ostafrika.

man nun das Material herschaffen, um all die Mündchen, so klein sie sind, zu befriedigen? Aus obengenanntem Nandere erwähnt der Pater die mildtätige Unterstützung durch den hochwürdigsten Herrn Bischof. Sein liebeglühendes Herz weiß Mittel und Wege zu finden, die Kleinen zu unterhalten. Natürlich sind es edle Seelen in Europa, die ihm in der Not beigesprungen sind.

In dem Berichte der Station Bukumi heißt es: „139 Kinder konnten wir dieses Jahr zur ersten hl. Kommunion führen. Die Zahl wäre sicherlich größer gewesen, hätte nicht langandauernder Regen die Bataten auf dem Felde vernichtet. Es entstand eine Hungersnot, und Ostern mußten wir 120 Kinder wieder nach Hause schicken."

Für die Unterkunft der Kleinen ist bald gesorgt. Denn der Neger ist darin anspruchslos. Eine Strohhütte dient als Schlaf= und Speisesaal, eine kleine Matte als Bett. Stühle und Tische, Messer, Teller, Gabeln, Löffel und Servietten gibt's nicht. Der harte Boden ersetzt den Tisch und die Stühle; als Messer dienen die Zähne, als Gabel und Löffel die schwarzen Fingerchen.

Die Vorbereitung.

Und nun die Vorbereitung selbst. Auch sie erfordert eine Unsumme von Arbeit. Man unterscheidet eine Vorbereitung auf die private und auf die feierliche Erst=Kommunion. Diese dauert in der Regel ein halbes Jahr, jene 8—14 Tage, je nachdem die Verhältnisse es erlauben.

Wie es in dem Dekrete heißt, müssen die Kinder zum Gebrauch der Vernunft gelangt sein und irdisches Brot von der hl. Eucharistie unterscheiden können, um zum hl. Gastmahl hintreten zu können. Es gilt zunächst, die Kleinen auf die erste Beichte vorzubereiten. Wer dies jemals getan hat, kann ermessen, welcher Geduld es im Negerland bedarf, um die Kleinen so weit zu bringen. „Kinder sind eben Kinder, in Afrika wie in Europa", bemerkt eine Schwester.

Die einheimischen Schwestern und die Katechisten haben auch ihre liebe Not, das junge Völkchen zu beaufsichtigen; ihnen liegt nämlich auf den Nebenstationen (Filialen, Annexen) hauptsächlich die erste Vorbe=

Unyanyembe. — Nyassa 1911.

reitung der Kleinen ob. Bei dieser Vorbereitung muß jedes Kind einzeln belehrt, gefragt und angeleitet werden.

Die Riesenarbeit, die diese individuelle Behandlung von Tausenden junger Negerköpfchen verlangt, braucht nicht weiter entwickelt zu werden.

Sind die Kleinen hinreichend unterrichtet, dann werden sie vom Katechisten zur Feier der hl. Kommunion zur Station gebracht, oder aber der Pater veranstaltet die Feier in dem Nebenposten selbst, gerade wie es jedesmal geregelt worden ist. Papa und Mama sind ordentlich stolz, daß man ihren kleinen Sprößlingen so viel Aufmerksamkeit entgegenbringt.

Jeden Monat gehen die Kinder nun zur hl. Kommunion, bis die Zeit zur Vorbereitung auf die feierliche Kommunion gekommen ist.

Diese Vorbereitung dauert, wie schon bemerkt, sechs Monate. Man läßt die Kinder in Gruppen von 30—40 zur Missionsstation kommen; — in den Hauptstationen sind manchmal mehrere Hunderte beisammen. — Nun ist jeden Morgen Schulmesse. Viele der Kleinen kommunizieren täglich; in Nandere und Bikira zählt man täglich 150—250 Kinderkommunionen. Die Kleinen wollen aber auch nicht länger als acht Tage mit der Beichte warten, um möglichst oft sich dem Tische des Herrn nahen zu können.

Die Danksagung betet der Pater laut vor; daran schließt er eine leichtverständliche Unterweisung über die hl. Eucharistie, den göttlichen Heiland als Kinderfreund, oder auch über andere Wahrheiten.

Durch Fragen sucht sich der Missionär von dem Verständnis der kleinen Zuhörerschaft zu überzeugen, zugleich aber auch die Aufmerksamkeit wach zu halten.

Unmittelbar nach der hl. Messe werden die Kinder von ihren Schwestern oder vom Katechisten zur Schule geführt.

Abends wird das am Morgen Vorgenommene wiederholt und die Lektion für den folgenden Tag vorbereitet. So leben die Kleinen beinahe in beständigem Verkehr mit ihrem göttlichen Kinderfreund während dieser Vorbereitungszeit.

Der große Tag.

Der Tag der ersten feierlichen Kommunion wird möglichst festlich begangen, damit er sich für immer in die jungen Herzen einprägt.

In Entebbe nahm die Feier einen herrlichen Verlauf. Sie wurde mit der Ablegung der Taufgelübde begonnen. Das Schiff der Kirche war gedrängt voll von Schwarzen und Europäern. Alle verfolgten mit Aufmerksamkeit die ergreifenden Zeremonien. Die schwarzen Meßdiener in ihren roten Röckchen, die zahlreichen Kinder an der Kommunionbank; so etwas hatte man bis dahin noch nie gesehen. Um zwei Uhr nachmittags schloß die Feier mit der Weihe an die allerseligste Jungfrau und der Aufnahme in die Skapulierbruderschaft vom Berge Karmel. Kurz, es war ein Fest, das kaum seinesgleichen hatte im ganzen Jahre.

In Villa Maria, der Residenz des Bischofs, waren es 820 Kinder, die zusammen zum erstenmal das Brot der Engel genossen. Viele Arbeit hat ihre Vorbereitung gekostet. Welche Freude aber war es auch für den hochwürdigsten Herrn Bischof, zu sehen, wie die lieben Kleinen nach der hl. Kommunion ihm, dem Kinderfreund, entgegeneilten! Wohl niemals mag er sich glücklicher in seinem Amt gefühlt haben, als in dem Augenblicke, wo er seinen Segen und zärtliche Worte der Liebe an die kleinen Lieblinge des göttlichen Herzens spenden konnte. Von nun an wiederholt sich diese Herzensfreude oft; sie erleichtert und versüßt ihm die schwere Bürde, die ihm die Sorge für mehr denn 113 000 Seelen auferlegt.

Die Freude des geliebten Oberhirten teilen Missionare, Schwestern und Katecheten. Sie alle haben ja nur für den gearbeitet, der das Wort gesprochen: „Lasset die Kleinen zu mir kommen." Darum sind auch alle reichlich für all die Mühen und Arbeiten entschädigt.

Wirkungen der Kinderkommunion.

Hat nun die Durchführung des Dekretes schon greifbare Erfolge gebracht? Nach den Berichten der Missionäre ist daran nicht zu zweifeln.

„Seit Einführung der Kinder=Kommunion", heißt es, „werden Schwestern und Katechisten nicht müde, den Eifer der Kleinen bei der Arbeit und ihre Folgsamkeit zu loben. Daß alle diese Kinder schon gleich kleine Heilige seien, wollen wir damit ja nicht behaupten; wir hoffen aber zuversichtlich, daß sie tüchtige Christen werden, die standhaft in jeder Gefahr für ihren hl. Glauben eintreten, wie ihre Vorfahren, die sich freudig hinschlachten ließen, um mit dem lieben Gott ewig im Himmel vereinigt zu sein.

Auch die Eltern nehmen an den segensreichen Wirkungen der Kinder= kommunionen teil.

Der Negerpapa und die Negermama rechnen es sich zur großen Ehre an, ihr Kleinstes am Sonntag persönlich zur hl. Beichte und Kom= munion zu führen.

Und da das Kind nun seinen Heiland so recht kennen lernt, weckt der göttliche Heiland seinerseits in dem jugendlichen Herzen das Ver= langen nach der hl. Kommunion." —

Ein hübscher Zug wird uns aus Bikira berichtet: Da kam eines Tages eine Mutter mit ihrem kleinsten 6jährigen Töchterchen zur Station. Der Pater, der die Vorbereitung der Kinder in Händen hatte, fragte die Kleine dies und das, um zu sehen, wie weit sie in der Religion unterrichtet sei.

„Was willst du hier tun, Kleine?"

„Ich will beten, Pater."

„Das ist schön! Aber willst nicht auch noch etwas anderes?"

„Ja, Pater, ich will den lieben Heiland empfangen."

„Nein, das kannst du noch nicht, du bist noch zu klein. Gehe mit Mama wieder heim, im nächsten Jahre kommst du dann wieder!"

Bei diesen Worten fängt die Kleine gar bitterlich zu weinen an. Der Pater tröstete das Kind, nimmt es zu den anderen Kindern, und wenige Tage nachher empfängt es, andächtig wie ein Engelchen, den göttlichen Kinderfreund.

Jetzt begnügen sich die Bagandakinder nicht mehr damit, das liebe Jesulein während der Weihnachtszeit in der Krippe anzubeten, jeden Tag richten sie ihr kleines Herz zur Krippe ein und bieten es dem Jesuskind zur Wohnstätte an.

Schlußwort.

Wen sollte diese ersten Erfolge nicht mit Vertrauen und Freude erfüllen? Wir sehen, wie tief das Christentum in den Herzen der Schwarzen schon Wurzel gefaßt hat, und wie begeistert die Bestimmungen des heil. Vaters von Missionären, Gläubigen und besonders von den Kindern aufgenommen werden. Wir glauben uns förmlich in die Zeiten der Urkirche versetzt, wo die Christen, groß und klein, täglich zum Gebete und zum Empfange der Engelspeise zusammengekommen sind.

Möchte das Beispiel der eifrigen Baganda=Christen auch bei den andern Negerstämmen Nachahmung finden! Möchten aber auch die Christen Europas nicht in freudiger Befolgung der päpstlichen Weisungen hinter den armen Afrikanern zurückbleiben, denn was der ewige und oberste gute Hirte, Christus, der Herr, uns durch den Hirten seiner Kirche als seinen Wunsch und Willen zu erkennen gibt, das trägt zweifellos in sich die sichere, vollendete Garantie reichen, ungeahnten Segens. A. F.

Tobsüchtiger Schlafkranker in der Holzgabel unter Aufsicht von zwei Leichtkranken.
(Aus Prof. Rob. Koch, Ueber meine Schlafkrankheits=Expedition. Verlag D. Reimer, Berlin.

Miſſionare und Schlafkrankheit.

Ein Gebiet, das zu den am meiſten durch die Schlafkrankheit bedrohten Ländern Afrikas gehören dürfte, iſt der Oberlauf des Kongoſtroms. In kirchlicher Hinſicht unterſteht der Bezirk dem Apoſt. Vikar von Oberkongo, Biſchof Viktor Roelens aus der Geſellſchaft der Weißen Väter. Dieſer Herr, der nun ſeit 20 Jahren, teils als einfacher Miſſionar, teils als Biſchof in Afrika tätig iſt und ſomit das Eindringen und die Fortſchritte der Seuche

Trypanosoma gambiense, der Paraſit der Schlafkrankheit, tauſendmal vergrößert. Die ſcheibenförmigen Figuren im Bilde ſind rote Blut= körperchen des Menſchen.

(Aus Prof. Koch, Ueber meine Schlafkrankheits-Expedition.)

genau verfolgen konnte, gibt in einer ſoeben erſchienenen Broſchüre eine Ueberſicht über die bislang gemachten Verſuche zur Bekämpfung der Krankheit, die Erfolge dieſer Bekämpfung und die Ausſichten für die Zukunft. — Die Trypanoſe oder Trypanoſomiaſis (Schlaf= krankheit) iſt ſeit langem in Weſtafrika bekannt. Schon 1828 hat ein franzöſiſcher Arzt die Krankheit beſchrieben. Durch die Kara= wanen iſt ſie von der Kongomündung, wo ſie endemiſch war, ins Innere eingeſchleppt worden. Erſt 1904 wurden die erſten Fälle am Tanganjika=See beobachtet. Seitdem hat ſich die Seuche mit furchtbarer Schnelligkeit ausgebreitet; binnen zwei Jahren waren die weſtlichen Geſtade des Sees und ein Teil des öſtlichen infiziert. Drei große Miſſionsſtationen mußten aufgegeben werden; die Leute waren geſtorben oder geflohen. Die Krankheit beginnt mit einem Stadium der Mattigkeit, hartnäckigen Fiebers (Rekurrens) und eines leichten Zitterns. Daran ſchließen ſich ſpäter Störungen des Nerven= ſyſtems, zuweilen mehr oder minder vollſtändige Geiſtesſtörung. Schließ=

lich setzt das Stadium des Schlafes ein. Dieses währt zunächst nur einige Stunden um die Mittagszeit, zieht sich aber immer länger hin und geht endlich in ein beständiges Schlaf= und Erschlaffungsstadium über, bis der Tod Erlösung bringt. Zuweilen ist der Schlaf ruhig, aber oft auch, wohl der starken Schmerzen wegen, jeden Augenblick unterbrochen und sehr unruhig. Die Dauer der Krankheit schwankt zwischen einigen Monaten und mehreren Jahren. Sehr interessant sind die nun folgenden statistischen Angaben von P. Joseph Kindt (Weiße Väter) über die Erfolge der verschiedenen Bekämpfungs= bzw. Heilmethoden. P. Kindt kommt zu folgenden Schlußfolgerungen: 34,4 Proz. seiner Kranken starben, während 63,6 Prozent geheilt zu sein scheinen. Die Atoxylbehandlung hat also gute Wirkung erzielt, allein es muß gleich zu Beginn der Krankheit mit der Behandlung begonnen werden. Bei Rückfällen im eigentlichen Sinn, d. h. also nicht Neuerkrankungen, ist jegliche Behandlung wirkungslos. Jedenfalls aber setzt uns das Atoxyl in die Lage, die Gesunden vor Infizierung durch Kranke zu schützen; die Ansteckung durch bloßes Zusammenwohnen ist freilich aus= geschlossen. Mit allen Mitteln müßte jedenfalls versucht werden, der die Krankheit übertragenden Fliege (Glossina) den Aufenthalt an bevölkerten Gebieten zu er= schweren oder unmöglich zu machen. — Die Mitteilungen des P. Kindt zeigen vor allem, welch großes Vertrauen die Neger ihren Mis= sionaren entgegenbringen. Sonst würde sich nicht eine so große Anzahl der langwierigen, lästigen Atoxylbehandlung durch regelmäßige Einspritzungen unterzogen haben. Dem Ein= fluß der Missionare ist es zu verdanken, daß der Regierungsarzt wiederholt und rasch die gesamte Bevölkerung untersuchen konnte, daß er ferner in zwei Jahren 18 633 Einspritzun= gen im Bereich dreier Stationen vornehmen konnte. Endlich ließen die Missionare die Flußufer vom Gestrüpp, Röhricht usw. befreien, in denen sich das verderbenbringende Insekt aufhält; so wurden im ganzen 20 Hektar etwa 80 Zentimeter tief ausgeschachtet, auf mehrere Kilometer hin, um das Wiederwachsen des Busches zu verhindern. — Die Bekämpfungs= arbeiten geschehen unter der Kontrolle des Dr. Guastella und im engsten Einvernehmen mit ihm. — Auch über die Pockenbekämpfung seitens der Mission enthält die Broschüre von Bischof Roelens interessante Angaben. Die belgische Regierung hat übrigens im Kolonial= institut zu Brüssel nicht bloß Aerzten, sondern auch den Missionaren Gelegenheit geboten, einen theoretischen und praktischen Kursus durchzu= machen, der die Teilnehmer in den Stand setzen

Glossina palpalis,

eine Stechfliege, welche durch ihren Stich die Schlafkrankheit verbrei= tet; die unterste Fliege sitzt ruhig und schlägt die Flügel scherenartig übereinander.

ſoll, die Schlafkrankheit bald als ſolche zu erkennen und entſprechend
zu behandeln. — Die Angriffe, die kürzlich in Belgien auf die katholiſchen
Miſſionare im Kongoſtaat gefallen ſind, treten durch die Ausführungen
der beſprochenen Broſchüre in ein ſonderbares Licht.

Ein unverhofftes Wiederſehen.

Von P. Iſidor Bazin.

Kürzlich kehrte ich von einer Nachbarſtation zurück, in der ich
die geiſtlichen Uebungen mitgemacht hatte.

Denn auch in Innerafrika finden Exerzitien ſtatt, und jeder
Miſſionar macht ſich alljährlich acht volle Tage frei von jeder
Beſchäftigung, um in dieſenTagen der Ruhe und innern Ein=
kehr ſich geiſtig wieder zu erfriſchen.

Wenn ich ſage „Nachbarſtation", ſo iſt dies noch nach hieſigen Be=
griffen aufzufaſſen. Ich mußte nämlich vier Tagemärſche zu je acht
Stunden machen, um dahin zu gelangen; das macht nach Adam Rieſe,
wenn man 4 km auf die Stunde rechnet, 128 km.

Momentbildchen aus dem Karawanenleben.

Am frühen Morgen vor dem Aufbruch hatte ich ſchon vor der heil.
Meſſe mein Bündel geſchnürt. Meine drei ſchwarzen Begleiter ſtanden
bereits feldmarſchmäßig da. Einer der Leute ſchulterte, nicht das Ge=
wehr, ſondern — mein Bett, denn wenn man hierzulande auch nur ſeine
nächſten Nachbaren beſucht, muß man das Bett mitnehmen. Das iſt
nicht ſo umſtändlich, als du meinen könnteſt, lieber Leſer. Denke dir
nur zwei Wolldecken und ein Stück Segeltuch, das ſich über zwei leichte
Holzſchragen ſpannen läßt: das iſt das ganze Bett.

Item ſind erforderlich für die Reiſe: ein paar hundert Kaurimuſcheln,
denn dieſe Müſchelchen ſind noch immer die gangbarſte Scheidemünze.
Dafür kaufen wir unterwegs die nötigen Lebensmittel ein.

An dritter und letzter Stelle brauche ich einen Feldaltar und eine
Taſchenapotheke mit fünf oder ſechs Medizinflaſchen darin. So, lieber
Leſer, nun weißt du auch, was die drei Mann zu bedeuten haben, die
mein Gefolge bilden.

Allein halt, es iſt noch ein vierter Begleiter da, den muß ich auch
eben vorſtellen. Er ſteht ſchon da und ſchüttelt die Ohren und richtet
ſie gerade aus nach vorne. Die Schwarzen haben ihm den ſchönen
Namen Kaparapupa gegeben. Er iſt einer meiner treueſten Gefährten
und er hat nur einen Fehler, nämlich ein wildverwegenes Aeußeres, das
den kleinen Kindern Furcht und Angſt einjagt. Doch du haſt es ſchon
geraten, lieber Leſer, es handelt ſich um meinen Eſel.

Ich wollte gerade das Zeichen zum Aufbruch geben und mich in
den Sattel ſchwingen, da ruft mir der Obere der Miſſionsſtation zu:

„Wollen Sie mir einen Gefallen tun?"

„Gewiß, recht gern!" entgegnete ich.

„Sehen Sie dieſe arme Frau da am Boden ſitzen?"

„Die Frau drüben mit ihrem Bündelchen und der kleinen Kalabaſſe?"

„Jawohl.“ — „Die Frau möchte ſich gerne Ihrer Karawane an=
ſchließen. Sie will in einer dringenden Angelegenheit in ihren Miſſions=
bezirk reiſen. Unterwegs wird ſie es Ihnen ſchon erzählen.“

„Schön. Adieu, Herr Pater.“

Ich ſchwinge mich auf mein edles Tier. Meine Träger heben jeder
ihre ſchwere Laſt vom Boden empor und ſetzen ſie behutſam nach den Ge=
ſetzen des Gleichgewichts auf den Tragkranz aus verflochtenen Bananen=
blättern, den ſie ſich zuvor auf den Kopf gelegt. Dann faſſen ſie mit
den Zehen den derben Reiſeſtock und heben ihn ſo hoch, daß die rechte
Hand ihn faſſen kann, während die linke die Laſt auf dem Kopf gerade
hält. Nun tönt aus fünf Kehlen ein frohes, kräftiges Juju in die Weite;
mein Grauſchimmel ſtimmt froh überraſcht mit ein, und fort geht's.

Der Mutter Erzählung.

Ich verrichtete zunächſt das ſchöne kirchliche Reiſegebet, das ſogen.
Itinerarium, das ſchon ſo manchem, manchem Miſſionar Mut und Troſt
gebracht hat auf mühſeliger, gefahrvoller Wanderung.

Dann prüfte ich eine Weile die Marſchrichtung und die Haltung
meiner Träger und wandte mich alsbald zu der Frau, die ſich uns an=
geſchloſſen hatte.

„Wie heißt Du?“ fragte ich.

„Maria.“

In Uganda behalten die Chriſten bloß ihren Taufnamen.

„Nun, Maria, was hat Dich denn veranlaßt, eine ſo weite Reiſe
zu unternehmen?“

„Ich möchte nach meinem Kinde ſuchen, Vater. Gott gebe, daß
ich es finde!“

„Dein Kind?“

„Ja, Vater. Es iſt über zehn Jahre her, daß ich es verloren
habe. Das war im Kriege der Baganda mit den Banyoro, denn ich
bin aus Unyoro.“

Sie hätte mir das kaum zu ſagen brauchen. Ich hatte ſchon auf
ihrer Stirn die gewöhnliche Reihe eingebrannter Male bemerkt, die ihr
ihre Eltern in der Jugend als Tätowierung beigebracht; ferner fehlten
ihr die Schneidezähne, auch ein Erkennungsmerkmal der Banyoro=Neger.

„Ich lebte ſo ruhig und glücklich mit meinem Manne“, fuhr ſie
fort; „wir beſtellten friedlich unſere Bananenpflanzung und Batatenfelder.
Mein Kind war eben zwei Jahre alt, da brach der Krieg aus.
Die Baganda fielen in unſer Land ein. In allen Dörfern ertönte die
ganze Nacht hindurch die Kriegstrommel. Alle geſunden Männer nahmen
ihre Lanze und zogen dem Feind entgegen.

Mein Mann war auch dabei. Die Baganda zogen raubend und
plündernd weiter, und von unſerem Hügel aus ſah ich überall in der
Ferne Rauch und Flammen zum dunkeln Himmel ſchlagen. Das waren
lauter brennende Hütten.

Jeden Abend kamen die Brände näher; bald mußte unſer Dorf an
der Reihe ſein. Auf einmal waren die Bagandakrieger da; ſie ſchrieen
und lärmten und ſchwangen ihre Lanzen.

Ich eilte, so schnell ich konnte, in meine Hütte und verkroch mich hinter der Querwand, ganz hinten. Mein Kind hielt ich in den Armen und drückte es fest an mich.

Da kam ein Mugandakrieger in unsere Hütte. «Wenn jemand drinnen ist», schrie er herein, «dann muß er gleich antworten, oder ich stecke die Hütte in Brand!»

Da stieß ich einen Schrei des Entsetzens aus, und so verriet ich mich selbst.

Der Krieger zerrte mich aus der Hütte und brachte mich zu den andern Frauen, die sie erbeutet hatten. Nun waren wir alle Sklaven.

Am andern Tage wurden wir abgeführt. Einige Krieger bewachten uns beständig.

Ich band mir mein Kind auf den Rücken recht fest und folgte dem dem Trupp Sklaven.

Die ersten Tage ging alles gut. Allein schließlich konnte ich nicht mehr weiter; ich war ganz entkräftet vor Hunger und Durst. Meine bloßen Füße waren wund vom Gehen; ich konnte nur ganz vorsichtig auf den glühend heißen Sandboden auftreten und blieb allmählich immer mehr zurück.

Endlich ging es nicht mehr weiter; ich konnte dem Zuge nicht mehr folgen. Ach, Vater, «da sah ich alle Leiden»!"

Die arme Frau begann bitterlich zu weinen.

„Die Baganda schlugen mich und bedrohten mich mit ihren Stöcken; drum strengte ich mich an, voranzukommen. Endlich war all meine Kraft dahin. Ich setzte mich am Wege nieder.

«Vielleicht ist dir das Kind zu schwer?» lachte der Anführer des Zuges. «Mache, daß du wenigstens bis an das nächste Dorf kommst», fügte er bei, «da bleiben wir diese Nacht.»

Der Gedanke an mein Kind trieb mich auf, und weiter ging's.

So wurde es Abend. Jeder von uns bekam zwei oder drei rohe Bananen. Das war unser Essen."

Maria konnte nicht weiter erzählen. Schluchzen und Tränen erstickten ihre Stimme. Ich verstand nur noch: mein Kind weggenommen . . . an einen fremden Mann verkauft . . . nie mehr wiedergesehen . . .

Die Erzählung der armen Frau schnitt mir in die Seele. Tränen traten mir in die Augen. Ich pfiff und trieb mein Reittier zur Eile an, unter dem Vorwand, die ersten Träger zu erreichen. Denn ich wollte meine Bewegung verbergen und der unglücklichen Mutter Zeit lassen, sich auszuweinen.

*   *   *

Eine Stunde später kam ich zurück. „Nun, Maria", fragte ich, „was ist denn damals aus Dir geworden, als Du Dein Söhnchen verloren hattest?"

„O, Vater, der König (d. h. Gott) ist gütig, er hat mich geliebt. Höre: Der Herr, an den ich verkauft wurde, bekehrte sich. Als er Christ war, wollte er, daß wir uns alle in der Religion Jesu unterrichten ließen. Er brachte mich zu den Miſſionären und ließ mich ins Regiſter der Katechumenen eintragen.

Die erſte Zeit wohnte ich dem Unterricht im Dorfe bei — du weißt, dem Unterricht, den der ſchwarze Katechiſt erteilt; ſpäter in der Miſſion, wie immer. Endlich empfing ich die Taufe. Von da an heiße ich Maria.

Chriſtliche Bagandaknaben.

Mein Herr gab mir die Freiheit. Da beſchloß ich, ganz dem König (Gott) zu dienen, der mich ſo ſehr geliebt.

Darum ging ich zu dem Miſſionar, der mich getauft hatte, und ſagte: «Vater, ich bin dein Kind. Siehe, ich bin ſtark und kräftig und will gerne hier bleiben, um deine Bananenpflanzung zu beſorgen, damit du Nahrung haſt für dich und die Waiſenkinder.» So geſchah es auch.

Aber, Vater, mein Kind habe ich nicht vergeſſen. Alle Tage, wenn ich den Roſenkranz bete, bitte ich die Mutter Maria, daß ſie es mich doch finden laſſe.

Beſonders wenn ich an das 5. Geſetz komme: Den du, o Jung=frau, im Tempel wiedergefunden haſt; dann ſage ich zur Mutter Gottes: Mutter, du haſt viel Glück gehabt, daß du nach drei Tagen dein Kind wiederfandeſt. Siehe, ich ſuche nun ſchon viele Jahre das meinige und finde es nicht. O, du weißt doch, Mutter, was eine Mutter leiden muß, wenn ſie ihr Kind verliert, darum erhöre mich!

Vater, ſiehe, nun habe ich dich gebeten, daß ich mit dir reiſen darf in mein Heimatland; da will ich nach meiner kleinen Mwanika ſuchen. Bete auch du für mich, daß ich das Kind finde!

In banger Erwartung.

Es war zwei Tage später. Wir standen in aller Frühe auf. Ich las die hl. Messe am Feldaltar. Mehrere Christen aus dem Dorfe, wo wir übernachtet hatten, gingen zur hl. Kommunion; natürlich auch Maria.

Nach einem kurzen Imbiß setzten wir unsern Weg fort, dicht an= einandergeschlossen diesmal; denn das Land stand in schlechtem Rufe. Leoparden und Löwen sind Herren und Meister in diesem dünn bevölker= ten Bezirk.

Es stand uns ein ungewöhnlich langer Tagemarsch bevor — neun Stunden Weges, eine mühsame Wanderung; selten habe ich eine so wild zerklüftete und zerrissene Gegend gesehen.

Als wir die gefährlichste Strecke glücklich hinter uns hatten, eilte ich voraus.

Ich wollte schnell ans Ziel gelangen, einmal um der größten Tages= hitze zu entgehen und dann auch, um mich den Christen der nächsten Ortschaft zur Verfügung zu stellen. So konnte ich ferner nebenbei selber Sorge tragen, daß die erschöpften Träger beim Eintreffen gleich Speise und Trank, die sie redlich verdient hatten, bereit fanden. —

Die Sonne stand bedenklich tief über den Hügeln im Westen. Ich hatte meine Arbeit getan, Beicht gehört, das Brevier war gebetet, und ich begann, da sich immer noch nichts von meinen Leuten zeigte, mit meinem Rosenkranz.

Es war mir seltsam zumute. Sonst ertönte fröhliches Ju! Ju! aus weiter Ferne, sobald der Lagerplatz in Sicht kam. Diese Rufe sind weithin deutlich vernehmbar in der wunderbar reinen, klaren Luft der äquatorialen Länder.

Seit zwei Stunden hätten meine Leute hier sein müssen! Allein nichts regte sich, kein Laut durchdrang die feierliche Abendstille in der Wildnis um uns her.

Immer wieder drängte sich mir die innige Bitte des Itinerariums auf die Lippen: Prosperum iter faciat eis Deus salutarium nostrorum — Glücklich gestalte ihre Reise Gott, der unser Heil und unsere Rettung ist!"

Und siehe, ich brauchte nicht lange der Erhörung zu harren. Schon schlug, freudiger, jubelnder als je, das Juju der Schwarzen an mein lauschendes Ohr. Und wie schnell sie näher kamen! Woher solche Eile?

Vielleicht dachten die Schlauköpfe, der Pater hätte heute für etwas extra Gutes gesorgt, um sie für die anstrengenden, langen Etappen zu entschädigen.

Das stimmte auch, ich hatte eine kleine Kalabasse mit mwenge (Bananenwein), dem vielbegehrten, köstlichen mwenge, bereitgestellt, und auf dem gewohnten Bananenbrei fanden die Leute ein weniger gewohntes Stück Fleisch. Dafür konnte ich sicher sein, daß sie mir nach solchem lukullischem Mahle auf den Knieen ihren Dank aussprechen würden für meine väterliche Aufmerksamkeit. Das alles schwirrte mir durch den Kopf und gab mir bald meine Ruhe wieder.

Da tönten auf einmal seltsame Rufe an mein Ohr:

Danke, danke, lieber Gott, daß ich ihn wieder habe! Ich hab' ihn gefunden! Hier ist er!

Und ſiehe, an der Spitze der kleinen, im Gänſemarſch dahereilenden
Kolonne kommt Maria; nein, ſie eilt, läuft, ſpringt wie eine Gazelle
und hinter ihr her — ein Negerbube von 11—12 Jahren, der als ein=
ziges Kleidungsſtück ein Ziegenfell wie eine Schärpe über der Schulter
geknotet trug.

Ein paar Augenblicke ſpäter lag ſie vor mir auf den Knieen, die
arme, glückliche Mutter. „Dem König ſei Dank, Vater!" rief ſie haſtig.
„Ich danke auch dir, Vater, daß du für mich gebetet haſt. Siehe,
da habe ich mein Kind; das iſt es — ſiehſt du nicht, ganz genau ...
ich kenne es, ich kenne es! Damit zog ſie das Kind zärtlich an ſich
und drückte es an ihr Herz und benetzte es mit ihren Tränen.

Der Kleine ſchien die ganze Sache nicht recht zu verſtehen und
ſchaute mich groß an.

Indes hatten die Träger ihre Laſten abgeworfen. Nun verrichteten
ſie knieend das übliche Ave Maria zum Dank für die gute Reiſe und
kamen dann zu mir, um mir zu gratulieren zu den gemeinſam und
glücklich beſtandenen Fährniſſen des Weges. Auf den Glückwunſch aber
folgten endloſe Owa! owa! owa! — die gewöhnliche Aeußerung des Er=
ſtaunens. „Die hat Glück gehabt;" rieſen ſie, „das iſt ein Wunder!"

Alle redeten auf einmal und durcheinander, ohne auf Antwort zu
warten; man hätte ſich fragen können, ob ihnen die afrikaniſche Sonne
das Hirn verbrannt habe.

Die Erhörung.

Endlich legte ſich die Aufregung. Ich konnte Maria ausfragen.

„Als du uns heute morgen verlaſſen hatteſt", berichtete ſie, „gingen
wir immer weiter, ohne auszuruhen, bis Mittag. Nur einmal haben
wir Halt gemacht, um den Engel des Herrn zu beten.

Dann ſpäter, es war gegen 8 Uhr (2 Uhr nach unſerem Sprach=
gebrauch) ſtiegen wir den ſteilen Hügel hinan. Zu beiden Seiten des
Weges war nichts als Grasſteppe, in der hie und da eine Herde Ziegen weidete.

Auf einmal höre ich ein Kind in der Nähe ſingen. Mein Herz
pochte heftig, als ich dieſe Stimme vernahm. Die Stimme habe ich ja
ſchon gehört, dachte ich, die kenne ich. So hat mein Mann geſprochen,
der im Krieg umgekommen iſt.

Da habe ich gleich gerufen: «Ohee! Knabe, der du da ſingeſt,
komme hierher, daß ich dich ſehe!»

Allein das Kind kam nicht.

«Komm doch», rief ich, «ich habe etwas für dich!»

Da kam er. Gleich habe ich ihn erkannt. Genau ſo hat der Vater
ausgeſehen, ſiehe die Stirn, die Naſe, die Augen ... alles genau wie
der Vater.

«Ich bin deine Mutter», ſagte ich; «ja, das bin ich!» Da ſah
mich das Kind ganz erſtaunt an. Da habe ich ihm geſagt, er ſolle mit
mir zum Prieſter kommen, und ſo habe ich ihn dir hergebracht. Da iſt er!»

Die glückliche Mutter lachte und weinte zu gleicher Zeit.

* * *

Natürlich nahmen wir alle an der Freude der Mutter herzlichen
Anteil.

Allein ſo konnte die Sache doch nicht ausgehen. Das Kind hatte einen
Herrn. Ich forſchte den Knaben aus nach ſeinem Namen, ſowie nach dem
ſeines Dorfes und ſeines Herrn und ſchickte dann noch am ſpäten Abend
einen Eilboten zu letzterem mit der Bitte, er möge ſogleich zu mir kommen.

Es war Nacht, als der Gerufene erſchien. Er zitterte am ganzen
Leibe, denn er wußte nicht, was ihm bevorſtand.

Ich unterſuchte die Angelegenheit nun vorſichtig und gründlich. Es ſtellte
ſich denn auch heraus, daß der Mann den Knaben wirklich zur Zeit des Krie=
ges mit Unyoro gekauft hatte, und zwar um etwa 16 Mk. nach unſerem Gelde.

Da ich kein Geld bei mir hatte, beſchied ich ihn zur Miſſion, wo
wir ja am folgenden Tage eintreffen mußten.

Ich brauche nicht zu ſagen, daß der Neger auch gewiſſenhaft, auf
Stunde und Minute da war, um ſein Geld zu holen.

Wer beſchreibt Marias Freude, als ſie mit dem kleinen Mwanika
wieder in ihrem Heimatlande war! Sie bat mich, in der Nähe unſerer
Station wohnen zu dürfen. Der Kleine aber wurde ohne Verzug in
die chriſtliche Lehre eingeführt und dann nach den Katechumenen auf den
Namen Auguſtin getauft. Das war wohl der paſſendſte, ſchönſte Name
für ihn. Denn gleich dem großen Sohn der hl. Monika war ja auch
dieſer kleine Auguſtin ein Kind der Tränen ſeiner Mutter; dieſen Tränen
und Gebeten ſeiner Mutter verdankt er Rettung und Leben, das wahre
Leben der Seele.

Schlafkranker mit geſchwollenen Augen (erſtes Stadium der Krankheit).
Aus Scheube, Krankheiten der warmen Länder.

Aus der Mission Navaro (Sudan)

schreibt Pater B. an seine Eltern:

Liebe Eltern!

Eben habe ich die englische Unterrichtsstunde hinter mir, und nun will ich Euch in Eile vor dem Abgange der Post noch ein Briefchen schreiben; ich weiß ja, wie sehnsüchtig Ihr darauf wartet. Ich lege auch eine Photographie meiner Schuljugend bei. Ihr werdet gewiß zugeben, daß die Kinder meist ganz intelligent dreinschauen. Allein es gibt noch vieles zu zupfen und zu ziehen bei der lieben schwarzen Jugend. So habe ich z. B. fortwährend gegen den törichten Aberglauben anzukämpfen. Hört nur einen Fall:

Streife ich da vor einigen Tagen mit meinen Buben in der Steppe umher. Einige Knaben klettern im Nu auf einen Butterfrucht=Baum oder karite, wie er hier heißt.

Sie machten sich droben gleich über die wohlschmeckenden Früchte her. Ich rief ihnen zu, sie möchten uns einige von oben herabwerfen. Das taten sie denn auch, und ich griff eine Frucht im Fallen auf. Da riefen mir alle Kinder zu wie aus einem Munde: „Vater, laß sie erst den Boden berühren!"

„Warum?" fragte ich erstaunt.

„Erst muß die Frucht die Erde berühren, Vater!" beteuerten alle.

„Ich habe sie doch schon in der Hand! Warum soll ich sie erst auf den Boden legen?"

„Kulolodu fällt vom Baum, Vater, wenn Du es nicht so machst", behaupteten alle Kinder.

Einer der Knaben war verständiger als die übrigen. Als er sah, daß ich der Mahnung nicht folgen wollte, rief er dem Knaben da oben, der mir die Frucht zugeworfen, zu:

„Hab' nur keine Angst, ist der Vater nicht ein Weißer? Du wirst nicht herunterfallen!" —

Dieses Vorkommnis werdet Ihr kaum verstehen. Die Sache liegt aber ganz einfach. Nach dem Glauben der Schwarzen ist es notwendig, daß der Geist, der in der Frucht des Butterbaums wohnt, zuerst mit dem Erdgeist in Verbindung trete; sonst gibt es irgend ein großes Un= glück. In unserem Falle wäre der Knabe vom Baum gestürzt und hätte den Hals gebrochen.

Ein ander Mal hatte einer unserer christlichen Knaben ein junges Krokodil erlegt. Er brachte das Tier nach Hause und kochte es; ich habe selbst von dem seltenen „Leckerbissen" gekostet.

Viele Kinder weigerten sich, von dem erlegten Tier zu essen. „Wenn wir davon essen", sagten sie, „dann werden wir zu Krüppeln, verlieren einen Arm oder werden lahm oder buckelig, oder wer weiß, was.

Das sind Verbote, die von den Zauberern ausgehen und womit vielerlei Dinge belegt werden; bald ist es der Hund, bald das Kaninchen, bald die Schlange oder das Perlhuhn oder kleinere Vögelarten.

Trotz seiner Vorliebe für Fleisch wagt der Neger niemals ein solches Verbot zu mißachten.

Der Neger beim Spiel.

So haben alſo auch die heidniſchen Neger eine ganze Reihe von Geboten oder Verboten zu beachten, Vorſchriften, die oft ſchwerer zu be= folgen ſind, als die Gebote Gottes und der Kirche. Auf dieſe Weiſe macht der Feind alles Guten dies arme Volk zu wahren Sklaven.

Zur Zeit, wo ich Euch dies ſchreibe, iſt meine Arbeit ſehr viel= ſeitig. Wir ſtehen ja in der Trockenzeit · das iſt der afrikaniſche Winter, da jetzt die Pflanzen ruhen, viele Bäume ihr Laub abwerfen und nichts geſät und gepflanzt werden kann; das iſt aber auch die Zeit, wo der Miſ= ſionar ſeine Häuſer und Kapellen baut. Denn dieſe Gebäude werden ja gewöhnlich aus getrockneten Lehmziegeln aufgeführt; die können keine Näſſe und beſonders keine tropiſchen Regengüſſe vertragen. Da würden ſie ſich in eitel Wohlgefallen auflöſen und ſchmelzen wie Schnee vor der Sonne.

Dieſes Jahr haben wir nun einen Schlafſaal für unſere Schul= kinder herzuſtellen, ferner eine Kapelle für die Katechumenen und Chriſten, da die jetzige viel zu klein iſt.

Die Kapelle wird uns etwa 1300 Mark koſten; ein edler Katholik aus A. hat uns dieſe Summe geſchenkt. Die Kapelle wird ſehr hübſch; freilich wird ſie nur aus Luftziegeln, wie eben beſchrieben, gebaut. Es gibt keinen Kalk hier in der Gegend, und ſo müſſen wir auch wieder als Mörtel Lehm verwenden.

Dieſe baulichen Arbeiten nehmen uns viele Zeit weg, und die eigent= liche Miſſion leidet etwas darunter. Denn ſolange wir bauen, fallen die Beſuche bei den armen Heiden um uns her zum guten Teil weg. Wie freut man ſich als Miſſionar, wenn man die keineswegs feind= ſeligen, ſondern gutmütigen, freundlichen Leute in ihren Hütten nach

Herzenslust aufsuchen kann! Sie nehmen uns mit sichtlicher Freude auf, und wenn wir auf sie hörten, würden wir Tag und Nacht bei ihnen bleiben.

Diese Freundlichkeit gegen die Missionäre wird, daran ist nicht zu zweifeln, Gottes Segen auf dieses Volk herabziehen, und ich wage zu hoffen, daß über kurz oder lang der ganze Stamm seine Fetische ins Feuer wirft und sich vor dem wahren Gott beugt.

Betet doch, geliebte Eltern, betet für unsere Heiden und betet auch für uns Missionäre, damit der Meister der Apostel unser Herz seinem Herzen gleich gestalte und uns Worte in den Mund lege, die das Herz dieser Leute rühren und bezwingen.

Meine kleinen Katechumenen machen mir viele Freude. Sie sind recht pünktlich beim Gebet und beim Unterricht, den ich ihnen gebe. Beinahe jeden Tag flehen sie mich alle wie ein Mann an, ihnen doch bald die hl. Taufe zu spenden. Sie wollen, sagen sie, Kinder Gottes sein und nicht Kinder Satans.

Wie wunderbar doch die Gnade Gottes schon in diesen jungen Herzen zu wirken anfängt!

Meine Gesundheit ist gut; ich darf sogar sagen vortrefflich. Wir haben auch augenblicklich gesundes Wetter; die Nächte sind beinahe kalt zu nennen, so daß man hinreichend Schlaf finden kann. Die Moskitos machen uns jetzt nichts zu schaffen. Allein Ablösung vor! Sind da ganz unnötigerweise statt der Stechmücken die Ratten gekommen; die sind aus Rand und Band des Nachts, besonders wenn die Kinder einige Pistazien bei mir im Hause haben liegen lassen.   L. B.

Schwester Luise von Eprevier aus der Gesellschaft der Weißen Schwestern.

(Ein Lebensbild aus der neueren Missionsgeschichte.)

Von P. Matthias Hallfell.   (Fortsetzung.)

13. Reisen im deutschen Gebiete.

Aus der blühenden Uganda-Mission begab sich Schwester Luise nach dem Apostolischen Vikariate Süd-Nyansa, das damals erst eine Schwester-Niederlassung hatte: Marienberg, nicht weit vom Westufer des Viktoriasees.

Anfänglich stieß die Missionstätigkeit auf viele Schwierigkeiten, die sich aus den religiösen und politischen Einrichtungen des dortigen Volkes herleiteten. Jeder der vielen Dorf- und Gauhäuptlinge war zugleich auch Oberzauberer. Diese Eigenschaft trug namentlich dazu bei, ihnen die unterstellten Leute willig und blindlings ergeben zu machen.

Diese tyrannischen Machthaber fürchteten, ihren Einfluß bei den Leuten zu verlieren, wenn die Religion der Weißen Eingang fände. Daher ihre anfänglich feindselige Haltung.

Angesichts der aufopfernden Tätigkeit der Missionare fiel jedoch allmählich das gefaßte Vorurteil. Der christliche Glaube konnte Wurzel fassen und stetige, wenn auch nur langsame Fortschritte machen.

Bei der Anwesenheit Luisens zählte die Christengemeinde von Marienberg bereits 1240 Mitglieder und 1150 Katechumenen, die sich auf mehrere Dörfer im Umkreise der Zentralstation verteilten.

Die Niederlassung der Schwestern zählt sechs europäische Missions-schwestern und gegen 50 einheimische Gehilfinnen, um den Schwestern in ihren verschiedenen Arbeiten zur Hand zu gehen. Diese ihre mis-sionarischen Arbeiten sind mannigfaltig, wie sich aus nachstehendem ergibt.

Die vorzüglichste Sorge gilt der Jugend. Da ist die Kleinkinder-Schule, in der Knaben und Mädchen die Anfangsgründe des Kate-chismus erlernen und die ersten Schreibversuche machen. Sind die Kinder größer geworden, kommen die Knaben in die Knabenschulen, die der Leitung der Missionare unterstehen, während die Mädchen in der Mädchen-schule bei den Schwestern bleiben. Der Unterricht in der Religion wird fortgesetzt, desgleichen die Unterweisung im Lesen, Schreiben, Rechnen und in den Handarbeitsfächern, welche den Kindern im späteren Leben nützlich sein können.

Dann unterhalten die Schwestern eine Art Fortbildungsschule für erwachsene Mädchen von 14—17 Jahren. Die meisten bleiben während der Dauer des Kursus im Schwesternhaus als Internatsschüle-rinnen. Der Unterricht in den einzelnen Gegenständen wird vervoll-ständigt; dazu kommt eine praktische Anleitung zur Krankenpflege.

Endlich erfährt auch die einheimische Industrie, so weit sie in den Händen der Frauen und Mädchen liegt, die gebührende Aufmerk-samkeit und Förderung.

Aus dem Oel einheimischer Pflanzen, der mit Butter durchsetzt wird, wird gutes Lampenöl gewonnen, das ein angenehmes Licht gibt; die Batate (Süßkartoffel) dient zur Stärke- und Zuckerbereitung; Seife wird gewonnen und die Mehlbereitung in ergiebigerer Weise betrieben. Selbst in der Töpferei haben sich die Schwestern versucht. Aus der guten Tonerde, die sich an Ort und Stelle findet, werden nicht nur alle irdenen Töpfe und Gefäße für Küche und Haus fertiggestellt, sie eignet sich auch vorzüglich zur Modellierung von Weihwasserkännchen, kleineren und größeren Statuen. So haben die Schwestern selber eine recht hübsche Muttergottes-Statue für ihre Kapelle modelliert.

Für diese Arbeiten, sowie für die Beschäftigungen im Hauswesen, für den Garten- und Feldbau zeigen die Zöglinge durchweg viel Geschick und Anstelligkeit.

Jene, welche mehr Neigung und Anlagen zum Studium und Unter-richt verraten, werden zu Lehrerinnen oder Katechistinnen ausgebildet; andere wegen ihrer besonderen Veranlagung fast ausschließlich der Kranken-pflege zugeführt. —

Schon damals glaubten die Schwestern, bei einzelnen ihrer Zög-linge unzweideutige Anzeichen zum Ordensstande wahrzunehmen. Schwester Luise war darüber höchst erfreut und ließ es nicht an Ermunterung fehlen, der Gnade die Wege zu bereiten und die Berufenen bis zum Ziele zu führen. Sie hat es nicht mehr erlebt, daß die ersten ein-heimischen Schwestern ihre Probezeit glücklich zurückgelegt haben und zur Einkleidung und Gelübdeablegung zugelassen wurden. Doch die Ansätze, welche sie damals in Marienberg wahrnahm, waren so vielversprechend, daß sie die Gewißheit hatte, ihre Mitschwestern hätten mit ihrer Arbeits- und Unterrichtsmethode den richtigen Weg beschritten. Sonst hätten die Schwestern ja auch nicht in so kurzer Zeit eine derartige Umwandlung bei armen Negermädchen erzielen können.

Große Bedeutung legte Schwester Luise auch den gut vorbereiteten und sorgfältig vorgenommenen Ausgängen bei, welche die Schwestern in regelmäßigen Zeitabständen in die einzelnen Weiler und Dörfer unternehmen.

Auf Schritt und Tritt bietet sich ihnen die Gelegenheit, Gutes zu tun, zu unterweisen, Vorurteile zu zerstreuen, die Kinder beten zu lehren, ja, selbst manchem Sterbenden durch die Spendung der hl. Taufe den Himmel zu erschließen. Derartige Ausgänge sind zwar reich an Mühe, aber noch reicher an Segen.

Der Aufenthalt, den Schwester Luise in Marienberg nehmen konnte, war kurz, aber hinreichend, um sie zu überzeugen, daß die Schwestern in ausgiebiger Weise das Werk Gottes taten und weitere Gründungen in den nächsten Jahren würden unternehmen müssen. So ist es tatsächlich gekommen. Das Apostolische Vikariat Süd-Nyansa zählt jetzt vier Schwester-Niederlassungen: Marienberg, Kagondo, Issavi und Nyundo.

Voll Dank gegen den lieben Gott und Bewunderung für ihre opferfreudigen Mitschwestern setzte Schwester Luise ihre Visitationsreise nach dem Vikariate Unyanyembe fort.

Aus jener Zeit (19. Juni 1905) stammt eine Notiz, die uns ein Blick in das innere Tugendleben der Missionsschwester gestattet. Dasselbe kennzeichnet sich durch die innigste Verbindung der Gedanken und Empfindungen mit dem lieben Gott, Begeisterung für den Missionsberuf und unermüdlichen Seeleneifer.

„An der Hand meiner Reiseberichte", schreibt sie an die Generaloberin, „machen Sie im Geiste die Reise mit mir. Aber was das Tagebuch ganz verschweigt, braucht ein intimerer Brief nicht zu verschweigen."

„Der liebe Gott ist lauter Güte, auch für uns auf der Reise. Letztere kann weder meine Gedanke noch meine Gefühle von Ihm abziehen. Denn Er ist immer bei mir. Meine Reisegefährten wechseln beständig; Er, der göttliche Begleiter, ist beständig derselbe und wechselt nicht, ob ich die Landschaft Buddu oder Kiziba durchwandere, ob ich die Nord-, West- oder Südküste des Sees entlang ziehe: Er ist immer da. Ihn finde ich überall im Tabernakel der Missionskirchen und -Kapellen. Und wenn ich Ihn nicht finde, so ist Er wenigstens in meinem Herzen. Denn wir lassen nie von einander."

„Wenn ich das Missionswerk betrachte, so komme ich nicht aus der Verwunderung heraus angesichts des vielen Guten, das schon geschehen ist, und das noch geschehen muß, sollen anders die Absichten Gottes, die Er mit den Völkern Afrikas hat, erfüllt werden. Wie dankbar bin ich dem lieben Gott für die Schätze seiner Barmherzigkeit, die er über die bis jetzt so unglücklichen Neger ausgießt, wie dankbar, daß Er meine Mitschwestern und mich zu Werkzeugen seiner Barmherzigkeit hat erwählen wollen!"

„Man möchte sich vervielfältigen, um den Bedürfnissen gerecht zu werden, welche die Millionen heilsbegieriger Seelen haben. Allein der Missionare und Missionsschwestern sind so wenige, der Neger aber ungezählt viele, die gleich dem Mazedonier rufen: «Komm herüber und hilf uns!« — Ehe ich an Ort und Stelle war, hatte ich nur eine schwache Ahnung von all diesen Dingen; ich hätte nicht geglaubt, daß die Schwarzen so heils= und lernbegierig, unserer hl. Religion so zugänglich seien, wie sie es tatsächlich sind." —

Jetzt hatte die Schwester Gelegenheit, das Arbeitsfeld in Augenschein zu nehmen, dessen Bebauung ihren Mitschwestern anvertraut war, und die Früchte christlicher Tugend zu bewundern, welche bereits herangereift waren oder doch wenigstens in bester Entwicklung standen.

Daß selbst der Zartsinn, die zuvorkommende Höflichkeit und Auf= merksamkeit dem christlich gewordenen Neger nicht fremd bleiben, hatte Schwester Luise oft genug erfahren. Noch ehe sie ihr nächstes Reiseziel, Uschirombo (im Vikariate Unyanyembe), erreicht hatte, sollte sie einen neuen Beweis dafür erhalten. Die Zöglinge des Schwesternhauses in Marienberg schickten ihr folgenden poetisch abgefaßten Brief nach:

> „Ihr Lieben, kommet alle schnell herbei,
> Die gute Mutter Oberin zu seh'n;
> O Mutter, Dank sei Dir für den Besuch;
> Uns brachte Freude Deine Gegenwart.
>
> Verweile lange noch im Land der Schwarzen;
> Durch Deinen Besuch errette ihre Seelen;
> Den Weg zum Himmel lehr' sie alle;
> Sie mögen dort Dir zieren Deine Krone.
>
> Verlassen willst Du, Mutter, uns, gehst fort,
> Drum fühlen uns're Herzen großen Schmerz,
> Doch im Gebet sind wir mit Dir vereint;
> Du auch, geliebte Mutter, bet' für uns."

Derartige Kundgebungen durfte Schwester Luise als die beste Ge= währ hinnehmen, daß ihre Visitationsreise auch unmittelbar der Neger= bevölkerung selbst, insbesondere den in den Schwestern=Niederlassungen verkehrenden Mädchen und Frauen, Gutes brachte. In dieser Ueber= zeugung nahm sie die Mission der Schwestern in Uschirombo in Augenschein.

Dieselbe bestand seit dem Jahre 1894 und hatte seinen Anfang genommen mit der Uebernahme eines Waisenhauses. Letzteres zählte damals 35 Kinder und wurde von einigen christlichen Frauen bedient. Die Zahl der Waisenkinder stieg von Tag zu Tag und hat sich bis heute auf einer beträchtlichen Höhe gehalten.

Die erste selbständige Gründung der Schwestern war eine von dem Waisenhause unabhängige Schule. Sie zählt jetzt durchschnittlich 100 Kinder. Abgesehen von Katechismus und Biblischer Geschichte bilden Lesen, Schreiben, Rechnen und Handarbeit die hauptsächlichsten Unter= richtsgegenstände.

Für verstoßene oder aus der Sklaverei befreite Frauen wurde ein Frauenheim eröffnet. Nach Maßgabe der Kräfte und Anlagen werden diese Frauen zu verschiedenen Arbeiten angehalten. Haben sie sich unter der liebevollen Anleitung der Schwestern einmal an ein geregeltes, arbeit= sames Leben gewöhnt, so zeigen sie durchweg großes Verständnis für unsere heilige Religion und erlangen früher oder später das Glück der heiligen Taufe.

Große Anforderungen an die Geduld und Nächstenliebe der Schwestern stellt das Aussätzigenheim. Groß ist aber auch das Gute, das dort

gewirkt hat. Die freundliche Dienstbeflissenheit, die Geduld und Samm=
lung, der Unterricht und das Gebet der Schwestern bereiten der Gnade
die Wege. Viele der Aussätzigen erheben sich während ihrer Krankheit
zu einer hohen Tugend. Alle sterben eines seligen Todes.

Was aber vornehmlich den Ruf der Schwestern in die Umgegend
getragen hat, ist das gut erhaltene Spital. Besondere Erwähnung
verdient es, daß eine der Schwestern schon 11 Jahre hindurch im Dienste
der Kranken und Verwundeten aushält. Sie verfügt über mehr als
gewöhnliche medizinische Kenntnisse und ist weit und breit als tüchtige
Aerztin bekannt. „Angesichts ihrer Erfolge", so meint die Schwester
Luise, „muß man annehmen, daß der liebe Gott ihren Glaubensgeist
und ihre übernatürliche Nächstenliebe ab und zu durch außergewöhnliche
Heilungen belohnen will." Die Zahl derer, welche in Ushirombo selbst
oder bei den Ausgängen der Schwestern in den umliegenden Dörfern
Verpflegung fanden, beläuft sich jährlich auf viele Tausende.

Selbst die einheimische Industrie, soweit sie in den Händen der
Frauen und Mädchen liegt, findet wie in Marienberg auch hier an den
Schwestern verständige und entschlossene Förderinnen. Man hat namentlich
an die Oel=, Seifen=, Mehlbereitung und die Töpferei zu denken. Gewiß,
das Tagebuch der Schwester hat recht, wenn es vermerkt: „Die Beschäf=
tigungen unserer Schwestern sind die denkbar mannigfaltigsten."

Schwester Luise hatte die Freude, noch die Gründung einer neuen
Station in die Wege zu leiten, die von Marienheim. Sie kam 1906
wirklich zustande. Seit 1907 sind die Schwestern in der volkreichen
Stadt Tabora tätig und seit kurzem auch in Mujaga in der Landschaft
Urundi. Die drei zuletzt genannten Niederlassungen liegen noch im
Vikariate Unyanyembe.

Am 3. Juli 1905 brach Schwester Luise von Ushirombo auf. Ihr
Reiseziel war die Station Mpala im Belgischen Kongo auf der Westseite
des Tanganikasees. Niemand ahnte, daß diese Reise sie an das Ziel
ihrer irdischen Pilgerschaft führen sollte. (Schluß folgt.)

Ueber die Gründung der Station Nyaruhengeri

in Ruanda macht Br. Rodriges unterm 21. Januar 1912 folgende interessante
Mitteilungen:

Wie Ihnen bekannt, habe ich Issavi nach $^3/_4$jährlichem Aufent=
halt verlassen, um hier in Nyaruhengeri bei der Gründung
dieser Station zu helfen. Es war am 13. Dezember 1910,
dem denkwürdigen Tage des Erdbebens, als wir nach etwa
vierstündigem Marsch von Issavi hier ankamen.

Eben waren wir hier eingetroffen und ruhten uns, auf
unseren Kisten sitzend, ein wenig aus. Neugierig eilten die Batutsi mit
Gefolge herzu, und wir plauderten mit den Leuten, als plötzlich die
merkwürdige, gewaltige Naturerscheinung eintrat.

Wir schaukelten auf unserer Kiste hin und her, Krüge fielen um.
Alles schaute sich gegenseitig an und harrte der Dinge, die da noch
etwa kommen könnten.

Viele Schwarzen liefen davon, andere suchten nach Negermanier ihre Angst und Aufregung durch ein geistreiches Lachen zu verbergen.

Doch gottlob geschah niemand etwas zuleide, hatten wir doch noch kein Haus noch Heim.

Daß die abergläubischen Schwarzen dies außergewöhnliche Ereignis uns und unserer Ankunft in die Schuhe schoben, ist klar. Auch die darauffolgende anormale Trockenheit und Hungersnot kam auf Kosten der Weißen; hatten wir doch alsogleich mit der Herstellung von Mauer=ziegeln begonnen.

Da sich die Schwarzen nun nicht an uns zu rächen wagten, zumal wegen des ausgebliebenen Regens, so sollte eine alte Zauberin auf einem Hügel in der Nähe dafür büßen. Ertönte da eines Abends von allen Höhen in der Runde aufgeregtes Kriegsgeschrei. Als die Nacht anbrach, zog eine wilde Horde ab, um die Zauberin in ihrer Hütte lebendig zu verbrennen.

Allein die Alte hatte noch rechtzeitig Lunte gerochen und entwischte ihren Verfolgern.

Da wir nun mit unserer Ziegelfabrikation den Regen abgehalten hatten, so mußten wir natürlich auch Regen machen können. So kamen denn beinahe täglich Häuptlinge mit großem Gefolge mit Lanzen und Speeren, zwecks kushengerera und kuhomiliza, d. h. um durch ihren feierlichen Besuch und Waffentanz von P. Superior den erwünschten Regen zu erflehen.

Vergeblich beteuerten wir, daß wir uns auf diese Kunst gar nicht verständen, daß wir aber zum wahren Gott beten wollten, der allein Regen und Sonnenschein heraufführen könne, auf daß er den ersehnten, fruchtbringenden Regen sende.

Und merkwürdig, jedesmal nach einem so'chen Besuch und Tanz kam der so sehr ersehnte Regen!

Wir bauten uns nun am äußersten Rande unseres Hügels einen Lugo, d. h. Hof aus Fikusbäumen und errichteten innerhalb dieser Pali=sadenumzäunung Wohnhaus, Kapelle und Schule aus Stroh. So konnten wir endlich das Zelt, das bis dahin unser Heim gewesen, ent=behren.

Im Juli haben wir einige Minuten von hier ein 16 m langes Haus aus gebrannten Ziegeln aufgeführt, ebenso einen Teil der Umfas=sungsmauer. Sodann wurde mit dem Bau der Kirche, Schulen, der Schreinerei begonnen. Natürlich alle diese letztern Gebäude aus Stroh und Schilfrohr. Ich bin eifrig dabei, Säger und Zimmerleute heran=zubilden, Tür= und Fensterrahmen herzustellen.

Die Mission hat klein, aber gut begonnen. Wir haben schon viele Katechumenen und Schüler; neulich zu Neujahr haben wieder 58 die Medaille der Katechumenen bekommen. An St. Peter und Paul soll die erste feierliche Taufe stattfinden.

Die hiesigen Eingeborenen sind schlichte, harmlose, gute Leute, und bei dem Vertrauen, das die Mission und besonders P. Lecoindre sich bei groß und klein erworben, ist guter Erfolg zu erwarten. — Der Herr

Bischof Hirth ist immer noch in seiner Residenz Issavi und befindet sich recht wohl. P. Knoll ist dieser Tage zum Obern der Mission Kissaka ernannt worden. P. Zuembiehl ist eben nach Mibirizi abgereist, um P. van Heeswyk dahin zu begleiten. Br. Alfred ist in Bukumbi mit dem Bau des Schwesternhauses beschäftigt.

Die Nachrichten aus der Heimat sind spärlich; in Trier haben Sie fünfmal im Tage Post; hier in den Ruandabergen Zentralafrikas be= gnügen wir uns mit weniger. Beten Sie dafür viel für uns und lassen Sie beten!

Ein christlicher Neger aus Ruanda (Deutsch=Ostafrika) mit der eigentümlichen Haarfrisur der Ruandaneger.

Kleine Mitteilungen.

Der hochwürdigste Herr Bischof Gerboin, Apostol. Vikar von Unyanyembe (Deutsch=Ostafrika), ist, wie wir auf telegraphischem Wege erfahren, Anfang Juli nach langwierigem, schmerzhaftem Magenleiden dahingeschieden. Er hat ein Alter von 65 Jahren erreicht (geb. 1847). Am 8. Juli 1890 reiste er nach Innerafrika; 7 Jahre später wurde er zum Apostol. Vikar von Unyanyembe ernannt. Seitdem hat er unermüdlich an der Christianisierung der so sehr verschiedenartigen Stämme seines Missionsbezirkes gearbeitet. R. I. P.

Aus Rom kommt die frohe Nachricht, daß Herr P. Heinrich Leonard, geb. in Entringen bei Diedenhofen (Lothringen) am 5. Dezember 1869, vom hl. Stuhle zur bischöflichen Würde erhoben worden ist. Der neuerwählte Bischof sollte dem Apostol. Vikar von Unyanyembe (Deutsch=Ostafrika) als Koadjutor zur Seite treten. Mit dem unerwartet schnell erfolgten Hinscheiden des hochwürdigsten Herrn Bischofs Gerboin indes tritt der Neuernannte an die Spitze des genannten Vikariats. In der nächsten Nummer werden wir das Bild des Erwählten bringen. Schon jetzt rufen wir letzterem ein herzliches ad multos annos! zu und bitten die freund= lichen Leser um ihr frommes Gebet für den neuen Bischof.

Marianischer Kongreß in Trier (3.—6. August). Bei diesem Kongreß wird auch die St. Petrus Claver Sodalität vertreten sein. Zwei Referate, das eine in deutscher Sprache über: „Maria vom Guten Rate, die Schutzpatronin der St. Petrus Claver=Sodalität für die afrikanischen Missionen", das andere in französischer Sprache über „Le culte de Marie en Afrique", sind von der Rednerkommission bereits angenommen und werden, so Gott will, in den betreffenden Sektionen durch die General=Leiterin der St. Petrus Claver=Sodalität zur Verlesung gelangen, eventuell ebenso in den polnischen und italienischen Sektionen.

Allgemeine Missionsversammlung in Aachen. Bei Gelegenheit der General= versammlung der Katholiken Deutschlands (11.—16. August in Aachen) wird am Mittwoch, den 14. August, vormittags 9½ Uhr, in der großen Festhalle eine all= gemeine Missionsversammlung unter dem Ehrenvorsitz Sr. Eminenz Kar= dinal Antonius Fischer stattfinden. Als Redner wurden gewonnen: Se. Durch= laucht Alois Fürst zu Löwenstein, ferner Bischof Geyer zu Khartum (Sudan), Baron Moritz von Frankenstein, bayrischer Landtagsabgeordneter. Zu dieser wich= tigen Versammlung, die von den vereinigten großen Missionsvereinigungen Deutschlands ausgeht, werden alle Missionsfreunde herzlich eingeladen.

Missionsausstellung auf dem Katholikentage. Der katholische Missions= verein (Sonntagsgesellschaft Aachen), wird in den Tagen der Katholikenversamm= lung eine Missionsausstellung veranstalten. Das Vorhaben hat die Genehmigung des Lokalkomitees gefunden und will ohne Einschränkung auf einen Erdteil oder eine Nationalität mit Rücksicht auf das allgemeine Wirken der katholischen Kirche einen Ueberblick über das gesamte Missionswerk, an dem deutsche Missionare be= teiligt sind, gewähren. Als Lokal für diese Ausstellung wurde dem Komitee ein Saal des bekannten früheren Hotels „Altbayern", Wirtzsbongardstr. 43, zur Ver= fügung gestellt. Wir machen die Teilnehmer am Katholikentage schon jetzt auf diese Ausstellung aufmerksam.

Der Paramentenverein für die afrikanischen Missionen der Weißen Väter in Trier veranstaltete am 26. und 27. Juni im großen Mariensaal des St. Josephsstiftes in Trier eine Ausstellung der im verflossenen Arbeitsjahre ge= fertigten Paramente. Wohl noch niemals hat der Verein eine solche Fülle von hl. Gewändern und Altarwäsche in so kurzer Zeit fertiggestellt. Mit Dank gegen Gott, dessen Segen sichtlich auf der treuen, selbstlosen und emsigen Tätigkeit der Vereinsmitglieder ruht, haben wir die Ausstellung durchwandert und uns die Freude ausgemalt, die dieses unverhofft glänzende Ergebnis in den afrikanischen Missionen hervorrufen wird. Der hochwürdigste Herr Bischof von Trier beehrte die Aus= stellung mit seinem Besuche. Der Dank der Missionare und ihrer schwarzen Christen gilt nicht nur den eifrigen Damen des Hauptvereins in Trier (Präsidentin Frau Oberstleutnant Hartung, vertreten durch die langjährige Vizepräsidentin Fräu= lein Magd. Willems), sondern auch den auswärtigen Mitgliedern und Zweigver= einen und Missionsfreunden; namentlich waren Münster, Düsseldorf, Ehrang, Saar= brücken rühmlich vertreten.

Vom aussterbenden Riesen in Chicago. Im Field Museum ist jetzt die Aufstellung einer neuen Sehenswürdigkeit vollendet, der ausgestopfte Riesenkörper eines der größten Elefanten, die je in Afrika erlegt wurden.

Es ist ein gewaltiges Exemplar seiner Rasse; die Stoßzähne allein haben ein Gewicht von 407 Pfund und eine Länge von mehr als 7 Fuß.

Besonders interessant ist die Tatsache, daß das Field Museum seinen neuesten Schatz nicht der Kühnheit eines erfahrenen Jägers verdankt; Mrs. Akeley, die Gattin des ersten Taxidermisten des Museums, hat den Elefanten zur Strecke gebracht.

Während die Mitglieder der Jagdexpedition an den Vorbereitungen zu einer großen Treibjagd arbeiteten, verließ die Amerikanerin entschlossen die Truppe, und mit ihren zwei großen Gewehren ausgerüstet, drang sie allein in das Dickicht ein. Nach mühevoller Wanderung stieß sie auf die Spuren der schon am Tage vorher von den Kundschaftern gesichteten Herde.

Sorglich den Elefanten den Wind abgewinnend, näherte die junge Jägerin sich dem Trupp. Auf etwa 90 Meter Entfernung bot der Führer der Herde, ein prachtvolles altes Tier, einen guten Schuß. Mrs. Akeley hob ihre Waffe, zwei Schüsse krachten rasch hintereinander, und ihr Echo hallte weithin durch den Wald. Das riesige Tier sank in die Kniee nieder und war tot.

Entsetzt ergriff die jäh aus ihrem Frieden aufgescheuchte Herde die Flucht, aber ein dritter Schuß kostete noch einem der fliehenden Wald-Riesen das Leben.

Als die Expeditionsteilnehmer, durch die Schüsse herbeigelockt, zur Stelle eilten, fanden sie die Jägerin bei ihrem Opfer stehend. Beide Kugeln waren ins Herz gedrungen. Die Untersuchungen der britischen Jagdaufsichtsbehörde ergaben, daß Mrs. Akeley den größten Elefanten zur Strecke gebracht, der je in Ostafrika erlegt worden ist.

Empfehlenswerte Bücher und Zeitschriften.

Der Weg zum innern Frieden. Unserer Lieben Frau vom Frieden geweiht von dem Pater von Lehen S. J. Aus dem Französischen übersetzt von P. Jakob Brucker S J. Sechsundzwanzigste und siebenundzwanzigste Auflage. (Aszetische Bibliothek.) 12⁰ (XXIV u. 452 S.) Freiburg 1912, Herdersche Verlagshandlung. *M* 2.40; geb. in Kunstleder M 3.20.

Auch in feineren Einbänden erhältlich.

Der Seelenfriede ist die Grundbedingung jedes wahren Glückes. Den Weg zu ihm weist P. Lehens berühmtes Büchlein, eine Perle der aszetischen Literatur. Schon die große Zahl der Auflagen läßt einen Schluß auf seinen Wert zu. Von den vier Teilen des Buches handelt der erste von der Ergebung in die Fügungen der göttlichen Vorsehung, der zweite von der wahren Frömmigkeit und den Wegen zum Frieden, der dritte von den Mitteln zur Bewahrung des Friedens, und der vierte von den Skrupeln, den schlimmsten Feinden des Seelenfriedens. Ein wertvolles Buch für jeden Christen, der es aufrichtig mit seiner Seele meint. Es wird ihm Trost in den Leiden und Beruhigung in Zweifeln und Unruhen bringen. Auch der Seelenleiter wird manch wertvolle Anregung daraus entnehmen können.

Das heilige Meßopfer dogmatisch, liturgisch und aszetisch erklärt. Klerikern und Laien gewidmet von Dr. Nikolaus Gihr, Päpstl. Geheimkämmerer und erzbischöfl. Geistl. Rat, Subregens am erzbischöflichen Priesterseminar zu St. Peter. Elfte bis dreizehnte Auflage. (Einundzwanzigstes bis fünfundzwanzigstes Tausend.) gr. 8⁰ (XX u. 688) Freiburg 1912, Herdersche Verlagshandlung. *M* 7.50; geb. in Buckram-Leinen *M* 9.—

Gihrs herrliches Werk, von dem nunmehr heute das fünfundzwanzigste Tausend vorliegt, ist schon längst ein mit Vorliebe benütztes Handbuch der Priester geworden. Aber auch in Laienkreisen, die der Verfasser von Anfang an berücksichtigt hatte, hat es festen Fuß gefaßt. Diese letztere Tatsache ist von nicht geringer Bedeutung, wenn man bedenkt, wie weittragend, wie fruchtbringend die nähere Kenntnis und das Verständnis des großen Opferdienstes unserer Religion wird; ist doch die hl. Messe das Herz des katholischen Lebens.

Es ist daher freudig zu begrüßen, daß der Verfasser ein Bischofswort des letzten Mainzer Katholikentages: „Die Rückeroberung der gebildeten Stände ist das Königsproblem der modernen Seelsorge", zum Leitgedanken bei der neuen Auflage gemacht hat, ausgehend von der Erwägung, daß sowohl die „gebildete Welt", als auch die „Arbeiterwelt" nur dann wahrhaftig und völlig „zurückerobert" wird, wenn beide wieder mit Freude im Hause Gottes sich einfinden und mit lebendigem Glauben sich scharen um Gottes Altäre. Der Verfasser hat darum einzelne minder wichtige Belegstellen gestrichen, andere in den Text hineinverarbeitet und den Text selber durch vielerlei Zusätze bereichert.

Klein=Nelli „vom heiligen Gott", das Veilchen des allerheiligsten Sakramentes. Frei nach dem Englischen bearbeitet von P. Hildebrand Bihlmeyer O. S. B. in Beuron. Mit einem Titelbild in Farbendruck. 12⁰ (XVI u. 96 S.) Freiburg 1912, Herdersche Verlagshandlung. Kartoniert 80 Pfg.

Das typographisch nobel ausgestattete Büchlein ist ein Kleinod echter Erbauungsliteratur, ein wegweisender Stern mehr zu der ewig geheimnisreichen Gotteswelt heiligmäßiger Kindlichkeit und kindlicher Heiligkeit. P. Bihlmeyer, der angesehene Hagiograph und Bearbeiter dieses Büchleins, schreibt, daß er kaum je ein so tiefes und herzig=schönes Büchlein gelesen wie dieses.

Verehrern des allerheiligsten Sakraments, Kinderfreunden, namentlich aber auch Kindern selbst, die in diesem Jahre zum ersten Male zur heiligen Kommunion gegangen sind, sei das Schriftchen empfohlen.

St. Anna in Jerusalem
und das Wirken der Weißen Väter im Orient.

Von P. Karl Henry.

1. Zwei ehrwürdige Stätten.

In den letzten Jahrzehnten ist das Interesse der Katholiken Deutschlands für die kirchlichen Verhältnisse im Orient immer lebhafter geworden. Darum wird es manchem Leser will= kommen sein, einiges über das Wirken der Weißen Väter in Jerusalem und im Orient zu erfahren.

Die ersten Patres kamen im Jahre 1878 nach Jerusalem. Sie übernahmen zunächst den Dienst an der St. Anna=Kirche. Diese Kirche erhebt sich unweit vom Stadttor „Sitti Mariam" (d. i. Marientor oder Liebfrauentor) an der östlichen Stadtmauer, gegenüber dem Ölberg.

Nach einer Überlieferung, die bis in das sechste Jahrhundert zurück= reicht, erhebt sie sich auf derselben Stelle, wo einst das Geheimnis der Unbefleckten Empfängnis und die Geburt Mariä sich vollzogen haben.

Einige Schritte weiter nach Westen befindet sich die „Probatica Piscina", der „Lämmerteich", geheiligt durch die Anwesenheit des gött= lichen Heilandes, der daselbst den 38jährigen Lahmen geheilt hat. Von den fünf Säulengängen, die im Evangelium erwähnt werden, ist heute nichts mehr übrig; nur zerfallene Mauern einer früheren Kirche stehen noch da als Zeugen der ursprünglichen Überlieferung.

Die beiden erwähnten Stätten liegen in dem Bereich der Nieder= lassung der Weißen Väter; so ist letzteren also die Hut jener seit alters verehrten Stätte anvertraut, wo die Gottesmutter zur Welt gekommen ist, und jener, wo ihr göttlicher Sohn eines seiner Wunder gewirkt hat.

Allein der apostolische Eifer des Kardinals Lavigerie ließ die Patres nicht ohne eine ihrem Missionsberufe entsprechende Betätigung. Auf seiner ersten Reise durch Syrien hatte er reichliche Gelegenheit gehabt, die dortigen kirchlichen Verhältnisse genau kennen zu lernen. Die von der Regierung angebotene St. Annakirche schien ihm der geeignetste Ort zu sein, um die Aufgabe zu beginnen, die seinem praktischen und schöpfe= rischen Geist als das wirksamste Mittel erschien, die Neubelebung der unierten orientalischen Kirchen und die Wiedervereinigung der getrennten Kirchen anzubahnen. Seine persönliche Erfahrung und seine weitgehende Kenntnis der orientalischen Kirchenverhältnisse hatten ihn zur Überzeugung gebracht, daß die Orientalen nur dann zur katholischen Kirche gewonnen werden können, wenn man ihren Ritus, ihre kirchlichen und nationalen Gebräuche und Sitten unangetastet ließe. In diesem Sinne wurde be= reits im Jahre 1882 eine Erziehungs=Anstalt für Jünglinge der griechisch= melchitischen Nation eröffnet, und zwar für solche, die sich dem priester= lichen Stande in ihrem eigenen Ritus widmen wollen.

2. Die melchitischen Griechen St. Annas Aufgabe.

Was sind nun aber die Melchiten? Unter dem Namen Melchiten verstand man früher jene morgenländischen Christen griechischer Nation und griechischen Ritus der drei Patriarchale Antiochien, Alexandrien und Jerusalem, die mit dem katholischen Kaiser Marzian treu an den Ent= scheidungen des Konzils von Chalzedon (451) bezüglich der Irrtümer der Monophysiten festhielten. Weil sie mit dem Kaiser dem katholischen Glauben treu blieben, wurden sie spöttisch von den Monophysiten Mel= chiten, „Malkiûn“, genannt. Ursprünglich ist also das Wort Melchite ein Spott= und Schimpfname für die Katholiken, etwa wie heute die Bezeichnungen Papist oder Ultramontaner. Gegenwärtig nennt man „Melchiten“ die stets rechtgläubig gebliebenen Nachkommen der genannten Christen, die mit Kaiser Marzian der Kirche treu geblieben waren, so= wie auch die zur römischen Kirche zurückgekehrten Araber. Während die früheren Melchiten zu drei Patriarchaten gehörten, stehen die heutigen nur unter einem Patriarchen, der in Damaskus residiert und den Titel „Patriarch von Antiochien, Alexandrien und Jerusalem und des ganzen Morgenlandes“ führt. Diesem Patriarchen unterstehen drei Erzbischöfe und neun Bischöfe. Die Gesamtzahl der Melchiten beträgt ungefähr 140 000 Seelen, die hauptsächlich in Syrien, Palästina und Ägypten wohnen.

Obgleich sich nun die Melchiten als Nachkommen= der früher nach Asien eingewanderten Griechen betrachten, so ist doch ihre Muttersprache die arabische. Daher bedienen sich die melchitischen Geistlichen beim Gottesdienste fast ausschließlich des Arabischen. Ihr Ritus aber, d. h. die Art und Weise, den Gottesdienst zu begehen, ist der griechische.

Da aber nun der Klerus und ganz besonders das Volk von der griechischen Sprache nur sehr wenig oder überhaupt nichts verstehen, so ist die arabische Sprache, die seit dem achten Jahrhundert die allgemeine Umgangssprache ist, neben der griechischen zur liturgischen Sprache er= hoben worden.

Wissenschaftliche und aszetische Hebung des melchitischen Klerus.

Daraus kann man schon ersehen, wie es beim Klerus der mel= chitischen Nation mit der intellektuellen Bildung steht. Es fehlt ihm nicht allein an Wissenschaft und Sprachkenntnis, sondern auch an priester= lichem Eifer, Opfermut und Uneigennützigkeit und — nicht selten an priesterlicher Zucht und Tugend.

Um der melchitischen Kirche aus dieser Not herauszuhelfen, hat Kardi= nal Lavigerie das Seminar St. Anna in Jerusalem ins Leben gerufen.

Er wollte die Orientalen durch orientalische Priester zur Einheit der katholischen Kirche zurückführen. Das fordert aber einen tüchtigen und in jeder Hinsicht gut gebildeten Klerus, der mit übernatürlichem Opfergeist erfüllt und so der Aufgabe gewachsen ist, in den katholischen Familien das christliche Leben wieder zu wecken.

Diese große, aber schwierige Aufgabe hat der berühmte Kirchenfürst seinen Söhnen, den Weißen Vätern, in Jerusalem anvertraut. Der Zweck des Seminars St. Anna ist also die Heranbildung eines einheimischen mel= chitischen Priesterstandes, der, mit allen christlichen Tugenden und priester= lichen Wissenschaften ausgerüstet, im stande sei, die Neubelebung der einst so glorreichen Kirchen der hl. Basilius, Chrysostomus und Gregor von Nazianz glücklich durchzuführen.

Katholische Priester (des griechisch-melchitischen Ritus) aus St. Anna, Jerusalem.

　　　Die Patres haben sich mutig und freudig an die Arbeit gemacht: es wurden nach einigen Jahren zwei große Schulgebäude errichtet; das eine für die Gymnasialstudien, das andere für die Philosophie und Theologie. Durchschnittlich befinden sich in beiden Anstalten etwa 150 Schüler, die aus den verschiedenen Diözesen des Patriarchales daselbst

zusammenkommen. Die Gymnasialstudien dauern acht Jahre; Philo=
sophie und Theologie fünf Jahre. Die ganze Bildungszeit beläuft sich also
auf dreizehn Jahre. Was während dieser langen Bildungszeit erstrebt wird,
ist, in den Jünglingen den Geist übernatürlichen Gehorsams zu wecken, beson=
ders allen Lehren, Anweisungen und Ermahnungen des hl. Vaters gegenüber.

Da gerade die Lostrennung von Rom die einst so schönen und
blühenden Kirchen des Morgenlandes auf den jetzigen Tiefstand gebracht
hat, so wird auch folglich das Wiedererwachen zum Leben und zur
Fruchtbarkeit sich nur aus der Vereinigung mit der Kirche Roms ergeben.

Allein der Geist des Gehorsams kann nicht von selbst in der Seele
des Jünglings erblühen: er muß in tiefer Demut und in festem, leben=
digem Glauben wurzeln und durch Abtötung und Entsagung befestigt
werden. Dementsprechend werden in St. Anna die jungen Leute immer
wieder auf diese Tugenden aufmerksam gemacht und gelegentlich darin geübt.
Der orientalische Hochmut ist ja zu gut bekannt, als daß man es daran hätte
fehlen lassen dürfen, dieser Wurzel alles Übels kräftig entgegenzuwirken.

Gottes Segen hat denn auch auf St. Anna geruht, und der Er=
folg hat bewiesen, wie richtig der Gedanke Lavigeries war, die Orien=
talen durch einen eigenen Klerus zur Mutterkirche zurückzuführen. Die
in St. Anna vorgebildeten Priester haben sich ohne Ausnahme als treue,
gehorsame Söhne des hl. Vaters gezeigt, und ihre Selbstlosigkeit, ihre
unermüdliche Tätigkeit, ihre wissenschaftliche und aszetische Überlegenheit
trägt nicht wenig bei, die religiösen Verhältnisse ihrer Landsleute und
Ritusgenossen zu erneuern und zu heben.

Dadurch aber schwinden allmählich alle Vorurteile gegen die abendländi=
schen Missionäre, und langsam, aber sicher wird eine Annäherung herbeigeführt.

Die Melchiten, wie übrigens alle Morgenländer, bilden sich sehr
viel auf ihre besonderen Gebräuche ein. Es ist deshalb keine leichte
Sache, ihnen andere Gesinnungen und eine andere Geistesrichtung bei=
zubringen. Nicht selten trifft man sogar Kinder, die kaum etwas gelernt
haben, und doch schon in den seltsamsten Vorurteilen über unsere abend=
ländischen Kirchenverhältnisse befangen sind und sich daher nicht ohne
Mühe und Geduld davon abbringen lassen. Die Aufgabe St. Annas
kann sich deshalb erst ganz allmählich verwirklichen und erfordert aus=
dauernde Geduld und uneigennützige Hingabe.

Grundsätze Lavigeries für die Erziehung der Melchiten.

Wie kann nun solch' ein Werk zu einem günstigen Resultate ge=
langen? Durch gewissenhafte Befolgung der Vorschriften und Anweisungen,
die der Kardinal Lavigerie seinen Missionären schriftlich hinterlassen hat.

Und diese Anweisungen gipfeln in folgender Grundregel: Alles,
was die orientalische Eigentümlichkeit der Melchiten betrifft, Sprache,
Sitten, Ritus, das alles muß unter allen Umständen unangetastet bleiben:
nur Sünde und Laster sollen bekämpft und ausgerottet werden. Es darf
kein abendländischer Gebrauch, keine neue Andacht, die einen abend=
ländischen Charakter haben könnte, eingeführt werden.

Dadurch erhält die ganze Erziehung ein echt orientalisches Gepräge.
Die Schüler bleiben bei uns in ihrem Ritus; keiner von ihnen darf
zum lateinischen übergehen, sie dürfen auch nicht Weiße Väter werden.

Demzufolge werden die Andachtsübungen, kirchliche Gebete, die hl. Messe im griechischen Ritus abgehalten und zwar nur durch orientalische, griechisch-melchitische Priester. Während des Studienganges wird auf arabisch und griechisch ein ganz besonderes Gewicht gelegt. Man hat es auch nicht unterlassen, die jungen Seminaristen ihre vaterländische Geschichte zu lehren, und so werden sie in der Geschichte des oströmischen und des ottomanischen Reiches sorgsam unterrichtet. Kleidung, Nahrung, die ganze Lebensweise soll orientalisch bleiben. Und da die Lebensbedingungen ihrer Landsleute im allgemeinen ärmliche sind, so werden die jungen Leute schon frühzeitig an eine strenge Lebensart gewöhnt.

Diese uneigennützige Arbeit des Seminars hat zu sichtlichen Erfolgen geführt. Seit den ersten Priesterweihen im Jahre 1890 sind bereits 95 Priester aus der Anstalt hervorgegangen, die jetzt in den verschiedenen Diözesen des Patriarchates als Lehrer, Pfarrer, Missionäre segensreich wirken.

Da die Unwissenheit des älteren, meist aus Mönchen bestehenden orientalischen Seelsorgeklerus groß ist, hat sich gleich nach den ersten Weihen ein Unterschied herausgebildet, der, wie es zu erwarten war, hie und da zu Gegensätzen und Schwierigkeiten geführt hat. Daß erst recht der schismatische Klerus das Wirken St. Annas und die aus ihm hervorgehenden Geistlichen nicht gerne sieht, kann niemand wundernehmen. Denn diese jungen Priester sind ja gerade dazu berufen, durch musterhaftes Leben und durch Belehrung dem Schisma den Boden zu entziehen.

Allein das alles hat die jungen melchitischen Priester nicht davon abgehalten, nach den kirchlichen Vorschriften Predigt und Katechese regelmäßig zu halten, um das Volk über seinen Glauben und dessen Schönheiten aufzuklären. Dadurch haben sie die Anerkennung ihrer Landsleute gewonnen, und schon jetzt ist das katholische Leben im Steigen begriffen. Auch Bekehrungen schismatischer Familien, ja ganzer Ortschaften, sind hie und da die Belohnung dieser uneigennützigen und eifrigen Seelsorge gewesen.

Diese erfreuliche Bewegung unter der getrennten griechischen und vor allem die Neubelebung der melchitischen Kirche wird um so stärker um sich greifen, je zahlreicher die in St. Anna ausgebildeten Priester sind und je größer ihr Einfluß auf ihre Landsleute sich geltend macht. St. Anna darf also einer schönen, obgleich schwierigen Zukunft entgegenblicken.

Brief des hochw. Herrn P. E. Keiling an einen seiner Mitbrüder in Haigerloch.

Utinta, den 17. März 1912.

Hochwürdiger, lieber Mitbruder!

... Und nun nach Beantwortung Ihres freundlichen Briefes etwas von „Ihrer lieben Heimat hier unten an den großen Seen."

Am 21. Oktober langten wir nach fünfwöchentlicher Karawanenreise glücklich und gesund in Karema an. Ich war entzückt von der Lage der Station; auf zwei 5 Minuten von einander entfernten Hügeln liegen die Niederlassungen der Patres und Schwestern. In der Mitte etwas tiefer liegt die Kirche mit ihrem prächtigen Turm aus Backstein.

Wir besuchten zunächst den lieben Heiland in der Kirche, um ihm für den Schutz auf der Reise und für unsere glückliche Ankunft den gebührenden Dank abzustatten. Dann stiegen wir, umgeben von den Schülern der Regula, die uns wohl ³/₄ Stunden weit entgegen geeilt waren und sich mit uns geläufig auf Deutsch unterhielten, zum Hause der Patres empor. Die anwesenden Mitbrüder begrüßten uns aufs herzlichste, und nachdem wir eine Erfrischung zu uns genommen hatten, sahen wir uns das Haus und die ganze Umgebung näher an. Wir machten auch einen Besuch bei den weißen und den einheimischen Schwestern. Im Noviziat der letzteren sahen wir Mama Adolphina, von der wir schon soviel Interessantes im Afrika-Boten gelesen haben.

Am Samstag war ich angekommen, und schon am Montag abend verließ ich mit P. B., dem Superior von Kala, in einer Barke Karema. Ich war einstweilen für Utinta ernannt worden, bis Bruder Gustav von Kate, wo er zur Erholung weilte, zurückgekehrt wäre; hierauf sollte ich nach Kate gehen.

Am Dienstag, den 24. Oktober, brachte der Erzengel Raphael seinen Tobias gegen 10 Uhr morgens glücklich nach Utinta. Ich las noch die hl. Messe, denn so, dachte ich, würde ich meine Arbeit in der Mission am besten beginnen. P. Verger war zu meinem Empfang zum See hinabgestiegen. Selbstverständlich war auch die schwarze Jugend auf den Beinen, um den neuen Burana (Herrn) zu sehen und zu begrüßen. Schon von ferne hatte ich das schmucke, von P. Boyer erbaute Kirchlein der Station erblickt. Es ist für hiesige Verhältnisse ein Meisterwerk, wie ich mich bald durch genaue Besichtigung des Kirchleins überzeugen konnte. Die Lage von Utinta ist herrlich. Der Tanganikasee bildet hier eine 4—6 Stunden große, schöne Bucht.

Gegen Mitte November traf Bruder Gustav hier ein, wie er meinte, vollständig wiederhergestellt. Aber schon nach acht Tagen bekam er plötzlich Blutbrechen, das sich öfters wiederholte. Nach 4 Tagen war er vollständig erschöpft und schlummerte ins bessere Jenseits hinüber, um den Lohn für seine eifrige apostolische Tätigkeit zu empfangen.

Am 5. November hatte ich die erste Kindesleiche, am 7. Dezember das erste Begräbnis eines Erwachsenen (Schlafkranker). Am 8. Dezember spendete ich zum ersten Mal die hl. Taufe; am 3. Februar hörte ich das erste Mal Beichte auf Kiswaheli; am 11. Februar hielt ich die erste Predigt.

Herr P. Superior übertrug mir die Schulen, die Leitung des Gesanges und die Aufsicht über die Sakristei. Seitdem ich Beicht höre, habe ich auch das Abendgebet der Christen zu überwachen. P. Verger versieht die Filialen.

Die Schule beginnt gleich nach dem Frühstück. Zunächst ist ¹/₂ Stunde lang Katechismusunterricht in 3 Abteilungen. In der ersten Abteilung unterrichtet P. Superior, in der zweiten meine Wenigkeit, und in der dritten ein Katechist. Man läßt die gewöhnlichen Gebete hersagen. Nachdem man einige Fragen und Antworten des Katechismus durch möglichst einfache und dem Verständnis, der Anschauungsweise und den Bedürfnissen der Neger angepaßte Erklärungen verständlich gemacht hat, sucht man sie noch in der Schule einzuprägen.

Von den hiesigen Negern hat nicht jeder seinen eigenen Katechismus; im übrigen auch nicht den Eifer und Proselytismus der Baganda. In den alten Missionszentren stehen sie zwar unsrer hl. Religion nicht feind= selig gegenüber, werden aber doch durch so manche heidnische Gebräuche,

namentlich durch die Vielweiberei, von der Annahme des Glaubens zurückgehalten.

Nach dem Katechismusunterricht habe ich gewöhnlich 1/2 Stunde Unterricht im Gesang und 1/2 Stunde Unterricht im Schreiben, Lesen und Rechnen. Man muß sich hier mit bescheidenen Resultaten begnügen, nicht zu hoch hinaus und nicht zu schnell voran wollen, auch nicht zu= viel Aufmerksamkeit und Mitarbeit erwarten. Der Neger ist eben ein Naturkind und nicht an eine anhaltende Konzentrierung seiner Geistes= und Sinnesfähigkeiten gewöhnt. Die Unaufmerksamkeit ist ihm wesent= lich, und fast ebenso sein Lernen ausschließlich mit dem Gedächtnis, ohne Anwendung des Verstandes. Man erhält auf seine Fragen oft unglaub= liche Antworten; manches muß man hundertmal fragen und wiederholen, bis sie es mechanisch, ohne etwas dabei zu denken, herleiern können. Drum kann man kein zu großes Quantum von Sanftmut und Geduld mitbringen. Glauben Sie ja nicht, daß Ihre Exempel von Unaufmerk= samkeit und Mangel an Anstrengung hier nicht noch übertrumpft werden. Indes mit der Zeit und mit Geduld kommt man doch zu be= friedigenden Ergebnissen.

Ich habe meine Jungens recht gern. Sie besuchen mich oft, und ich bemühe mich auch, ihnen bei jeder Gelegenheit Freude zu machen. Wer den Katechismusunterricht und die Schule eifrig besucht, erhält zur Belohnung ein „Ehren"= d. i. ein Anwesenheitszeichen, eine sog. heschima. Es ist das ein kleines, viereckiges Blättchen Papier mit dem Aufdruck: heschima, Utinta. Ich habe mir eine beträchtliche Anzahl heschima an= gefertigt mit Abbildungen auf der Rückseite, die besonders beliebt sind.

Am Ende des Schuljahes werden die heschima eingesammelt, und jeder Schüler erhält dann Geschenke nach der Anzahl und dem Werte seiner Ehrenzeichen. Zehn heschima haben den Wert von einem Pesa. Sehr beliebte Geschenke bei den Schwarzen sind: Nadeln, Näh=, Steck=, Sicherheitsnadeln, Zwirn; Angelhaken zum Fischen in See und Flüssen, Rosenkränze, kleine Kruzifixe zum Umhängen, Messer, Spielbälle, Mund= harmonikas, farbige Stoffe, Schnupftabak.

Am Kaisersgeburtstag hätte ich mit meiner Jugend gern einen Spaziergang gemacht. Da aber der Neger die Hauptsache des Spa= ziergangs in einem guten, reichlichen Mahl erblickt, und wir gerade kein Mehl mehr für den Ugali (Brei) hatten, so mußten wir auf den Ausflug verzichten. Ja, der Bauch bei den Negern! Adhaesit in terra venter noster!

Einer antwortete einst einem Pater auf die Frage, ob er jenes Quantum in dem großen Topfe allein und auf einmal essen wolle: „Ganz gewiß, Pater. Die Haut des Bauches ist ja wie Gummi, das dehnt sich"; und dabei zeigte er, welch große Runzeln seine äußere Bauchwand aufweise. Ein anderer bedauerte, daß er nicht noch einen Bauch auf dem Rücken habe.

Um nun doch meinen Kindern an Kaisersgeburtstag eine Freude zu machen, schoß ich einen Stier unsrer Herde, ließ ihn in Portionen zerlegen und wies jedem Kind eine davon zu. Zuvor aber versammelte ich alle Kinder, Knaben und Mädchen, im Schulgebäude, teilte ihnen von meinen schönsten heschima aus und ließ sie zu Ehren des Kaisers singen: „Heil dir im Siegerkranz" und „Er lebe hoch!" Das Hoch wollte gar kein Ende nehmen.

Wir sind augenblicklich (Monat März) in der Regenzeit; bis in einem Monat wird sie aber vorüber sein. Während dieser Zeit sind die apostolischen Reisen beschwerlich. Regenmantel und Schirm schützen da wenig. Wie oft muß man sich auf dem Negerrücken über kleine Bäche tragen lassen oder Schuhe und Strümpfe ausziehen und durchwaten. In der Regenzeit hat man auf dem Tanganikasee gewöhnlich Nordwind, in der Trockenheit gewöhnlich Südwind; man ist also fast ständig auf der Fahrt in einer dieser Richtungen behindert.

Als der Arzt, welcher vor kurzem zur Kontrolle der Schlafkrank= heit hier war, nach Karema in der Barke abreisen wollte, wurde er zweimal durch heftigen Gegenwind zur Rückkehr gezwungen. Erst nach einer Woche traf er in Karema ein.

Aber sind derartige apostolische Wanderungen auch sehr anstrengend, so unternimmt man sie doch gern, um den Christen und Katechumenen in der Ferne geistliche Hülfe und Trost zu bringen.

Erfreuliches aus der Nyassa=Mission (Nordost=Rhodesia).

Das Vikariat Nyassa ist im Osten vom Nyassa=See begrenzt und reicht im Westen bis zum Luapula=Flusse. Somit fällt auch der Bangweolo=See sowie der Osten des Muero=Sees in dieses Gebiet. Der nördliche Teil des Vikariats heißt Ubemba, der südöstliche Angoniland.

Br. Gabriel, der uns schon so oft durch interessante Mitteilungen aus dem Nyassaland erfreut hat, ist nach seinem Erholungsaufenthalt in Deutschland wieder in der Ubemba angekommen. Ueber die lange, beschwerliche Reise berichtet er wie folgt:

Kachebere (Angoniland), 31. Oktober 1911.

Am 9. September kamen wir auf der Barre vor Chinde an und verließen den Reichspostdampfer „Admiral", der 4 Wochen unser Heim gewesen. Erst am 29. September gelangten wir nach Nguludi, einer Station der Maristen=Missionäre, die uns aufs freundlichste und brüderlichste bei sich aufnahmen. Wir mußten nämlich dort einstweilen in Geduld warten, bis 250 bis 300 Träger auf die Beine gebracht waren, mit denen wir — 9 Mis= sionare und 4 Schwestern — nach Mua aufbrechen konnten.

Endlich waren 250 eingeborene Träger da; und die Reise konnte beginnen. Unser Weg führte 4 Tage lang durch eine weite Ebene, wo eine fürchterliche Hitze herrschte. Am 4. Tage erreichten wir Utalale, wo wir 1 Tag rasteten und am 7. Tage kamen wir in die Nähe von Mua.

Unsere Karawane brachte die ersten Missionsschwestern ins Angoni= land. Da können Sie sich vorstellen, mit welchem Jubel die „Bamama" in den Negerdörfern, durch die wir kamen, empfangen wurden. Aber etwas ganz anderes war es, als wir am 6. Oktober in der Mission Mua ankamen. Zwei Stunden vor der Mission kamen uns eine Menge Neger entgegen. Ihre Zahl wuchs, je mehr wir uns der Station näherten; schließlich waren es mehrere Tausend; wir konnten beinahe nicht durch die sich herandrängende Menge hindurch. Unter Jubel und Gesang wurde die Karawane zur Station geleitet.

In Mua iſt auch die Katechiſtenſchule des Vikariats. Die jungen Katechiſten hatten ſich ½ Stunde vor der Miſſion aufgeſtellt und be=grüßten uns mit einem vierſtimmigen religiöſen Lied. Endlich, um 10 Uhr, waren wir da. Wir reinigten uns etwas vom Staub und begaben uns zum Segen ins Gotteshaus. Die jungen Katechiſten überraſchten uns durch die exakte Ausführung der ſchönen Gregorianiſchen Geſänge.

Die Schweſtern bleiben vorläufig in Mua. Sie waren eigentlich für Ntakataka beſtimmt. Allein die Schlafkrankheit macht im Angoni=land und im Ganga=Bezirk gewaltige Fortſchritte, und es iſt ſehr gut möglich, daß die britiſche Regierung die geſamte gefährdete Bevölkerung aus der Nähe des Nyaſſa=Sees auf die Hochebene von Ndegu überführt.

Infolge der Verheerungen der Schlafkrankheit haben die Behörden die Karawanenwege geſperrt. Es war daher die große Frage, wie wir 4 für Ubemba beſtimmten Miſſionare — 5 bleiben im Süden — an unſer Ziel gelangen würden. Endlich hieß es, wir könnten über Sun=dani marſchieren.

Allein woher die erforderlichen 80 Träger nehmen, beſonders jetzt, wo die Regenzeit nahe iſt und die Eingeborenen ihre Felder be=ſtellen wollen.

Die Träger kamen aber doch ſchließlich zuſammen. Es konnte weiter gehen. Am andern Tag legten wir nur 15 km zurück. Unſer Ziel war nämlich Bembeke und, um dorthin zu kommen, hatten wir einen hohen Berg zu erſteigen. Dort oben ſpürt man ſo recht den Unterſchied des Klimas. Wie viel geſunder und angenehmer iſt's dort oben, als in der ſonnendurchglühten Ebene am Ufer des Nyaſſa!

Am folgenden Tage brachen wir nach Likuni auf, das wir in drei Tagemärſchen von 40, 38 und wieder 38 km Sonntags morgens erreichten.

Die Miſſion Likuni hat ſich bedeutend verändert, ſeit ich ſie zuletzt geſehen. Vier Patres arbeiten dort mit 54 Katechiſten und in 1—2 Jahren hat dieſe Station gewiß die Miſſion Mua überholt.

Wir blieben 1 Tag im Kreiſe der lieben Mitbrüder. Es blieben uns nun bis Kachebere, unſerm nächſten Ziel, noch 113 km, ſo daß wir auch am Mittwoch daſelbſt eintrafen. Auf jeder Station bereitete man 50, 80 oder 100 Katechumenen auf die hl. Taufe vor. Die findet am Feſte Allerheiligen ſtatt. Morgen iſt alſo großes Doppelfeſt in allen Stationen des Angonilandes.

Allein wir 4 Ubemba=Miſſionare ſind noch immer nicht am Ziel. Am 2. November greifen wir wieder zum Wanderſtabe, denn noch trennen uns 600—650 km, alſo 20—25 Tagemärſche, vom Ziel unſerer Reiſe. Außerdem müſſen wir wegen der Schlafkrankheit noch dreimal unſere Träger wechſeln! Sie wiſſen, was das heißt: dreimal 80 neue Träger anwerben. Nun, ſo Gott will, geht alles gut, und erreichen wir gegen Ende November Chilubula.

Sie ſehen, das Reiſen nimmt diesmal kein Ende, dank der un=ſeligen Schlafkrankheit und dem Trägermangel. Dieſer Trägermangel erklärt ſich aus der Nähe der Regenzeit und aus dem Umſtande, daß die zahlreichen Farmer ihren Arbeitern hohe Löhne zahlen. Allein wir alle erfreuen uns der beſten Geſundheit, Gottes Segen hat auf unſerer Reiſe geruht.

Chilubula 25. Dezember 1911.

So bin ich denn endlich glücklich in Ubemba, Station Chilubula. Am 1. dieses Monats langten wir hier an. Der hochw. Apostolische Vikar bestimmte mich zum Architekten des Vikariats, im Nebenamt sind aber noch verschiedene andere Pöstchen zu versehen. Der Plan für die Katechistenschule ist fertig; nach Ostern können wir mit dem Bau beginnen. Letzterer soll recht massiv in Stein ausgeführt werden, nicht in Ziegeln.

Die Ubemba-Mission hat seit 2 Jahren tüchtige Fortschritte gemacht, man kennt sie kaum wieder. Heute wurden hier 96 Neger getauft, bei

24*

23 wurden die Zeremonien nachgeholt. Im verflossenen Jahre wurde die schöne Zahl von 1042 Taufen gespendet, davon 169 Erwachsene, 143 Kinder, 730 in Todesgefahr. Die Zahl der Katechumenen beläuft sich auf etwa 3000.

Aus diesen wenigen Zahlen ersehen Sie schon, welchen Fortschritt die Mission Chilubula gemacht hat. Gott sei Dank!

Chilubula, 11. Februar 1912.

Heute noch einige Angaben über unsere hiesige Mission. Zu Chi= lubula gehören etwa 128 Ortschaften mit einer Seelenzahl von 40 000; allein diese Dörfer verteilen sich auf 4—5 Tagereisen. Die Gnade Gottes wirkt sichtlich unter unseren Wabemba. Wie erbaulich ist es, wenn des Sonntags diese Scharen schwarzer Christen zur Mission wallen, um ihre religiöse Pflicht zu erfüllen! Auch in Chilubi, also am Bangweolo=See herrscht jetzt Leben; bis jetzt konnte sich dasselbe wegen der dort verbreiteten Geheimbünde unter den Schwarzen nicht recht ent= wickeln. In den Dörfern am Festlande wie auf den zahlreichen Inseln des Sees überhaupt sind jetzt Katechumenen.

Ich bin, wie ich schon schrieb, fleißig mit Bauen beschäftigt. Habe seit kurzem ein paar tüchtige Hilfskräfte eingestellt, nämlich 3 Paar Ochsen, die ich so dafür dressiert habe. Die schleppen mehr und besser als meine schwarzen Gehülfen, und wenn wir mal statt 3 deren acht Paar haben, ist uns geholfen. Sie sehen, die Beschäftigung des Mis= sionsbruders im Nyassaland ist vielseitig. Gebe Gott Segen und Gedeihen!

Br. Gabriel.

Züge aus dem Leben der heidnischen Schwarzen.
Von Br. Kastulus Molitor.

Rubia, (Bezirk Bukuba), den 14. April 1912.

Wir stehen eben in der großen Regenzeit. Obwohl aber die Bauarbeiten eingestellt sind, gibt es doch Arbeit in Hülle und Fülle. Da es immer nur bis gegen Mittag regnet, arbeite ich morgens in der Schreinerei und nachmittags draußen. Wir haben eine herrliche Kartoffelernte gehabt; auch die Kaffeepflanzung hat einen schönen Ertrag geliefert.

Sodann haben wir viele Bäume gepflanzt zu Schreiner=, Bau= und Brennholz. Der Neger haut nur nieder, und niemals würde es ihm einfallen, einen jungen Baum zu setzen. Denn das begreift er nicht, wie man etwas pflanzen kann, was man selbst nicht mehr erntet.

Ja, welche Mühe und Geduld kostet es, diese Neger zur Arbeit zu bringen! Wenn in manchen Augenblicken der liebe Gott nicht helfen würde mit seiner besonderen Gnade, man müßte die Geduld verlieren. Da heißt es, alle Kräfte des Leibes und der Seele zusammennehmen, sich überwinden, sich beherrschen. Denn das verlangt unser heiliger Stand; das ist auch das einzige Mittel, den Neger nach und nach für den hl. Glauben zu gewinnen. Ohne große Selbstüberwindung geht es da nicht ab. „Das Himmelreich leidet Gewalt", das erfahren vor allem die Missionare, die andern den Weg zum Himmel zeigen sollen.

Von unsern Negern ist kaum irgend welcher Dank zu erwarten.

Ein paar der gewöhnlichsten Beispiele aber mögen Euch zeigen, welche Gefühllosigkeit, Unmenschlichkeit und Grausamkeit hier an der Tagesordnung ist.

Wenn ein Familienmitglied krank wird, so wird es gar oft von den nächsten Angehörigen verjagt oder an einem verborgenen Orte den wilden Tieren zum Fraße ausgesetzt. So fanden wir neulich in einem Gebüsch zwei arme Jungens im Alter von etwa 18—20 Jahren. Beide hatten die Schwindsucht und waren von ihren Familien wie unnütze Möbel dorthin geworfen worden. Wir haben sie nach der Station holen lassen, sie verpflegt und in den Hauptwahrheiten des Glaubens unterrichtet. Dann empfingen sie die Taufe und nach der hl. Taufe sind sie beide in einer Nacht eines ruhigen Todes gestorben. So hat ihnen die Grau=samkeit ihrer Verwandten zu ihrem größten Glücke verholfen. Der liebe Gott weiß gar oft das Böse zum Guten zu wenden.

Am Ende eines Dorfes wurde eine arme Frau aufgefunden. Sie war zuerst schrecklich mißhandelt und dann ausgangs des Dorfes ins Gras geworfen worden, wo sie ihrem Schicksal überlassen blieb. Einige Christen kamen zufällig vorbei und fanden die Unglückliche, wie sie bei lebendigem Leibe schon halb von Ameisen zerfressen war. Es gibt hier nämlich eine Art brauner Ameisen, die nach der Regenzeit in ganzen Massen die Erde bedecken und alles Fleisch aufzehren, das ihnen in den Weg kommt: selbst einen Menschen fressen sie in kurzer Zeit auf, wenn er sich ihnen nicht entziehen kann. Die Christen haben die arme Frau gleich getauft und sie dann wieder zur Station geschafft. Wir haben uns alle Mühe gegeben, sie wieder zum Gebrauch der Sinne zu bringen. Aber es war zu spät. Nach zwei Tagen starb sie.

Die meisten Opfer der Grausamkeit, die uns gebracht werden, haben vor dem Tode das Glück, sich zu bekehren, aber nicht alle.

So kam neulich ein alter Zauberer ins Land. Er hatte hier Verwandte und wollte sich bei ihnen niederlassen. Aber überall wurde er abgewiesen. Denn vor einem alten Zauberer haben die Leute große Angst, besonders aber vor diesem, weil er im Rufe stand, viele durch seine Zaubereien getötet zu haben. Da niemand in seiner Nähe sein wollte, haben wir ihn in eine gesonderte Hütte gelegt und ihn da ver=pflegt. Als er seinen halbverhungerten Leib etwas gestärkt hatte, bekam er wieder Kraft und Leben und wollte nichts mehr vom Sterben wissen. Ein Pater sprach ihm öfters vom lieben Gott und von der Rettung seiner Seele, aber immer vergebens. Beschimpfungen waren die einzige Antwort und der einzige Dank für unsere Mühen.

Als eines Abends der Pater wiederum kam, fand er, daß die Kräfte des Alten doch bald zu Ende gingen. Trotzdem verlangte der Alte nach der Pfeife, die ihm auch gereicht wurde. Dann begann der Pater neuerdings von der hl. Taufe zu sprechen und suchte ihm Reue über sein vergangenes Leben einzuflößen. Heute hörte der Zauberer aufmerksam zu und war zu allem bereit. Weil der Pater aber den Tod noch nicht so nahe glaubte, und die Gesinnungen des Kranken noch zu prüfen wünschte, spendete er das Sakrament der Taufe noch nicht.

Die Nacht über mußten zwei Christen in der Hütte wachen. Da nun am nächsten Morgen noch immer keine ernstere Gefahr vorhanden

zu fein fchien, verließen fie die Hütte, um der hl. Meffe beizuwohnen.
Kaum fah fich der ftörrifche Alte allein, da fchlich er von feinem Lager
und fteckte die Hütte in Brand. Als wir nachher den Afchenhaufen
durchfuchten, fanden wir nur noch den Schädel und einige Knochen.
Der arme Mann! Wer mag ihm den Einfall gegeben haben, feine
Hütte anzuftecken? Ob er wohl in der reuigen Gefinnung des Vor=
abends verharrt hat? Der liebe Gott allein weiß es.

Die Königsfamilie in Ufipa.

Wir haben fchon öfters Mitglieder der königlichen Familie in
Ufipa am Oftufer des Tanganika=Sees erwähnt. Befonders
hat der Lefer wiederholt von Adolfina Unda, der erften
fchwarzen Schwefter am Tanganika, gehört, fowie von ihrem
Bruder Kiralu, dem jetzigen Landeshäuptling. Der nun
folgende Bericht ftammt von Adolfina felber und hat darum
ein erhöhtes Intereffe.

Die Landfchaft Ufipa befteht aus zwei Bezirken. Da ift zunächft
das eigentliche Ufipa, zuweilen mit Ukanfi bezeichnet. Der zweite Teil
umfaßt den Bezirk Hyangalile. Früher waren beide Bezirke zu einem
Königreich vereinigt, während jetzt beide felbftändig find. Das nähere
ergibt fich aus dem Berichte Undas, einer Tochter des Königs Kapufi.
Wir bemerken noch, daß die Königsfamilien in Ukanfi wie in Hyanga=
lile fich dem Äußern, namentlich den Gefichtszügen nach, von den Urein=
wohnern durchaus unterfcheiden. Sie zeigen den hamitifchen Wahima=
Typus; eine ältere Frau aus diefer Familie, die wir trafen, erinnerte
uns mit ihrer kühn gefchwungenen Nafe und der ganzen Gefichtsbildung
lebhaft an die jüdifchen Matronen in Algerien.

Wie die Watwaki in den Befitz des Thrones kamen.

Unfere Väter, fo erzählt Unda, find vom Norden des Sees, an dem
wir wohnen, in diefes Land gewandert. Sie haben aber niemals ge=
fagt, woher fie felbft urfprünglich ftammen. Wir wiffen bloß, daß fie
Watwaki hießen, und ich glaube, daß das ihr Stammesname war.
Sie kamen weit, fehr weit her und waren, als fie auszogen, fehr zahl=
reich. Aber viele blieben auf dem Wege zurück; fie waren das Reifen
müde und ließen fich nieder, wo es ihnen eben gefiel.

Nur drei Frauen waren unter diefen Watwaki, die ihren Marfch
bis Urungu (im Südoften des Sees) fortfetzten. Eine von diefen Frauen
war Unda oder Namitende; jetzt freilich nennt man fie mtu wa kawe,
d. i. die Frau von Stein. Sie war die Mutter der beiden andern, der
Mwati oder Mama Nakunga und Mama Saba.

Als diefe drei Frauen nach Urungu kamen, wurden fie vom Könige
diefes Landes freundlich aufgenommen und blieben einige Zeit an feinem
Hof. Aber fchließlich zogen fie doch weiter und gingen über die Berge
hinüber nach Ufipa.

Nun war um diefe Zeit Wakumilanfi König von Ufipa. Es
war ihm bereits vorher geweiffagt worden, daß diefe Fremdlinge zu

ihm kommen würden. Da=
rum hatte er auch schon
zuvor zu seiner Frau gesagt:
„Frau, bald werden Leute
kommen, die höher stehen,
als ich; die werden uns
besuchen. Wenn die nun
kommen, so biete ihnen
nicht meinen Königssessel
zum Sitzen an. Tust du
das doch, so wisse, daß wir
zu Sklaven dieser Fremden
werden."

Eines Tages war der
König eben mit seinen Krie=
gern hinausgezogen auf die
Jagd. Und siehe, als er
von Hause fort war, kamen
die Watwaki ins Königs=
dorf und kampierten mitten
in der Umzäunung, in der
die Residenz lag. Die Frau
des Königs aber wurde vom
Schrecken erfaßt, als sie das
gewahrte, und fragte sich:
„Wie soll ich nur diese
Fremden empfangen, die so
vornehm aussehen. Welchen
Sitz ihnen anbieten?"

Und siehe, sie bot den
Fremdlingen den Thron des
Königs und lud sie zum
Sitzen ein. Da nahm sofort
eine der Frauen Platz auf
dem Thron und sprach: „Jetzt
ist euer Land unser!"

Als Wakumilansi von
der Jagd heimkam, fand

Drahtlose Telegraphie in Innerafrika.

er die Watwaki in seinem Hofe, wo sie sich niedergelassen. Er grüßte
sie und fragte dann gleich seine Frau: „Was für einen Sitz hast du
ihnen angeboten?"

Die kleinlaute Antwort lautete: „Ich habe ihnen deinen Thron
gegeben."

„Dann ist's vorbei", sagte der Häuptling. „Jetzt sind wir die Sklaven
dieser Fremden, und unser Land gehört ihnen."

Als die Fremdlinge eine Weile gerastet hatten, ließen sie den Häupt=
ling zu sich kommen. „Zeige uns eine andere Ortschaft", sprachen sie
in befehlendem Tone, denn hier in deiner Residenz ist es uns nicht ge=
stattet, zu schlafen."

Da geleitete der Häuptling sie nach Nakilambwa. Dort verbrachten sie die Nacht.

Am andern Morgen kamen sie wieder zu Wakumilansi und sprachen: „Häuptling, zeige uns dein Land!"

Der Häuptling gehorchte. Er führte sie zum Berge Iwelele.[1] Nun wollten die fremden Frauen wissen, wie groß das Reich Wakumilansis sei. Der Häuptling zeigte ihnen also von jenem Berge aus die Länder der drei Nachbarhäuptlinge Kulu, Kana und Suswa und sprach: „Seht, mein Land stößt an das Gebiet dieser Könige." Allein die Frauen entgegneten: „Nein, unser Land soll bis zum Tanganika gehen, und vom Tanganika bis zum Tal des Rukwa-Sees drüben jenseits der Berge."

Darauf verließen sie Wakumilansi's Residenz und bauten eine große Ortschaft, die sie Katindi nannten. Da blieben sie mit ihrem Gefolge und allen ihren Leuten.

Als sie sich nun eines Tages auf einem Spaziergang befanden, gewahrten sie in der Ferne Rauch aufsteigen. Sie wollten wissen, woher der Rauch käme, und gingen hinzu. Da fanden sie zwei junge Wanika-Leute; der eine hieß Kunje, der andere Sikaungu. Die gefielen ihnen. So verheirateten sie sich denn mit denselben. Aus einer dieser Ehen entstammte Mfile, der erste Ufipa-Herrscher aus dem Stamme der Watwaki. Bei der Ankunft der Watwaki hatte Ufipa vier Könige, nämlich Kulu, Wakumilansi, Kana und Suswa; jetzt fiel das ganze Land an Mfile.

Die Watwaki aber vermehrten sich und wurden schließlich stark an Zahl. Heute aber ist diese so zurückgegangen, daß es bloß noch etwa ein Dutzend im Lande Ufipa gibt, darunter bloß zwei Männer, Kapere und Kiratu. Das einzige, was sie vor den anderen voraus haben, ist ihre Fähigkeit, zu dulden.

*   *   *

Dieser Bericht ist so eigenartig, daß wir uns nicht entschließen konnten, ihn zu kürzen, sondern ihn wiedergegeben haben, wie Unda ihn niedergeschrieben, einschließlich der letzten Zeilen, in der sich so recht der Schmerz über das Erlöschen der alten Stammesherrlichkeit malt.

Wir übergehen nun die etwas trockenen, verwandtschaftlichen Angaben und lassen Unda bloß noch erzählen, wie es später zur Teilung Ufipas in zwei Königreiche kam.

Die Teilung in zwei Reiche.

Der dritte König aus dem Geschlechte der Watwaki-Herrscher hieß Zumba. Als dieser alt wurde, ließ er seine beiden Schwestern Mwati und Unda rufen.

„Ich bin alt", redete er sie an; „nicht lange wird es währen, und ich bin nicht mehr. Ich wünsche, daß nach meinem Tode Nandi Wakuwile meinen Thron besteigt.

Nun war Wakuwile ein Sohn Undas. Mwati war daher nicht wenig erbittert. „Mein Sohn ist doch älter", rief sie aus, „weshalb soll er nicht dein Nachfolger sein?"

---

[1] Dieser Berg ist noch heute unter diesem Namen bekannt. Er liegt nahe bei der Residenz der alten Milansi-Könige.

Häuptling Zumba wollte Mwati beruhigen und beide Schwestern gewinnen. Daher schenkte er einer jeden zwei Kühe und sprach: „Zankt euch nicht, später will ich sehen, wer an meiner Stelle König werden soll."

Einige Tage darauf beschied Zumba den Sohn der Mwati, Nandi Wakukatanga, zu sich. „Morgen", so sprach er zu ihm, „morgen bist du an der Reihe, die Kühe auf die Weide zu führen. Habe wohl acht auf sie und schlafe nicht und klettere nicht auf die Termiten-Hügel, denn heute oder morgen bekommt eines der Tiere ein Junges; dann mußt du unbedingt da sein."

Dann rief der alte Häuptling einen Knaben herbei und trug ihm auf: „Behalte Nandi gut im Auge, und wenn er auf einen Termiten-Hügel klettert oder raucht oder gar schläft, dann sag' es mir!"

Am folgenden Morgen schob Nandi die Schließbalken von der Hürde hinweg und trieb die Rinder hinaus auf die Weide. Jener Knabe, der acht auf ihn haben sollte, lief mit.

Kaum war Nandi mit seinen Rindern an Ort und Stelle, als er zu dem Jungen sprach: „Bringe mir schnell ein Bündel weiches Gras, damit ich mich daran ausstrecken kann."

Der Knabe tat, wie ihm befohlen. Nandi legte sich auf dem Gras-lager zur Ruhe nieder und zündete sich sein Pfeifchen an.

Das war also offenbar Ungehorsam gegen das Gebot seines alten Onkels, des Häuptlings.

Als es gegen $1/_2 6$ Uhr abends war und die Sonne hinter den Bergen des Kongos im Westen zur Rüste ging, kehrte Nandi mit den Rindern heim.

„Nandi", gebot ihm der alte Häuptling, „bring' mir meinen Königs-sessel." Nandi ergriff den ersten besten Schemel und brachte ihn dem König.

„Weg mit diesem Schemel", sprach der König, „er ist ja nicht mein! Nandi, du hast deine Probe schlecht bestanden."

Am folgenden Tage machte der König es wieder, wie eben erzählt, und als es Abend war, ließ er sich von dem Knaben Bericht erstatten, „Er hat all deinen Geboten zuwider gehandelt", so lautete die Auskunft.

Am dritten Tage ließ Zumba den Vetter des Ungehorsamen, nämlich Nandi Wakuwile, kommen. Dieser erhielt den nämlichen Auftrag, und wieder mußte jener Knabe über die Ausführung wachen. Allein Waku-wile gehorchte bis ins Kleinste dem erhaltenen Befehl vom Morgen bis zum Abend. Und als er dann heimkam und der König ihm befahl, den königlichen Sessel herbeizubringen, kam Wakuwile allsogleich mit dem Sitz, den bloß der König benützen darf.

„Gut", sprach Zumba, „stelle ihn wieder an seinen Platz."

Andern Tages machte es Nandi Wakuwile wie gestern. Des Abends bekam die Kuh ein Kälblein. Der alte Häuptling war sehr erfreut über das Verhalten seines Neffen. „Fürchte nichts", sprach er zu diesem, „dir wird die Herrscherwürde zufallen."

Nachdem der König auf diese Weise beide Neffen wohl geprüft, beschied er wiederum seine zwei Schwestern zu sich und erklärte, es bleibe bei der früheren Entscheidung.

Allein Mwati wollte wieder nichts davon wissen. „Nein", sprach sie, „mein Sohn wird nach dir König werden!"

Als Zumba endlich starb, setzte Mwati tatsächlich den Nandi Wa= kukatanga auf den Thron. Allein der neue Herrscher fühlte in sich solchen Ingrimm gegen seinen Vetter, daß er beschloß, ihn aus dem Wege zu räumen. Nur eine List rettete Wakuwile das Leben. Ganz früh am Morgen schickte er jemand zum Könige und ließ ihm sagen: „Ich bin krank, gestatte mir bitte, daß ich wieder in mein Dorf zurück= kehre. Sobald ich gesund bin, komme ich zurück."

Diese Erlaubnis wurde erteilt. Als Wakuwile nach Hause kam, schlachtete er ein Kalb und ließ das Fell verfaulen. Als nun der König nachher zu ihm sandte und fragen ließ, ob er wieder gesund wäre, hatte er Beine und Füße in dieses Kalbfell gewickelt, das einen unerträglichen Geruch von sich gab. Die Gesandten des Königs sahen, wie die Würmer und Maden von den Beinen des Kranken fielen und kehrten sich so= gleich zu ihrem Herrn zurück mit der Meldung, daß der Kranke nimmer= mehr genesen werde.

Der König ließ also den vermeintlichen Kranken in Frieden. Allein Wakuwile beeilte sich, bei Nacht und Nebel das ungastliche Land zu verlassen. Er zog mit einer großen Menge Volkes aus und kam nach Urungu.

Der Häuptling dieses Ländchens nahm ihn freundlich auf und gab ihm mehrere Tausend Krieger; damit möge er gegen Nandi Wakuka= tanga kämpfen.

Wakuwile zog also mit seinen Kriegsleuten aus und überraschte den König bei Kasonga, einer Ortschaft, die nur sehr schwach befestigt war. Der König fiel, und der Bruderkrieg hatte ein Ende.

Mwati aber mit ihren Getreuen entkam. Es gelang ihr, das Königreich Hyangalile zu gründen, das sie anfangs selbst regierte.

*   *   *

Von dieser Zeit an, so dürfen wir Undas Bericht ergänzen, lebten die Könige von Ufipa und Hyangalile in steter Fehde.

Dank dem Vordringen der Weißen in Zentralafrika, dank dem Eingreifen der deutschen Kolonialverwaltung haben diese endlosen Fehden nun ein Ende gefunden. Das Land kann aufatmen, und die Einge= borenen bestellen friedlich den Boden ihrer Väter.

Die Befestigung der deutschen Herrschaft am Tanganika ist also zweifellos ein großer Segen für Land und Volk gewesen.

Allein die Vorsehung hatte noch andere Absichten. Königin Unda hat sich als Missionsschwester ganz dem Dienste Gottes und der Be= kehrung ihrer Landsleute geweiht; ihr Bruder Kiratu aber, der der= zeitige König von Ufipa, sowie ihre Nichte Katai, Königin von Hyan= galile, haben das Christentum angenommen.

Möchte der göttliche Heiland den guten, redlichen Willen dieser afrikanischen Königsfamilie segnen und stärken, damit nach dieser auf= fallenden Bekehrung dieser drei ersten Persönlichkeiten des Stammes dem ganzen Völkchen der Wafipa die Augen geöffnet werden und dem Lichte der Wahrheit sich erschließen.

Schwester Luise von Eprevier aus der Gesellschaft der Weißen Schwestern.

(Ein Lebensbild aus der neueren Missionsgeschichte.)

Von P. Matthias Hallfell.   (Fortsetzung und Schluß.)

14. Zum Tanganika=See.

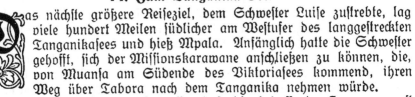

Das nächste größere Reiseziel, dem Schwester Luise zustrebte, lag viele hundert Meilen südlicher am Westufer des langgestreckten Tanganikasees und hieß Mpala. Anfänglich hatte die Schwester gehofft, sich der Missionskarawane anschließen zu können, die, von Muansa am Südende des Viktoriasees kommend, ihren Weg über Tabora nach dem Tanganika nehmen würde.

Allein in Ushirombo erfuhr sie, daß die betreffende Karawane erst im August Marseille verlassen und im günstigsten Falle erst in fünf Wochen an Ushirombo vorbeiziehen werde.

Anstatt vom Juli bis zum September oder Oktober zu warten, entschloß sich die Schwester, mit ihrer kleinen Karawane den Weg durch Usambiro, Uhha und die Berglandschaft Urundi zu nehmen und das Nordende des Tanganikasees zu erreichen, wo sie entweder auf der deutschen oder belgischen Seite ein Dampfboot zu treffen hoffte, um den Rest des Weges zu Wasser zurücklegen zu können.

Der geplante Weg hatte seine Schwierigkeiten. Er führte durch Gegenden, die unter Mißwachs und Teuerung litten und darum eine durchziehende Karawane nicht gut versorgen konnten, durch Gegenden, die durch eine jüngst stattgehabte Strafexpedition noch nicht ganz zur Ruhe gekommen waren und darum immer noch Gefahr boten. Zudem ist die Landschaft Urundi durch tiefe Täler und Schluchten zerrissen und zerklüftet und hält durch ihre vielen Bergbäche und Flüsse auf Schritt und Tritt auf.

Man sieht daraus, daß der Weg nicht sehr einladend war. Und was bestimmte die Schwester, ihn trotzdem zu wählen? Es war die Er= wägung, daß er an mehreren Missionsniederlassungen der Patres vor= beiführen und ihr die Möglichkeit bieten werde, öfters die hl. Sakra= mente empfangen und vor dem Allerheiligsten Sakramente beten zu können. Andererseits waren es gerade jene Gegenden, in denen Nieder= lassungen von Schwestern am ehesten gegründet werden mußten. Und darum schien es ihr geraten, die in Betracht kommenden Örtlichkeiten selber in Augenschein zu nehmen. Wir erkennen also auch hier die fromme Ordensfrau und seeleneifrige Missionsschwester wieder.

Ein Brief aus jener Zeit (vom 23. Juni 1905) vervollständigt dies Bild. Wir erfahren darin, daß sie auf ihren bisherigen Reisen viele Aufzeichnungen gemacht, viele Erkundigungen über die Völker= schaften Zentral=Afrikas eingezogen hat.

„Die wenigen Augenblicke, die ich erübrigen kann", schreibt sie, „verwende ich darauf, die Aufzeichnungen über die Baganda=, Baima=, Baziba= und Basumbwa=Neger zu sichten und zu ordnen. Ich weiß nicht, ob ich damit zu Ende komme, da mir nur mehr 8—10 Tage bleiben. Im Augenblick muß ich abbrechen, weil ich gerne helfen möchte, die

Frauen in Uganda bei der Feldarbeit.

Segensaltäre zum Fronleichnamsfest zu schmücken. Gott sei Dank, ist meine Gesundheit ständig gut."

Es bedurfte fürwahr einer starken Gesundheit, um die Strapazen einer so beschwerlichen Reise aushalten zu können. Dieselbe nahm am 3. Juli ihren Anfang. Luise ließ sich von zweien ihrer Schwestern begleiten. Die Leute der kleinen Karawane waren zuverlässige, orts= kundige Christen. Zudem hatte der apostolische Vikar von Unyanyembe, Bischof Gerboin, Auftrag gegeben, daß die Missionare der einzelnen Stationen den Schwestern auf weite Entfernungen hin das Empfangs= und Abschiedsgeleit geben sollten, so daß die kleine Karawane fast ständig von einem Priester begleitet war.

Ueber die Reise selbst liegt eine umfangreiche und anschauliche Schil=
derung vor, auf die wir aber an dieser Stelle nicht näher eingehen können.

Am 20. Juli treffen wir die mutigen Schwestern am Nord=Ende
des Tanganikasees, in Usumbura.

15. Seefahrt mit Schrecken.

Die Weiterreise zur See schien sich über Erwarten verzögern zu
sollen. Denn die erste Auskunft, die man den Schwestern geben konnte,
war, daß auf das deutsche Dampfboot nicht zu rechnen sei. Es liege
zur Ausbesserung am Südende des Sees und werde vor Ende September
nicht wieder flott werden. Zudem wollte es der Zufall, daß das bel=
gische Fahrzeug nur das Südende des Sees befuhr, und für längere
Zeit im Dienste der Regierung stand, welche einige Militärstationen ver=
legte und darum die Truppen transportieren mußte.

Was tun? Erst in einer Entfernung von 400 km lag die nächste
Schwesternstation: Karema auf der deutschen, Upala auf der belgischen
Küste des Sees.

Der Landweg auf der deutschen Seite ist auf weite Strecken
hin durch undurchdringlichen Urwald buchstäblich versperrt; auf der
belgischen Seite nicht weniger beschwerlich wegen der steilen Berg=
abhänge, die bis dicht an den See herantreten. Unter diesen Umständen
sah sich Schwester Luise genötigt, das Segelboot der deutschen Militär=
station Usumbura auf die Dauer eines Monates zu mieten.

Der Resident Herr von Grawert beaufsichtigte selber die Vorbe=
reitungen, sorgte für einen reichlichen Vorrat an Früchten aller Art und
verfehlte nicht, der Bedienungsmannschaft gemessene Befehle und Ver=
haltungsmaßregeln zu geben.

Am 1. August war alles bereit. Abends gegen 7 1/2 Uhr hißte
man das Segel, das durch den Nordwind, der in jener Jahreszeit
allabendlich zu wehen anhebt, geschwellt wurde. Weil man sich während
der ganzen Fahrt diesen Wind dienstbar machen mußte, so konnte man
nur nachts reisen. Denn tagsüber wehte eine starke Brise von Süden,
also der Fahrtrichtung entgegen.

So war man ganz auf die Windverhältnisse angewiesen. Erhob
sich der Nordwind früher, so ging man früher am Abend unter Segel,
ließ er ab, und setzte der Gegenwind nicht sogleich ein, so ruderte man
das Boot voran. Erhob sich aber dann der Südwind, so suchte man
möglichst bald an der belgischen Küste anzulegen und sich für den Tag
einzurichten. Das war das Reiseprogramm für einen halben Monat,
nämlich vom 1.—15. August, wo Schwester Luise Mpala erreicht zu
haben hoffte.

Das gelang in der Tat. Aber welche Mühen und Anstrengungen
die guten Schwestern auszustehen hatten, ist kaum zu sagen. Die Barke
hatte einen sehr unruhigen Gang und machte durch ihr starkes Schaukeln
die armen Reisenden seekrank. Es war unmöglich, während der Fahrt
die Augen zu schließen. Matt und elend verließen die Schwestern in
den Morgenstunden das Fahrzeug, um sich tagsüber wieder etwas zu
erholen und für die Strapazen der folgenden Nacht zu stärken. So
verging Tag um Tag.

„Am 11. August", so lesen wir in den Aufzeichnungen der Schwester, „glaubten unsere Ruderer, ein gutes Stück voran zu kommen. Aber sie hatten ohne den bösen Südwind gerechnet. Er erhob sich plötzlich und trieb uns mit aller Gewalt schräg durch einen Golf nach dem offenen See zu. Dort wurde das Fahrzeug hin= und hergerissen. Während vier langer Stunden waren wir in Todesängsten, immer gewärtig, in den hochgehenden Wogen zu versinken. Schließlich packte ein starker Windstoß unser Boot und trieb es vom See zurück ganz in die er= wähnte Bucht hinein. Zum Glück, denn es dauerte noch eine geraume Zeit, bis daß die Wellen wieder niedriger gingen."

„Kurz vor Mitternacht war es ganz windstill geworden. In der Erwartung, daß bald hernach der Wind von Norden her einsetzen werde, wagten wir uns wieder hinaus. Anfangs kamen wir gut von der Stelle. Eben wollten wir eine zweite Bucht durchqueren, da erhob sich wieder der gefürchtete Südwind. Unsere wackeren Ruderer suchten seiner Herr zu werden, aber vergebens. Es blieb nichts anderes übrig, als sich vor den hochgehenden Wogen in eine schützende Bucht zu flüchten. Kaum war das Boot geborgen, so artete der Wind in einen großen Sturm aus, der die Grundwasser des Sees aufzuwühlen schien. Wie dankten wir der göttlichen Vorsehung, daß wir noch gerade früh genug dem Unwetter ausgewichen waren! Nach menschlichem Ermessen hätte es uns den Untergang bringen müssen.

Es dauerte von drei Uhr morgens bis spät in den Nachmittag hinein, ehe der See sich einigermaßen befahren ließ. Allmählich stellten sich sogar Anzeichen für günstige Fahrverhältnisse ein. Jedermann war froh. Hatten wir doch die Hoffnung, den Rest der Fahrt bis nach Upala ohne Unterbrechung zurücklegen zu können."

„Doch es sollte anders kommen. Die Nacht vom 12. auf den 13. August war kaum besser, als die vorhergehende. Infolgedessen kam man nur ganz langsam voran. Die Ruderer waren müde und matt, die Schwestern krank und elend. Was wollte man machen? Noch einmal legten wir an. Es war beim Dorfe Tembwe, einige Weg= stunden von Mpala entfernt." —

16. Im Gebiet des Kongostaates.

Sobald Schwester Luise, welcher die Seekrankheit am meisten zuzu= setzen pflegte, den festen Boden unter den Füßen hatte, erholte sie sich wieder. Aber der entsetzlichen Seefahrt war sie müde. So nahe am Ziele, glaubte sie sich stark genug, den noch übrigen Weg zu Fuß zurück= legen zu können. Die Ruderer erhielten daher die Weisung, allein zu fahren, während sie selber mit ihren Gefährtinnen unter Führung eines zuverlässigen Katechisten dem Gestade entlang zu Fuß ging.

Anfänglich empfand Luise die Fußwanderung als eine große Er= leichterung, die Gegend war schön und bot viel Abwechselung. „Darüber freute sich unsere gute Mutter ganz kindlich", schrieb später eine der Begleiterinnen. „Aber von Zeit zu Zeit äußerte sie ihre Besorgnis darüber, daß sie wohl nur ein allzu natürliches Vergnügen an den Schönheiten der Natur finde. Und allsogleich nahm sie Gelegenheit, den gütigen, großen Gott in den Werken seiner Schöpfung zu preisen."

Allmählich wurde die Wanderung beschwerlicher. Trotz der vorge=
rückten Nachmittagsstunde brannte die Sonne doch noch heiß hernieder.
Jetzt mußten die Schwestern auch noch einen breiten Sandgürtel durchqueren,
und jeder weiß, wie ermüdend es ist, wenn der Fuß keinen festen Halt findet.

Schwester Luise konnte kaum noch voran. Jetzt erst merkte sie,
daß die Seereise sie mehr erschöpft, als sie selbst geglaubt hatte. Sie
fühlte das Fieber kommen. Aber sie hielt sich mit Gewalt aufrecht.
Dank ihrer außerordentlichen Willenskraft erreichte sie in den Abend=
stunden am 13. August das Schwesternhaus in Mpala.

Die Schwestern erschraken, als sie die arme Reisende in dem Zustand
höchster Erschöpfung vor sich sahen. Wie gerne hätten sie ihr einen
Tragstuhl oder eine Hängematte entgegen geschickt, wie bereitwillig wären
sie selber ihr entgegen geeilt, wenn sie nur im entferntesten hätten ahnen
können, daß Luise den letzten Teil der Strecke zu Fuß zurücklegen
würde. Das war etwas so Ungewöhnliches, daß ihnen auch nicht ein=
mal der Gedanke daran gekommen war.

So ist es begreiflich, daß Trauer und Besorgnis sich in die Freuden
des Empfanges mischten. Doch hoffte man, daß eine längere Ruhe und
kundige Pflege der Kranken ihre früheren Kräfte wieder zurückgeben werde.

Am Morgen des 14. Aug. stand Schwester Luise noch auf, um die
hl. Kommunion zu empfangen. Aber nach einer Viertelstunde bekam
sie einen Schwächeanfall. Man mußte sie auf das Krankenlager zurück=
bringen, von dem sie sich nicht wieder erheben sollte. Trotz anhaltenden,
starken Fiebers überwachte sie noch am 15. Aug. die Sichtung und An=
ordnung der umfangreichen Reiseberichte, welche sie unterwegs geschrieben
hatte und machte sie zur Übersendung nach dem Mutterhause St. Karl
bei Kuba fertig. Sie legte noch ein Begleitbriefchen für die General=
oberin bei:

„Endlich sind wir in Mpala angekommen; gerade zur Zeit, wo
die Postsachen abgehen. Das benutze ich, um die unterwegs gemachten
Aufzeichnungen mitzuschicken. Wie mir scheint, geht es allen hiesigen
Schwestern gut. Weitere Nachrichten muß ich bis zur nächsten Post auf=
sparen. Segnen Sie Ihr Kind und seien Sie der kindlichen Ergeben=
heit Ihrer demütigen Tochter gewiß.

Schwester Luise."

So schrieb sie, und es waren ihre letzten geschriebenen Worte. Ihre
Schriftzüge, sonst so fest und ausgeprägt, waren unsicher und schwach.
Sie verrieten nur zu deutlich, was sie der guten Mutter verheimlichen
wollte, Luisens tödliche Schwäche.

17. Schwester Luisens letzte Tage.

Am Abend des 15. August ließ die Kranke alle Schwestern der
Station um sich versammeln. Sie erzählte ihnen von all dem Guten,
das in Uganda, Süd=Nyansa und Unnanembe gewirkt werde und be=
rührte auch kurz die Zwischenfälle der letzten Reise. Das war die
einzige und letzte Unterhaltung, die sie den Schwestern gewähren konnte.
Wenn auch zu gewissen Stunden das Fieber etwas nachließ, so blieb
aber der Schwächezustand so groß und besorgniserregend, daß man jede
Anstrengung fern halten mußte.

Trotz ärztlicher Hilfe, die gleich zur Stelle war, und trotz der hin=
gebendsten Pflege, welche die Schwestern der Kranken zu teil werden
ließen, trat in den folgenden Tagen keine Besserung ein. Das Fieber
hielt sich hartnäckig auf der erschreckenden Höhe von 40—41°.

Am 20. August bat Schwester Luise um die hl. Ölung. „Ich tue
es nicht, weil ich glaube, schon sterben zu müssen, oder gar, weil ich zu
sterben fürchte; nein, ich tue es, weil ich mich aufrichtig nach den kost=
baren Gnaden sehne, welche dieses Sakrament den Kranken vermittelt." —
Am Morgen des 23. Aug. ging das Fieber herunter, sodaß man wieder
anfing, Hoffnung zu schöpfen, um so mehr, als die Kranke die ganze
Frische ihres Geistes bewahrte und noch immer etwas zu sich nehmen konnte.

Wie groß war darum die Bestürzung, als das Fieber zu Anfang
der Nacht plötzlich auf 34° fiel. Das war das Herannahen des Todes.
Die Ruhe, der Seelenfriede, die geistige Frische der Kranken hatten ihre
Umgebung über die Größe der Gefahr getäuscht.

Da neigte sich die Oberin der Station, Schwester Raphaela, zu ihr
nieder und sagte mit zitternder Stimme: „Gute Mutter, der liebe Gott
will Sie zu sich rufen. Wir wollen uns mit Ihnen bereit halten, ihm
entgegen zu gehen!"

„O", erwiderte mit einem zufriedenen Lächeln die Sterbende, „seit
langer Zeit schon habe ich mich bereit gehalten."

Da trat einer der Missionäre ein. Die Sterbende wollte einen
Augenblick mit ihm allein sein. Dann ließ sie ihre Mitschwestern wieder
eintreten, damit sie die Sterbegebete mit verrichten helfen und ihr in der
letzten Stunde beistehen möchten. Sie selber hörte mit einer vollkom=
menen Ruhe des Geistes und des Gemütes zu und brachte das Opfer
ihres Lebens im Geiste der Sühne, der Ergebung und der alles be=
siegenden Liebe zu Gott.

Von Zeit zu Zeit erneuerte sie halblaut ihre Gelübde. Dann schien
es wie ein Schatten über ihr Gesicht zu ziehen. Es war die Erinne=
rung an die General=Oberin, der sie mit kindlicher Liebe ergeben war:
„Meine arme, liebe Mutter", lispelte sie, „ich soll dich also nicht mehr
wiedersehen! — und einen Augenblick später fügte sie bei — doch im
Himmel!"

Die tödliche Schwäche nahm zu. Das Thermometer ging auf 34°,
32°, 31,5° herunter. Die Kranke erhielt noch einmal die heil. Los=
sprechung. Es war gegen Morgen.

Der Pater ließ in der Hauskapelle nebenan alles zum hl. Opfer
herrichten. Die Sterbende wußte, daß die hl. Messe in ihrer Meinung
dargebracht würde. Und zum Zeichen ihrer innigsten Vereinigung mit
der hl. Handlung, versuchte sie das Kreuzzeichen zu machen. Wenn ihr
dabei das kleine Kruzifix aus der Hand glitt, suchte sie es sofort wieder
und bedeckte es mit ihren Küssen. Aber bald reichte die Lebenskraft
auch zu diesen Bewegungen nicht mehr. Doch bemerkte sie noch, daß
einige Schwestern bei ihr zurückgeblieben waren. „Gehet zur heiligen
Messe", sagte sie mit kaum vernehmbarer Stimme, „sie wird für mich
gelesen."

Das war ihr letztes Wort. Nach der hl. Messe versuchte sie noch
etwas zu sagen. Aber sie konnte sich nicht mehr verständlich machen.

Allmählich wurde die Atmung immer schwächer und schwächer. Der Priester, der wieder eingetreten war, gab ihr zum letzten Male die heil. Lossprechung.

Muttergottes=Kapellchen in Rubia.
(vorn rechts vom Beschauer der Erbauer, Bruder Castulus Molitor aus Casel.

Der Augenblick der Auflösung war da. Die erhabene Ruhe des Todes legte sich um Luisens Angesicht. Noch einige Augenblicke, und Schwester Luise stand vor ihrem Herrn und Schöpfer. Weinend nahte eine Schwester nach der andern und drückte ihr den Abschiedskuß auf die Stirne. Jene, welche sie so lange sehnsüchtig erwartet hatten, war nur gekommen, um bei ihnen zu sterben.

Die Leiche wurde in der Kapelle aufgebahrt. Unausgesetzt strömten Neuchristen und Katechumenen herbei, um für diejenige zu beten, welche alles verlassen hatte, um in ihrer Mitte zu sterben. Dann geleitete man

Schwester Luise hinaus auf den Gottesacker, wo sie neben den Schwestern Willibrorda und Anna ihre letzte Ruhestätte fand.

Kaum war die Kunde von dem allzu frühen Tode der Schwester nach Europa gedrungen, als zahlreiche Beileidsschreiben im Mutter=Hause einliefen. Dieselben sind ein herrliches Zeugnis für die Verstorbene. Sie zeigen, wie man dieselbe einschätzte und was sie der Genossenschaft und der Negermission überhaupt gewesen ist.

Ihr Tugendbeispiel aber lebt und wirkt fort. Viele großmütige Seelen sind ihm seither nachgefolgt[1]. Viele andere, so hoffen wir, werden ihm noch folgen und die Freuden und Leiden des Missionsberufes zu ihrem Anteil erwählen.

Empfehlenswerte Bücher und Zeitschriften.

Erste Unterweisungen in der Wissenschaft der Heiligen. Von Rudolf J. Meyer S. J. Aus dem Englischen übersetzt von Joseph Jansen S. J. Erstes Bändchen: Der Mensch, so wie er ist. Zweite und dritte Auflage. 12" (XIV. u. 356 S.) Freiburg 1912, Herdersche Verlagshandlung. *M* 2,40; geb. in Kunstleder *M* 3.—

Der Verfasser schildert in diesen „ersten Unterweisungen in der Wissenschaft der Heiligen" den Menschen, so wie er ist; mit seiner verdorbenen Natur, mit seinen Leidenschaften, seiner vorherrschenden Neigung zum Stolz oder zur Sinnlichkeit, mit seinem laxen oder ängstlichen Gewissen, mit den Licht= und Schattenseiten seines Charakters und Temperamentes, mit seiner Unruhe und Energie. Ueberall werden Wesen und Ursachen, Folgen und Heilmittel des Uebels in solider philosophischer und theologischer Darstellung angegeben und mit einer Menge schöner, plastisch anschaulicher Vergleiche und Bilder, Tatsachen aus der Profan= und Kirchengeschichte, der Psychiatrie und Pastoralmedizin, Erfahrungen aus der Seelsorge und dem pädagogischen Gebiete, Legenden und Sagen belegt. Alles ist praktisch aus dem Leben gegriffen und den modernen Zeitverhältnissen angepaßt.

Christusflucht und Christusliebe. Ein Weggeleit durch moderne Irrungen von Wilhelm Meyer, Vikar und Redakteur. Mit 2 Kopfleisten, 164 Seiten. 8". (115×170 mm.) Elegant broschiert und beschnitten *M* 1,30 Kr. 1,60 Fr. 1,65. In Leinwandband mit Goldpressung, Rotschnitt M 2.— Kr. 2,40 Fr. 2,50. — Einsiedeln, Waldshut, Cöln a. Rh. Verlagsanstalt Benziger & Co. A. G.

Die Angriffe und Einwendungen, welche der Unglaube und die Zweifelsucht der neuern und neuesten Zeit gegen die Gottheit Christi und die vom Weltheiland verkündete Lehre erheben, werden populärwissenschaftlich auf ihren Wert geprüft und in ihrer ganzen Haltlosigkeit in klippen, klaren Worten gezeichnet. Dann führt der Verfasser die unwiderleglichen Beweisgründe für die Wahrheit der an= gegriffenen Lehrsätze auf, in logischer, leicht faßlicher, gewinnender Darstellung. Kapitel wie „Christus, Mythe oder Geschichte" — „Christus in der modernen Por= trätierung" — „Wunder" — „Der Unglaube" — „Messiasfrage" sind wahre Kunststücke populärer Apologetik und lesen sich so herzlich und eindringlich, wie ein Brief treubesorgter Eltern an ein fernes in den Gefahren und Kämpfen des modernen Lebens stehendes Kind.

Die Marianische Jünglingskongregation, ihre Aufgabe und Leitung. Von Pfr. Ant. Müller. Paulinus=Druckerei, Trier. Preis 10 Pfg., 10 St. 80 Pfg., 50 St *M* 3.—, 100 St. *M* 5,—.

Das praktische Schriftchen (Referat) sei allen, die sich für die herrliche Auf= gabe der Marianischen Kongregationen in heutiger Zeit interessieren, angelegentlichst empfohlen.

---

[1] Unter ihnen befindet sich auch eine Nichte der Verstorbenen. Sie ist augen= blicklich Novizin im Noviziate St. Karl bei Kuba.

Lourdes Rosen. Verlag der Buchhandlung L. Auer in Donauwörth. Jährlich 12. Hefte. Halbjährlich 80 Pfg.

Tendenziöse Notizen durchschwirren von Zeit zu Zeit antikatholische Zeit= schriften, um Stimmung gegen Lourdes zu machen. Die neueste Nummer der ‚Lourdes=Rosen‘ stellt mit wohltuender Entschiedenheit eine auf Irreführung hinaus= gehende Nachricht der ‚Vossischen Zeitung‘ richtig und gibt auch genau den Stand= punkt an, welchen die kirchlichen Behörden der Lourdes=Frage gegenüber einge= nommen haben. In demselben Hefte finden wir den ergreifenden Bericht eines Arztes über die Heilung einer Pariser Frau, welche durch ihre Krankheit wieder zur Uebung ihrer Religion zurückgeführt wurde und dann auch in Lourdes Hei= lung von ihren schweren Leiden fand. Einem Bericht über die Pilgerfahrt des Deutschen Lourdes=Vereines entnehmen wir, daß das Lourder Aerzte=Bureau dieses Jahr bereits vier Heilungen einregistriert hat, die sich auf deutsche Pilger beziehen.

Eintritts=Bedingungen für die religiösen Frauen=Orden und =Genossenschaften Teutschlands, Oesterreichs und der Schweiz. Von Heinr. Keiter. Neu bearbeitet und herausgegeben von Dr. A. Salzgeber. 4. Auflage. Kl. 8⁰, 75 S. Essen (Ruhr). Fredebeul & Koenen. Brosch. 0,60 Mark, geb. 1,— M.

Wenn unsere weiblichen Orden und Genossenschaften in den letzten Jahr= zehnten einen erfreulichen Zuwachs an Mitgliedern zu verzeichnen haben, hat dieses Büchlein auch einen kleinen Anteil daran. Für die neue Auflage sind sämtliche Angaben durch Nachfrage bei den einzelnen Orden genau geprüft und berichtigt. Neben wesentlichen anderen Verbesserungen und Ergänzungen ist statt der alpha= betischen Anordnung eine sachliche getroffen worden, indem zur Erleichterung beim Aufsuchen die Orden und Genossenschaften nach ihren Hauptaufgaben in sechs Ab= schnitten mit entsprechender Ueberschrift zusammengestellt sind. Möge auch die neue Auflage in demselben Maße wie die früheren dazu beitragen, daß die Schar derer, welche alles verlassen, um dem Herrn nachzufolgen, von Tag zu Tag wachse zur größeren Ehre Gottes und zum Heile der Kirche.

Inhalts=Verzeichnis.

1. Aufsätze. — Allgemeines.

2. Berichte aus den Missionen.

3. Erzählung.

4. Kleine Mitteilungen.

5. Illustrationen.

6. Besprochene Bücher.

ImTheStory.com

Personalized Classic Books in many genre's

Unique gift for kids, partners, friends, colleagues

Customize:

- Character Names
- Upload your own front/back cover images (optional)
- Inscribe a personal message/dedication on the
  inside page (optional)

Customize many titles Including
- Alice in Wonderland
- Romeo and Juliet
- The Wizard of Oz
- A Christmas Carol
- Dracula
- Dr. Jekyll & Mr. Hyde
- And more...

Lightning Source UK Ltd.
Milton Keynes UK
UKOW06f0859200317

297051UK00019B/887/P